Gabor Kiss
Einführung in die soziologischen Theorien II

Studienbücher zur Sozialwissenschaft   Band 27

Gabor Kiss

Einführung in die soziologischen Theorien II

Vergleichende Analyse soziologischer Hauptrichtungen

3. Auflage

Westdeutscher Verlag

3. Auflage 1977
2., überarbeitete und erweiterte Auflage 1975
1. Auflage 1973

ISBN 3-531-21149-8

Inhaltsverzeichnis

»Einen Menschen aber, der die Wissenschaft einem nicht aus ihr selbst (wie irrtümlich sie immer sein mag), sondern von außen, ihr fremden, äußerlichen Interessen entlehnten Standpunkt zu akkomodieren versucht, nenne ich gemein.«

(Karl Marx, in: MEW, 26. 2, S. 112)

VI. Gesellschaft als Gruppensystem

1. Ludwig Gumplowicz (1838–1902)

Hauptwerk: Grundriß der Soziologie (1885), Innsbruck 1926.

1. Die Struktur des sozialen Kampfes und seine Rolle in der sozialen Entwicklung

In Übereinstimmung mit *Saint-Simon, Comte* und *Spencer* (vgl. Teil I, Kap. V), sucht auch *Gumplowicz* nach einem »Naturgesetz« der sozialen Entwicklung. Er glaubt es auf naturalistische Weise – unter dem Einfluß des Darwinismus – im »Naturprozeß« des Gruppenkampfes ums Dasein zu finden. Eine realistische Betrachtung der sozialen Entwicklung müßte seiner Ansicht nach erkennen lassen, daß soziales Zusammenleben und soziale Entwicklung weder vom Substrat des Individuums noch von dem »der Menschheit« oder »der Gesellschaft« als Ganzheit abgeleitet werden kann. Das grundlegende, weil die sozialen Bewegungen bedingende Gesetz, ließe sich nur an den »immer wiederkehrenden Gleichförmigkeiten« der Gruppenkämpfe messen, die aus dem Selbsterhaltungstrieb resultieren und sich auf einer höheren Kulturstufe in der rücksichtslosen Durchsetzung von Interessen fortsetzen. In der Kulturentwicklung wandeln sich nur die Kampfformen: Der Trieb zur Befriedigung elementarer Bedürfnisse wird hier in den Trieb der Interessendurchsetzung transformiert. Soziales Leben wird folglich auch unter zivilisierten Bedingungen wesensmäßig von diesem Naturgesetz regiert, das analog einem chemischen Prozeß, nach festen Regeln, in Gruppenkämpfen und immer gleich verläuft, ohne daß das Individuum »am Lauf der Dinge« etwas ändern könnte.

Das Individuum, das noch in den Theorien von *Saint-Simon, Comte* und *Spencer* eine, wenn auch von den Institutionen stark beeinflußte, aber immerhin sozial bedeutende Rolle – als dynamischer Faktor des Entwicklungsprozesses – spielte, geht bei *Gumplowicz* vollständig in der Gruppe auf:

> »Der größte Irrtum der individualistischen Psychologie ist die Annahme: *Der Mensch* denke ... was im Menschen denkt, das ist gar nicht er – sondern seine soziale Gemeinschaft; die Quelle seines Denkens liegt gar nicht in ihm, sondern in seiner sozialen Umwelt, in der er lebt, in der sozialen Atmosphäre, in der er atmet, und er *kann nicht anders denken als so ...*« (Grundriß S. 172).

Gumplowicz erkannte die Schwäche der Organismus-Lehre, nach der die Gesetzmäßigkeiten der sozialen Entwicklung aus den funktionalen Erfordernissen des Gesamtsystems abzuleiten und zu erklären seien: Seiner Auffassung nach sind es vielmehr die Systemteile (Gruppen), die im Kampf um die Durchsetzung ihrer besonderen Interessen die Funktionsweise des Sozialsystems bedingen. Weder der Begriff Menschheit noch die relativ konfliktlos verstandene Integration in die »organische Einheit einer Gesellschaft« sind für ihn soziologisch relevant: Weder habe der Begriff Menschheit einen greifbaren sozialen Inhalt, noch stimme die Auffassung, nach der wir es im sozialen Leben mit einem auf die Versorgung der Individuen angelegten System eines »sozialen Körpers« zu tun hätten, mit der Realität überein. Bei realistischer Betrachtung zeige sich vielmehr, daß sich sowohl die »Menschheit« als auch die »organische Einheit einer Gesellschaft« in eine Vielzahl von heterogenen Gruppen aufteilt, deren konfliktträchtigen Interaktionsbeziehungen – auf Gruppenebene – die relative Konsistenz des sozialen Zusammenlebens bedingen:

»Leider ist es zu den entsprechenden Gesetzgebungen und Experimenten noch nirgends gekommen, sonst würde es sich zeigen, daß eine solche vorsorgende und das Individuum versorgende Gesamtheit ebenso eine Utopie ist wie das freie, sich selbst bestimmende Individuum. Die Wahrheit ist, daß sich die soziale Welt von allem Anfange an immer und überall nur *gruppenweise bewegt, gruppenweise in Aktion tritt, gruppenweise kämpft und strebt,* und daß eine weise Gesetzgebung, welche der Wirklichkeit Rechnung tragen will, diese tatsächlichen Verhältnisse berücksichtigen muß, und weder wie die „Konstitutionellen" gegen dieselben blind sein darf, noch wie die Kollektivisten (Sozialisten und Kommunisten) sich einbilden darf, diese Verhältnisse je ändern zu können. In dem *harmonischen Zusammenwirken der sozialen Gruppen liegt die einzig mögliche Lösung der sozialen Fragen,* soweit dieselbe eben möglich ist« (Grundriß S. 171).

Die strukturelle Eigenart der sozialen Entwicklung, die noch von den Positivsten des 19. Jahrhunderts in der eigengesetzlichen Bewegung der Institutionen als den funktionalen Bedürfnissen des Gesamtsystems zugeordneten Gebilden gesehen wurde, erblickte *Gumplowicz* in den Eigengesetzlichkeiten der Gruppen als relativ autonomer Teile des Gesellschaftsganzen. Soziales Handeln, das nur gruppenweise manifest und soziologisch relevant wird, bewirke nur als Gruppenhandeln Strukturveränderungen im gesellschaftlichen Leben: In formaler Übereinstimmung mit *Spencer* begreift *Gumplowicz* die gesellschaftliche Entwicklung als einen sozialen Prozeß, der aus immer komplexer werdenden Interaktionsprozessen zwischen heterogenen Gruppen resultiert:

»Im Augenblicke dagegen, wo die einzelne soziale Gruppe der Einwirkung einer anderen ausgesetzt wird, wo sie in die Wirkungssphäre einer anderen gelangt, da beginnt unvermeidlich jenes Spiel natürlicher Kräfte, welche den sozialen Prozeß bedingen. Insbesondere aber ist es bei dem Zusammentreffen zweier heterogener sozialer Gruppen immer die natürliche Tendenz jeder derselben, die andere auszunutzen ... was immer und überall den ersten Anstoß zum Beginn eines Prozesses gibt; diese Tendenz ist aber jeder menschlichen Gruppe so innewohnend, naturgemäß und unbezähmbar, daß an ein Aufeinandertreffen zweier sozialer Gruppen ohne Hervortreten derselben und somit ohne Inslebentreten des sozialen Prozesses schlechterdings nicht zu denken ist« (Grundriß, S. 32).

Im Unterschied zu *Spencer* und zur gesamten systemtheoretischen Richtung hebt jedoch *Gumplowicz* – in Übereinstimmung mit der konflikttheoretischen Position – den antagonistischen Aspekt dieses Verschmelzungsprozesses von heterogenen (Gruppen-)Teilen hervor: Kampf und Konflikt werden als allgegenwärtige Phänomene des sozialen Lebens vorausgesetzt, die als »strukturell erzeugte Gegensätze« *(Dahrendorf)* zwischen Gruppen als Folge der unvermeidbaren sozialen Differenzierung zu betrachten sind. Doch wird dieser Differenzierungsprozeß, ebenfalls im Unterschied zu den großen Gesellschaftstheoretikern des 19 Jahrhunderts, keinesfalls als gradlinige oder aber dialektische Höherentwicklung der Gesellschaft aufgefaßt: *Gumplowicz* orientiert sich an einem zyklischen Modell der Kulturentwicklung und stellt fest, daß Entstehung, Blüte und Verfall der großen Kulturen stets mit der Vitalität und besonderen Fähigkeit einer bestimmten, staatstragenden »Rasse« (– nicht als biologische, sondern als kulturelle Gruppeneinheit verstanden [1] –) im Zusammenhang stand. Der Prozeß der Kulturentwicklung werde zunächst durch die physische Überlegenheit einer ethnischen Gruppe veranlaßt, die sich aber auch durch organisatorische Fähigkeiten (»Regierungskunst«) zu behaupten wissen müsse (z. B. Staatsgründungen der Normannen um 1000, oder das Mongolenreich um 1240 usw.). Die Geschichte zeige, wie z. B. im Falle Ägyptens, daß die soziale Entwicklung – von natürlichen Gegebenheiten beeinflußt – keine bruchlose Aufwärtsbewegung sei, sondern vielmehr den biologischen Gesetzen der Blüte und des Verfalls unterworfen ist:

»Was wir von sozialer Entwicklung kennen gelernt haben, war immer eine partielle, lokale und zeitliche Entwicklung: Daß wir uns von der Entwicklung der Menschheit als eines einheitlichen Ganzen gar keine Vorstellung machen können, weil wir über das Subjekt einer solchen keine in sich geschlossene Gesamtvorstellung haben, das betonten wir schon. . . . Denn wir wissen, daß biblische Naivität, entsprechend einer „theologischen Vorstellungsweise", um mit *Comte* zu sprechen, sich die Entwicklung der Menschheit gleich einem genealogischen Baume, von Adam und Eva hervorsprießend, gedacht hat . . . Nun ändert zwar die heutzutage schon großenteils siegreiche polygenetische Ansicht notwendigerweise diese Vorstellung einer einheitlichen Stammbaumentwicklung; doch reicht die Konsequenz dieser Änderung nur so weit, daß statt des einen Quellpunktes der Entwicklung mehrere oder auch unzählige vieler solcher angenommen werden. Aber diese Änderung der Vorstellung ist, genau besehen, nur eine *Formänderung* – oder eigentlich eine Zahländerung; es werden dabei nämlich statt *einer* Stammbaumentwicklung *mehrere* solcher angenommen. Das *Wesen* der Vorstellung ändert sich aber dabei nicht, insofern immer in einer Linie, in einer Stammbaumentwicklung ein *stetiges* Fortschreiten vom Einfachen zum Komplizierten, von den Keimblättern zum ausgewachsenen Baume, vom Primitiven zum Verfeinerten angenommen, und was das Entscheidende dabei ist, von einem gegebenen uranfänglichen *Zeitpunkt des Entstehens* ausgegangen und sodann die Entwicklung bis zu unserer Zeit des „großen Fortschritts, des Gipfels und Höhepunktes" verfolgt wird . . .

Wenn wir nun von jeder Einheitlichkeit und jedem Anfangspunkte der Entwicklung absehen: So bleibt uns als konkreter Rest ein zu *verschiedenen Zeiten, an verschiedenen Orten* immer nach *demselben Gesetze* verlaufender Entwicklungsprozeß. Was wir also oben schilderten, jene Übergänge von der *für uns* primitiven Horde, mit Weibergemeinschaft und Mutterfamilie zu Frauenraub und Raubehe, und weiter zu einfachen Herrschaftsorganisationen, zum Eigentum, zum Staat und zur „Gesellschaft", das haben wir uns als einen Prozeß vorzustellen, der nicht etwa *der Menschheit* als einer einheitlichen oder auch vielheitlich, doch von *einem bestimmten Zeitpunkte* an sich entwickelnden Gesamtheit zukommt; sondern als einen Prozeß, der sich immer und schnell *erneuernd* vollzieht, *wo* und *wann* die zu demselben erforderlichen sozialen Voraussetzungen zusammentreffen. Nur mit einer solchen Vorstellung, keineswegs aber mit den erwähnten gegenteiligen, ist es vereinbar, daß wir die primitiven Stadien dieses Prozesses noch *heutzutage* ebenso frisch und originär in fernen Weltteilen beobachten können, wie sie sich einst in unserer eigenen Vergangenheit abspielen mochten . . . Diese Tatsachen sind danach angetan, den Gedanken an einen kreislaufartigen Verlauf sozialer Entwicklung im allgemeinen zu stützen, ein Gedanke, welcher durch die kreislaufartige Entwicklung der *Staaten* allein schon einen Anhaltspunkt gewinnt« (Grundriß, S. 249–252).

Die treibende Kraft der Kulturentwicklung (zum zivilisierten Staat) ist nach *Gumplowicz* der Kampf zwischen den in sich geschlossenen, in »Gedanken, Anschauungen und Gefühlen« vereinten Gruppen. Kampf und Konflikt als Folgen wachsender Gruppenheterogenität werden von ihm, im Sinne einer

1 Vgl. Hohmeier, Jürgen: Zur Soziologie Ludwig Gumplowicz', in: KZfSS. 1970, 1, S. 24–38 (S. 30).

natürlichen »Gruppenauslese«, positiv bewertet. Die Konfliktbeziehungen werden als entwicklungsfördernde Faktoren gesehen, die in ihrer ursprünglichen Form, als »natürlicher Gegensatz der Menschengruppen«, auch in den modernen Staaten fortbestehen. Die Aktionen der wilden Horden, der Gesellschaften und der Staaten, werden von einem »blinden Naturgesetz beherrscht« (Grundriß, S. 153): So sei z. B. auch das Nationalgefühl »nichts anderes als ein potenziertes Hordengefühl« (Grundriß, S. 192). Aber gerade diese Aktionen, die von der »rücksichtslosen Befriedigung der menschlichen Bedürfnisse« geleitet werden tragen dazu bei, auf dem Wege der Bedürfnisbefriedigung »mittels Dienstbarmachung der Fremden« zu rationalen Formen der Herrschaftsordnung zu gelangen, die die Leistungsfähigkeit sozialer Einheiten potenziert, »die Menschheit in Bewegung setzt (und) ihre »Geschichte« ins Rollen bringt« (Grundriß, S. 107). Die Vorstellung von einem relativ reibungslosen Zusammenwachsen der heterogenen Bestandteile der Gesellschaft, bzw. die funktionale Verschmelzung von »Menschenvarietäten« im Sinne eines zunehmenden Gleichgewichtszustandes sei illusorisch: Im Verlauf des sozialen Integrationsprozesses können sich zwar die Formen wandeln, seinem Inhalt nach bleibe er aber stets ein naturwüchsiger Gruppenkampf ums Dasein:

»Der Verlauf dieses Prozesses ist durch die natürliche Beschaffenheit der Gattung „Mensch" und durch die allen menschlichen Horden und sozialen Gemeinschaften eigentümlichen Strebungen (die man als die in ihnen wirkenden „Kräfte" ansehen kann) bedingt, und da letztere sich nur individuell oder höchstens artenweise voneinander unterscheiden, jedoch überall dieselben *Gattungsmerkmale* aufweisen, so ist dadurch die *Art und Weise* dieses Prozesses im wesentlichen *überall* dieselbe« (Grundriß, S. 32).

In formaler Übereinstimmung mit dem Marxismus vertrat also *Gumplowicz* die Auffassung, daß die wesentlichen Merkmale der sozialen Entwicklung Kampf und Konflikt seien: Die Triebfedern des sozialen Prozesses und damit der antagonistischen Beziehungen unter den Menschen und Gruppen seien in erster Linie im »Bedürfnis nach Befriedigung materieller Bedürfnisse zur *Sichdienstbarmachung* von *Menschenkräften*« zu sehen:

»Wollen wir die Wahrheit des Satzes erproben, daß es immer und überall *wirtschaftliche* Motive sind, die all und jede soziale Bewegung veranlassen, die alle staatliche und soziale Entwicklung fördern, so brauchen wir nur ein beliebiges geschichtliches Ereignis, eine beliebige staatliche Umwälzung zu betrachten und nach ihren *Ursachen* zu fragen: Die wirtschaftlichen Triebfedern und Motive finden wir immer und überall auf dem Grunde dieser Ereignisse. Und es kann auch nicht anders sein, da es immer materielle Bedürfnisse sind, die in *erster Linie* des Menschen Tun und Lassen verursachen« (Grundriß, S. 106).

Im Unterschied zu *Marx* sucht aber *Gumplowicz* nicht nach den gesellschaftlich bedingten Ursachen jener antagonistischen Beziehungen, die Kampf und Konflikt bedingen; er geht von der individuellen Motivation der Bedürfnisbefriedigung aus, kompensiert sie dann auf Gruppenebene als »Naturgesetz« der gruppenhaften »Ausbeutungssucht« von Fremdgruppen und nimmt diese »Situation« der sozialen Existenz als naturgegeben hin. Im Sinne der positivistischen Methodologie stellt er nur fest, daß der *»ewige Kampf«* zwischen den Menschengruppen, der zwecks Versklavung und ökonomischer Ausbeutung der

Fremdgruppen geführt wurde, stets mit der Unterjochung der Verlierer-Gruppe endete, und daß »diese Herrschaft immer von einer Minorität über eine Majorität« ausgeübt wurde (Grundriß, S. 97 – vgl. *Pareto)*. Auch in Bezug auf die Struktur und Entwicklung sozialer Gegensätze hat *Gumplowicz* eine von der marxistischen Position divergierende Theorie aufgestellt: Er geht davon aus, daß die ökonomischen Motive des Kampfes nach Erreichen einer bestimmten Kulturstufe, die durch den wachsenden Wohlstand bestimmter Gruppen gekennzeichnet ist, nicht mehr typischerweise vom Bedürfnis der nackten Lebenserhaltung, sondern vom »Bedürfnis der Befriedigung des Ehrgeizes, der Ruhmsucht, der dynastischen oder endlich der mannigfaltigsten idealen Interessen« motiviert werden (Grundriß, S. 13).

Die soziale Entwicklung der Gruppen von der primitiven Horde bis zur Vaterfamilie und Stammesgesellschaft ist durch ethnisch bedingte »zwischenstammliche Gegensätze« gekennzeichnet. Diesem Modell nach sind die Kampf- und Konfliktbeziehungen nur nach außen gerichtet: Nur der Fremde, der außerhalb der Sippen- und Stammesgesellschaft steht, wird als potentielles Objekt der »Ausbeutungssucht« angesehen. Dieser Ethnozentrismus sei typisch für primitive Gesellschaften: Während im »innerstammlichen« Bereich eine relative Gleichheit, auf gegenseitige Hilfe abgestellte Kooperation und sozialer Friede herrscht, richten sich die agressiven Aktionen auf die Fremden, die nicht zu der Gruppe gehören (»zwischenstammliche Gegensätze«):

»Der Trieb der Selbsterhaltung nun, der das mächtigste Motiv für menschliche Strebungen und „freie" Handlungen abgibt, ist von Haus aus kein bloßer individueller, sondern ein sozialer. Er äußert sich in dem Zusammenhalten mit den *Seinen* und in der Unterdrückungssucht der *Fremden.*

Dieser *soziale Erhaltungstrieb,* dessen notwendige Reversseite die Unterdrückungs- und Ausbeutungssucht der Fremden ist, eröffnet den menschlichen Strebungen und Handlungen immer neue Gebiete, wie zum Beispiel das wirtschaftliche und staatliche, aber auch das technische, wissenschaftliche, ja sogar das künstlerische. In den meisten dieser Gebiete kommen nun individuelle Strebungen in Konflikt mit sozialen Notwendigkeiten . . .« (Grundriß, S. 229).

Diese sozialen Notwendigkeiten ergeben sich aus den zwischenstammlichen Auseinandersetzungen, die mit der Potenzierung der wirtschaftlichen und politischen Macht, als Folge der Selbsterhaltung und -behauptung, im Zusammenhang stehen. Der sich verschärfende Konflikt bedingt die Mobilisierung der Kräfte und verlangt nach wirksamen sozialen Organisationsformen:

»Die wirtschaftlichen Bedürfnisse führen (also) den Menschen auf das staatliche Gebiet, denn der Staat soll den einen die Mittel bieten, auf Kosten der anderen, wiewohl nicht mit ihrem Schaden, ihre höheren wirtschaftlichen und kulturellen Bedürfnisse zu befriedigen . . .« (Grundriß, S. 232).

Die komplex werdende Umwelt der »Menschenvarietäten« zwingt also die primitive Gruppe (Horde, Sippe, Stamm) zur inneren Differenzierung, zur Organisation der Arbeit und d. h. zur Arbeitsteilung. Diese sei aber nur denkbar »bei Anwendung des Zwanges und Durchführung *staatlicher Zucht* und *Disziplin«*:

»Diese gemeinschaftliche, wenn auch *ungleich verteilte* Arbeit ist der *wesentliche Inhalt des Staates;* an dieser Arbeit erschöpft er immer und überall seine Aufgabe, mit ihr erfüllt er seinen Zweck, wenn man von Aufgabe und Zweck sprechen könnte, wo allseits blinde Triebe walten. Diese gemeinsame Arbeit endlich erzeugt und fördert von selbst zu Tage die höchsten moralischen Güter der Menschen, die wir mit dem Ausdruck Zivilisation bezeichnen« (Grundriß, S. 105).

Parallel zur Entwicklung der Bedürfnisse, die von gewaltsamen Überschichtungen begleitet wird, schreitet also die gesellschaftliche Differenzierung fort: Aus sozial notwendigen Leistungen entwickeln sich die Stände (Grundbesitzer, Priester [2], Bauern) und infolge der weiteren Differenzierung der Bedürfnisse die Klassen (z. B. kaufmännischer, militärischer, Dienstleistungs- und Verwaltungsbereich). Da die Natur den Menschen mit Bedürfnissen und Gefühlen versehen hat, die Mitgefühl mit den Bluts- und Stammesverwandten und tödlichen Haß gegenüber Fremden in ihm entstehen lassen, mutet kein Stamm den eigenen Stammesgenossen schwere Dienstleistungen zu. Es entstehen also bei der Gründung der ersten staatlichen Ordnung gleich zwei Gesellschaftskreise, die Herren und die Sklaven, Knechte und Bauern. Die den Staat konstituierende Organisation der Herrschaft muß zum Zwecke der »volkswirtschaftlichen Arbeitsteilung« gewaltsam durchgeführt werden. War es früher das Stammesgefühl, das die einzelnen Gruppen zusammenhielt, so kommt jetzt verstärkend das Standesgefühl hinzu: Bei den einen das gemeinsame Interesse an der Herrschaft, bei den anderen das gleiche Schicksal des Untertans.

Den qualitativen Unterschied sieht *Gumplowicz* in der sozialen Entwicklung zur staatlichen Organisation der Gesellschaft, deren wesentliches Merkmal in jener »Regierungskunst« der führenden Gruppe besteht, die nicht nur die Summe menschlicher Kräfte auf sich vereinigen kann, sondern auch geistige und moralische Mittel im Interesse der Integration anwendet. Als Folge der staatlichen Organisation des politischen Gemeinwesens bildet sich die moderne »bürgerliche« Gesellschaft heraus, die einerseits durch ihre erworbenen Rechte in einem gewissen Sinne im Widerspruch zum Staat steht, andererseits aber durch die institutionalisierten Dauerbeziehungen ihrer organisatorischen Leistungen engstens mit diesem Staatswesen verknüpft ist. Entsprechend dieser komplexen Organisationsform der modernen Staatengesellschaften entwickeln die einzelnen Stände und Klassen ihre Sonderinteressen, wobei sich die ursprünglich nach außen gerichteten sozialen Gegensätze nach innen verlagern. Die Mannigfaltigkeit der Gruppeninteressen erzeugt notwendigerweise die Komplexität sozialer Gegensätze, wobei die Konfliktbeziehungen an Intensität ihres archaisch-eindimensionalen, auf »die Fremden« gerichteten Charakters verlieren, auf der anderen Seite durch neue, eher sozial als ethnisch bedingte Gegensätze »bereichert« werden:

»Daraus folgen neue Komplikationen. Denn wenn auch einerseits das eine gemeinschaftliche Interesse, der eine Beruf, die demselben sich Widmenden untereinander verbindet und gleich-

---

2 »Während der Herrenstand diese Menschendienste zunächst durch Übermacht und Überlegenheit erzwingt, sodann aber in der begründeten Organisation seine Funktion als Herrscher und Verwalter übt und damit der Gesamtheit gewisse, nicht wegzuleugnende Dienste leistet; während der Händler sowohl dem Herrenstand als dem untertänigen Volke materielle Güter zuführt und dafür seine Äquivalente erhält, besorgt der Priesterstand *Kulthandlungen*, womit er den unabweislichen Bedürfnissen des menschlichen Gemütes entgegenkommt, und sichert sich auf diese Weise die Mittel der Macht, sei es durch Besitz materieller Güter, sei es unmittelbar durch Verfügungsrecht über Menschendienste« (Grundriß, S. 126).

14

mäßig von allen anderen scheidet: So verbleiben die einzelnen Mitglieder des neuen Gesellschaftskreises je nach ihrer Herkunft in den verschiedensten Beziehungen zu denjenigen Gesellschaftskreisen, denen sie entstammen. Auf diese Weise bilden sich vielfach verschlungene, sich kreuzende, teilweise sich deckende oder ganz sich ausschließende Gesellschaftskreise, welche Verhältnisse auf die Machtstellung derselben im Staate und auf die Schicksale des sozialen Kampfes von entscheidendem Einfluß sein können« (Grundriß, S. 142).

Die sozialen Gegensätze werden unter den Bedingungen des modernen Staates deshalb komplexer, weil sie einerseits weiterhin von »Stammesgefühlen« geleitet, andererseits aber durch das »Standesgefühl« verstärkt werden. In der Zurückdrängung bzw. relativen Eindämmung der Intensität dieser Gefühle durch Gewohnheit und Anpassung sieht *Gumplowicz* die Chancen eines kulturellen Fortschritts:

»Das *Stammesgefühl* wird durch das Standesgefühl verstärkt. Doch kann nicht behauptet werden, daß durch den Hinzutritt eines Gegensatzes der Herrschaft und der Untertänigkeit der schon ursprünglich vorhandene Gegensatz der Heterogenität dauernd verschärft würde; denn diese Vermehrung der *trennenden* Momente wird notwendigerweise aufgewogen durch die Tatsache des *lokalen Zusammenseins,* und durch all jene Bande, die sich daraus mittels der *Gewohnheit* und *Anpassung* von selbst ergeben, zu denen in weiterer Folge eine langsame *Assimilierung* der *sozial-psychischen Lebensäußerungen,* wie der Sprache, der Sitte, der Kulturvorstellungen und Handlungen sich hinstellt« (Grundriß, S. 140 f.).

Im Falle einer rationalen Herrschaftsordnung (Recht und Gesetz) kann damit gerechnet werden, daß die Konfliktbeziehungen zwischen den Gruppen an Gefühlsintensität abnehmen, und daß die Anpassungsbereitschaft der Massen proportional dem wachsenden materiellen Wohlstand zunimmt. Doch führen diese, durch die rationale Koordinierung der Gruppenleistungen herbeigeführten »vergesellschaftenden Momente« [3] keinesfalls zu einem sozialen Frieden:

3 Grundriß, S. 144:

Materiell	gemeinsamer Wohnsitz { weitere und nähere Nachbarschaft, Geselligkeit, Blutskreis, Verwandtschaft.				durch Generationen	auf Lebensdauer	vorübergehend
Wirtschaftlich	Stand {	Adel, Bürgertum, Bauernstand, Geistlichkeit usw.,					
	Besitz {	ländlicher, städtischer usw.,					
	Beruf {	Landwirtschaft, Pächter, Industrielle, Kaufleute, Handwerker usw.					
Moralisch	Sprache, Religion, Wissenschaft, Kunst, zufällige Schicksale (Emigranten usw.)						

Die sozialen Gegensätze verlagern sich nur von der Ebene des »Bedürfnisses nach nackter Lebenserhaltung« auf die des Bedürfnisses nach Durchsetzung der verschiedenartigsten Interessen, weil »mit dem Wohlstand (auch) die Zahl der Interessen (steigt)« (Grundriß, S. 146). Diese neue Situation schafft neue Kampfformen, wobei sich die originäre Zielorientierung nach dem Eigeninteresse der Gruppe mit ihren rassischen und »ständischen« Integrationsmerkmalen nicht verändert: »Die Gesellschaft (folgt) *naturgesetzlich dem gewaltigen Zuge ihrer Interessen*« (Grundriß, S. 149). Doch die Mittel, die zur Erreichung desselben urwüchsigen Zieles verwendet werden, verändern sich unter den Bedingungen einer rational organisierten Herrschaftsform: Die sich bekämpfenden »Gesellschaftskreise« – von denen jeder, wie »der Staat«, nach Machtvergrößerung strebt – müssen sich der verschiedenartigsten politischen Mittel bedienen, um das Ziel der Macht- und Einflußvergrößerung zu erreichen:

»Der soziale Kampf besteht nun in der Durchführung und Realisierung derjenigen Einrichtungen, welche die Macht des eigenen Kreises auf Unkosten anderer Kreise mehren . . . nach der Lage des betreffenden Gesellschaftskreises, nach dem im Staate eingenommenen Platz, nach seiner Macht und der Natur der in seinem Besitz befindlichen Mittel ist die Art und Weise seines Kampfes eine verschiedene . . .« (Grundriß, S. 148).

Die sich zwangsweise verändernde Mittelverwendung kann also auch den Charakter des Kampfes ums Dasein ändern: Die primitive Kampfform, die gegen Stammesfremde meist mit Waffengewalt geführt wurde, änderte sich im Laufe der Entwicklung und verwandelte sich in eine Kampfform mit politischen Mitteln. Das wesentliche Merkmal dieses »Schauplatzes« sozialer Kämpfe ist deren Vielschichtigkeit, die eine komplexe Gruppenstrukturierung in der modernen Gesellschaft zur Folge hat:

»So ist zum Beispiel die Verweigerung der Vornahme von Kulthandlungen ein Kampfmittel der Priesterschaft; die Ausschließung von gewissen einträglichen und einflußreichen Ämtern ein Kampfmittel des hohen Adels; der gewerbliche „Befähigungsnachweis" ein Kampfmittel der zünftigen Meister; die Beschränkung der Advokatie ein Kampfmittel des Advokatenstandes; Freiheit des Getreidehandels ein Kampfmittel der Großindustrie; die Streiks ein Kampfmittel der Arbeiter usw. usw.« (Grundriß, S. 148).

Die Durchsetzung von Gruppeninteressen hat unter diesen sozialen Bedingungen nur dann eine Chance, wenn sich die Gruppen zu Organisationen zusammenschließen, um ihre Interessen geltend zu machen: »Ohne Organisation, Vereinigung und Versammlung kann der soziale Kampf nicht geführt werden« (Grundriß, S. 150). *Gumplowicz* sieht also ganz klar die wachsende Bedeutung von Interessengruppen in der modernen Gesellschaft, die die eigentlichen Träger des sozialen Kampfes geworden sind. Dieser Kampf, der seiner Intention nach um die rücksichtslose Durchsetzung der Eigeninteressen erbarmungslos und ohne »Treue, Wahrheit und Gewissen« geführt wird (vgl. Grundriß S. 151 f.), kann nur durch eine rationale Herrschaftsordnung, durch die Machtstellung einer geistig und moralisch hochstehenden Elite kanalisiert und unter Kontrolle gehalten werden.

Hinsichtlich unserer Fragestellung kann also abschließend festgestellt werden, daß sich die Struktur der sozialen Gegensätze im Verlauf des kulturellen Auf-

und Abstiegs dahingehend ändert, daß sich die Eindimensionalität der Gruppeninteressen zwecks Befriedigung physischer Bedürfnisse auf eine mehrdimensionale Ebene der Gruppenkonstellationen zwecks Erlangung der Herrschaft verlagert. Wie schon anfangs erwähnt, steht im Hintergrund dieser Gedanken ein zyklisches Modell der sozialen Entwicklung, das an dem »Kreislauf der Entwicklung« (Grundriß S. 252 ff.) – als Aufstieg und Niedergang der Kulturen – orientiert ist und den Begriff des Fortschritts nur in diesem begrenzten Rahmen gelten läßt. Der Rückfall in die Barbarei sei jederzeit möglich: Die Chancen des kulturellen Fortschritts lägen in den Händen einer herrschaftsfähigen Elite bzw. in jenen naturgesetzlich bedingten Mechanismen der natürlichen (Gruppen-)Auslese, die eine solche fähige Elite hervorbringen können.

Tabellarische Zusammenfassung der Strukturtypen sozialer Kampfbeziehungen bei Gumplowicz:

Naturgesetzliche Grundposition:
BEDÜRFNISBEFRIEDIGUNG MITTELS
»DIENSTBARMACHUNG VON MENSCHENKRÄFTEN«

I. Kampf um Befriedigung physischer Bedürfnisse: Lebenserhaltung (Existenzminimum).
HORDEN:

II. Kulturentwicklung = Herrschaftsorganisation = Befriedigung steigender Bedürfnisse + komplexer Interessen (Machtanteil, ideelle Werte usw.)
Kampf um Herrschaft: Maximalisierung der Bedürfnisbefriedigung, hohe Kulturideale
GESELLSCHAFT:

2. William Graham Sumner (1840–1910)

Hauptwerke: The Science of Society (1894), Vol. I.–IV., London 1927
Folkways (1906), New York – London 1940

1. Gesellschaft als Gruppensystem

In Übereinstimmung mit der gesamten bisherigen Tradition sozialwissenschaftlichen Denkens geht auch *Sumner* von der primär auf Bedürfnisbefriedigung angelegten Natur des Menschen aus und stellt auf dieser Grundlage
vier Grundkräfte fest, die als Stimuli des sozialen Handelns bei allen Völkern
stets wirksam waren: Hunger, Liebe, Eitelkeit und Angst. Diese in der
Instinktsphäre verankerten Bedürfnisse nennt *Sumner* – in krassem Gegensatz zu *Simmel* (vgl. Kap. VII, 2/2) – »sozialisierende Kräfte« (Science I,
S. 21), weil sie als »Auslöser« sowohl assoziativer als auch antagonistischer
Beziehungen betrachtet werden können:

a) aus dem Hunger-„Gefühl" entwickeln sich die Produktionsweisen;
b) aus dem Liebesgefühl (Geschlechtstrieb) das generative Verhalten bzw. die demographische
   Struktur der Gesellschaft;
c) aus der Eitelkeit das Bedürfnis nach sozialer Anerkennung (Formen des Prestiges, der
   Ehre usw.);
d) aus der Angst die verschiedenen Formen der Religion und der Ideologien, als auf das
   Bewußtsein wirkende Mittel der Integration zwecks Vermeidung von Angst- bzw. Un-
   sicherheitsgefühlen.

Entsprechend der liberalistischen Konzeption nimmt *Sumner* eine enge Korrelation zwischen Bedürfnisdispositionen und natürlicher Umwelt an und
behauptet, daß sich der Mensch durch seine Lernfähigkeit, auf dem Wege der
»trail-and-failure«-Methode die Strategie der Umweltbewältigung sukzessiv
aneignet. Die grundlegende Tendenz zu Assoziationen wird von den soziali-
sierenden Kräften der Bedürfnis- und Effektivitätssteigerung getragen und
resultiert aus dem Selbsterhaltungstrieb bzw. dem »struggle for existence«.
Unter dem Einfluß der Gesellschaftstheorien von *Spencer* und *Gumplowicz,*
scheint *Sumner* eine Art Synthese zwischen den systemtheoretisch-integrativen
Aspekten *Spencers* und den konflikttheoretisch-antagonistischen Aspekten von
Gumplowicz anzustreben. In Übereinstimmung mit *Spencer* (vgl. Teil I, Kap.
V, 4) geht *Sumner* vom Prinzip der Selbsterhaltung sozialer Einheiten
(»Self-Maintenance«) aus und begreift soziale Integration als einen Verge-
meinschaftungsprozeß, der aus dem natürlichen Streben nach einem Gleichgewichtszustand zu erklären ist. Um das soziale Überleben zu sichern ist es
notwendig, die produktionstechnischen (vgl. Science, I, S. 93 ff.), regulativen,
wie z. B. administrativen, juristischen usw. (vgl. Science I, S. 351 ff.), sowie
die ideologischen (z. B. religiösen) Organisationsformen der funktionellen Bedürfnissen einer gegebenen Gesellschaft im Hinblick auf ihre historisch ge-
wachsene (kulturelle) Eigenart optimal anzupassen. Die Ursache des sozialen
Strukturwandels wird – genau wie bei *Spencer* – auf das Bevölkerungswachstum zurückgeführt, das nicht nur Veränderungen in der Arbeitsorganisation,
Herrschaftsstruktur und sozialen Schichtung, sondern auch im ideologischen
System der Gesellschaft hervorruft:

»Daraus folgt, daß die progressive Zunahme der Bevölkerung jenes Veränderungsmoment in den Elementen der sozialen Situation ist, das den plötzlichen und üblichen Stimulus zur Neuanpassung aller Details der sozialen Struktur, der Funktionen und Beziehungen hervorbringt. Diese Veränderungen konstituieren die Phasen der Zivilisation, in denen Bräuche, Sitten, Philosophien und Institutionen sich einem Wandel unterziehen« (Science, I, S. 67).

Im Unterschied zu *Spencer* und unter dem Einfluß von *Gumplowicz* geht *Sumner* von einem Gesellschaftskonzept aus, das die evolutionären Prozesse der Integration und Differenzierung nicht nur aus der Koordinierung spezialisierter Tätigkeiten als Summe potenzierter individueller Einzelbeiträge auf der Grundlage zweckrationaler, weil sozial notwendiger Regelungen ableitet, sondern diese Prozesse *auch* als Ergebnis tradierter Gruppennormen bzw. als Einwirkungen kollektiv verfaßter Weltanschauungs- und Deutungsweisen auf das soziale Handeln begreift (vgl. unten, Punkt 2). Die Träger des »organischen Lebens« der Gesellschaft sind Gruppen, die durch eine eigenartige Konstellation von Interaktionsprozessen, aus Gründen ihrer Selbsterhaltung all das hervorbringen, was auf den ersten Blick als Leistung individueller Kraftanwendung erscheint. Weder das soziale Leben noch die soziale Entwicklung können ohne jenen bestimmenden Einfluß von verhaltensregulierenden Funktionen verstanden werden, der von der Ganzheit der organischen Gruppen – wie z. B. Familie, Stamm oder Volk – ausgeht:

»Wir wollen jetzt eine zufriedenstellende Definition der Wissenschaft von der Gesellschaft geben: es handelt sich um die Wissenschaft, die die Entwicklung und das Leben der menschlichen Gesellschaft erforscht ... Wenn ein Beobachter durch die Atmosphäre heruntersehen könnte und die menschlichen Wesen auf der Erde sich bewegen und leben sähe, würde er bemerken, daß nicht jeder für sich lebt, sondern alle zusammen. Von seiner Position der Distanz und Abgesondertheit würde er den einzelnen Menschen in der Masse verlieren und könnte nur Gruppen verschiedener Größe ausmachen. Diese würden sich in der Erfüllung der gewöhnlichen Funktion organischer Gruppen präsentieren: In der Erhaltung und Reproduktion des Lebens. Eine Gruppe menschlicher Wesen, die in gemeinsamer Anstrengung leben, um ihr Auskommen zu haben und die Art zu erhalten: Das ist die hier dargebotene Konzeption von menschlicher Gesellschaft« (Science, I, S. 6 f).

Die Urzellen der menschlichen Gesellschaft sind die Gruppen: Ursprünglich bildet jede in sich geschlossene Gruppe ein »soziales System«, das primär auf die Befriedigung von Grundbedürfnissen angelegt ist und in seinem Kampf um die Existenz auf die Ausnutzung der natürlichen Bedingungen seiner Umwelt angewiesen ist. Der Kampf gegen die Natur läßt Kooperationen entstehen. Auf dieser existentiell notwendigen (biologischen) Grundlage eines kooperierenden Gruppensystems entwickeln sich dann Verhaltensregeln, die *Sumner* »folkways« nennt und als normative Bezugspunkte der Handlungsorientierung versteht, die mit Zwangscharakter ausgestattet sind (vgl. *Durkheims* »soziale Tatbestände«, unten, 3/2).

Das Leben der Menschen in Gesellschaft ist durch die Tatsache charakterisiert, daß ihr Verhalten weitgehend von Handlungsmustern determiniert ist, die sie in ihrem sozialen Milieu vorfinden. In jeder Gesellschaft gibt es eine bestimmte Art und Weise wie man sich kleidet, seinen Lebensunterhalt verdient, seine Gesundheit pflegt usw. Diese spezifischen Weisen der Verhaltensvorschriften lassen den Franzosen anders als den Chinesen handeln: Jedes Volk hat seine eigenen Handlungsweisen, um »die Dinge zu machen«, die als »folkways« unabhängig von der individuellen Entscheidung die Art und Weise des sozialen Handelns bestimmen. Die »folkways« erstrecken sich auf alle Bereiche des Lebens; es gibt eine spezifische, für »korrekt« gehaltene Art und Weise des Jagens, der Partnerwahl, Behandlung von Krankheiten, Gastlichkeit, des Umgangs mit Fremden, der Ehrerbietung und dergleichen. All diese Handlungsweisen werden von der Tradition geheiligt und in eingeübten Gewohnheitsregeln fixiert, die die »selbstverständliche« Art und Weise zum Ausdruck bringen, mit der man die »Dinge« »richtig« regelt:

»Der Kampf um die Existenzerhaltung wurde nicht individuell, sondern in Gruppen geführt. Jedermann profitierte von der Erfahrung der anderen; hieraus ergab sich die Übereinstimmung in dem, was sich als ratsam erwies. Schließlich übernahmen alle dieselbe Anschauung zu demselben Zweck; von nun an verwandelten sich die Anschauungen in Sitten und wurden zu Massenphänomenen. In Verbindung mit ihnen wurden Instinkte entwickelt. Auf diese Weise entstanden folkways. Die Jungen lernten sie durch Tradition, Nachahmung und Autorität. Gleichzeitig sorgen (die „folkways") für alle Lebensbedürfnisse vor. Sie sind gleichförmig, universal (gültig) in der Gruppe, tragen Befehlscharakter (imperativ) und sind unveränderlich. Je weiter die Zeit fortschreitet, um so eigenmächtiger, feststehender und befehlender werden die Folkways. Befragt, warum sie auf eine bestimmte Weise in einem bestimmten Fall handelten, antworten primitive Menschen immer, sie täten das, weil sie und ihre Vorfahren es schon immer so getan hätten. Eine Legitimierung (sanction) entsteht also aus der Furcht vor Geistern. Die Geister der Vorfahren würden ärgerlich werden, wenn die Lebenden die alten Folkways ändern sollten (S. 2 f) ... Die Sitte reguliert den gesamten Handlungsablauf einer menschlichen Aktion, – seine Art zu baden, sich zu waschen, sein Haar zu schneiden, zu essen, trinken und fasten. Von der Wiege bis zum Grab ist (der Mensch) ein Sklave alter Gewohnheiten. In seinem Leben ist nichts frei, nichts ursprünglich, nichts spontan, kein Fortschritt zu einem höheren und besseren Leben, und kein Versuch seinen Zustand geistig, moralisch oder seelisch zu verbessern. Auf diese Weise handeln alle Menschen mit nur ein wenig breiterem Spielraum für willentliche Abweichung« (Folkways, S. 4).

Das spezifisch Soziale – mit dem sich die Soziologie als eigenständige Wissenschaft zu beschäftigen hätte – begreift *Sumner* in der Existenz und in den Wandlungen der »folkways«, deren fundamentale Bedeutung eben in der Auswirkung und Macht der Selbstverständlichkeiten liegt: Der Zwangscharakter der »folkways« zeige sich deutlich, wenn man sie zu verletzen versucht. Dabei ist die Bildung von »folkways« – als sozialer Prozeß – relativ einfach: Der Mensch muß leben und muß, um seine Grundbedürfnisse befriedigen zu können, bestimmte Mittel benutzen; ehe er noch gedacht hätte, ist der Mensch zu handeln genötigt; er versucht die gegebenen Mittel so zu verwenden, daß die Art und Weise dieses Einsatzes zum größten Erfolg führt; durch dieses Experimentieren stellen sich die »besten« Methoden der Daseinsbewältigung heraus, die ihre Legitimität aus wachsender Effizienz in der wirtschaftlichen Versorgung herleiten; durch selektives Verfahren und allmähliche Eingewöhnung werden somit bestimmte Weisen des Tuns zur Sitte (»customs«) und etablieren sich mit der Zeit als ein System allgemeinverbindlicher Normen. Die durch die »folkways« als bewährt akzeptierten Handlungsmuster werden folglich mit der Autorität von Normen ausgestattet. Ein sehr langsamer und »mühseliger« Wandel der normativen Grundstruktur der Gesellschaft vollzieht sich erst dann, wenn sich konkrete Möglichkeiten – durch besseren Einsatz der Mittel für das materielle Wohlbefinden der Menschen – zur Verbesserung ihres

Lebensstandards abzeichnen. Die Regeln der »folkways« sind gültig, solange sie keinen »Schmerz« verursachen; sie müssen sich dem optimalen Grad möglicher Lust- und Bedürfnisbefriedigung (zwangsweise) anpassen. Die ständige Neugestaltung und Kreation von »folkways« hat einen handlungsstabilisierenden Effekt, indem die Akzeptierung gemeinsam geltender »Orientierungen« das gruppenspezifische Zusammengehörigkeitsgefühl bei den einzelnen Mitgliedern stärkt. Die kooperierende Gruppe entwickelt ein »Wir-Gefühl«, das sie von Fremdgruppen – mit einem anderen System von »folkways« – distanziert. Aus diesem Wir-Bewußtsein leitet dann *Sumner* die Kategorien von »in-group« und »out-group« ab:

»Das Konzept der ‚primitiven' Gesellschaft; Wir-Gruppe und Fremdgruppe.

Die Konzeption der ‚primitiven Gesellschaft', die wir zu entwerfen haben, ist die von kleinen, über ein Gebiet verstreuten Gruppen. Die Größe der Gruppen wird durch die Bedingungen des Existenzkampfes bestimmt. Die innere Organisation jeder Gruppe entspricht ihrer Größe. Eine Gruppe von Gruppen kann einfache Beziehungen zueinander haben (Blutsverwandtschaft, Nachbarschaft, Bündnis, Ehe, Handel), was sie miteinander verbindet und sie von anderen unterscheidet. Auf diese Weise entsteht eine Differenzierung unter der Wir-Gruppe oder „in-group" selbst und allen anderen oder „out-groups". Die „insider" in einer Wir-Gruppe stehen zueinander in einer Beziehung, die von Friede, Ordnung, Gesetz, Regierung und Gewerbe geprägt ist. Ihre Beziehung zu allen Außenseitern oder zu Fremdgruppen ist von Krieg, Plünderung (gekennzeichnet), ausgenommen, wenn sie durch Übereinkünfte modifiziert werden. Wenn eine Gruppe exogam strukturiert ist, sind die Frauen irgendwo außerhalb geboren worden. Andere Fremde, die man bei ihnen finden könnte, sind akzeptierte Personen, Gastfreunde und Sklaven.

Gefühle in der in-group und gegenüber der out-group.

Die Beziehungen von Kameradschaft und Friede in der Wir-Gruppe und die von Feindschaft und Krieg gegenüber Fremdgruppen korrelieren miteinander. Die Erfordernisse, Krieg mit Außenseitern zu führen, bringen den Frieden im Inneren . . . (denn sie) stellen auch Regierung und Gesetz innerhalb der Wir-Gruppe her, um Streitigkeiten zu verhüten und die Disziplin zu stärken. Auf diese Weise reagierten Krieg und Friede aufeinander und entwickelten sich gegenseitig, der eine in der Gruppe, der andere in den Zwischengruppenbeziehungen. Je näher die Nachbarn sind und je stärker, um so intensiver ist die Kriegsfurcht und dadurch um so intensiver die innere Organisation und Disziplin eines jeden. Gefühle werden erzeugt, um miteinander übereinzustimmen. Loyalität zur Gruppe, das Opfer für sie, Haß und Verachtung gegenüber Außenseitern, Brüderlichkeit im Inneren, Feindlichkeit nach außen – alles entsteht zusammen als gemeinsames Produkt derselben Situation. Diese Beziehungen und Gefühle begründen eine Sozialphilosophie. Sie ist geheiligt durch die Verbindung zur Religion. Menschen aus einer Fremdgruppe sind Außenseiter samt ihren Vorfahren, mit denen die Vorfahren der Wir-Gruppe Krieg führten. Die Geister der letzteren sehen mit Vergnügen, daß ihre Nachkommen den Kampf aufnehmen und werden ihnen helfen. Die Tugend besteht im Töten, Plündern und Versklaven der Außenseiter.

Ethnozentrismus ist der terminus technicus für diese Art die Dinge zu sehen, in der die eigene Gruppe der Mittelpunkt aller anderen ist . . . Folkways stimmen darin überein, beide, die inneren und äußeren Beziehungen zu festigen („cover"). Jede Gruppe nährt ihren eigenen Stolz und ihre Eitelkeit, brüstet sich mit Überlegenheit, preist ihre eigenen Götter und sieht mit Verachtung auf die Außenseiter. Jede Gruppe denkt, daß nur ihre eigenen Folkways die richtigen sind, und wenn sie bewertet, daß andere Folkways haben, erregen diese ihre Verachtung . . .« (Folkways, S. 12 f.)

Solange noch genügend Raum zur Verfügung steht, zerstreuen sich die Gruppen auf dem Erdball und weichen im Konfliktfall einander aus: Aus dem stets wachsenden Spannungsverhältnis zwischen der Zunahme der Bevölkerung (vgl. *Spencer*) und dem immer knapper werdenden Nahrungsspielraum entstehen konfliktträchtige Beziehungen zwischen den »in-« und »out-groups«: Die

Knappheit der vorhandenen Nutzfläche zwingt die Gruppen zur inneren Differenzierung und zum »äußeren« Arrangement mit Fremdgruppen. Die Schwierigkeiten, die aus der Situation des »man-land-ratio« erwachsen, führen zu antagonistischen Formen der Auseinandersetzung zwischen Gruppen und machen dem friedlichen Verkehr auf einem relativ großen Territorium ein Ende. Dichtgedrängt nebeneinander wohnend und mit zunehmender Bevölkerung beschränkt sich dann der Kontakt der einzelnen Gruppen untereinander vorzugsweise auf Plünderung und Krieg. Je näher also die Gruppen zusammenleben, desto stärker werden die Konflikte mit den Fremdgruppen, desto stärker aber auch die innere Organisation der Eigengruppe. Aufgrund dieser Situation wird jede Gruppe dazu genötigt, die eigene Normorientierung und Gefühlsbeziehungen unter ihren Mitgliedern im Interesse der Loyalität zur Eigengruppe zu intensivieren, die Aufopferung für die eigene und Haß und Verachtung gegenüber den Fremdgruppen zu verlangen. Aus dem Kampf um die Existenz, vorerst als Kampf gegen die Naturgewalten, entwickelt sich also eine normative Intoleranz, die – wie in der Konzeption von *Gumplowicz* – zu einem Gruppenkampf ums Dasein entartet. Die Intensität dieses Kampfes wird zwar auf die ökonomischen Verhältnisse (Ernährungsprobleme, »man-land-ratio«) zurückgeführt, doch wird die gesteigerte Form der Auseinandersetzungen mit der (oben erörterten) normativen Intoleranz zusätzlich begründet. Die Kampfenergien einer jeden Gruppe können durch die Konfrontation der unterschiedlichen »folkways« potenziert werden: Jede Gruppe hält ihre eigenen Verhaltensweisen für gut und richtig; stellt man aber fest, daß die »Nachbargruppe« unterschiedliche Bräuche entwickelt hat, dann können so alltägliche Dinge, wie z. B. die Art der Kleidung, die Ernährung, die Religionsformen zum Gegenstand des Zornes oder Hasses gemacht werden, um das eigene Wertsystem neuerlich zu stärken.

2. *Rolle und Entwicklung des standardisierten Verhaltens im sozialen Leben*

Auch nach *Sumner* bildet das Zusammenwachsen ursprünglich homogener Gruppen zu heterogenen Gebilden den Motor der sozialen Evolution: Diese Entwicklung ist das Ergebnis von Naturgesetzen, das sich in der »natürlichen« Auslese der Tüchtigen und in der Anpassungsbereitschaft an die Lösung »natürlicher« Existenzfragen zeigt. So wie auch die »folkways« nicht das Ergebnis bewußter menschlicher Bestrebungen sind, folgt auch die soziale Entwicklung der »Stimme der Natur«, hier in erster Linie als biologische Stärke bestimmter Gruppen zu verstehen. Die Kraft zum Überleben und zur Fortpflanzung schaffen die »Grundgegebenheiten«, aus denen sich dann sinnvolles Tun ergibt: Die höherentwickelten sozialen Organisationsformen sind als Ergebnis dieser »natürlichen Auslese«, ähnlich der Bewegung von »Naturkräften«, zu betrachten. Die Herausforderung durch die naturgegebene und von den Menschen unbewußt geschaffene soziale Umwelt (durch Fortpflanzung verursachte Bevölkerungsexplosion) setzt also soziale Entwicklung in Gang:

»Das ganze Leben des menschlichen Wesens, in allen Epochen und auf allen Kulturstufen wird primär durch eine Unzahl von folkways kontrolliert, die von der frühesten Existenz der Rasse überliefert wurden und in ihrer animalischen Natur verharrten; nur die obersten Schichten der „folkways" sind dem Wandel und der Kontrolle unterzogen und etwas modifiziert durch die menschliche Philosophie, Ethik und Religion oder durch andere Akte intelligenter Reflexion« (Folkways, S. 4).

Den historischen Prozeß der gesellschaftlichen Entwicklung vom »Homogenen zum Heterogenen«, von der einfachen Zusammengesetztheit zur Komplexität, sieht *Sumner* – im Unterschied zu *Spencer* – in der allmählichen Verbreitung antagonistisch gelagerter Kooperationsbeziehungen. Der Zwang zur Kooperation mit Fremdgruppen ergibt sich aus der Bevölkerungsdichte und Raumenge (vgl. oben) und bewirkt ein Kommunikationsarrangement, das einerseits aus dem nackten Kalkül auf Vorteile, andererseits aus der Unterdrückung antagonistischer Interessen zugunsten der gemeinsamen Interessen resultiert. Im Falle, daß gemeinsame Interessen zwischen Fremdgruppen mehr Vorteil durch höhere Effizienz der koordinierten Aktionen bieten, entstehen die Voraussetzungen für eine dauerhafte Kooperation. *Sumner* ist sich aber dessen bewußt, daß die rein funktionalistisch angelegte Kooperation zwischen Gruppen mit unterschiedlichen Normsystemen nur ein sehr brüchiges »arrangement« hervorbringen kann, das durch seine Labilität den relativen Friedenszustand stets gefährdet. Um komplexe Gebilde strukturell zusammenhalten zu können ist es notwendig, bestimmte, die gemeinsamen Interessen schützende Regelungen zu treffen, damit jeder das tut, was er tun muß. Darüberhinaus müssen jedoch die auf bloßer Gewohnheit beruhenden »folkways« (eigentlich: »Volksanschauungen«) auf diesem neuen Stand der komplexer gewordenen sozialen Wirklichkeit mit neuen abgewandelten Inhalten internalisiert werden. Bestimmte Verhaltensweisen – wie z. B. Pünktlichkeit, Disziplin, Pflichtgefühl, Recht, Respekt vor Vorgesetzten usw. – erlangen unter diesen Bedingungen eine überragende Bedeutung, die mit verschärfter sozialer Kontrolle (juristischer Art) überwacht werden. Die »folkways« gestalten sich in »mores« um:

»Wenn die Elemente von Wahrheit und Recht sich zu Doktrinen der Wohlfahrt entwickelt haben, sind die folkways auf eine andere Ebene gehoben. Dann werden sie fähig Kausalketten herzustellen, neue Formen zu entwickeln und ihren konstruktiven Einfluß über Menschen und Gesellschaft zu verbreiten. Dann nennen wir sie mores. Die mores sind folkways, einschließlich der philosophischen und ethischen Verallgemeinerungen bis zur gesellschaftlichen Wohlfahrt, die von ihnen beeinflußt wird und ihnen eigen ist, während sie wachsen« (Folkways, S. 30).

Das Wissen um die Rechtmäßigkeit, Wahrheit und (moralische) Güte ist bereits in den »folkways« enthalten; es läßt sich aber kein fest definierter Beurteilungsmaßstab (»doctrine«) anlegen. Außerdem schützt die Autorität der Geister der Ahnen die bestehenden »folkways«, denn die Kenntnis von Recht und Pflicht und den Modalitäten des sozialen Wohlergehens wurden in Verbindung mit Geisterfurcht und Transzendenz entwickelt, ein Vorgang, der mit der Entstehung der Religiosität und ihrer utilitarischen Verquickung von Geisterfurcht und rechter Lebensführung vergleichbar ist. Recht, Pflicht und soziales Wohlergehen sind voneinander kaum zu trennen, weshalb sie dann auch für den prozessualen Übergang der »folkways« zu »mores« kennzeichnend sind. Dieser Übergang, der in der Evolution von gewohnheitsmäßigem Handeln zur bewußten Verinnerlichung normgerechten Handelns – von Gewohnheit zu Sitte und Institutionalisierung – führt, ist in der Realität kaum feststellbar und hat nur einen analytischen Wert für den Forscher. Es ist unmöglich, die Elemente der Philosophie von den Bräuchen (»customs«) zu trennen und irgendeine Priorität durch einseitige Kausalität zu setzen. Philosophische, religiöse oder weltanschauliche Doktrinen haben keine kreative, sondern nur eine regulative Rolle in ihren Beziehungen zu den »folkways«. Doktrinen und »folkways« wirken aufeinander ein und grenzen den gegenseitigen Entwicklungsspielraum ab: Maximale Bedürfnisbefriedigung (d. h. »welfare«) und Zufriedenstellung der Wünsche der »Götter« und Ahnen (d. h. Traditionalismus) fielen im Hinblick auf das System normativer Regelungen der Handlungsorientierung stets zusammen. Wenn z. B. in den heutigen »mores« Einsicht und Rationalität vorherrschen, so müssen sich auch die Weltreligionen mit ihrem Normsystem auf die gewandelten »mores« einstellen, d. h. sich danach richten, Maßstäbe nicht so sehr auf ein Leben nach dem Tode, sondern für das irdische Leben zu setzen. Somit sind gegenwärtig vorherrschende religiöse Weltdeutungen (»Doktrinen«) als Resultat der Anpassung der Religion an die in den »mores« zum Ausdruck kommenden sozialen Erfordernisse zu betrachten [1]:

»Fängt ein römisch-katholisches, mohammedanisches oder protestantisches Kind damit an, die Dogmen seiner Religion zu lernen und darauf seinen Lebenskodex aufzubauen? Mitnichten. Es beginnt, den Sitten seiner Familie und seiner sozialen Umwelt gemäß darin zu leben: Die breite Masse Mensch tut in jedem Fall nichts anderes als das, was sie vom Charakter der Umgebung aufnimmt. Wenn sie überhaupt die religiösen Dogmen lernen, dann oberflächlich, nachlässig, falsch. Sie sind im Ritual erzogen, an Gebräuche gewöhnt, erfüllt von den Vorstellungen der sozialen Umwelt. Sie hören und wiederholen die gängigen Sprichworte, Redensarten und Grundsätze. Sie nehmen wahr, was bewundert, verlacht, verabscheut, gewünscht wird von den Menschen um sie herum. Sie lernen den Verhaltenskodex – das, was als dumm, witzig, stilvoll, klug oder närrisch angesehen wird, und sie richten sich nach diesen Ideen. Sie entwickeln ihre ,standards' von denen ihrer Umgebung . . .
Daraus folgt aber, daß auf die Sitten zu jeder Zeit die wechselnden umgebenden Bedingungen und das soziale Wachstum eingewirkt haben, auch der Wechsel in der Kunst, und sie folgen diesen Einflüssen ohne Rücksicht auf religiöse Institutionen oder Doktrinen oder werden höchstens laufend Kompromisse zwischen den tradierten Institutionen und Vorstellungen einerseits und (ihren eigenen) Interessen andererseits schließen. Die Religion hat den Sitten zu folgen. Ihrer Natur nach ändert sich keine Religion jemals. Jede Religion ist absolut und ewig wahr . . .

Aber doch ist nichts absolut und ewig wahr. Alles muß sich wandeln. Die Religion bildet keine Ausnahme. Folglich besitzt jede Religion eine (den Neuerungen) widerstrebende Trägheit, die durch die bewegenden Kräfte überwunden wird. Die (Eigen-)Interessen sind die Kräfte, weil sie in den Menschen mit Hunger, Liebe, Eitelkeit und Furcht korrespondieren, und die wirklichen Sitten einer Epoche sind das Resultat aus der Durchsetzungskraft von (Eigen-) Interessen und der Trägheit der Religion. Die führenden Männer einer Epoche lassen sich weder auf die Seite der (Eigen-)Interessen noch auf die des Beharrens ziehen, und die Massen schwimmen auf der daraus resultierenden Strömung der Sitten mit.
Religion ist Tradition. Sie ist ein Produkt der Geschichte und ist im Ritual, in den Institu-

---

1 Sumner, W. G.: Religion and the Mores, in: Journal of American Sociology, vol. LX, 1954, Supplement. S. 19–32 (S. 19–22).

tionen und Ämtern verkörpert, die historisch gewachsen sind. Von Zeit zu Zeit kann man bemerken, daß man die religiösen Verallgemeinerungen nicht für wahr halten kann; die Erfahrung bestätigt sie nicht. Schließlich nimmt auch die Skepsis zu, und neue Anstrengungen der Philosophie werden nötig, um die religiösen Dogmen wiederherzustellen oder neue Kompromisse zu schließen. Die Philosophie erscheint als Kraft der Revision und Revolution. Im Neuen Testament sehen wir, wie eine neue Philosophie den rabbinischen Judaismus untergräbt und überwindet. Diese Art des Wirkens kann man in der Geschichte jeder Religion erkennen. Sie ist oft wiederholt worden. Die institutionalisierte und traditionelle Religion stellt sich als ein ererbtes und etabliertes Produkt dar; die Philosophie erscheint als ein neues und destruktives Element, das reformistisch zu wirken für sich beansprucht und vielleicht auch hervorbringt, das aber mit Destruktion beginnt.

Wir können eine dieser Wirkungen im kirchlichen Schisma des 16. Jahrhunderts erkennen. Das mittelalterliche System brach im 15. Jahrhundert zusammen. Es war nicht imstande, die Wucht der großen Veränderungen in jener Epoche auszuhalten. Es wurden neue Lösungen für die großen sozialen Verpflichtungen verlangt. Zum Beispiel wurde der Staat geschaffen und mit den Pflichten beauftragt, deren Erfüllung die Kirche für sich beansprucht hatte. Auf diese Weise erhielt der Staat die Kontrolle über Heirat, Scheidung, Legitimität, Eigentum, Erziehung usw. Das wurde zur Sitte, und die Sitten änderten sich. Die Massen akzeptierten die Veränderungen und richteten sich diesen Idealen gemäß aus. Sie wendeten sich an den Staat statt an die Kirche zur Verteidigung und Kontrolle wichtiger Interessen, und das Schisma der Kirche war das Ergebnis. Diejenigen, die weiterhin den Glauben an den sakramentalen Charakter der Religion behielten, hielten an den Institutionen, Dogmen, dem Ritual usw. fest, die mit der sakramentalen Religion übereinstimmten; diejenigen, die die sakramentalen Dogmen zurückwiesen, entwickelten neue Gebräuche und Institutionen, um ihre religiösen Bedürfnisse und ihre Erfahrungen zu befriedigen . . .

Ein charakteristisches Merkmal der heutigen Sitten aller intelligenten Klassen ist die Erforschung der Wahrheit, und zwar mit Recht, seitdem das menschliche Wohlergehen vor allem von der genauen Kenntnis der Welt . . . und von der menschlichen Natur abhängt.«

Es sind also nicht religiöse oder moralische Vorstellungen und »Doktrinen«, die die sozialen Interaktionsprozesse bedingen, sondern umgekehrt: Weltanschauung, verschiedene Konzeptionen von Gerechtigkeit, Recht, Moralität, sind Ergebnisse von Reflexionen, die die jeweils gemachte Erfahrung von Lustgewinn und Schmerzvermeidung generalisieren und eine bestimmte Art und Weise der Einstellung widerspiegeln, mit der man versucht, soziale Probleme zu meistern und sich im Kampf ums Leben behaupten zu können.

Der Ursprung der »mores« ist unbekannt und der Respekt vor ihren (ungeschriebenen) »Vorschriften« kann nicht durch organisierte Sanktionen erzwungen werden: Die Verletzung moralischer Regeln kann nur diffuse Sanktionen nach sich ziehen. Auf einer höheren Zivilisationsstufe wird jedoch infolge des komplexen Zusammenwachsens heterogener Gruppensysteme die gesetzliche Fixierung bestimmter Verhaltensweisen und Handlungsmuster nötig, die eine neue Art der sozialen Regulierung und Kontrolle von koordinierten Handlungsabläufen darstellt. Im Unterschied zu den »mores« bezieht das Gesetz aus rationalen Überlegungen seine Autorität: Seine Entstehung setzt Reflexion voraus und ist dazu bestimmt, den Spielraum für unerlaubte Handlungsweisen genau zu definieren, bzw. rechtliches Vergehen mit organisierten Sanktionen zu bestrafen. Die präzise (schriftlich fixierte) Regulierung dauerhafter und für ein gewaltloses Zusammenwirken erforderlicher Beziehungen (= Institutionalisierung) hat den – nur rational zu erfassenden – Vorteil, die Berechenbarkeit der Handlungsweisen und damit die Stabilisierung des gegenseitig gestellten Erwartungssystems verschiedenster Gruppen in der Gesellschaft herbeizuführen. Während die »mores« aus unmittelbaren Nützlichkeitserwägungen entstanden sind und »in sich« – durch unmittelbare Evidenz und Gefühle – ihre Legitimation und Autorität zur Ausübung von Kontrolle und Konformitätszwang haben, bedürfen Gesetze bzw. gesetzlich konstruierte Institutionen der expliziten, mit der kollektiven Nützlichkeit begründbaren Rechtfertigung. Während sich die Menschen den »mores« im allgemeinen aus innerer – rational nicht mehr begründbarer – Überzeugung (Vorurteil, Gewissen, Gefühle) anpassen, ist Konformität mit Gesetzesvorschriften nur per Einsicht bzw. rationaler Rechtfertigung denkbar. Gesetze und Institutionen, die einen rationalen und praktischen Charakter haben, bezwecken Uniformisierung: Sie können sich nicht so schnell und spontan wie die »mores« den Veränderungen der Situation anpassen. Es ist daher nach *Sumner* besonders wichtig, daß die Gesetzgebung »ihre Stütze in den mores« sucht und in ihrer gesetzgeberischen Aktivität stets einen passenden Kompromiß zwischen traditionellen und neuen »mores« findet. Es ist nämlich unmöglich, aufgrund intelligenter Bestrebungen bzw. technisch-rationaler Erwägungen die Sitten zu entwickeln, und die legislativen Maßnahmen müssen große Rücksicht auf die faktisch herrschenden »mores« nehmen: Um eine allzu große Diskrepanz zwischen Gesetzen und »mores« zu vermeiden, ist es für eine rationale Gesellschaftslenkung unerläßlich, den Einfluß des sozialen »Milieus« einzukalkulieren.

Sumners Analyse des standardisierten Verhaltens im sozialen Leben bot in Anlehnung an die Lehre *Spencers* einen bedeutenden anthropologischen *Ansatz* zu einer Theorie der Institution. Entstehung und Funktion sozialer Institutionen wird hier aus der Natur des Menschen abgeleitet. Den Grundgedanken von *Sumner* faßt *Schelsky* wie folgt zusammen [2]:

>»Alle Menschen haben ähnliche Grundbedürfnisse (basic needs); Versuch und Erfolg (trial and error) in der Befriedigung dieser Bedürfnisse schaffen daher bei dem Individuum Gewohnheiten (habits), kollektiv gesehen relativ einheitliche Brauchtümer (customs oder folkways), die von Generation zu Generation überliefert werden. Tritt bei den Individuen der Glaube an die Wahrheit und Richtigkeit dieser Bräuche hinzu, d. h. wird das regelmäßige Handeln als Norm in das Bewußtsein aufgenommen, so entwickeln sich Sitten, die dann die Grundlage der sozialen Institutionen bilden, die demnach *die normativ bewußt gemachten, auf Dauer gestellten Regelmäßigkeiten des sozialen Handelns* sind. Diese soziale Entwicklung, die wenigstens abstrakt-anthropologisch vom individuellen Handlungsversuch ausgeht und über Gewohnheit, Brauch und Sitte zur Institution führt, ist zugleich von einer Evolution der animalischen Bedürfnisse (needs) zu bewußten menschlichen Interessen begleitet.«

3. Emile Durkheim (1858–1917)

Hauptwerke: De la division du travail social (Über die Teilung der sozialen Arbeit) (1893), 4. Aufl. Paris 1922
Le suicide (Der Selbstmord) (1897), Paris 1960
Regeln der soziologischen Methode (1895), hersg. R. König, 2. Aufl. = Soziologische Texte, Bd. 3, Neuwied 1965

2 Schelsky, H.: Zur soziologischen Theorie der Institution, in: Zur Theorie der Institution hersg. H. Schelsky, = Interdisziplinäre Studien, Bd. I, Düsseldorf 1970, S. 10–26 (S. 13).

Um das wissenschaftliche Anliegen *Durkheims* zu verstehen ist es notwendig, den ersten Satz seiner Vorrede zur »Division du travail social« zu interpretieren:

»Dieses Buch ist vor allem ein Versuch, die Fakten des moralischen Lebens nach der Methode der positiven Wissenschaften zu skizzieren« (Division, S. XXXVII).

Als Exposition sollen drei Bemerkungen vorausgeschickt werden:

a) Als Reaktion auf die funktionalistischen (wie z. B. *Spencer*) und naturalistisch-sozialdarwinistischen (wie z. B. *Gumplowicz*) Theorien hebt *Durkheim* die Rolle der moralischen Werte als primär gesellschaftskonstitutive Faktoren hervor;

b) das Faktum des Moralischen soll im Sinne der »positiven Wissenschaften« als eine säkularisierte Moral verstanden werden, deren wesentliche Funktion in den solidarischen Beziehungen zwischen den Menschen besteht;

c) die Fakten des moralischen Lebens haben sich infolge der komplexen Struktur der modernen Gesellschaft zwar formal geändert, doch bilden sie weiterhin, im Zusammenhang mit der Handlungsorientierung nach materieller Nützlichkeit (– Mensch als Naturwesen –), die grundlegenden Bestandteile des Sozialen (– Mensch als Kulturwesen –).

Die folgende Darstellung soll zuerst die methodischen Fragen, dann das Gesellschaftskonzept und schließlich die Aspekte der sozialen Entwicklung behandeln.

1. Grundregeln der sozialwissenschaftlichen Methode: soziale Erscheinungen dürfen nur durch andere soziale Erscheinungen erklärt und nur »wie Dinge« betrachtet werden

Den größten Fehler aller bisherigen Gesellschaftstheorien sah *Durkheim* in deren methodologisch falschen Prämissen: anstatt soziale Erscheinungen durch andere soziale Erscheinungen zu erklären, versuchten »die Moralisten« die soziale Handlungsorientierung aus dem individuellen Streben nach einem erwünschten oder normativ geltenden Ideal abzuleiten, während die »Ökonomisten« (Liberale und Marxisten) die letzte Ursache sozialen Handelns auf ökonomische Motive zurückführten. In beiden Fällen werde die Rolle und der Einfluß des spezifisch Sozialen verkannt: Soziales Handeln kann nicht auf eine wie auch immer geartete individuelle Disposition – sei sie altruistischer oder egoistischer Natur – zurückgeführt werden. Moralische Ideale oder ökonomische Zwecksetzungen sind nur dann soziologisch relevant, wenn sie nicht als eine in der individuellen Natur des Menschen verankerte Erscheinung betrachtet, sondern auf ihren sozialen Ursprung zurückgeführt werden. Diese Betrachtungsweise schließt jedoch die Annahme einer, wie auch immer definierten »letzten« Ursache einer bestimmten sozialen Erscheinung aus und muß sich auf die Beschreibung und Erklärung ihrer gesellschaftlichen Funktion bzw. ihrer »internen Bedeutung« beschränken (vgl. Teil I, Kap. V, Zusammenfassung des Positivismus).

Überprüft man z. B. die Vulgärvorstellungen oder die herkömmlichen Definitionen vom Wesen der Religion, so ist es soziologisch weder nachweisbar, daß »der Mensch von Natur aus Gott brauche«, noch sind Glaubenssätze und -handlungen aus der gängigen Definition der Religion – die doch in jedem Kult vorzufinden sind – erklärbar [1]. Auch die Ableitung der Religion von einer Gottesidee, nach der z. B. der Buddhismus keine Religion sein dürfte, sagt noch nichts über die soziale Erscheinung religiösen Verhaltens aus. Die Untersuchung dieses Phänomens soll vielmehr bei den »religiösen Sachverhalten« als Teilen des gesamten Phänomens der Religiosität analytisch ansetzen. Auf der Suche nach einem solchen, für alle Religionen typischen Teil-Merkmal kommt *Durkheim* zum Typus kultischer Handlungsweisen:

»Bei dem Versuch, den Kult zu definieren, wird man jedoch gewahr, daß er, für sich genommen, sofern man ihn nicht auf irgend etwas anderes bezieht, keine spezifische Eigenart besitzt. Er besteht einfach aus Praktiken, das heißt aus definierten Handlungsweisen. Da jedoch andere soziale Handlungsweisen dieselben Determinanten haben, ist es notwendig, die Besonderheit der ersteren genauer darzulegen. Kann man behaupten, daß sie, zumindest größtenteils, obligatorisch sind? Aber Recht und Moral tragen denselben Charakter! Wie lassen sich die rituellen Vorschriften von den moralischen und rechtlichen Maximen unterscheiden? Mit der Behauptung, die einen regelten die Beziehungen der Menschen untereinander, die anderen die Beziehungen der Menschen zu den Göttern, glaubte man sie auseinanderhalten zu können. Wie wir jedoch gesehen haben, gibt es Kulte, die nicht an Götter gerichtet sind (z. B. Totemismus – von mir, G. K.). Die Unterscheidung ist um so weniger brauchbar, als bis in die jüngste Zeit religiöse Moral und menschliche Moral, das weltliche und das göttliche Recht ein und dasselbe waren. So hatte in vielen Gesellschaften die Beleidigung eines Mitmenschen die gleiche Bedeutung wie eine Beleidigung der Gottheit. Selbst heute, für den aufgeklärten Gläubigen, ist die Erfüllung der Pflichten gegenüber dem Nächsten ein Teil der kultischen Verpflichtung, die beste Art und Weise Gott zu ehren. Sicher: Man umgeht all diese Unannehmlichkeiten, wenn man ganz allgemein sagt, daß der Kult sich als die Gesamtheit der Handlungen darstelle, welche die als heilig verehrten Güter betreffen. Denn wenn es auch Riten und Götter gibt, so sind doch die Objekte, auf welche sich die Riten beziehen, *per definitionem* heiliger Natur . . .« (Religion, S. 130 f).

Kultische Handlungsweisen, deren Objekt »heilige Güter« sind, müssen wiederum aus anderen sozialen Tatbeständen erklärbar sein. Die allen religiösen Verhaltensweisen gemeinsamen typischen Eigenschaften des Sakralen lassen sich im wesentlichen auf zwei weitere Erscheinungsformen zurückführen; auf ihren verpflichtenden Charakter und auf Glaubensvorstellungen (Dogmen und Mythen). Im Unterschied zu den modernen, von Ethik und Wissenschaften geprägten profanen Gesellschaften [2], haben religiöse Normen in früheren Gesellschaften einen sozial verbindlichen Charakter gehabt: Der Verstoß gegen Glaubenspflicht und kultische Handlungsvorschriften wurde, je nach Grad der Abweichung, bestraft. Wenn auch diese (zusätzliche) Erscheinung allein noch nicht ausreicht, das Spezifische am Religiösen bestimmen zu können, so weist dieser »soziale Tatbestand« doch darauf hin, daß religiöse Phänomene – in enger Nachbarschaft zu sittlichen und rechtlichen Handlungen – dem Individuum seitens der Gesellschaft eine Obligation auflegen:

1 Durkheim: Zur Definition religiöser Phänomene, in: Matthes, J.: Religion und Gesellschaft, Bd. I, II, Hamburg 1967, I, S. 120–141 (im folgenden zitiert: Religion).
2 Über Durkheims Religionssoziologie, vgl. die knappe und ausgezeichnete Zusammenfassung von R. Aron: Les étappes de la pensée sociologique, Paris 1967, S. 345–361.

»Eine Verwechslung mit dem Recht oder der Sitte ist nicht möglich. Die Bindung durch Rechtsnorm ist etwas anderes als die Verbindlichkeit der Glaubenssätze. Zweifellos besitzen beide *per definitionem* imperativen Charakter. Die ersteren zwingen uns zu einem Verhalten, die letzteren jedoch zu einer bestimmten Denkweise. Die einen fordern von uns bestimmte Handlungsweisen, die anderen bestimmte Geisteshaltungen. Der ganze Unterschied, der zwischen Denken und Handeln, zwischen der Funktion der Vorstellungskraft und den motorischen und praktischen Funktionen besteht, spiegelt sich in ihnen. Wenn andererseits auch die Wissenschaft aus Anschauungen besteht, und zwar aus kollektiven Anschauungen, so sind diese von den ersteren dadurch unterschieden, daß sie nicht ausdrücklich obligatorischen Charakter besitzen. Es ist vernünftig an sie zu glauben, jedoch ist man weder moralisch noch juristisch dazu gezwungen« (Religion, S. 133).

Die Bezugspunkte (Objekte) religiösen Verhaltens sind weiterhin Mythen und Dogmen, auf jeden Fall Glaubensvorstellungen, die zugleich einen theoretischen und praktischen Aspekt haben: »Weder ist die Religion ausschließlich eine obligatorische Philosophie noch eine praktische Disziplin, sie ist beides zugleich« (Religion, S. 135). Handeln und Glauben stehen in wechselseitiger Beziehung zueinander:

».. . die als religiös bezeichneten Phänomene bestehen aus verpflichtenden Glaubensformen, welche mit definierten Handlungsweisen verbunden sind, die sich auf die in den Glaubensvorstellungen gegebenen Objekte beziehen« (Religion, S. 136).

Phänomene – in diesem Falle die der Glaubensvorstellungen –, die einen obligatorischen Charakter besitzen, sind sozialen Ursprungs; denn »eine Verpflichtung impliziert einen Befehl und folglich eine Autorität, die befiehlt. Die Verpflichtung des Individuums, sein Verhalten bestimmten Regeln anzupassen, ist nur dann gegeben, wenn eine moralische Autorität ihm diese Regeln auferlegt« (Religion, S. 137). Diese moralische Autorität ist aber die Gesellschaft (das Kollektivbewußtsein), die durch ihre »öffentlichen Institutionen« für die Einhaltung dieser Handlungsregeln sorgt. Die Ursache religiöser Erscheinungen liegt also weder im Transzendentalen noch im subjektiven Bedürfnis der Einzelnen, sondern in der Struktur der Gesellschaft. Die »Natur« der Religion ist also eine soziale Erscheinung, deren handlungsleitenden Funktionen aus den symbolischen Formen der sozialen und moralischen Interessen erklärbar werden.

Von derselben methodologischen Position, von der *Durkheim* religiöse Erscheinungen soziologisch »in den Griff« bekommen wollte, übte er auch an jenen Theorien Kritik, die entweder die letzte Ursache des sozialen Handelns, ungeachtet der Gemeinschaftswerte, im egoistischen Nutzstreben zu lokalisieren versuchten (utilitaristisch-liberalistische Konzeptionen) oder aber das soziale Verhalten als einen zweckrational orientierten Anpassungsvorgang an die funktionalen Bedürfnisse der arbeitsteiligen Welt auffaßten. Diese Theoretiker (gemeint war vor allem *Spencer*) gingen von der strukturbestimmenden Rolle der ökonomischen Arbeitsteilung aus und versuchten allein auf Grund dieses sozialen Tatbestandes das Funktionieren der Gesellschaft zu erklären:

»Nach der am meisten verbreiteten Theorie ist sie nur aus dem Verlangen des Menschen nach immer mehr Glück entstanden. Denn bekanntlich steigt der Ertrag mit zunehmender Arbeitsteilung, die uns ja reichere und wertvollere Hilfsquellen erschließt. Der Fortschritt der Naturwissenschaften vollzieht sich schneller; die Kunstwerke werden zahlreicher und anspruchsvoller;

die Industrie produziert mehr und bessere Güter. Da der Mensch nun alle diese Dinge braucht, müßte er um so glücklicher sein, je mehr er davon besitzt, und folglich danach trachten, sie zu erwerben. Wenn das zutrifft, läßt sich die stetige Weiterentwicklung der Arbeitsteilung ohne weiteres erklären; ein leicht denkbares Zusammentreffen von Umständen kann die Menschen, so meint man, auf einige dieser Vorteile aufmerksam gemacht und dazu veranlaßt haben, die Arbeitsteilung weiter auszubauen, um daraus den größtmöglichen Nutzen zu ziehen. Nur individuelle und psychologische Einflüsse würden dann ihre Entwicklung bestimmen. Zur Aufstellung einer Theorie brauchte die Gesellschaft und ihre Strukturen nicht herangezogen zu werden: Der natürliche und ureigenste Trieb der menschlichen Seele würde alles erklären. Das Glücksverlangen allein würde das Individuum dazu veranlassen, sich immer mehr zu spezialisieren. Da aber jede Spezialisierung das gleichzeitige Vorhandensein und Zusammenwirken mehrerer Individuen voraussetzt, ist sie allerdings ohne Gesellschaft nicht möglich. Diese wäre dann jedoch nicht die bestimmende Ursache der Arbeitsteilung, sondern das Mittel, durch das sie verwirklicht wird, das zur Organisierung der geteilten Arbeit notwendige Material.« (Division, S. 211 f).

Die kritische Intention des letzten Satzes aus dem obigen Zitat richtet sich vor allem gegen *Spencer: Durkheims* zentraler Einwand gegen die Spencersche Gesellschaftstheorie bezieht sich auf deren soziologisch unerörtert gebliebene Grundannahme, nach der das Individuum als Zweck des Kollektivs und die fortschreitende soziale Differenzierung als Resultat des Nutzstrebens dargestellt werden. Das Soziale wird demnach aus der »physischen Notwendigkeit« integrativ wirkender ökonomischer Interessen und der darauf beruhenden kooperativen Zusammenschlüsse erklärt. Die tragenden Kräfte dieser Entwicklung sind die zweckrational handelnden Individuen, die auf dem Wege der mit der Arbeitsteilung einhergehenden Spezialisierung einen immer größeren Grad an Freiheit erreichen und dadurch eine zunehmende Individualisierung im Sinne einer immer freier werdenden Zweckorientierung nach individuellen Bedürfnissen bewirken. Der Typus Wirtschaftsgesellschaft bzw. »industrial society« setze sich nach *Spencer* mit quasi Naturnotwendigkeit immer mehr durch und bringe von sich aus eine neue Art der Solidarität freier und selbstbewußter Individuen auf der Basis der Zwanglosigkeit und der kontraktuellen Übereinkünfte (vgl. *Spencer*, Teil I, Kap. V, 4/3) hervor. Nach *Durkheim* hingegen ist nichts zweifelhafter als die Vermehrung des individuellen Glücks in eine direkte Relation zum Fortschritt der Gesellschaft zu setzen (Division, S. 220), und nichts illusionärer, als von einer zunehmenden Emanzipation vom Einfluß kollektiver Normen und Zwänge zu sprechen. Die fortschreitende soziale Differenzierung ändert seiner Meinung nach keineswegs die grundsätzliche Wertgebundenheit des Individuums an kollektive Zielsetzungen: Nur die Formen dieser Verbundenheit zum Kollektiv können sich infolge des gewandelten sozialen Milieus im Laufe der Entwicklung ändern (vgl. unten Punkt 3). Hätte *Spencer* das soziale Phänomen der Arbeitsteilung durch andere soziale Tatbestände zu erklären versucht, wäre er wahrscheinlich nicht zu den obigen Schlußfolgerungen, zu seiner prognostischen Theorie der zunehmenden individuellen Emanzipation gekommen. *Durkheims* Gegenargumente beziehen sich auf die Einbeziehung folgender sozialer Tatbestände:

a) um das Phänomen der Arbeitsteilung zu erklären, muß man von einer schon existierenden Gesellschaft ausgehen, deren kollektive Interessen auf die Teilung der Arbeit ausgerichtet sind, bzw. deren Bedürfnisse so disponiert sind, daß sie auf dem Wege der zunehmenden Teilung der Arbeit befriedigt werden »sollen«.

»Eine Industrie ist nur dann lebensfähig, wenn sie einem bestimmten Bedürfnis entgegenkommt. Eine Funktion kann sich nur spezialisieren, wenn diese Spezialisierung irgendeinem Bedürfnis der Gesellschaft entspricht . . . Folglich kann sich ein Fortschritt auf die Dauer nur dann einstellen, wenn die Individuen tatsächlich das Bedürfnis nach mehr oder besseren Erzeugnissen empfinden« (Division, S. 255).

b) Die Vorbedingung der Arbeitsteilung ist folglich die Gemeinsamkeit der Bedürfnisse, die infolge der sozialen Kommunikationsdichte die kooperativen Formen des Zusammenlebens erst ermöglicht:

»„Eine Gesellschaft im wissenschaftlichen Sinne des Wortes", sagt Spencer, „besteht nur, wenn zu dem Nebeneinander der Individuen die Zusammenarbeit tritt." Wir haben gerade festgestellt, daß dieses angebliche Axiom der Wahrheit genau entgegengesetzt ist. Es liegt vielmehr auf der Hand, daß, wie Auguste Comte sagt, ,die Cooperation' keineswegs die Gesellschaft hervorgebracht haben kann, sondern diese als bereits bestehend voraussetzt. Der Zusammenschluß der Menschen beruht auf mechanischen Ursachen und Triebkräften wie Blutsverwandtschaft, Heimatliebe, Ahnenkult, Brauchtum usw. Erst wenn die Gruppe auf diesen Grundlagen entstanden ist, kann Kooperation entstehen. Zudem ist die einzige grundsätzlich mögliche Arbeitsteilung so wenig kontinuierlich und noch schwach entwickelt, daß ein gesellschaftliches Leben weder Kraft noch Dauer hätte, wenn es nicht einen anderen Ursprung gäbe. Um so mehr ist die aus der Arbeitsteilung hervorgegangene Kooperation ein späteres, abgeleitetes Phänomen. Sie ist das Ergebnis von Bewegungen, die im Organismus der Masse entstehen und wirksam werden, wenn diese sich endgültig konstituiert hat. Sie schafft zwar, sobald sie in Erscheinung getreten ist, festere soziale Bindungen und verleiht der Gesellschaft eine vollkommenere Individualität; aber diese Integration setzt eine andere voraus, an deren Stelle sie getreten ist. Damit die sozialen Einheiten sich voneinander abheben können, müssen sie sich zuerst aufgrund der Analogien, die in ihnen zutage treten, gegenseitig angezogen oder zu Gruppen zusammengefunden haben« (Division, S. 261 f).

c) Das Vorhandensein assoziativer Beziehungsstrukturen, die auf der Grundlage der Gemeinsamkeiten, bzw. der vergesellschaftenden Momente – wie z. B. gleiche Abstammung, gleiche Wertvorstellungen (Kult, Religion), gleiche geographische Umwelt usw. – beruhen, ist also die Voraussetzung für die Entstehung kooperativer Handlungsweisen. Das kooperative Handeln hat im Unterschied zum assoziativen schon ganz andere Bezugspunkte der Handlungsorientierung: Während in den assoziativen Vereinigungen die Handlungsorientierung typischerweise von instinkthaften und gefühlsmäßigen Impulsen vorgezeichnet und auf die Wahrung kollektiver Interessen ausgerichtet ist, orientieren sich kooperative Einheiten grundsätzlich nach dem wirtschaftlichen Vorteil, der sich aus der arbeitsteiligen Kooperation für den Einzelnen ergibt. Kooperative Formen des Zusammenlebens beziehen sich grundsätzlich auf das Zusammenwirken heterogener Personenkreise, machen vertragliche Regelungen in diesen Beziehungen notwendig und beruhen im Unterschied zum Solidaritätsgefühl assoziierter Mitglieder auf dem Prinzip der Konkurrenz. Die wirtschaftliche Entwicklung, die zweifellos durch die soziale Notwendigkeit der Arbeitsteilung bedingt ist und den sozialen Differenzierungsprozeß in Gang bringt, lockert die assoziativen Bande der Gesellschaft und läßt Ungleichheiten auftreten, die das natürliche Gleichgewicht der sozialen Gruppen zu stören beginning [3]. Der neue Gleichgewichtszustand, der sich auf der Ebene kooperativer Regelungen einstellt, ruft eine neue Art von Solidarität unter den Gesellschaftsmitgliedern hervor, die aber nicht – wie das die Ökonomisten behaupten – deshalb entsteht, weil alle Individuen Tauschpartner werden, sondern weil sie durch ein neues System der Verteilung von Rechten und Pflichten zusammengehalten werden. »Die Arbeitsteilung ist nicht die Angelegenheit des Individuums, sondern der sozialen Funktionen« (Division, S. 403).

Durch die fortschreitende Arbeitsteilung entsteht zwar ein neuer, kontraktuell organisierter Gesellschaftszustand, doch sei dieser ohne die vorausgegangenen und auch unter komplexen sozialen Verhältnissen verbleibenden grundlegenden Beziehungsstrukturen assoziativen Charakters, die auf einem spontanen Konsensus und interner Solidarität der Teile beruhen (Division, S. 351), nicht denkbar:

»Mit einem Wort, Assoziation und Kooperation sind zwei grundverschiedene Tatsachen; und obgleich in einem fortgeschrittenen Stadium die letztere auf die erstere einwirkt und sie verändert, so daß die menschlichen Gesellschaften immer mehr zu kooperierenden Gruppen werden, bleibt die Dualität der beiden Phänomene bestehen.
Daß diese bedeutende Wahrheit von den Utilitariern nicht erkannt wurde, ist auf ihre irrige Auffassung von der Entstehung der Gesellschaft zurückzuführen. Sie gehen von der Annahme aus, daß einzelne, voneinander unabhängige Individuen am Anfang der Entwicklung stehen und folglich nur zum Zweck der Kooperation miteinander in Beziehung treten können; denn nichts sonst könnte sie veranlassen, die Isolierung, in der sie leben, zu durchbrechen und sich zusammenzuschließen. Diese so weit verbreitete Theorie postuliert eine wahre Schöpfung ex nihilo« (Division, S. 262 f).

d) Betrachtet man also das soziale Phänomen der Arbeitsteilung in dem Sinne soziologisch, daß zur Erklärung dieser Erscheinung andere mitbedingende soziale Ursachen hinzugezogen werden, dann ergibt sich die Schlußfolgerung, daß sie nur im Zusammenhang mit anderen sozialen Tatbeständen verständlich wird. Die Arbeitsteilung entsteht weder aus dem Wünschen und Wollen der Individuen (vgl. Liberalismus, Utilitarismus) noch aus der, der menschlichen Gesellschaft wesensmäßig innewohnenden Notwendigkeit der Höherentwicklung (vgl. *Hegel* und *Marx*), sondern aus dem Zusammenspiel der funktionalen Erfordernisse der Bedürfnisbefriedigung als strukturellen Voraussetzungen und der normativen Ordnungsvorstellungen eines gegebenen Kollektivs, die die spezifischen Funktionen dieser Struktur bestimmen:

»*Der erste Ursprung jeden sozialen Vorgangs von einiger Bedeutung muß in der Konstitution des inneren sozialen Milieus gesucht werden* . . . Das Hauptbestreben des Soziologen muß also dahin gerichtet sein, die verschiedenen Eigentümlichkeiten dieses Milieus, die auf den Ablauf der sozialen Phänomene einzuwirken vermögen, zu entdecken. Bisher haben wir zwei Reihen von Eigenschaften aufgefunden, die dieser Bedingung in hervorragender Weise entsprechen; es ist die Zahl der sozialen Einheiten, oder . . . das Volumen der

3 D. h.: je zahlreicher die sozialen Unterschiede werden, um so labiler wird die soziale Kohäsion (vgl. Division, S. 355); als Beispiel führt Durkheim u. a. die beginnende Differenzierung der Lebensweisen infolge der aufkommenden kapitalistischen Struktur der Gesellschaft an.

Gesellschaft und der Konzentrationsgrad der Masse, oder ... die dynamische Dichte ...
Die dynamische Dichte (als „moralisches Zusammenrücken" der Gruppen von Individuen –
von mir, G. K.) kann ebenso wie das Volumen durch die Zahl der Individuen definiert
werden, die nicht nur in kommerziellen, sondern auch in moralischen Beziehungen zueinander stehen; das heißt, die nicht nur Leistungen austauschen oder miteinander konkurrieren, sondern ein gemeinschaftliches Leben führen. Denn da die rein wirtschaftlichen
Beziehungen des Menschen äußerlich bleiben, kann man wirtschaftliche Beziehungen unter-
halten, ohne darum an derselben sozialen Existenz teilzuhaben. Die wirtschaftlichen Beziehungen, die sich über die Völker trennenden Grenzen knüpfen, bewirken nicht, daß
diese Grenzen zu existieren aufhören. Das soziale Leben kann also nur durch die Zahl
derjenigen beeinflußt werden, die wirklich daran teilnehmen« (Regeln, S. 194–196).

Das Verhältnis der Bedürfnisdispositionen zu den normativen Werten eines
bestimmten sozialen Kollektivs ist nach *Durkheim* die eigentlich soziologische Frage der Arbeitsteilung. Das Problem der Unterschiede in den Produktionsweisen und Bedürfnisdispositionen der verschiedenen Gesellschaften kann soziologisch – und d. h. vor allem: methodisch – nur gelöst werden, wenn die »physischen Notwendigkeiten« der Selbsterhaltung in einem
Kontext mit jenen normativ definierten und sozial wirksamen Tatbeständen behandelt werden, die aus dem Konsensus der betroffenen Gesellschaft
über diese oder jene Art der Bedürfnisbefriedigung und Produktionsweise
ableitbar ist. Kollektive Entscheidungen hängen aber ihrerseits wiederum
von anderen Tatbeständen ab, die sich aus der kommunikativen Struktur
des Kollektivs zur Umwelt – aus ihren positiven (kooperativen) oder negativen (antagonistischen) Beziehungen zu anderen Gruppen oder Gesellschaften – ergeben: Das System kooperativer Beziehungen kann jedoch
auf die Dauer nicht nur auf die »materielle Dichte« reduziert werden;
durch die Verdichtung »materieller Beziehungen« wächst auch die »moralische Dichte«, die sich aus der gemeinsamen Überzeugung von der moralischen Richtigkeit des gegenseitig abgestimmten Handelns ergibt:

»Was nun die materielle Dichte betrifft ... so hält sie *gewöhnlich* mit der dynamischen
Dichte gleichen Schritt und kann *im allgemeinen* als Maß für sie dienen« (Regeln, S. 196).

Die theoretischen Konsequenzen der Durkheimschen Position werden wir
im weiteren Verlauf unserer Darstellung noch eingehend erörtern: Vorläufig sollte nur der methodologische Ansatz an den oben skizzierten Beispielen über religiöse und wirtschaftliche Phänomene verdeutlicht werden.
Abschließend können wir dazu zusammenfassend feststellen, daß soziale
Erscheinungen nur durch andere soziale Erscheinungen erklärt werden sollten, da nur eine weitgehende Berücksichtigung aller soziologisch relevanter Umstände zur Klärung eines bestimmten Phänomens beitragen kann.
Durkheims Hauptziel ist es, die Soziologie als eigenständige Disziplin im
Sinne einer »positiven Wissenschaft« zu begründen: »Sie muß aus dem subjektiven Stadium, über das sie noch nicht hinausgekommen ist, zur
objektiven Phase fortschreiten« (Regeln, S. 127). Der Erfüllung dieses
zentralen wissenschaftlichen Anliegens widmet er sich in der Abhandlung
über die »Regeln der soziologischen Methode«: Sie sollte jene Regeln der
soziologischen Methode, bzw. jene grundsätzlichen methodologischen An-
schauungsweisen zusammenfassend darstellen, die dazu geeignet wären, das

objektive Vorgehen des Soziologen in der Auffindung und Analyse sozialer Phänomene methodologisch abzusichern. *Durkheim* ist sich darüber im klaren, daß die Wahrung der Objektivität – die schlechthin als Kriterium der Wissenschaftlichkeit gilt – gerade in der Soziologie besonders schwierig ist, weil doch der Forscher selbst mit dem von ihm untersuchten Gegenstand auf irgendeine Art und Weise auch gefühlsmäßig verbunden ist, wodurch die notwendige Distanz zum Forschungsobjekt nachteilig beeinflußt werden kann. Es sollte also nach Regeln gesucht werden, die es erleichtern, individuelle oder parteiliche Einflüsse auszuschalten, um zu einer objektiven Darstellung sozialer Phänomene zu kommen. Im Unterschied zum marxistischen Prinzip der Parteilichkeit der Wissenschaft (vgl. Marxistische Soziologie, S. 270 f.) ist *Durkheim* davon überzeugt, daß die Erlangung einer den Naturwissenschaften ähnlichen Objektivität in den Sozialwissenschaften nur eine methodologische Aufgabe unparteiischer Wissenschaftler sei.

Um dieses Ziel zu erreichen, sollte die Soziologie an die Tradition der positivistischen Methode anknüpfen und nicht nach dem Wesen der Elemente oder nach irgendwelchen »letzten Ursachen« der sozialen Erscheinungen fragen (vgl. Teil I, Kap. V, 2/1, 3/1), sondern nur die empirisch erfahrbaren Erscheinungsformen untersuchen. Dabei sollte der methodologische Grundsatz, nach dem wissenschaftliche Objektivität nur auf der Grundlage einer rigorosen Orientierung an empirisch beobachtbaren und nachprüfbaren Fakten zu erlangen sei, uneingeschränkt gelten:

> »Da uns das Äußere der Dinge nur durch die Wahrnehmung vermittelt wird, läßt sich zusammenfassend sagen: die Wissenschaft soll, um objektiv zu sein, nicht von Begriffen ausgehen, die ohne ihr Zutun gebildet werden, sondern die Elemente ihrer grundlegenden Definitionen unmittelbar dem sinnlich Gegebenen entlehnen« (Regeln, S. 138).

Der Hinführung des Forschers zur Erfassung des »sinnlich Gegebenen« dient auch die (oben) schon ausführlich behandelte Regel: »Soziales nur durch Soziales zu erklären«. Hält sich der Forscher nach diesem methodologischen Grundsatz, so könne er nicht Gefahr laufen, soziale Tatbestände aus nicht beobachtbaren und folglich nicht der unmittelbaren Erfahrung entlehnten Gegebenheiten zu erklären. Diese erste und wichtigste Regel der soziologischen Methode impliziert jedoch darüberhinaus auch eine andere, der älteren positivistischen Tradition entlehnten Funktion: die Sicherung des methodischen Verfahrens im Hinblick auf die gleichrangige Bewertung sozialer Erscheinungsformen. Es sollten keine Prioritäten in Bezug auf eine bestimmende Ursache – wie z. B. das ökonomische Motiv oder eine Zweckidee – gesetzt werden. Diese alte Forderung wurde von *Durkheim* um eine erweiterte, präzisierte Verfahrensweise ergänzt: Das Ursachengeflecht sollte getrennt von den Wirkungen untersucht werden. Hat man ein soziales Phänomen multikausal erklärt, so sollte man die Wirkungen bzw. Funktionen dieser Ursachen in ihrer Beziehung zum allgemeinen Bedürfnis des Kollektivs untersuchen. Man sollte wertneutral, d. h. ohne Bewertung im Hinblick auf die subjektiv für wahr gehaltene Nützlichkeit, die Funktionen bestimmter sozialer Tatbestände in eine Relation zum normativen

Anspruch des Kollektivs bringen um herauszufinden, welche Aufgabe bzw. Funktion dieser oder jener soziale Tatbestand in bezug auf die allgemeinen Bedürfnisse zu erfüllen hat:

> »Wir wählen den Ausdruck Funktion und nicht Zweck oder Ziel, gerade weil die sozialen Phänomene im allgemeinen nicht im Hinblick auf die nützlichen Ergebnisse, die sie hervorbringen, existieren. Es muß also festgestellt werden, ob zwischen dem betrachteten Tatbestand und den allgemeinen Bedürfnissen des sozialen Organismus eine Korrespondenz besteht, und worin diese Korrespondenz besteht, ohne darauf einzugehen, ob sie geplant ist oder nicht . . .
> So ist z. B. die soziale Reaktion, welche die Strafe darstellt, auf die Intensität der Kollektivgefühle zurückzuführen, die das Verbrechen verletzt. Andererseits aber hat sie die nützliche Funktion, diese Gefühle auf dem nämlichen Intensitätsgrad zu erhalten; denn jene Gefühle würden bald erschlaffen, wenn die ihnen zugefügten Verletzungen nicht gesühnt würden« (Regeln, S. 181).

Die Verwendung des Begriffes Funktion wird von *Durkheim* als ein terminologisches Mittel zur Wahrung und Sicherung der objektiven Annäherung an soziale Erscheinungen empfohlen; denn, »alle diese Fragen nach den Zielsetzungen sind im übrigen viel zu subjektiv, um wissenschaftlich behandelt werden zu können« (Regeln, S. 181).
Um die sozialen Erscheinungen, losgelöst von individuellen Zweckvorstellungen und als dem »sinnlich Gegebenen« entlehnte Gegebenheiten, d. h. in ihren dinglichen Eigenschaften analysieren zu können, muß man sie »wie Dinge« betrachten, die außerhalb des individuellen Wollens existieren und durch diese »Exteriorität ihrer Existenz« charakteristisch sind:

> »Ein Ding ist ja alles, was gegeben ist, was sich der Beobachtung anbietet oder vielmehr sich ihr aufdrängt. Die Erscheinungen wie Dinge zu behandeln bedeutet also, sie in ihrer Eigenschaft als Data zu behandeln, die den Ausgangspunkt der Wissenschaft darstellen. Was uns gegeben ist, ist nicht die Idee, die sich die Menschen vom Werte machen, denn sie ist uns nicht zugänglich; es sind die Werte, die wirklich im Verlauf wirtschaftlicher Beziehungen ausgetauscht werden. Es ist nicht diese oder jene Auffassung der Sittenidee; es ist die Gesamtheit der Regeln, die das Handeln tatsächlich bestimmen . . . Wir müssen also die sozialen Erscheinungen in sich selbst betrachten, losgelöst von den bewußten Subjekten, die sie sich vorstellen; wir müssen sie von außen als Dinge der Außenwelt betrachten. . . . Wenn dieser Charakter der Exteriorität nur scheinbar ist, so wird die Illusion in dem Maße verschwinden als die Wissenschaft fortschreitet, und man wird gewahr werden, wie gewissermaßen das Äußere in das Innere eintreten wird . . . In der Tat wird ein Ding hauptsächlich daran erkannt, daß es durch einen bloßen Willensakt nicht veränderlich ist. Das bedeutet nicht, daß es unbedingt jeder Änderung widerstrebt. Doch reicht das bloße Wollen nicht aus, um eine Wandlung hervorzurufen . . . Wir sahen nun, daß die sozialen Erscheinungen diese Eigentümlichkeiten besitzen. Weit davon entfernt ein Erzeugnis unseres Willens zu sein, bestimmen sie ihn von außen her; sie bestehen gewissermaßen aus Gußformen, in die wir unsere Handlungen gießen müssen. Häufig ist dieser Zwang so stark, daß wir ihm nicht ausweichen können. Aber selbst wenn wir ihn schließlich überwinden, genügt der erfahrene Widerstand, um uns klarzumachen, daß wir hier vor einem Ding stehen, das nicht von uns abhängig ist. Sofern wir also die sozialen Erscheinungen wie Dinge betrachten, passen wir uns lediglich ihrer Natur an« (Regeln, S. 126).

Soziale Erscheinungen sind deshalb relativ leicht zu erforschen, weil sie unmittelbar »dingliche Eigenschaften« vorweisen: Das Recht z. B. existiert in den Gesetzbüchern, die Bewegungen des täglichen Lebens werden in den Ziffern der Statistik und den Denkwürdigkeiten der Geschichte festgehalten; die Moden werden in Kleidern, im Geschmack und in den Kunstwerken sichtbar. Vermöge ihrer Natur streben diese dinglichen Eigenschaften dahin, sich außerhalb des individuellen Bewußtseins zu stellen, da sie es ja doch beherrschen. Eine auf den Dingcharakter der sozialen Erscheinungen gerichtete Sichtweise könnte wesentlich zur Objektivität der sozialwissenschaftlichen Methode beitragen.

Die methodologische Forderung, soziologische Tatbestände wie Dinge zu betrachten, hat die eminent wichtige Funktion, die übliche Denkmethode, die zuerst Ideen und dann Tatsachen sieht, zu korrigieren:

»Das Nachdenken geht eben der Wissenschaft voraus ... Der Mensch kann nicht inmitten der Dinge leben, ohne sich über sie Gedanken zu machen ... Nur weil diese Begriffsbildungen uns näherstehen und unserem Verstande angemessener sind als die Wirklichkeiten, denen sie entsprechen, neigen wir naturgemäß dazu, sie an deren Stelle zu setzen und zum Gegenstand unserer Betrachtung zu machen. Anstatt die Dinge zu beobachten, sie zu beschreiben und zu vergleichen, bescheiden wir uns damit, unserer Ideen bewußt zu werden, sie zu analysieren und zu kombinieren. Anstelle einer Wissenschaft von Realitäten betreiben wir nur ideologische Analyse ... Die Tatsachen sind dann nur sekundär relevant, als Illustrationen oder bestätigende Belege: sie sind aber nicht Gegenstand der Wissenschaft« (Regeln, S. 115).

Diese von ideologischen Einflüssen befreite, auf die objektive Erfassung der Wirklichkeit hingelenkte Sicht- und Denkweise (vgl. *Comte:* Unterordnung der Einbildungskraft unter die Beobachtung« – Teil I, Kap. V, 1/1) sollte auch – im Gegensatz zu den vulgären Vorstellungen und Sprachgewohnheiten – in der Begriffsbildung und Terminologie der Sozialforschung deutlich gemacht werden. Um also einen, den Kriterien der Wissenschaftlichkeit entsprechenden Grad an Objektivität zu erlangen, müßten die Soziologen ein operativ brauchbares Begriffssystem entwickeln und sich einer möglichst wertneutralen Terminologie bedienen: Auf diese Weise könnte eine zusätzliche Sicherung im methodischen Verfahren eingebaut werden, um objektive Erkenntnisse von subjektiven Gefühlen und parteilichen Standpunkten trennen zu können:

»Jedoch ist die Wahrnehmung allzu leicht subjektiv. Daher gilt in den Naturwissenschaften der Grundsatz, sinnliche Gegebenheiten, die die Gefahr der Subjektivität aufkommen lassen, möglichst auszuschalten und ausschließlich diejenigen, die einen ausreichenden Grad der Objektivität zeigen, im Auge zu behalten. So setzt der Physiker anstelle der vagen Empfindungen, welche die Wärme oder Elektrizität erzeugt, die optische Vorstellung der Schwankungen des Thermometers oder des Elektrometers. Der Soziologe muß dieselbe Vorsicht üben. Die äußeren Eigenschaften, mittels derer er den Gegenstand seiner Untersuchung definiert, müssen so objektiv wie möglich sein« (Regeln, S. 138).

Die Betrachtung sozialer Phänomene in ihren dinglichen Eigenschaften zeichnet auch den Weg zur Auffindung wesentlicher, strukturbestimmender Erscheinungen vor: In *Durkheims* Terminologie heißt das, daß man jene »Kristallisationspunkte« des sozialen Geschehens untersuchen sollte, die durch ihren relativ dauerhaften und gleichbleibenden Charakter gekennzeichnet sind. Auch der Begriff der »Dichte« – sei sie nun »materiell« oder »moralisch« – weist auf *Durkheims* methodologisches Anliegen hin, soziale Phänomene so zu betrachten, als wären sie mit physikalischen Eigenschaften wie Festigkeit, Masse, Gleichförmigkeit und einer um einen zentralen Punkt herum ablaufenden und sich wiederholenden Bewegung vergleichbar:

»Um einen Familiengeist zu hegen ... genügt es nicht, daß jedermann einsieht, welche Vorteile das haben müßte. Vielmehr muß man unmittelbar diejenigen Ursachen spielen lassen, die einzig imstande sind, einen solchen Geist zu erzeugen. Um eine Regierung mit der nötigen Autorität auszustatten, reicht das Bewußtsein des Bedürfnisses nicht aus; man muß sich den einzigen Quellen zuwenden, denen diese Autorität entspringt, also Traditionen schaffen, den Gemeingeist stärken usw. Um das zu erreichen, muß also in der Reihe der Ursachen und Wirkungen so weit zurückgegriffen werden, bis der Punkt aufgefunden wird, an dem menschliches Handeln wirksam einsetzen kann« (Regeln, S. 177).

Das Ziel dieses Verfahrens besteht darin, soziale Typen als Brennpunkte der Handlungsorientierung herauszuarbeiten, deren Anziehungskraft sich in konzentrischen Kreisen auf das soziale Umfeld erstreckt. Anstatt sich mit Erscheinungen, die den Einflüssen des raschen Wandels unterworfen sind, zu beschäftigen, sollte der Soziologe die Gruppierung der Tatsachen im Hinblick auf diese feststehenden Zielpunkte der Handlungsorientierungen und -weisen vornehmen, um die typischen Kristallisationspunkte des sozialen Geschehens sachgerecht aufzeigen zu können:

»Man kann als Prinzip aufstellen, daß die soziologischen Tatbestände desto geeigneter sind objektiv erfaßt zu werden, je mehr sie von den individuellen Handlungen, in denen sie sich offenbaren, losgelöst werden. Tatsächlich ist eine Wahrnehmung um so objektiver, je starrer der Gegenstand ist, auf den sie sich bezieht. Denn Bedingung aller Objektivität ist das Vorhandensein eines dauernden und gleichbleibenden Zielpunktes, auf den die Vorstellung bezogen werden kann, der alles Veränderliche, also Subjektive, auszuschließen gestattet. Wenn aber die einzelnen Zielpunkte, die gegeben sind, selbst variieren und in bezug aufeinander immer wieder schwanken, so fehlt jedes gemeinsame Maß, und wir haben kein Mittel, innerhalb der Wahrnehmung zu unterscheiden, was von der Außenwelt und was von uns stammt. Nun hat das soziale Leben, solange es sich von den einzelnen Geschehnissen, deren Inbegriff es ist, nicht losgelöst hat und selbständig auftritt, gerade die erwähnte Eigentümlichkeit ... Doch wissen wir, daß das soziale Leben auch die Eigentümlichkeit aufweist, daß es, ohne seine Eigenexistenz aufzugeben, die Fähigkeit besitzt, sich zu kristallisieren. Die kollektiven Gewohnheiten drücken sich außerhalb der durch sie ausgelösten individuellen Handlungen in umgrenzten Formen aus, in rechtlichen und sittlichen Normen, Sprichwörtern, Tatsachen der sozialen Struktur usw. Da diese Formen in Permanenz existieren und sich nicht mit ihren verschiedenen Anwendungen ändern, so stellen sie einen fixen Gegenstand dar, der dem Beobachter stets zur Verfügung steht und den subjektiven Empfindungen sowie persönlichen Beobachtungsfehlern keinen Raum läßt. Eine Rechtsnorm ist, was sie ist. Es gibt nicht zwei verschiedene Arten sie aufzufassen. Da diese Einrichtungen, von einer anderen Seite betrachtet, nur konsolidiertes soziales Leben sind, so erscheint es mit gewissen Ausnahmen gerechtfertigt, das letztere vermittels seiner Einrichtungen zu erforschen« (Regeln, S. 138 f.).

Diese, für den Neopositivismus typischen methodologischen Ansätze werden wir noch im weiteren Verlauf unserer Gesamtdarstellung, namentlich in der Abgrenzung zu den marxistischen und dialektischen Positionen der Gegenwart aufgreifen. Die methodologischen Grundprinzipien *Durkheims* sollten folglich in tabellarischer Form abschließend zusammengefaßt werden:

Durkheims methodologische Regeln zur Sicherung der Objektivität der wissenschaftlichen Verfahrensweise in den Sozialwissenschaften:

Ausgangspunkt: sinnliche Erfahrung (empirische Daten), daraus: Begriffssystem

Subjekt:	*Objekt:* Dinge
Individuum	Kollektiv: (*Parsons:* ,,soziale und kulturelle Objekte" – vgl. Kap. VIII, 3/1)

Subjektivität:	*Objektivität:*
einseitige und vulgäre;	umsichtige und wissenschaftliche Betrachtung;
individuelle Wünsche, ideologische Ziele;	kollektive Funktionen;
partikulare Interessenorientierung;	Orientierung nach kollektiven Bedürfnissen;
veränderliche, sich rasch wandelnde	relativ konstante, sich langsam wandelnde,
Erscheinungen;	,,feste" Erscheinungen mit ,,Dingcharakter".

Wie kann Subjektivität aus der wissenschaftlichen Forschungsarbeit ausgeschaltet werden?

1. Ursprung und Ursachengeflecht sozialer Erscheinungen sollen in der besonderen Konstellation des sozialen Milieus gesucht werden;

2. Soziale Erscheinungen sollen durch andere soziale Erscheinungen erklärt werden; es gibt keine Ursachenpriorität;

3. Ursachengeflecht soll zusammen mit Wirkungen analysiert werden: Wirkungen sind als vom sozialen Milieu ausgehende Funktionen zu betrachten;

4. Soziale Phänomene sollen »wie Dinge« betrachtet werden: sie existieren unabhängig vom individuellen Wollen und üben einen Zwang auf die Handelnden aus (oder: besitzen »dingliche Eigenschaften«);

5. Die Analyse sollte grundsätzlich von den Tatsachen – und nicht von Ideen ausgehen, d. h., sie sollte unideologisch sein;

6. Auch die wissenschaftliche Terminologie muß so objektiv wie nur möglich gestaltet werden (Fachsprache);

7. Die Hauptaufmerksamkeit des Forschers sollte auf die relativ konstanten »Kristallisationspunkte« des sozialen Geschehens gerichtet werden (gemeint sind vor allem: die Institutionen).

2. Die Gesellschaft ist eine Wirklichkeit eigenen Ursprungs: eine »réalité sui generis«

Sprachgewohnheiten, Moralgebote, Rechtsnormen, religiöse Vorstellungen, Meinungsströmungen, künstlerische Geschmacksregeln, traditionelle Gewohnheiten und Sitten üben auf das Individuum einen Druck aus, sich nach den gegebenen Normen zu verhalten. »Die Gesellschaft« (oder »man«) schreibt einem vor, wie man sich kleiden soll, nach welchen Spielregeln Verträge zu schließen und Gespräche zu führen sind. Diese Pflichten, die dem Individuum vom Kollektiv auferlegt werden, üben auf das soziale Handeln Macht aus, indem sie in der Lage sind, den individuellen Willen zu lenken. Diese, durch das Kollektivbewußtsein objektivierten Ideen werden durch Institutionen repräsentiert (in den »präetablierten Weisen des Tuns«) und bilden ein System von Regeln bzw. Selbstverständlichkeiten, die durch ihren Zwangscharakter eine »réalité sui generis« darstellen. Diese, durch den Zwang sichtbar gewordenen »faits sociaux« (soziale Tatbestände) bilden den eigentlichen Gegenstand der Soziologie:

»Hier liegt also – sagt *Durkheim* (Regeln, S. 105) – eine Klasse von Tatbeständen von sehr speziellem Charakter vor: sie besteht in besonderen Arten des Handelns, Denkens und Fühlens, die außerhalb der einzelnen stehen und mit zwingender Gewalt ausgestattet sind, kraft deren sie sich ihnen aufdrängen. ... Ein soziologischer Tatbestand (Regeln, S. 114) ist jede mehr oder minder festgelegte Art des Handelns, die die Fähigkeit besitzt, auf den einzelnen einen äußeren Zwang auszuüben; oder auch, im Bereich einer gegebenen Gesellschaft allgemein auftritt, wobei sie ein von ihren individuellen Äußerungen unabhängiges Eigenleben besitzt.«

Die Eigenart sozialer Tatbestände sieht Durkheim also:

a) in ihrem Zwangscharakter, der den einzelnen zur Einhaltung bestimmter Handlungsweisen mit mehr oder weniger Intensität zwingt, und der erst im Falle des abweichenden Verhaltens »spürbar« wird;

b) in der Tatsache, daß diese Imperative des Handelns außerhalb des individuellen Bewußtseins und Wollens gestellt werden, und daß sie

c) eine »Wirklichkeit eigenen Ursprungs« bilden, da doch die Gruppe anders denkt, fühlt und handelt als ihre einzelnen Mitglieder denken, fühlen und handeln würden (Einfluß und »Druck des sozialen Milieus«).

Mit dieser Abgrenzung der sozialen von anderen Tatbeständen (wie z. B. psychologischen und ökonomischen) will *Durkheim* vor allem den »Psychologismus« aus der Soziologie entfernen, der teils unterschwellig, teils offen das bisherige Denken über die Gesellschaft beherrschte, indem man im allgemeinen versuchte, die Sozialverhältnisse von den Bedürfnissen und Interessen der Einzelnen abzuleiten. Die Eigenart sozialer Tatbestände, deren Summe »das Soziale« ausmacht, besteht eben darin, daß sie diesen individuellen und partikularen Bestrebungen von einer bestimmbaren Grenze an Widerstand leistet und dem individuellen Willen als eine äußere, den Handlungsablauf weitgehend bestimmende Macht entgegentritt. Die individuelle Handlung erfährt durch diesen Widerstand – z. B. in Form von Anstandsregeln, Sitten, Sanktionen – eine Korrektur seitens der Gesellschaft. Die sozial festgelegten Handlungsregeln werden vor allem durch den Erziehungsprozeß vermittelt und tradiert: Diese von Kollektivwerten abgeleiteten Normen erzwingen indirekt – durch Internalisierung der herrschenden Werte – die Regelmäßigkeit und relative Gleichförmigkeit des Verhaltens der Gesellschaftsmitglieder und erscheinen gegenüber den Einzelnen als moralische Obligationen:

»Das ist insbesondere evident – sagt Durkheim (Regeln, S. 111) – bei den Glaubensvorstellungen und Gewohnheiten, die von früheren Generationen fertig auf uns überkommen sind. Wir übernehmen und pflegen sie, weil sie als ein Werk des Kollektivs und der Jahrhunderte mit einer besonderen Autorität ausgestattet sind, die die Erziehung uns anzuerkennen und zu achten gelehrt hat. Nun ist zu bemerken, daß die überwiegende Mehrheit der sozialen Erscheinungen auf diesem Wege zu uns gelangt ... Ein Kollektivaffekt, der in einer Versammlung ausbricht, drückt nicht einfach das den Gefühlen der einzelnen Gemeinsame aus. Er ist, wie wir gezeigt haben, ein Ding von ganz anderem Charakter. Er ist eine Resultante des Gemeinschaftslebens, ein Erzeugnis der Wirkungen und Gegenwirkungen ... vermöge einer besonderen Energie, die er gerade seinem kollektiven Ursprung verdankt ... Der einzelne wird von der Gesamtheit hingerissen.
Wir können jetzt über das Gebiet der Soziologie genaue Rechenschaft geben. Es umfaßt nur eine begrenzte Gruppe von Erscheinungen. Ein solches Phänomen ist an der äußerlich verbindlichen Macht zu erkennen, die es über die einzelnen ausübt oder auszuüben imstande ist; und das Vorhandensein dieser Macht zeigt sich wiederum an, entweder durch das Dasein einer

bestimmten Sanktion oder durch den Widerstand, den das Phänomen jedem Beginnen des einzelnen entgegensetzt, das ihn zu verletzen geeignet ist.«

Soziale Tatbestände üben aber nicht nur einen repressiven Zwang aus, sondern bedingen durch ihren obligatorischen Charakter die relative Konsistenz der Handlungsabläufe, die sich vor allem in Bezug auf die Kooperation positiv auswirkt. Gleichförmigkeit bedeutet nämlich auch erwartungsgemäßes, berechenbares Verhalten, das ein relativ friedliches Zusammenleben der Menschen in der Gesellschaft ermöglicht. Der Zwangscharakter sozialer Tatbestände, der die Art und Weise des Handelns und Denkens lenkt und koordiniert, hat also seine wichtige soziale Funktion in der Sicherung des Überlebens der Gesellschaft. Die Gesamtheit der Regeln, die nach *Durkheim* Gesellschaft im eigentlichen Sinne, nämlich als »moralische Wirklichkeit« stiftet, setzt sich also sowohl aus Obligationen (Zwang) als auch aus einem Solidaritätsbewußtsein (verinnerlichte Gemeinschaftswerte) zusammen.

Auch die durch die Religion vermittelte Moral ist primär sozialen Ursprungs (vgl. Punkt 1): Der Zwang zur Einhaltung bestimmter religiöser Normen hat letztlich die Funktion des weltlichen Zusammenlebens der Menschen im Interesse der sozialen Kohärenz normativ zu gestalten. Durch den Sozialisierungsprozeß können Gemeinschaftsziele so stark verinnerlicht werden, daß sie vom Individuum als eigene, höchst persönliche Ziele betrachtet werden, ohne bei der Zielverfolgung einen Zwang zu empfinden. Im extremen Fall haben wir es dann mit den verschiedenen Erscheinungsformen des Altruismus zu tun: Die Bereitschaft zur Selbstaufopferung als Folge religiöser oder patriotischer Erziehung wird von *Durkheim* eingehend behandelt (im »Selbstmord« und in den Abhandlungen über religiöses Verhalten). Dieses mögliche Nichtempfinden des Zwangscharakters sozialer Tatbestände ändert jedoch nichts an ihrem objektiven (mit Zwangscharakter ausgestatteten) Charakter.

Die sozialen Tatbestände, deren Existenz der Mensch erst in der Kollision mit bestimmten Normen konkret erfährt, sind nach *Durkheim* Manifestationen des Kollektivbewußtseins. Es sind nämlich letztlich diese Manifestationen, die die Art und Weise der Handlungsregeln in den jeweiligen Gesellschaften definitiv bestimmen. Die Vorstufen, die zur endgültigen Ausgestaltung eines bestimmten Kollektivbewußtseins hinführen, können kulturell oder dem jeweiligen Entwicklungsstand entsprechend durchaus verschieden sein: Wir haben es dann einerseits mit kulturell verschiedenen Gesellschaften (wie z. B. der japanischen oder französischen), andererseits mit verschiedenen Gesellschaftstypen (z. B. primitiven oder hochdifferenzierten) zu tun. Die Vorstufen, bzw. das Ensemble von Voraussetzungen, die dann das betreffende Sozialsystem prägen, werden von *Durkheim* als die »Tiefenschichten«, bzw. »Kristallisationsgrade« der sozialen Wirklichkeit bezeichnet. Die soziale Wirklichkeit besteht für ihn aus fünf Tiefenschichten, die von der Oberfläche in die »Tiefe« reichen:

a) zur obersten Schicht gehört die materielle Grundlage (geographisches Milieu, Art der Produkte, Beschaffenheit der Instrumente, demographische Basis usw.), die aber nur insofern für die Soziologie relevant ist, als sie eine bestimmte Art des Handelns in Bezug auf eine spezifische Wertorientierung zum Ausdruck bringt. Das »tägliche Handeln« verändert die materielle Grundlage; es verändert sich jedoch im Zusammenhang und unter Einwirkungen der Manifestationen des betreffenden Kollektivbewußtseins;

b) unterhalb dieser »morphologischen Schicht« befinden sich nämlich – als nächst tiefere Stufe – die Institutionen, die regulativ auf die materielle Grundlage einwirken und die Dauerbeziehungen in der Gesellschaft auf eine bestimmte Weise organisieren. Die Institutionen sind die zentralen und sichtbarsten Manifestationen der sozialen Wirklichkeit und letztlich des Kollektivbewußtseins: Sie haben auf dieser Ebene des Kristallisationsgrades zwischenmenschlicher Beziehungen die Funktion:

— einerseits die von den Erfordernissen des Alltags bzw. der materiellen Grundlage kommenden Wünsche institutionell aufzufangen und

— andererseits durch die verfestigten Organisationsformen den eigentlichen Zwang nach unten (zur Einhaltung bestimmter Handlungsweisen) auszuüben.

c) Die Zwangsausübung hängt wiederum mit den noch tiefer gelagerten Schichten der sozialen Wirklichkeit zusammen: Auf dieser nächst tieferen Stufe verortet *Durkheim* die Symbolik, die ebenfalls zu den wichtigen Mitteln der sozialen Integration gehört, weil in ihr die gefühlsmäßige gegenseitige Verbundenheit manifestiert wird. Fahnen, sakrale Gegenstände symbolisieren die Einheit und Gemeinsamkeit der Gefühle und helfen dem Individuum, sich mit dem Kollektiv leichter identifizieren zu können;

d) Unterhalb der symbolischen Sphäre befinden sich die von der Gemeinschaft festgelegten Werte, Ideen, kollektiven Ideale, die das beinhalten, was von den Symbolen dargestellt wird. Dieses mehr oder minder fix definierte Wertsystem eines Kollektivs ist nach *Durkheim* »Erzeuger« des sozialen Lebens: es artikuliert – vermittels der Sitten, des sittlichen Empfindens, der Erziehung, öffentlichen Meinung, Rechtsprechung usw. – das kollektive Bewußtsein, das tendenziell durch Symbolik und Institutionen die zentrale Normorientierung im Bewußtsein und Handeln der Individuen realisieren »will«. Diese Schicht der sozialen Realität ist aber noch immer nicht mit den »eigentlichen« Ideen und Werten des Kollektivs identisch;

e) Erst durch die Analyse von Werten, Ideen und kollektiven Idealen gelangt man zur tiefsten Schicht der sozialen Wirklichkeit: zum Kollektivbewußtsein, das aus den allgemein vorherrschenden, originären Vorstellungen, Gefühlen, Situationsinterpretationen, Bestrebungen, Willensbekundungen und »Erregungen« der Allgemeinheit besteht (vgl. hierzu: *Rousseaus* »volonté de tous«). Unter Kollektivbewußtsein kann also die Gesamtheit der Meinungen verstanden werden, die den Mitgliedern einer Gesellschaft gemeinsam sind. Die Impulse des Kollektivbewußtseins sind dem jeweiligen Einzelbewußtsein teilweise transzendent, teilweise aber immanent präsent. Demzufolge befindet sich der Mensch in einem existenziellen Dualismus zwischen den zwei Sphären des Bewußtseins; sein individuelles, zum Egoismus neigendes Bewußtsein entspricht in der Realität nie gänzlich den ebenfalls in seinem Bewußtsein vorhandenen Ansprüchen des Kollektivbewußtseins. In diesem rigorosen Sinne der internalisierten Imperative ist sich der Mensch dessen bewußt, daß er in dieser oder jener Hinsicht stets »unmoralisch« ist.

Bisher haben wir zu verdeutlichen versucht, inwiefern »das Soziale« als ein Sich-Verhalten gegenüber kollektiven Werten und Imperativen zum Gegenstand einer besonderen Disziplin wurde. Der erste Schritt führte zu den sozialen Tatbeständen: Der Nachweis ihres Zwangscharakters sollte deutlich machen, daß das soziale Handeln nicht vom individuellen Bewußtsein her – von der Verfolgung willkürlich bestimmbarer Bedürfnisse und Interessen – abgeleitet werden kann, sondern nur auf der Grundlage einer bestimmt ausgeprägten, generell gültigen Normorientierung verständlich wird. Während also einerseits die normierten Handlungsziele mehr oder weniger auf Gemeinschaftswerte hin festgelegt werden und durch ihre Internalisierung das Bewußtsein der Gemeinsamkeit festigen, bleibt andererseits der obligatorische Charakter der Normen in erster Linie als Zwang bestehen. Der Prozeß der Vergesellschaftung kommt also einerseits durch äußeren Zwang und andererseits durch »innere Notwendigkeit«, als dem Bestreben im Sinne des Kollektivs zu handeln, zustande. Die kurze Skizze über die Tiefenschichten der sozialen Wirklichkeit weist die Strukturen auf, in denen sich das Kollektivbewußtsein manifestiert: Artikulierung der Werte (z. B. Satzungen, Recht, Erziehungsmaximen usw.), Absicherung ihres Einflusses durch ritualisierte symbolische Handlungen (Symbolidentifikation) und institutionelle Absicherung in der konkreten Kontrolle der erwünschten normgerechten Handlungsweisen. Doch reichen alle diese Beschreibungen noch immer nicht aus, die primäre Erscheinungsform, »die Natur des Sozialen« hinlänglich zu erklären: Manifestationen bzw. »Réprésentations collectives« sind eben nur sekundäre Erscheinungsformen des Sozialen.

Durkheim will nun die Ursachen des Kollektivbewußtseins erhellen. Dasjenige, was allen Gesellschaften trotz struktureller Verschiedenheit der sozialen Tatbestände gemeinsam ist, liegt in der *Funktion* des Kollektivbewußtseins. Diese Funktion besteht primär darin, die Solidarität der Gesellschaftsmitglieder zu bewirken, die aber nie durch die einfache Aufoktroyierung systemfremder Werte und Normen – also: durch Gewalt – geschehen kann. Zwänge, die nur von außen wirken ohne jemals zum Motiv des Handelns werden zu können, werden von *Durkheim* als Gewalt bezeichnet. Um die »wahre« Funktion des Kollektivbewußtseins erforschen zu können, müssen wir seine Ursachen im sozialen Milieu suchen.

Um die Funktion des Kollektivbewußtseins in der Herstellung von Solidarität zu konkretisieren, müssen wir – generell gesehen – davon ausgehen, daß diese Funktion nicht nur kollektive Zielsetzungen (grundsätzliche Normorientierung), sondern auch die zur Erreichung dieser Ziele adäquaten Mittel bestimmt. Durch diese Bestimmung der Zweck-Mittel-Relation erscheint das Kollektivbewußtsein in der Analyse *Durkheims* als Inbegriff der situationsadäquaten Rationalität, indem es aus dem Erfahrungsschatz der Praxis die bewährten Handlungspraktiken und -weisen absorbiert und zu nachahmungswürdigen oder gebieterisch geltenden Werten der Handlungsorientierung transformiert. Sitten, Rechtsvorstellungen und -normen, moralische Imperative und religiöse Gebote sind eigentlich Derivate dieser im Kollektivbewußtsein verankerten Rationalität. Sie erhalten ihren Sinn und ihre Legitimität von der »Basis«, weil sie das Ergebnis der primären Erscheinungsformen des Sozialen: der zwischenmenschlichen Beziehungen sind. Das Kollektivbewußtsein ändert sich nach *Durkheim* – ähnlich wie der Allgemeinwille bei *Rousseau* (vgl. Teil I, Kap. I, 2/2) – je nach der Konstellation der Übereinkunft im Kollektiv (bei *Rousseau:* »volonté de tous«).

Die Struktur, bzw. die Art und Weise des konkreten Interaktionszusammenhanges wird also auf die Besonderheiten des sozialen (und auch des natürlichen) Milieus zurückgeführt, in dem sich diese spezifische Art des Zusammenwirkens entfaltet. Sie hängt im wesentlichen von drei sozialen Phänomenen ab (vgl. Division) [4]:

a) von der quantitativen Größe der Bevölkerung (generatives Verhalten, das selbst eine soziale Erscheinung ist);

b) von der Bevölkerungsdichte eines bestimmten Territoriums (»densité materielle«, d. h. Dichte der materiellen Beziehungen, wie z. B. Tausch, Verkehr, soziale Organisation);

c) von der »moralischen Dichte«, d. h. von der Intensität der Kommunikationsstrukturen in Bezug auf eine wertmäßige Übereinstimmung.

Die Arbeitsteilung, die sowohl von den Sozialisten als auch von den Liberalen als letzte Ursache der sozialen Differenzierung betrachtet wurde, ist also nach *Durkheim* kein ökonomisches, sondern ein soziales Phänomen, das nur unter Hinzuziehung anderer sozialer Phänomene erklärbar wird. (vgl. oben Punkt 1). Eine quantitative Vermehrung der Bevölkerung allein führt noch nicht zur sozialen Differenzierung; die Voraussetzung dafür ist erst durch die Bevölkerungsdichte, im obigen Sinne als Dichte der materiell-kooperativen Beziehungen gegeben, die aber noch immer nicht ausreicht, aus dem zwar schon verdichteten aber doch noch »losen« sozialen Zustand eine »Gesellschaft« zu konstituieren. Für diese Art von Beziehungen gibt es zahllose Beispiele in der Geschichte: Handelsbeziehungen, politische Eroberungen haben zwar zur Intensivierung der Interaktionen zwischen heterogenen Gruppen geführt, sich jedoch als ungenügend stabilisierend erwiesen, wenn nicht auch der dritte Faktor, das Phänomen der »moralischen Dichte«, hinzukam.

Es ist im wesentlichen dieser dritte Faktor, der nach *Durkheim* eine Gesellschaft im eigentlichen Sinne konstituiert: erst durch das Hinzukommen des Kollektivbewußtseins – das auch als Synonym für Moralität, bzw. »moralische Dichte« verwendet werden kann – bewirkt das soziale Zusammenleben der Menschen qualitativ mehr als die nur arbeitsteilig funktionierende Summe der Teile. Das bloße Nebeneinander kann nur dann zu einem echten sozialen Miteinander werden, wenn sich ein Kollektivbewußtsein entwickelt, das das »Gute« und »Böse« definieren und nach diesen Prinzipien allgemeinverbindliche Richtlinien und Verhaltensgebote geben kann, um Solidarität unter den Menschen zu schaffen. Aufgrund dieses zentralen Merkmals der Solidaritäts-

4 Vgl. Aron, R.: Les étappes de la pensée sociologique, Paris 1967, S. 328 f.

Durkheim: Gesellschaftsmodell

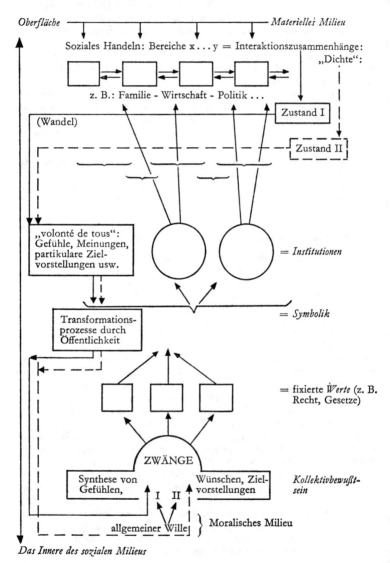

Vgl. hierzu: *Rousseau*, Teil I, Kap. I, 2: Tabellarische Zusammenfassung.

sicherung versucht *Durkheim* zwei Gesellschaftstypen herauszuarbeiten, die sich nur in der *Art der Sicherung von Solidarität* unter den Bedingungen des sozialen Milieuwandels unterscheiden. Bevor wir jedoch zur Erörterung dieses letzten Problems kommen, soll noch als Zusammenfassung des bisher Gesagten das Durkheimsche Gesellschaftsmodell graphisch dargestellt werden (s. S. 44).

3. Gesellschaftstypen nach der Art der »mechanischen« und »organischen« Soldidarität

Durkheim setzt sich zwar von der Spencerschen Position ab, doch sind bestimmte Einflüsse der theoretischen Konzeption *Spencers* nicht zu übersehen: Schon die Typologie der Gesellschaftssysteme verrät, daß es sich bei *Durkheim* um eine Modifizierung jener Spencerschen Gesellschaftstypen handelt, die *Spencer* am Grad ihrer organisatorischen und kommunikativen Komplexität mißt. Der Vergleich von Gesellschaftssystem und Organismus kommt nicht nur im Begriff »organische Solidarität« zum Ausdruck, sondern ist – auch für *Durkheim* – ein brauchbares Hilfsmittel, um die graduellen Unterschiede zwischen Organismen und menschlichen Gesellschaften aufzuzeigen:

»Die enge Verwandtschaft zwischen dem Leben und der Struktur, dem Organ und der Funktion kann in der Soziologie leicht festgestellt werden, weil zwischen diesen beiden Grenzfällen eine ganze Reihe von leicht zu beobachtenden Zwischengliedern existiert, die auf deren enge Verbindung hindeuten. Die Biologie entbehrt dieses Hilfsmittels. Doch ist die Annahme statthaft, daß die Induktionen der ersten Wissenschaft auf die anderen übertragbar sind, und daß bei den Organismen sowohl wie bei den Gesellschaften zwischen diesen beiden Gattungen von Tatbeständen nur graduelle Unterschiede bestehen« (Regeln, S. 114).

Durch Übertragung des biologischen Entwicklungsprinzips auf die von anderen lebenden Organismen sich qualitativ unterscheidenden Bewegungsformen des sozialen Lebens baute *Spencer* auf der Grundlage eines Kontinuums vom Homogenen zum komplex Heterogenen die drei Idealtypen: Primitives, militärisches und industrielles Gesellschaftssystem auf (vgl. Teil I, Kap.V, S. 256ff.). *Durkheim* reduzierte diese drei auf zwei Idealtypen: auf den Typus des »niederen« bzw. einfachen und des »höheren« bzw. komplexen Systems. Als Kriterium für die Zuordnung zu »niederen« oder »höheren« Gesellschaftstypen dient *Durkheim* – ebenso wie *Spencer* – der Grad der Bevölkerungs- und Kommunikationsdichte: auch *Durkheim* geht von der einfachsten und losesten Organisationsform der Horde aus, die als »soziales Aggregat« ein atomistisches Nebeneinander von Individuen darstellt:

»Ist dieser Begriff der Horde oder der monosegmentären Gesellschaft erst einmal aufgestellt, sei es als historische Realität oder als Postulat der Wissenschaft, so ist der notwendige Stützpunkt gegeben, um die vollständige Stufenleiter der sozialen Typen zu konstruieren. Man wird so viele Grundtypen unterscheiden, als Kombinationsmöglichkeiten der Horden untereinander und der durch deren Verbindung entstehenden Gesellschaften nach dem Grad ihrer Zusammengesetztheit zu klassifizieren, wobei die vollkommen einfache oder monosegmentäre Gesellschaft als Grundlage zu nehmen ist . . .« (Regeln, S. 171, 173).

Ähnlich wie *Spencer* sieht auch *Durkheim*, daß der durch die arbeitsteilige Integration bedingte Zusammenschluß von heterogenen Gruppen eine qualitativ neue Form des Zusammenlebens hervorruft, daß das durch die besondere Kombination der Assoziierung entstandene Ganze mehr als die Summe seiner Teile ist. Das differenziert zusammengesetzte Ganze des Sozialsystems ist physisch, moralisch und geistig seinen früheren, in sich geschlossenen und voneinander getrennten Teilen weit überlegen (– wie z. B. Stammes-, Ständegesellschaft, Nationalstaat –): das »Zusammengesetzte« beginnt ein »Eigenleben« zu führen und stiftet durch die synthetische Koordinierung individueller Kräfte neue soziale Tatbestände (vgl. Regeln, S. 137).

Im Unterschied zu *Spencer* meint jedoch *Durkheim,* daß dieser von der funktionalen Differenzierung (Spezialisierung) getragene Integrationsprozeß mit den Wandlungen des die Moralität sichernden Kollektivbewußtseins und den daraus resultierenden sozialen Zwängen einhergeht. Mit anderen Worten: die zunehmende soziale Differenzierung erzeuge nicht, wie *Spencer* glaubte, eine von Kollektivwerten sich immer weiter lösende individuelle Emanzipation, sondern erfordere – als soziales Phänomen und eine aus dem »Innern des sozialen Milieus« resultierende Erscheinung (vgl. oben Punkt 2) –, neue Formen jener moralischen Bindungen, die gemeinschaftliches Leben unter veränderten Bedingungen konstituieren müssen.

Die auf der Arbeitsteilung basierenden Differenzierungsprozesse können nur dann einen qualitativ neuen Gesellschaftstypus hervorbringen, wenn mit der auf das bloße Überleben gerichteten »materiellen Dichte« kommunikativer Handlungen auch die »moralische Dichte« der kooperierenden Teile wächst. Erst diese Situation, in der nicht nur die technisch organisatorische Effizienz, sondern auch die gemeinsamen Wertvorstellungen die Mitglieder des Ganzen verbinden, erschafft einen qualitativ neuen Gesellschaftszustand. Gesellschaft als kooperierende Einheit ist also ohne gemeinsam akzeptierte Überzeugungen hinsichtlich der Regeln des moralischen, bzw. solidarischen Verhaltens undenkbar:

»Das kollektive Leben ist nicht aus dem individuellen entstanden, sondern das letztere aus dem ersten. Nur unter dieser Voraussetzung kann man verstehen, wie die persönliche Individualität der sozialen Einheiten entstehen und sich entfalten konnte, ohne die Gesellschaft aufzulösen. Denn, da sie in diesem Fall aus einer bereits bestehenden gesellschaftlichen Umwelt hervorgeht, wird sie notwendigerweise von dieser geprägt; sie muß sich so gestalten, daß sie die kollektive Ordnung, mit der sie solidarisch ist, nicht zerstört; die Übereinstimmung bleibt bestehen, auch wenn sie sich von ihr löst ... Tatsächlich aber wirkt sich das moralische Leben in allen Beziehungen aus, die es hervorbringen, denn es wäre gar nicht möglich, wenn nicht soziale, und das heißt eben moralische Gefühle bei seiner Entstehung ausschlaggebend wären« (Division, S. 264).

Die normative Integration wird im Durkheimschen Gesellschaftsmodell zum qualitativen Kriterium der Typenbildung erhoben: Je nach Art und Weise der Garantie normativer Bindungen der Einzelnen an das Kollektiv unterscheidet *Durkheim* zwischen zwei Gesellschaftstypen: dem Typus, in dem die Solidarität eher unreflektiert und erzwungen ist und dem anderen, höheren Typus, in dem sie eher reflektiert und internalisiert wird.

Der entwicklungsgeschichtlich ursprünglichere Gesellschaftstypus wird durch die Bande der »mechanischen Solidarität« zusammengehalten: in diesem primitiven Entwicklungsstadium, in dem die Arbeitsteilung kaum fortgeschritten ist, beruht die innere Verbundenheit der Mitglieder mit der Gruppe auf der Homogenität, die sich vor allem in der relativen Gleichheit der Lebensweise, in der Gleichförmigkeit des Denkens und Handelns zeigt. Die Homogenität in Gefühlen, Wertorientierungen und Handlungsweisen bringt ein »traditionales Kollektivbewußtsein« hervor, das die Kohärenz der Gruppe schon deshalb sichern kann, weil es keine Möglichkeiten der individuellen Differenzierung gibt. Die ganze Existenz der Menschen wird von sozialen Imperativen, von Befehlen und Verboten der »mechanisch« eingespielten Gruppensolidarität beherrscht, und die kleinste Abweichung durch das repressive Rechtsgefühl drastisch bestraft. Mit der fortschreitenden Integration heterogener Gruppen geht die funktionale Differenzierung im Innern des zusammengesetzten Gebildes einher: Die kooperative Arbeitsteilung kann jedoch nur dann auf die Dauer erhalten werden, wenn dieser funktionalen Integration auch die moralische folgt. In seinem Vorwort zu den »Regeln« (S. 58) weist *König* mit Nachdruck darauf hin, daß die normativen Obligationen für *Durkheim* nur dann als gesellschaftskonstitutiv gelten, wenn sie »die Chance der Internalisierung haben, während Zwänge, die nur von außen wirken, ohne jemals zum Motiv des Handelns werden zu können, als Gewalt bezeichnet werden müssen«. Eine mit Gewaltmitteln zusammengehaltene »kooperative Einheit« (vgl. *Spencer:* »military typ«) kann für *Durkheim* nicht als »Gesellschaft« gelten: Der qualitative Unterschied zu einem anderen Gesellschaftstypus ist nur dann gegeben und soziologisch relevant, wenn sich in diesem komplexen System die *organische Form der Solidarität* herausbildet.

Diese durch die Arbeitsteilung bewirkte organische Solidarität basiert nicht mehr auf der Gleichförmigkeit, sondern auf der Verschiedenartigkeit der Individuen: Solidarität kann unter diesen Bedingungen nur durch die Konstituierung eines von allen Gesellschaftsmitgliedern akzeptierten, normativ fixierten Wertsystems und durch die – mehr oder weniger bewußte – Verinnerlichung dieser Werte garantiert werden. Der »regulierenden Macht des Kollektivs« kommt in diesem Falle eine dezidiertere und komplexere Funktion als in den traditionalen Gesellschaftstypen zu; generell gesehen muß die mechanische Form der Solidarität infolge der sozialen Differenzierung der Berufe und Tätigkeiten in einen bewußten Konsensus umgewandelt werden, um auf dieser Grundlage das Bewußtsein der Zugehörigkeit infolge gegenseitiger sozialer Abhängigkeit zu stärken. Die Institutionen müssen folglich Werthaltungen vermitteln, die eher auf Einsicht und Internalisierung sozialer Werte als auf mechanische Befolgung und Zwang ausgerichtet sind. Für die organische Solidarität ist die Abschwächung kollektiver Repressalien und Reaktionen typisch:

»Der Parallelismus zwischen repressivem Recht und mechanischer Solidarität und restitutivem Recht und organischer Solidarität – sagt *Gurvitch* [5] – ist nach Durkheims Ansicht evident. In der Tat, die repressiven Sanktionen und das Strafrecht, das sie begleiten, beschützen die wesentlichsten sozialen Gleichheiten; das unterdrückte Verbrechen ist ein Bruch der mechanischen Solidarität, ,ein Angriff auf die widerstandsfähigen Kräfte des kollektiven Bewußtseins, auf ein bei allen identisches kollektives Ideal'. ,Je mehr daher in einer Gesellschaft die mechanische Solidarität vorherrscht, je stärker das Individuum ohne jede Vermittlung an eine homogene Gesellschaft gebunden ist, desto größer ist die Geltung des repressiven Rechts gegen-

5 Gurvitch, G.: Grundzüge der Soziologie des Rechts, ST, Bd. 6, Neuwied 1960, S. 81.

über dem restitutiven Recht. Die restitutiven Sanktionen dagegen schützen die Differenzierung der Gesellschaft in spezialisierte Funktionen, in Untergruppen, in individualisierte persönliche Tätigkeiten; das restitutive Recht garantiert den ungehinderten Aufschwung der sozialen Arbeitsteilung, zu deren Auswirkungen es selber gehört: es ist an ein elastisches Kollektivideal gebunden, da es dessen Sonderformen zuläßt'. In der Gesellschaft, in der die organische Solidarität, die Solidarität zwischen Ungleichen sich als dominierend erweist, befreit sich ein großer Teil des Rechts vom Strafrecht und beherrscht es sogar. Insbesondere ist die parallele Entwicklung von Vertrag und Staat, die beide von eher restitutiven Sanktionen begleitet werden, der deutlichste Ausdruck für die Verstärkung der organischen Solidarität und ihrer Rechtssymbole.«

Die früher automatisch durch Sitte und Brauch geregelten Verhaltensweisen werden nun in immer stärkerem Maße rechtlichen Regelungen unterworfen, wobei diese zunehmende Tendenz der Verfestigung von sozialen zu Rechtsnormen einen immer weiteren Spielraum für die Durchsetzung und Differenzierung individueller Interessen und Tätigkeiten gewährt. Dieses kontraktuelle Element kann aber nach *Durkheim* – im Unterschied zu *Spencer* – nur von der gewandelten Sozialstruktur und dem dadurch veränderten Kollektivbewußtsein abgeleitet werden: Freie Kontrakte werden durch die Institutionen autorisiert und dienen einem gemeinschaftlichen Zweck: der Vergrößerung des kollektiven Gewinns. Der Kontraktualismus erscheint also hier als ein Mittel des Kollektivbewußtseins, das die Handlungen der Individuen im gesetzlichen Rahmen unter Kontrolle zu halten gedenkt. Der Kontraktualismus wird von *Durkhei*m als eine Folge sich faktisch abspielender sozialer Differenzierung betrachtet, der sich aus den konkreten Interaktionszusammenhängen ergibt. Das faktische Geschehen wird nicht durch das Normative bedingt, sondern umgekehrt; die normativen Regelungen werden vom Kollektiv zum Schutz des Individuums und als Reaktion auf die sich praktisch schon anbahnende Gefährdung der inneren Konsistenz der Gesellschaft »ins Leben gerufen«. Die Voraussetzungen für das Entstehen kontraktueller Beziehungen sind in jenen Sitten und durch die Gewohnheit geprägten zwischenmenschlichen Beziehungen zu suchen, die sich auf der Ebene faktischer Kommunikationsprozesse einspielen und die kontraktuellen Beziehungen auf der Basis der Gewohnheit, des Vertrauens, und des noch unfixierten Einverständnis-Handelns spontan regulieren. Normative Regelungen können erst auf dieser Grundlage von Kommunikationsstrukturen sozialen Ursprungs gestiftet werden. (Vgl. zu diesem Problem: Teil I, Kap. I, Zusammenfassung, S. 58):

»Schließlich übt nicht nur das Recht einen statuierten regulativen Druck aus, sondern auch die Gewohnheiten. Die Form, in der wir Verträge abschließen und erfüllen, ist bestimmten Regeln unterworfen, die zwar weder direkt noch indirekt durch das Gesetz festgelegt, aber dennoch verbindlich sind. Es gibt Berufspflichten, die zwar rein moralisch, aber nichtsdestoweniger zwingend sind.
Zusammenfassend kann man sagen, daß der Vertrag sich nicht selbst genügt, sondern erst durch eine aus der Gesellschaft erwachsene Vertragsregelung möglich ist, die er impliziert; denn er hat eine sehr viel wichtigere Funktion als die Schaffung neuer Regeln, nämlich die, in besonderen Fällen bereits bestehende Regeln von Fall zu Fall abzuwandeln, und kann zudem nur unter jeweils zu definierenden Bedingungen bindende Kraft haben. Grundsätzlich erkennt ihn die Gesellschaft nur deshalb als verbindlich an, weil unter den vorher angeführten Vorbehalten die Übereinstimmung des Willens aller einzelnen im allgemeinen das einträchtige Zusammenwirken der auseinanderstrebenden sozialen Funktionen gewährleistet« (Division, S. 193).

Im Unterschied zu *Spencer* sieht *Durkheim* vor allem die Gefahren, die eine immer stärker werdende Individualisierung für den Fortbestand und die Kohärenz der Gesellschaft in sich birgt: Die fortschreitende soziale Differenzierung bewirkt zwar einerseits die »condition créative«, die schöpferische Bedingung der individuellen Freiheit, andererseits aber führt sie im allgemeinen zu Prozessen der Trennung, Scheidung und Sonderung von ursprünglich sozial und kulturell eher gleichartigen Gruppen in Teilgruppen, soziale Schichten, Berufe usw. In Verbindung mit dem Erwerb besonderer Funktionen bedeutet soziale Differenzierung die Aufgliederung der Teilgruppen und Gruppenmitglieder nach Rollen und Rängen, sowie die Ausdifferenzierung der Gesamtkultur in Subkulturen materieller und auch immaterieller Art. Die aus der Aufgabenverteilung entstehende rang- und machtmäßige Differenzierung führt zur Zersplitterung ursprünglich einheitlicher Gemeinschaftsinteressen in persönliche, bzw. besondere Interessen rivalisierender Gruppen, wie z. B. der politischen Parteien, sozialen Klassen usw. Gewisse soziale Differenzierungen, wie z. B. nach Alter, Rasse (Stamm) und Geschlecht, gibt es auch in primitiven Gesellschaften; die fehlenden wirtschaftlichen, rechtlichen und politischen Institutionen werden hier durch die Familienorganisationen ersetzt. Eine starke innere Differenzierung taucht aber erst in komplexen Gesellschaften auf, deren soziale und moralische Dichte schon aus Gründen der Existenzsicherung des einzelnen eine Differenzierung verlangt, um den Lebenskampf auf friedliche Weise lösen zu können. Aufgrund einer realistischen Betrachtung des sozialen Geschehens in den modernen Gesellschaften (um 1900) bezieht jedoch *Durkheim* – im Unterschied zu *Spencer* – eine skeptische Position in Bezug auf den Fortschritt: anstelle der für das soziale Leben unerläßlich notwendigen moralischen Integration herrscht in den modernen Gesellschaften ein ständiger Streit vor, dessen wechselnde Intensität die organische Solidarität ernsthaft bedroht. Die »soziale Frage« bzw. soziale Krise, die sich vor allem im Interessenkonflikt zwischen Arbeitgebern und Arbeitnehmern zeigt, droht latent in einen Kampf »aller gegen alle« *(Hobbes)* auszuarten. Diese Krisensituation ist nach *Durkheim* nur durch die Stärkung des kollektiven Gewissens zu lösen, die sich konkret in der sozialen Gesetzgebung niederschlagen muß. Um die sozialen Konflikte auf reformistischem Wege regeln und meistern zu können, sei es notwendig, aus dem »sozialen Milieu« heraus ein der neuen Situation angepaßtes Gerechtigkeitsbewußtsein zu entwickeln. Diese normative Regelung, die durch eine soziale Gesetzgebung zum Ausdruck kommen sollte, müßte aber – der Durkheimschen Position folgend – letztlich von der »moralischen Dichte« getragen werden, weil nur diese die Geltung juristischer Regelungen garantieren könne.

Durkheims Fortschrittspessimismus resultierte aber gerade aus dem Zweifel am reibungslosen Zusammengehen von sozialer Differenzierung und moralischer Integration. Während *Spencer* an einen relativ unproblematischen, sich generell (für die Individuen) verbessernden Entwicklungstrend glaubte, bezweifelte *Durkheim*, daß diese Entwicklung, die zwar zu wachsendem materiellen Wohlstand führe, auch jene allgemeine Zufriedenheit zur Folge haben müsse, die man schlicht mit menschlichem Glück zu bezeichnen pflegt. Er bezweifelte, daß eine Integration auf der Grundlage des Vertragssystems auch die für die soziale Konsistenz notwendige »innere Verbundenheit« der Individuen mit dem Kollektiv quasi automatisch sichern könne: Der fortschreitende Individualisierungsprozeß könne seinem Modell nach die voranschreitenden Sozialisierungsprozesse nur dann garantieren, wenn sich die solidarischen Beziehungen von der »äußeren« in die »innere« Kontrolle verlagern und im Individualbewußtsein die dem Kollektivbewußtsein entsprechende Manifestation hervorbringen würden. Die Lockerung der Solidaritätsbeziehungen unter den Menschen in den modernen Sozialsystemen hat Entwurzelung, Einsamkeit und Isolation zur Folge: Anhand seiner empirischen Forschungen über die auffallend große Zahl der Selbstmorde in der modernen Gesellschaft kam *Durkheim* zu dem Schluß, daß unter diesen Bedingungen – im Unterschied zum altruistischen oder egoistischen Selbstmordtypus – der »anomische Typus des Selbstmordes« überwiege, den er mit der Unfähigkeit des Individuums, zwischen sich und der sozialen Gruppe eine Beziehung zu schaffen erklärte. Seinen methodologischen Prinzipien getreu versuchte *Durkheim* nicht nur die Vergangenheit, sondern auch die Gegenwart so zu analysieren, daß er – fern jeder »Wunschvorstellung« – die Wechselwirkung der sozialen Tatbestände untersuchte:

a) Er stellte grundsätzlich fest, daß der soziale Wandel nur aus der Struktur zwischenmenschlicher Beziehungen in Bezug auf ihre funktionale Bedeutung für die Konsistenz der Gesellschaft erklärbar ist. So sah er die Quelle der Religion, des Nationalismus usw. in der Zunahme der Interaktionen, die aus einer »allgemeinen Erregung« resultieren und mit der Dichte der materiellen und moralischen Beziehungen und deren Intensitätsgrad zusammenhängen. Nur das Zusammenwirken dieser Faktoren kann sozialen Wandel verursachen und menschliche Verhaltensweisen verändern;

b) Die empirisch feststellbare Tendenz zur Individualisierung widerspräche der eigentlichen Natur des Sozialen und gefährde dadurch die Konsistenz der Gesellschaft. Die daraus resultierende Krise sei an den Schattenseiten der modernen Zivilisation – wie z. B. an Anpassungsschwierigkeiten, Vereinsamung, Unsicherheit, Desorientierung, usw. – vor allem aber an den Selbstmordquoten abzulesen. Die durch die Lockerung und Zersplitterung der sozialen Bande bedingte Krise erfaßt jedoch nicht nur Individuen, sondern ganze soziale Schichten; auch die Deklassierung der Arbeiterschaft ist für *Durkheim* ein »pathologischer« Zustand, der nur mit Hilfe kollektiver Anstrengungen beseitigt werden könnte;

c) *Durkheim* glaubt nicht an die grundsätzliche Wandelbarkeit der »Natur des Sozialen«: Der Mensch ist anthropologisch mit der Gruppenhaftigkeit seiner Existenz verbunden. Deshalb scheint der einzige Ausweg aus der sozialen Krise des modernen Menschen in der Reorganisierung seiner Gruppenbeziehungen auf der Ebene der »groupes intermédiaires«, einer Art berufsständischer Gruppenorganisation, zu bestehen.

Zusammenfassung

In der folgenden Zusammenfassung sollen kurz die Gemeinsamkeiten und Divergenzen der hier behandelten Theorien herausgestellt werden.

I. Gemeinsamkeiten

1. In den älteren Gesellschaftstheorien (vgl. Teil I, Kap. I – V) ließen sich drei Ausgangspunkte – vom theoretischen Ansatz her – unterscheiden:

a) vom Individuum (Vernunftrecht, Liberalismus);

b) vom Ganzen der Gesellschaft als eines »sozialen Organismus« (Positivismus) und

c) von den Klassen *(Marx)*.

Aufgrund der vorangegangenen Abschnitte über »Gesellschaft als Gruppensystem« dürfte der Wandel in der theoretischen Neuorientierung um 1900 klar geworden sein: Anstelle der drei oben genannten Kategorien rückt von nun an die *Gruppe* in den Mittelpunkt des (nicht-marxistischen) theoretischen Interesses [1]. Im krassen Gegensatz zum individualistischen Ansatz des 18. Jahrhunderts wird in den Theorien von *Gumplowicz*, *Sumner* und *Durkheim* behauptet, daß das Individuum als sozialisierte Persönlichkeit Spiegelbild und Produkt jener Gruppe sei, der es durch die Vielfalt sozialer Bande, kommunikativer und normativer Art, angehört. Auch wäre ihrer Ansicht nach unangebracht, das soziale Verhalten der Menschen als Derivat einer vom Gesellschaftsganzen her begründbaren Funktion der technisch-organisatorischen Effizienz des »sozialen Organismus« zu erklären. Die konkreten und empirisch belegbaren Weisen sozialen Handelns können also weder auf den individuellen Willen noch auf die (abstrakten) funktionalen Erfordernisse der das Gesellschaftsganze optimal befriedigenden materiellen Versorgung (»industrieller Fortschritt«) zurückgeführt werden.

Auch die Kategorie Klasse wird von diesen Theoretikern als eine Art wirklichkeitsfremd definiertes »kollektives Subjekt« betrachtet: Das soziale Geschehen bzw. die konkreten Handlungsprozesse – die zum spezifischen Gegenstand der Soziologie gemacht werden müßten – entwickeln sich nicht in einer abstrakt konzipierten (potentiellen) Interessengemeinschaft ökonomischer Art (= Klassen), sondern unter den Bedingungen eines in sich strukturierten Systems von Gruppen mit normativen Regelungen. Der Begriff Gruppe scheint vor allem deshalb die geeignetste Kategorie für sozialwissenschaftliche Forschungen zu sein, weil er jene empirisch nachprüfbaren Rahmenbedingungen konkreter Interaktionsprozesse umgrenzt, unter denen soziales Handeln de facto entsteht und erklärbar wird. Erst aus der Sicht der gruppenhaften Strukturierung der Gesellschaft wird deutlich, warum Menschen z. B. so häufig gegen ihre »eigentlichen« ökonomischen Interessen handeln; ohne Hinzuziehung der normativen Gegebenheiten der »Situationsstruktur«, bzw. des Ensembles des sozialen Milieus (vgl. Teil I, Kap. V: Zusammenfassung des Positivismus) kann auch nicht erklärt werden, warum sich diese und nicht andere Weisen der Produktion in bestimmten Gesellschaftssystemen entwickelt haben. Die ökonomische Aktivität der Menschen unterliegt diesen Auffassungen nach (vgl. vor allem *Durkheim*) den normativen Bestimmungen der Gruppe, die sich zuerst in Ge-

---

1 Die »Entdeckung« der Gruppen als tragende Teile der Gesellschaft mit möglicherweise autonomen (selbsterhaltenden) Funktionen läßt sich auf die anarchistische Gesellschaftskonzeption (um 1870) zurückführen (vgl. Teil I, Kap. IV).

wohnheit und Sitte und später im Recht und in den Institutionen manifestieren. Die Auffassung darüber, was rechtens, gut und zweckmäßig sei, wäre demnach auf einen Gruppenkonsens über die Richtigkeit, Güte und Zweckmäßigkeit der Handlungsweisen zurückzuführen. Diese Anschauungen formieren sich aber nicht primär auf der Grundlage der ökonomischen Interessen, sondern der Gruppensolidarität: Durch diese Form einer *Solidarität zwischen Ungleichen* erlangen die Wertsysteme – die nicht nur die in sich differenzierte Gruppe, sondern darüberhinaus auch kooperierende »Aggregate« von heterogenen Gruppen zusammenhalten (– z. B. Nationalstaat –) eine zentrale, weil integrative Bedeutung. Die Geschichte beweise, daß eine wertmäßige Integration einen viel größeren und konkreteren Einfluß auf Handlungsorientierungen und Verhaltensweisen ausübe, als mögliche Solidarisierungsbeziehungen aufgrund ökonomischer Interessen. Das Zusammengehörigkeitsgefühl der Arbeiterklasse mit ihrer Nation habe sich, z. B. im ersten Weltkrieg, stärker als das Bewußtsein der proletarischen Internationalität erwiesen. Die durch Erfahrung und historische Realität beweisbaren Erkenntnisse unterstützen die Annahme, daß es nicht »Doktrine«, sondern Bräuche, Sitten und gemeinsame Wertvorstellungen sind, die das soziale Handeln bestimmen und die Gesellschaft integrieren.

Gumplowicz, Sumner und *Durkheim* halten also den Klassenbegriff für eine unzulässige Abstraktion, weil durch ihn weder das faktische Handeln noch die konkret beobachtbare Solidarität zwischen Ungleichen, noch der Einfluß normativer Einstellungen auf die Durchsetzungsweise »rein« ökonomischer Interessen erklärbar bleibt [2]. Jede von den Gruppennormen abweichende Handlungsweise wird durch die generell geltenden Gruppennormen modifiziert und unter die Kontrolle des »Kollektivbewußtseins« gestellt. Weder ein »Kapitalist« noch ein »Arbeiter« können dieser Auffassung nach, ohne Rücksicht auf die gruppenintegrative Struktur normativer Verhaltensregeln ihre spezifischen Interessen durchsetzen: Die herrschenden Normen – ob sie von einer »Elite« *(Gumplowicz)* oder von einem, dem Modell nach demokratischen Willensbildungsprozeß *(Durkheim)* gesetzt werden – haben die immanente Funktion, krasse Interessengegensätze, die zum Zerfall der Einheit führen könnten, zu verhindern und die Toleranzgrenze im Sinne der Systemfunktionalität zu bestimmen. Wir möchten in diesem Zusammenhang noch nicht auf eine inhaltliche Kritik dieser Auffassung über soziale Systeme eingehen, nach der die wechselseitige Anpassung verschiedener Interessenlagen durch einen gemeinsamen Konsens zu erreichen sei, sondern möchten nur festhalten, daß die hier darge-

---

2 In diesem Sinne schreibt z. B. Sumner (Folkways, op. cit. S. 43): „Daß alle Menschen sich ähnlich oder gleich sind . . . steht im Gegensatz zu allen Fakten der menschlichen Natur und allen Bedingungen menschlichen Lebens. Jede Gruppe zerfällt in Unterabteilungen, deren Teile (wieder) in solche, die annähernd gleich sind, wenn man sie an einer beliebigen Norm mißt . . . Wenn wir diese Unterscheidung verfeinern wollen, müssen wir die Unterabteilungen nochmals unterteilen. Wir stehen in einem Dilemma: Wir können die Menschheit ohne Kategorienbildung überhaupt nicht beschreiben, und wenn wir fortfahren, unsere Kategorien mehr und mehr zu verfeinern, würde jede schließlich nur noch eine Person erfassen . . . Die charakteristischen Differenzen erfaßt der Begriff der Individualität und Persönlichkeit" – die noch am ehesten von der Kohärenz, Einheit und Solidarität einer „genetischen Gruppe" soziologisch erklärbar sind.

stellten theoretischen Positionen – im Gegensatz zum Marxismus (vgl. Kap. XI, Zusammenfassung) – die integrative und dadurch auf Interessenausgleich gerichtete Rolle normativer Gegebenheiten (*Sumner*: »mores«, *Durkheim*: Kollektivbewußtsein) für das ausschlaggebende Moment von Vergesellschaftungsprozessen halten. Das spezifisch Soziale, bzw. Menschlich-Kulturelle, wird hier primär in diesem Wertkonsens gesehen (vgl. darüber noch unter 3).

Den entscheidenden Wendepunkt in der sozialen Entwicklung sahen diese Theoretiker im Integrationsprozeß der Gruppen, in dem sich einfach strukturierte Gruppengebilde aus der Notwendigkeit der Selbsterhaltung zu komplexen Gebilden, – zu »Gruppenintegraten« – verwandeln. Der Übergang von einer »primitiven« zu einer »zivilisierten« Gesellschaft ließe sich demnach am Komplexitätsgrad jener organisatorischen »Verwicklungen« messen, die zu einer zwangsweise wachsenden gegenseitigen Abhängigkeit und zu einem daraus resultierenden neuen Wertsystem zu normativ verbindlichen Regelungen des Zusammenhalts von heterogen strukturierten Gruppen führen. Während also die zunehmende Bevölkerungsdichte zum Kooperationszwang führt, stellt die normative Integration von Gruppen das sozial wichtigste Problem dar: Die Konstituierung übergeordneter Instanzen und eines alle Gruppen umfassenden Wertsystems ist sowohl das Problem als auch die dringlichste Aufgabe der modernen Gesellschaften.

Denn, der Übergang von einem »primitiven« zu einem »zivilisierten« Gesellschaftstypus (vgl. vor allem *Durkheim*: »mechanische« und »organische« Solidarität), verwandelt die Kommunikationsstrukturen deshalb grundlegend, weil sie den Rahmen der originären – auf Blutsverwandtschaft und unmittelbarer Kooperation beruhenden – Bezugsgruppe sprengt und damit sowohl Individuen als auch Gruppen in den Schnittpunkt mehrerer interagierender Gruppen mit verschieden gelagerten Wertorientierungen versetzt und der unmittelbaren sozialen Kontrolle entzieht. Auf dieser komplexeren Ebene sind Generalisierung von Normen und Internalisierung geltender, weil für die Friedenssicherung zweckmäßiger Werte die unabdingbare Voraussetzungen der sozialen Entwicklung. Der wachsende Umfang institutionalisierter Handlungsabläufe ist noch nicht – wie *Spencer* meinte – »automatisch« gesellschaftskonstitutiv: die Gesellschaft wird letztlich weder auf Grund ökonomischer Beziehungen (Liberalismus) noch durch »Vertragsverhältnisse« (vgl. *Spencer*, Teil I, Kap. V/4) zusammengehalten. Konstitutiv für ein soziales System ist der Aspekt der normativen Integration, ohne dessen Berücksichtigung die Wirksamkeit der auf das Individuum ausgeübten und den individuellen Wunschhandlungen entgegengesetzten »Gruppenzwänge« unerklärlich bleiben. Durch den Prozeß der Institutionalisierung ursprünglich divergierender Gruppenbeziehungen wird ein funktional legitimierbarer Zwang – seitens der herrschenden Elite (*Gumplowicz, Sumner*) oder des »Kollektivbewußtseins« (*Durkheim*) – im Interesse eines geordneten Zusammenlebens ausgeübt. Brüchig bleibt jedoch die komplexere Ordnung, wenn nicht aufgrund dieser funktionalen Erfordernisse eine Konsens-Findung über generell geltende und auch allgemein akzeptierbare Werte stattfindet. Auf welche Art und Weise auch immer die Konstituierung eines gruppenvereinigenden Wertsystems gelingt – (bei *Gumplowicz*: Eroberung, Machtkampf – bei *Sumner*: Wettkampf der

Gruppen, Auslese – bei *Durkheim:* »organisches« Zusammenwachsen) –, ist dieses Ergebnis der sozialen Integration ein Indiz für den kulturellen Aufschwung des betreffenden Sozialsystems. Die Konstituierung des Wertsystems – die sich etwa im ideologischen Selbstverständnis, in den Moral- und Rechtsvorschriften, Lebensgewohnheiten usw. zeigt, ist nicht das Ergebnis einer willentlichen Zielvorstellung (Voluntarismus), sondern das Produkt eines Vorganges, der unter besonderen Bedingungen eines Verschmelzungsprozesses von Gruppen – historisch – entstand [3]. Der Rückgriff auf das historisch »Gewordene« (bei *Gumplowicz:* Ethnozentrismus, bei *Sumner:* »folkways«, bei *Durkheim:* Kollektivbewußtsein) ist für diese Theoretiker deshalb wichtig, weil sie das spezifisch Soziale nicht primär in der instrumentellen Rationalität, sondern in der konkret beobachtbaren »Macht« wertmäßiger Einstellungen und tradierter Anschauungen, in den in Sitten, Gewohnheiten und traditionsbedingten Handlungsmustern geronnenen menschlichen Reaktionsmechanismen erblicken. Die tatsächliche Struktur zwischenmenschlicher Beziehungen gestaltet sich demnach weder vom individuellen Wollen noch von rational konzipierten Zielvorstellungen des Gesamtsystems (d. h. vom »Willen des Gesetzgebers«) her, sondern durch die eigenartige Verzahnung von Gruppenbeziehungen, deren Erscheinungsformen sowohl die normativen Elemente ursprünglicher Gruppenkonsistenz (Sitte, Bräuche usw.) als auch die neuen, instrumentell-rationalen Elemente des sich integrierenden Gesellschaftsganzen (Organisation, Institutionalisierung) enthalten (vgl. dazu noch unten 3: über das »Soziale«). Das Modell der Gesellschaft als eines Systems von Gruppen impliziert schon den theoretischen Ansatz eines Schichtenmodells: Es handelt sich dabei – wie immer – um eine theoretische Verarbeitung der neu entstandenen Wirklichkeitssphäre, die durch zunehmende Arbeitsteilung (vgl. *Durkheim*), Differenzierung der Berufe, wachsende funktionale Abhängigkeiten und trotz dieser Differenzen durch die wachsende Integration gekennzeichnet ist (Nationalstaatlichkeit). Aus diesen funktionalen Erfordernissen der Gruppenintegration erwächst nicht nur die Notwendigkeit einer geordneten, hierarchisch gegliederten und den funktionalen Erfordernissen entsprechende Schichtung (*Durkheim:* »Berufsstände«), sondern auch die normative Integration der funktional kooperierenden Gruppen. An diesem Punkt der rationalen Wahrnehmung von Gruppeninteressen wird die Trennungslinie zwischen »primitiv« und »zivilisiert« strukturierten Gesellschaftssystemen gezogen. Die gesellschaftlichen Verhältnisse verändern im Zuge der Entwicklung das »System der Selbstverständlichkeiten« (= kulturelles Milieu) und verlagern die ursprünglich auf Blutsverwandtschaft beruhenden Gruppierungen in Gruppierungen nach berufsspezifischen Interessen. Diese neuartig gelagerten Gruppenbeziehungen bleiben zwar einerseits der (»organischen«) Primärgruppe verhaftet, andererseits aber brechen sie die herkömmlichen Kommunikationsstrukturen auf und schließen sich den Sekundärgruppen an. Die Struktur der Sekundärgruppen wird vor allem berufsbezogen gesehen und als eine neuartige Gruppierung betrachtet, de-

---

3 Über die Art und Weise dieses Verschmelzungsprozesses werden wir noch unter II/2 (Divergenzen) berichten: Hier weicht die sozialdarwinistische (Gumplowicz, Sumner) von der Durkheimschen Position ab.

ren Konsistenz durch eine spezifisch organisierte Normorientierung nach politischen Interessen gekennzeichnet ist. Die Struktur des Gruppenkampfes ums Dasein, als eines Kampfes um die Sicherung »nackter« Existenzbedingungen verwandelt sich hierdurch letztlich in einen Gruppenkampf um politischen Einfluß, um die Erweiterung der gruppenhaft-partikularen Machtsphäre. Um diese latente Gefahr des Systemzerfalls durch Gruppenantagonismus zu verhindern, sind Institutionen vonnöten, deren primäre Rolle es wäre, auf rationale Weise handlungsregulierend, im Sinne der Interessenschlichtung, auf die konkurrierenden Gruppen einzuwirken. Es schien also sinnvoll, die wissenschaftliche Analyse sozialer Erscheinungen in erster Linie bei der genaueren Untersuchung der die Sozialstruktur bedingenden Gruppenkonstellationen anzusetzen.

2. Im Vergleich zu den älteren Gesellschaftstheorien und im Anschluß an den Punkt 1) unserer Zusammenfassung müßte dem Leser das Fehlen des Begriffs Fortschritt aufgefallen sein. Fortschritt bedeutete ursprünglich die Chance, aufgrund der sukzessiven Verbreitung von Wissen, Moralität und Wohlstand immer breitere Gesellschaftskreise von irrationalen sozialen Zwängen loszulösen, d. h. zu emanzipieren (vgl. Teil I, Kap. I und II). Im Unterschied zum vernunftrechtlichen, liberalistischen aber auch zum positivistischen Fortschrittskonzept betonen diese Theoretiker, daß weder der wachsende materielle Wohlstand (Liberalismus), noch die allmähliche Verbreitung der Vernunft (Vernunftrecht), noch die des wissenschaftlichen Denkens (Positivismus) »notwendigerweise« zu einem harmonischen Sozialzustand im Sinne der zunehmenden Solidarität unter den Menschen führen. Es habe sich gezeigt, daß weder die schrittweise Befriedigung wachsender Bedürfnisse, bzw. die allmähliche Befreiung immer breiterer Gesellschaftskreise von der materiellen Not, noch die Auswirkungen der Aufklärung zu einem entscheidenden Wandel in den menschlich-moralischen Beziehungen (Solidarität) geführt hätten. Auch die Hoffnungen (der Positivisten) auf eine sukzessive Verbreitung rationaler Verhaltensweisen aufgrund individueller Einsicht und Erkenntnis der Sachgesetzlichkeiten hätten sich nicht erfüllt. Die »Masse« handele gefühlsbetont, traditional und gewohnheitsmäßig: Rationales Handeln gehöre zur Ausnahme. Außerdem könne man eine Loslösung des Menschen von Kollektivzwängen überhaupt nicht feststellen: Entgegen allen Zukunftsperspektiven über fortschreitende Emanzipation *(Spencer)* müßte man nüchtern erkennen, daß auch in den modernen Sozialsystemen sozialer Zwang – in seiner ausgeprägtesten Form als Gruppenzwang – weiterhin bestünde. Weder das »Glück« des Einzelnen (vgl. *Durkheims* Analyse über den Selbstmord) noch die volle Rationalisierbarkeit der Systemstrukturen konnten im Verlauf der Integrationsprozesse erreicht werden. Aufgrund dieser Feststellungen lehnen diese Theoretiker die Auffassung ab, nach der es eine »immanente Notwendigkeit« des Fortschritts im Sinne der Emanzipation und Versittlichung des Menschen gäbe: Für den wertbeladenen und mit der Hoffnung auf die allmähliche »Vervollkommnung des Menschengeschlechts« verbundenen Begriff Fortschritt, wird hier der eher neutral und »offen« konzipierte Begriff *Entwicklung* verwendet.

Im Unterschied zu dem geschichtsphilosophisch orientierten Fortschrittskonzept der Dialektiker (vgl. Teil I, Kap. III) wie auch der Positivisten (vgl. Teil I, Kap. V) meinen also *Gumplowicz, Sumner* und *Durkheim*, daß es trotz ökonomischer und wissenschaftlicher Fortschritte keinen plausiblen Anlaß gäbe, von einem wesentlichen Fortschritt in der »Natur des Sozialen«, als einer wachsenden Emanzipation von sozialen Zwängen zu sprechen. Sie akzeptieren aber eine – bescheidener konzipierte – Entwicklung: Diese Auffassung kommt ganz deutlich bei der Beschreibung der Differenzen zwischen verschiedenen Gesellschaftstypen zum Ausdruck (bei *Gumplowicz:* »moderner Staat« oder: Kulturblüte, bei *Sumner:* »moderne Gesellschaft« und bei *Durkheim:* »organische Solidarität«). Auf dem Hintergrund dieser Differenzierungen steht die Unterscheidung zwischen »primitiven« und »zivilisierten« Gesellschaften. Nur werden hier die Merkmale von »Primitivität« und »Zivilisiertheit« nicht an der Höherwertigkeit der Sozialzustände im Hinblick auf individuelle Emanzipation, bzw. Erweiterung des »Reiches der Freiheit« *(Marx)* gemessen, sondern lediglich festgestellt, daß der Komplexitätsgrad von Beziehungsstrukturen anders gelagerte moralische Regeln des Verhaltens erfordere, zu deren Einhaltung die Internalisierung von zivilisatorischen Grundwerten (– wie z. B. Gewaltlosigkeit, Toleranz, Nachgiebigkeit, bzw. kompromißbereites Handeln usw. –) unerläßlich notwendig sei. Fällt dieser Konsens weg, so kann angesichts der Heterogenität moderner Sozialsysteme, die Zivilisation – wie das auch die Geschichte alter Kulturen beweist – rasch zerstört werden.

Erst unter diesem Aspekt des Fortschrittsskeptizismus wird auch die Kontroverse zwischen *Spencer* und *Durkheim* verständlich: Sowohl *Spencer* als auch *Durkheim* sehen in den vorindustriellen Gesellschaftssystemen die dominierende Rolle des Kollektivs gegenüber dem Individuum; die Differenzen in den Auffassungen beziehen sich auf die Abschätzungen und Bewertungen der zu erwartenden – also: *zukünftigen* – Entwicklungstendenzen. Während *Spencers* Prognose auf eine wachsende Emanzipation des Individuums von Kollektivzwängen (z. B. auch von staatlicher Bevormundung) hinauslief und diese Tendenz der Individualisierung als Fortschritt gewertet wurde (vgl. Teil I, Kap. V, 4/3), betonte *Durkheim* die Kontinuität des dominierenden Einflusses von Kollektivzwängen und bewertete die Individualisierung als eine latente Gefährdung der Systemstabilität. Durch seine zur Skepsis berechtigenden Erfahrungen mit der sozialen Realität, versuchte nun *Durkheim* auf dem Boden der »Objektivität« zu bleiben und wollte sich auf die Analyse des Ist-Zustandes konzentrieren.

Gumplowicz, Sumner und *Durkheim* stellten als erste fest, daß unter den Bedingungen moderner Sozialsysteme den institutionell organisierten Sozialbeziehungen, neben der funktionalen Notwendigkeit der reibungslosen Koordination von Handlungsabläufen auch der wertmäßigen Integration eine immer größere Bedeutung zukommt. Die (schon oben angedeutete) und hier zugrunde liegende Problematik des Strukturwandels von einem primärorganischen zu einem sekundär-»künstlichen« Handlungsbereich versuchte Ferdinand *Tönnies* (1855–1936) auf zwei Grundtypen des sozialen Milieus zu reduzieren: auf Gemeinschaft und Gesellschaft [4]:

4 Tönnies, F.: Gemeinschaft und Gesellschaft (1887), Nachdruck der 8. Aufl. (1935), Darmstadt 1963.

A) Gemeinschaft

Unter Gemeinschaft versteht *Tönnies* ein organisch gewachsenes Gebilde, das auf den »naturgegebenen Verhältnissen« der Bluts-, Orts- und Geistesverbundenheit beruht. Die Geistesverbundenheit wird durch Sitte und Religion gestärkt und ist nicht mit jener Verbundenheit des Geistes identisch, die auf der Grundlage der städtischen Geselligkeit (wie etwa eines »Bundes von Gelehrten«) entsteht. Das System der Gemeinschaft ist »stammesmäßig« und »völkisch«: Es ist ein lebendiger Organismus in dem das »vertraute«, reale Zusammenleben der Menschen von Familie, Dorf und Kirchengemeinde gesteuert wird.

Das organische Leben in der Gemeinschaft basiert neben dem Grundbesitz auf dem relativ verbreiteten Gemeineigentum und der genossenschaftlich begründeten und verantwortlichen (patriarchalischen) Herrschaftsordnung. Die Herrschaftsordnung wurzelt im familialen Grundbesitz, wird durch Sitte geformt und durch die Religion »geweiht«: Ihre Legitimitätsgrundlage wird auf die Überlegenheit der (Arbeits-) Kraft, der Weisheit und des Alters zurückgeführt. Die rechtliche Vorrangstellung des »Vateramtes« in der Familie wird durch »Fürsorge, Zärtlichkeit und Ehrfurcht« begrenzt. In der Gemeinschaft wird der Mensch mit seinen Mitmenschen »ganzheitlich« verbunden, und zwar durch eine besondere Form der Übereinstimmung: durch den »Wesenswillen«, als einem urwüchsigen Willen in Einheit und im Frieden zu leben. Moral und Gesinnung stehen in Übereinstimmung mit Familiengeist und Sitte: Sie sind durch die Religion miteinander verbunden, die auch das Denken wesentlich bestimmt. Der dominante Grundwert dieser sozialen Ordnung ist die Liebe.

B) Gesellschaft

Im Unterschied zur »organischen« Gemeinschaft begreift *Tönnies* Gesellschaft als ein mechanisch konstruiertes und beliebig konstruierbares Gebilde, das er »Artefactum« oder »Aggregat« nennt, in dem die Willen der Individuen zwar in zahlreichen Verbindungen, aber voneinander doch getrennt, ohne gegenseitige innere Verbundenheit und Durchdringung bestehen:

»Die Theorie der Gesellschaft konstruiert einen Kreis von Menschen, welche, wie in Gemeinschaft, auf friedliche Art nebeneinander leben und wohnen, aber nicht wesentlich verbunden, sondern wesentlich getrennt sind, und während dort verbunden bleibend trotz aller Trennungen, hier getrennt bleiben trotz aller Verbundenheit« (Gemeinschaft, S. 40).

Gesellschaftliche Sozialverhältnisse lassen sich im Unterschied zu gemeinschaftlichen in quantitativer und qualitativer Hinsicht nahezu beliebig herstellen; sie wirken durch die nationalen und internationalen Verflechtungen hindurch veränderlich, expansiv und entwickeln stets neue Formen von Beziehungen.
Die ökonomische Basis der Gesellschaft ist das Individual- und Privateigentum und ihr Lebensprinzip der Tausch. Konkurrenz und partielles Übereinkommen bestimmen das Verhältnis zum Mitmenschen:

»Die Möglichkeit eines gesellschaftlichen Verhältnisses setzt nichts (anderes) voraus, als eine Mehrheit von nackten Personen, die etwas zu leisten und folglich auch etwas zu versprechen fähig sind . . . Und in Analogie zu diesem auf Umtausch materieller Werte beruhenden Verkehr, kann alle *konventionelle Gesellgikeit* verstanden werden, deren oberste Regel die Höflichkeit ist: ein Austausch von Worten und Gefälligkeiten, in dem jeder für alle da zu sein scheint, alle jeden als ihres gleichen zu schätzen scheinen, in Wahrheit jeder an sich denkt und im Gegensatz zu allen übrigen seine Bedeutung und seine Vorteile durchzusetzen bemüht ist. So daß für alles, was einer dem anderen Angenehmes erweist, er wenigstens ein Äquivalenz zurückzuempfangen erwartet, ja fordert . . .« (Gemeinschaft, S. 53 f).

Der Prototyp »der Gesellschaft« ist der Kaufmann (– *Tönnies:* »hier ist jedermann ein Kaufmann« –), der seinen egoistischen Vorteilen nachstrebt: Arbeiten und Dienstleistungen werden als Waren angeboten und das Profitstreben ist das oberste Gebot der Handlungsorientierung:

Es ist »die einzige Aufgabe des Händlers, so wenig als möglich zu geben, um die Differenz gegen seinen zukünftigen Preis so groß wie möglich zu machen . . .« (Gemeinschaft, S. 74).

Für die Gesellschaft ist die ökonomisch bedingte Herrschaftsordnung typisch: Sie basiert auf den rechtlichen Regelungen der Konkurrenz zwischen den Klassen. Die Herrschaft der »freien Kaufleute oder Kapitalisten« wird in dem Maße zur typischen Herrschaftsstruktur, in dem die Arbeiter vom Eigentum ausgeschlossen und gezwungen werden, ihre Arbeitskraft um Geld zu verkaufen. Das Regelungssystem in der Gesellschaft ist nicht mehr Sitte und Religion, sondern das »gesatzte Recht«, das durch die Macht des Staates, der ökonomischen Doktrinen (des ungehemmten Liberalismus) und der öffentlichen Meinung geformt wird. Die Moral wird zum Produkt und Werkzeug der öffentlichen Meinung, die an Stelle des nach Mitgefühl orientierten Verhaltens immer mehr zur bloßen »Etikette« und »Förmlichkeit« wird und ihrer sozialen Funktion als gemeinschaftskonstitutiven Elements beraubt wird. Der dominante Grundwert der Gesellschaft ist die Leistungsgerechtigkeit, die durch rationale Konventionen, durch Verträge geregelt und in einer Übereinstimmung bestimmt wird, die das Ausbalancieren von unterschiedlichen Einzelinteressen zum Ziel hat. Diese Situation erfordert die Umformung des Denkens durch die Wissenschaft: Im Gegensatz zum »Wesenswillen« der Gemeinschaft beherrscht der »Kürwille« die Gesellschaft, der die Handlungen nach einem »reinen« Kalkül auf die Durchsetzung individuell vorteilhafter Zwecke organisiert:

»Die Möglichkeit des Kürwillens beruhet darauf, daß die Werke des Denkens in bezug auf ein zukünftiges Verhalten beharren können . . . Die Gesamtformen des Kürwillens – welch die Elemente des Wesenswillens in sich enthalten – sollen hiernach begriffen werden, als Systeme von Gedanken, nämlich Absichten und Zwecken und Mitteln, welche ein Mensch als seinen Apparat im Kopfe trägt, um damit die Wirklichkeiten aufzufassen und anzufassen . . .« (Gemeinschaft, S. 107 f).

Die hier zur Debatte stehende Strukturveränderung der Handlungsbezüge könnte tabellarisch wie folgt zusammengefaßt werden [5]:

5 Als weitere Belege sollen folgende Quellentexte zitiert werden:
»*Gemeinschaft:*
  1. Familienleben = Eintracht. Hierin ist der Mensch mit seiner ganzen Gesinnung. Ihr eigentliches Subjekt ist das Volk . . . Hauswirtschaft: beruht auf Gefallen: nämlich auf Lust und Liebe des Erzeugens, Schaffens, Erhaltens. In Verständnis sind die Normen dafür gegeben.

Gemeinschaft	Gesellschaft
1. Dominant: soziale Bindung	individuelle Freiheit
2. Bindungen: vielfältig	
(vorwiegend: gefühlsmäßig)	partiell (vorwiegend: rational)
3. Einheitlichkeit der Gefühle, Werte,	Betonung der Unterschiedlichkeiten
Interessen, Verhalten	von Interessen
4. personelle Bindungen	primär sachlich bezogene Bindungen
5. Bestrebung: Überwindung der sozialen	Aufrechterhaltung dieser Distanz
Distanz	
6. Trend zu informalem	zu formalem Verhalten

Die Hinzuziehung der Analyse von *Tönnies* zu unseren Gedankengängen sollte, unabhängig vom (hier ausdrücklich negativen) Bewertungsaspekt der sozialen Entwicklung, die generelle Problemstellung der Gesellschaftslehre um 1900 veranschaulichen und unterstreichen: Aufgrund wachsender sozialer Komplexität stellte sich damals die Frage, an welchen Maßstäben »Entwicklung« zu messen wäre. Das entscheidende Kriterium des Wandels entdeckten auch *Gumplowicz, Sumner* und *Durkheim* in der allmählichen Auflösung »gemeinschaftlicher« Beziehungen und deren Ersetzung durch »gesellschaftliche«: Nur beurteilten sie diese Strukturveränderung in den zwischenmenschlichen Beziehungen weder so optimistisch wie die »Geschichtsphilosophen« des 19. Jahrhunderts, noch so pessimistisch wie *Tönnies*. Komplexität und Verdichtung sozialer Beziehungsstrukturen haben den Vorteil wachsender gegenseitiger Abhängigkeit: Diese Dichte der Beziehungen erzwingt – aus der Notwendigkeit der Systemerhaltung – intensive Kommunikation und kompromißhaftes Verhalten. Die wertmäßige Integration wächst mit der Verstärkung der Institutionen, die Konflikte auf eine für das System tragbare Weise kanalisieren können. Im Hinblick auf die (– für die Entwicklung –) zentrale Bedeutung der die wertmäßige Integration von Gruppenhandlungen »vorantreibenden« Institutionen, besteht kein Unterschied zwischen den hier behandelten theoretischen Positionen. Nur über die Ansichten hinsichtlich der Beschaffenheit und Struktur dieser Institutionen gehen die Meinungen auseinander (vgl. unten II (Divergenzen), 3).

Im Unterschied zu den früheren optimistischen »geschichtsphilosophischen Zukunftsprognosen« und der idealisierenden Darstellung vergangener Gemeinschaftsbeziehungen von *Tönnies*, stellen diese Theoretiker die Tatsache von

2. Dorfleben = Sitte. Hierin ist der Mensch mit seinem ganzen Gemüthe. Ihr eigentliches Subjekt ist das Gemeinwesen . . . Ackerbau: beruht auf Gewohnheiten: nämlich regelmäßig wiederholter Arbeiten. In Bräuchen wird dem Zusammenarbeiten Maß und Richtung gewiesen.
3. Städtisches Leben = Religion. Hierin ist der Mensch mit seinem ganzen Gewissen. Ihr eigentliches Subjekt ist die Kirche.
Gesellschaft:
1. Großstädtisches Leben = Konvention. Diese setzt den Mensch mit seiner gesamten Bestrebung. Ihr eigentliches Subjekt ist die Gesellschaft schlechthin.
2. Nationales Leben = Politik. Diese setzt den Mensch mit seiner gesamten Berechnung. Ihr eigentliches Subjekt ist der Staat.
3. Kosmopolitisches Leben = Öffentliche Meinung. Diese setzt den Mensch mit seiner gesamten Bewußtheit. Ihr eigentliches Subjekt ist die Gelehrten-Republik« (Gemeinschaft, S. 251 f.).

sozialen Zwängen als eine zur »Natur des Sozialen« gehörende Gegebenheit fest. Wenn man von einer Entwicklung in diesem Bereich sprechen kann, dann nur von einer *auf Konsens beruhenden* und institutionalisierten Zwangsausübung. Im Sinne der Entwicklung haben sich nur die Formen sozialer Zwänge geändert: Wurde in den »primitiven« Sozialsystemen noch Gehorsam mit roher Gewalt und die Einhaltung gemeinsamer Verhaltensregeln durch einen »eisernen« Konformitätszwang herbeigeführt, so hätten sich unter den Bedingungen moderner Zivilisationen diese kollektiven Kontrollmechanismen nur in ihrer äußeren Erscheinungsform gewandelt. Gehorsam wird hier vor allem durch psychologischen Druck – durch Internalisierung bewirkte, »bewußte« Anpassung an Normkonformität – und nur im »Notfall« durch Gewaltmittel erzwungen.

Das seiner emanzipativen Kraft beraubte Fortschrittskonzept von »bloßer« Entwicklung bedeutet also aus dieser theoretischen Sicht einen komplizierten Anpassungsprozeß an die funktionalen Erfordernisse eines großgruppenhaften Zusammenlebens, der sich losgelöst von der individuellen Vervollkommnung und vom »Glück« des Einzelnen vollzieht und dessen Erfolg von der Durchsetzungschance normativer Regelungen abhängt. Die Existenz von Zwängen wird hier funktional, im Sinne der Systemrationalität in der Notwendigkeit der faktischen Einhaltung und wertmäßigen Bejahung einer spezifischen Lebensordnung gesehen – und als Tatsache hingenommen.

3. Die »*Natur des Sozialen*« ist nämlich dieser Auffassung nach eine eigenständige Realität: Wegweisend für eine soziologische Analyse wäre demnach weder die Zurückführung des Sozialen auf ökonomische Zusammenhänge (vgl. *Marx*) noch die Deutung vom »offiziellen Normsystem«, d. h. von einem (juristischen) Vertragsverhältnis her (vgl. Teil I, Kap. I, Zusammenfassung: Kontraktualismus – auch bei *Spencer*), sondern die Erforschung jener konkret beobachtbaren Verhaltensweisen, die unter dem Einfluß der Zwänge sozialen Zusammenlebens entstehen. Soziale Zwänge werden in diesen Theorien nicht aus ökonomischen Notwendigkeiten (vgl. *Marx*), sondern aus normativen Verbindlichkeiten erklärt, die sich über die rein funktionalen Erfordernisse einer kooperativen Daseinsbewältigung von Gruppensystemen hinaus auch aus Gefühlen, Weltdeutungen und moralischen Wertungen zusammensetzen. Die Herausbildung des Sozialen als einer spezifischen Art der Lebensordnung und Lebensführung wird ständig gefühlsmäßig, denkerisch (kognitiv) und moralisch bewertet: Wir-Gefühle (vgl. *Gumplowicz*, *Sumner* – bei *Durkheim*: Solidarität), Bewertungen (über das was als »gut« oder »schlecht« anzusehen ist) und Weltdeutungen (Religionen und Ideologien) verdichten sich – zuerst zu Sitte und Brauch, dann zu »mores« und Institutionen – zu normativen Verbindlichkeiten mit bestimmt definierten Handlungsmustern. Die reale Beschaffenheit dieser sozialen Zwänge wird erst »spürbar«, wenn man von der Gruppennorm abweicht: Die Gruppe duldet keinen individuellen Alleingang und bestraft ihn.

Diese aus der Konsistenz zwischenmenschlicher Beziehungen ableitbaren, normativen Verbindlichkeiten des Handelns sind so mächtig, daß sie sowohl die ökonomischen, als auch die politisch-juristischen Aktivitäten wesentlich bestimmen: Die Gesetzgeber müssen die »folkways« weitgehend berücksichtigen

(Sumner) und die Arbeitsteilung ist nicht Ursache, sondern Folge der sozialen Differenzierung *(Durkheim).* Sozialer Wandel ist nur dann denkbar, wenn sich die »Meinungen«, Bewertungen und Weltanschauungen im Zusammenhang mit den funktionalen Erfordernissen der Umweltbewältigung ändern. Das Wesentliche bleibt in diesen Theorien die kollektivistische Einstellung zu den Regelungen sozialen Verhaltens, bzw. die kollektiv bestimmte, wertmäßige Orientierung oder Umorientierung angesichts neuer sozialer »Konstellationen«. Die »Natur des Sozialen« ist folglich nicht nur mit Zwangscharakter ausgestattet, sondern auch schwer veränderbar: Die von Generation zu Generation tradierten Wertvorstellungen, moralischen Urteile, Geschmacksrichtungen, Gewohnheiten und Sitten wirken wie »Gravitationsgesetze« des Sozialen. Die genaue Kenntnis dieser Auffassung über die »Natur des Sozialen« ist nicht nur wegen der differenzierten Gegenstandsbestimmung der Soziologie als eines eigenständigen Bereiches der Forschung wichtig, sondern weist auch auf die methodologischen Divergenzen zwischen einem »bürgerlich« und »marxistisch« konzipierten Soziologieverständnis hin. Um die hiesige Position noch deutlicher zu machen, versuchen wir im folgenden die Problematik zu konkretisieren:

»Das Handeln der Menschen wird kontrolliert (durch die Familie, Nachbarschaft, Gemeinde, durch Vorgesetzte und Arbeitskollegen im Beruf usw.). Die Umwelt achtet darauf, daß bestimmte Regelmäßigkeiten des Handelns und auch die bewußte Einstellung zu ihnen eingehalten werden (z. B. keine Arbeit an Feiertagen, Weihnachtsfeste, Hochzeitsvorschriften, Art und Weise des Austausches von Geschenken [6], hygienische Vorschriften, Behandlungsart von Krankheiten, Umgangsformen, Formen der Gastlichkeit usw.). Im Unterschied zur marxistischen Position wird hier auch die Produktionstätigkeit bzw. Produktionsweise als eine vom Gruppenkonsens, also: von der wertmäßigen Einstellung zur Arbeit abhängige Variable betrachtet. Die Arbeitsweisen werden auch kollektiv bestimmt: „Man" hat auf diese oder jene Art zu arbeiten, auf diese oder jene Weise den Boden zu bebauen oder Instrumente zu benutzen. Erst wenn das Kollektiv über die Vorzüge von Neuerungen – was sich auch auf alle oben genannten Beispiele bezieht – „überzeugt" werden kann, d. h. wenn sich allmählich „die Meinungen" ändern, erst dann können neue Verhaltensregeln aufkommen und eine normative Legitimierung seitens der Gesellschaft erhalten.
Das Problematische dabei ist, daß die eingefahrenen Verhaltensweisen (ihrer „Natur" nach) moralisch und kognitiv bewertet werden. Man muß hier z. B. an folgende Meinungen denken: „Handwerklich erzeugte Produkte sind besser als Fabrikwaren"; „ohne religiöse Erziehung werden Kinder unmoralisch"; „Homosexuelle sind Kriminelle"; „Todesstrafe muß sein"; „die außerhäusliche Erwerbstätigkeit der Frau ist schlecht"; „die monogame Ehe ist die beste Form des Zusammenlebens"; „Privatinitiative kann nur durch Eigentum erhalten werden" usw. Das Ensemble dieser Meinungen wird von Gefühlen getragen, so daß abweichendes Verhalten – auch bei „Äußerlichkeiten, wie z. B. Haarschnitt, modische Kleidung usw. – die Aggressivität des Kollektivs hervorruft.
Hinzu kommen die kognitiven Elemente des Kollektiv- oder Gruppenbewußtseins: Es gibt für sämtliche Weisen des eingefahrenen „Tuns" Erklärungen darüber, warum diese oder jene Handlungsart zweckmäßig oder „vernünftig" ist.
Argumentiert wird auf der Grundlage von gefühlsmäßigen und moralischen Einstellungen (bei *Pareto:* „Derivationen" – vgl. Kap. VIII, 2): „um die Kriminalität zu bekämpfen, muß man abschreckende Beispiele – durch die Todesstrafe – statuieren"; „das Wesen der Frau ist von

6 Vgl. Mauss, Marcel (Durkheims Schüler): Essai sur le don (1923/24), in: Mauss, M.: Sociologie et Anthropologie, Paris 1968, S. 145–279. Mauss will am Beispiel primitiver Gesellschaften nachweisen, daß dem ökonomischen Tauschverhältnis (Angebot und Nachfrage) das soziale Kommunikationsverhältnis des Austausches von Geschenken (Schenken-Annehmen) *vorausgegangen* sei.

Natur aus für den häuslichen Bereich – wegen einer geordneten Lebensführung und der Erziehung der Kinder – bestimmt"; „bei den handwerklich erzeugten Produkten wird mehr individuelle Sorgfalt für die Qualität der Waren aufgebracht" usw.

Diese Fakten des sozialen Lebens machen also dessen „Natur" aus: Soziale Tatbestände werden – im Unterschied zum Marxismus – primär von der kollektiven Bewußtseinslage, bzw. von der normativen Struktur der sozialen Handlungen abgeleitet. So unterliegt z. B. dieser Auffassung nach auch die Notwendigkeit, bzw. die Definition dessen, was als notwendig zu gelten habe, den normativen Bestimmungen des Kollektivs. Nach *Durkheim* wandern z. B. die Menschen nicht aus ökonomischer Notwendigkeit in die Städte ab, sondern weil das Wohnen in der Stadt „in Mode gekommen ist", d. h. daß es im öffentlichen Bewußtsein prestigemäßig aufgewertet wurde und folglich als nachahmungswürdige Handlungsorientierung eine immer größere Anziehungskraft „auf die Gemüter der Leute" ausübt [7].

Um die Divergenz zwischen dieser positivistischen und der marxistischen Methodologie zu verdeutlichen, soll ein anderes Beispiel hinzugezogen werden: Die sich immer verbreiternde „Gewohnheit" des Einzugs alter Menschen in Altersheime würde nach positivistischer Sichtweise aus Gründen des Wandels in den Einstellungen über die Unzweckmäßigkeit des gemeinsamen Wohnens der Eltern mit ihren erwachsenen Kindern erklärt. Es sei aus etlichen Gründen nicht „gut", wenn alte Menschen in oder mit der Familie der Jüngeren zusammenwohnten. Eine marxistische Analyse würde zwar die Rolle der „Einstellungen" nicht unberücksichtigt lassen, doch würde sie dieses „Phänomen" in erster Linie aus dem System der ökonomischen Notwendigkeiten analysieren. Die Ursache der Wandlungen normativer Einstellungen müßte demnach in den „ökonomischen Zwängen" gesehen werden: Die sozialen Zwänge werden also in dieser Version auf ökonomische Zwänge (objektive Notwendigkeiten) zurückgeführt.

Charakteristisch für *Gumplowicz, Sumner* und *Durkheim* ist ein empirisch, d. h. an beobachtbaren Fakten orientiertes erkenntnistheoretisches Bemühen, den eigenständigen Bereich der Soziologie, als einer Lehre vom Sozialen aus dem System der Wissenschaften – und vor allem aus den Nachbardisziplinen der Philosophie, Psychologie und Ökonomie – herauszudifferenzieren. Ihre Analyse setzt bei den Gruppen und den von ihnen ausgehenden Interaktionsprozessen mit Zwangscharakter an, und versucht die in Regelmäßigkeiten festgeronnene Struktur spezifisch sozialer Verhaltensweisen aus den durch das konkrete Zusammenleben der Menschen bedingten normativen Gegebenheiten zu deuten. Nur hinsichtlich der Triebfedern menschlichen Handelns (Handlungsimpulse) und der Entstehungsgründe der Natur des Sozialen bestehen typische Differenzen in ihren Auffassungen.

II. Divergenzen

1. Bei der Herausarbeitung von Differenzen, müssen wir zuerst kurz die unterschiedlichen Erklärungen über die *Entstehung des Sozialen* darstellen.

In stärkerer Anlehnung an *Spencer* sehen die Sozialdarwinisten *Gumplowicz* und *Sumner* im Sozialen eine Verlängerung des organischen Lebens ins menschlich-kulturelle: Doch abgesehen von den »oberflächlichen Korrekturen« einer spezifischen Kultur an der menschlichen Natur, wirken die Naturgesetze im Sozialen fort und schaffen auch dort die entscheidenden Entwicklungsbe-

7 »Daß sich die Bevölkerung in den Städten zusammendrängt, anstatt sich über das Land zu verstreuen, geschieht, weil es eine Meinungsströmung über den kollektiven Drang gibt, der den einzelnen eine solche Konzentration auferlegt. Es steht uns ebensowenig frei, die Form unserer Häuser zu wählen, wie die der Kleidung . . .« (Durkheim, Regeln, op. cit., S. 113).

dingungen für die Gesellschaft. Die Umsetzung der (für die organische Welt geltenden) Naturgesetze in die soziale Sphäre erfolgt auf dem Wege der Fortpflanzung. Wird nämlich die Ursache aller sozialen Entwicklung auf das Bevölkerungswachstum zurückgeführt (vgl. *Spencer*, Teil I, Kap. V, 4/1), dann muß die ursprüngliche und »tiefste« – das Soziale erklärende – Ursache notwendigerweise in dieser »Naturtatsache« gesehen werden. Auch in den Theorien von *Gumplowicz* und *Sumner* (– wie bei *Durkheim* –) kehrt die Spencersche These über die »Entwicklung vom Homogenen zum Heterogenen« *infolge* der Zunahme an »Wachstum«, d. h. der Bevölkerungsexpansion wieder. Alles was dann später, im Verlauf der Entwicklung, soziale Handlungen und Einrichtungen bedingt, wird folglich auf diese Naturtatsache eines unbewußten generativen Verhaltens der Menschen – auf die (vermeintliche) »Tatsache« der ungehemmten, von der menschlichen Natur vorprogrammierten Zeugungsfähigkeit und Zeugungslust (Genuß) – zurückgeführt. Im Unterschied zu *Marx* wird also hier der »qaulitative Sprung« in der »Menschwerdung des Affen« durch die rationale, d. h. planendes Denken erforderliche Arbeit nicht gesehen. Nach *Marx* fangen die Menschen an Menschen zu werden – d. h. »Geschichte zu machen« – »sobald sie anfangen, ihre Lebensmittel zu *produzieren*«, bzw. ihre Umwelt bewußt zu gestalten (vgl. Teil I, S. 135). Dazu gehört auch die Regulierung des generativen Verhaltens (vgl. Inzestvorschriften, Techniken der Empfängnisverhütung auch in primitiven Gesellschaften). Kein Geringerer als der Begründer der »bürgerlichen« Nationalökonomie, Adam *Smith*, hat schon im 18. Jahrhundert festgestellt, daß sich die Bevölkerungsentwicklung stets der Marktlage anpaßt (vgl. Teil I, S. 77 f.). Klammert man jedoch dieses rationale bzw. ökonomische Moment aus der Konstituierung des Sozialen aus, dann ist der nächste Schritt in der Deutung sozialer Phänomene schon vorgegeben: die negative Bewertung des »Massenmenschen«. Die Konzeption von der kontinuierlichen bzw. undialektischen Fortwirkung der Naturgesetze legt auch die Deutung sozialer Massenhandlungen als instinkthafte, irrationale, gewohnheitsmäßige und zu Stagnation neigende (traditionale) Verhaltensweisen nahe. Ihren natürlichen Handlungsimpulsen – den Trieben der Bedürfnisbefriedigung (Hunger, Liebe) und der Interessendurchsetzung (Macht, Ehre, Ruhm, maximales Wohlergehen) – folgend, schaffen die Menschen *unbewußt* »Tatsachen«, mit denen sie dann – erst im nachhinein – fertig werden müssen, um überleben zu können. So bedingt z. B. dieser Auffassung nach das Fortpflanzungspotential (biologische Stärke) einer Rasse die Vermehrung der Bevölkerung, durch die neue Tatbestände, im Sinne der funktionalen Erfordernisse der Versorgung und der sozialen Erfordernisse hinsichtlich einer Neuregulierung zwischenmenschlicher Beziehungsstrukturen, geschaffen werden. Aus dieser Situation erwächst dann eine Elite, die, dieser Konzeption nach, den »Massenmenschen« aus seiner von ihm verschuldeten Ausweglosigkeit rettet: Das, was der »Massenmensch« durch sein unkontrolliertes Verhalten (animalisches Genußstreben ohne wirtschaftliche Vorsorge) »angerichtet« hat, soll nun von dem rational denkenden kleinen Teil, von den »Fähigsten« der Gesellschaft wieder »gut« gemacht werden. Wir meinen, daß der Ursprung aller modernen Elitetheorien – konservativer und faschistischer

Art – auf diese oben geschilderte, simple Sichtweise eines unvermittelten, nur oberflächlichen Verständnisses von sozialen Zusammenhängen zurückzuführen ist [8]. Diese Erklärung kann nämlich die Privilegierung einer Elite und damit das »ewige Gesetz« der »Herrschaft einer Minorität über die Majorität« vorzüglich legitimieren (vgl. oben *Gumplowicz*, unten *Pareto*): Mit Hilfe dieser Theorie kann man z. B. die katastrophalen Sozialzustände im Frühkapitalismus dadurch erklären, daß die Schaffung von Arbeitsplätzen mit dem rapiden Wachstum der Bevölkerung nicht Schritt halten konnte: Die Verelendung der Massen sei also ihre eigene Schuld gewesen – eine andere Version »bürgerlicher« Generalisierungen, nach denen z. B. der Arme deshalb arm sei, weil er nicht fleißig genug arbeite. Dafür müßte man den allmählichen sozialen Fortschritt, die Hebung des Lebensstandards der technokratischen Elite verdanken, die kraft ihres Organisationstalentes in der Lage sei, den Massen zu »helfen«. Ohne dieses Problem an dieser Stelle ausführlich diskutieren zu können, möchten wir nur auf die zentrale Wichtigkeit dieses Denkmodells hinsichtlich des fundamentalen Unterschieds zwischen bürgerlichen und marxistischen Gesellschaftskonzeptionen und -deutungen verweisen.

Der Grund, warum wir *Spencer* nicht zu den Sozialdarwinisten zählen möchten, liegt darin, daß er die qualitative Zäsur zwischen rein organischem und sozialem Funktionieren der Gesellschaft doch sieht (vgl. Teil I, S. 253 f.): Er verwendet Denkmodelle der Biologie, um die »Prinzipien« sozialer Bewegungsprozesse erfassen zu können, ohne dabei die bruchlose Fortwirkung von Naturgesetzen anzunehmen. Getragen von »Naturtatsachen« erreicht die soziale Entwicklung seiner Auffassung nach einen qualitativ höheren Stand durch den Komplexitätsgrad von Aggregaten (vgl. *Durkheim*), der die Startbedingungen für die Entstehung einer vermenschlichten Gesellschaft bildet (Fortschritt: zunehmende Rationalität, individuelle Emanzipation, freiheitliche, für emanzipierte Menschen verfaßte Rechtsordnung). *Gumplowicz* und *Sumner* hingegen sind der Auffassung, daß sich gerade in diesem Bereich kaum etwas verändert habe, weil das Soziale dermaßen den Naturgesetzen unterworfen sei, daß es sich bei der Entwicklung nur um quantitative Korrekturen (zivilisierter Zwang, besser organisierte Herrschaft, adäquater funktionierende Institutionen) handeln kann. Auch unter diesen Sozialverhältnissen werden menschliche Handlungen primär von der »Stimme der Natur« geleitet, d. h., daß die Durchschnittsmenschen weiterhin irrational, gefühlsmäßig, zu emanzipiertem Handeln unfähig, nur auf Triebbefriedigung ausgerichtet handeln.

An diesem Punkt der Argumentation muß ein erheblicher Unterschied – auch zu *Durkheim* – hervorgehoben werden: *Durkheim* wehrt sich – vor allem in

---

8 War noch die Masse bei le Bon eine revoltierende, triebhaft und affektbeladen handelnde Menge, so hat sich diese Deutung um 1930 geändert: Bei Ortega y Gasset erscheint nun der Massenmensch bewegungslos, selbstzufrieden und träge, ohne Ambitionen und kulturelle Ansprüche. Die Diskussionen über das Problem „Masse – Elite" haben nicht nur eine lange Tradition (Gustave le Bon: Psychologie des foules, Paris 1895, Ortega y Gasset: Der Aufstand der Massen (spanisch: 1930), Hamburg 1956, Man, Hendrik de: Vermassung und Kulturverfall, München 1951 usw.), sondern auch einen sehr aktuellen Bezug (vgl. Elite-Problem in der Soziologie: Dreitzel, Hans-Peter: Elitebegriff und Sozialstruktur, Stuttgart 1962 (insbesondere: S. 23 ff), – Jaeggi, Urs: Die gesellschaftliche Elite, Bern 1960, usw.).

seinen »Regeln« (vgl. oben) – gegen die Zurückführung des Sozialen auf das Organische. Die eigenständige Realität des Sozialen – die auch *Gumplowicz* und *Sumner* in der Gruppenform und der Existenz von Zwängen erblickten – will *Durkheim* nicht auf Naturgesetze zurückführen, obgleich er z. B. auch die zentrale Rolle der »Bevölkerungsdichte« sieht. Nur: Er postuliert eine methodologische Regel, nach der »soziale Tatbestände nur durch andere soziale Tatbestände« erklärt werden dürfen. Er sieht also klar die soziologischen Zusammenhänge, z. B. zwischen Bevölkerungswachstum und normativen Vorschriften generativen Verhaltens, nur kann er – in Anlehnung an die Comtesche Tradition (vgl. Teil I, S. 239 f.) – aus dem Ursachengeflecht keine allein bestimmende Ursache als »letzten Grund« menschlicher Vergesellschaftung herausstellen. Er will die Frage: »was war früher, das Huhn oder das Ei?« nicht beantworten, sondern will nur – als Begründer der empirischen Soziologie – die wissenschaftlich erfaßbaren (beobachtbaren, nachkontrollierbaren, nachweisbaren) Zusammenhänge analysieren, ohne sie auf eine soziologisch nicht mehr vertretbare »letzte Ursache« (z. B. auf den individuellen Willen oder auf die organischen Naturgesetze) zurückzuführen. Er klammert diese Frage aus seiner Analyse aus.

Wenn man also die Natur des Sozialen nicht mehr – wie *Gumplowicz* und *Sumner* – mit dem Naturgesetz der Fortpflanzung, mit irgendwelchen immanenten Bewegungsprinzipien des Organischen *(Spencer)* erklärt, dann bleibt nur die Erforschung von sozial bestimmten Bedingungen zwischenmenschlicher Handlungen übrig. Die Entstehung des Sozialen wird folglich aus einer kulturspezifischen Regelung von aufeinander abgestimmten Verhaltensweisen abgeleitet, d. h., daß hier normative Fakten für gesellschaftskonstitutiv gehalten werden. Das Soziale sei demnach gerade durch die »Zurückdrängung der Natur«, durch den Akt der Normgebung entstanden, d. h. durch die spezifisch kulturelle Einschränkung der Naturfunktionen zugunsten moralischer – und das heißt bei *Durkheim:* sozialer – Verhaltensregelungen. Das normative System wird also hier nicht als ein »Anhängsel« sozialen Zusammenlebens (vgl. *Gumplowicz, Sumner),* sondern per se gesellschaftskonstituierend betrachtet.

Denn, die Analyse sozialer Zusammenhänge zeige, daß Meinungen und normativ verbindliche Wertorientierungen auch das instinkthafte Handeln auf die Weise »sozialisieren«, daß die Einhaltung normativer Vorschriften zum persönlichen Bedürfnis – auch oft oder sogar in der Regel, entgegen den »egoistisch« naturhaften Interessen, zur »selbstverständlichen« Richtschnur des Handelns wird. »Selbsterhaltung« der Gesellschaft heißt hier nicht mehr materielles Überleben, sondern eine auf der Überzeugung von der Richtigkeit, Zweckmäßigkeit und Güte eines Wertsystems beruhende *Handlungsordnung.* Der Ursprung des Sozialen ist folglich im Bewußtsein (funktional) und im Gewissen (moralisch) eines Kollektivs über die normative Bestimmung von Verhaltenssystemen zum Zwecke einer bestimmten Lebensordnung zu suchen. Ohne geordnete Regulierung von Handlungsabläufen ist »soziales« Zusammenleben undenkbar. Deshalb meint *Durkheim,* daß man bei der Entstehung des Sozialen vor allem diesen normativen Aspekt zu berücksichtigen habe; seine Analyse will nur eine fundierte Auskunft über das spezifisch Soziale geben.

2. Unter I/1 (»Gemeinsamkeiten«) wiesen wir schon auf die gemeinsame Vorstellung aller drei Theoretiker von der sozialen Entwicklung zu modernen Gesellschaften hin. Dabei sind wir auf die gemeinsame Anschauung über den *Verschmelzungsprozeß von Gruppen* (Entwicklung zu komplexen »Aggregaten«) eingegangen. Aufgrund des Vorangegangenen (II/1) müssen wir auch hier gewisse Differenzen zwischen *Durkheim* und vor allem *Gumplowicz* aufzeigen.

Den Verschmelzungsprozeß von Gruppen stellt sich *Gumplowicz* – aber auch *Sumner* – als einen (Natur-)Kampf der Gruppen ums Dasein vor. Dieser Aspekt dürfte aufgrund des sozialdarwinistischen Ansatzes klar geworden sein: Trieb- und Bedürfnisbefriedigung können am zweckmäßigsten in und durch die Gruppe erreicht werden. Folglich schließen sich die Menschen in Gruppen zusammen, um andere Gruppen zu unterjochen (z. B. Frauenraub, Beschaffung von Sklaven usw.) und – auf einer höheren Stufe der Entwicklung – mit »zivilisierten« Mitteln (Vertrag, Drohung mit Gewalt usw.) auszubeuten. Grund und Wesen dieses Verschmelzungsprozesses wird unter dem Aspekt der verlängerten Einwirkungen von Naturgesetzen gesehen: Selbsterhaltung bedeutet hier biologisch gemeinte Überlebenschance (bessere Nahrung, wirksamere Einsetzung menschlicher Arbeitskraft für höheren Wohlstand, mehr Genuß, Macht usw.) und eine auf dieser Grundlage errichtete stabile Sozialordnung.

Ebenso wie *Durkheim* sehen auch *Gumplowicz* und *Sumner* sowohl die Notwendigkeit als auch die zentrale Bedeutung von normativen, das Wertsystem schützenden, ungeschriebenen und institutionalisierten Handlungsvorschriften in der »Entwicklung«; auch in der Bewertung moderner Institutionen – als notwendige Einrichtungen für einen zivilisierten Sozialzustand – bestehen keine Divergenzen.

Nur: während *Gumplowicz* und *Sumner* in diesen Institutionen ausschließlich Mittel der Systemerhaltung im obigen Sinne sehen und die Führungselite dieser Institutionen als Produkte biologischer Auslese betrachten (*Gumplowicz:* »staatstragende Rasse«, *Sumner:* »Genius«, Talente), versucht *Durkheim* – von seinem Ansatz her – zu betonen, daß eine (gesellschaftskonstitutive) wertmäßige Integration ohne einen demokratischen Konsens der Meinungen und Interessen auf die Dauer keinen Bestand haben kann. Die »herrschenden Normen« können nicht auf der Basis *bloßer* Aufoktroyierung wirklich »herrschen«: Auch müssen die Chancen der Internalisierbarkeit dieser Normen seitens der Institutionen gewährleistet werden (vgl. »organische Solidarität«). Als *Sumner* meinte, daß die Gesetzgebung nicht ohne Berücksichtigung der »folkways« erfolgreich wirken könne, hatte er dieses Problem nur politisch von der kalkulierten Durchsetzungschance eines elitären Machtwillens erfaßt: *Durkheim* hingegen sieht in der normativen Struktur der Gesellschaft (– also auch in der politischen, rechtlichen und ökonomischen Sphäre –) die »Kristallisationspunkte« der öffentlichen Meinung. Meinungen, Gewohnheiten, Bräuche und eingefahrene Weisen des Tuns (= »folkways«) *fließen* also nach *Durkheim* in die Institutionen hinein und entwickeln sich auf dieser Grundlage weiter. Das biologische Gesetz des Rechts des Stärkeren könne demnach nicht einfach auf das Soziale übertragen werden.

Außerdem versteht *Durkheim* unter dem Verschmelzungsprozeß von Gruppen zu »Aggregaten« nicht *nur* einen funktionalen Vorgang: Er legt dabei nicht nur die Kriterien der auf materielle Vorteile gerichteten (»äußerlichen«) Kommunikationsstrukturen zugrunde, sondern versucht diese von der Kooperation ausgehende Dichte der Beziehungen (vgl. *Spencer*), als eine *gleichzeitige* – und nicht erst in Zukunft eintretende *(Spencer)* – Verdichtung von »moralischen« Beziehungen zu begreifen. Moralische Beziehung heißt aber bei ihm das Soziale »sui generis«, d. h. die allmähliche Verdichtung von Gewohnheiten, Meinungen, wertmäßigen Übereinstimmungen, Weisen der Lebensführung und Einigung über Grundregeln sozialen Zusammen*lebens*. Vergesellschaftung als Verschmelzungsprozeß von heterogenen Gruppen ist also nicht mit zweckrationalen, vor allem aus den Tauschverhältnissen resultierenden »Regelungen« und »Vereinigungen« gleichzusetzen. Vergesellschaftung heißt bei *Durkheim* gegenseitige Rücksichtnahme und mehr oder minder bewußte Angleichung unter den Mitgliedern der Gesellschaft, die *auf die Dauer* – was für das Soziale am wichtigsten ist – nur auf der Basis der sozialen Gemeinsamkeiten von Gefühlen, Werten und Überzeugungen denkbar ist.

3. Erst die Dauerhaftigkeit dieser Elemente des Sozialen schafft Entwicklungs-*bedingungen:* Wir wollen zum Schluß noch diese Frage im Hinblick auf die divergierenden Auffassungen über die die Entwicklung ermöglichende und sichernde Beschaffenheit von *Institutionen* eingehen, um dadurch auch die konflikttheoretischen und systemtheoretischen Ansätze in der Soziologie deutlich zu machen.

Gumplowicz spricht das Tabu offen aus: Normative Regelungen – die moralischen Vorschriften inbegriffen – *dienen* den Interessen der »Stärkeren«, also: einer elitären Gruppe, die die Kommandostellen in der Gesellschaft besetzt und damit die Verfügung über Machtmittel besitzt. Im Unterschied zu *Marx* meint aber *Gumplowicz,* daß Macht vor allen anderen Faktoren – wie z. B. Besitz an Produktionsmitteln oder an Wissen (bei *Spencer* und *Sumner:* Technokratie) – auf die Verfügungschance über Gewaltmittel zurückgeht, die auf der biologischen (rassischen) Überlegenheit der physischen Durchsetzungskraft und Stärke beruht. Auf dem Hintergrund dieses sozialdarwinistischen Ansatzes stellte er seine These von der Rolle »staatstragender Gruppen« auf und führte die Entstehung der Nationalstaaten – wie z. B. die Staatsgründungen der Normannen in Frankreich, Sizilien oder Rußland (im alten Kiewer Reich der Rurikiden) – auf die rassische Überlegenheit (Wehr- und Organisationsfähigkeit) bestimmter Gruppen zurück. Soziale Entwicklung – als Produkt der Organisierung und Koordinierung heterogener Gruppen durch stabile Institutionen – sei also den Leistungen dieser ethnischen Gruppen (– wie z. B. Mongolen, Normannen, Magyaren, Osmanen usw. –) zuzuschreiben, wobei sie beim Nachlassen ihrer biologisch bedingten »Tüchtigkeit«, anderen Gruppen die Führungspositionen abtreten müssen.

Diese Art der Deutung von sozialer Entwicklung führt von ihrem Ansatz her konsequent, zu den »zyklischen Modellen«: Das Schicksal des Aufstiegs und Niedergangs der Kulturen hinge demnach vom Schicksal einer bestimmten Elite ab (vgl. *Pareto:* Zirkulation der Eliten, Kap. VIII, 3). Dazu wäre folgendes zu sagen:

a) »Entwicklung« kann unter zweierlei Aspekten betrachtet werden: erstens unter dem Gesichtspunkt der kulturellen Leistungen des politischen und zweitens, unter dem der materiellen Leistungen des ökonomischen Systems. Den Zusammenhang dieser beiden »Systeme« hat niemand übersehen: Nur, daß die Prioritäten verschieden gesetzt werden können, woraus dann auch die verschiedenen Entwicklungstheorien entspringen. Führt man nämlich die oben genannten »Leistungen« unvermittelt auf Denkfähigkeiten zurück, dann wird dadurch nicht nur der »Beitrag der Massen« vergessen, sondern auch die durch die Produktionstätigkeit vermittelte »Seinsverbundenheit des Denkens« (*Mannheim*) übersehen. Wenn wir aber wissen, daß Kulturleistungen ohne bestimmte materielle Voraussetzungen undenkbar sind (*Marx*), und daß damit die »Organisierbarkeit der Arbeit« (*Freyer*) bestimmter ökonomischer Voraussetzungen (– wie z. B. des Entwicklungsgrades der Arbeitsteilung –) bedarf, dann müssen wir »Entwicklung« aus der sich gegenseitig bedingenden Wechselwirkung zwischen »Sein und Bewußtsein« ableiten und den Entwicklungsgrad nicht an den vorrangigen Merkmalen der Organisierbarkeit, sondern an den mindestens gleichwertigen Merkmalen des – die »Organisierbarkeit« mitbedingenden – Produktionskräftepotentials messen.

Es ist unbestreitbar, daß Eroberungen – »geschichtliche Überlagerungen« (*Alfred Weber*) – aufgrund einer scheinbar biologischen Überlegenheit einer bestimmten ethnischen Gruppe stattgefunden haben: Nähere Forschungen über diese Vorgänge müßten jedoch erkennen lassen, daß der *dauerhafte* Erfolg dieser »Überlagerungen« auf sozio-ökonomische Ursachen zurückzuführen sind. Die Wehrkräftigkeit eines Heeres setzt nicht nur voraus, daß die Krieger zuerst ernährt werden müssen, um auf diese Weise die Produktivkraft Mensch am profitträchtigsten verwerten zu können, sondern verlangt auch über diese numerische Stärke hinaus, eine gewisse technische Überlegenheit gegenüber dem Feind. Um Aussicht auf einen Sieg zu haben, müssen also sowohl materielle Ressourcen als auch technische Mittel zur Verfügung stehen (wie z. B. die Einführung technischer »Neuerungen« im Schiffbau, Eisen- oder Stahlverwendung, usw.). Die historische Wirkungschance eines bestimmten Herrschaftssystems hängt letztlich von der kontinuierlichen Sicherung dieses »ökonomischen« Vorsprungs gegenüber anderen »Systemen« ab: Aufstieg und Niedergang der Kulturen ist also engstens mit den Möglichkeiten einer *dauerhaften* Sicherung des Wachstums von Produktivkräften verknüpft.

b) Die Kategorie der Dauerhaftigkeit wurde im Vorangegangenen stets betont und hervorgehoben: Denn nur diese Kategorie bietet einen relativ fixen Anhaltspunkt, wenn wir geschichtliche Wirkungen auf die Gegenwart beziehen, um »Entwicklung« feststellen zu können. Die ständige Zirkulation der Eliten, die ständige und wechselhafte Ablösung einer Machtgruppe durch die andere ist nur die äußere Erscheinungsform eines inhaltlichen Geschichtsprozesses, in dem die Eliten nur als Marionetten anderer bewegender Ursachen fungieren. Durch seine Studien über die Arbeitsteilung sah auch *Durkheim* – viel klarer als *Sumner* oder *Gumplowicz* – die irreversiblen Folgen der ökonomisch bedingten Entwicklung, doch wehrte er sich gleichzeitig gegen eine monokausale Erklärung. Aber auch er sah, daß es nicht von der Fähigkeit oder Unfähigkeit einer Machtelite abhängt, ob man wieder zur »Windmühle« zurückkehrt oder nicht: Er ließ nur die *Möglichkeit* eines globalen Zusammenbruchs der modernen Zivilisation infolge kompromißloser Interessenkollisionen offen.

Während also bei *Durkheim* die soziale Entwicklung von der demokratischen Konsistenz gesellschaftlicher Institutionen im Hinblick auf die *gemeinsame* Problemlösung abhängt, hängt das Gelingen der weiteren Sicherung dieser Entwicklung bei *Gumplowicz* und *Sumner* von der Fähigkeit, bzw. Unfähigkeit der Problemlösungen seitens der Führungsspitzen von Institutionen ab. *Durkheim* kann man vorwerfen, daß er die funktionale und moralische Integration der Gesellschaft und die interessenmäßige Übereinkunft zwischen den ungleichen Mitgliedern institutioneller Gebilde allzu harmonisierend darstellte, während *Gumplowicz* in seiner radikal konflikttheoretischen Position ausgerechnet die, die Binnenstruktur der Machtgruppen betreffenden Konfliktbeziehungen unberücksichtigt ließ. Bei *Durkheim* sollte der normative Konsens die Interessendivergenzen überbrücken, während bei *Gumplowicz* der Interessenausgleich durch mächtige, von der herrschenden Elite geleitete Institutionen herbeigeführt werden sollte. *Durkheim* unterschätzte die Rolle des ökonomischen Interesses, *Gumplowicz* überschätzte dagegen die Geschlossenheit der Interessen innerhalb der Machtgruppe.

VII. Formale Soziologie (Beziehungslehre)

Hauptvertreter:

Georg Simmel (1885–1918)
Hauptwerk: Soziologie (1908), 4. Aufl. Berlin 1958.

Leopold v. Wiese (1876–1969)
Hauptwerke: *System* der allgemeinen Soziologie (1924), 3. Aufl. Berlin 1955.
Beziehungssoziologie, in: Handwörterbuch der Soziologie, hersg. Vierkandt, Stuttgart 1931, S. 66–81.
Gesellschaftliche *Stände und Klassen*, Bern – München 1950.

1. Soziologie als Lehre der Beziehungen »von Mensch zu Mensch«

Ähnlich dem wissenschaftlichen Anliegen von *Gumplowicz, Sumner* und *Durkheim*, geht es auch den Beziehungs-Soziologen in erster Linie darum, den Gegenstand der Soziologie in Abgrenzung zu anderen Disziplinen zu fixieren:

So fragt z. B. *Simmel,* ob „die Gesellschaft der Zweck der menschlichen Existenz oder ein Mittel für das Individuum (sei)? Ist sie etwa für dieses nicht einmal ein Mittel, sondern umgekehrt eine Hemmung? Liegt ihr Wert in ihrem funktionellen Leben oder in der Erzeugung eines objektiven Geistes oder in den ethischen Qualitäten, die sie an den einzelnen hervorruft? Offenbart sich in den typischen Entwicklungsstadien der Gesellschaften eine kosmische Analogie? . . . Allein diese und unzählige Fragen ähnlicher Art scheinen mir nicht diejenige kategoriale Selbständigkeit, dasjenige einzigartige Verhältnis zwischen Gegenstand und Methode zu besitzen, das sie zur Gründung der Soziologie als einer neuen Wissenschaft . . . legitimiere. Denn alles dies sind schlechthin *philosophische* Fragen . . .“ (Soziologie, S. 20 f).
»Falsch ist die Behauptung – sagt v. *Wiese* (Beziehungssoziologie, S. 66) –, daß die Soziale *alle* Äußerungen eine theoretische Soziologie zu schaffen, ‚immer sehr bezeichnenderweise den Begriff des Sozialen voraussetzen‘. Vielmehr besteht gerade ihr Hauptgegenstand darin, erst zu erklären, was das Soziale ist. Sie setzt keinerlei Theorie, Lehre oder Glauben über das Zwischenmenschliche voraus. Es wird zunächst rein terminologisch erklärt, daß das Soziale *alle* Äußerungen und Bekundungen des *zwischen*menschlichen Lebens umfaßt. Eine Einschränkung ihrer Beobachtungen nur auf bestimmte Erscheinungen des zwischenmenschlichen Bereichs – etwa nur auf die gemeinschaftsbildenden oder gar auf die Kräfte, die die großen Rahmenverbände der Menschen schaffen – würden wir für falsch halten; aber ebenso anfechtbar erscheint uns die Aufnahme von Erkundungen, die Leib und Seele des Einzelmenschen betreffen, in ihren Problemkreis. Freilich müssen sehr oft Ergebnisse der Psychologie und Biologie als Material in der Soziologie verwandt werden, wie andererseits die Soziologie den Nachbarwissenschaften Resultate ihrer Forschung für die Bewältigung ihrer Aufgaben liefert.
Die theoretische Soziologie hat also ein nur ihr zukommendes Objekt: das Soziale. Wir sagen absichtlich nicht: Gesellschaft. Es gibt kein Substantivum, das man Gesellschaft nennen könnte; es gibt nur ein zusammengesetztes Geschehen, das also verbalen Charakter trägt, nämlich ein sich durch Zeit und Raum der Menschensphäre abspielendes Einwirken von Menschen auf Menschen . . .«

Auch die Gruppentheoretiker, wie z. B. *Gumplowicz, Sumner* und *Durkheim* versuchten das Soziale als den spezifischen Gegenstand der Soziologie zu bestimmen (vgl. Kap. VI), doch erblickten sie dieses Phänomen nicht primär in den individuellen Handlungen, sondern in der Gruppenexistenz des Menschen. Die Beziehungslehre leugnet diesen Aspekt nicht: *Simmel* und *von Wiese* untersuchen eingehend die Gruppengebilde und -beziehungen, jedoch unter einem anderen Aspekt. Dieser Unterschied sollte durch den in der Überschrift dieses Abschnittes angedeuteten Terminus: »Beziehungen von Mensch zu

Mensch« zum Ausdruck gebracht werden: der originäre Beitrag der Beziehungslehre zur Gegenstandsbestimmung und methodischen Sichtweise der theoretischen Soziologie besteht demnach sowohl in der Reduktion einer allumfassenden Lehre von »der« Gesellschaft auf den konkreten Prozeß zwischenmenschlicher Handlungsabläufe, als auch in der Aufwertung der Rolle der Individuen in den sozialen Prozessen unter den Bedingungen der Gebildebeziehungen. Mit Nachdruck wies z. B. *Simmel* (in Anlehnung an *Kant* – vgl. Teil I, Kap. I, 3) auf die Dualität der individuellen und gesellschaftlich-gruppenhaften Existenzform des Menschen hin:

»Gerade aus der völligen Einzigkeit einer Persönlichkeit formen wir ein Bild ihrer, das mit ihrer Wirklichkeit nicht identisch ist, aber dennoch nicht ein allgemeiner Typus ist, vielmehr das Bild, das er zeigen würde, wenn er sozusagen ganz er selbst wäre, wenn er nach der guten oder schlechten Seite hin die ideelle Möglichkeit, die in jedem Menschen ist, realisierte. Wir alle sind Fragmente, nicht nur des allgemeinen Menschen, sondern auch unser selbst . . . Eine andere Kategorie, unter der die Subjekte sich selbst und sich gegenseitig erblicken, damit sie, so geformt, die empirische Gesellschaft ergeben können, läßt sich mit dem trivial erscheinenden Satz formulieren: daß jedes Element einer Gruppe nicht nur Gesellschaftsteil, sondern außerdem noch etwas ist. Als soziales Apriori wirkt dies, insofern der der Gesellschaft nicht zugewandte oder in ihr nicht aufgehende Teil des Individuums nicht einfach beziehungslos neben seinem sozial bedeutsamen liegt, nicht nur ein Außerhalb der Gesellschaft ist . . ., sondern daß der einzelne mit gewissen Seiten nicht Element der Gesellschaft ist, bildet die positive Bedingung dafür, daß er es mit andern Seiten seines Wesens ist: die Art seines Vergesellschaftet-Seins ist bestimmt oder mitbestimmt durch die Art seines Nicht-Vergesellschaftet-Seins . . . Wir wissen von dem Beamten, daß er nicht nur Beamter, von dem Kaufmann, daß er nicht nur Kaufmann, vom Offizier, daß er nicht nur Offizier ist; und dieses außersoziale Sein, sein Temperament und der Niederschlag seiner Schicksale, seine Interessiertheiten und der Wert seiner Persönlichkeit, so wenig es die Hauptsache der beamtenhaften, kaufmännischen, militärischen Betätigungen abändern mag, gibt ihm doch für jeden ihm Gegenüberstehenden jedesmal eine bestimmte Nuance und durchflicht sein soziales Bild mit außersozialen Imponderabilien. Der ganze Verkehr der Menschen innerhalb der gesellschaftlichen Kategorien wäre ein anderer, wenn ein jeder dem andern nur als das gegenüberträte, was er in seiner jeweiligen Kategorie, als Träger der ihm gerade jetzt zufallenden sozialen Rolle ist . . . Damit also bringt die Tatsache der Vergesellschaftung das Individuum in die Doppelstellung, von der ich ausging; daß es in ihr befaßt ist und zugleich ihr gegenübersteht, ein Glied ihres Organismus und zugleich selbst ein geschlossenes organisches Ganzes, ein Sein für sie und ein Sein für sich. Das Wesentliche aber und der Sinn des besonderen soziologischen Apriori, das sich hierin gründet, ist dies, daß das Innerhalb und das Außerhalb zwischen Individuum und Gesellschaft nicht zwei nebeneinander bestehende Bestimmungen sind . . . . ., sondern daß sie die ganz einheitliche Position des sozial lebenden Menschen bezeichnen« (*Simmel*, Soziologie, S. 24–28).

Die von der Gruppe dem Individuum zugewiesene Rolle erfaßt weder die »ganze Persönlichkeit« des Menschen noch die soziale Wirkung, die das Individuum im Zusammenhang mit seinen außerberuflichen Tätigkeiten auf die Gestaltung der sozialen Prozesse ausübt. Das Soziale, das von den Gruppentheoretikern primär im Zwangscharakter sozialer Normen, im konformistischen Verhalten und in einer Art Übersozialisierung der Person gesehen wurde, erhielt unter dem Aspekt der beziehungssoziologischen Sichtweise eine andere Bedeutung: das Soziale setzt sich demnach aus funktionalen und individuellen Beiträgen zusammen, indem »jede zwischenmenschliche Leistung der Ausgangspunkt für verwickeltere neue soziale Leistungen (wird)« (v. *Wiese*, Beziehungssoziologie, S. 68). Zweifellos ist es eine der wesentlichen Aufgaben der Soziologie, die zu sozialen Gebilden verdichteten Kommunikationsstrukturen in der Gesellschaft zu erforschen, die Formen des sozialen Zusammenlebens zu beschreiben und die vom Sozialen gesteuerten Handlungsregeln zu finden. Doch sei weder die Substanz noch die Bewegungsform der Institutionen ohne den direkten Einfluß individueller Bewußtseine verstehbar: auch dort, wo die Wechselwirkung der Personen untereinander nicht nur in einem subjektiven Zustand verbleibt, sondern ein »objektives Gebilde« (Institution) zustandebringt, das eine gewisse Unabhängigkeit von den einzelnen daran teilhabenden Persönlichkeiten besitzt, ist die Struktur und der Wandel jenes Beziehungsgeflechtes ohne den für die Gesellschaft charakteristischen Wesenszug der Intersubjektivität unvorstellbar. Die individuellen Träger sozialer Prozesse, die Wechselwirkungen von Person zu Person sind jene unscheinbaren Kräfte, die den Zusammenhang der sozialen Einheit herstellen:

»Denn sicherlich sind die letzten Quellen auch für alle sozialen Leistungen die körperlichen, seelischen und geistigen Kräfte der einzelnen Menschen. Aber das Geheimnis der Sozialsphäre besteht darin, daß erst in ihr diese Kräfte fruchtbar und zu räumlich und zeitlich weiterwirkenden Gewalten werden« (v.*Wiese*, Beziehungssoziologie, S. 68).

Das Individuum wird in diesem Konzept nicht als konstitutives Elementarteilchen der Gesellschaft begriffen, sondern als Träger bestimmter von der Sozialsphäre vorgeformter Rollen, das sich im Spannungsverhältnis zwischen sozialen Erwartungen und individueller Rollenerfüllung herausbildet. Das Individuum kann nur insofern als Teil des Sozialen verstanden werden, als es in Wechselwirkung mit anderen Menschen lebt und durch diese Aktionen die sozialen Prozesse bedingt und beeinflußt. Folglich spielen die Formen der Wechselwirkung eine – bisher vernachlässigte – eminent wichtige Rolle in der Soziologie, weil sie den konkreten Ablauf sozialer Prozesse letztlich bestimmen. Um »das Geheimnis der Sozialsphäre« zu lüften, genügt es nicht, die sichtbaren Kräftegruppierungen – wie Kirche, Industrie, Staat usw. – in ihrer Beschaffenheit und in ihrem Selbstverständnis (Zwecksetzung) zu beschreiben, sondern man muß die für geringfügig erachteten, interpersonell bindenden Beziehungsformen analysieren, um die eigentlich institutions- und systembildenden Merkmale des Sozialen herausfinden zu können. Die Tatsache, daß sich die Menschen sympathisch oder unsympathisch finden, daß sie einen Briefwechsel führen, Dankbarkeit für Hilfeleistungen empfinden und zeigen, gemeinsame Formen der Geselligkeit – wie z. B. Essen, Trinken, Tanzen usw. – pflegen, zeigt diejenige soziale Verhaltensweise, durch die sie miteinander durch Gewöhnung und Angleichung verbunden sind. Diese Vielzahl der Relationen von Person zu Person, von langer oder kurzer Dauer, bewußt oder instinktiv, verbindet die Einen mit den Anderen und bildet das sich ständig wandelnde Beziehungsgeflecht des Sozialen. Erst die Analyse dieser Prozesse der Alltagsrealität, die Erforschung der Bewegungsformen der sich wechselseitig beeinflussenden Bestandteile des »großen Systems« ermöglicht den Zugang zur soziologischen Deutung und Erklärung der sich kontinuierlich wandelnden sozialen Wirklichkeit. Die Soziologie sollte also eher die Realität der Alltagsbeziehungen, den Strukturwandel intersubjektiver Handlungsrichtungen und -weisen als das System fixierter Zwecke oder normativer Regelungen erforschen. Denn:

»Diese Wechselwirkung entsteht immer aus bestimmten Trieben heraus oder um bestimmter Zwecke willen. Erotische, religiöse oder bloß gesellige Triebe, Zwecke der Verteidigung wie des Angriffs, des Spiels wie des Erwerbs ... und unzählig andere bewirken es, daß der Mensch in ein Zusammensein, ein Füreinander-, Miteinander-, Gegeneinander-Handeln, in eine Korrelation der Zustände mit anderen tritt, d. h. Wirkungen auf sie ausübt und Wirkungen von ihnen empfängt. Diese Wechselwirkungen bedeuten, daß aus den individuellen Trägern jener veranlassenden Triebe und Zwecke eine Einheit, eben eine ‚Gesellschaft' wird ... Ich bezeichne nun alles das, was in den Individuen, den unmittelbar konkreten Orten aller historischen Wirklichkeit, als Trieb, Interesse, Zweck, Neigung, psychische Zuständlichkeit und Bewegung derart vorhanden ist, daß daraus oder daran die Wirkung auf andre und das Empfangen ihrer Wirkungen entsteht – dieses bezeichne ich als den Inhalt, gleichsam die Materie der Vergesellschaftung. An und für sich sind diese Stoffe, mit denen das Leben sich füllt, diese Motivierungen, die es treiben, noch nicht sozialen Wesens. Weder Hunger noch Liebe, weder Arbeit noch Religiosität ... bedeuten ... schon Vergesellschaftung; vielmehr sie bilden diese erst, indem sie das isolierte Nebeneinander der Individuen zu bestimmten Formen des Miteinander und Füreinander gestalten, die unter den allgemeinen Begriff der Wechselwirkung gehören« (*Simmel*, Soziologie, S. 4 f).

Würde man also den Gegenstand der Soziologie den hier gemeinten Inhalten nach bestimmen, hätte die Soziologie keinen eigenständigen Bereich mehr: Das Wirtschaftshandeln würde zur Nationalökonomie, das religiöse Handeln zur Religionswissenschaft, das politische Handeln zur Staats- und Rechtslehre gehören. Alle diese Wissenschaften untersuchen die Gesellschaft unter einem bestimmten inhaltlichen Aspekt von der jeweiligen Zwecksetzung her. Die eigentliche und originäre Domäne einer Soziologie kann folglich nicht in den Inhalten, sondern nur in den Formen der sich konkret abspielenden Interaktionsprozesse gefunden werden. Die Trennung der formalen Wechselwirkungen von der inhaltlichen Zielorientierung des sozialen Handelns ist wirklichkeitsfremd (vgl. unten: 2); sie sollte aber trotzdem, aus methodischen Gründen, vorgenommen werden, um den besonderen Bereich, der in der Wirklichkeit infolge der Verzahnung und Verflechtung inhaltlicher Motivationen und formaler Handlungsweisen nie »rein« von anderen Bereichen des sozialen Lebens zu trennen ist, aussondern und die Eigentümlichkeit des Sozialen wissenschaftlich in den Griff bekommen zu können:

»Dieses Problem – sagt *Simmel* (Soziologie, S. 7) – ist dem Verfahren, nach dem die bisherigen einzelnen Sozialwissenschaften kreiert worden sind, direkt entgegengesetzt. Denn die Arbeitsteilung unter diesen wurde durchaus von der Verschiedenheit der Inhalte bestimmt. Nationalökonomie wie die Systematik der kirchlichen Organisationen, Geschichte des Schulwesens wie der Sitten, usw. usw. haben das Gebiet der sozialen Erscheinungen unter sich aufgeteilt, so daß eine Soziologie, die die Totalität dieser Erscheinungen, mit ihrer Ineinsbildung von Form und Inhalt, umfassen wollte, sich als nichts anderes ergeben konnte, denn als Zusammenfassung jener Wissenschaften. Solange die Linien, die wir durch die historische Wirklichkeit ziehen, um sie in gesonderte Forschungsgebiete zu zerlegen, nur diejenigen Punkte verbinden, die gleiche Interesseninhalte aufzeigen – solange gewährt diese Wirklichkeit einer besonderen Soziologie keinen Platz; es bedarf vielmehr einer Linie, die, alle bisher gezogenen durchquerend, die reine Tatsache der Vergesellschaftung, ihren mannigfaltigen Gestaltungen nach, von ihrer Verbindung mit den divergentesten Inhalten löst und als ein Sondergebiet konstituiert . . .«

Unter der »reinen Tatsache der Vergesellschaftung« versteht *Simmel* kommunikative Beziehungen positiver oder negativer Art, die zwischen den Individuen bestehen und durch ihre bloße Wechselwirkung bestimmte Formen des Mit- und Füreinanders aber auch des Gegeneinanders in ihrem Prozeßcharakter gestalten. Gesellschaft ist also nur dann möglich (Soziologie, S. 21 ff.), wenn Menschen in Wechselbeziehungen zueinander stehen, d. h., wenn sich die Beziehungen zwischen Personen in ihrer sozial wirksamen Form als »gelebte Wirklichkeit« zu einem mehr oder minder festgefügten Netz von gegenseitiger Beeinflussung verdichten.

Die Klassifizierung und Systematisierung dieser Wechselwirkungsprozesse nahm erst später (um 1925) *v. Wiese* vor, der in Anlehnung an *Simmels* Grundschema (vgl. *v. Wiese*, System, S. 13) die zwischenmenschlichen Beziehungsstrukturen in einem Kontinuum zwischen Annäherung und Entfernung der Personen zu verorten versuchte. Er wies nachdrücklich darauf hin, daß diese Relationen zwischen Menschen keinesfalls psychologisch zu verstehen seien:

»Die Einordnung der Beziehungslehre als Individualismus scheitert daran, daß sie den Einwirkungen der als Ganzheiten vorgestellten Sozialgebilde auf Fühlen, Denken und Handeln nicht minder große Bedeutung für das soziale Leben beimißt als den Artungen der Einzelmenschen, die sich unter den übermächtigen Einflüssen der Gebilde verändern. Beständig wandeln die Wir-Verbände die Personen, erfahren aber auch stets solche Anstöße zu Umwandlungen von diesen. Der verwickelte Zusammenhang, der hier besteht, ist – wenn schon ein Wort gebraucht werden muß – nur mit Polarität zu bezeichnen, ein Ausdruck, der die Ablehnung von Individualismus und Kollektivismus enthält« (v. *Wiese*, System, S. XIII).

Das Ensemble sozialer Beziehungen, das eine losere oder engere Verbindung zwischen den Individuen darstellt, bildet nach *v. Wiese* einen mehr oder weniger labilen Zustand der Verbundenheit oder Getrenntheit zwischen den Menschen. Der sich herauskristallisierende Zustand sozialer Beziehungen als System, darf aber nur als Ergebnis von sozialen Prozessen in einem sich ständig verändernden Zustand, »gewissermaßen als Station oder Etappe im Flusse des Gesamtgeschehens« betrachtet werden. Soziale Beziehungen sind *eher* statische Elemente der Vergesellschaftung: Gleichmäßigkeit, Wiederholung und Normiertheit der »Abstandsverhältnisse« verleiht diesen sich wiederholenden Beziehungen nur scheinbar einen »substanzhaften Charakter«. Die dynamischen, von der relativen Konstanz des Beziehungssystems nicht zu trennenden Momente des Wandels sind die sozialen Prozesse:

»Was aber ist ein sozialer Prozeß? – fragt *Wiese* (Beziehungssoziologie, S. 67) –. Er muß ein Vorgang sein, der sich als Grundgeschehnis in der ganzen Sphäre des Zwischenmenschlichen aufweisen läßt . . . es ist klar, daß die allgemeinste Form der sozialen Geschehnisse in Näherungen und Entfernungen, in Hin und Her, in Zueinander und Voneinanderweg bestehen muß. Was auch immer der besondere, mehr oder weniger einmalige Gehalt eines beziehungsschaffenden Vorgangs zwischen Menschen sein mag, er muß stets allen anderen sozialen Prozessen darin gleichen, daß er Menschen einander nähert oder voneinander entfernt. Es ist falsch anzunehmen, daß Vorgänge der Über- und Unterordnung, der Herrschaft oder der Gegnerschaft an universeller Allgemeinheit den Prozessen des Zu- und Auseinander gleich kämen. Es gibt Verbindungen zwischen Menschen, die kein Subordinationsverhältnis schaffen; so häufig Herrschaft und Dienst sind, sie sind nicht die universellsten Beziehungen, und Gegnerschaft ist nur eine Spielart des Auseinander.«

Auch nach *v. Wiese* sollten nur »reine« Vergesellschaftungs*prozesse* in der Soziologie analysiert werden: losgelöst von Zweck- und Interesseninhalten sollten die Formen menschlichen Verhaltens untersucht werden, um die gegenseitigen Einwirkungen von Mensch auf Mensch, »durch Erforschung der Ge-

schehnisse, die sich zwischen Menschen abspielen« erklären und so objektiv wie
möglich analysieren zu können (vgl. *v. Wiese*, System, S. 102). Denn, eine
typische, sich von allen übrigen Sphären des sozialen Lebens abhebende
»menschliche Sozialsphäre« könne nur »durch die verstandesmäßige Isolierung
der übrigen Sphären der Welt . . . begrifflich abtrennbar und in ihrem eigenen
Wesen bestimmbar« herausgearbeitet werden (*Wiese*, System, S. 9). Dieses
Erkenntnisziel legitimiert auch die Isolierung des sozialen Raumes von dem
der Geschichte:

>». . . uns beschäftigen nicht die Ereignisse, die in ihrer Gesamtheit die Geschichte bilden,
> gewissermaßen in ihrem Bruttogehalte an Menschen plus Zwecken, plus Dingen, plus Ideen
> oder als Bekundungen objektiven Geistes (hegelianisch gedacht), sondern immer nur der darin
> zutage tretende Mensch-Mensch-Zusammenhang« (*v. Wiese*, System, S. 58).

Auch bei der Erforschung sozialer Gebilde sollte also der Soziologe sein
Hauptaugenmerk auf den Verlauf sozialer Prozesse lenken: Richtung und Ab-
standsgrad der verschiedenen Stadien des Zu- und Auseinander sollten die
Hauptkriterien für ihre Vergleichbarkeit und Meßbarkeit sein. Um Soziologen eine Orientierungshilfe zu geben, entwarf *v. Wiese* selbst ein Modell, mit
dessen Hilfe »sämtliche Erscheinungen des sozialen Raumes durch einheitliche
Betrachtungsweise untereinander vergleichbar« gemacht und alle sozialen Einzelprozesse nach ein und demselben Verfahren zum Zwecke der Einordnung in
ein Gesamtsystem analysiert werden sollten (vgl. *v. Wiese*, System, S. 165).
Seinen Begriffsapparat, den *v. Wiese* in der »Tafel der menschlichen Beziehungen« darstellt, entlehnt er den *Spencerschen* Grundkategorien von Integration
und Differenzierung. Allerdings gebraucht er für denselben Sachverhalt die
Begriffe des Bindens und Lösens, um den Unterschied zwischen dem universalistischen Bezug dieser Kategorien bei *Spencer* und seinem nur auf das
Soziale beschränkten Geltungsbereich abzugrenzen. *v. Wiese* wollte die Prozesse der Integration und Differenzierung – den Entwicklungsgang des Organischen vom Homogenen zum Heterogenen – nicht als universal gültiges
Gesetz organischen Lebens verstanden wissen. Mit der »Tafel der menschlichen
Beziehungen« wollte er ein Begriffsnetz des Systems der Soziologie in den
formalisierten Kategorien »reiner« Vergesellschaftungsprozesse zwischen zwei
Extrempositionen der Bewegungen zur Vereinigung oder zur Verfeindung,
d. h. zwischen Annäherung und Lösung darstellen (Beziehungssoziologie,
S. 74 ff.):

Grundprozesse der Näherung   *Grundprozesse des Lösens*

(je nach Grad des Bindens oder Lösens bzw. der Integration oder Differenzierung)

Aa:	Annäherung	Ba:	Konkurrenz
Ab:	Anpassung	Bb:	Opposition
Ac:	Angleichung	Bc:	Konflikt
Ad:	Vereinigung		

Assoziations-   und   *Dissoziationslinien:*

a) Vorstadien: Isoliertheit, Fremdheit   Absonderung, Feindseligkeit
b) Übergang: Kontakt   a) die Gemeinschaft lockern
c) Vorstufen der Assoziation: b) sich abheben
   Duldung, Kompromiß   c) sich lösen
d) = Aa bis Ad   d) das Ohneeinander erreichen

anbeten
anlocken
annehmen
aufheitern
zujauchzen . . . usw.

Zur weiteren Rechtfertigung dieses Schemas sagt *v. Wiese:*

»Die Zweiteilung aller zwischenmenschlichen Prozesse in solche des Zu- und des Auseinander gibt erst der Soziologie die nur ihr eigene selbständige Problematik, gibt ihr ihren exakten Wissenschaftscharakter.

Fragt man, wieso es diese beiden Arten als einzige Grundarten der sozialen Prozesse gibt, so kann man entweder darauf hinweisen, daß sie empirisch überall und zu allen Zeiten feststellbar sind; oder man folgert sie aus der biologischen Menschennatur, die teilweise zur Verbindung mit Artgenossen, teilweise zur Behauptung der Ichheit gegen die Art und Artgenossen drängt; oder man erklärt sie mit den beiden einzigen Möglichkeiten der Bewegungsbahnen von Größen schlechtweg (in ihrem Verhältnisse zueinander). Diese dritte Argumentation ist die formalste und allgemeinste Betrachtungsweise. Bildlich: Die Menschen sind uns hierbei gleichsam Figuren auf dem riesigen Schachbrette des Lebens, die mit jedem Schachzuge (sozialen Prozesse) bald näher aneinander-, bald auseinanderrücken; hier erscheinen sie zu Massen oder Gruppen gehäuft, dort in loserer Verbindung, dort schließlich in Isoliertheit. Damit haben wir das Grundschema der Soziologie gegeben« (System, S. 152).

Um also »bei allem menschlichen Handeln« das soziale Verhalten in seinem Prozeßcharakter systematisch zu erfassen, muß ein System sozialer Prozesse nach obigem Muster der Isolierung des Sozialen und der analytischen Zerlegung der Prozesse erarbeitet werden:

»Um diese Aufgabe zu bewältigen, bedarf sie eines deduktiv geordneten Systems der Prozesse des Zu- und Auseinander; sie ist aber ferner angewiesen auf Selbstbeobachtungen und Studium des täglichen, praktischen Lebens; sie benötigt schließlich die Kenntnis eines möglichst großen Teiles der Beobachtungen, die die anderen Wissenschaften bei der Erfüllung ihrer Aufgaben über die Prozesse des Bindens und Lösens machen. Sie nutzt die Lehren der Sozialökonomie, Jurisprudenz, Psychologie, Biologie usw. Aus den Bildern vom religiösen, künstlerischen, wirtschaftenden usw. Menschen ergibt sich ihr das Bild des sozialen Menschen. Es würde zu unbestimmt und kulturlos sein, wenn sie es nicht in das Rahmenwerk ihrer eigenen Kategorien einzeichnete.

Die Beobachtung des praktischen Lebens zeigt ein unendlich kompliziertes, wechselndes Bewegungsspiel zwischenmenschlicher Prozesse. Geht man vom Einzelmenschen der Gegenwart aus, so sieht man ihn in Billionen von Beziehungen und Gebildezugehörigkeiten gestellt. Wie die Infusorien im Wassertropfen unter dem Mikroskop hin- und herzucken, so bietet das tägliche Leben das Bild von unaufhörlicher Anziehung und Abstoßung. Wieder soll unser Begriff-Rahmenwerk helfen, dem Verstande Übersichten zu ermöglichen.

So eng ich damit die Ausmaße der Soziologie wähle, um ihr einen möglichst großen Grad von Exaktheit zu geben, so wichtig erscheint mir die Hervorhebung der zweifachen (bzw. dreifachen) Bewegungsrichtung der zwischenmenschlichen Prozesse. Von der allergrößten Bedeutung muß uns das „sowohl – als auch" (sowohl: Bindung, als auch Lösung, als auch Mischung beider) sein. An allem sozialen Geschehen verfolgen wir, wie gesagt, nur diese Bewegungen; aber eben beide nebeneinander. Die Unvollkommenheit mancher vorhandenen soziologischen Systeme und ein Irrtum vieler Kritiker unserer Wissenschaft beruht auf der Annahme, es gelte uns, nur die Vereinigungsbewegung und ihre Ergebnisse festzustellen. Geschieht das, so entsteht eine ganz unvollständige, falsch isolierte Wiedergabe des Verhaltens der Menschen. Zu wähnen, im Laufe der Geschichte würde das Menschenleben und das Menschengeschlecht immer kollektiver, ist ebenso falsch wie zu glauben, der Einzelmensch würde immer selbständiger und selbstgenugsamer. Vierkandts These: „Tatsächlich lebt und webt der Mensch in der Kollektivität" ist ebenso falsch oder ebenso richtig wie ihre Antithese: „Tatsächlich lebt und webt der Mensch in der Isoliertheit." Die beiden Entwicklungsbewegungen, die einst Spencer als die kosmischen, wie auch sozialen nachgewiesen hat, die der Integration und der Differenzierung, müssen beide mit gleicher Aufmerksamkeit beobachtet werden. Die Soziologie hat es in gleicher Weise mit den Verbänden, mit den Gruppen und den Massen, mit dem Kollektivgeiste und den Assoziationsbewegungen zu tun wie mit dem Singulären, dem isolierten, einsamen Menschen, dem Geiste der Absonderung und den Dissoziationsprozessen. Die Einsamkeit ist für sie ebenso ein „sozialer", d. h. zwischenmenschlicher Zustand wie die Gesellligkeit« (v. *Wiese, System*, S. 155 f).

v. Wieses systematische Gliederung der Soziologie könnte anhand des Inhaltsverzeichnisses seines »Systems der Allgemeinen Soziologie« folgendermaßen veranschaulicht werden:

I. Soziale Prozesse

A. 1. Einfache soziale Prozesse des Zueinander (wie z. B. Duldsamkeit, Anpassung, Angleichung, Vereinigung)
   2. Einfache soziale Prozesse des Auseinander (Entgegenstellung, Konflikt)
   3. Gemischte einfache Prozesse (z. B. Konkurrenz)

B. 1. Soziale Prozesse des Zueinander in und zwischen den sozialen Gebilden (z. B. Uniformierung, Ein-, Über- und Unterordnung, Sozialisierung, Professionalisierung)
   2. Soziale Prozesse des Auseinander in und zwischen den Gebilden (z. B. Herrschen und Dienen, Auslese, Individuation, Absonderung und Entfremdung)

II. Soziale Gebilde

1. Masse (z. B. führerlos – geführte, konkrete – abstrakte, aktuelle – dauernde, Publikum usw.)
2. Gruppe (von der kleinsten Paar-Gruppe bis zu Großgruppen)
3. Körperschaften
4. Staat
5. Kirche
6. Stand – Klasse – bürgerliche Gesellschaft
7. soziale Prozesse zwischen den sozialen Gebilden

Auch in der Lehre von den sozialen Gebilden soll der grundsätzliche Ansatz der Formalsoziologie durchgehalten werden: hier sollen jene spezifischen Prozesse der zwischenmenschlichen Beziehungen untersucht werden, die die sozialen Gebilde gestalten und ihre Strukturierung bestimmen. Bei diesen Prozessen »mit Gebildecharakter« handelt es sich um die Strukturierung von Dauerbeziehungen (= Institutionalisierung), die nur insofern für die (Beziehungs-) Soziologie in Frage kommt, als sie das Verhalten der Menschen unter dem Einfluß »der äußeren Verumständung mit dem Gebildecharakter« lenkt (vgl. System, S. 384). Ohne die Zweckinhalte näher zu analysieren, müßten auch auf diesem Feld die Vergesellschaftungprozesse, die Tendenzen zum Hinüberwachsen loserer Beziehungen zu festgefügten Handlungsstrukturen untersucht werden, um die Entstehung, Bewegung und Veränderung »abstrakter Kollektiva« zu beschreiben:

»Sehr deutlich ist das bei *Stämmen* zu beobachten: Sie werden sich zumeist für eine äußerliche Betrachtung vorwiegend als Gruppen ... darstellen. Wir können aber bei näherem Studium erkennen, wie oft sich die – sagen wir kurz – barbarischen Züge der Masse in den Lebenskundgebungen vieler Stämme zeigen, wie aber auch jeder lebensfähige Stamm die Neigung in sich trägt, staatlich geordnetes Volk zu werden« (System, S. 388).

v. Wiese interessiert sich primär für die Bewegungsgrade des Zu- und Auseinander, die in der Gebildelehre an der höheren und minderen Organisiertheit der Beziehungen gemessen werden könnte. Nur die Formen der losen oder aber organisierten Struktur des »Beziehungsgebildes« habe den Soziologen zu beschäftigen: Mit Hilfe dieser Sichtweise erhofft *v. Wiese* das Soziale auch innerhalb der Struktur von Institutionen als eine Ursache aufzudecken, die auf die Frage nach den Bewegungsformen dieser Institutionen Auskunft geben könnte. Sowohl Zwangsgebilde (wie z. B. Staat) als auch »ideologische Gebilde« (wie z. B. Kirche) sollten nur insofern für die soziologische Forschung von Bedeutung sein, als sie am Grad ihrer *Wirksamkeit* auf das konkrete Handeln beobachtet und gemessen werden können. Gebilde müßten – ebenso wie die sozialen Prozesse zwischen Individuen – am Einfluß und an der Wirksamkeit des »Gruppenmäßigen« erforscht werden. Sinn und Legitimierung dieser Formalisierung sozialer Prozesse, bzw. des »Isolierungsverfahrens« kann erst nach der Behandlung des Problems der »Trennung von Inhalt und Form« (vgl. unten, Abschnitt: 2) voll verdeutlicht werden. Vorläufig sollten wir nur festhalten, daß der formalsoziologische Ansatz zur Lösung folgender Fragen eine Alternative bot:

a) die Eigenständigkeit der Soziologie sollte durch die Isolierung des Gegenstandes des Sozialen im Bereich der zwischenmenschlichen Beziehungen als Ergebnis der Wechselwirkungen von Mensch zu Mensch fixiert werden. Die soziale Sphäre sollte:
   aa) von der psychischen und körperlichen Sphäre der Individuen (Psychologie);
   ab) von Zwecken und Inhalten des Handelns;
   ac) von Mensch-Ding-Beziehungen;
   ad) und von den Ergebnissen des Sozialen (Kultur) getrennt werden;
b) Die analytische Zerlegung der Prozesse sollte der Entwicklung eines kategorialen Begriffssystems dienen, das die Systematisierung sozialer Erscheinungen erleichtert, um diese in ihrer außerhistorischen Form und universaler Gültigkeit beschreiben, erkennen und erklären zu können;
c) Dieses Isolierungsverfahren böte die Möglichkeit, soziale Prozesse:
   ca) infolge der Einheitlichkeit der Begriffsinhalte vergleichbar;
   cb) und infolge der Bestimmbarkeit ihrer Gliederung nach Wirkungsart, -grad, -möglichkeit und -grenzen meßbar
   zu machen;
d) die formalsoziologische Methode hätte schließlich den Vorteil, das wissenschaftliche Denken unter diesem Einfluß sauberer, wertneutraler Kategorien von »unsoziologischen Begriffen« – wie z. B. »Individualismus«, »Liberalismus« oder »Sozialismus« – zu befreien und diese Begriffe durch eine »viel differenziertere, abgestufte, undogmatische und unideologische Schau« zu ersetzen.

Während also *Simmel* die gesellschaftskonstitutive Bedeutung zwischenmenschlicher Beziehungen gleichsam »entdeckte« und hierin das spezifische Objekt der Soziologie, als eine Art »Geometrie der geschichtlichen Welt« erblickte, machte *v. Wiese* den Versuch, die gesamte Mannigfaltigkeit der möglichen sozialen Beziehungen und Gebilde systematisch zu ordnen. *Simmel* beschrieb nur einzelne Phänomene unter diesem neuen Aspekt; *v. Wiese* hingegen legte seiner Systematisierung ein Ordnungsprinzip zugrunde, nach dem alle Vorgänge zwischen Menschen – formal betrachtet – entweder Prozesse des Bindens oder des Lösens sind. So ergeben sich zwei Grundbeziehungen zwischen Menschen: »die Bewegung zur Vereinigung oder zur Flucht; tertium in sociologia non datur«. Auch die sozialen Gebilde (Institutionen) können nur auf dieser Grundlage der Wechselbeziehungen analysiert werden; sie sind Systeme, die quasi aus den Verdichtungen einfacher Beziehungen hervorgegangen sind und in ihren Bewegungsformen prinzipiell nur dann zu verstehen sind, wenn sie unter dem ständigen Einfluß der sie konstituierenden sozialen Prozesse betrachtet werden:

»Beständig bauen die sozialen Prozesse an den Gebilden; wir müssen also, schon um diese Bautätigkeit zeigen zu können, einen Zustand annehmen, in dem es zunächst nur diese ‚Bauarbeit‘, die Vorgänge des zwischenmenschlichen Verkehrs, aber noch keine ‚fertigen Gebilde‘ gibt. Der soziale Prozeß kann nur dann in seiner vollen Elementarkraft vorgeführt werden, wenn er nicht als etwas vom Gebilde Abgeleitetes erscheint« (v. *Wiese*, System, S. 157).

Sinn und Rechtfertigung der Trennung von Inhalt und Form müssen noch unter einem besonderen Punkt (2) behandelt werden: Um die Problematik des bisher Behandelten zu verdeutlichen, möchten wir zwecks Veranschaulichung des formalsoziologischen Ansatzes zwei konkrete Beispiele geben:

Simmel: Exkurs über den Adel (in: Soziologie, S. 545–552).
Simmel geht davon aus, daß »der Adel im alten Rom oder im Normannenreich, unter den Indianern oder im ancien régime bei aller Unvergleichbarkeit der Lebensinhalte eine Übereinstimmung der soziologischen Züge besitzt«. Die Charakteristika »der soziologischen Form des Zusammenschlusses von Individuen« als eines »Zwischengebildes« zwischen Volk und Herrscher lassen sich wie folgt zusammenfassen:
— im Unterschied zum Clan, der in der Regel exogam ist, neigt der Adelsstand dazu, endogam zu werden, d. h. nur unter sich zu heiraten;
— die Exklusivität des Adels gründet sich auf strenger Normierung von Verhaltensweisen, die die Gruppe „aus inneren Bedingungen ihrer Wechselwirkung" hervorgebracht hat: das adelige Verhaltensmuster gewährt ihren Gruppenangehörigen viele Freiheiten, die für die Masse verboten sind (z. B. Standesvorrechte), zwingt ihnen aber auch eine Reihe von Verzichtleistungen auf, die sich in der standesgemäßen Lebensführung äußern (z. B. Ehrenkodex, Verbot des Handeltreibens): „Hat der Adel von je betont: quod licet Jovi non licet bovi, so liegt in seinem Prinzip doch auch das Umgekehrte: quod licet bovi non licet Jovi'';
— die erwartete Gleichförmigkeit des Verhaltens und der Kontaktpflege mit seinesgleichen bedingt eine mit Selbstverständlichkeit als unkompliziert angesehene, auf Übereinstimmung basierende Kommunikation unter Adeligen, die „mit der Beobachtung illustriert (werden kann), daß Adelige sich oft an einem Abend besser kennen lernen, als Bürgerliche in einem Monat";
— „Die soziologische Analyse des Adels nun zentriert darum, daß der sozial-allgemeine Inhalt des Lebens dieser Sondergruppe ein ganz einzigartiges Verhältnis zu dem individuellen Sein ihrer Mitglieder besitzt". Sie werden nicht nach der Arbeitsleistung, sondern nach dem individuellen Sein bewertet, das als Träger einer ganzen Reihe von Vererbungen und Traditionen einen quasi unsterblichen Wert besitzt. Jedes Mitglied partizipiert „an der Kraft, Gesinnung und Bedeutung des Ganzen" und bewirkt dadurch die Solidarität der Teile. Dies wiederum bedingt „ein selbstsicheres persönliches Dasein, ein Gefühl gleichmäßig starker *Unabhängigkeit,* aber auch *Verantwortlichkeit* des Individuums", wobei das „Für-sich-Sein" der einzelnen Angehörigen durch das „In-sich-Geschlossensein" des Adels als Gruppe gestärkt wird;
— nach diesen Präliminarien will *Simmel* die Besonderheit des Adels aus der internen Strukturierung seiner Gruppenbeziehungen erklären, indem er auf die eigenartige Verschmelzung

des Gruppengeistes (– der sich z. B. darin zeigt, daß Würden, Verdienste, Ehren, Pflichten und Rechte als eine der Familie oder dem Stande gemeinsame Errungenschaft betrachtet werden –) mit dem „Unberechenbaren und Persönlichen, dem freien Fürsichsein" hinweist: „Zwischen den Extremen: daß das Individuum von seiner Gruppe eingeschluckt wird und daß es ihr mit oppositioneller Selbständigkeit gegenübertritt, steht die besondere Synthese des Adels. Er hat durch die Strenge der standesgemäßen Lebensform, die eine weiteste Berührungsfläche zwischen seinen Mitgliedern schuf; durch die Forderung der Ebenbürtigkeit, die eine physiologische Garantie der qualitativen und historischen Einheitlichkeit des Standes bewirkt; durch die Technik seiner Tradition, die die Werte und Errungenschaften der Familie und des Standes verlustlos wie in ein Sammelbecken einströmen läßt – durch diese soziologischen Mittel hat der Adel seine Individuen in einem sonst nicht erreichten Maße in die Gesamtgruppierung eingeschmolzen. Aber das so entstandene überpersönliche Gebilde hat nun entschiedener als irgend sonst seinen Zweck und Sinn in der Existenz der einzelnen, in ihrer Macht und Bedeutung, in der Freiheit und Selbstgenügsamkeit ihres Lebens. Indem der Adel, in seinen reinsten historischen Erscheinungen, die Lebenswerte der Individuen mit einzigartiger Kraft in sein Gesamtgebilde zusammenführt, und indem die Entwicklung dieses wiederum mit vorbehaltloser Gesammtheit auf die Formung, Steigerung und Selbständigkeit des einzelnen hinzielt – hat der Adel der Gleichung zwischen dem Ganzen und dem Individuum, den vorbestimmenden Gegebenheiten und den persönlichen Ausgestaltungen des Lebens eine historisch einzigartige Lösung gegeben."

V. Wiese: Klasse (in: System, S. 581 ff – vgl. auch: Stände und Klassen).

Die Klassenlage, d. h. Einkommens- und Besitzverhältnisse schaffenden sozialen Prozesse bilden kein starres, substanzhaftes Gebilde, obgleich die Einflüsse der Klasse auf den Menschen „sehr stark" sind: Die „bloße *Dichotomie* in eine Ober- und Unterklasse hat das überwältigende Pathos des großen, einfachen Gegensatzes für sich" (System, S. 585). Der Begriff dient der Vereinfachung eines „sonst undurchdringlichen Zusammenhanges": „Die Klasse (bildlich gesprochen) ist wie eine Wolke, in der blitzschwangere, elektrische Spannungen von höchster Intensität enthalten sein mögen, die aber selbst eine beständig verschwimmende Gestalt besitzt" (System, S. 584);

— „Klassen schließen die Menschen zu einer relativen (unvollkommenen) Einheit zusammen, die durch ungefähre Gleichheit des Eigentumsumfangs, der Bildung und des Maßes an innerpolitischer Macht einen Zusammenhang der Interessen und der Lebensbeurteilung aufweisen. Sie suchen der Gefahr zu begegnen, daß der isolierte einzelne das Opfer der Ausbeutung anderer werde" (System, S. 582);

— Im Vergleich zu anderen Gebilden, wie z. B. Staat oder Kirche, weist die Klasse einen relativ geringen Grad an Organisiertheit auf: „So sehr man sich bemüht, Berufsorganisationen auf dem Boden der Klasse zu errichten, und diesen der Klasse mehr oder weniger eingeordneten Gruppen Klassencharakter und Klassenbewußtsein zu verleihen, so sind diese Gruppen, auch die Gesamtsumme aller solcher Vereine eben doch noch nicht die Klasse selbst. Die Klasse als Ganzes ist nicht organisiert. Sie ist ein loses Gefüge . . . (und) auch nicht deutlich umgrenzbar. An ihren Grenzen finden wir eine sehr unbestimmte Übergangszone" (System, S. 583);

— Polare Klassengegensätze sind als *Tendenz* zum Kampfe aufzufassen, die durch die „Tatsache, daß auch die einzelnen Klassen aufeinander angewiesen sind", diese Tendenz zum Gegensatz immer wieder abschwächen: „Erst wenn der Unterschied der Einkommen, der Lebenshaltung, der Bildung und des Geschmacks, der Verbundenheit mit Kapital oder Arbeit verhältnismäßig groß und dauernd ist, scheint mir die Bezeichnung Klasse angebracht. So wird man, wie gesagt, in der Gegenwart zwar nicht allgemein einen Klassengegensatz zwischen Bauern und Gewerbetreibenden . . . aufstellen dürfen, aber zwischen Großgrundbesitzern und Kleinbauern, zwischen Großindustriellen und Handwerkern. Immer zeigt sich der Klassengegensatz deutlicher auf demselben Produktionsgebiete als zwischen Produktionseinrichtungen schlechtweg" (System, S. 585);

— »Dort, wo *Marx* in späteren Lebensjahren gelegentlich die eindrucksvolle Zweiteilung des Kommunistischen Manifestes zugunsten einer Vielheit von Klassen einschränkt, schwächt er damit die Grundidee seines Sozialismus selbst. In der Hauptsache hält er an der Dichotomie der Gesellschaft fest: hier die Eigentümer und Herren über die sachlichen Arbeitsmittel, dort die Proletarier, die nur über ihre persönliche Arbeitskraft verfügen . . . Damit zerfällt die Gesellschaft in eine kleinere ausbeutende und eine größere ausgebeutete Hälfte. Da die Stellung im Wirtschaftsleben auf das ganze übrige individuelle Leben maßgebend einwirkt, entsteht auch ein unversöhnlicher Gegensatz zwischen bürgerlichem und proletarischem Denken,

Urteilen und Glauben. Selbst die Logik soll bei beiden Klassen verschieden sein" (System, S. 586).

„. . . die Klassen sind nicht die letzten, nicht mehr auflösbaren Kraftgebilde gewesen, von denen sich erst das ganze übrige soziale Leben ableitete . . . (die marxistische Deutung) hebt die aus ökonomischen Tatsachen entstandenen Gebilde der Klassen in eine Primärstellung und leitet von ihrer Struktur und den zwischen ihnen bestehenden Zusammenhängen und Gegensätzen die zwischenmenschlichen Beziehungen ab. Für unsere Auffassung ist jedoch die „Klasse" ein ziemlich unbestimmtes Gebilde der gesellschaftlichen Schichtung, das als Produkte bestimmter sozialer Beziehungen anzusehen ist. Wir erklären nicht die Beziehungen aus den Klassen, sondern die Klassen aus den Beziehungen. Die Organisation der Produktion ist für uns überhaupt nicht eine elementare Ausgangserscheinung, sondern etwas Abgeleitetes, das freilich selbst wieder, in ein enges Gebilde- und Beziehungsnetz hineingestellt, mannigfache soziale Einflüsse ausübt. Aber die Marxisten beginnen den Faden der Zusammenhänge von einem Knoten ab zu verfolgen, der ziemlich entfernt vom Ausgangspunkt unserer Analyse liegt und von uns aufgeknüpft wird. Wir leugnen aufgrund immer wiederkehrender Ergebnisse der Untersuchung des sozialen Lebens die Universalität der Klassengestaltung (Stände und Klassen, S. 61 f).

Die Beziehungslehre »nimmt weder die Klasse als unanfechtbare, machtvolle Gegebenheit von vornherein an, noch ignoriert sie den Umstand, daß es einen starken Glauben an die Klasse gibt. Sie beobachtet und prüft alle Lebensverhältnisse mit Hilfe ihrer Methode auf den Einfluß der Klassenlage, des Klassengefühls und Klassendenkens der Menschen und sucht erst dann die Frage vorsichtig aufzuwerfen, wieweit es sich empfiehlt, die feststellbaren Beziehungskomplexe als ein soziales Gebilde gedanklich zusammenzufassen« (System, S. 594);

— v. Wiese will nachweisen, daß die sozialen Gegensätze sich eher innerhalb der einzelnen Institutionen und Berufspyramiden manifestieren: „Die beruflich-ständische kreuzt die Klassenordnung, ohne sich mit ihr zu decken . . . Beruf schafft Besitz, und der Besitz führt zu bestimmten Berufen. Aber die Berufszugehörigkeit ist in der Klassenordnung nicht das Hauptmerkmal. Vielmehr zieht das Kapital mitten durch die vertikal aufgebauten Berufsstände trennende Schranken. Zwei Personen können demselben Berufe angehören, aber verschiedenen Klassen; beide können Beamte, Offiziere, Schriftsteller sein und dabei ein recht verschiedenes großes Gesamteinkommen und eine recht verschiedene Lebenshaltung aufweisen. Durch jeden Beruf geht der Riß zwischen dem vermögenden und vermögenslosen Teil" (System, S. 591);

— Klassenordnung läßt sich „unmittelbar nur für die an der Produktion direkt beteiligten Personen aufstellen. Die freien Berufe, Beamten, Gelehrten, Künstler, alle Arten von „Intellektuellen" . . . können nur mit Einschränkungen nach ihrem Einkommen den entsprechenden Klassen zugerechnet werden. Vielmehr kommt man zu einem treffenderen Bilde des Gesellschaftslebens, wenn man diese an Zahl kleinen, für die Kultur aber so wichtigen Berufsgruppen den Klassen zurechnet, denen sie vorwiegend dienen und mit denen sie sich durch ihre Arbeit solidarisch fühlen. Bis zu einem gewissen Grade besitzen die Angehörigen der in diesem Sinne freien Berufe eine gewisse Wahlmöglichkeit der Klassenzugehörigkeit. Akademiker und andere Intellektuelle dienen heute in nicht geringer Zahl bewußt der Arbeiterklasse; sie fühlen sich als „geistige Arbeiter". Andere wieder besitzen ein aristokratisches Grundgefühl, das sie mit der Oberklasse verbindet. Schließlich darf man nicht die Träger des Geistes- und des politischen Lebens vergessen, die sich keiner Klasse zurechnen lassen, sondern sich bewußt oder instinktiv in den Dienst des Ganzen, des Volkes, stellen" (System, S. 591);

— Mit der ökonomischen Kategorie der Klasse kann v. Wiese die soziale Schichtung nicht erklären; es ließe sich demnach nur ein Teilaspekt der sozialen Wirklichkeit aufgrund der quantitativen Größe des Einkommens erfassen, nach dem man soziale Klassen wie folgt einteilen könnte (vgl. System, S. 590):

1. Verelendete
2. Arbeiterklasse:
   a) Klassenschicht der Handlanger und Tagelöhner
   b) Klassenschicht der leicht ersetzbaren Arbeiter
   c) Klassenschicht der schwer ersetzbaren Arbeiter
3. Kleinkapitalisten (Kleinbürgertum und Bauern)
4. vermögende Klasse
5. Klasse der Reichtumsmächtigen (Plutokratie) (Trustmagnaten, Latifundienbesitzer, Finanzherren).

Die soziale Schichtenbildung sei aber „keineswegs bloß ein Ergebnis wirtschaftlicher Vorgänge (System, S. 350 f); sie ist auch keineswegs eine rein geschichtliche, an bestimmte Epochen gebundene Erscheinung. Nur das läßt sich sagen, daß die Organisation der Produktion und Zirkulation der Güter und die Einkommensverteilung eine bestimmte Art von Schichtung bewirken, und daß wieder der sogenannte Kapitalismus, also die Erwerbswirtschaft, eine Spezies des Genus ökonomische Schichtung bildet (die in der Wirtschaftssoziologie zu untersuchen ist). Aber wenn es keine ökonomische Schichtung der „Gesellschaft" gäbe, würde es immer noch eine nach militärischen oder wissenschaftlichen oder rein gesellige oder künstlerischen oder sportlichen oder staatlich-politischen Leistungen geben. Daß dabei die Regeln der einen Art Schichtung auf die andere übergreifen, daß etwa die ökonomische Schichtung die politische oder gesellige beeinflußt, ist richtig. Vielleicht überwiegt in einer dicht gesiedelten Bevölkerung die ökonomische ... Aber die Tatsache der Schichtung ist viel elementarer und allgemeiner, als es eine bloß auf ökonomische Zusammenhänge gerichtete Betrachtungsweise annimmt.

Damit wird nicht etwa gelehrt, daß für alle Zeiten nach Gottes Willen die Schicht der Reichen den Schichten der Armen übergelagert seien, oder daß der mechanische Arbeiter vom „Kapitalisten gelenkt und niedergehalten werden müßte; im Gegenteil wird die beständige Wandelbarkeit der Schichtungsordnung behauptet. Nur das Geschichtet-Sein der größeren Gebilde überhaupt ist die Tatsache, deren Beständigkeit unsere ganze Deduktion darzutun die Aufgabe hat".

2. Trennung von Inhalt und Form

Die verschiedenen geisteswissenschaftlichen Disziplinen erforschen die Inhalte, d. h. die Zwecke des sozialen Zusammenlebens, um deretwillen Menschen sich vereinigen. Diese Güter produzierenden und Werte realisierenden sozialen Tatbestände bilden den Gegenstand der verschiedensten Disziplinen im Hinblick auf ihren wirtschaftlichen, rechtlichen, sprachlichen, usw. *Inhalt.* Im Unterschied zur älteren, enzyklopädisch verstandenen Gesellschaftslehre, müßte jedoch die Soziologie als eine eigenständige Disziplin bestimmt werden, deren originäres Objekt – losgelöst von den Inhalten – in den *Formen* des zwischenmenschlichen Zusammenlebens fixiert werden sollten.
Diese Trennung von Inhalt und Form des sozialen Geschehens bezweckt das »rein« analytische Verfahren, weil etwas zerlegt werden muß, was in der Wirklichkeit eins ist: in der sozialen Wirklichkeit sind nämlich Interessen und Zwecke untrennbar mit bestimmten Formen der zwischenmenschlichen Beziehungen verbunden. Dennoch sollte man im Interesse der wissenschaftlichen Erkenntnis von der allzu komplexen Wirklichkeit abstrahieren und die Formen des Zwischenmenschlichen von den verschiedenen Inhalten trennen:

»Daß dieses beides (Inhalt und Form), in der Wirklichkeit untrennbar Vereinte, in der wissenschaftlichen Abstraktion getrennt werde, daß die Formen der Wechselwirkung oder Vergesellschaftung, in gedanklicher Ablösung von den Inhalten ... zusammengefaßt und einem einheitlichen wissenschaftlichen Gesichtspunkt methodisch unterstellt werden – dies scheint mir die einzige und die ganze Möglichkeit einer speziellen Wissenschaft von der Gesellschaft als solcher zu begründen. Mit ihr erst wären die Tatsachen, die wir als die geschichtlich-gesellschaftliche Realität bezeichnen, wirklich auf die Ebene des bloß Gesellschaftlichen projiziert ... An gesellschaftlichen Gruppen, welche ihren Zwecken und ihrer ganzen Bedeutung nach die denkbar verschiedensten sind, finden wir dennoch die gleichen formalen Verhaltensweisen der Individuen zueinander. Über- und Unterordnung, Konkurrenz, Nachahmung, Arbeitsteilung, Parteibildung, Vertretung ... und unzähliges Ähnliches findet sich an einer staatlichen Gesellschaft wie an einer Religionsgemeinde, an einer Verschwörerbande wie an einer Wirtschaftsgenossenschaft, an einer Kunstschule wie an einer Familie. So mannigfaltig auch die Interessen sind, aus denen es überhaupt zu diesen Vergesellschaftungen kommt – die Formen, in denen sie sich vollziehen, können dennoch die gleichen sein (*Simmel*, Soziologie, S. 6 f).

a) Zum Begriff »Inhalt«:

Das auslösende Moment und die bewegende Kraft menschlichen Tuns sind Triebe, Interessen und Zwecke, die die Wechselwirkungen zwischen den Menschen inhaltlich bestimmen: Seelische Motivierungen, Gefühle, Bedürfnisse und Gedanken machen das Innere aller gesellschaftlichen Erscheinungen aus. Individuelles Handeln und Wollen üben eine bestimmte Wirkung auf andere aus, die stets aus bestimmten Trieben (wie z. B. aus Hunger, Liebe, Eifersucht, usw. – vgl. *Sumner*, Kap. VI, 2/1) heraus oder um des Erreichens bestimmter Zwecke willen entstehen. Diese individuellen Motivierungen, die gleichsam den »Stoff« des sozialen Lebens bilden und die sozialen Prozesse vorantreiben sind jedoch noch nicht sozialen Ursprungs: sie sind »ihrem reinen Sinne nach« noch keine Vergesellschaftung *(Simmel,* Soziologie, S. 5). Die (oben dargestellten) inhaltlichen Elemente der Vergesellschaftung, die in der individuellen Sphäre entstehen, bilden zuerst nur ein »bloßes Nebeneinander«, das sich unter dem ständigen Einfluß von sozial kontrollierten Wechselbeziehungen zu festen, überindividuellen Gebilden formen kann. Je nach der Art und Dichte zwischenmenschlicher Wechselwirkungen können also geschichtlich-gesellschaftliche Gebilde im Hinblick auf bestimmte Inhalte entstehen, deren Funktion es ist, die Art und Weise der Bedürfnis- und Interessenbefriedigung normativ zu regeln. Sie wachsen dabei über die ursprünglichen (individuellen) Aktionsrichtungen hinaus und erheben sich aus dem Wirkungsbereich interindividuellen Lebens zu »objektiven Gebilden«. Die Struktur dieser »objektiven Gebilde« wird zwar weitgehend von den Inhalten bzw. den ihnen zugrundegelegten, sozial gesetzten Zwecken geformt, doch könne das sie zusammenfügende Netz von Wechselwirkungen – als Manifestation des konkreten sozialen Geschehens –nicht allein durch den von ihnen ausgeübten normativen Einfluß erklärt werden. Die Handlungsstruktur kann also weder von den von Inhalten ausgehenden und von ihnen abgeleiteten sekundären Prozessen, noch von den »reinen« Motivationsimpulsen der Individuen erklärt werden: die Existenzweise der Gesellschaft ist teils durch die sekundären teils durch die primären – originär sozialen – Prozesse bedingt:

»Im ganzen hat sich die Soziologie – sagt *Simmel* (Soziologie, S. 14) – eigentlich auf diejenigen gesellschaftlichen Erscheinungen beschränkt, bei denen die wechselwirkenden Kräfte schon aus ihrem unmittelbaren Träger auskristallisiert sind, mindestens zu ideellen Einheiten. Staaten, Gewerkvereine, Priesterschaften und Familienformen . . . Zünfte, Gemeinden, Klassenbildungen und industrielle Arbeitsteilung – diese und die ähnlichen großen Organe und Systeme scheinen die Gesellschaft auszumachen . . . Es liegt auf der Hand, daß, je größer, bedeutsamer und beherrschender eine soziale Interessenprovinz und Aktionsrichtung ist, um so eher jene Erhebung des unmittelbaren, interindividuellen Lebens und Wirkens zu objektiven Gebilden, zu einer abstrakten Existenz jenseits der einzelnen und primären Prozessen stattfinden wird«.

b) Zum Begriff »Form«:

Das typisch Soziale entsteht also offensichtlich in einem besonderen Bereich: auf einem mittleren »Feld« zwischen individuellen Antrieben und sozialen Inhalten, d. h. auf der Ebene zwischenmenschlicher Beziehungen, die sich nicht nur aus der Normbefolgung, sondern vor allem aus der Wechselseitigkeit der Handlungsabläufe ergeben und somit sowohl individuelle Antriebe und Motivationen als auch sozial gefestigte Norminhalte modifizieren. Im zwischenmenschlichen Bereich entsteht also durch den Einfluß der Wechselwirkungen eine neue, relativ eigenständige Realität, die aber nicht in dem Maße von normativen Zwängen geprägt wird, wie dies in der Durkheimschen Theorie dargestellt wird (vgl. Kap. VI, 3/2). Eine soziologische Analyse beginnt dort, wo jene Formen von Interaktionsprozessen untersucht werden, unter denen sich individuelle Antriebe und soziale Inhalte beliebiger Zielrichtungen in ihren Wechselwirkungsrelationen effektiv verwirklichen:

»... zum Beispiel das wirtschaftliche Interesse – sagt *Simmel* (Soziologie, S. 7) – realisiert sich ebenso durch Konkurrenz wie durch planmäßige Organisation der Produzenten, bald durch Abschluß gegen andre Wirtschaftsgruppen, bald durch Anschluß an sie; die religiösen Lebensinhalte fordern – inhaltlich identisch bleibend – einmal eine freiheitliche, ein andermal eine zentralistische Gemeinschaftsform; die Interessen, die den Beziehungen der Geschlechter zugrunde liegen, befriedigen sich in der kaum übersehbaren Mannigfaltigkeit der Familienformen; das pädagogische Interesse führt bald zu einer liberalen, bald zu einer despotischen Verhältnisform des Lehrers zu den Schülern, bald zu individualistischen Wechselwirkungen zwischen dem Lehrer und dem einzelnen Schüler ... Wie also die Form die identische sein kann, in der die divergentesten Inhalte sich vollziehen, so kann der Stoff beharren, während das Miteinander der Individuen, das ihn trägt, sich in einer Mannigfaltigkeit von Formen bewegt ...«

Soziologisch relevante Tatsachen ergeben sich nicht aus den Inhalten; ihrem Inhalt nach sind Bedürfnisse und Interessen relativ gleichbleibend, doch werden sie auf mannigfache Art und Weise befriedigt. Kurz gefaßt kann dieses Grundproblem der formalen Soziologie folgendermaßen dargestellt werden:

Bedürfnisse und Interessen	*Gebilde*
1. Ernährung	Wirtschaftsgebilde zwecks Bedürfnisbefriedigung
2. Geschlechtstrieb	Familie zwecks Regulierung geschlechtlicher Beziehungen
3. metaphysisches Bedürfnis	Religion, Kirche
usw.	

Formen: ad 1.: z. B. Konkurrenz- oder Kooperationsbeziehungen;

ad 2.: z. B. erweiterte, politisch-reale, entindividualisierte – oder engere, individualisierte Gruppenform (vgl. *Simmel*, Soziologie, S. 535 f);

ad 3.: lockere oder zentralistisch-disziplinierte Organisationsform

Die Grundfrage der formalen Soziologie bzw. der Beziehungslehre ist also das Problem der formalen Beziehungen unter den Menschen, wobei es nur in zweiter Linie darauf ankommt, ob diese zwischenmenschlichen Beziehungen positiven oder aber negativen Charakter haben. Denn, Kommunikationen können sich »im Fluß des sozialen Geschehens« sehr rasch wandeln; auf dem Feld des Sozialen können sich Freund-Feindkonstellationen schlagartig ändern und die Prozesse der Annäherung durch die der Feindseligkeit ablösen. Solange jedoch die Wechselwirkung, auch in Form des »Sich-Entfernens«, bleibt, beeinflußt sie die kaleidoskopische Konstellation des Sozialen: auch die Elemente des Konflikts gehören zum Wesen des Sozialen. Für die soziologische Betrachtung sollte nur wichtig sein, die (soziologisch nachprüfbaren) Wirkungen auf das gesellschaftliche Leben zu prüfen, um damit auf die Frage nach den Formen der Vergesellschaftung eine Antwort geben zu können:

»In jeder vorliegenden sozialen Erscheinung – sagt *Simmel* (Soziologie, S. 5 f) – bilden Inhalt und gesellschaftliche Form eine einheitliche Realität; eine soziale Form kann so wenig eine von jedem Inhalt gelöste Existenz gewinnen, wie eine räumliche Form ohne Materie bestehen kann . . . Dies vielmehr sind die in der Wirklichkeit untrennbaren Elemente jedes sozialen Seins und Geschehens: ein Interesse, Zweck, Motiv und eine Form oder Art der Wechselwirkung unter den Individuen, durch die oder in deren Gestalt jener Inhalt gesellschaftliche Wirklichkeit erlangt.«

Was nun die „Gesellschaft", in jedem bisher gültigen Sinne des Wortes, eben zur Gesellschaft macht, das sind ersichtlich die so angedeuteten Arten der Wechselwirkung. Irgendeine Anzahl von Menschen wird nicht dadurch zur Gesellschaft, daß in jedem für sich irgendein sachlich bestimmter oder ihn individuell bewegender Lebensinhalt besteht; sondern erst, wenn die Lebendigkeit dieser Inhalte die Form der gegenseitigen Beeinflussung gewinnt, wenn eine Wirkung von einem auf das andere . . . stattfindet, ist aus dem bloß räumlichen Nebeneinander oder auch zeitlichen Nacheinander der Menschen eine Gesellschaft geworden.«

Aus den schon erörterten wissenschaftstheoretischen Gründen (vgl. oben Punkt: 1) hält auch *v. Wiese* die Trennung von Inhalt und Form für ein legitimes Mittel der Soziologie, um den Einfluß des „interpersonalen Raumes", bzw. der „Vorgänge des zwischenmenschlichen Verkehrs" auf die Gebilde herauszustellen:

»Der Zweck, um dessentwillen sich im einzelnen Falle Menschen suchen oder meiden, der „Betreff", tritt für uns hinter der Art, wie die Menschen zueinander oder auseinander treten, zurück. Daß dieser Zweck im Einzelfalle die Art der Verbindung mitbestimmt (oft sogar wesentlich mitbestimmt), bleibt uns nicht verborgen. Aber den Zwecken entnehmen wir nicht das Einteilungsprinzip (wie in den anderen Wissenschaften vom sozialen Menschen). Richtung und Rhythmus der Bewegung ist oft bei ganz verschiedener Zwecksetzung die gleiche; gleiche Zwecksetzung führt zu ganz verschiedenen Bewegungslinien der sozialen Prozesse. Wir sondern also in der allgemeinen Soziologie nach Richtung und Rhythmus der Bewegung; die Sozialökonomik, Jurisprudenz, Sprachwissenschaft usw. nach den Zwecken gesellschaftlicher Beziehungen, den Betreffen.

Die Zahl der verschiedenen Zwecke menschlicher Verbindungen und Lösungen ist gleichfalls unendlich. Auch ihnen gegenüber bemühen sich die Wissenschaften um Ordnung und Einteilung. Wir können Systeme menschlicher Handlungen, Bewertungen und Zielsetzungen . . . als wirtschaftliche, politische, rechtliche, künstlerische, wissenschaftliche, religiöse, ethische usw. unterscheiden und demgemäß die einzelnen (neben der Soziologie stehenden, anderen) Sozial- oder Kulturwissenschaften voneinander sondern. Die jedesmaligen, einheitlichen Zweckinhalte ergeben die einzelnen Wissenschaften. Stets hat man es auch hier mit menschlichen Beziehungen zu tun; aber es sind entweder die menschlichen Beziehungen zu wirtschaftlichen oder zu politischen oder zu religiösen usw. Zwecken, die untersucht werden. Den Zwecken entsprechen die gleichfalls aufzuweisenden Mittel. Die Fülle der Mittel wird im Zusammenhange mit dem vorangestellten Zwecke dargetan und geordnet. Beispielsweise in der Sozialökonomik: Sie ist die Wissenschaft vom vereinten Handeln der Menschen zu wirtschaftlichem Zwecke, d. h. zum Ausgleiche zwischen den Bedürfnissen und den relativ knapp vorhandenen Mitteln zur Befriedigung der Bedürfnisse. Wie diese Aufgabe durch Preisbildung und Organisation gelöst wird, ist dort zu zeigen. Es ergibt sich dabei, daß die Beziehungen der Menschen zueinander für die Lösung auch dieses Problems mitentscheidend sind: Konkurrenz, Genossenschaftsbildung, Arbeitsteilung usw. sind vorwiegend Prozesse zu Wirtschaftszwecken. Sie sind sicherlich auch Prozesse des Zu-, Mit-, Aus-, Gegeneinander. Aber sie interessieren in dieser Wissenschaft nicht als solche, sondern als dem (genannten) Zwecke dienende Mittel und nur als solche. Auch den Beziehungstheoretiker interessiert, wie wir sehen werden, die Konkurrenz sehr stark, aber nicht als Mittel zur zweckmäßigsten Bedarfsdeckung, sondern als eine besondere Mischform von Zu- und Auseinander, die auch auf anderen Gebieten des sozialen Lebens (zu anderen Zwecken) vorkommt. Erst durch die mindestens doppelte Betrachtung der Konkurrenz nach wirtschaftstheoretischem und nach soziologischem Gesichtspunkte ergibt sich ihre relativ erschöpfende, wirklichkeitsnahe Erfassung« (v. *Wiese*, System, S. 153 f).

Trotz der Einwände der historischen Soziologie (vgl. unten: Punkt: 3/A – *Freyer*) besteht *v. Wiese* auf dem Standpunkt, daß nur der formalsoziologische Ansatz die »übergeschichtlichen Gegebenheiten« bzw. »das Allerwesentlichste und Wissenswerteste« für die soziologische Erkenntnis zu erschließen vermag: Diese Formalisierung der allgemeinsten Kategorien der Soziologie sei notwendig, um die »Voraussetzung aller systematischen Soziologie (in der) Erkenntnis (zu fixieren), daß es ein Allgemein-Menschliches und allgemeinste Regeln des Zusammenlebens gibt, die für alle Zeiten und alle Breiten- und Längengrade der Erde gelten ...« (System, S. 75). Nach der Überprüfung des Einwandes, nach dem es nicht möglich sei, die Formen von den Inhalten zu trennen, könne es sich herausstellen, daß »das angeblich ›Formale‹ das wahrhaft ›Inhaltliche‹« sei:

»Die angeblichen ‚bloßen' Formen sind der spezifische Stoff, den das gelebte Leben der Soziologie darbietet. Worin könnte dieser Stoff sonst bestehen? Wenn man unter Formen die wechselseitigen Prozesse der Mensch-Mensch-Beziehungen, unter Inhalt die Mensch-Ding-Beziehungen, also die Resultate der kulturellen und zivilisatorischen Leistungen, die Sachergebnisse, das von Menschen geschaffenen Arbeitsprodukte versteht, so sollte es klar sein, daß diese zweit genannten ‚Komplexe Gegenstände' anderer Wissenschaften sind und den Soziologen nur mittelbar angehen, nämlich insoweit, als er von ihnen auf die zwischenmenschlichen Zusammenhänge schließen kann« (*v. Wiese*, System, S. XIV).

Erst dann, wenn das Soziale bzw. der Bereich zwischenmenschlicher Beziehungen relativ eigenständig von den geschichtlichen Grundkategorien der Zeitabfolge abgesondert wird, kann man von Soziologie als autonomer Wissenschaftsdisziplin sprechen. Aufgelöst in einer Geschichts- oder Politiktheorie hat das Soziale keinen selbständigen Sinn mehr und »ist bloß eine abkürzende Bezeichnung für wechselnde politische, rechtliche, wirtschaftliche, geistige Kräfte der verschiedensten Art« (*v. Wiese*, System, S. 75). Die Auseinandersetzung *v. Wieses* mit der historischen Soziologie in Deutschland nach dem I. Weltkrieg und mit deren Hauptvertreter Hans *Freyer* soll nicht nur wegen ihrer politischen Brisanz, sondern auch als Beispiel für die Abgrenzung der Soziologie gegen die Geschichtswissenschaft unter einem besonderen Punkt behandelt werden (vgl. Punkt: 3).

Das formalsoziologische Wissenschaftsverständnis, das mit der Formel der »Formalisierung und Systematisierung sozialer Prozesse« umschrieben wurde, soll, um Mißverständnisse zu vermeiden, folgendermaßen präzisiert werden: »Formalisierung« bedeutet in der Sprache der Beziehungssoziologie die Trennung inhaltlicher Sinngehalte von äußeren Formen des Handlungsablaufs. Nur diese »äußere« Form könne ein objektives Bild über das zwischenmenschliche Geschehen vermitteln, weil sie weder auf normative Postulate noch auf den Totalitätsanspruch institutioneller Regelungen zurückgreife, um das typisch soziale Geschehen zu interpretieren. Richtung und Rhythmus der sozialen Bewegung als Resultat der Wechselwirkungen zwischen Menschen kann oft bei ganz verschiedenen Zwecksetzungen die gleiche sein, während auch umgekehrt gilt, daß die gleiche Zwecksetzung zu ganz verschiedenen Bewegungslinien der sozialen Prozesse führen kann. »Formalisierung« bedeutet in diesem Sinne eine inhaltliche Klärung dessen, was das »eigentlich« Soziale ist und wie es sich konkret im Handeln – weder von den individuellen Bewußtseinsformen noch von den normativen Zwecksetzungen abgeleitet – zusammensetzt und sozial manifestiert.

Die Fixierung des soziologischen Gegenstandes in den Formen zwischenmenschlicher Beziehungen bietet eine solide methodologische Chance – abstrahierend von konkreten Zweck- und Zielvorstellungen – in der Forschung eher »unideologisch« zu verfahren und die Arten sozialen Handelns nach ihrem gegenstandsspezifischen Bezugssystem zu systematisieren.

Die Grundformel jeder Analyse eines sozialen Prozesses lautet: $\boxed{P = H \times S,}$

d. h., daß jeder soziale Prozeß das Ergebnis von Wirkkräften aus einer persönlichen Haltung (= H) und einer Situation (= S) ist. Diese Formel kann als eine Vorstufe des Strukturfunktionalismus (*Persons:* Kap. VIII, 3/1) betrachtet werden, weil sie den Prozeß der Vergesellschaftung aus einem Interdependenzverhältnis zwischen dem handelnden Subjekt und seiner sozialen Situation zu erklären versucht.

Tabellarische Zusammenfassung der formalsoziologischen Konzeption:

Bisheriger Gegenstand der Soziologie: relativ konstante Inhalte (Zwecke, Interessen)

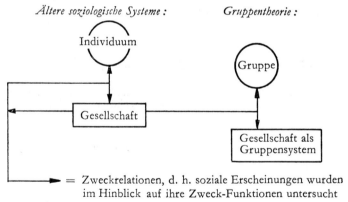

Ältere soziologische Systeme: Individuum — Gesellschaft

Gruppentheorie: Gruppe — Gesellschaft als Gruppensystem

= Zweckrelationen, d. h. soziale Erscheinungen wurden im Hinblick auf ihre Zweck-Funktionen untersucht

Fortsetzung auf der folgenden Seite

Spezifischer Gegenstand der Soziologie: relativ flexible, sich ständig wandelnde Wechselbeziehungen von Person zu Person

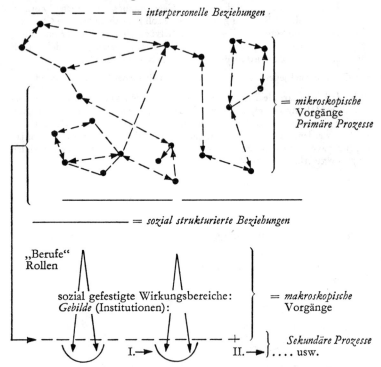

— — — — — — = *interpersonelle Beziehungen*

} = *mikroskopische* Vorgänge *Primäre Prozesse*

——————— = *sozial strukturierte Beziehungen*

„Berufe" Rollen

sozial gefestigte Wirkungsbereiche: *Gebilde* (Institutionen):

} = *makroskopische* Vorgänge

I.→ II.→ } *Sekundäre Prozesse* .... usw.

Grundfrage: welche Formen des sozialen Zusammenlebens werden von der Konstellation zwischenmenschlicher Beziehungen *bewirkt?*

3. Die Auseinandersetzung mit der historischen Soziologie

Hauptvertreter:

Hans Freyer (1886–1969):

Einleitung in die Soziologie, Leipzig 1931,
Soziologie als Wirklichkeitswissenschaft, 2. Aufl. Darmstadt 1964,
Theorie des gegenwärtigen Zeitalters (1955), Stuttgart 1961

A. Kritik der formalen Soziologie: Soziologie als Wissenschaft vom gesellschaftlichen Schicksal der Menschen

Die historisch orientierte Schule der deutschen Soziologie kritisierte gerade jene Ansätze der formalen Soziologie, die nach Ansicht von *Simmel* und *v. Wiese* dazu geeignet gewesen wären, einerseits den typischen Gegenstand der Soziologie zu bestimmen und andererseits »zeitlos« gültige Kategorien zum Zwecke der Systematisierung sozialer Erscheinungen als methodologische und die Objektivität der Forschung optimal sichernde Mittel zu finden. Die Kritik der historischen Soziologie richtete sich folglich gegen die Trennung von Inhalt und Form und gegen das Bemühen, soziale Prozesse losgelöst von ihrer historischen Dimension zu deuten:

»In Wahrheit – schreibt *Freyer* (Soziologie, S. 67) – haftet den gesellschaftlichen Erscheinungen ihr geschichtlicher Charakter so unabdingbar an, daß just an ihm das soziologische Denken anzusetzen hat. Die Tatsache Gesellschaft, mit der es die Soziologie zu tun hat, ist nicht eine Mannigfaltigkeit von Beziehungs- und Gebildeformen, die sich identisch wiederholen, die sich also von ihrem jeweiligen geschichtlichen Ort ablösen und rein als Formen systematisieren lassen. Die Tatsache Gesellschaft ist vielmehr eine unumkehrbare Folge von Gesamtlagen, durch die der Strom des geschichtlichen Werdens geht. Jedes gesellschaftliche Einzelgebilde gehört in eine solche Gesamtlage hinein und hat in ihr seinen geschichtlichen Ort«.

Auch *Oppenheimer* wirft der formalen Soziologie z. B. vor, daß sie ein künstliches System mit der Trennung von Inhalt und Form, einen Gegensatz der Worte, nicht aber der Begriffe errichtet hätte. Wie könnte man sinnvoll die Zwecke z. B. des Staates von seiner spezifischen Form trennen?

»Geradeso – sagte *Oppenheimer* [1] – haben es alle Gesellschaftswissenschaften mit nur einem und demselben Objekt zu tun: mit dem sozialen Prozeß. Auch hier besteht ein einziges ungeheures, über Raum und Zeit hin erstrecktes „Individuum“: jener Inbegriff seelischer Beziehungen zwischen den aufeinander folgenden Geschlechtern und dem gleichzeitig lebenden Menschen, die Gemeinschaft oder Gesellschaft. Die verschiedenen Gestalten, in denen dieser Proteus uns erscheint, ihr Nebeneinander in der Gegenwart, ihr Nacheinander in der ethnologischen, völkerpsychologischen und geschichtlichen Betrachtung, die verschiedene Funktion, durch die jeder beseelte Teil dieses ungeheuren Seelenwesens, jede einzelne Gesellschaft, sich in ihrer zeitlichen Form erhält, das sind die Gegenstände der einzelnen Sozialwissenschaften, der Ökonomik, der Jurisprudenz, der Staats-, Religions- und Moralwissenschaft. Aber das Ganze als Ganzes, das Urelement und die Urfunktion, die Mechanik der Differenzierung der einen Form aus der anderen, ihre Verbreitung über den Raum, ihr Wettbewerb und Kampf um den Raum, ihre Veränderung in diesem Kampf, ihre Anpassung an die wechselnden Verhältnisse dieses Raumes usw.: das ist der Gegenstand der Soziologie«.

Oppenheimer will also nicht das »künstliche«, sondern das »natürliche System«, das konkrete und weitverzweigte soziale Leben in seiner Gesamtheit (– »das Ganze als Ganzes« –) als Objekt der Soziologie setzen [2]).
Die Gegenstände der Soziologie sind wesentlich historischer Natur, da sie in die Schicksalhaftigkeit des Ganzen eingebettet sind: sie sind an bestimmte geschichtlichen Stunden, an eine konkrete Zeit gebunden. Der Begriff »Schicksal« bedeutet in diesem Zusammenhang die Einheit von Inhalt und Form der zwischenmenschlichen Beziehungen. Die Formen verdichten sich in gesellschaftlichen Gebilden und bilden den »ideellen Stoff«, den Sinn und Zweck des »in Form gefaßten« gesellschaftlichen Lebens der Menschen:

1 System der Soziologie, I, 1. Halbband, Jena 1922, I/1, S. 133.
2 Damit steht Oppenheimer auf dem Boden der alten geschichtsphilosophischen Soziologie des 19. Jahrhunderts (= Holismus).

»Die Menschen selbst – sagt *Freyer* (Soziologie, S. 81) – mit ihrem ganzen Wesen und Schicksal, sind das Material, aus dem (die Formen) sich aufbauen. Kunstwerke, Rechtssysteme, wissenschaftliche Lehrgebäude, Sprachen – alles das sind geistige Gebilde, ... die aus gegenständlichen Sinngehalten bestehen. Sie binden diesen ideellen Stoff völlig in ihre bündige Form ein«.

Im Unterschied zur Beziehungssoziologie hebt die historische Soziologie die strukturbestimmende Bedeutung des objektiven Charakters gesellschaftlicher Gebilde – im Gegensatz zu den primären, zwischenmenschlichen Handlungsprozessen – hervor:

»Die gesellschaftlichen Gebilde sind in einem dreifachen Sinne des Wortes „objektiv“: Sie überdauern erstens der Regel nach das Leben der einzelnen Menschen, oft vieler Generationen. Sie sind zweitens dem verändernden Zugriff des Menschen in einem gewissen, meistens sehr hohen Grade entzogen und strahlen ihren eigenen Gültigkeitsanspruch aus. Und sie sind drittens Strukturen von verstehbarer und beschreibbarer Art« (*Freyer*, Soziologie, S. 80).

Die Sinndeutung der sozialen Gebilde ermöglicht erst die Klärung existentieller Voraussetzungen, die in den geistigen Gehalt der Form nicht eingegangen sind. Diese sinngebenden Voraussetzungen, die mit den Formen zusammen das umfassende Ganze bilden, bestimmen letztlich auch die Formen des Zwischenmenschlichen, die ihren Ort und ihre Funktion erst von den historisch gewachsenen Gebilden erhalten.

Der Begriff »Schicksal« beinhaltet jedoch nicht nur die Untrennbarkeit des sozialen Geschehens von Inhalt und Form, seine Konkretisierbarkeit durch die gegenseitige Durchdringung dieser beiden Elemente in den sozialen Prozessen, sondern auch ein Verhältnis zur Zeit. Wenn man von sozialen Gebilden redet, bleibt man durchaus in der Dimension der Zeit, d. h., des Geschehens, des Wandels:

»Im Grunde ergibt sich dieses Verhältnis – sagt *Freyer* (Soziologie, S. 85) – der gesellschaftlichen Gebilde zur Zeit bereits aus der einfachen Tatsache, daß sie Formen aus Leben, Formen aus Menschen sind und beständig im Zustand des Werdens ... verbleiben. Darum reicht die Lebendigkeit des gesellschaftlichen Geschehens in sie hinein, seine Geschichtlichkeit durch sie hindurch. Sich geschichtlich zu verändern, ihre Struktur zu festigen, sie aufzulockern, zu erstarren, sich schließlich auflösen oder revolutionär zerbrochen werden – alles das ist für die gesellschaftlichen Gebilde keineswegs ein äußeres Schicksal ... sondern diese Prozesse der Bildung und Umbildung gehören zu ihrem Wesen: diese Prozesse sind das Wesen der Form.«

Klammert man jedoch den geschichtlichen Charakter, den eigentlichen Boden des gesellschaftlichen Lebens, den Kampfplatz der weitertreibenden Gegensätze und das Feld der geschichtlichen Entscheidungen um der abstrakten Systematik willen aus der Soziologie heraus, so bedeute dies, daß man die wesentliche Eigenschaft sozialer Phänomene verkennt (vgl. *Freyer*, Einleitung, S. 25 ff.). Ein gesellschaftliches Gebilde, ganz aus der konkreten Zeit herausgehoben, würde aus Wirklichkeit zum Schema. Alle Begriffe der Soziologie müssen also, wenn sie ihrem Gegenstand adäquat sein sollen, die Dimension der Geschichtlichkeit in sich aufnehmen. Eine solche Soziologie ist, im Unterschied zu rein logischen Abstraktionen (»Logoswissenschaft«) eine echte Soziologie: eine wissenschaftliche Lehre von der sozialen Wirklichkeit.

Den Unterschied, den *Freyer* zwischen »Logoswissenschaft« und »Wirklichkeitswissenschaft« macht, könnte kurz folgendermaßen skizziert werden:

Das Objekt einer Logoswissenschaft bildet die geistige Wirklichkeit, die Analyse des Gehalts sinnvoller Formen, der Bedeutungszusammenhänge, mit dem Erkenntnisziel Sinngehalte zu deuten. Im Unterschied dazu ist das Objekt einer Wirklichkeitswissenschaft wandelbar, zeitbedingt und nur aus dem Zusammenhang der Dynamik des sich gestaltenden Lebens in seiner Ganzheit verständlich. Die Soziologie, die als Wirklichkeitswissenschaft gelten müßte, sollte die ihr eigentümlichen Strukturbegriffe und Bewegungsgesetze aufhellen und erforschen. Nicht die Analyse der immanenten Strukturnotwendigkeit eines historischen Einzelfalles – auch nicht die der einzelnen Kulturen –, sondern diejenige Strukturanalyse bilde den Hauptgegenstand der Soziologie, die das Typische, Wiederkehrende und sich ständig Entwickelnde im sozialen Gesamtgeschehen zum Hauptgegenstand der Soziologie macht.

In bezug auf die Soziologie bedeutet der Begriff Wirklichkeit bei *Freyer* eine historische Kategorie, die zwar von der Gegenwart, vom Zusammenspiel der »menschentrennenden und menschenverbindenden Kräfte« ausgeht und diese in ihren sozialgeschichtlichen Voraussetzungen verfolgt, aber stets den Aspekt des Werdens, die sich ständig wandelnden gesellschaftlichen Gebilde unter Einwirkung des menschlichen Willens und der menschlichen Kräftegruppierungen betrachtet:

»Die Soziologie aber entsteht als das wissenschaftliche Selbstbewußtsein einer in Bewegung geratenen Gesellschaft. Ein gültiges Ganzes ist nicht vorhanden: es will erst werden. Die Soziologie stellt sich in den Dienst dieses Werdens, indem sie theoretisch seine Bedingungen erforscht. Für die Systemform der Soziologie ergab sich daraus die Forderung des gegenwartsbezogenen Begriffsgebäudes. Für ihre Begriffsbildung ergibt sich die Forderung: daß gesellschaftliche Gebilde nicht nur in ihrem Verhältnis zueinander, sondern bereits in ihrem strukturellen Aufbau als *Geschehen* aufgefaßt werden müssen; daß sie auf die menschlichen Kräfte, die ihre Bildung und ihren Halt bewirken, zurückzuführen sind« (*Freyer*, Soziologie, S. 179).

B. *Beziehungslehre als außerhistorische Wirklichkeitswissenschaft*

In seiner Gegenkritik hob *v. Wiese* zuerst das politische Interesse der historischen Soziologen hervor, das sie daran zu hindern scheine, die Notwendigkeit »der Durchforschung der Sozialsphäre« einzusehen:

»Sie wandern aus einem Wissenschaftsbereich in den anderen und haben unsere Disziplin in den Ruf gebracht, ein Feld des Dilletantismus zu sein. In der Tat wollen auch manche von diesen Historiisten das Wesen des Sozialen gar nicht geklärt wissen, weil sie dadurch der geschätzten Möglichkeit beraubt werden, ihre von praktischen Vorlieben diktierten Geschichts- und vor allem Gegenwartsdeutungen als wissenschaftliche Erkenntnisse auszugeben. Manche dieser Auch-Soziologen sind in Wahrheit Politiker; sie erklären die Gegenwart für eine Kulturphase mit *den* Merkmalen, die ihren persönlichen Glaubenssätzen entsprechen. Sie möchten gerne aus der Soziologie eine „historisch“ deutende „Gegenwartskunde“ machen. Diese Art Historismus führt zur parteimäßigen Bekenntnis„soziologie“ und damit zum Untergange der Wissenschaft. So sehr die Gesellschaftslehre der wohlgeordneten, mit größter Gewissenhaftigkeit festgestellten Erforschung von Fakta der Vergangenheit wie der Gegenwart bedarf, ebenso entschieden muß sie Mythenlehren, Kündungen „vom Berufe unserer Zeit“ und andere Aufgeregtheiten ablehnen. Das Mittel zur Ernüchterung der Propheten ist der Zwang zur Befassung mit allgemeiner Soziologie, also mit einer logisch einwandfreien Lehre vom Sozialen oder Zwischenmenschlichen« (System, S. 76).

v. Wiese geht dann auf die Kritik von *Freyer* ein und stellt fest, daß man in seinem Konzept vergeblich nach dem Grundbegriff des Sozialen suche (System,

S. 76) und, daß eine Soziologie als Wirklichkeitswissenschaft nicht nur die Zeitabfolge des Nacheinander und das »historisch Gewordene«, sondern auch »das Erlebnis des Sozialen«, das gegenwärtige Nebeneinander zu erforschen habe:

»Wir Menschen erleben nicht nur den hinströmenden Fluß der Zeit und sind nicht nur, um etwas Wirkliches zu erfassen, darauf angewiesen, uns die Folge des Nacheinander zu vergegenwärtigen, sondern wir erleben auch den Zusammenhang von Mensch zu Mensch als eine sich beständig wiederholende, selbständige Qualität des Mensch-Seins, die wir unter Hintenansetzung des Rhythmus der Zeit untersuchen können« (*v. Wiese*, System, S. 78).

Den grundlegenden Unterschied zwischen der Freyerschen und der eigenen Gesellschaftskonzeption sieht *v. Wiese* in der einseitigen Betonung der handlungsbestimmenden Rolle der Gebilde bzw. Institutionen im sozialen Geschehen:

»Freyer befaßt sich wie so viele Theoretiker der Politik, die diese Disziplin mit Soziologie verwechseln, im Grunde mit dem Schicksal bestimmter, komplexer sozialer Gebilde . . .« (*v. Wiese*, System, S. 79).

Dieser morphologische Aspekt (Morphologie = Gebildelehre) führe unwiderruflich zu einer versteckten Ideologisierung der sozialen Wirklichkeit:

»Man könnte trotz der verkleinernden Polemik Freyers – sagt *v. Wiese* – den Streit (um Logos- oder Wirklichkeitswissenschaft – vom Vf.) als unerheblich ansehen, wenn nicht seine Art, das Eigenleben der Soziologie durch völlige Überwucherung mit historisierenden Denkweisen zu ersticken, große Gefahren in sich trüge. Nicht nur, daß auf diesem Wege die Aufgabe, das Wesen des Zwischenmenschlichen bloßzulegen, nie gelöst werden kann, da die Ganzheitskomplexe, mit denen sich der politische Historismus befaßt, viel zu zusammengesetzt, ideologie- und utopiebeladen, von Interessengegensätzen überschattet sind, um die Nacktheit des Mensch-Mensch-Zusammenhangs zu zeigen« (System, S. 80).

Abgesehen von diesen zwar erheblichen Einwänden, weist jedoch *v. Wiese* nach, daß der »unverständlich heftige Angriff« *Freyers* auf seine Soziologie auf einem »Mißverständnis« beruhe: *Freyer* unterstelle ihm einen A-Historismus, den er nie vertreten hätte:

»Wenn ich die bereits im Vorausgehenden oft ausgesprochene Behauptung wiederhole, daß die Kategorie sozial außerhistorisch ist, so soll gewiß nicht geleugnet sein, daß jedes Geschehnis oder jedes Ding auf dieser Erde und besonders aus der Menschensphäre in einen geschichtlichen Zusammenhang eingebettet ist, und daß zu seinem vollen Verständnis auch ein Wissen um den Zeitraum und Zeitpunkt notwendig ist, in denen es existiert. Aber die Soziologie will ja gar nicht das Ereignis oder das Ding aus dem Menschenbereiche in seiner Totalität erklären, sondern nur das, was an ihm sozial, also zwischenmenschlich erklärbar ist. Nicht das Historische daran beschäftigt sie in erster Linie, sondern die Distanzverhältnisse« (*v. Wiese*, System, S. 78 f).

v. Wiese betont, daß er der Argumentation *Freyers* durchaus zustimme, nach der die Soziologie keine Logoswissenschaft sei, und daß sie ihre Systemform aus der gesellschaftlichen Wirklichkeit zu entnehmen und sich aus ihrem eigenen Gegenstand heraus zu entwickeln habe (vgl. oben: 3/A). Es sei jedoch unausweichlich, daß sich systematische und historische Schauweise ergänzen: Das Allgemeine – in diesem Falle die Grund- und Hauptprozesse – ist »übergeschichtlich« und das Besondere – d. h. die Unter- und Einzelprozesse – stets »geschichtlich« (vgl. System, S. 12). V. *Wiese* räumt also dem historischen

Aspekt eine begrenzte Bedeutung in dem Maße ein, als die Analyse sich vom Allgemeinen zum Besonderen bewegen müsse: je mehr sich die Soziologie mit dem System der Unterprozesse befaßt, umso notwendiger wird die Berücksichtigung historischer Faktoren bei diesem Verfahren. Umgekehrt gilt aber dieselbe methodische Regel: je mehr der historisch orientierte Soziologe das Allgemeine zwecks Typenbildung erfassen will, je stärker wird er gezwungen, den historischen Boden der Einzelphänomene zu verlassen, um durch Generalisierungen das Geschichtliche zurückzudrängen. Als Beleg für die Richtigkeit der Argumentation von *v. Wiese* kann der sich selbst widersprechende *Freyer* zitiert werden:

»Die Art und Weise – schreibt *Freyer* (Soziologie, S. 189 ff) – wie die Spartiaten die Heloten beherrscht haben, oder die Formel, nach der die Bürger einer mittelalterlichen deutschen Stadt zur Gemeinschaft verbunden waren, alles das gehört fraglos in die Geschichte. . . . Werden dagegen diejenigen Züge, die dem spartanischen Staat mit vielen oder allen Herrschaftssystemen der Geschichte gemeinsam sind, in generalisierenden Abstraktionen erfaßt, werden die Eigenschaften und Situationen, auf denen Herrschaft immer beruht, die Gesetzmäßigkeiten, denen sie immer folgt, die Entwicklungen, die sie immer nimmt, festgehalten, so ergibt sich der soziologische Klassenbegriff der Herrschaft . . .
Der ganze Gedankengang weist insofern in die richtige Richtung, als die Soziologie gewiß nicht von diesem spartanischen Staatswesen des 7. oder 6. Jahrhunderts, sondern von Herrschaftsbildungen überhaupt, nicht von diesem einmal gewesenen Nürnberger Bürgertum- des Hochmittelalters, sondern von *Stadt, Bürgertum, Zunft, Handwerk* usw. *überhaupt* handeln will. Es ist allerdings so, daß *die Soziologie im Unterschied zur Geschichte auf Typen der sozialen Verbindung und Gestaltung,* auf Strukturgesetze der gesellschaftlichen Wirklichkeit, *also auf generelle Begriffe hinzielt«* (hervorgehoben von mir, G. K.).

Zusammenfassung

1. Das erste wesentliche Charakteristikum dieser theoretischen Richtung ist die (eingehend behandelte) Konzeption des *formalen Aspektes* zwischenmenschlicher Beziehungen. Im Unterschied zu allen vorangegangenen Theorien wird hier die gesellschaftsintegrative Funktion der »formalen« Übereinstimmung von Verhaltensweisen hervorgehoben. Das spezifisch Soziale – um das es auch hier geht (vgl. Kap. VI) – wird primär in den sich konkret einspielenden Formen wechselseitig abgestimmter und aufeinander bezogener Handlungsstrukturen gesehen. Auch aus dieser »Schauweise« *(v. Wiese)* ergeben sich für die weitere Entwicklung der Soziologie wichtige Konsequenzen.
Mit ihrer beziehungssoziologischen Analyse wollen *Simmel* und *v. Wiese* – ebenso wie die »Gruppensoziologen« (vgl. Kap. VI) – das Phänomen der sozialen Integration trotz divergierender Interessen der Einzelnen und Gruppen, bzw. die Tatsache der Konsistenz sozialer Systeme trotz sozialer Ungleichheiten erklären. Die Lösung dieses Problems sieht aber bei ihnen anders als bei den »Gruppensoziologen« aus: *Simmel* und *v. Wiese* meinen, daß die tatsächlichen Prozesse der Integration (d. h. »des Bindens«) und Differenzierung (d. h. der »Lösung«) primär durch die Verwirklichungs*weise* der an sich gleichen Zwecke und Inhalte bedingt sind. Nicht der Zweck der Befriedigung verschiedenster Bedürfnisse und Interessen unterscheidet soziale Gruppen, Schichten oder Systeme voneinander, sondern die Form, d. h. die Art und Weise, *wie* man diese Bedürfnisse befriedigt. Hunger, Geschlechtstrieb, Eitel-

keit und Angst *(Sumner)* sind zwar universal geltende Konstanten der menschlichen Natur, doch können aufgrund dieser Gegebenheiten noch keine differenzierten Merkmale über die Unterschiedlichkeit des typisch Sozialen aufgezeigt werden. Das Zwischenmenschliche – der eigentliche Bereich der Soziologie – kann erst dann sinnvoll erfaßt werden, wenn die Soziologie bei der Klärung sozialer Erscheinungen weder von den individuellen Motivationen noch von den Systemzwecken ausgeht, sondern sich auf die Beantwortung und Ergründung des »Wie« von Handlungen konzentriert.

Beispiele:

— Nicht das Essen an sich ist etwas spezifisch Soziales: Das Soziale daran ist die Art und Weise der Befriedigung dieses Bedürfnisses, also z. B. die Tischsitten und Tischgespräche;
— Eine unangepaßte, d. h. nicht formgerechte Liebeswerbung kann zum Scheitern der sich anbahnenden Annäherung der Partner führen;
— Auch im Sexualverhalten gibt es wesentliche Unterschiede in den Formen: Der Sexualtrieb kann z. B. im Unterschied zur „bloßen" Triebbefriedigung des Mannes durch Erotik veredelt, den Wünschen der Frau mehr angepaßt werden;
— In politischen und öffentlichen Diskussionen überzeugen oft (meist?) nicht die Argumente selbst, sondern die Art und Weise der Argumentation;
— Ein z. B. bäuerliches oder ein an sich noch so gerechtfertigtes revolutionäres Gebaren kann durch die abschreckende Wirkung an sich formaler Verhaltensweisen oppositionelle Haltung seitens der etablierten „guten" Gesellschaft hervorrufen;
— Der Zweck eines jeden Betriebes ist die Erwirtschaftung von Gewinn: Die Betriebe unterscheiden sich aber voneinander nicht aufgrund dieses Zwecks, sondern ihrer formellen Organisation. Ein Leningrader und Londoner Betrieb unterscheiden sich voneinander nicht dadurch, daß der eine sich für „sozialistisch" und der andere für „kapitalistisch" hält, sondern durch die konkreten Formen zwischenmenschlicher Beziehungen innerhalb dieser Organisation. Der konkrete Unterschied läßt sich z. B. an ihrer autoritären oder demokratischen Kommunikationsstruktur messen.

Erst die Gemeinsamkeit der Formen stiftet soziale Kohärenz; sie bedingt die vielgestaltigen Prozesse des Bindens und Lösens im Rahmen zwischenmenschlicher Handlungsabläufe aber auch der sozialen Gebilde. Nach Auffassung der Beziehungssoziologen besteht das gruppen- oder schichtentrennende Merkmal nicht in den Einkommensunterschieden, sondern unter Berücksichtigung dieses Faktors – in der Herauskristallisierung spezifischer Kommunikationsformen unter den Menschen, die sich auf ein breites Feld von Interaktionen verschiedenster Art erstrecken. *Simmel* und *v. Wiese* wollen betonen, daß die Gegensätzlichkeit der Ziele, im Vergleich zur Gemeinsamkeit der Formen, oft nur eine sekundäre oder überhaupt keine Bedeutung für die effektive Gegnerschaft hat. Die divergierenden Interessen der Betriebsleitung und der Belegschaft bilden demnach noch keinen Grund für feindselige Handlungen, wenn im Betrieb die Formen des Miteinander zur Zufriedenheit geregelt sind. Die integrative Rolle gegenseitig abgestimmter und allgemein akzeptierter Formen zwischenmenschlicher Beziehungen – z. B. auch im Bereich sozialer Schichten oder Nationen –, könne also nicht hoch genug eingeschätzt werden. Denn, das Wesentliche der formalen Soziologie bildet die konkrete Art und Weise zwischenmenschlichen Zusammenlebens und -wirkens.

Dieser von der beziehungssoziologischen »Schauweise« abgeleitete methodologische Ansatz impliziert die Forderung nach einer rigoros nach empirischen Fakten orientierten Soziologie. Im Mittelpunkt dieser Betrachtungsweise steht das konkrete soziale Geschehen, so wie es sich durch die wirklichen Handlungen der Menschen gestaltet. Soziale Tatbestände sollten also dieser Konzeption nach, nicht *nur* nach ihrem »Zwangscharakter« *(Durkheim)*, sondern auch nach dem Grad ihrer Spontaneität erfaßt werden. *Simmel* und *v. Wiese* wollen den komplexen Vorgang des »Bindens« und »Lösens« – also: die konkreten Prozesse zwischenmenschlicher Beziehungen – analysieren und meinen, daß im Interesse ihrer unideologischen Erforschung, die Formalisierung der Soziologie notwendig sei. Wird nämlich die »Schauweise« durch das Streben nach Auffindung »letztlich« erklärender Ursachen – wie z. B. Luststreben (Utilitarismus), ökonomisches Interesse *(Marx)* oder kosmische Prinzipien der Bewegung des Organischen *(Spencer)* –, oder durch die Interpretation des Sozialen aufgrund von Gruppenzielen *(Gumplowicz, Sumner)* oder funktional bedingter Systemzwecke *(Durkheim:* normative Konsistenz) getrübt, so kann die Soziologie nicht zu ihrem »wahren Geschäft« – zur unvoreingenommenen Analyse sozialer Interaktionsprozesse – kommen. Formalisierung bedeutet hier die methodologische Forderung, inhaltliche Aussagen über die soziale Wirklichkeit, auf dem Umweg über formalisierte und entideologisierte Kategorien zu machen. Abgesehen davon, daß das Soziale weder von der wachsenden Effizienz des Systems (vgl. *Spencer, Sumner* usw.) noch von den Zwangsfunktionen einer kollektiven Moral *(Durkheim)* erklärbar ist, implizieren diese nach bestimmten Zwecken ausgerichteten »Schauweisen« eine Bewertung von Handlungen, die stets nach dem jeweiligen Standpunkt der Theorie ausfallen. Wenn der Zweck der Vergesellschaftung z. B. in der funktionalen Integration besteht, erhalten dysfunktionale Verhaltensweisen – wie z. B. »nutzloser« geselliger Verkehr, Versagen in der Leistung, Schwierigkeiten in der Rollenanpassung usw. – einen negativen Akzent, der nicht unter allen Umständen den wahren Charakter konkreter Handlungsorientierungen und Handlungen erhellt. Ebenso »verkehrt« können z. B. vom Standpunkt der moralischen Integration – als eines zum Ziel erhobenen Prinzips der Vergesellschaftung – Abweichler und Außenseiter einseitig negativ beurteilt werden. Die Formalisierung der Soziologie sollte dazu beitragen, diese Erscheinungen in wertneutralen Kategorien zu fassen und sie (auf die oben dargestellte Weise) unter den verschiedenen Graden der »Distanz«, des »Lösens« oder »Auseinander« zu subsumieren. Formalisierung soll also auch von inhaltlichen Bewertungen bestimmter Verhaltensweisen schützen: Sie dient als Mittel der Verwissenschaftlichung einer Disziplin, deren Eigenart die nüchterne Betrachtung der zu untersuchenden Erscheinungen durch die subjektive Befangenheit des Forschers besonders erschwert.

Simmel und *v. Wiese* lassen zwar die »letzten« Ursachen sozialer Integrations- und Differenzierungsprozesse offen, doch meinen sie, daß hinter allen Zweck- und Zielinterpretationen die menschenverbindende Gemeinsamkeit der gesellschaftlichen Formen als tragende Realität des Sozialen steht. Sie sehen auch die Ursachen, die im Zuge der sozialen Entwicklung zum Strukturwandel der Verhaltensweisen geführt haben: Im Unterschied zu den Gruppensoziologen widmen sie aber ihre erhöhte Aufmerksamkeit den sich – kaleidoskopisch – verändernden Konstellationen im zwischenmenschlichen Handlungsbereich. Sie wollen *neben* der Erfassung von Gleichförmigkeiten *(Durkheim:* »Kristallisationspunkte«) auch einen besonderen Wert auf die ungleichförmig strukturierten Handlungsprozesse legen. Ihr primäres Interesse gilt dem ständigen Wechsel der Handlungskonstellationen, wodurch sie den dynamischen stärker als den statischen Aspekt hervorheben wollen. Sie stellten sich die immense Aufgabe, die soziale Mobilität moderner Sozialsysteme empirisch »einzufangen«: Wandel und Beständigkeit, Annäherung und Entfernung in den zwischenmenschlichen Beziehungen sollten in ihrer Komplexität exakt erforscht werden. Schon aufgrund dieser Sichtweise mußten sie zu einem anderen »Gesellschaftsbild« als z. B. *Durkheim*, kommen: Die Vorrangigkeit des prozessualen Aspektes erschwert zwar die Konzipierung eines abgerundeten theoretischen Modells, trübt aber nicht den »Blick« für die komplexen, vielgestaltigen Prozesse der sozialen Wirklichkeit. So meinten z. B. die Beziehungssoziologen im Unterschied zu *Durkheim*, daß die Gemeinsamkeiten der Formen nicht system-, sondern schichten- und gruppenspezifisch seien, und daß die relative Konsistenz von Verhaltensmustern nicht *nur* von systemfunktional legitimierbaren Kollektivzwängen ausgehen, sondern *auch* als Resultate individueller Schöpfung, oder: als Produkte interindividueller Gestaltungen zu betrachten sind.

2. In dieser Konzeption wird also das Individuum nicht von der Gruppe »verschluckt«: Unter dem Einfluß von *Kant* sehen die Beziehungssoziologen die existentiell verankerte Dualität der »Gattung« Mensch einerseits im Sozialen, andererseits aber auch im Individuellen. Als empirisch orientierte Denker gehen sie in ihren Analysen von der hinzunehmenden Tatsache der Konstanz der Dualität zwischen Individuum und Kollektiv aus und versuchen soziale Handlungsstrukturen auf der interindividuellen Ebene, aber auch die Systeme gesellschaftlicher Gebilde aus der Eigenartigkeit der *Wechselwirkungen von individuellen und kollektiven Elementen* zu erklären.

Schon der von den Beziehungssoziologen eingeführte Begriff Gebilde, weist auf die semantische Bedeutung der Gestaltung und Formung hin: Damit sollte deutlich gemacht werden, daß auch die gesellschaftlichen Institutionen unter »Mitwirkung« individueller Leistungen entstehen und von hier aus gestaltbar sind. »Individuelle Leistungen« werden aber weder als Produkte eines naturgesetzlich vorgegebenen Verlaufs ökonomischer Faktoren *(Marx)*, noch als die einer elitären Gruppe (vgl. *Spencer, Sumner, Freyer* [1], usw.), sondern als soziale Prozesse in Form von allseitigen Wechselwirkungen verstanden, die den entsprechenden Gebilden das soziale Gepräge geben:

»In der Gebildelehre – sagt *v. Wiese* (System, op. cit. S. 385) – verknüpft sich also die Analyse mit der Auflösung des zunächst substanzhaft und fest geformt vorgestellten Gebildes, in das bewegte Leben von Handlungen, genau, wie wir auch die scheinbar so feste Form des sozialen Ich des Einzelmenschen in Handlungen auflösen«.

1 Für Freyer beginnt die „eigentliche" Geschichte mit der Umwandlung der Gemeinschaft in Gesellschaft, d. h. mit der Etablierung einer herrschenden Schicht, die das „Monopol an Kulturgütern durch äußere Machtmittel garantiert", und die Organisationsformen hierarchischer, dafür aber leistungsfähiger Gebilde (Macht, Kirche, Staat, Recht, Kunst usw.) schafft und sie am Leben zu erhalten versteht. Die Loslösung dieser, von Freyer als „gegenständliche Sinngehalte" bezeichneten Gebildestrukturen vom realen Sein und Werden zwischenmenschlicher Aktivitäten wird von verschiedenen Autoren kritisiert (vgl. Soziologie, hersg. R. König, Frankfurt a. M. 1958, S. 152).

Während also das System der sozialen Gebilde unter dem Aspekt der es formenden Interaktionsprozesse von den in ihm wirkenden Personen erfaßt wird, werden nun die »individuellen« Elemente unter dem Aspekt ihrer sozialen Bedingtheit erforscht. An dieser Stelle ist die Gleichung: P (Prozeß) = H × S, oder: Soziales = (individuelle) Haltung mal Situation schon deshalb besonders hervorzuheben, weil sie aller Wahrscheinlichkeit nach *Parsons* als Grundmodell der Handlungstheorie (vgl. Kap. VIII, 3/1) diente [2]. Abgesehen davon, daß dieses Modell auf die oben erörterten Wechselbeziehungen zwischen statischen und dynamischen, zwischen »fest geformten« und Flexibilität verursachenden Elementen hinweist, läßt es deutlich die Eigenart des Sozialen erkennen: Soziale Wechselbeziehungen können weder allein von den Handelnden noch allein von den herrschenden Normen erklärt werden. Die Eigenart des Sozialen besteht eben in den wirksam gewordenen und sich stets ändernden Beziehungen.

Für alle bisherigen Gesellschaftstheorien, abgesehen von der dialektischen, galt der die soziale Einheit gefährdende Konflikt als Schreckgespenst. Aufgrund des obigen Soziologieverständnisses kann aber eine unvoreingenommene Analyse der Wechselwirkungsprozesse zeigen, daß der Konflikt nicht nur negative, sondern auch positive Aspekte hat. In seinem Aufsatz über den »Streit« – der später (1956) Lewis *Coser* als Leitfaden seiner konflikttheoretischen Konzeption diente (vgl. Kap. X, Zusammenfassung) – weist *Simmel* auf die positiven Funktionen des Konflikts im sozialen Leben hin (in: Soziologie, op. cit. S. 186–255). Er geht in Anlehnung an *Kant* (vgl. Teil I, Kap. I, 3/1) von der Universalität des Phänomens sozialer Antagonismus aus und betrachtet den Streit als Bewegungsursache des sozialen Lebens, der durch seine »schöpferische Wirkung« auch Entstehung und Wandel der verschiedenen Formen der Vergesellschaftung bedingen kann. Im Konflikt komme die »Absicht der Natur« *(Kant)*, in Form von systemerhaltenden und weitertreibenden Kräften zum Vorschein: Konflikt sei – nach *Simmel* – nur individuell betrachtet negativ; er muß – wenn er nicht die Grenze der Gewalttat überschreitet – nicht unbedingt als Negativum für die Gesamtheit betrachtet werden. Der Konkurrenzkampf zum Beispiel, führt nach *Simmel* zur Qualitätsverbesserung der Produktion. Durch »klare Frontstellungen« wird erst die Mobilisierung der Kräfte innerhalb der Gruppen möglich, wird die Integration der latent Verbündeten manifest, die dadurch die »lebendige« Aktivität der Gruppen verstärkt. Im Unterschied zu den konvergierenden Faktoren – wie Integration, Harmonie, Übereinstimmung – gehört der Konflikt nach *Simmel* und v. *Wiese* zu den »divergierenden Wechselbeziehungen«: Disharmonie kann im sozialen Leben nur in ihrem Wechselverhältnis zur Harmonie erklärt werden. Latente oder auch offene Konfliktsituationen führen nach *Simmel* zur Aktivierung der »seelischen Energien«: »Es ist zweckmäßig – sagt *Simmel* (Streit, op. cit. S. 199) – den Gegner zu hassen ... wie es zweckmäßig ist, denjenigen zu lieben, an den man gebunden ist.« Selbst die Kooperation wird auf eine gewisse Weise durch Konfliktsituationen ermöglicht, da doch das Freund-Feind-Verhältnis in erster Li-

---

2 Zu jener Zeit, als v. Wiese die theoretischen Grundlagen seiner Beziehungssoziologie entwarf, studierte Parsons in Heidelberg (um 1925).

nie dazu beitrüge sich zu vereinigen, zielbewußter und konzentrierter zu handeln. Auch hätten Konfliktsituationen ihre besondere erzieherische Wirkung: »Opposition gewährt uns eine innere Genugtuung, Ablenkung, Erleichterung«; sie verleiht uns das Gefühl, nicht völlig unterdrückt zu sein und prägt dadurch die Formen der Sozialisierung (op. cit. S. 190). Die Wahrnehmung von Konflikten verhilft uns zur Einsicht, daß Gegensätzlichkeiten als Korrelate des sozialen Zusammenlebens zu betrachten sind, deren Sinn letztlich im Zusammenwirken – wie z. B. in der Ehe – liegt. Durch die sozialisierende Wirkung einer gewaltlosen Gegnerschaft zwischen Individuen oder Gruppen können verbindliche Normen über die Einhaltung und Respektierung bestimmter Kampfregeln entstehen: »Man vereinigt sich, um zu kämpfen und man kämpft unter Respektierung von gemeinsamen Spielregeln«.

3. Die Kritik an einer oft falsch verstandenen »Formalisierung« der Soziologie (vgl. oben: *Freyer*, S. 91 ff.) blieb nicht aus. So schreibt z. B. der sowjetische Soziologe *Kon* [3]:

»Die Erforschung der sozialen Formen, losgelöst von ihrem konkreten Inhalt, liefert uns sehr magere Abstraktionen, die die Spezifik der gesellschaftlichen Erscheinungen nicht enthüllen. Simmel spricht z. B. von solchen ,sozialen Beziehungen' wie dem ,Wettbewerb', der ,Rivalität', dem ,Konflikt'. Wichtig ist aber nicht nur und nicht so sehr die Formen des ,Wettbewerbs' als Ausdruck zwischenmenschlicher Beziehungen zu klassifizieren, als vielmehr den Zusammenhang dieser Beziehungen mit den realen Besonderheiten des sozialen Systems aufzuhellen, in dessen Rahmen sie sich entwickeln. Die kapitalistische Konkurrenz und der sozialistische Wettbewerb sind, sofern man sie abstrakt untersucht, nur spezifische Formen des Wettbewerbs schlechthin als einer zwischenmenschlichen Beziehung. Ihr sozialer Inhalt aber ist verschieden. ,Die Konkurrenz – schrieb Lenin – . . . ist eine besondere Form des Wettbewerbs, wie er der kapitalistischen Gesellschaft eigen ist, und besteht im Kampf der einzelnen Produzenten um das Stück Brot und um den Einfluß, um den Platz auf dem Markt'. Der sozialistische Wettbewerb hingegen ist der Ausdruck von Beziehungen der Zusammenarbeit und gegenseitigen Hilfe, die sich auf der Grundlage des gemeinsamen Kampfes für den Aufbau einer neuen Gesellschaft herausbilden. Ohne Berücksichtigung des Inhalts der gesellschaftlichen Beziehungen kann man weder die Formen der ,Vergesellschaftung' noch die Formen des sozialen Konflikts klassifizieren«.

Ob der »sozialistische Wettbewerb« nicht in einem Kampf der einzelnen Produzenten – oder ihrer Gruppen, wie z. B. landwirtschaftlicher Produktionsgenossenschaften oder Betriebe – um ein größeres Stück Brot bestünde und ob dieser Wettbewerb tatsächlich als »Ausdruck von Beziehungen der Zusammenarbeit und gegenseitiger Hilfe« zu betrachten wäre – eben das sollte aus beziehungssoziologischer Sicht empirisch nachgeprüft werden. Denn gerade solche, von Zweckvorstellungen abgeleiteten Aussagen versperren den »Blick« für die realistische Erfassung von sozialen Vorgängen, indem sie, anstatt von konkreten Prozessen und deren besonderen Formen auszugehen, von vornherein mit bestimmten zweckgebundenen Vorstellungen an die Wirklichkeit herantreten. Ohne hier auf die grundsätzlichen methodologischen Unterschiede zwischen beziehungssoziologischen und marxistischen Positionen einzugehen (vgl. hierzu: Kap. XI, Marxistische Soziologie, S. 246 ff.), soll lediglich festgehalten werden, daß der methologische Anspruch der Formalsozio-

---

3 Kon, I. S.: Der Positivismus in der Soziologie, Deutsche Übersetzung: Berlin-Ost 1968, S. 127 f.

logie primär eine Untersuchung jener formalen Prozesse verlangt, die vom Standpunkt der interagierenden Handelnden in ihrem konkreten Handlungsrahmen von Bedeutung sind, um spezifische Unterschiede zwischen den verschiedenen Formen des Wettbewerbs herausstellen zu können. Es käme also darauf an, *empirisch* nachzuweisen, welchen Intensitätsgrad die z. B. aus Wettbewerbssituationen resultierenden Konflikte unter diesen oder jenen Bedingungen aufweisen. Damit könnte man u. U. eine »friedlichere« Form des Konkurrenzkampfes unter sozialistischen Verhältnissen *wissenschaftlich*, d. h. nachprüfbar belegen und ganz konkret aufzeigen, inwiefern dort die Formen der staatlichen Kontrolle auf die Wettbewerbsbeziehungen tatsächlich moderierend einwirken. Es könnte sich aber auch herausstellen, daß unter jenen Bedingungen sich die Konflikte nur auf andere Ebenen verlagern: Dann würde der Beziehungssoziologe sagen, daß er dadurch, daß er primär die Formen untersucht, doch die spezifischen Unterschiede in den sozialen Handlungsbereichen herausarbeiten kann. Ähnlich wie *Freyer* verkennt auch *Kon* die methodologische Funktion der »mageren Abstraktionen«: Diese sollten *nur* als Leitfaden der Forschung dienen, um mit ihrer Hilfe die soziale Wirklichkeit systematisch und auch empirisch erfassen zu können. Der formalsoziologische Ansatz wird aber nicht nur von marxistischer Seite, sondern auch von den deutschen Kultursoziologen kritisiert: Auf die Vernachlässigung des historischen Aspektes sind wir schon eingegangen, wobei zum Schluß – aufgrund der Erwiderung von *v. Wiese* – der Eindruck entstehen kann, daß es sich bei den Auseinandersetzungen mit *Freyer* nicht zuletzt um die Bemühung des damals jungen *Freyer* handelte, sich gegenüber der etablierten Autorität *v. Wieses* einen Namen durch wissenschaftliche Originalität zu machen. Ähnlich diesem wissenschaftlichen Konkurrenzkampf dürfte ein weiterer Angriff der Kultursoziologen *(Alfred Weber, Franz Oppenheimer, Alfred Vierkandt)* bewertet werden: Dieser richtete sich gegen die Abwertung der Rolle der Kulturwerte tragenden Gebilde in der Beziehungssoziologie. In jedem Fall – so betonen alle Kultursoziologen – handele es sich bei der Soziologie um eine Wissenschaft, die primär die geschichtlich gewordenen Strukturen zu untersuchen habe (= »Morphologie« als Lehre der sozialen Gebilde), die die Voraussetzungen für die Ausgestaltung der Formen bilden. In der Erforschung menschlicher Gesellschaften haben wir es zwar mit Wechselwirkungen zu tun, doch dürfte dieser Tatbestand nicht darüber hinwegtäuschen, daß deren Inhalt historisch wandelbar ist und sich im Zusammenhang mit den plastischen, d. h. formbaren Anlagen des Menschen als Kulturwesen entwickelt. Diese Plastizität ist, im Gegensatz zur »Naturform« der Tiergesellschaften, die »Kulturform« der menschlichen Gesellschaft und wird de facto von den sinngebenden Objektivationen des Geistes durch tradierte Institutionen vermittelt. Gegenüber dem Individuum und den von ihm gestalteten Formen zwischenmenschlicher Beziehungen wird in dieser Konzeption die überragende Bedeutung des »geschichtlichen Erbes« *(Freyer)* bzw. des (nationalen) Kulturgutes hervorgehoben:

Die individualistischen Anschauungen – sagt z. B. *Vierkandt* [4] – »gehen bekanntlich dahin, daß nur das Individuum eine eigene Realität besitzt, die Gesellschaft aber nur eine Summe von

4 Vierkandt, A.: Gesellschaftslehre, 2. Aufl. Stuttgart 1928, S. 3.

solchen und die Kultur nur eine Art Anhängsel ihrer, beide also nichts im Wesen Neues und Eigenes bedeuten. Tatsächlich ist es jedoch umgekehrt. Die Gesellschaft sowohl wie die einzelnen Kulturgüter und die gesamte Kultur des Volkes bilden selbständige Einheiten von einheitlichem Charakter, haben eigene Aufbaugesetze und führen ihr eigenes Leben«.

Auf welche Weise diese konservativ-nationale Richtung in der Soziologie die Aufmerksamkeit von Gegenwartsanalysen auf historische Betrachtungen zum Zwecke der Pflege der nationalen Kultur und der Verhüllung konfliktträchtiger Beziehungen innerhalb der nationalen Gemeinschaft umlenken wollte, soll das Soziologieverständnis von *Alfred Weber* illustrieren [5].

Auch *Alfred Weber* bejaht – theoretisch – die Gegenwartsbezogenheit der Soziologie: Doch müsse man, um Gegenwart zu verstehen, zuerst das historisch gewordene Erbe der Vergangenheit kennenlernen. Durch die Notwendigkeit der Reduktion der Fülle von historischen Einzelheiten, käme man (in Anlehnung an *Spengler*) zu einer »allgemeinen Strukturlehre der geschichtlichen Welt«. Anstatt zwischenmenschliche Konstellationen zu erforschen, müßte sich der Soziologe nach *A. Weber* mit historischen Gesamtkonstellationen befassen, um das Entwicklungsprinzip der allgemeinen gesellschaftlichen Entwicklung zu erkennen. Er sieht dieses Entwicklungsprinzip, das sich nicht einheitlich abspielte, auf drei Ebenen und von drei historischen Bewegungsformen als durchgängigen Prozessen getragen:

a) vom Gesellschaftsprozeß;
b) vom Zivilisationsprozeß und
c) vom Kulturprozeß

ad a) Unter *Gesellschaftsprozeß* versteht *A. Weber* die »Totalität der naturalen menschlichen Trieb- und Willenskräfte«, die, von den Völkern getragen, unter dem Einfluß geographischer und klimatischer Bedingungen in eine Reihe aufeinanderfolgender »Gestaltungen« gebracht wird. Die Träger geschichtlicher Kulturen sind Gesellschaftskörper, die bei aller Verschiedenheit ihrer Struktur und ihres Schicksals doch typisch wiederkehrende Gebilde und Entwicklungsformen hervorbringen: Sie entwickeln von sich aus bestimmte *soziale Strukturen*, die – von den »naturalen Trieb- und Willenskräften« eines Volkes getragen – von niederen zu höheren Entwicklungsstadien, zu festgefügten Sozialordnungen führen. Von den gentilistischen Sozialverfassungen führt der Entwicklungsweg immer und überall zu größeren und festgefügteren Sozialordnungen (Schichtungen), die zwar im indischen Kulturkreis eine andere Form als z. B. im abendländischen annehmen, in denen aber doch eine bestimmte Folge von vergleichbaren Stadien der gesellschaftlichen Struktur immer wiederkehrt:

»Diese Geschichtskörper, ob sie nun aufeinander aufgebaute Primär- und Sekundärkulturen oder nebeneinander bestehenbleibende Primärgebilde sind, stehen aber alle in einer großen, einheitlich stufenweise fortschreitenden Bewegung, die, soweit wir zurückblicken können, die Menschheit als Ganzes umfaßt, ihr von den ersten Spuren des Erscheinens an einem in sich geschlossenen fortgebildeten Werkzeugs- und später allgemeinen Lebensapparat verschafft, als äußeren Niederschlag einer auch stufenweise aufsteigenden geistigen Beherrschung der Natur,

5 Weber, Alfred: Kulturgeschichte als Kultursoziologie (1935), München 1963 (insbesondere S. 26 ff).

die verbunden ist mit einer ebenfalls graduell zunehmenden theoretisch-intellektuellen Beherrschung des Daseins und einem die ganze Menschheit durchziehenden unumkehrbaren Fortgang von Naivität zu Bewußtheit, von Dumpfheit zu immer intensiverem und ausgebildeterem Aufgehellt-sein aller Daseinssphären; welch letzter Vorgang äußerlich aus verschiedenen Gründen am wenigsten geschlossen und rückfallfrei erscheint, im Wesen aber ebenso ein universalgeschichtlicher Einheitsvorgang ist« (*A. Weber,* Kulturgeschichte, op. cit. S. 26 f.).

Trotz des zyklischen Verlaufs der verschiedenen Entwicklungslinien, durchlaufen alle Kulturvölker den Gesellschaftsprozeß, der sich in jedem neuen geschichtlichen Raum zu einer neuen Schicksalsganzheit verwandelt. In ihm wirkt sich aber ein »allgemeines gesellschaftliches Entwicklungsprinzip« aus, das zwar mit Geburt, Reife und Verfall der einzelnen Kulturen verschwindet, dessen Kulturleistungen jedoch von der »eigenen Körperhaftigkeit der Geschichtseinheiten« in das »Universalgeschehen der Menschheit« eingehen.

ad b) Parallel zur Gesellschaftsentwicklung vollzieht sich in der Geschichte eine doppelte Bewußtseinsentwicklung: der Zivilisationsprozeß und der Kulturprozeß.

Unter den Merkmalen des *Zivilisationsprozesses* versteht *A. Weber* die »fortschreitende Intellektualisierung« (die Umwandlung der naiven Stellungnahmen zur Welt in reflektierte und intellektuell geformte; – also: Rationalisierung) und die Anwendung der auf diese Weise gewonnenen Erkenntnisse auf konkrete Zwecke. Zum Zivilisationsprozeß gehören demzufolge jene Faktoren der Rationalisierung des Daseins, die die technische Grundlage einer Gesellschaft bilden (Werkzeuge, Organisationsprinzipien, technisch-wissenschaftliche Methoden der Naturbeherrschung). Diese Zivilisationswerte werden nach *A. Weber* nicht geschaffen, sondern entdeckt. Trotz mancher möglicher Rückschläge verläuft die Linie des Zivilisationsprozesses kontinuierlich, d. h. daß sie einen universalen Prozeß darstellt und von allen Völkern erarbeitet wird.

ad c) Im Unterschied zum Zivilisationsprozeß laufen *Kulturprozesse* in einer »geschlossenen Welt« ab, die wesentlich mit dem Geist eines bestimmten Volkes verbunden sind. Anstatt allgemeingültiger und überallhin übertragbarer Nutzdinge tritt im Kulturprozeß die Vielheit der Symbole, in der Form von Kulturschöpfungen hervor.

Das Wachsen, Reifen und Altern der Kulturen hängt engstens mit der Beschaffenheit des Gesellschaftskörpers zusammen, denn die Voraussetzung für die Schöpfung und Hütung einer besonderen Kultur bildet die Vitalität des betreffenden Gesellschaftskörpers. Gesellschafts-, Zivilisations- und Kulturprozeß sind die drei großen »Stränge«, aus denen das gesellschaftliche Geschehen geflochten wird: ihr dynamisches Verhältnis zu untersuchen bildet die eigentliche Aufgabe der Kultursoziologie, d. h. der Analyse von konkreten geschichtlichen Gesamtkonstellationen.

Die Soziologie hat es, nach *A. Weber,* vor allem mit historischen Wirklichkeiten, d. h. mit der Komplexität dieser drei Prozesse zu tun. Zu ihren zentralen Problemen gehört die Frage, wie kulturelle Bewußtseinswelt und Status der Rationalisierung jeweils in das Gesamtgefüge des sozialen Lebens eingebettet sind. Die Ganzheit des Gesellschaftskörpers muß von ihrer Sozialstruktur aus betrachtet werden: Das Verhältnis der Zivilisation und der Kultur zum Gesellschaftsprozeß muß verschieden sein, weil ihr Sinn und ihr immanentes Bewegungsgesetz verschieden sind. Die Annahme (in erster Linie ist hier der historische Materialismus gemeint –), daß die Einwirkung des Zivilisationsprozesses auf die Gesellschaftsentwicklung absolut ausschlaggebend sei, träfe nicht zu, weil in der Wirklichkeit die technisch-wissenschaftlichen Methoden der Lebensgestaltung nicht notwendigerweise zu denselben Kulturformen führen. Kulturschöpfungen können ein zweckloses Abbild der inneren Welt sein wollen; sie können eine geistige Formung oder Veränderung der sozialen Realität erstreben; sie können aber auch eine Flucht aus der Wirklichkeit, eine Erlösung von ihr zum Inhalt haben. In einzelnen Werken, in ganzen Kulturen, in den Verbindungen zwischen Kulturgebilden sind diese Typen des geschlossenen oder zerbrochenen, weltgestaltenden oder weltflüchtigen Lebensgefühls als formendes Prinzip aufweisbar. Die Kultur wirkt also auf die körperhaft-gesellschaftlichen und zivilisatorischen Lebensprozesse, als deren geistiger Ausdruck zurück: Es handelt sich also nach *A. Weber* um die vielfältige Durchdringung des gesellschaftlich-zivilisatorischen Unterbaus durch den kulturellen Überbau.

Gegen die Legitimität solcher historischen Gesamtbetrachtungen – deren Implikationen übrigens eine fatale Ähnlichkeit mit *Spenglers* »Umrisse einer Morphologie der Weltgeschichte« zeigen [6] – hätten die Beziehungssoziologen gar nichts einzuwenden: Nur würden derartige Analysen ihrer Ansicht nach nicht direkt in den Bereich der Soziologie gehören:

Es ist selbstverständlich – sagt *v. Wiese* (System, op. cit. S. 73 f) –, daß die Beziehungslehre wie jede Art allgemeine Soziologie eine solche Kultursoziologie, wie sie Alfred Weber gibt, die also . . . ,die Entwicklungsmöglichkeiten der konkreten Kultureinheiten untersucht' als wertvollste Hilfe dankbar begrüßt. Keineswegs wird sie eine solche Forschungsweise als ,Historismus' abtun dürfen . . . Was aber nicht anerkannt werden kann, ist, daß Kulturanalyse schon Analyse der zwischenmenschlichen Sphäre ist und sich damit Kulturlehre und Soziologie als ein und dasselbe herausstellt«.

Der Streit zwischen Beziehungs- und Kultursoziologen könnte demnach auf eine methodologische Kontroverse reduziert werden: Der Meinungsunterschied bestand nicht in den theoretischen Implikationen [7], sondern in der verschiedenartigen Bestimmung der Prioritäten hinsichtlich der Rolle des »menschlichen Substrates« oder des »überpersönlichen Kulturgutes« als gestaltender Kraft des Sozialen. Von beiden Richtungen wurden beide »Kräfte« anerkannt: Nur legten die Beziehungssoziologen das Schwergewicht auf das (von »unten« kommende) Zwischenmenschliche, während die Kultursoziologen die übergeordnete Bedeutung der (von »oben« kommenden) Ausstrahlungskraft geschichtlich gewordener Gebilde betonten. In diesem Sinne meinte z. B. *Vierkandt* [8];

daß die selbständigen Einheiten von Gesellschaft und Kultur »zwar die Existenz von Personen zur Voraussetzung haben, bilden jedoch ihnen gegenüber eigene Gebilde, wie die Gruppen und

6 Untertitel von „Untergang des Abendlandes", München 1919.

7 So schreibt z. B. v. Wiese: »Diese Kulturanalysen, die zugleich große Synthesen sind, halten sich frei von den Vergröberungen der materialistischen Geschichtsauffassung; ihr hoher Wert besteht vielmehr gerade darin, daß der ihnen zugrunde liegende Kulturbegriff so tief erfaßt ist, daß das Streben nach dem Erhabenen, Schönen und Heiligen in ihm aufgenommen ist, ohne die Verbindung mit dem Alltagsgeschehen zu unterbrechen« (System, op. cit. S. 73).

8 Gesellschaftslehre, op. cit. S. 3.

sonstige Gesellschaften von überpersönlichem, teils wie die Kulturen und Kulturgüter von unpersönlichem Charakter. Das Verhältnis zu dem menschlichen Substrat und den objektiven Gebilden ist dabei genau betrachtet ein zweiseitiges: einerseits sind Gruppen und Kulturen von ihrem Substrat abhängig und durch dieses bestimmt; andererseits führen sie in gewissen Grenzen ihnen gegenüber ein unabhängiges Leben und treten ihnen als objektive Mächte gegenüber«.

Der Streit um die Beziehungssoziologie läßt ein altes Problem in der Geschichte gesellschaftswissenschaftlichen Denkens von neuem erkennen: Das Problem der Vorrangigkeit entweder des Individuums oder der »Gesamtstruktur«. Die *eher individualistisch* orientierte Beziehungssoziologie löste vor allem Kritik bei jenen Wissenschaftlern aus, die die Gesellschaft primär vom Kollektiv her – aus der Sicht der die »Ganzheit« repräsentierenden Institutionen – deuteten. In dieser anti-individualistischen Position waren die nach rechts außen tendierenden Kultursoziologen (Nationalismus) und nach links außen tendierenden dogmatischen Marxisten einig. Uneinigkeit herrscht natürlich in der Auffassung und Deutung des »Ganzen« vor: Während der historische Materialismus in den Strukturmerkmalen der »Ganzheit« eine bestimmte Konstellation ökonomischer Faktoren sieht *(Marx, Lenin:* »Gesellschafts*formationen«)*, auf deren Grundlage sich eine Kultur erhebt, betonen die Kultursoziologen die Vorrangigkeit der schöpferischen Kraft des Geistes, bzw. des Bewußtseins, die die Techniken der materiellen Daseinsbewältigung und sozialorganisatorischen Formen (Schichtung, Herrschaft) bedingt. Gesellschaftliche Gebilde wurden primär als Objektivation dieses »Geistes« – in Anlehnung an die Hegelsche Tradition (vgl. Teil I, III, *Hegel:* 1) – betrachtet. Gerade um dieser »müßigen« Diskussion über die Priorität der »letztlich« bedingenden Ursache der sozialen Bewegungsgesetze aus dem Wege zu gehen, wurde die beziehungssoziologische Konzeption, teilweise in Anlehnung an das »Erbe« des Positivismus des 19. Jahrhunderts, entworfen.
Marxistische oder kultursoziologische Analysen hatten nach Ansicht der Beziehungssoziologen den Nachteil, daß sie in ihrer philosophischen und geschichtlichen Orientierungen die Gegenwartsprobleme der sozialen Wirklichkeit unberücksichtigt ließen. Weiterhin betonten sie, daß das konkrete zwischenmenschliche Geschehen nicht ausschließlich von »Gesamtstrukturen« her deutbar, bzw. sinnvoll erklärbar sei. Sie wiesen mit Nachdruck auf die zwischenmenschlichen Prozesse innerhalb dieser Gebilde, als formende Kräfte hin und wollten auf diese Weise die Wandlungen der strukturell nach Selbstkonservierung tendierenden Institutionen erklären und dabei den »von unten« kommenden Einflüssen eine korrigierende Funktion in der Gestaltung des Sozialen zuerkennen. Der soziale Raum dieser »von unten kommenden« Kräfte darf aber weder in der ökonomischen noch in der biologischen Sphäre bestimmt werden: Die Beziehungssoziologie – um es nochmals zu betonen – erklärt das Soziale weder von der Konstellation der Produktivkräfte im Verhältnis zu den Produktionsverhältnissen (vgl. *Marx),* noch von der (letztlich biologisch bedingten) »Vitalität eines Gesellschaftskörpers« (A. *Weber* und Sozialdarwinisten), sondern von den sichtbar und meßbar gewordenen Interaktionsprozessen, in denen die Individuen nicht mehr als Subjekte – also: als autonome Gestalter der gesellschaftlichen Wirklichkeit – sondern »nur« als Rollenträger erscheinen.

Erst das Agieren aus der Rolle heraus befähigt das Individuum zur Mitgestaltung der sozialen Umwelt und läßt seine Handlungen in den kaleidoskopischen Konstellationen des »Bindens« und »Lösens« transparent werden. Das Ensemble dieser Beziehungskonstellationen empirisch zu erfassen und systematisch zu analysieren – wäre die Aufgabe einer wissenschaftlichen – und nicht ideologischen, wie z. B. marxistischen oder nationalistischen [9] – Soziologie.

9 Den Einfluß der von Deutschland ausgehenden, nationalistischen Soziologie – deren geistiger Ursprung in dem völkisch konzipierten „deutschen" Kulturbegriff (*Herder*) zu suchen ist – versuchte ich am konkreten Beispiel Ungarns aufzuzeigen: Kiss, G.: „Nationale" Soziologie in Ungarn, Gesellschaftsforschung zwischen 1920 und 1945, Wien–München 1970.

VIII. Die Struktur des sozialen Handelns

1. Vilfredo Pareto (1848–1923)

Hauptwerk: Trattato de sociologia generale, Florenz 1916 – hier zitiert: Pareto: Allgemeine Soziologie, hersg. Carl Brinkmann, Tübingen 1955.

1. Analyse und Systematisierung sozialen Handelns als Aufgabe der wissenschaftlichen Soziologie

In seinem Buch über »Die sozialistischen Systeme« weist *Pareto* an einer Stelle auf die funktionale Notwendigkeit der wissenschaftlichen Erforschung sozialer Phänomene hin [1]:

»Das Problem der gesellschaftlichen Organisation kann nicht durch Deklamationen gelöst werden, die sich auf ein mehr oder minder verschwommenes Ideal der Gerechtigkeit gründen, sondern nur durch wissenschaftliche Untersuchungen, damit ein Weg gefunden wird, Mittel und Zweck und, für den einzelnen Menschen, Arbeitsaufwand und Genuß in ein richtiges Verhältnis zu bringen, und zwar so, daß ein Minimum an Arbeitsaufwand der größtmöglichen Zahl von Menschen ein Maximum an Wohlstand sichert«.

Es läge also weder im Interesse der Wissenschaft (Wahrheit) noch der Gesellschaft, die Analyse der sozialen Wirklichkeit zu vernachlässigen und sich von Wunsch- und Nützlichkeitsvorstellungen leiten zu lassen, wenn man soziale Phänomene wissenschaftlich beurteilen will. Das utilitaristische Denken ginge ebenso wie das sozialistische Wunschdenken an der Wahrheit, d. h. an der realen Einschätzung sozialer Vorgänge vorbei. Es sollte die Aufgabe einer wissenschaftlichen Soziologie sein, das empirisch nachprüfbare bzw., experimentell erforschbare Ergebnis des Handelns – »the outcome of action« [2] – einer kritischen Analyse im Sinne der Logik zu unterziehen. Die wertfreie Beobachtung von Fakten und das logische Raisonnement über ihre Struktur führen bald zur Erkenntnis, daß menschliche Handlungen weitgehend von Erbanlagen und kulturell bedingten Faktoren der Situation abhängig sind, und daß weder die subjektive Zielsetzung der einzelnen noch die Kollektivwerte den Erfordernissen einer wie auch immer begründeten Rationalität entsprächen. Um die Grundthese *Paretos* zu pointieren: es handelt sich um die Aufdeckung der – im Sinne von Wissenschaftlichkeit – irrationalen Struktur des sozialen Handelns.

Um die Wissenschaftlichkeit der Aussagen über die Gesellschaft und deren Funktionieren zu garantieren, sollte sich die Soziologie der logisch-experimentellen Methode bedienen, deren erstes methodologisches Gebot in der Distanzierung des Forschers von jeglichen subjektiven und gemeinnützigen (Wert)-

---

1 Pareto: Les systèmes socialistes, Paris 1926, II, S. 173.
2 Parsons, Talcott: Structure of Social Action (1937), New York–London 1968, I, S. 189.

Vorstellungen bestünde; der Soziologe sollte sich nur der Wahrheit verpflichtet fühlen. Diese Forderung wird von *Pareto* dadurch erhärtet, daß er die wissenschaftlich nachgewiesene »Absurdität« einer Theorie keinesfalls mit deren Sozialschädlichkeit gleichsetzt:

> »Wir sind weit davon entfernt« – sagt *Pareto* (Soziologie, § 72 und 73) –, »die soziale Nützlichkeit von Theorien zu leugnen, die von der unseren verschieden sind, und wir glauben sogar, daß sie sehr nützlich sein können. Die Gleichsetzung der sozialen Nützlichkeit einer Theorie mit ihrer experimentellen Wahrheit ist gerade eines der Prinzipien a priori, die wir ablehnen . . . Ich bitte also den Leser, stets daran zu denken, daß ich da, wo ich die Absurdität einer Theorie behaupte, nicht im mindesten implizit sagen will, daß sie der Gesellschaft schädlich ist. Umgekehrt, wo ich die Nützlichkeit einer Theorie für die Gesellschaft behaupte, will ich damit keineswegs sagen, daß sie experimentell wahr ist«.

Soll jedoch die Soziologie den Erfordernissen einer logisch-experimentellen Wissenschaft genügen, so müßte sie zuerst jene Sätze und Theorien überprüfen, die konstitutiv für die Handlungsorientierung in den Gesellschaften wirken und deshalb ein aufschlußreiches Bild über soziale Tätigkeiten und deren Impulse vermitteln können. Zu solchen Theorien und Sätzen gehören nach *Pareto* auch solche Aussagen, wie z. B. »Die Jugend ist unbesonnen«, oder: »Spare in der Zeit, so hast du in der Not« usw. Diese und ähnliche Sätze und Theorien sollten »wie Insekten, Pflanzen oder Gesteine« klassifiziert und systematisch untersucht werden, um einen Einstieg in die Problematik der faktischen Normorientierung zu ermöglichen. Die Anwendung der (naturwissenschaftlichen) logisch-experimentellen Methode bedeutet in diesem Zusammenhang nicht nur eine beobachtende und analysierend beschreibende, sondern auch eine den Kriterien der Logik entsprechende kritische Verfahrensweise, die experimentell nachprüfbar ist.

Auch der Begriff der Objektivität müsse illusionslos betrachtet werden; das, was man im allgemeinen unter Objektivität verstünde, sei nichts anderes als eine mehr oder weniger abgestufte Subjektivität. In der Wirklichkeit gäbe es also keine absoluten Maßstäbe für Objektivität, sondern nur eine Annäherung an die Wahrheit, die vom Umfang der exakten Kenntnisse über bestimmte Tatsachen und Erscheinungen – also vom Informationsgehalt – abhängt:

> »Jede soziale Erscheinung« – sagt *Pareto* (Soziologie, § 149) – »kann von zwei Seiten ins Auge gefaßt werden, nämlich je nachdem wie sie wirklich ist und wie sie dem Geist bestimmter Menschen erscheint. Wir wollen die erste Seite objektiv, die zweite subjektiv nennen. Diese Einteilung ist notwendig, weil wir nicht in eine und dieselbe Klasse z. B. die Arbeiten des Chemikers in seinen Laboratorien und die des Adepten der Magie . . . einordnen können . . . Die Namen, die ich diesen beiden Klassen gebe, dürfen uns nicht beirren. In Wirklichkeit sind alle beide subjektiv, weil jede menschliche Erkenntnis subjektiv ist. Ihr Unterschied liegt nicht in ihrer verschiedenen Natur, sondern in einer mehr oder weniger großen Summe von Kenntnissen der Tatsachen«.

Auch soziologische Theorien müßten unter diesem Aspekt untersucht werden, denn auch sie bestehen aus Beschreibungen, axiomatischen Behauptungen, pseudologischen Überlegungen und pathetischen Deklamationen. Alle in einer Gesellschaft aufgestellten Sätze und Theorien sollten vom Standpunkt ihrer Objektivität, Subjektivität und Nützlichkeit beurteilt werden: Ihre Aussagen hängen hinsichtlich der Objektivität vom jeweiligen Stand des Wissens ab und man könne sie, unabhängig von denjenigen, die sie aufgestellt haben und denjenigen, die sie annehmen, von ihrem logischen Aussagewert her betrachten. Wenn man aber Theorien mit Rücksicht auf diejenigen betrachtet, die sie aufgestellt oder angenommen haben, dann erklären wir damit nur die subjektiven Gründe, die die Motive der Behauptungen und Annahmen erläutern. Man kann aber schließlich dieselben Sätze und Theorien vom Standpunkt der sozialen Nützlichkeit aufstellen, um in den Menschen bestimmte Gefühle hervorzurufen, die entweder verstärkt oder verändert werden sollen.

Es ist *Paretos* Grundthese, daß die meisten das soziale Leben bestimmenden Handlungen, die in Übereinstimmung mit den herrschenden Meinungen (also: Sätzen und Theorien) stehen:

a) hauptsächlich von nicht-ökonomischen Faktoren bedingt,

b) nicht logisch sind und

c) vor allem von subjektiven und Nützlichkeitserwägungen bestimmt werden.

Die besondere Schwierigkeit der Sozialforschung bestehe nun darin, daß alle diese Sätze und Theorien und die aus ihnen abgeleiteten Systeme (Ideologie) einen Anspruch auf ihre logische Begründbarkeit erheben: Zur Rechtfertigung des eigentlich nicht-logischen Handelns werden folglich schein-logische Gründe ins Feld geführt und der Handlungsmotivation meist wohlklingende Namen und Etiketten verliehen. Es sollte jedoch dabei betont werden, daß nicht-logische Handlungen keineswegs als schlicht unlogisch bezeichnet werden dürfen; sie können, vom Standpunkt der sozialen Nützlichkeit im Sinne einer rationalen Verfolgung von subjektiven Zielen durchaus logisch sein. In einer Wissenschaft von der Gesellschaft käme es jedoch vor allem darauf an, den konkreten Inhalt hinter den verführerischen Namen analytisch zu erforschen und die semantische Bedeutung der gebrauchten Wörter und Symbole neben der Erforschung von Daten zu enthüllen. So können z. B. die Parolen eines Politikers vom Standpunkt der Wahrheit bzw. der Wissenschaftlichkeit ganz und gar unlogisch sein, während sie im Hinblick auf ihre soziale Nützlichkeit – wie z. B. im Interesse der »Beruhigung der Gemüter« – durchaus logischen Charakter haben. Die Anwendung der wissenschaftlichen Prinzipien – im Sinne der logisch-experimentellen Methode – erfordere jedoch die exakte Überprüfung dieser Aussagen und die Klarstellung und Eliminierung nicht-logischer Elemente aus den sozialwissenschaftlichen Theorien. Den ersten Schritt zur Erreichung eines wissenschaftlichen Niveaus in den gesellschaftstheoretischen Diskussionen sieht *Pareto* in der systematischen Analyse der Struktur sozialen Handelns. Das analytische Modell sollte die Grundlage bzw. das Fundament soziologischer Theorien bilden.

Paretos analytisches Modell sozialer Handlungstypen könnte tabellarisch wie folgt zusammengefaßt werden [3]:

3 Nach: Aron, R.: Les étapes de la pensée sociologique, Paris 1967, S. 411.

Arten des Handelns	Haben die Handlungen einen logischen Zweck?	
	Objektiv	Subjektiv
I. Klasse: *logische Handlungen:*		
	obj. Zweck ist mit dem subj. Zweck *identisch*	
II. Klasse: *nicht-logische Handlungen:*		
	obj. Zweck *divergiert* vom subj. Zweck	
1. Art:	Nein	Nein
2. Art:	Nein	Ja
3. Art:	Ja	Nein
4. Art:	Ja	Ja

Als *logisch* bezeichnete *Pareto* jene Handlungen, deren subjektiv gesetzte Zweck-Mittel-Relation mit den objektiv gegebenen Möglichkeiten in der Realität übereinstimmt. Der Ingenieur z. B., der eine Brücke bauen soll, kennt das Ziel, das er erreichen will. Durch Materialstudien ist er in der Lage, das Zweck-Mittel-Verhältnis zu berechnen. Ebenfalls logisch ist das Verhalten des Spekulanten, dessen Ziel der Gelderwerb ist und der sich der Anwendungsmöglichkeit seiner Mittel zur Erreichung dieses Ziels völlig bewußt ist. In beiden Fällen haben wir es mit einer logischen Handlungsweise zu tun, weil das Zweck-Mittel-Verhältnis, das in der Realität »objektiv« existiert, mit dem Zweck-Mittel-Verhältnis in der subjektiven Absicht bzw. im Bewußtsein des Handelnden übereinstimmt. Diese Handlungen haben einen logischen Zweck, der sowohl objektiv als auch subjektiv durchführbar ist: der objektive Zweck ist also mit dem subjektiven identisch:

»... wir werden logische Handlungen diejenigen Tätigkeiten nennen, die nicht nur für ihr Subjekt, sondern auch für Besitzer ausgedehnterer Kenntnisse mit ihrem Zweck logisch verbunden sind, d. h. Handlungen, die subjektiv und objektiv ... den Sinn (haben) ... einem Zweck angemessene und mit diesem logisch verbundene Mittel darzustellen« (Soziologie, § 150).

Diese erste Klasse sozialer Handlungen mit logischem Charakter ist für *Pareto* unproblematisch: der Typus logischer Handlungen bleibt in seinem theoretischen System deshalb unerörtert, weil er einerseits durch obige Definition evident zu sein scheint und andererseits keinen wesentlichen Einfluß in gesamtgesellschaftlichem Maßstab auf das wirkliche Geschehen in der Gesellschaft ausübt. *Paretos* zentrales Interesse richtet sich auf die zweite Klasse von Handlungen, die er »nicht-logisch« nennt und von denen er meint, daß diese in der Wirklichkeit am häufigsten vorkommen und deshalb das soziale Leben im wesentlichen beeinflussen. Das soziale Geschehen wird also nicht von Verhaltensweisen bestimmt, die auf intellektueller oder rationaler Einsicht beruhen, sondern von Handlungsweisen, die man unter dem generellen Terminus »nicht-logische Handlungen« subsumieren kann. Diese nicht-logischen Handlungen dürfen nicht schlechthin als »unlogisch« bezeichnet werden, weil sie – wie schon erwähnt und noch weiter zu erörtern sein wird – bestimmte, für die Konsistenz der Gesellschaft wichtige Funktionen haben.

Wie aus der obigen Tabelle zu ersehen ist, besteht das charakteristische Merkmal nicht-logischer Handlungen in der Diskrepanz bzw. Nicht-Übereinstimmung der objektiv möglichen und subjektiv gewünschten Zwecke. Wir finden demnach eine nicht-logische Struktur des Handelns vor, wenn das Zweck-Mittel-Verhältnis im Bewußtsein des Handelnden von dem objektiv gegebenen Zweck-Mittel-Verhältnis (in der Realität) divergiert. Innerhalb der Klasse nicht-logischer Handlungen gibt es im wesentlichen vier verschiedene Arten von Handlungen, vier verschiedene Kombinationsmöglichkeiten im Hinblick auf die Nicht-Übereinstimmung der subjektiv gewollten und objektiv gegebenen Zwecke (Soziologie, § 151 ff. – vgl. obige Tabelle):

1. Bei Handlungsart 1) haben wir es mit einer relativ seltenen Handlungsweise zu tun, in der die angewandten Mittel weder objektiv noch subjektiv in einem logischen Zusammenhang mit dem Zweck der Handlung stehen: gewohnheitsmäßiges Handeln (z. B. Höflichkeitsformen) braucht weder eine objektiv effektvolle Wirkung zu haben, noch ist es für den Handelnden begreiflich in bezug auf die Sinnhaftigkeit der Handlung. Diese Handlungsart ist deshalb sehr selten, weil die Menschen dazu neigen, ihren Handlungen einen vermeintlichen Sinn zuzuordnen, der aber in der Wirklichkeit logisch-experimentell nicht nachzuweisen ist. Damit kommen wir zu einem der verbreitetsten Handlungstypen:

2. der Handlungsart 2), zu der jene Handlungen gehören, die nur im Bewußtsein der Handelnden – nicht aber in der Realität – logisch sind. Wenn z. B. Gewohnheitshandlungen auf irgendeinen subjektiv-logischen Beweggrund zurückgeführt werden, der objektiv betrachtet unlogisch ist, haben wir es mit einem Phänomen zu tun, das auf die psychologische Herkunft sozialer Handlungen hinweist (z. B. Suchen nach Argumenten, um sich zu beruhigen, zu legitimieren, zu rechtfertigen usw.);

3. bei Handlungsart 3) finden wir Handlungen vor, die in ihrem Resultat eine logische Verbindung zu den angewandten Mitteln darstellen, obwohl der Handelnde das logische Verhältnis zwischen Mitteln und Zwecken nicht erfaßt hat. Zu diesem Typus gehören viele Handlungen in primitiven Gesellschaften aber auch Reflex-Bewegungen;

4. Zur Handlungsart 4) gehören schließlich jene Typen des Handelns, deren Ergebnis im logischen Zusammenhang mit den angewandten Mitteln steht und über die der Handelnde – subjektiv betrachtet – eine bestimmte Beziehung zu den Zwecken hergestellt hat, ohne sich über die objektiven Folgen dieser subjektiven Zwecksetzung im Klaren zu sein. *Pareto* denkt hier an das Verhalten der Wohltäter der Menschheit, der Pazifisten und Revolutionäre, die die Gesellschaft verbessern wollen. So wollen z. B. die Bolschewiki die Macht ergreifen, um die Freiheit des Volkes zu erkämpfen; doch könne man mit Bestimmtheit voraussagen, daß sich nach Beendigung einer gewaltsamen Revolution eine neue Machtstruktur und ein neues autoritäres Regime entwickeln werde. In diesen und ähnlichen Fällen gibt es eine objektive Beziehung zwischen der Mittelanwendung und dem Ergebnis des Handelns, sowie eine subjektive Beziehung zwischen der Utopie einer

klassenlosen Gesellschaft und den revolutionären Handlungen. Doch das, was die Menschen tun, entspricht nicht dem, was sie tun wollen: Die Ziele, die sie zu verwirklichen wünschen, können nicht mit jenen Mitteln realisiert werden, die sie verwenden, weil die Anwendung von Mitteln logisch zu bestimmten Ergebnissen führen muß, die dem subjektiven Zweck widersprechen. Hier besteht also eine Diskrepanz zwischen den objektiven und subjektiven Folgen der Handlungsorientierung. Dieser nicht-logische Handlungstypus sei auch im System des freien Wettbewerbes zu finden: will z. B. der Unternehmer den Selbstkostenpreis reduzieren, so bewirke er dadurch die Senkung des Ladenpreises, ohne es zu wollen.

Das soziale Leben besteht nach *Pareto* aus einer Fülle von nicht-logischen Handlungen:

Beispiele: Wenn die Römer eine Schlacht lieferten, befragten sie zuerst die Eingeweide bestimmter sakraler Tiere über den Ausgang dieser Schlacht. Dies ist eine nicht-logische Handlung gewesen, indem zwischen den Eingeweiden des Opfers und dem Ausgang der Schlacht keinerlei logische Verknüpfung festgestellt werden kann. Aber die günstigen Voraussagen, die dann den Soldaten mitgeteilt wurden, vermittelten den Kämpfenden ein zusätzliches Vertrauen in ihre Überlegenheit und erhöhten die Kampfmoral und die Überzeugung, daß man den Sieg erringen werde.

In der Gegenwart spielen zwar die Eingeweide sakraler Tiere keine Rolle mehr, man befragt aber die mysteriösen „historischen Kräfte", um auf eine andere Weise das Siegesbewußtsein bestimmter Gesellschaftsklassen zu stärken. In beiden Fällen ist das Ergebnis das gleiche: die Führer können proklamieren, daß am Ende alles gut gehen wird und die Auserwählten die Sieger werden. Es ist also nützlich, daß die Soldaten an die Wahrheit der Auguren und daß die militanten Kräfte an den Endsieg ihrer Sache glauben.

Ebenfalls ist z. B. die magische Tätigkeit der Kirchen „ganz einfach absurd, und alle diese Dämonengeschichten – vom Standpunkt der logisch-experimentellen Seite – lächerlich und kindisch" (Soziologie, § 219). Daraus folgt aber nicht, daß Religion und Kirche gleichfalls absurd und schädlich für die Gesellschaft seien: „Wenn alles, was nicht-logisch ist, der Gesellschaft und folglich dem Individuum schadet, dürfte es keine Fälle . . . geben, wo bestimmte nicht-logische Handlungen nützlich und sogar sehr nützlich sind". Die Religion z. B. befriedigt – obwohl es vom Standpunkt der logisch-experimentellen Methode absurd erscheint – ein äußerst wichtiges gesellschaftliches Bedürfnis.

Ebenfalls schwierig ist es, ein „Menschenwerk" von der logisch-experimentellen Seite zu betrachten: „Folgende Sätze sind gleich falsch: Bodin hat Unsinniges behauptet und anderen geschadet; also ist er ein Tor und Übeltäter. – Bodin war ein verständiger und ehrenhafter Mann; also ist seine Démonomanie verständig und seine Handlungsweise ehrenhaft". So sehen wir, daß wir über den logisch-experimentellen Wert und die Nützlichkeit von Doktrinen nicht nach bequemer Rücksicht auf das Ansehen ihres Urhebers urteilen dürfen, sondern vielmehr den steilen und schwierigen Weg ihrer unmittelbaren Untersuchung gehen müssen. Eine Unmenge von Beispielen zeigt nämlich, daß ein Mensch in gewissen Dingen unvernünftig, in anderen vernünftig sein kann; unehrlich in einigen seiner Handlungen, ehrlich in anderen" (ebenda, § 219).

Die Soziologie ist also vor die schwierige Aufgabe gestellt, nicht-logische Handlungen mit Hilfe einer experimentellen Methode logisch zu erklären. Die methodologische Annäherung an diese Fragen, die nach *Pareto* nur eine approximative Annäherung an einen relativen Wahrheitsgehalt bedeuten kann, muß nach folgenden generellen Gesichtspunkten erfolgen:

a) moralische Bewertungen von Handlungen sollten aus der Analyse eliminiert werden; es sei nicht im Sinne einer logisch-experimentellen Methode ideologisch vorzugehen und z. B. darüber zu diskutieren, ob Handlung A gerecht oder ungerecht, moralisch oder unmoralisch sei. Man kann nur behaupten, daß diese oder jene Handlung in diesem oder jenem Kontext als gerecht oder unmoralisch bewertet wurde;

b) Soziologische Probleme sollten nach dem Vorbild der Naturwissenschaften mit der größtmöglichen Objektivität behandelt werden; wir wiesen schon darauf hin, daß soziale Erscheinungen nach *Pareto* »wie Insekten, Pflanzen oder Gesteine« untersucht werden sollten und daß sich der Objektivitätsbegriff stets nach dem jeweiligen Umfang an Sachinformationen und -kenntnissen bestimmen läßt;

c) Mit dem Problem der Objektivität hängt auch die methodologische Forderung nach rigoroser Orientierung an empirischen Fakten zusammen: ähnlich den Naturwissenschaftlern dürfte sich der Soziologe nur mit Tatsachen befassen, die erfahrbar und beobachtbar sind. Demzufolge müßten »Wesensfragen« jeder Art vermieden werden, weil sie nicht nachprüfbar sind;

d) Da alle unsere Forschungsergebnisse relativ und nur an ihrem Wahrscheinlichkeitsgrad zu messen sind, sollte die Gültigkeit soziologischer Theoreme von vornherein für zeitbedingt erklärt werden und auf den Umfang der für uns bekannten Erfahrungen begrenzt bleiben. Aufgrund dieses Theorieverständnisses muß der Soziologe – von Tatsachen ausgehend – Hypothesen bilden, die »in der Nähe« der sich jeweils wandelnden Fakten bleiben müssen;

e) Theorien müssen induktiv gebildet werden: während wir das betreffende Phänomen in seiner Ganzheit betrachten, müssen wir die Details analysieren, um auf diese Weise eine schrittweise Annäherung an umfassende theoretische Aussagen zu erreichen;

f) Die auf die oben geschilderte Weise abgesicherte Methodologie sollte den Zugang, bzw. den Erkenntnisweg zur Formulierung soziologischer Gesetze sichern. Die Erscheinungsform eines soziologischen Gesetzes müßte nach Regularität und Gleichförmigkeit bestimmter Vorgänge feststellbar und nachprüfbar sein.

Aufgrund der von *Pareto* vorgeschlagenen (und noch detaillierter aufgegliederten) Klassifikation sozialer Handlungstypen und der Absicherung dieser logischen Methode durch methodologische Grundsätze sollte erstens die Fixierung des eigentlichen Gegenstandes der Soziologie und zweitens die Exaktheit ihrer analytischen Verfahrensweise gewährleistet werden. Demnach sollte das eigentliche Hauptgebiet der Soziologie in der Analyse des Systems nichtlogischer Handlungen bestehen und deren empirisch nachweisbare Manifestation untersucht werden:

»Die logischen Handlungen sind wenigstens in ihrem Hauptteil das Ergebnis einer Überlegung; die nicht-logischen Handlungen entspringen hauptsächlich einem bestimmten seelischen Zustand, Gefühlen, dem Unterbewußtsein usw. Es ist die Aufgabe der Psychologie, sich mit diesem Zustand zu beschäftigen. In unseren Untersuchungen gehen wir davon aus, ohne tiefer einzudringen« (Soziologie, § 161).

Auf der Suche nach der Strukturierung nicht-logischer Handlungen kommt *Pareto* zu einem dreigliedrigen Relationsmodell, das im wesentlichen die Impulse und Tendenzen dieses Handlungstypus erklären soll:

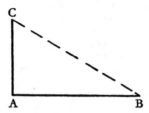

Bezugspunkt A = seelischer Zustand, Gefühl, instinktive Neigung
Bezugspunkt B = direkte, beobachtbare Handlung
Bezugspunkt C = Ausdrücke des Gefühls, die sich oft als moralische, religiöse usw. Theorien entwickeln (Ideologie).

Unerforschbar, weil empirisch nicht greifbar, ist in diesem Modell der Bezugspunkt A, der aber im wesentlichen B (= beobachtbare Handlungen) und auch C (= ideologische Rechtfertigung) bedingt. Das wichtigste Problem der Soziologie scheint demnach in der Erforschung der Relationen zwischen den Bezugspunkten B und C zu bestehen: Nicht-logische Handlungen haben also ihren Ursprung in der Gefühlssphäre (A), schlagen sich dann – sozial manifest – in Taten und Handlungen nieder (B), wobei die Ideologien (C) die Funktion haben, das konkrete Handeln mit scheinlogischen Argumenten zu legitimieren. Das Charakteristikum der sich auf die menschliche Natur gründenden sozialen Handlungen sei also nach *Pareto* die primär gefühlsmäßige Handlungsorientierung, mit dem gleichzeitigen Bedürfnis nach ihrer (schein-)rationalen Begründung. Die Menschen bzw. Massen lassen sich in der Regel von Gefühlen leiten und versuchen, ihr gefühlsmäßiges Handeln mit scheinbar logischen, bzw. rationalen Argumenten zu rechtfertigen. Es sollte die Aufgabe einer wissenschaftlichen, d. h. ideologiefreien Soziologie sein, diesen Tatbestand zu beleuchten und ihn im Interesse wissenschaftlicher Meinungen und Informationen über die Gesellschaft aufzuzeigen; denn das, was die Menschen für logisch halten, ist in Wirklichkeit oft nur pseudo-logisch.

2. *Residuen und Derivationen*

Wenn Gefühle und Instinkte im sozialen Leben eine viel wichtigere Rolle als Rationalität spielen, dann müßten diese Elemente der menschlichen Natur sorgfältiger von der Soziologie untersucht werden als das bisher der Fall war. Der technische Fortschritt bringe die wachsende Rationalität der Handlungsweisen offensichtlich nicht quasi automatisch mit sich und sei vom Fortbestehen archaischer Erscheinungen des Trieb- und Gefühlslebens begleitet. Im Unterschied zur psychologischen Analyse sollte aber die Soziologie diesen, die motivationale Struktur des Handelns bestimmenden Einfluß des Gefühlskomplexes nur dann zum Objekt ihrer Forschung machen, wenn er sozial wirksam und manifest wird. Diese durch ihre Wirksamkeit im sozialen Leben feststellbaren Manifestationen von Gefühlen nennt *Pareto* Residuen. Residuen unterscheiden sich von Gefühlen und Instinkten darin, daß sie bereits näher zum Bezugspunkt B (Verhalten) – als dem psychologischen Kern der Persönlichkeitsstruktur – stehen und damit sozusagen die erste Stufe der Transformation der Triebe in soziales Handeln (Sozialisierungsprozeß) bilden. Residuen sind wie Quecksilber in einem Thermometer, das das Anwachsen der Temperatur zeigt: Die Summe der Residuen, die in ihrer Tiefe von den verschiedentlich gelagerten Instinkten, Wünschen, Interessen, Bedürfnissen, Geschmäckern usw. getragen wird, spielt für das soziale Gleichgewicht eine eminent wichtige Rolle. Zwar sind Residuen noch keine konkreten Erscheinungen, sie bestimmen jedoch in hohem Maße die nicht-logischen Handlungsarten. Der residuale Hintergrund der Handlungen müßte folglich sorgfältig analysiert und in folgender Klassifizierung auf Typen reduziert werden:

Klasse   I: *Instinkt der Kombinationen* (= eine Tendenz, Relationen zwischen den Ideen und Dingen zu setzen, von einem gestellten Prinzip Konsequenzen zu ziehen oder: gut oder schlecht zu räsonnieren. – Dieses Bedürfnis nach logischem Denken ist die Wurzel des intellektuellen Fortschritts);

Klasse II: *Persistenz der Aggregate* (= Tendenz, die geschaffenen Kombinationen aufrechtzuerhalten, Neuerungen zurückzuweisen, die Struktur der menschlichen Beziehungen zu perpetuieren: Familien- und Kollektivbeziehungen, Beziehungen zu Orten, sozialen Klassen). *Pareto* vergleicht diesen „Instinkt" mit der mechanischen Trägheit;

Klasse III: *Bedürfnis nach Gefühlsausdruck durch äußere Handlungen* (= Bedürfnis, die Gefühle zu manifestieren – wie z. B. beim Applaus, Lärmschlagen, religiöse Exaltationen usw.);

Klasse IV: *Residuen der Soziabilität* oder: Residuen in Beziehung zur Vergesellschaftung. Man kann diese Residuen auch in Beziehung zur Disziplin setzen (§ 1113) – „wenn man daran denkt, daß die ihnen entsprechenden Gefühle von dem Leben in Gesellschaft verstärkt werden . . . Gesellschaft (ist) ohne irgendeine Zucht unmöglich, und folglich haben die Herstellung von Geselligkeit und die von Disziplin gewisse Berührungspunkte".
Diese Art von Residuen ist gewissermaßen der Klasse II (der Persistenz der Aggregate) ähnlich, doch unterscheidet sie sich von der letzteren in manchen Punkten:
1. Bei den allermeisten Völkern kann man einen Trieb zu besonderen Vereinigungen beobachten, *Pareto* will damit sagen, daß die Menschen dazu neigen, Vereinigungen zu schaffen, namentlich freiwillige Assoziationen, die außerhalb der primären Gruppierung bestehen, in denen sie integriert leben. Z. B.: religiöse, politische, literarische Zirkel, Sportvereine usw.
2. Bedürfnis nach Gleichförmigkeit: „Dies Bedürfnis gibt es auch bei den gesellig lebenden Tieren. Färbt man ein Huhn rot und setzt es wieder unter die anderen, greifen diese es sofort an. Bei den barbarischen Völkern ist das Bedürfnis nach Gleichförmigkeit viel größer als bei den zivilisierten" (§ 1115). Es scheint also ein Selbsterhaltungstrieb einer jeden Gesellschaft zu sein, eine bestimmte Gleichförmigkeit des Verhaltens, des Glaubens, des Urteils usw. zu erzwingen und die Außenseiter zu bestrafen.
3. Mitleid und Grausamkeit. Die Beziehung zwischen dieser Gattung und den übrigen Residuen der Soziabilität sind bei *Pareto* nicht klar herausgearbeitet worden (vgl. § 1133–37). Er analysiert hier vornehmlich das Gefühl der Selbstbemitleidung in bezug zu anderen, den instinktiven Widerwillen gegenüber Leiden im allgemeinen und unnützen Leiden im besonderen. Es scheint aber ebenfalls in der menschlichen Natur zu liegen, daß das Mitleid und die Bereitschaft zur Hilfe

um so größer sind, wenn das Leid einen von den „unsrigen" oder aus ähnlicher sozialer Lage trifft: „Die Unglücklichen – sagt *Pareto* (§ 1138) –, die dazu neigen, ihrer Umgebung, der Gesellschaft die Schuld an ihren Leiden zu geben, neigen auch zum Wohlwollen gegen alle andern Leidenden. Das ist keine logische Folge, sondern eine Folge von Gefühlen. Wollen wir sie in rationaler Form ausdrücken, nehmen wir ihnen gerade das, was ihnen Kraft und Stärke gibt, nämlich die Unbestimmtheit. Unter diesem Vorbehalt ist der Gefühlsinhalt ungefähr der folgende: „Ich bin unglücklich, das muß also auch die Schuld der Gesellschaft sein. Wir sind Unglücksgenossen. Ich habe für meinen Genossen dieselbe Nachsicht wie für mich, ich habe Mitleid mit ihm.

Im Humanitarismus unserer Epoche findet man etwas ähnliches. Leute, die in schlechten wirtschaftlichen Verhältnissen leben, sind überzeugt, daß das die Schuld der Gesellschaft ist. Analog glauben sie, daß die Verbrechen der Diebe und Mörder gleichfalls die Schuld der Gesellschaft sind. Daher erscheinen ihnen Diebe und Mörder als Unglücksgenossen, die Wohlwollen und Mitleid verdienen. Die ‚Intellektuellen' sind überzeugt, in der sozialen Hierarchie nicht den ihnen gebührenden Platz zu haben. Sie beneiden die Reichen, die Offiziere, die Prälaten usw., mit einem Wort den Rest der sozialen Oberschicht. Sie meinen, daß die Armen und Verbrecher ebenso Opfer dieser Schicht seien. Darin fühlen sie sich denen gleich, und deshalb empfinden sie Wohlwollen und Mitleid für sie." (§ 1139).

4. Es gibt auch ein allgemein erscheinendes Bedürfnis nach eigenem Leiden zugunsten anderer, oder: eine Tendenz der Selbstschädigung zum Wohle anderer. Dieser Instinkt ist auch bei Tieren vorhanden, aber selten ist es bei den Menschen in echt altruistischer Form zu finden (– am häufigsten noch in der Mutter-Kind-Beziehung –): der Mensch versieht seine Handlungen mit einem logischen Firnis: „Die Gefühle – sagt *Pareto* (§ 1147) –, dank denen ein Mensch sich schädigt, um andere zu schützen, wirken auf die Glieder einer Gesellschaft nicht nur als Antrieb zu bestimmten Handlungen, sondern auch zur Billigung, ja zur Bewunderung derer, die so handeln . . ." Bei dieser Art von Handlungen spielt also der Wunsch eine große Rolle, die Billigung anderer zu finden und ihrer Mißbilligung zu entgehen.

„Heute haben die Industriellen und Finanzleute entdeckt, daß sie im Bündnis mit den Sozialisten ihren Vorteil finden können. Man sieht millionenreiche Industrielle und Bankiers, die ‚soziale Gesetze' fordern, und man könnte glauben, daß sie aus reiner Nächstenliebe darauf brennen, ihre Güter zu teilen. Aber man gebe acht, was nach der Annahme der „sozialen Gesetze" geschieht, und man wird sehen, daß ihr Reichtum nicht abnimmt, sondern wächst; sie haben also den anderen keineswegs etwas gegeben, sondern im Gegenteil noch etwas von ihnen genommen . . ."

Aber auch unter den „Idealisten", unter den Anhängern von Soziallehren ist es schwer, hinter dieser äußeren Form der „Selbstschädigung zum Wohle anderer" rein altruistische Motive zu entdecken:

„St. Simon – schreibt *Pareto* (§ 1152) – war reich und starb arm und verlassen. Aber er verschleuderte sein Vermögen, um zu genießen, und in der Armut hatte er den Ehrgeiz, ein Messias zu werden und eine neue Religion zu gründen. Darin liegt die Haupttriebfeder seines Handelns."

5. Auch die *„Gefühle der Hierarchie"* sind offensichtlich mit der Beschaffenheit der menschlichen Natur verbunden. „Auch in Gesellschaften" – sagt *Pareto* (§ 1153) –, „die anscheinend die Gleichheit aller proklamieren, dauert die Hierarchie fort und nimmt nur andere Formen an."

Zu den Gefühlen der Hierarchie können wir auch das Gefühl der Ehrerbietung rechnen, das der einzelne für ein Kollektiv oder andere empfindet, und den Wunsch, von ihm gebilligt, gelobt, bewundert zu werden. Dies ist ein wesentliches Element, um die Konformität einer Gesellschaft zu sichern: Der Wunsch, die Billigung anderer zu finden und dem Tadel zu entgehen, kann z. B. die Handlung des Soldaten im Kampf trotz seiner Todesfurcht bestimmen.

Aus den Gefühlen der Untergebenen, der Unterwerfung, Anhänglichkeit, Achtung und Furcht – lebt die Autorität:

„Die Äußerungen des Autoritätsgefühls sind sehr zahlreich und sehr verschieden (§ 1156): Man läßt die Autorität dessen gelten, der irgendein wirkliches oder vermeintliches Merkmal von Überlegenheit besitzt oder im Rufe steht, es zu besitzen" (z. B. Jüngling vor dem Greis, Neuling vor dem Erfahrenen, Schwacher vor dem Stärkeren, Gläubiger vor dem Priester usw.).

6. *Askese:* „Bei den Menschen findet man eine besondere Gattung von Gefühlen, der bei den Tieren nichts entspricht und die sie dazu treibt, sich Leiden zuzufügen, sich Freuden zu versagen, ohne irgendeinen Zweck persönlichen Nutzens, kurz: dem Instinkt entgegenzuhandeln, der die Lebewesen Angenehmes suchen und Unangenehmes fliehen läßt." (§ 1163).

Die Gattungen von Residuen der Klasse IV. umfassen in ihrem Ganzen die wichtigsten, konservativen Funktionen der Gesellschaft. Es scheint, als hätte *Pareto* die Bestandteile der Kategorie der „Ordnung" von *Comte* (vgl. Teil I, Kap. V, 3/2) vervollständigt und präziser systematisiert. Die Residuen der Soziabilität haben bei *Pareto* die Funktion, die Stabilisierung der sozialen Ordnung zu gewährleisten.

Klasse V: *Sicherheit des einzelnen und seiner Umgebung* (= Die Gesamtheit von Gefühlen, die man „die Interessen" nennt). Dieses Gefühl ist als eine Ergänzung zu Klasse IV. gedacht und den stabilisierenden Faktoren einer bestimmten Sozialordnung, als eine Art von Residuum, das den Änderungen des sozialen Gleichgewichts widerstrebt, zugerechnet (§ 1207).

Die Vorstellung vom sozialen Gleichgewicht, die den Individuen völlig unbewußt als die Wahrung ihrer Interessen erscheint, hat einen doppelten Kern:

a) Interessen, die mit dem Bestreben nach Reichtum und Macht verbunden sind, gehören in den Bereich der logischen Handlungen;

b) sie beinhalten aber auch einen residualen Kern, der im Gefühl bzw. im Wunsch nach Sicherheit des Individuums verankert ist, und bilden somit das entsprechende Gegenüber zur logischen Sphäre – in der Sphäre nicht-logischer Handlungen. Es scheint, als würde hier *Pareto* das merkwürdige Phänomen der Handlungen gegen die eigenen Interessen in seine Systematik einzufangen versuchen:

„Die Kräfte oder Gefühle, die aus einer sozialen Gleichgewichtsstörung entspringen, werden von den einzelnen Gesellschaftsmitgliedern fast stets in besonderer Form empfunden. Selbstverständlich wissen diese einzelnen nichts von Kräften und Gleichgewicht. Wir sind es, die den Erscheinungen diesen Namen geben. Die einzelnen spüren in dem Zustand, wie ihn das bisherige Gleichgewicht verbürgte, eine unangenehme Störung . . . Wie gewöhnlich, bilden diese Empfindungen einen Teil der unbestimmten Kategorien, die die Bezeichnung gerecht und ungerecht tragen. Wer sagt: das ist ungerecht, drückt dadurch nur aus, daß ein Vorgang seine in dem bisherigen Gleichgewichtszustand gewohnten Gefühle verletze" (§ 1210).

„Die verschiedenen Teile des sozialen Gleichgewichts sind nicht sehr deutlich bestimmt . . . Daher pflegt das Gefühl des Widerstandes gegen Gleichgewichtsveränderungen die Änderungen unwichtiger und wichtiger Teile gleichzusetzen: Es empfindet als gleich gerecht die Todesstrafe eines Leugners der Dreieinigkeit und eines Mörders. Schon eine andere als die allgemein übliche Kleidung verletzt diese Gefühle in gleichem Maße wie andere viel wichtigere Übertretungen der sozialen Ordnung. Selbst heutzutag duldet man bei den sogenannten zivilisierten Völkern nicht, daß eine Frau sich in Männerkleidern zeigt" (§ 1212).

Besonders häufig kommen diese Residuen „im Gefühl der Gleichheit bei den Unterschicht" (§ 1220) vor: „Dies ist oft das Gefühl der Unverletzlichkeit des einzelnen Mitglieds dieser Schicht und ein Weg zum Aufstieg in eine Oberschicht. Es spielt sich im einzelnen ab, ohne daß er das Unterschieds zwischen seinem wirklichen und seinem scheinbaren Ziel bewußt wird. Statt seines Eigeninteresses stellt er das Interesse seiner Gesellschaftsklasse in den Vordergrund, einfach weil das die gewöhnliche Ausdrucksweise ist".

Klasse VI: *Sexuelles Residuum*
Seit Menschengedenken ist im Christentum die geschlechtliche Beziehung tabuiert und nimmt, wenigstens in der Theorie, den Zug der „pathologischen Schamhaftigkeit" an:

»Mit Ausnahme einer kleinen Zahl ketzerischer Sekten ... glauben alle Christen mit Paulus, daß die Schamlosigkeit eine der größten Sünden sei. In dieser Vorstellung, die auch vielen modernen Ungläubigen oder Atheisten eigen ist, tritt das sexuelle Residuum deutlich hervor. Es ist von Dauer, und nur die religiösen Derivationen, die es verdecken, wechseln.

Hatte nun diese Verrufung der fleischlichen Sünde viel Erfolg mit ihrer Verhinderung im Leben? Man ist geneigt, daran zu zweifeln, wenn man vorurteilslos Geschichte liest und darin nach dem forscht, was gewesen ist, nicht nach dem, von dem wir wünschten, daß es gewesen sei. Zuerst und allgemein fänden wir, daß mit der Ausbreitung einer Religion, die die fleischliche Sünde verdammt, die schlechten Sitten abnehmen, und umgekehrt, so könnten wir ... sehen, daß die theoretische Verwerfung der schlechten Sitten wahrscheinlich auf die Praxis gewirkt habe. Finden wir aber im Gegenteil, daß Zeitalter heftiger Gläubigkeit auch Zeitalter sehr schlechter Sitten sind, haben wir einen verschiedenen Maßstab. Doch werden wir nicht folgern, daß der Glaube die schlechten Sitten begünstigte ... Wir werden auch nicht umgekehrt schließen, daß der Glaube die guten Sitten nicht begünstigt habe, denn schließlich wissen wir nicht, ob nicht ohne ihn die schlechten Sitten nicht noch schlechter gewesen wären. Wohl aber können wir schließen, daß die sexuellen Residuen stark genug sind, um oft die Vorschriften des Glaubens zu besiegen ... Diesen Schluß können auch leidenschaftliche Katholiken gutheißen: sie drücken sich nur anders aus. Wenn wir nämlich von der Macht der Residuen ... sprechen, so sprechen die Katholiken von der Macht des Teufels ... Wollen wir übrigens logisch sein, so können wir nicht einmal leugnen, daß die Tatsachen den geringen Nutzen der Theorien beweisen; denn die Katholiken drücken dasselbe nur verschieden aus, wenn sie sagen, daß der Mensch der göttlichen Gnade bedarf, um den Fallstricken des Teufels zu widerstehen«.

Die *Derivationen* sind nun nichts anderes, als die bewußtseinsmäßige und verbale Rechtfertigung residual bedingter Handlungen. Die Handlung von Individuum und Gruppen müssen durch den Nachweis logisch erscheinender Argumente (z. b. eingebildeter Sachverständigkeit oder »Rationalität«) glaubhaft gemacht werden.

Mit der soziologischen Methode kann man die Derivationen erstens als verbale Manifestation des Handelnden in bezug auf die Logik und zweitens in der Konfrontation mit der »experimentellen Wirklichkeit« untersuchen.

Beispiel: Wenn ein Redner in einer öffentlichen Versammlung gegen die Todesstrafe plädiert, kann man seine Aussagen im Hinblick auf die Logik prüfen, um zu sehen, in welchem Maße diese Vorschläge nützlich sind. Man kann aber diese Aussagen, d. h. die Ideologie der universellen Moral, mit der Realität konfrontieren, d. h. daß man sich fragen kann, warum diese Aussagen eine überzeugende Wirkung auf das Publikum ausüben. Der Soziologe muß untersuchen, wie die Menschen psychologische, logische und pseudologische Verfahren benutzen, um andere zu beeinflussen.

Auf diese Weise klassifiziert nun *Pareto* die Typen von Derivationen, die im allgemeinen als Rechtfertigungsgrund für gefühlsmäßige und nicht-logische Handlungen dienen:

Klasse I: *Einfache Behauptungen* (§ 1419)
Zu diesem Typus von „Beweisführungen" genügt eine einfache Behauptung im interpersonellen Bereich, die an sich – durch die Behauptung selbst – eine Rechtfertigung beansprucht. Der Soldat oder das kleine Kind muß gehorchen, weil es zu gehorchen hat. Die Formel „Das ist so, weil es so ist" muß einleuchtend sein, und die Derivation wird durch die kompetente Person (– Offizier oder Eltern –) wirksam.

Klasse II: *Autorität*
Dieser zweite Typus von Derivationen kann durch die mütterliche Anordnung illustriert werden: Du mußt es machen, weil Vater es will. Dies ist also das autoritäre Argument, das sich auf der ersten Stufe auf konkrete Personen bezieht. Notfalls, wenn die Heranziehung der ersten Autorität nicht genügt, um Gehorsam zu erzwingen, muß man auf imaginäre, abstrakte Autoritäten zurückgreifen. Bei den Kindern beruft man sich dann auf Knecht Ruprecht, bei den Erwachsenen, wenn die Autorität von Aristoteles nicht ausreicht, auf bestimmte Prinzipien, Gefühle, metaphysische, übernatürliche Wesen. In diesem Falle erzwingen die Derivationen eine Überzeugung im Einklang mit Gefühlen oder Prinzipien. Das ist aber schon die

Klasse III: (der Derivationen): *Übereinstimmung mit Gefühlen und Grundsätzen*
»eine andere schöne Derivation – sagt *Pareto* (§ 1493) – ist die Spinozas, der wie gewöhnlich das egoistische und das altruistische Prinzip zu versöhnen sucht. ,Wenn z. B. – sagt Spinoza – zwei Individuen völlig gleicher Natur sind, bilden sie ein zweifach mächtigeres Individuum als jedes für sich. Nichts ist also dem Menschen nützlicher als der Mensch; die Menschen, sage ich, können nichts der Erhaltung ihres Wesens Förderlicheres wünschen als sich in allen Dingen zu vertragen.' Wären da zwei verhungerte Menschen und nur ein Brot, so würden sie bald merken, daß nichts dem Menschen schädlicher ist als ein anderer Mensch; und ein gleiches würde ein Mensch gegen einen anderen empfinden, der die gleiche Frau liebt wie er, und sowohl der Verhungerte als auch der Verliebte würden gerade darunter leiden, daß die anderen ,von gleicher Natur" wie sie sind. Aber Spinoza geht weiter und sagt, aus diesem Prinzip folgt, daß die Menschen, die sich von der Vernunft leiten lassen . . . d. h. die ihren Nutzen mit Vernunft suchen, nichts für sich begehren, was sie nicht auch den andern wünschen, und so gerecht, gutgläubig und ehrenhaft sind'. So wechseln die Derivationen die Form, die Grundlage aber ist immer, daß man das Wohl des andern wollen muß, um sein eigenes Wohl zu fördern. Und wir finden dies Prinzip in der modernen Lehre von der Solidarität wieder« (gemeint war: *Durkheim*).

Klasse IV: *Beweise mit Worten*
Diese Derivationen erhalten ihre Stärke durch die Überzeugung von Beweisen mit Worten. „Diese Klasse wird von verbalen Derivationen gebildet, die durch Gebrauch von Ausdrücken unbestimmten, zweifelhaften, zweideutigen Sinnes zustande kommen und mit der Wirklichkeit nicht übereinstimmen" (§ 1543).
Zu dieser Klasse von Derivationen gehören Argumente, wie: „Dieses Regime soll demokratisch erklärt werden, weil es im Interesse der Volksmassen regiert." Was heißt hier „Demokratie" und „im Interesse der Volksmassen zu regieren"? Es ist ein verbaler Beweis, der in Worte gekleidet seine Überzeugungskraft ausstrahlt:
»Aber die Leute merken das nicht und staunen die Beweisführung an (§ 1546) . . . Zum Beispiel: Man lebt gut, wenn man der Natur gemäß lebt; das Eigentum ist gegen die Natur; also lebt man gut, wenn es kein Eigentum gibt." Im ersten Satz heben sich aus dem verworrenen Gefühlsaggregat, das mit dem Ausdruck Natur bezeichnet wird, die Gefühle heraus, die unserem Wesen entspricht (uns natürlich ist) von dem unterscheiden, was wir allein unter Zwang tun . . . und schon stimmt das Gefühl dem Satze bei: Man lebt gut, wenn man der Natur gemäß lebt". Im zweiten Satz heben sich die Gefühle heraus, die Menschenwerk (das Künstliche) von dem unabhängig davon Bestehenden (dem Natürlichen) unterscheiden, und auch da wird man unter dem Gefühlseindruck, daß das Eigentum keine Schöpfung der Natur sei, zugeben, daß es gegen die Natur sei. Dann folgt aus den beiden Sätzen logisch, daß man gut lebt, und wenn dieser Satz auch vom Gefühl dessen gebilligt wird, der ihn versteht, so hält er ihn in jeder Beziehung für unanfechtbar. Der Beweis ist in der Tat vollkommen, insofern er alle Wünsche derer, die ihn hören, befriedigt . . .«
Zu dieser Gattung von Argumentationen und Rechtfertigungen gehören die meisten öffentlichen Beweisführungen: Man kann von der Sache zum Terminus gelangen oder auch umgekehrt, vom Terminus zur wirklichen oder eingebildeten Sache. Diese Formen der Beweisführung können sich dann mischen, und zwar so,

daß man meist von der Sache zum Terminus gelangt – und vom Terminus wieder auf eine andere Sache. Die ganze Angelegenheit kompliziert sich durch die fast immer verwendete besondere Derivation; diejenige, die unbestimmte Ausdrücke für die Bezeichnung einer wirklichen Sache sucht – und unbestimmte Sachen mit einem definitiven Ausdruck belegt (§ 1549).

Beispiel: wenn die Sophisten darüber meditieren, ob durch die Addition von Getreidekörnchen ein Haufen entstehen kann, oder was als kurz, lang oder groß bezeichnet werden kann, so verwenden sie unbestimmte Ausdrücke für wirkliche Sachverhalte. – Philosophen hingegen sprechen vom Moralischen oder Unmoralischen, vom Schönen und Häßlichen. Hinter diesen definitiven Ausdrücken ist nun wiederum der *Sachverhalt* selbst unbestimmt. In beiden Fällen hat man die verwendeten Ausdrücke nicht klar definiert.

Die Funktion dieser Art von Derivationen im sozialen Leben ist für Pareto evident: Politiker, Juristen, Ökonomen usw. können nicht auf die Menschen wirken, ohne diese Derivationen richtig zu handhaben. Klar hat *Pareto* die politische Bedeutung der unendlichen Wiederholung ein und derselben Sache und die Notwendigkeit des Schein-Räsonnierens für die Beeinflussung und Lenkung der Massen erkannt:
»Die Wiederholung wirkt vor allem auf die Gefühle ein und modifiziert die Residuen . . . Wenn eine Regierung . . . eine Maßnahme rechtfertigen will . . . ist es bezeichnend, daß die verwendete Beweisführung weit davon entfernt ist die beste zu sein, um die Nützlichkeit dieser Maßnahme vorzuführen; man verwendet im allgemeinen die schlimmsten Verbalderivationen, die der Autorität und ähnliches. Aber das zählt nicht viel: im Gegenteil, es ist meist nützlich; man muß vor allem eine einfache Derivation parat haben, die jedermann verstehen kann, auch die Unwissenden, und man muß sie unzählig wiederholen« (§ 1749).

Derivationen weisen folgende strukturelle Merkmale auf: Sie gehen von einer experimentellen Tatsache aus (»einfache Behauptung«), bauen auf dieser Grundlage pseudo-experimentelle Prinzipien auf (»Autorität«) und wenn es sich um gebildete Menschen handelt, können sie das Denken zu einer höheren Stufe der Abstraktion aufsteigen lassen und aus diesen metaphysisch-sentimentalen und abstrakten Formeln jene Konsequenzen ableiten, die dem jeweiligen »Stand der Dinge« für die Aktionen der aufgrund ihrer Fähigkeit agierenden und herrschenden Personen am ehesten nutzen. Welcher Personenkreis auf welcher Grundlage nun das soziale Geschehen bestimmt, erfahren wir aus *Paretos* Elitetheorie.

3. Elitetheorie

Wenn die Geschichte, wie *Pareto* meint, ein »Friedhof von Aristokratien« ist, so wird bereits durch diese Formulierung der Zugang zum Verständnis seiner Elitetheorie aufgezeigt. »Friedhöfe von Aristokratien« will nämlich besagen, daß – wenn überhaupt von einer »Entwicklung« die Rede sein kann – die geschichtliche Bewegung, der Aufstieg und Verfall der Kulturen von der bewegenden Kraft einer elitären Minderheit abhängt. Die Geschichte der menschlichen Gesellschaft wird folglich dieser Konzeption nach durch den ständigen Wechsel in der Führungsschicht erklärt und die Ursachen des Wandels auf die »Fähigkeit«, bzw. »Unfähigkeit« von Eliten zurückgeführt. Aristokratien verfallen nicht nur zahlenmäßig, sondern auch – worauf es bei *Pareto* ankommt – an Eigenschaften: »ihre Tatkraft nimmt ab und es verschieben sich die Verhältnisse der Residuen, die ihnen ermöglichten, sich der Herrschaft zu bemächtigen und sich zu behaupten ... Die herrschende Klasse wird ... von solchen Familien fortgesetzt, die aus den Unterschichten kommen« (§ 229 ff.). Gleichzeitig mit der Zunahme degenerierter Elemente in den herrschenden Klassen ist die Zunahme hochqualifizierter bzw. »tatkräftiger« Elemente aus den unteren Schichten zu beobachten: Die (die Herrschaftspositionen besetzenden) »Löwen« werden schwach – und die (nach Herrschaft strebenden) »Füchse« erringen den Sieg. Die aufstrebenden »Füchse« versuchen nun entweder durch List oder Gewalt die Macht der ohnmächtig gewordenen Mächtigen zu brechen. Diese »Schwäche« ist darauf zurückzuführen, daß die noch herrschenden Oberschichten sich vor Gewaltanwendung scheuen: Dies bietet aufstrebenden Teilen der Unterschichten die Möglichkeit der Durchsetzung ihres Willens und auch die Chance zur Gewaltanwendung »von unten«.

Es handelt sich also in der Geschichte um einen Zirkulationsprozeß von elitären Gruppen, um einen Ausleseprozeß der »Tüchtigen«. [1] Dieser Mechanismus der Elitebildung erstreckt sich nicht nur auf die »regierende Elite«, sondern auf alle Berufssparten der Gesellschaft. Um die Wertfreiheit seines Elitebegriffes zu demonstrieren, weist *Pareto* darauf hin, daß es nicht nur eine Elite unter den Ingenieuren, Wissenschaftlern usw., sondern auch unter Dieben und Prostituierten gibt. Madame Pompadour, die die Gunst des mächtigen Ludwigs XV. zu gewinnen verstand, steht haushoch über jener Dirne, die »nur die Sinne jener Großen zu befriedigen verstand« (§ 2027). Alle Arten von Eliten müssen sich kraft ihrer Fähigkeit bewähren oder werden von anderen Personen verdrängt. Das »Auf und Ab« dieser Schicksale verursacht letztlich die soziale Mobilität und den Abbruch gesellschaftlicher Barrieren, die diesen Kreislauf- bzw. Ausleseprozessen im Wege stehen.

Dem Paretiensischen Elitebegriff wird ein nach Leistungsnormen aufgestelltes Punktsystem zugrunde gelegt (§ 2027 ff.): Demnach zählen Personen mit hoher Punktzahl, d. h. mit hohen Leistungsquotienten, zur Elite. *Pareto* weiß im Hinblick auf den politischen Bereich einen wesentlichen Unterschied zwischen regierender und nicht-regierender Elite zu machen: Denn, die entscheidenden Impulse für soziale Wandlungsprozesse können nicht aus der Zirkulation der nicht-regierenden Eliten abgeleitet werden: Das Schicksal der Gesellschaft steht oder fällt vor allem mit der Beschaffenheit ihrer regierenden Elite. Das entscheidende Spiel sozialer Kräfte wird zwischen den »Löwen« (den »Männern der Persistenz«) und den Füchsen (den »Männern der Kombination«) ausgetragen. Die Inhaber von Machtpositionen stehen denen gegenüber, die die Macht erlangen wollen: In dieser Auseinandersetzung bedienen sich beide Parteien der Derivationen, wobei die Konservativen eher an die Gefühle, die »Männer der Kombination« eher an die Vernunft appellieren. Die Form oder der Typus einer Gesellschaft wird also nach *Pareto* durch

---

1 »Die Hauptbedeutung des Ausdrucks Elite ist die Überlegenheit. Nur diese halte ich fest und lasse die Nebenbedeutungen der Schätzung und der Nützlichkeit beiseite. Ich untersuche hier nicht, was wünschenswert ist, (sondern nur) was existiert. Im weitesten Sinne verstehe ich unter Elite einer Gesellschaft die Menschen, die einen bemerkenswerten Grad von Intelligenz, Charakter, Geschicklichkeit, Fähigkeit aller Art besitzen ...« (nach: Kolabinska, § 2026).

die »Natur« ihrer regierenden Elite bestimmt. Die Massen spielen dabei kaum eine Rolle: Sie werden sich stets den jeweiligen Machthabern beugen, bzw. sich den jeweils an die Macht gelangten Eliten fügen.

Nach *Pareto* hat sich die Natur sozialen Massenhandelns in der Geschichte nicht geändert: Sie besteht wie immer aus einem Ensemble von derivational gerechtfertigten Residuen, das quasi instinktiv die Verhaltensweisen und Motivationen auf die Selbsterhaltung sozialer Systeme und deren Wahrung hin steuert. Soziales Gleichgewicht könne nämlich nur dann aufrechterhalten werden, wenn die Denk- und Fühlweise der Menschen mit den Nützlichkeitsforderungen des kollektiven Lebens in Einklang gebracht werden können. Die Eliten müssen es verstehen, Derivationen auf die Weise mit Residuen in Übereinstimmung zu bringen, daß die Wertmaßstäbe den residualen Wünschen der Menschen – wie z. B. den Wünschen nach materiellem Wohlstand, Anerkennung und Ehre – entgegenkommen. Die nicht-wissenschaftlichen Doktrinen (Ideologien) haben hier ihre gesellschaftsstabilisierende Wirkung, indem sie, von Nützlichkeitserwägungen geleitet, Derivationen anbieten, die beschwichtigend und sublimierend auf die Struktur der Residuen einwirken. Es gibt also eine der menschlichen Natur eigene »innere Ordnung«, in der man eine gewisse Logik des nicht-logischen Verhaltens entdecken kann.

Entsprechend dieser Grundkonzeption über die sozial manifest gewordenen Strukturen eines in der menschlichen Natur verhafteten Handlungsantriebs, führt *Pareto* auch den sozialen Wandel auf einen residualen Ursprung, auf die Residuen der Kombination, zurück. Sozialer Wandel kann sich demzufolge nur in den Teilbereichen des Sozialsystems vollziehen und beschränkt sich im wesentlichen auf die Machtkämpfe von elitären Gruppen, die sich zwischen den »Schlauen« und »Starken« – zwischen den Typen der »Füchse« und »Löwen« – abspielen. Die technisch-wissenschaftliche Entwicklung, deren Errungenschaften ebenfalls einer Elite im logisch-experimentellen Bereich zuzuschreiben sind, bedeuten noch keine soziale Entwicklung im Sinne zunehmender Rationalisierung zwischenmenschlicher Handlungssysteme. Soziales Handeln wird auch unter diesen Bedingungen wesentlich von der Struktur der Residuen und Derivationen bestimmt.

Pareto: Tabellarische Zusammenfassung (Handlungsmodell)

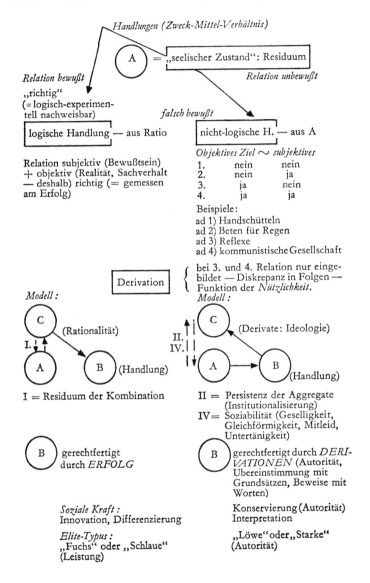

Handlungen *(Zweck-Mittel-Verhältnis)*

A = „seelischer Zustand": Residuum

Relation bewußt

Relation unbewußt

„richtig"
(= logisch-experimen-
tell nachweisbar)

falsch bewußt

logische Handlung — aus Ratio

nicht-logische H. — aus A

Relation subjektiv (Bewußtsein)
+ objektiv (Realität, Sachverhalt
— deshalb) richtig (= gemessen
am Erfolg)

Objektives Ziel ~ subjektives
1. nein   nein
2. nein   ja
3. ja   nein
4. ja   ja

Beispiele:
ad 1) Handschütteln
ad 2) Beten für Regen
ad 3) Reflexe
ad 4) kommunistische Gesellschaft

Derivation

{ bei 3. und 4. Relation nur eingebildet — Diskrepanz in Folgen —
Funktion der *Nützlichkeit*.

Modell:

Modell:

C (Rationalität)

I.

A   B (Handlung)

C (Derivate: Ideologie)

II.
IV.

A → B (Handlung)

I = Residuum der Kombination

II = Persistenz der Aggregate
(Institutionalisierung)
IV = Soziabilität (Geselligkeit,
Gleichförmigkeit, Mitleid,
Untertänigkeit)

B gerechtfertigt
durch *ERFOLG*

B gerechtfertigt durch *DERI-
VATIONEN* (Autorität,
Übereinstimmung mit
Grundsätzen, Beweise mit
Worten)

Soziale Kraft:
Innovation, Differenzierung

Konservierung (Autorität)
Interpretation

Elite-Typus:
„Fuchs" oder „Schlaue"
(Leistung)

„Löwe" oder „Starke"
(Autorität)

121

2. Max Weber (1864–1920)

Hauptwerke: Gesammelte Aufsätze zur Wissenschaftslehre, 3. Aufl., hrsg. J. Winckelmann,
Tübingen 1968.
Die protestantische Ethik, hersg. J. Winckelmann, München–Hamburg 1965
(Siebenstern).
Wirtschaft und Gesellschaft (1919), hersg. J. Winckelmann, Köln–Berlin 1964,
I, II (Studienausgabe) – Abkürzung: WG.

1. Soziales Handeln

Die Soziologie definierte Max *Weber* als

»eine Wissenschaft, welche soziales Handeln deutend verstehen und dadurch in seinem Ablauf
und seinen Wirkungen ursächlich erklären will.«

In diesem ersten Satz der »Soziologischen Grundbegriffe« (WG, § 1) wird
deutlich gesagt, daß der eigentliche Gegenstand der Soziologie kein »bloßes«
Handeln, – sondern das »soziale Handeln« ist. Was ist nun der Unterschied
zwischen Handeln und sozialem Handeln?

»Handeln – fährt *Weber* fort – soll dabei ein menschliches Verhalten (einerlei ob äußeres oder
innerliches Tun, Unterlassen oder Dulden) heißen, wenn und insofern als der oder die Handelnden mit ihm einen subjektiven Sinn verbinden«.

Wenn sich also das menschliche Verhalten nicht unmittelbar am Verhalten
anderer orientiert und dadurch die unmittelbare soziale Beziehung als »sinnhaft bezogenes Handeln« zu anderen fehlt, haben wir es nicht mit dem Typus
des sozialen Handelns zu tun. Nachahmung, gleichmäßiges Handeln, ja sogar
»reaktiv verursachtes« subjektives Handeln in einer örtlich zusammengedräng-
ten Masse entsprechen noch nicht dem Weberschen Kriterium des sozialen Handelns.

Beispiel: Zum gleichmäßigen Handeln: Wenn eine Menge Menschen beim Beginn des Regens
gleichzeitig den Regenschirm aufspannt. –
Zum beeinflußten Handeln: durch die Nachrichten der Presse entsteht bei den Individuen eine, mit einem subjektiven Sinn verbundene simultane Handlungsweise
oder -orientierung. Auch das individuelle Verhalten z. B. in einer Massendemonstra-
tion gehört nicht zum sozialen Handeln, wenn zwischen dem Verhalten des einzelnen und der Tatsache seiner Massenlage keine sinnhafte Beziehung besteht (WG,
S. 16).

Diese, auf den ersten Blick etwas willkürlich anmutende Abgrenzung dient
einem, für die Soziologie wichtigen methodologischen Hilfsmittel: der Konstruktion von Idealtypen. *Weber* ist sich dessen völlig bewußt, daß »der
Unterschied natürlich höchst flüssig« ist und daß die Grenze zwischen sozialem
Handeln und »spezifisch sozialem Handeln« diese Unterscheidung »oft kaum
möglich macht«:

»Das reale Handeln – sagt *Weber* (WG, S. 15) – verläuft in der großen Masse seiner Fälle in
dumpfer Halbbewußtheit oder Unbewußtheit seines „gemeinten Sinns“. Der Handelnde „fühlt“
ihn mehr unbestimmt, als daß er ihn wüßte oder „sich klar machte“, handelt in der Mehrzahl
der Fälle triebhaft oder gewohnheitsmäßig. Nur gelegentlich, und bei massenhaft gleichartigem

Handeln oft nur von einzelnen, wird ein . . . Sinn des Handelns in das Bewußtsein gehoben. Wirklich effektiv, d. h. voll bewußt und klar, sinnhaftes Handeln ist in der Realität stets nur ein Grenzfall. Auf diesen Tatbestand wird jede historische und soziologische Betrachtung bei Analyse der *Realität* stets Rücksicht zu nehmen haben. Aber das darf nicht hindern, daß die Soziologie ihre Begriffe durch Klassifikation des „möglichen gemeinten Sinns" bildet, also so, als ob das Handeln tatsächlich bewußt sinnorientiert verliefe . . . Man hat eben methodisch sehr oft nur die Wahl zwischen unklaren oder klaren, aber dann irrealen und ‚ideal-typischen' Termini . . .«

Während also der Sinn des eigenen Handelns, unabhängig von der Orientierung an fremdem Verhalten, keineswegs immer eindeutig feststellbar ist, muß er begrifflich zu trennen sein, um die zentrale Aufgabe der Soziologie – die Typenbildung sozialen Handelns – konstruieren zu können. Dieses »soziale Handeln« soll aber nach *Weber* (WG, S. 3):

». . . ein solches Handeln heißen, welches seinem von dem oder den Handelnden gemeinten Sinn nach auf das Verhalten anderer bezogen wird und daran in seinem Ablauf orientiert ist«.

Zum Begriff des sozialen Handelns gehört also die Orientierung an fremdem Verhalten: »am vergangenen, gegenwärtigen oder künftig erwarteten Verhalten anderer« (WG, S. 16 f.):

»Hierzu gehören also Handlungsweisen, wie z. B. Rache für frühere Angriffe, Abwehr gegenwärtiger Angriffs usw. Die „anderen" können einzelne und Bekannte oder unbestimmt viele und ganz Unbekannte sein („Geld" z. B. bedeutete ein Tauschgut, welches der Handelnde beim Tausch deshalb annimmt, weil er sein Handeln an der Erwartung orientiert, daß sehr zahlreiche, aber unbekannte und unbestimmt viele andre es ihrerseits künftig in Tausch zu nehmen bereit sein werden).
Nicht jede Art von Handeln – fährt *Weber* fort – . . . ist soziales Handeln im hier festgehaltenen Wortsinn. Äußeres Handeln dann nicht, wenn es sich lediglich an den Erwartungen des Verhaltens sachlicher Objekte orientiert. Das innere Sichverhalten ist soziales Handeln nur dann, wenn es sich am Verhalten anderer orientiert. Religiöses Verhalten z. B. dann nicht, wenn es Kontemplation, einsames Gebet usw. bleibt«.

Ein subjektives Handeln wird also nur dann zum sozialen Handeln, wenn es eine Beziehung zu anderen darstellt: Wenn z. B. eine Vorlesung ohne Rücksicht auf das Publikum schnell, unverständlich, monologisierend gehalten wird, ist sie kein soziales Handeln, weil die Rede nicht am Verhalten der Hörerschaft orientiert ist.
Der Terminus: »Orientierung an fremdem Verhalten« kann nicht einfach durch den Terminus: »Rücksicht auf andere« ersetzt werden, weil dieser letzte Ausdruck schon eine Wertung beinhaltet und damit nur einen Aspekt, nämlich den positiven, hervorhebt. »Orientierung an fremdem Verhalten« besagt jedoch noch nichts über die »positive« oder »negative« Richtung des Handelns: dieser allgemein gefaßte Terminus erlaubt die Spezifizierung eines Tatbestandes, aus dem dann – begrifflich »sauber« – die verschiedensten Arten des sozialen Handelns abgeleitet werden können.
Die Bestimmungsgründe sozialen Handelns, wie auch eines jeden Handelns, können zweckrational (1), wertrational (2), emotional (3) oder traditional (4) sein:
ad 1) Die von *Weber* als zweckrational bezeichnete Handlungsweise entspricht weitgehend dem Begriff des logischen Handelns bei *Pareto:* zweckrational ist

eine Handlung, wenn der Handelnde ein klares Ziel vor Augen hat und die entsprechenden Mittel zur Erreichung dieses Ziels einsetzt:

> »Zweckrational handelt – sagt Weber (WG, S. 18) –, der sein Handeln nach Zweck, Mitteln und Nebenfolgen orientiert und dabei sowohl die Mittel gegen die Zwecke, wie die Zwecke gegen die Nebenfolgen, wie endlich auch die verschiedenen möglichen Zwecke gegeneinander rational *abwägt:* also jedenfalls weder affektuell (und insbesondere nicht emotional), noch traditional handelt . . .«

Im Unterschied zu *Pareto*, sagt jedoch *Weber* nicht ausdrücklich, daß das Handeln in dem Falle nicht-logisch, bzw. nicht-rational sei, wenn der Handelnde infolge seiner mangelhaften Kenntnisse ungeeignete Mittel zur Erlangung des Zwecks wählt. Die Rationalität in bezug auf den Zweck ist bei *Weber* vielmehr nach dem vermeintlichen Sinn des *Handelnden* bemessen, während die Rationalität bei *Pareto* vom Standpunkt des *Beobachters* bestimmt wird.

ad 2) Die wertrationale Handlungsweise orientiert sich nach Geboten oder nach bestimmten Forderungen ethischer, ästhetischer, religiöser usw. Art, die der Handelnde an sich gestellt glaubt:

> »Rein wertrational handelt – sagt *Weber* (WG, S. 18) –, wer ohne Rücksicht auf die vorauszusehenden Folgen handelt, im Dienst seiner Überzeugung von dem, was Pflicht, Würde, Schönheit, religiöse Weisung, Pietät oder die Wichtigkeit einer „Sache" gleichviel welcher Art ihm zu gebieten scheinen . . .
> Vom Standpunkt der Zweckrationalität aus aber ist Wertrationalität immer, und zwar je mehr sie den Wert, an dem das Handeln orientiert wird, zum absoluten Wert steigert, desto mehr: *irrational*, weil sie ja um so weniger auf die Folgen des Handelns reflektiert, je unbedingter allein dessen *Eigen*wert (reine Gesinnung, absolute Güte, absolute Pflichtmäßigkeit) für sie in Betracht kommt«.

ad 3) Im Unterschied zur konsequenten, planvollen Orientierung des rationalen Handelns ist das affektuelle (oder: emotionale) Sichverhalten das Ergebnis einer spontanen Reaktion des Handelnden:

> »Affektuell handelt, wer sein Bedürfnis nach aktueller Rache, aktuellem Genuß, aktueller Hingabe, aktueller kontemplativer Seligkeit oder nach Abreaktion aktueller Affekte . . .« befriedigt (WG, S. 18).

ad 4) Emotionales und traditionales Verhalten ähneln sich in der Weise, daß beide sich »an der Grenze und oft jenseits dessen, was man ein »sinnhaft orientiertes Handeln nennen kann«, bewegen:

> Das traditionelle Verhalten »ist sehr oft nur ein dumpfes, in der Richtung der einmal eingelebten Einstellung ablaufendes Reagieren auf gewohnte Reize. Die Masse alles eingelebten Alltagshandelns nähert sich diesem Typus . . . (die auch deshalb) in die Systematik gehört, weil . . . die Bindung an das Gewohnte in verschiedenem Grade und Sinne bewußt aufrechterhalten werden kann: in diesem Fall nähert sich dieser Typus dem« des wertrationalen Handelns (WG, S. 17).

Das soziale Handeln organisiert sich in sozialen Beziehungen, die dann gegeben sind, wenn der Sinn der Handlung eines jeden Handelnden auf das Verhalten anderer abgestimmt ist und auf diese Weise eine gegenseitige Handlungsorientierung stattfindet:

124

»Soziale „Beziehung" soll ein seinem Sinngehalt nach aufeinander gegenseitig eingestelltes und dadurch orientiertes Sichverhalten mehrerer heißen. Die soziale Beziehung besteht also durchaus und ganz ausschließlich: in der Chance, daß in einer (sinnhaft) angebbaren Art sozial gehandelt wird . . .« (WG, S. 19).

Dieses System sozialer Beziehungen hat drei besondere Merkmale:

1. Es setzt sich aus Handlungen zusammen, die die Chance haben, aufeineinander sinnvoll abgestimmt zu werden, bzw. dem von den Beteiligten gemeinten Sinngehalt nach mit bestimmten *sozialen Erwartungen* verbunden sind. Mit *Webers* Worten:

»Stets handelt es sich um den im Einzelfall wirklich oder durchschnittlich . . . „reinen" Typus von den Beteiligten gemeinten, empirischen Sinngehalt, niemals um einen normativ „richtigen" oder metaphysisch „wahren" Sinn . . .
Aufeinander bezogen ist (die soziale Beziehung) aber auch dann insofern, als der Handelnde vom Partner (vielleicht ganz oder teilweise irrigerweise) eine bestimmte Einstellung . . . voraussetzt und an diesen Erwartungen sein eigenes Handeln orientiert, was für den Ablauf des Handelns und die Gestaltung der Beziehungen Konsequenzen haben kann und meist haben wird. Objektiv ‚beiderseitig' ist sie natürlich nur insoweit, als der Sinngehalt einander – nach den durchschnittlichen Erwartungen jedes der Beteiligten – „entspricht", also z. B. der Vatereinstellung die Kindeseinstellung wenigstens annähernd so gegenübersteht, wie der Vater dies (im Einzelfall oder durchschnittlich, oder typisch) erwartet. Eine völlig und restlos auf gegenseitiger sinnentsprechender Einstellung ruhende soziale Beziehung ist in der Realität nur ein Grenzfall« (WG, S. 19).

2. Der letzte Satz des obigen Zitats soll nun zu den weiteren Merkmalen der Struktur sozialer Beziehungen im Weberschen Denken hinüberleiten; zuerst zum Verständnis ihres dynamischen Charakters. Im Gegensatz zu *Tönnies* vgl. Kap. VI, S. 57 ff.) sieht *Weber* zwischen den Prozessen der Vergemeinschaftung und Vergesellschaftung keine dichotomen Beziehungen. Er betrachtet sie wertfrei und stellt in diesem Sinne die fließenden Grenzen zwischen diesen beiden Typen von Beziehungsstrukturen fest:

‚Vergemeinschaftung' soll eine soziale Beziehung heißen, wenn und soweit die Einstellung des sozialen Handelns . . . auf subjektiv gefühlter (affektueller oder traditioneller) Zusammengehörigkeit der Beteiligten beruht.
‚Vergesellschaftung'; soll eine soziale Beziehung heißen, wenn und soweit die Einstellung des sozialen Handelns auf rational (wert- oder zweckrational) motiviertem Interessenausgleich oder auf ebenso motivierter Interessenverbindung beruht . . .
Die Terminologie erinnert an die von F. Tönnies . . . vorgenommene Unterscheidung. Doch hat T. für seine Zwecke dieser Unterscheidung alsbald einen wesentlich spezifischeren Inhalt gegeben, als hier für unsere Zwecke nützlich wäre. Die reinsten Typen der Vergesellschaftung sind a) der streng zweckrationale, frei paktierte Tausch auf dem Markt . . . b) der reine, frei paktierte Zweckverein, eine nach Absicht und Mitteln rein auf Verfolgung sachlicher . . . Interessen der Mitglieder abgestellte Vereinbarung kontinuierlichen Handelns . . .
Vergemeinschaftung kann auf jeder Art von affektueller oder emotionaler oder aber traditionaler Grundlage beruhen: eine pneumatische Brüdergemeinde, eine erotische Beziehung, ein Pietätsverhältnis, eine „nationale" Gemeinschaft, eine kameradschaftlich zusammenhaltende Truppe. Den Typus gibt am bequemsten die Familiengemeinschaft ab. Die große Mehrzahl sozialer Beziehungen aber hat *teils* den Charakter der Vergemeinschaftung, *teils* den der Vergesellschaftung. Jede noch so zweckrationale und nüchtern geschaffene und abgezweckte soziale Beziehung (Kundschaft z. B.) *kann* Gefühlswerte stiften, welche über den gewillkürten Zweck hinausgreifen. Jede über ein aktuelles Zweckvereinshandeln hinausgehende und nicht von vornherein auf sachliche Einzelleistungen begrenzte Vergesellschaftung – wie etwa die Vergesellschaftung im gleichen Heeresverband, in der gleichen Schulklasse, im gleichen Kontor, der gleichen Werkstatt – neigt, in freilich höchst verschiedenem Grade, irgendwie dazu. Ebenso

kann umgekehrt eine soziale Beziehung, deren normaler Sinn Vergemeinschaftung ist, von allen oder einigen Beteiligten ganz oder teilweise zweckrational orientiert werden. Wie weit z. B. ein Familienverband von den Beteiligten als „Gemeinschaft" gefühlt oder als ‚Vergesellschaftung' ausgenutzt wird, ist sehr verschieden« (WG, S. 29).

3. Soziale Beziehungen haben außerdem die typische Eigenschaft, durch die tendenzielle Perpetualisierung bestimmter Handlungsabläufe *Regelmäßigkeiten* aufzuweisen. Die von *Weber* eingeführten Begriffe der »Chance« und der »Orientierung« haben hier ihren besonderen Platz: sie sollen den idealtypisch »subjektiv gemeinten Sinn« der Handelnden mit den fließenden Grenzen des realen Ablaufs sozialer Beziehungen konfrontieren:

»Es lassen sich innerhalb des sozialen Handelns tatsächliche Regelmäßigkeiten beobachten, d. h. in einem typisch gleichartig gemeinten Sinn beim gleichen Handelnden sich wiederholende ... Abläufe von Handeln. Mit diesen Typen des Ablaufs von Handeln befaßt sich die Soziologie, im Gegensatz zur Geschichte als der kausalen Zurechnung wichtiger, d. h. schicksalhafter, Einzelzusammenhänge« (WG, S. 20).

Was bedingt nun die Regelmäßigkeit sozialer Beziehungen? Die Chance zu regelmäßiger Wiederkehr sozialer Handlungen kann garantiert werden:

1. durch Brauch;
2. durch Sitte;
3. durch Interessen;
4. durch legitime Ordnung (Konvention, Recht)

Im Unterschied zur legitimen Ordnung beruht die Handlungsorientierung nach Brauch, Sitte und Interessenlage nicht auf irgendeiner, im juristischen Sinne als »geltend« vorgestellten Norm. Es besteht also auch außerhalb der legitimen Ordnung die Chance, bestimmte Regelmäßigkeiten des Handelns zu erzwingen, die im Brauch »durch tatsächliche Übung«, in der Sitte durch »tatsächliche Übung auf langer Eingelebtheit« und in der Interessenlage durch zweck-rationales Handeln der Beteiligten im subjektiv eingeschätzten Sinne ihrer Interessen zum Vorschein kommen. In diesen Bereichen der sozialen Beziehungen ist die Handlungsfreiheit prinzipiell gegeben (– d. h. daß die Regularität der Beziehungen nicht absolut ist –), doch wird das abweichende Verhalten so stark sanktioniert, daß man die tatsächliche Orientierung an diesen Verhaltensregeln als typisch bezeichnen kann:

»Zum *Brauch* gehört auch die „Mode". „Mode" im Gegensatz zu „Sitte" soll Brauch dann heißen, wenn (gerade umgekehrt wie bei Sitte) die Tatsache der Neuheit des betreffenden Verhaltens Quelle der Orientierung des Handelns daran wird ... (WG, S. 21). Die Stabilität der (bloßen) *Sitte* – (WG, S. 22) – beruht wesentlich darauf, daß derjenige, welcher sein Handeln nicht an ihr orientiert, ‚unangepaßt' handelt, d. h. kleine und große Unbequemlichkeiten und Unzuträglichkeiten mit in den Kauf nehmen muß, solange das Handeln der Mehrzahl seiner Umwelt nun einmal mit dem Bestehen der Sitte rechnet und darauf eingestellt ist. Die Stabilität der *Interessenlage* beruht, ähnlich, darauf, daß, wer sein Handeln nicht an dem Interesse der andern orientiert – mit diesen nicht „rechnet" –, deren Widerstand herausfordert oder einen von ihm nicht gewollten und nicht vorausgesehenen Erfolg hat und also Gefahr läuft, an eigenem Interesse Schaden zu nehmen.«

Beispiel: Es ist eine Sitte, daß Studenten die Professoren während der Vorlesung schweigend anhören. Man kann also sagen, daß es eine mehr oder weniger große Chance gibt, daß eine Vorlesung ohne Zwischenrufe und Diskussionen abgehalten wird. Dies ist jedoch nur eine, durch „eingelebte Übung" entstandene Sitte, deren Verletzung – wenigstens theoretisch – keine juristische Einmischung nach sich ziehen dürfte.

Die Regularität der sozialen Beziehungen kann jedoch nicht nur das Ergebnis einer langen Gewöhnung sein, sondern wird zusätzlich durch Reglementierungen, im Sinne der Geltendmachung der betreffenden Ordnung, verfestigt. Die Anerkennung der Legitimität einer bestimmten Ordnung ist in der Handlungsorientierung der wichtigste Faktor im Prozeß der Vergesellschaftung. Es soll jedoch betont werden, daß soziales Handeln sich nach *Weber* nicht nur an »aufoktroyierten Ordnungen« orientiert:

»Handeln, insbesondere soziales Handeln und wiederum insbesondere eine soziale Beziehung, können von seiten der Beteiligten an der Vorstellung vom Bestehen einer legitimen Ordnung orientiert werden. Die Chance, daß dies tatsächlich geschieht, soll „Geltung" der betreffenden Ordnung heißen« (WG, S. 22).

In diesem Falle wird die Regelmäßigkeit des Handlungsablaufs nicht nur durch Sitte oder Interessenlage, sondern auch durch Prinzipien der geltenden Ordnung (»angebbare Maxime«) bedingt, an denen sich der Handelnde (»durchschnittlich und annähernd«) tatsächlich orientiert:

»Wenn ein Höker zu bestimmten Monats- oder Wochentagen eine bestimmte Kundschaft aufsucht, so ist das entweder eingelebte Sitte oder . . . Produkt seiner Interessenlage . Wenn ein Beamter aber täglich zur festen Stunde auf dem Büro erscheint, so ist das . . . nicht *nur* durch eingelebte Gewöhnung (Sitte) und auch nicht nur durch eigene Interessenlage bedingt, . . . sondern (in der Regel) durch das Gelten der Ordnung (Dienstreglement) als Gebot, dessen Verletzung nicht nur Nachteile brächte, sondern – normalerweise – auch von seinem Pflichtgefühl wertrational (wenn auch in höchst verschiedenem Maße) perhorresziert wird« (WG, S. 22).

Die Legitimität einer Ordnung kann »äußerlich« aber außerdem noch »innerlich« (Werte, Gefühle) garantiert sein: Die Ordnung kann juristisch sein, wenn sie äußerlich »durch die Chance physischer oder psychischer Zwangsanwendung garantiert ist; oder sie kann konventionell sein, wenn ihre Geltung bei abweichendem Verhalten durch Mißbilligung des Kollektivs sanktioniert wird.

Beispiel: die konventionelle Sanktionierung kann u. U. wirkungsvoller als die juristische wirken (z. B. bei der Verletzung der Standessitten); wo zur Einhaltung der legitim angesehenen Ordnung die Konventionsregeln nicht ausreichen, wird die Anwendung von Rechtsmitteln oder aber psychischen Zuchtmitteln (Kirche) erforderlich.

Die legitimen Ordnungstypen können nach den Motivationen der Gehorchenden klassifiziert werden:

»Legitime Geltung kann einer Ordnung von den Handelnden zugeschrieben werden:
a) Kraft Tradition: Geltung des immer Gewesenen;
b) kraft aktuellen (. . . emotionalen) Glaubens: Geltung des neu Offenbarten oder des Vorbildlichen;
c) kraft wertrationalen Glaubens . . .
d) kraft positiver Satzung, an deren Legalität geglaubt wird« (WG, S. 26).

Beispiel: ad a) Die Heilighaltung der Tradition (Stabilität des Gegebenen) scheint die universellste und ursprünglichste Legitimitätsgeltung von Ordnungen zu sein;
ad b) „Bewußte Neuschöpfungen von Ordnungen" legitimieren sich, wenigstens ursprünglich, stets durch „prophetisch sanktionierte . . . heilig geglaubte Verkündigungen";

ad c) Den „reinsten Typus der wertrationalen Geltung" sieht *Weber* im Naturrecht, dessen ideale Ansprüche doch einen gewissen realen Einfluß auf das Handeln ausüben können;

ad d) „Die heute geläufigste Legitimationsform ist der Legalitätsglaube: die Fügsamkeit gegenüber formal korrekt und in der üblichen Form zustandegekommenen Satzungen" (S. 27).

Für *Weber* besteht das Gesellschaftsleben sowohl aus Kämpfen als auch aus Übereinstimmung: Der Kampf bildet für ihn eine fundamentale soziale Beziehung:

»Kampf soll eine soziale Beziehung insoweit heißen, als das Handeln an der Absicht der Durchsetzung des eigenen Willens gegen Widerstand ... orientiert ist ...

Jedes typisch und massenhaft stattfindende Kämpfen und Konkurrieren führt trotz noch so vieler ausschlaggebender Zufälle und Schicksale doch auf die Dauer im Resultat zu einer „Auslese" derjenigen, welche die für den Sieg im Kampf durchschnittlich wichtigen persönlichen Qualitäten in stärkerem Maße besitzen. Welches diese Qualitäten sind: ob mehr physische Kraft oder skrupelfreie Verschlagenheit, mehr Intensität geistiger Leistungskraft ... oder Demagogentechnik ... mehr originelle Leistungsfähigkeit oder mehr soziale Anpassung ...: darüber entscheiden die Kampf- und Konkurrenzbedingungen, zu denen, neben allen denkbaren individuellen und Massenqualitäten auch jene Ordnungen gehören, an denen sich, sei es traditional, wertrational oder zweckrational, das Verhalten im Kampf orientiert« (WG, S. 28).

Gegenüber den Kampf- und Konkurrenzbeziehungen stehen die integrativen sozialen Beziehungen der Vergemeinschaftung und Vergesellschaftung. Auch in diesem Bereich sind die Grenzen fließend, die den Integrationsprozeß bedingen und entweder eine »auf subjektiv gefühlter (affektueller oder traditioneller) Zusammengehörigkeit der Beteiligten beruhende Gemeinschaft oder aber eine auf streng zweckrationaler Grundlage entstandene Gesellschaft begründen«:

»,Vergesellschaftung' soll eine soziale Beziehung heißen, wenn und soweit die Einstellung des sozialen Handelns auf rational (wert- oder zweckrational) motiviertem Interessenausgleich oder auf ebenso motivierter Interessenverbindung beruht. Vergesellschaftung kann typisch insbesondere ... auf rationaler Vereinbarung durch gegenseitige Zusage beruhen. Dann wird das vergesellschaftete Handeln im Rationalitätsfall orientiert a) wertrational an dem Glauben an die eigene Verbindlichkeit, – b) zweckrational an der Erwartung der Loyalität des Partners ...

Vergemeinschaftung kann auf jeder Art von affektueller oder emotionaler oder aber traditionaler Grundlage ruhen ... Den Typus gibt am bequemsten die Familiengemeinschaft ab. Die große Mehrzahl sozialer Beziehungen aber hat teils den Charakter der Vergemeinschaftung, teils den der Vergesellschaftung. Jede noch so zweckrationale und nüchtern geschaffene und abgezweckte soziale Beziehung (Kundschaft, z. B.) kann Gefühlswerte stiften, welche über den gewillkürten Zweck hinausgreifen. Jede über ein aktuelles Zweckvereinshandeln hinausgehende, also auf längere Dauer eingestellte, soziale Beziehungen zwischen den gleichen Partnern herstellende ... Vergesellschaftung – wie etwa die Vergesellschaftung im gleichen Heeresverband, in der gleichen Schulklasse ... der gleichen Werkstatt – neigt, in freilich höchst verschiedenem Grade« zur Vergemeinschaftung (WG, S. 29 f).

Der Vergesellschaftungsprozeß in der modernen Gesellschaft tendiert dazu, die sozialen Beziehungen zu »regulieren oder rationieren«: Seine wichtigsten organisatorischen Formen sind:

Verband „soll eine nach außen regulierend beschränkte oder geschlossene soziale Beziehung dann heißen, wenn die Innehaltung ihrer Ordnung garantiert wird durch eigens auf deren Durchführung eingestellte Verhalten bestimmter Menschen: eines Leiters und, eventuell, eines Verwaltungsstabes ..." (WG, S. 34);

Betrieb „soll ein kontinuierliches Zweckhandeln bestimmter Art . . . heißen" (WG, S. 37);
Anstalt „soll ein Verband heißen, dessen gesatzte Ordnungen innerhalb eines angebbaren Wirkungsbereiches jedem nach bestimmten Merkmalen angebbaren Handeln (relativ) erfolgreich oktroyiert werden" (WG, S. 38).

Aus diesen Grundtypen zweckrational orientierter Handlungsregulierungen wird auch der *Staat* als ein politischer Anstaltsbetrieb definiert;

». . . wenn und insoweit sein Verwaltungsstab erfolgreich das Monopol legitimen physischen Zwanges für die Durchführung der Ordnungen in Anspruch nimmt« (WG, § 17).

Der zweckrationale Aspekt sozialen Handelns in der modernen abendländischen Gesellschaft tritt besonders deutlich im wirtschaftlichen und politischen Bereich hervor: Die wichtigsten Typen gegenseitiger Beeinflussung durch soziales Handeln bilden Interessenorientierungen nach kalkulierten Markt- und Machtchancen:

»Der Markt und die auf ihm ruhende Verkehrswirtschaft ist im übrigen der wichtigste Typus der gegenseitigen Beeinflussung des Handelns durch nackte Interessenlage, wie sie der modernen Wirtschaft charakteristisch ist« (WG, S. 31).
„Politisch orientiert" soll ein soziales Handeln, insbesondere auch ein Verbandshandeln, dann und insoweit heißen, als es die Beeinflussung der Leitung eines politischen Verbandes, insbesondere die Appropriation . . . oder Neuverteilung . . . von Regierungsgewalten, bezweckt« (WG, S. 39).

Beide Richtlinien sozialer Handlungsorientierung weisen eine zunehmende (Zweck-)Rationalität auf, die der abendländischen Gesellschaftsentwicklung eigen zu sein scheint. Rationaler Fortschritt wird jedoch von *Weber* nicht in erster Linie als ein zunehmend »subjektiv rationales Sichverhalten«, sondern vor allem als eine »fortschreitende technische Rationalität der Mittel« angesehen. Die Möglichkeit ist jedoch nicht ausgeschlossen, daß der Zwang zur technischen Rationalität auch seinen Einfluß auf das subjektiv-rationale Sichverhalten immer stärker ausüben wird:

»Die Verquickung von ‚Fortschritt' im Sinne 1. des bloßen differenzierenden ‚Fortschreitens', ferner 2. der fortschreitenden technischen Rationalität der Mittel, endlich 3. der Wertsteigerung wiederholt sich auch hier. Zunächst ist schon ein subjektiv ‚rationales' Sichverhalten nicht mit rational ‚richtigem', d. h. die objektiv, nach der wissenschaftlichen Erkenntnis, richtigen Mittel verwendendem Handeln identisch. Sondern es bedeutet an sich nur, daß die subjektive Absicht auf eine planvolle Orientierung an für richtig gehaltenen Mitteln für einen gegebenen Zweck gehe. Eine fortschreitende subjektive Rationalisierung des Handelns ist also nicht notwendig auch objektiv ein ‚Fortschritt' in der Richtung auf das rational ‚richtige' Handeln . . . Daß subjektiv fortschreitend rationaleres Handeln zu objektiv ‚zweckmäßigerem' Handeln führt, ist nur eine von mehreren Möglichkeiten und ein mit (verschieden großer) Wahrscheinlichkeit zu erwartender Vorgang« (Soziologie, Analysen, Politik, Stuttgart 1956 (Kröner), S. 293).

Max Weber: Tabellarische Zusammenfassung (Struktur sozialen Handelns) [1]:

GESELLSCHAFT

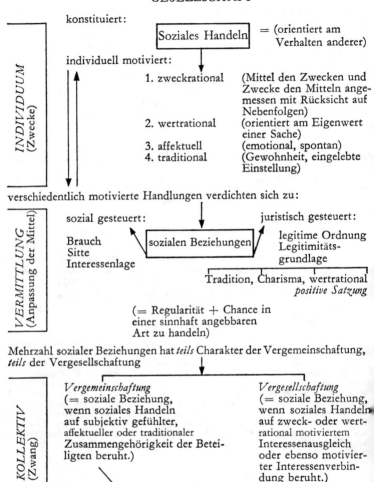

konstituiert:

| Soziales Handeln | = (orientiert am Verhalten anderer)

individuell motiviert:

INDIVIDUUM (Zwecke)

1. zweckrational — (Mittel den Zwecken und Zwecke den Mitteln angemessen mit Rücksicht auf Nebenfolgen)
2. wertrational — (orientiert am Eigenwert einer Sache)
3. affektuell — (emotional, spontan)
4. traditional — (Gewohnheit, eingelebte Einstellung)

verschiedentlich motivierte Handlungen verdichten sich zu:

VERMITTLUNG (Anpassung der Mittel)

sozial gesteuert:

Brauch
Sitte
Interessenlage

| sozialen Beziehungen |

juristisch gesteuert:

legitime Ordnung
Legitimitäts-
grundlage

Tradition, Charisma, wertrational
positive Satzung

(= Regularität + Chance in einer sinnhaft angebbaren Art zu handeln)

Mehrzahl sozialer Beziehungen hat *teils* Charakter der Vergemeinschaftung, *teils* der Vergesellschaftung

KOLLEKTIV (Zwang)

Vergemeinschaftung
(= soziale Beziehung, wenn soziales Handeln auf subjektiv gefühlter, affektueller oder traditionaler Zusammengehörigkeit der Beteiligten beruht.)

Vergesellschaftung
(= soziale Beziehung, wenn soziales Handeln auf zweck- oder wertrational motiviertem Interessenausgleich oder ebenso motivierter Interessenverbindung beruht.)

1 Für ihre Mitarbeit bei der Aufstellung dieser Tabelle danke ich Frau Monika Pankoke (SS 1968).

RATIONALITÄT
(Sichverhalten im Sinne der
Zweckrationalität)

Kollektiv

Typen der *Vergemeinschaftung* und
der *Vergesellschaftung*

Hausgemeinschaft, Nachbargemeinschaft
Wehr- und Wirtschaftsgemeinschaft
Sippe: *Oikos*

Ethnische Gemeinschaftstypen
Rassenzugehörigkeit, Kulturgemeinschaft
Volk, Stamm, Nation

Typen religiöser Vergemeinschaftung
Stammeskult, Lokalkult,
Volksreligion, Kulturreligion

Rechtsgemeinschaft
Politische Gemeinschaften
Stände, Klassen, Parteien

Typen der Herrschaft
rationale, traditionale und charismatische
Herrschaft,
Herrschaftsverbände: z. B. der rationale Staat
als anstaltsmäßiger Herrschaftsverband mit dem
Monopol legitimer Gewaltsamkeit.

Typ der Vergesellschaftung :
Marktgesellschaftung
= (nicht nur partielle Rationalisierung, Archetypus
des rationalen Gesellschafts-
handelns)

In der modernen Gesellschaft kommt die *zunehmende Zweckrationalität sozialer
Handlungsorientierung* zum Vorschein, die in erster Linie als eine „fortschreitende technische Rationalität der Mittel" zu verstehen ist (subjektiv
rationales Sichverhalten nur an zweiter Stelle, obwohl zwischen diesem
und technischer Rationalität der Mittel ein Wechselverhältnis besteht).
Daß subjektiv fortschreitend rationaleres Handeln zu objektiv zweckmäßigerem Handeln führt, ist ein mit Wahrscheinlichkeit zu erwartender
Vorgang: *Fortschritt = zunehmende Rationalisierung.*

2. Methodologische Grundlagen

Der methodologische Ansatz von *Weber* wird schon im ersten Satz seiner Definition der Soziologie deutlich, in dem gesagt wird, daß die Soziologie soziales Handeln »deutend verstehen« und »ursächlich erklären will« (WG, S. 3). Die drei entscheidenden Termini sind hier »verstehen« (= die Bedeutung erfassen), »deuten« (= den subjektiven Sinn »nacherlebend verständlich machen«) und »erklären« (= die Regelmäßigkeit der Verhaltensweisen auf ihre Ursachen zurückzuführen). Das soziologische Verstehen wird jedoch angesichts der Wertbezogenheit und der Fülle sozialer Einzelhandlungen außerordentlich erschwert; wir wollen deshalb diesen drei zentralen methodologischen Begriffen der Weberschen Soziologie nachgehen:

a) *Verstehen;*
b) *Wert-Frage;*
c) *Idealtypen.*

ad a) *Verstehen*

Webers Idee ließe sich folgendermaßen veranschaulichen [1]: Die beobachteten Regelmäßigkeiten können auf dem Gebiet der Naturerscheinungen nur durch die Vermittlung von Messungen und Behauptungen begriffen werden, die von der Erfahrung bestätigt werden. Das Verstehen ist also hier mittelbar, weil es der Vermittlung von Begriffen und Relationen bedarf. Das Verstehen der beobachtbaren Handlungen oder menschlichen Verhaltensweisen wird jedoch teilweise durch die Übereinstimmung der Erlebnisse erleichtert: bestimmte sinnhafte Relationen sind im Falle menschlichen Verhaltens zwischen Handlungen und Zielen, zwischen den Handlungen der einen und der anderen Person unmittelbar verständlich.

Beispiel: Der Beifahrer versteht sofort, weshalb der Taxichauffeur bei rotem Licht anhält. Er braucht nicht festzustellen, wieviel Chauffeure bei rotem Licht anhalten, um zu verstehen, weshalb die Chauffeure so handeln.

Es gibt also ein sinnhaftes Gefüge im sozialen Verhalten, das die Wissenschaft von der sozialen Wirklichkeit unmittelbar verstehen kann. Dies bedeutet jedoch keinesfalls, daß der Soziologe (oder Historiker) die Verhaltensweisen intuitiv verstehen soll. Im Gegenteil: er muß sie Schritt für Schritt nach Texten und Dokumenten rekonstruieren. Die Sinnhaftigkeit ist in jenem Sinne nur mittelbar, in dem sie nicht auf einmal die Bedeutung (oder: Sinngehalt) des Verhaltens anderer erfassen kann. Wir können den Handlungen zwar *eine* Interpretation unmittelbar geben, wir können aber nicht ohne Nachforschungen und Beweise sagen, *welche* Interpretation die richtige ist. Die Sinnhaftigkeit ist also ambivalent: Der Handelnde kennt nicht immer die Motive seiner Handlung und der Beobachter ist noch weniger in der Lage, sie intuitiv zu erfassen. Man muß nach Handlungsmotivationen suchen, um zwischen den wahrscheinlichen und richtigen Motiven eine Unterscheidung treffen zu können. In der Weberschen Sprache heißt dies, daß die Soziologie den »richtigen«,

1 Vgl. Aron, R.: Les étappes de la pensée sociologiques, Paris 1967 (Gallimard), S. 504 ff.

»gültigen« Sinn der Handlungen, und zwar den vom Handelnden gedachten, subjektiv gemeinten Sinn erforschen muß:

»Verstehen kann heißen: 1. das aktuelle Verstehen des gemeinten Sinnes einer Handlung ... (Zornausbruch, der sich in ... irrationalen Bewegungen manifestiert ... oder das Verhalten eines Holzhackers ...) ... 2. erklärendes Verstehen. Wir „verstehen" motivationsmäßig, welchen Sinn derjenige, der den Satz 2×2 = 4 ausspricht oder niedergeschrieben hat, damit verband, daß er dies gerade jetzt und in diesem Zusammenhang tat, wenn wir ihn mit einer kaufmännischen Kalkulation ... einer technischen Berechnung oder einer anderen Handlung befaßt sehen, in deren Zusammenhang nach ihrem uns verständlichen Sinn dieser Satz ‚hineingehört', d. h.: einen uns verständlichen Sinnzusammenhang gewinnt ...« (WG, S. 6).

ad b) *Wert-Frage*

Menschliche Werke sind Wertschöpfungen oder lassen sich nur in bezug auf Werte definieren. Wie kann es nun eine objektive Wissenschaft geben, d. h. eine Wissenschaft, die unbeeinflußt von unseren Werturteilen Werke analysiert, die selber aus Werten, bzw. Wertungen bestehen? Wie ist es möglich, wissenschaftlich gültige Urteile über Werke zu fällen, die als Wertschöpfungen anzusehen sind? Auf diese Frage antwortet *Weber* mit der Unterscheidung von Werturteilen und Wertbeziehungen:

»Unter 'Wertungen' sollen ... praktische Bewertungen einer durch unser Handeln beeinflußbaren Erscheinung als verwerflich oder billigenswert verstanden sein« [2].

Beispiel: Der Bürger, der die Freiheit wesentlich und die Redefreiheit für einen fundamentalen Wert hält, spricht in diesem Urteil seine persönliche Überzeugung aus. Ein Anderer kann die Redefreiheit als für ihn unwichtig abtun und das Werturteil des Freiheitsliebenden von sich weisen. Die Werturteile sind persönlich und subjektiv, jeder hat das Recht, die Freiheit als einen positiven oder negativen Wert anzusehen.

Nach *Webers* Forderung sollten nun diese subjektiv verankerten und die Objektivität der Wissenschaft beeinträchtigenden Werturteile (oder: »praktische Bewertungen«) aus der wissenschaftlichen (– nicht aus der »praktischen«! –) Arbeit eliminiert werden:

»... es handelt sich doch ausschließlich um die an sich höchste triviale Forderung, daß der Forscher und Darsteller die Feststellung empirischer Tatsachen ... und seine praktisch wertende, d. h. diese Tatsachen ... als erfreulich oder unerfreulich beurteilende, in diesem Sinne ‚bewertende' Stellungnahme unbedingt auseinanderhalten solle, weil es sich da nun einmal um heterogene Probleme handelt« [3].

Die Trennung von Werturteilen und Wertbezogenheit muß auch deshalb in der sozialwissenschaftlichen Arbeit gewahrt bleiben, weil die Verschmelzung dieser beiden Sachverhalte das Verstehen erschwert:

»Eine aufmerksame Durchmusterung historischer Arbeiten zeigt sehr leicht, daß die rücksichtslose Verfolgung der empirisch-historischen Kausalkette bis zum Ende fast ausnahmslos dann zum Schaden der wissenschaftlichen Ergebnisse unterbrochen zu werden pflegt, wenn der Historiker zu ‚werten' beginnt. Er kommt dann in die Gefahr, z. B. für die Folge eines ‚Fehlers' oder eines ‚Verfalls' zu ‚erklären', was vielleicht Wirkung ihm heterogener Ideale der Handelnden war, und verfehlt so seine eigenste Aufgabe: das Verstehen'« [4].

2 Weber, Max: Soziologie, Weltgeschichtliche Analysen, Politik, Stuttgart 1956 (Kröner), S. 263.
3 ebenda, S. 263 f. – Vgl. auch: Gesammelte Aufsätze, S. 500.
4 Ebenda, S. 291.

Die Analyse der Wertbeziehungen soll das Werturteil ausschließen und nur die Beziehungen des Gegenstandes zum Wert erforschen:

Beispiel: Um das vorherige Beispiel aufzugreifen, muß der Soziologe die Freiheit, über die die Staatsbürger streiten, als ein Objekt der Kontroverse und Konflikte zwischen den Menschen betrachten, das er aus der politischen Realität herausarbeiten und zum Wert der Freiheit in Beziehung setzen muß. Dieser letzte Vorgang verpflichtet keineswegs zur bewertenden Stellungnahme für oder gegen eine „Partei": Es genügt, wenn die Analyse nur einen Teil der Realität erfaßt, dafür aber deren Verflechtung aufzeigt und z. B. nachweist, daß die politische Freiheit nur für diejenigen einen Wert darstellt, die aus ihr Gebrauch machen können.

Während also das Werturteil eine moralische oder vitale Bejahung bestimmter Werte impliziert, ist die Herausstellung der Beziehungen zu bestimmten Werten ein geistiger Vorgang, der wissenschaftliche Genauigkeit erfordert. Der Wissenschaftler muß den Sinn des nach Werten ausgerichteten Handelns so verstehen, wie ihn die Menschen in der konkreten Situation verstanden haben (= Objektivität). Darüber hinaus muß der Wissenschaftler aus der kaum zu bewältigenden Fülle der Fakten diejenigen auswählen, die für das Verständnis der Wertorientierung von Bedeutung sind. Die nach subjektiven Interessen gefällte Themenwahl ist für *Weber* legitim: Ihm geht es darum, die nach bestimmten Werten ausgerichteten Regeln, denen der Handelnde folgt, zu beleuchten, denn die Richtigkeit einer Hypothese muß sich durch die wissenschaftliche Verifizierbarkeit, durch die Logik der Forschung bestätigen. Der Wissenschaftler ist primär der Wahrheit verpflichtet, d. h. daß er sein Handeln am Wert der universal gültigen Wahrheit orientieren muß:

»... es soll nur daran erinnert werden, daß, wenn irgend etwas, dann wohl dies eine berufsmäßigen Denkern besonders nahezulegende Obliegenheit ist: sich gegenüber den jeweilig herrschenden Idealen, auch den majestätischen, einen kühlen Kopf im Sinn der persönlichen Fähigkeit zu bewahren, nötigenfalls ‚gegen den Strom zu schwimmen'« [5].

Das zentrale methodologische Anliegen der Weberschen Soziologie ist die Forderung nach Bewertungsfreiheit, d. h. nach Trennung zwischen Werturteilen und Erfahrungswissen in der wissenschaftlichen Arbeit (vgl. auch: Gesammelte Aufsätze, S. 160 ff.). Angesichts der immer heftiger werdenden Kontroversen (um 1910) im Verein für Sozialpolitik (gegründet 1872) zwischen den von Gustav *Schmoller* geführten »Katheder-Sozialisten« und der Personen um *Weber* erfolgte ein »leidenschaftlicher Zusammenstoß der Auffassungen und Personen« *(Dahrendorf)*, der unter dem Namen »Werturteilsstreit« eine bis heute nachwirkende Diskussion über die Legitimität oder Unzulässigkeit parteilicher Stellungnahmen in der Soziologie anregte [6]. Der reformistische Sozialist Professor *Schmoller* verstand die wissenschaftliche Aufgabe des Vereins als einen Forschungsauftrag, nicht nur »den volkswirtschaftlichen Entwicklungs-

5 Ebenda, S. 309 f.
6 Vgl. hierzu: Albert, H.: Wissenschaft und Politik. Zum Problem der Anwendbarkeit einer wertfreien Sozialwissenschaft, in: Probleme der Wissenschaftstheorie, hersg. E. Topitsch, Wien 1960, S. 201–232. – Ferber, Ch. v.: Der Werturteilsstreit 1909/1959, in: Logik der Sozialwissenschaften, hersg. E. Topitsch, Köln–Berlin 1965, S. 165–181. – Dahrendorf, R.: Sozialwissenschaft und Werturteil, in: Pfade aus Utopia, München 1967, S. 74–88.

gang verstehen zu lehren und die Zukunft womöglich vorauszusagen«, sondern auch »die rechten Wege zu bahnen« und gewisse »volkswirtschaftliche Maßregeln« als »Ideale« zu empfehlen [7]:

»... Wir verlangen vom Staat – sagt *Schmoller* [8] – wie von der ganzen Gesellschaft und jedem Einzelnen, der an den Aufgaben der Zeit mitarbeiten will, daß sie von einem großen Ideale getragen seien. Und dieses Ideal darf und soll kein anderes sein als das, einen immer größeren Teil unseres Volkes zur Teilnahme an allen höheren Gütern der Kultur, an Bildung und Wohlstand zu berufen, das soll und muß die große in bestem Sinne des Wortes demokratische Aufgabe unserer Entwicklung sein, wie sie das große Ziel der Weltgeschichte überhaupt zu sein scheint«.

Weber hingegen meinte, daß (wie schon oben angedeutet) »Kathederwertungen« und erfahrungsmäßig belegbares Wissen über Sachverhalte zweierlei Dinge sind: Wertungen sind legitim – außerhalb der Wissenschaft, denn ihre Aufgabe ist es, Tatsachen zu erforschen, sie zu vermitteln und die Studenten »an schlicht-sachliche Arbeit« zu gewöhnen:

»Insbesondere scheint mir die für unsere Disziplinen nicht selten gemachte Unterscheidung praktischer Wertungen in solche *„parteipolitischen“* und solche anderen Charakters schlechterdings undurchführbar und nur geeignet, die praktische Tragweite der den Hörern suggerierten Stellungnahme zu verhüllen. Die Ansicht vollends: daß dem Katheder die „Leidenschaftslosigkeit“ eignen müsse, folglich Dinge auszuscheiden seien, welche die Gefahr „temperamentvoller“ Erörterungen mit sich brächten, wäre, wenn man überhaupt einmal auf dem Katheder wertet, eine Bureaukratenmeinung, die jeder unabhängige Lehrer zurückweisen müßte. Von denjenigen Gelehrten, welche sich die praktischen Wertungen bei empirischen Erörterungen *nicht* versagen zu sollen glaubten, waren gerade die leidenschaftlichsten – wie etwa Treitschke, in seiner Art auch Mommsen – am ehesten zu ertragen. Denn gerade durch die Stärke der Affektbetontheit wird der Hörer wenigstens in die Lage versetzt, *seinerseits* die Subjektivität der Wertung des Lehrers in ihrem Einfluß auf eine etwaige Trübung seiner Feststellungen abzuschätzen und also für sich das zu tun, was dem Temperament des Lehrers versagt blieb. Dem echten Pathos bliebe so diejenige Wirkung auf die Seelen der Jugend gewahrt, welche – wie ich annehme – die Anhänger der praktischen Kathederwertungen ihnen gern sichern möchten, ohne daß der Hörer dabei zur Konfusion verschiedener Sphären miteinander verbildet würde, wie es geschehen muß, wenn die Feststellung empirischer Tatsachen und die Aufforderung zur praktischen Stellungnahme zu großen Lebensproblemen beide in die gleiche kühle Temperamentlosigkeit getaucht werden.
Der Standpunkt „a“ (nach dem empirische Sachverhalte, aber auch Wertungen auf das Katheder gehören) scheint mir, und zwar vom eigenen subjektiven Standpunkt seiner etwaigen Anhänger aus, dann und nur dann akzeptabel, *wenn* der akademische Lehrer sich zur unbedingten Pflicht setzt, in jedem einzelnen Falle, auch auf die Gefahr hin, seinen Vortrag dadurch reizloser zu gestalten, seinen Hörern und, was die Hauptsache ist, *sich selbst* unerbittlich klar zu machen: *was* von seinen jeweiligen Ausführungen entweder rein logisch erschlossen oder rein empirische Tatsachenfeststellung und *was* praktische Wertung ist. Dies zu tun allerdings scheint mir direkt ein Gebot der intellektuellen Rechtschaffenheit, wenn man einmal die Fremdheit der Sphären zugibt; in diesem Falle ist es das absolute Minimum des zu Fordernden. –
Die Frage dagegen: ob man auf dem Katheder *überhaupt* (auch unter dieser Kautel) praktisch werten solle oder nicht, ist ihrerseits eine solche der praktischen Universitätspolitik und deshalb letztlich nur vom Standpunkt jener Aufgaben aus entscheidbar, welche der Einzelne von *seinen* Wertungen aus den Universitäten zuweisen möchte. Wer für sie, und damit für sich selbst, *kraft* seiner Qualifikation zum akademischen Lehrer heute noch die universelle Rolle: Menschen zu prägen, politische, ethische, künstlerische, kulturelle oder andere Gesinnung zu propagieren, in Anspruch nimmt, wird zu ihr anders stehen, als derjenige, welcher die Tat-

7 Nach: Dahrendorf, Pfade, op. cit. S. 75.
8 Schmoller, G.: Eröffnungsrede, nach: Boese, F.: Geschichte des Vereins für Sozialpolitik 1872–1932, Berlin 1939, S. 10.

sache (und ihre Konsequenzen) bejahen zu müssen glaubt: daß die akademischen Hörsäle heute ihre wirklich wertvollen Wirkungen nun einmal nur durch *fach*mäßige Schulung seitens *fach*mäßig Qualifizierter entfalten und daß deshalb die „intellektuelle Rechtschaffenheit" die einzige spezifische Tugend sei, zu der sie zu erziehen haben. Man kann den ersten Standpunkt aus ebensoviel verschiedenen letzten Positionen heraus vertreten wie den zweiten. Diesen letzteren insbesondere (den ich persönlich einnehme) kann man ableiten sowohl aus einer höchst überschwenglichen wie gerade umgekehrt auch aus einer durchaus bescheidenen Einschätzung der Bedeutung der „Fach"bildung. Z. B. nicht, weil man etwa wünschte, daß alle Menschen, im innerlichen Sinne, zu möglichst reinen „Fachmenschen" werden möchten. Sondern gerade umgekehrt, weil man die letzten höchst persönlichen Lebensentscheidungen, die ein Mensch aus sich heraus zu treffen hat, *nicht* mit Fachschulung – wie hoch deren Bedeutung für die allgemeine Denkschulung nicht nur, sondern indirekt auch für die Selbstdisziplin und sittliche Einstellung des jungen Menschen gewertet werden möge – in denselben Topf geworfen und ihre Lösung aus eigenem Gewissen heraus dem Hörer *nicht* durch eine Kathedersuggestion abgenommen zu sehen wünscht. . . .

Es war vor 40 Jahren in den Kreisen der Gelehrtenwelt unserer Disziplinen der Glaube weit verbreitet: daß auf dem Gebiet der praktisch-politischen Wertungen letztlich eine der möglichen Stellungnahmen die *ethisch* allein richtige sein müsse. (Schmoller selbst hat freilich diesen Standpunkt stets nur sehr eingeschränkt vertreten.) Dies nun ist heute gerade unter den Anhängern der Kathederwertungen, wie leicht festzustellen ist, nicht mehr der Fall. Nicht mehr die ethische Forderung, deren (relativ) schlichte Gerechtigkeitspostulate sowohl in der Art ihrer letzten Begründung wie in ihren Konsequenzen (relativ) einfach und vor allem (relativ) unpersönlich, weil unzweideutig spezifisch *über*persönlich, geartet teils waren, teils zu sein schienen, ist es, in deren Namen heute die Legitimität der Kathederwertungen gefordert wird. Sondern (kraft einer unvermeidlichen Entwicklung) ein bunter Strauß von „Kulturwertungen", in Wahrheit: von subjektiven *Ansprüchen* an die Kultur, oder ganz offen: das angebliche „Recht der Persönlichkeit" des Lehrers. Man mag sich nun über den Standpunkt entrüsten, aber man wird ihn – und zwar deshalb, weil auch er eben eine „praktische Wertung" enthält – wohl nicht widerlegen können: daß von allen Arten der Prophetie die in diesem Sinne „persönlich" gefärbte *Professoren-Prophetie* die einzige ganz und gar unerträgliche ist. Es ist doch ein beispielloser Zustand, wenn zahlreiche staatlich beglaubigte Propheten, welche nicht auf den Gassen oder in den Kirchen oder sonst in der Öffentlichkeit, oder, wenn privatim, dann in persönlich ausgelesenen Glaubenskonventikeln, die sich als solche bekennen, predigen, sondern in der angeblich objektiven, unkontrollierbaren, diskussionslosen und also vor allem Widerspruch sorgsam geschützten Stille des vom Staat privilegierten Hörsaals „im Namen der Wissenschaft" maßgebende Kathederentscheidungen über Weltanschauungsfragen zum besten zu geben sich herausnehmen. Es ist ein alter, von Schmoller bei einer gegebenen Gelegenheit scharf vertretener Grundsatz: daß die Vorgänge in den Hörsälen der öffentlichen Erörterung entzogen bleiben sollen. Obwohl nun die Ansicht möglich ist, daß dies gelegentlich, auch auf empirisch-wissenschaftlichem Gebiet, gewisse Nachteile haben könne, nimmt man offenbar und nehme auch ich an: daß die „Vorlesung" eben etwas anderes als ein „Vortrag" sein *solle*, daß die unbefangene Strenge, Sachlichkeit, Nüchternheit der Kollegdarlegung unter dem Hineinreden der Öffentlichkeit, z. B. der Presse-Öffentlichkeit, zum Schaden des pädagogischen Zweckes leiden könne. Allein ein solches Privileg der Unkontrolliertheit scheint doch jedenfalls nur für den Bereich der rein *fachlichen* Qualifikation des Professors angemessen. Für persönliche Prophetie aber gibt es keine Fachqualifikation und darf es daher auch nicht jenes Privileg geben. Vor allem aber darf sie nicht die bestehende *Zwangslage* des Studenten, um seines Fortkommens im Leben willen bestimmte Lehranstalten und also: deren Lehrer, aufsuchen zu müssen, dazu ausbeuten, um ihm nach dem, was er hierzu braucht: Weckung und Schulung seiner Auffassungsgabe und seines Denkens, und daneben: Kenntnisse, auch noch, vor jedem Widerspruch sicher, die eigene zuweilen gewiß ganz interessante (oft auch recht gleichgültige) sogenannte „Weltanschauung" einzuflößen.

Für die Propaganda seiner praktischen Ideale stehen dem Professor, ebenso wie jedermann sonst, andere Gelegenheiten zu Gebote, und wenn nicht, so kann er sie sich in geeigneter Form leicht schaffen, wie bei jedem ehrlichen Versuch dazu die Erfahrung beweist. Aber der Professor sollte nicht den Anspruch erheben, *als Professor* den Marschallstab des Staatsmanns (oder des Kulturreformers) im Tornister zu tragen, wie er tut, wenn er die Sturmfreiheit des Katheders für staatsmännische (oder kulturpolitische) Sentiments benutzt« (Gesammelte Aufsätze, S. 490–493).

Das methodologische Postulat der Wertfreiheit ist eine normative Forderung gegenüber den Wissenschaftlern, sachliche Aussagen von persönlichen Wertungen zu trennen:

»Nicht diskutieren möchte ich ferner, ob die Scheidung von empirischer Feststellung und praktischer Wertung ‚schwierig' sei. Sie ist es. Wir alle, der unterzeichnete Vertreter dieser Forderung ebenso wie andere, verstoßen immer wieder einmal dagegen . . .« (Gesammelte Aufsätze, S. 497).

Und trotzdem sollte man diese, »allein mit der Würde der Vertreter der Wissenschaft« adäquate Haltung zu wahren versuchen; die verinnerlichte Norm einer bewertungsfreien Einstellung zu empirischen Fakten, zu denen auch die Werte selbst gehören, sollte eine strikte Rollentrennung zwischen der privaten und Amtsperson des Wissenschaftlers im Interesse der Sache »Wissenschaftlichkeit« bewirken. *Weber* wußte genau, daß praktische Wertungen auch im Gewand von »Zahlen«, Beteuerungen von »Sachlichkeit« und manipulativen Anordnungen empirischen Materials entstehen können:

»Nicht diskutieren ferner, sondern ausdrücklich anerkennen möchte ich: daß man gerade unter dem *Schein* der Ausmerzung aller praktischen Wertungen ganz besonders stark, nach dem bekannten Schema: ‚die Tatsachen sprechen zu lassen', suggestiv solche hervorrufen kann. Die bessere Qualität unserer parlamentarischen und Wahlberedtsamkeit wirkt ja gerade mit diesem Mittel . . .« (Gesammelte Aufsätze, S. 498).

Angesichts gerade dieser Gefahr hob *Weber* mit besonderem Nachdruck die Notwendigkeit der Herausdifferenzierung eines besonderen Verhaltenssystems bei Wissenschaftlern hervor, das sich in der der Wahrheit verpflichteten ethischen Haltung zeigen sollte. Die bewußte Verpflichtung gegenüber dieser Norm der Wissenschaftlichkeit würde den Gelehrten nicht dazu zwingen, seine gesinnungsethischen Grundsätze aufgeben zu müssen: Als Privatperson müßte er selbstverständlich nach seinem Wissen und Gewissen handeln können – nur müßte er in seiner Eigenschaft als Amtsperson jene Selbstdisziplin praktizieren, die im Interesse der Wahrheit erforderlich sei. *Weber* billigt sogar einem Anarchisten das Recht auf eine Dozentur zu, wenn er sich dieser Norm der Rollentrennung unterwirft:

»Einer unserer allererstent Juristen erklärte gelegentlich, indem er sich *gegen* den Ausschluß von Sozialisten von den Kathedern aussprach: wenigstens einen ‚Anarchisten' würde er als Rechtslehrer nicht akzeptieren können, da der ja die Geltung des Rechts als solches überhaupt negiere, – und er hielt dies Argument offenbar für durchschlagend. Ich bin der genau gegenteiligen Ansicht. Der Anarchist kann sicherlich ein guter Rechtskundiger sein. Und ist er das, dann kann gerade jener sozusagen archimedische Punkt *außerhalb* der uns so selbstverständlichen Konventionen und Voraussetzungen, auf den ihn seine objektive Überzeugung – wenn sie' echt ist – stellt, ihn befähigen, in den Grundanschauungen der üblichen Rechtslehre eine Problematik zu erkennen, die allen denjenigen entgeht, welchen jene allzu selbstverständlich sind. Denn der radikalste Zweifler ist der Vater der Erkenntnis« (Gesammelte Aufsätze, S. 496).

ad 3) *Idealtypus*

Den Sinn der Verwendung des Idealtypus als einer methodologischen Hilfskonstruktion leitet *Weber* von den generellen Aufgaben der Soziologie ab. Die Soziologie sollte:

a) generelle Regeln des Geschehens aufstellen:

»Die Soziologie bildet ... Typenbegriffe und sucht generelle Regeln des Geschehens. Im Gegensatz zur Geschichte, welche die kausale Analyse und Zurechnung individueller, kulturwichtiger Handlungen, Gebilde, Persönlichkeiten erstrebt« (WG, S. 14).

b) Typen von Handlungsabläufen so konstruieren, als verliefen sie tatsächlich »bewußt sinnorientiert«, d. h. ohne Ablenkungen in Richtung zum gemeinten Sinn:

»Wirklich effektiv, d. h. voll bewußt und klar, sinnhaftes Handeln ist in der Realität stets nur ein Grenzfall. Auf diesen Tatbestand wird jede historische und soziologische Betrachtung bei Analyse der Realität stets Rücksicht zu nehmen haben. Aber das darf nicht hindern, daß die Soziologie ihre Begriffe durch Klassifikation des möglichen ‚gemeinten Sinns' bildet, also so, als ob das Handeln tatsächlich bewußt sinnorientiert verliefe« (WG, S. 15).

c) Begriffe und Abstraktionen müssen in der Soziologie viel eindeutiger sein (»Sinnadäquanz«), um auch die methodologische Annäherung an die historisch-sozialen Erscheinungen zu erleichtern (wenn man also z. B. eindeutig weiß, was unter »feudal« zu verstehen ist, können an diesem »reinen Typus« bestimmte konkrete Erscheinungsformen in bezug auf die Grade der Übereinstimmung bzw. Abweichung gemessen werden):

»Diese gesteigerte Eindeutigkeit ist durch ein möglichstes Optimum von Sinnadäquanz erreicht, wie es die soziologische Begriffsbildung erstrebt ... In allen Fällen, rationalen wie irrationalen, entfernt sie sich von der Wirklichkeit und dient der Erkenntnis dieser in der Form; daß durch Angabe des Maßes der Annäherung einer historischen Erscheinung an einen oder mehrere dieser Begriffe (die Erkenntnis) eingeordnet werden kann. Diese gleiche historische Erscheinung kann z. B. in einem Teil ihrer Bestandteile ‚feudal', im anderen ‚patrimonial', in noch anderen ‚bureaukratisch', in wieder anderen ‚charismatisch' geartet sein. Damit mit diesen Worten etwas Einmaliges gemeint sei, muß die Soziologie ihrerseits ‚reine' (‚Ideal'-)Typen von Gebilden jener Arten entwerfen, welche je in sich die konsequente Einheit möglichst vollständiger Sinnadäquanz zeigen ...« (WG, S. 14).

Die Bildung von idealtypischen Kategorien wird von *Weber* in Anlehnung an das methodologische Postulat des Verstehens gerechtfertigt:

»Für die typenbildende wissenschaftliche Betrachtung werden nun alle irrationalen, affektuell bedingten, Sinnzusammenhänge des Sichverhaltens, die das Handeln beeinflussen, am übersehbarsten als ‚Ablenkungen' von einem konstruierten rein zweckrationalen Verlauf desselben erforscht und dargestellt. Z. B. wird bei einer Erklärung einer ‚Börsenpanik' zweckmäßigerweise zunächst festgestellt: wie ohne Beeinflussung durch irrationale Affekte das Handeln abgelaufen wäre, und dann werden jene irrationalen Komponenten als ‚Störungen' eingetragen. Ebenso wird bei einer politischen und militärischen Aktion zunächst zweckmäßigerweise festgestellt: wie das Handeln bei Kenntnis aller Umstände und aller Absichten der Mitbeteiligten und bei streng zweckrationaler, an der uns gültig scheinenden Erfahrung orientierter, Wahl der Mittel verlaufen wäre. Nur dadurch wird alsdann die kausale Zurechnung von Abweichungen davon zu den sie bedingenden Irrationalitäten möglich. Die Konstruktion eines streng zweckrationalen Handelns also dient in diesen Fällen der Soziologie, seiner evidenten Verständlichkeit und seiner – an der Rationalität haftenden – Eindeutigkeit wegen, als Typus (‚Idealtypus'), um das reale, durch Irrationalitäten aller Art (Affekte, Irrtümer) beeinflußte Handeln als ‚Abweichung' von dem bei rein rationalem Verhalten zu gewärtigenden Verlaufe zu verstehen« (WG, S. 5).

Jeder Idealtypus bildet also eine bestimmte Anordnung von sinnhaften Beziehungen, die sowohl einem historischen Ganzen als auch einem speziellen Typus eigen sein können. Die idealtypische Konstruktion kann sich daher erstens auf einen historischen Gesamtkomplex beziehen, wie z. B. auf den Idealtypus des

»Kapitalismus« oder den der abendländischen Stadt. Die sinnhafte Rekonstruktion des Idealtypus ist in diesem Falle auf eine globale historische und einmalige Wirklichkeit bezogen, obwohl das Ensemble eines bestimmten ökonomischen Systems, das mit »Kapitalismus« bezeichnet wird, nie in seiner reinen Form, vollständig verwirklicht wurde. Der idealtypischen Begriffskonstruktion wohnt nur eine partielle Rekonstruktion inne, die eine bestimmte Zahl von Merkmalen, für die Charakterisierung des Typus, in seiner subjektiv gemeinten Sinnhaftigkeit aufstellt. Ein zweiter Gesichtspunkt, der den Idealtypen zugrunde liegt, ist derjenige, der die abstrakten Elemente der historisch-soziologischen Realität aus der Fülle der Ereignisse herauspräpariert, um die Durchgängigkeit bestimmter individueller Typen in verschiedenen Zeiten darzustellen.

Den Unterschied zwischen diesen beiden Arten von Idealtypen könnte man am einfachsten am Beispiel des Kapitalismus und der Bürokratie in der Weberschen Soziologie veranschaulichen. Im ersten Fall wird eine einmalige historische Konstellation charakterisiert; im zweiten Fall nur ein Aspekt der politischen Institutionen, der nicht das ganze System umfaßt, sondern nur eines seiner Elemente herausgreift. Diese Idealtypen der charakteristischen Elemente einer Gesellschaft können auf verschiedenen Abstraktionsebenen gebildet werden. Auf einem niedrigen Niveau erscheinen sie als Begriffe, wie z. B. Bürokratie oder Feudalismus; auf einer höheren Ebene der Abstraktion als Herrschaftsformen, mit den drei Typen von rationaler, traditionaler und charismatischer Herrschaft. Jeder dieser drei Typen ist durch die Motivation des Gehorsams oder durch die Art und Weise der Legitimität definiert. Die rationale Herrschaft rechtfertigt sich durch Gesetze und »gesatzte Regeln«, die traditionale Herrschaft durch die »Heiligkeit altüberkommener Ordnungen und Herrengewalten« und die charismatische Herrschaft durch eine außerordentliche, gleichsam magisch geltende Qualität einer Führerpersönlichkeit. Diese drei Idealtypen der Herrschaft dienen dem Forscher als Mittel der Orientierung in der komplexen politischen Wirklichkeit. Dank der erarbeiteten Strukturtypen der Herrschaftsformen kann man dann konkrete politische Systeme auf die Weise analysieren, daß man den empirischen Befund (Realität) an diesen Idealtypen mißt und die Abweichungen feststellt. Auf der letzten und höchsten Stufe der Abstraktionen finden wir dann die vier (schon bekannten) Idealtypen sozialen Handelns, die den Anspruch auf Allgemeingültigkeit in allen menschlichen Gesellschaften erheben.

Die Konstruktion von Idealtypen ist ein Ausdruck des Strebens aller Wissenschaftsdisziplinen nach rationaler Bewältigung und Systematisierung des Materials. Idealtypen (– axiomatisch geltende Bezugspunkte –) sind selbst ein Produkt des Rationalisierungsprozesses in der modernen Wissenschaft.

3. Der Einfluß der protestantischen Ethik auf das kapitalistische Wirtschaftshandeln

Im Mittelpunkt des *Weberschen* Erkenntnisinteresses steht der Idealtypus ökonomisch-rationalen Handelns, der in seiner einzigartigen Form jene Modernisierung bewirkte, die zur Entstehung des abendländisch-kapitalistischen Systems führte. Während *Marx* dasselbe Problem unter dem Gesichtspunkt der absoluten Priorität ökonomischer Faktoren analysierte, versucht *Weber* seine Kapitalismus-Analyse in der historischen Eigenart mehrerer und in diesem Zusammenhang einmaliger Faktoren »deutend zu verstehen«: Er will nachweisen, daß die kapitalistische Entwicklung nicht allein aus ökonomischen Faktoren (Profitstreben) erklärbar ist, und daß zum Entstehen des Kapitalismus auch andere, nicht-ökonomische Faktoren beigetragen haben. Erst das einmalige Zusammentreffen von ökonomischen, rechtlichen, politischen und religiösen (protestantische Ethik) Komponenten hat die Entstehung des moderneren Kapitalismus ermöglicht [1].

Außer den schon von *Marx* herausgearbeiteten ökonomischen Faktoren – deren Bedeutung *Weber* voll anerkennt –, gibt es auch andere, in der historischen Eigenart der abendländischen Sozialordnung verwurzelte, strukturspezifische Merkmale, deren Einbeziehung zur Erklärung der Entstehung des Kapitalismus unerläßlich notwendig sind. Dazu gehören auch die rationalen Strukturen des Rechts und der Verwaltung (Beamtentum). *Weber* will sich aber in diesem Zusammenhang vor allem auf die Erklärung der Frage konzentrieren, inwiefern die besonderen, von der protestantischen Ethik bedingten Prinzipien der innerweltlichen Lebensführung zum »ökonomischen Rationalismus« führten:

»Jeder . . . Erklärungsversuch muß, der fundamentalen Bedeutung der Wirtschaft entsprechend, vor allem die ökonomischen Bedingungen berücksichtigen. Aber es darf auch der umgekehrte Kausalzusammenhang darüber nicht unbeachtet bleiben. Denn wie von der rationalen Technik und rationalem Recht, so ist der ökonomische Rationalismus in seiner Entstehung auch von der Fähigkeit und Disposition der Menschen zu bestimmten Arten praktisch-rationaler Lebensführung überhaupt abhängig. Wo diese durch Hemmungen seelischer Art obstruiert war, da stieß auch die Entwicklung einer *wirtschaftlich* rationalen Lebensführung auf schwere innere Widerstände. Zu den wichtigsten formenden Elementen der Lebensführung nun gehörten in der Vergangenheit überall die magischen und religiösen Mächte und die am Glauben an sie verankerten ethischen Pflichtvorstellungen« (Protestantische Ethik, S. 20 f).

Den »Geist« des Kapitalismus sieht *Weber* in einer »ethisch gefärbten Maxime der Lebensführung«, die nicht *nur* »Geschäftsklugheit«, nicht *nur* eine »Philosophie des Geizes« darstellt, sondern auch mit einer eigentümlichen Berufsethik im Zusammenhang steht und deshalb nur unter Berücksichtigung des ethischen Elements vollends verstanden werden kann. Der Begriff »Kapitalismus« wird am Idealtypus eines historischen Systems gemessen, dessen Grundlage die betriebsmäßige, rationale Kapitalverwertung und die rationale, kapitalistische Arbeitsorganisation ist. Diese Struktur der modernen kapitalistischen Unternehmung prägt jene Gesinnung (jenen »Geist des Kapitalismus«), deren wesentliche Merkmale *Weber* in folgendem sieht:

a) *Arbeit als Beruf.* Es kommt *Weber* vor allem darauf an, die Gründe zu erforschen, die dazu geführt haben, daß im Zuge der abendländisch-kapitalisti-

---

1 Die Abhandlung über die „Protestantische Ethik" beginnt mit einer Auswertung des statistischen Materials hinsichtlich der Zusammenhänge zwischen „Konfession und soziale(r) Schichtung". Dabei ergab sich eine repräsentative Korrelation zwischen protestantischer Religion und Kapitalbesitz und Unternehmertum.

schen Entwicklung das Arbeiten (bzw. die Arbeit) eine qualitativ andere Bewertung erfuhr:

»Die Fähigkeit der Konzentration der Gedanken sowohl als die absolut zentrale Haltung: sich ,der Arbeit gegenüber verpflichtet' zu fühlen, finden sich hier besonders vereint mit strenger Wirtschaftlichkeit, die mit dem Verdienst und seiner Höhe überhaupt *rechnet,* und mit einer nüchternen Selbstbeherrschung und Mäßigkeit, welche die Leistungsfähigkeit ungemein steigert. Der Boden für jene Auffassung der Arbeit als Selbstzweck, als ,Beruf', wie sie der Kapitalismus fordert, ist hier am günstigsten, die Chance, den traditionalistischen Schlendrian zu überwinden, *infolge* der religiösen Erziehung am größten . . .« (Protestantische Ethik, S. 53).

Habgier und rücksichtslosen Erwerb hatte es immer schon gegeben und alle diese Bestrebungen nach Reichtum können nicht als typische Merkmale des modernen Kapitalismus aufgefaßt werden. Es war auch zu beobachten, daß in den weniger entwickelten, vornehmlich traditionalistisch orientierten Ostgebieten Deutschlands das Interesse an der Arbeitsleistung auffallend gering war: Der Mehrverdienst reizte den Arbeiter weniger als die Minderarbeit. Gemäß den traditionalen Leitbildern einer für die jeweilige Bedarfsdeckung (Autarkie) produzierenden Selbstversorgung hatte man hier auch den Sinn der Arbeit vor allem für diesen Zweck – und nicht in der Anhäufung von Reichtümern als Selbstzweck gesehen. Es stellt sich die Frage, wie nun eine solche Mentalität entstehen kann, deren »Selbstzweck« nicht Konsum und Genuß, sondern gerade Anhäufung und Verzicht (Sparsamkeit) sind?

»Das aber ist es eben, was dem präkapitalistischen Menschen so unfaßlich und rätselhaft, so schmutzig und verächtlich erscheint. Daß jemand zum Zweck seiner Lebensarbeit ausschließlich den Gedanken machen könne, dereinst mit hohem materiellem Gewicht an Geld und Gut belastet ins Grab zu sinken, scheint ihm nur als Produkt perverser Triebe: der „auri sacra fames", erklärlich« (Protestantische Ethik, S. 60).

Die Frage, was Menschen dazu veranlaßt »fleißig« zu sein, d. h. eine »Haltung« zu haben, »sich gegenüber der Arbeit verpflichtet zu fühlen«, führt *Weber* zur Analyse der protestantischen Ethik, deren Leitbilder eine Erklärung für die Entstehung einer solchen Verhaltensweise zu geben versprechen.
b) *Individualisierung und Vereinsamung.* Auf der Suche nach typischen Leitbildern betrachtete *Weber* die radikalste Form des Protestantismus: den Calvinismus, als den »Urheber« dieser Umorientierung von einer traditionalistischen zu einer neuen Wirtschaftsgesinnung. Die calvinistische Lehre von der Gnadenwahl besagt, daß jeder Mensch von Anfang an durch Gottes unerforschlichen Ratschluß entweder zur Verdammnis oder zum Heil bestimmt, d. h. prädestiniert sei. Es gibt also *keine Mittel,* seien es »gute Taten« oder »gute« Werke«, die die Gnade Gottes beeinflussen könnten, bzw. durch die diese Gnade zu verlangen wäre. Diese nüchterne Lehre, nach der der einzelne Mensch völlig auf sich selbst zurückgeworfen wird und auch die Verwendung sakramentaler Magie als Heilsmittel ablehnen mußte, bewirkte nun in der »unerhörten inneren Vereinsamung des einzelnen Individuums« die »Entzauberung der Welt«. [2]

2 Dieser Begriff wird oft fälschlich als Negierung aller „Wertsysteme" durch Weber interpretiert – obwohl „Entzauberung" sich eigentlich nur auf die Ablehnung sakraler Heilsmittel bezieht (vgl. Prot. Ethik, S. 197).

Während also der Katholik in der Gnadenhoffnung, in der Gewißheit der Vergebung der Sünden durch die zwischen Gott und dem Menschen vermittelnde Kirche (psychologisch) entlastet wird, befindet sich der Calvinist in einem permanenten Spannungsverhältnis, um die »Zeichen der Erwählung«, die Gnadengewißheit zu erfahren:

»Stellt man nun weiter die Frage, an *welchen* Früchten der Reformierte denn den rechten Glauben unzweifelhaft zu erkennen vermöge, so wird darauf geantwortet: an einer Lebensführung des Christen, die zur Mehrung von *Gottes Ruhm* dient. Was dazu dient, ist aus seinem, direkt in der Bibel offenbarten oder indirekt aus den von ihm geschaffenen zweckvollen Ordnungen der Welt (lex naturae) ersichtlichen Willen zu entnehmen. Speziell durch Vergleichung des eigenen Seelenzustandes mit dem, welcher nach der Bibel den Erwählten, z. B. den Erzvätern eignete, kann man seinen eigenen Gnadenzustand kontrollieren. Nur ein Erwählter *hat* wirklich die fides efficax, nur er ist fähig, vermöge der Wiedergeburt (regeneratio) und der aus dieser folgenden Heiligung (sanctificatio) seines ganzen Lebens Gottes Ruhm durch wirklich, nicht nur scheinbar, gute Werke zu mehren. Und indem er sich dessen bewußt ist, daß sein Wandel – wenigstens dem Grundcharakter und konstanten Vorsatz . . . nach – auf einer in ihm lebenden Kraft zur Mehrung des Ruhmes Gottes ruht, also nicht nur gottgewollt, sondern vor allem *gottgewirkt* ist, erlangt er jenes höchste Gut, nach dem die Religiösität strebte; die Gnadengewißheit« (Protestantische Ethik, S. 131).

Die religiöse Vorstellung des Protestantismus und insbesondere des Calvinismus hat also auf dem Wege der Prädestinationslehre zur Stärkung der individuellen Verantwortung (der Eigenverantwortung des weltlichen Tuns vor Gott) und zu dem Selbstverständnis geführt, nach dem der Gläubige sich als »Werkzeug Gottes« begreift dessen Aufgabe es ist, das mögliche »Zeichen der Erwählung« durch wirtschaftlichen Erfolg im irdischen Leben sichtbar zu machen. Das wichtigste Ergebnis, auf das es *Weber* ankommt, ist die Herausarbeitung eines neuen Handlungstypus: des Typus des innerweltlich orientierten asketischen Handelns:

»Die Gemeinschaft Gottes mit seinen Begnadeten konnte vielmehr nur so stattfinden und zum Bewußtsein kommen, daß Gott in ihnen *wirkte* (operatur) und daß sie sich dessen bewußt wurden – daß also ihr *Handeln* aus dem durch Gottes gnadegewirkten Glauben entsprang und dieser Glaube wiederum sich durch die Qualität jenes Handelns als von Gott gewirkt legitimierte. Tiefgehende, für die Klassifikation aller praktischen Religiösität überhaupt geltende Unterschiede der entscheidenden Heilszuständlichkeiten kommen darin zum Ausdruck: der religiöse Virtuose kann seines Gnadenstandes sich versichern *entweder*, indem er sich als Gefäß, *oder*, indem er sich als Werkzeug göttlicher Macht fühlt. Im ersten Fall neigt sein religiöses Leben zu mystischer Gefühlskultur, im letzteren zu asketischem Handeln« (Protestantische Ethik, S. 130).

Asketismus ist stets, abstrakt gesehen, eine gewisse Rationalisierung des Handelns, doch handelt es sich beim Protestantismus um eine inhaltlich andere asketische Lebensführung als es im katholischen Mittelalter, z. B. beim Mönchtum der Fall war: Die Askese in der protestantischen Ethik verlangt eine Rationalisierung der Lebenführung innerhalb der Welt, d. h. eine Lebensführung, die auf die Umgestaltung des weltlichen Alltagsleben gerichtet ist und damit in erster Linie für diese Welt (mit dem Blick auf das Jenseits) gedacht ist:

»Entscheidend ist hier, daß die bei allen Denominationen wiederkehrende Auffassung des religiösen ,Gnadenstandes' eben als eines Standes (status), welcher den Menschen von der Verworfenheit des Kreatürlichen, von der ,Welt' abscheidet, dessen Besitz aber . . . *nicht* durch irgendwelche magisch-sakramentale Mittel oder durch Entlastung in der Beichte oder durch einzelne fromme Leistungen garantiert werden konnte, sondern nur durch die *Bewährung* in einem spezifisch gearteten, von dem Lebensstil des ‚natürlichen' Menschen unzweideutig verschiedenen Wandel. Daraus folgte für den Einzelnen der *Antrieb zur methodischen Kontrolle* seines Gnadenstandes in der Lebensführung und damit zu deren asketischer Durchdringung. Dieser asketische Lebensstil aber bedeutete eben, wie wir sahen, eine an Gottes Willen orientierte *rationale* Gestaltung des ganzen Daseins« (Protestantische Ethik, S. 164).

Den Satz: »An ihren Früchten sollt ihr sie (die Auserwählten) erkennen« deutete der Calvinismus so, daß es die »Früchte« des Erwerbslebens seien, die die Gnade Gottes und dadurch den Gnadenstand des Einzelnen »vorzeigen«. Daraus leitet *Weber* die wichtigste Konsequenz der Chance rationalen Wirtschaftens ab:

c) *die Fundierung der Berufsidee.* Unter dem oben erörterten religiösen Aspekt, der auf das »Wirken« Gottes in dieser Welt durch die natürliche Innerweltlichkeit des Menschen abgestellt war, bedeutete Muße Zeitvergeudung und Genuß der erworbenen Güter »Fleischeslust« und Ablenkung vom Streben nach »heiligem« Leben. Der Wesensinhalt dieses »heiligen« Lebens wurde aber – im Unterschied zum Mönchtum – als aktives Wirken bei der Gestaltung der Welt als Gottes Schöpfung begriffen und bedeutete demzufolge *Handeln:*

»Die innerweltliche protestantische Askese – faßt *Weber* zusammen (Protestantische Ethik, S. 179 f) – wirkte also mit voller Wucht gegen den unbefangenen Genuß des Besitzes (– wegen des Gedankens der Verpflichtung des Menschen gegenüber seinem anvertrauten Besitz, den er sich als dienender Verwalter unterordnet –), sie schnürte die Konsumption, speziell die Luxuskonsumption, ein. Dagegen *entlastete* sie im psychologischen Effekt den Gütererwerb von den Hemmungen der traditionalistischen Ethik, sie sprengte die Fessel des Gewinnstrebens, indem sie es nicht nur legalisierte, sondern . . . direkt als gottgewollt ansah . . . Dem Flitter und Schein chevaleresken Prunkes, der, auf unsolider ökonomischer Basis ruhend, die schäbige Eleganz der nüchternen Einfachheit vorzieht, setzten sie die saubere und solide Bequemlichkeit des bürgerlichen „home" als Ideal entgegen.
Auf der *Seite der Produktion* des privatwirtschaftlichen Reichtums kämpfte die Askese gegen Unrechtlichkeit ebenso wie gegen rein *trieb*hafte Habgier, – denn diese war es, welche sie als . . . „Mammonismus" usw. verwarf: das Streben nach Reichtum zu dem Endzweck, reich zu *sein*. Denn der Besitz als solcher war Versuchung . . . Denn nicht nur sah sie mit dem Alten Testament und in voller Analogie zu der ethischen Wertung der „guten Werke", zwar in dem Streben nach Reichtum als *Zweck* den Gipfel des Verwerflichen, in der Erlangung des Reichtums als *Frucht* der Berufsarbeit aber den Segen Gottes. Sondern, was noch wichtiger war: die religiöse Wertung der rastlosen, stetigen, systematischen, weltlichen Berufsarbeit als schlechthin höchsten asketischen Mittels und zugleich sicherster und sichtbarster Bewährung des wiedergeborenen Menschen und seiner Glaubensechtheit mußte ja der denkbar mächtigste Hebel der Expansion jener Lebensauffassung sein, die wir hier als „Geist" des Kapitalismus bezeichnet haben«.

3. Talcott Parsons (1902)

Hauptwerke: The Structure of Social Action (1937), New-York–London 1968, I, II (Paperback).
The Social System (1951), New York–London 1966 (Paperback).
Toward a General Theory of Action (1952), ed. by Parsons und A. Shils, New-York 1962.
Soziologische Theorie = Soziologische Texte, Bd. 15, Neuwied 1963 (Luchterhand).
The System of Modern Societies, New Jersey 1971 (Abkürzung: System).

In diesem Zusammenhang soll nur die Parsonsche Handlungstheorie in der frühen Konzeption als Weiterführung der Theorie sozialen Handelns von *Marshall, Durkheim, Pareto* und *Weber* besprochen werden (*Parsons'* Systemtheorie, vgl. Kap. IX).

1. Die Rolle der »Situation« im sozialen Handeln

Es ist *Parsons* theoretisches Hauptanliegen, den strukturellen und funktionalen Aspekt der Gesellschaftsanalyse aus der Tradition von *Durkheim, Pareto* und *Weber* weiter zu entwickeln und möglichst alle für die Soziologie in Frage kommenden Ergebnisse der Nachbardisziplinen in seine Theorie einzubeziehen:

»1. Diejenigen Entwicklungen der neueren dynamischen und klinischen Psychologie, die das Individuum als dynamisches strukturell-funktionelles System auffassen. Die psychoanalytische Theorie stellt auf diesem Gebiet den wichtigsten ... Einfluß dar ... Ihre Bedeutung ... besteht darin, daß sie sowohl ein methodologisches Modell für die Theorie eines sozialen Systems darstellt, als auch einige der wesentlichsten Komponenten für eine solche Theorie liefert.
2. Die moderne Kulturanthropologie (Ethnologie), insbesondere die ,funktionale' Richtung ... (wie z. B. bei Malinowski), versuchte ... Gesellschaft als ein einziges, funktionierendes System anzusehen.
3. Durkheim und seine Nachfolger ... Durkheim (neigte) dazu, den zu seiner Zeit gängigen, individualistischen Faktorentheorien eine „soziologische" Faktorentheorie entgegenzusetzen. Aber jenseits dieser Tendenz findet sich noch eine andere, wichtigere Richtung seines Denkens, die ... ständig an Stärke gewann. Es war dies eine echt strukturell-funktionale Behandlung des sozialen Systems, in der dessen bedeutendere Elemente allmählich immer klarer herausgestellt wurden. Dies geht vor allem aus der Art und Weise hervor, in der er empirische Probleme behandelte ... (wie z. B. »Arbeitsteilung«, »Selbstmord« und »Grundformen des religiösen Lebens«).
4. Max Weber. Zum Teil kann Weber als ein typisches Beispiel für die stärker generalisierende Richtung der historischen Forschung im Bereich sozialer Institutionen dienen. Doch in seiner Reaktion gegen die individualistischen Faktorentheorien seiner Zeit hat er auch mehr als jeder andere dazu beigetragen, der vergleichenden empirischen Untersuchung von Institutionen ein allgemeines theoretisches Begriffsschema zugrundezulegen. Wenn es auch unvollständig war, so lief es doch mit dem Durkheimschen Schema zusammen und ergänzte es (»durch strukturvergleichende Perspektiven«) (Soziologische Theorie, S. 50 f.).

Parsons kritische Ergänzungen zu den Weberschen Kategorien sozialen Handelns beziehen sich vor allem auf die mangelnde Berücksichtigung situationsspezifischer Faktoren der normativen Umwelt auf das individuelle Handeln:

a) Auch *Parsons* hält die kategoriale Trennung von zweck- und wertrationalem Handeln in ihrem logischen Charakter für gültig: Sein Einwand richtet sich nicht gegen die logische Trennung dieser beiden Handlungstypen, sondern gegen die »Extensität der Differenz«, die nach dem Weberschen Verständnis zwischen der Orientierung am partikularen Erfolg und an den »letzten Werten« deutlich wird (vgl. Structure, II, S. 642 ff). Zweckrationalität wird von *Weber* von den »letzten Zwecken« (»ultimate ends«) abstrahiert und relativ losgelöst vom generellen Wertsystem und dessen bestimmenden Einfluß auf die Wahl der Mittel verstanden. Die an der Effizienz orientierte Zweckrationalität, die sich im individuellen Erfolgsstreben zeigt, müßte, wie jedes soziale Handeln, auch unter dem Aspekt der normativen Bezugspunkte des kulturellen Milieus, d. h. unter stärkerer Berücksichtigung außerindividueller Komponenten der Gesamtsituation betrachtet werden [1]. Schon die elementarste Kommunikation ist nicht ohne eine gewisse Übereinstimmung der individuellen Zwecke des Handelnden mit den Konventionen eines allgemeinen Symbolsystems möglich. Unter dem Typus rationalen Handelns versteht *Parsons* eine Handlungsweise, die einen bestimmten und komplexen Modus der Organisation aller Elemente des Handelns voraussetzt (Social System, S. 549 f). Rationales Handeln zeichnet sich demnach dadurch aus, daß es das Effektvollste im Rahmen der – von der physikalischen Umwelt, von dem möglichen Modus gegenseitiger Interessenanpassung und dem von den Wertmustern »erlaubten« Handlungsspielraum – gesetzten und zulässigen Gegebenheiten zu verwirklichen versucht. Rationalität ist diesem Verständnis nach Normativität, wodurch der strukturfunktionale Rationalitätsbegriff in die Nähe des Weberschen Begriffes »Wertrationalität« rückt. Denn, Zweckrationalität als normative Orientierung des isolierten, individuell Handelnden schlägt – sobald sie »zur Tat« wird und die Ebene der Wechselbeziehungen erreicht – notwendig in eine rationale Orientierung nach Werten um. Die Werte konkretisieren sich in den leitenden Normen (»guiding norms«) des Handelns. Dabei müssen drei Ebenen der Organisierung rationalen Handelns unterschieden werden:

α) Auf der Ebene des Persönlichkeitssystems handelt es sich um den »technologischen« Aspekt, der die Aktion für die Erreichung eines bestimmten Zwecks mobilisiert und sich grundsätzlich an der Effizienz dieses einzigen Ziels unter Berücksichtigung der »Kostenfrage« orientiert (= Weberscher Typus des zweckrationalen Handelns);

1 Die Kritik an den Handlungskonzepten von Marschall, Durkheim, Pareto und Weber „spitzte das Problem auf das Wesen und die Rolle der Rationalität einerseits, der Zwecke andererseits zu; als Voraussetzung der Möglichkeit beider wurde die Subjektivität des Handelns belegt. Parsons zieht durch das Werk der vier Autoren hindurch den Beweis, daß, ausgehend von der einzig möglichen Voraussetzung der Subjektivität des Handelns, Handeln zwar zutreffend als rational charakterisiert wird, daß aber – und hier liegt im Sinne der Argumentation die größere Emphase – Handeln auch einen wesentlichen nicht-rationalen (d. h. nicht: irrationalen – vom Vf.) Sektor aufweist. In diesem Sektor wird die Normativität des Handelns angetroffen. Normativität – das aber sind Werte. Für den wissenschaftlichen Beobachter sind sie sowohl von der Vernunft wie von Erbanlage und Umwelt analytisch unabhängig; aus dieser Sicht des Subjekts sind sie erstens nichtempirisch und gehören zweitens ‚in einem besonderen Sinn' einer übernatürlichen Welt (– im Sinne einer Welt von Wesenheiten, die verschieden von derjenigen der gewöhnlichen Angelegenheiten des Alltagslebens ist – vom Vf.) an. Werte jedoch sind Faktoren, die die disparaten, unbezogenen Zwecke der Individuen in einen Zusammenhang stellen, und zwar nicht nur in einen individuellen. Da sie (mit Durkheim) in jedem Individuum die Einheit der moralischen Realität der Gesellschaft vertreten, sind sie allen Individuen gemeinsam (*common, shared*) und stellen die Zwecke in eine soziale Ordnung« (Schwanenberg, E.: Soziales Handeln, Bern–Stuttgart–Wien 1970, S. 96 f).

β) Auf der zweiten Ebene der Organisation des Handelns treten die Gesichtspunkte einer »erweiterten Ökonomie« auf, die zur Abwägung der Kostenfrage im Vergleich zu anderen Zielen führen und sich als Alternativen im Rahmen der Pluralität der Zwecke anbieten. Es handelt sich dabei um die Minimalisierung des Aufwandes aus ökonomischen Erwägungen, um einen Entscheidungsprozeß (»decision-making process«) mit Rücksicht auf die »Interrelationen einer Pluralität von Handelnden und/oder Kollektiven«, der eine spezifische institutionalisierte Begrenzung des Handlungsspielraums zum Vorteil des sozialen Systems erfordert;

γ) Auf der dritten Ebene der Organisation rationalen Handelns tritt der politische Aspekt in den Vordergrund: Individuelle oder gruppenspezifische Orientierungen müssen bei ihrem Bestreben nach Zielverwirklichung den Erfordernissen des Allgemeininteresses Rechnung tragen, das der Beliebigkeit der Interessendurchsetzung durch die soziale Kontrolle der politischen Macht Einhalt gebietet. Der Handlungsspielraum wird also auch hier im Sinne der Systemrationalität eingeengt, indem er in die institutionellen Schranken verwiesen wird, die zum Zwecke der Ausbalancierung differenzierter Interessen errichtet werden.

b) Die nicht-rationalen Handlungstypen seien bei *Weber* nur »skizzenhaft und unpräzis« charakterisiert worden: Die Orientierung an Traditionen wird unter der Kategorie »traditionales Handeln« subsumiert und quasi im Gegensatz zum zweckrationalen Handlungstypus als »eingelebte Gewohnheit« beschrieben und in Beziehung zu nicht-modernen Typen der Herrschaft und Autorität gesetzt. *Weber* habe die Bedeutung dieses Handlungstypus auch für die Moderne unterschätzt und den gesellschaftskonstitutiven Aspekt gewohnheitsmäßigen Handelns in Bezug auf die Stabilisierung von Kommunikationsstrukturen und symbolischen Interaktionsprozessen nicht gebührend berücksichtigt. In seinen Analysen habe *Durkheim* die funktionale Bedeutung des auf »moralische Obligationen« gerichteten, »gewohnheitsmäßigen« Handelns herausgestellt und damit auf die systemerhaltende Rolle der Traditionen in ihrer Verankerung im Kollektivbewußtsein hingewiesen. »Collective representations« ist ein von *Durkheim* eingeführtes Konzept für die Bezeichnung der kulturellen Basis der sozialen Organisation (vgl. System, S. 9);

c) Emotionalität sei nach *Weber* eigentlich eine Residualkategorie (vgl. *Pareto*), die im Weberschen Schema zur »Irrationalität« tendiert und wegen ihrer mangelnden »Sinnhaftigkeit« nicht näher berücksichtigt wird. *Parsons* hingegen meint, daß die Erforschung der Emotionalität für das Verständnis menschlichen Handelns im Bezugssystem der Interaktionen auch für die Soziologie von besonderer Bedeutung ist. Das affektuelle Handeln steht auch in einem besonderen Zusammenhang mit der normativ geprägten Situation, da doch die sozial gesteuerten Werte zur Verdrängung bestimmter Triebe zwingen, wobei das Individuum im Spannungsfeld zwischen seinen Trieben, Wünschen und Interessen (= Zielen) und den physikalischen Bedingungen seiner Umwelt – aber auch zwischen seinen Zielen und den normativen Erwartungen des Kultursystems seine »Probleme« lösen muß. Dieser durch den Sozialisierungsprozeß eingeleitete Anpassungsvorgang verläuft nicht ohne Belastung der Sphäre der

Emotionalität. Emotionale Handlungen müssen folglich im Zusammenhang mit sozialen Erscheinungen betrachtet werden.

Schon aus diesen kurzen Vorbemerkungen über das strukturfunktionalistische Konzept der Handlungstheorie sollte deutlich geworden sein, daß *Parsons* – im Unterschied zu den individualistisch orientierten handlungstheoretischen Implikationen, die die Typologisierung der Handlungen letztlich auf Charaktereigenschaften *(Pareto)* oder auf »Sinnhaftigkeit«, bzw. auf den vom Handelnden gemeinten subjektiven Sinn *(Weber)* zurückführen – das individuelle Handeln eher kollektivistisch faßt, indem er es als Funktion aus dem Ensemble bestimmter Bedingungen (= Situation) sieht. Die Struktur einer für die Bedingungen des Handelns relevanten Situation setzt sich generell betrachtet aus dinglichen, sozialen und kulturellen Objekten zusammen; folglich steht jede nach Bedürfnisbefriedigung ausgerichtete individuelle Handlung in einem permanenten Wechselverhältnis zu den Reaktionen der physikalischen Umwelt, der »anderen« (»Alters«) und den kulturellen Werten. Dingliche, soziale und kulturelle Objekte wirken auf die individuelle Handlungsorientierung auf die Weise ein, daß sie gegenüber »Ego« bestimmte Erwartungen und Forderungen stellen: Das Zustandekommen der Beziehungen wird durch interpersonelle Gegenseitigkeit (»action system«) aber auch durch normative Gebote seitens etablierter Kulturwerte geregelt. Die Kulturwerte wirken als Steuerungsmechanismen auf die Koordinierung interpersoneller Beziehungen und erlangen durch diese gesellschaftsordnende Funktion die zentrale Rolle in der Parsonschen Handlungstheorie.

Unter diesem generellen Aspekt wird schon jetzt deutlich, daß zwischen Ego und Alter aber auch zwischen Ego und seiner normativ strukturierten Situation ein latentes Spannungsverhältnis besteht, das durch den Konflikt (»Dilemma«) zwischen den individuellen Wünschen und sozialen Erwartungen gekennzeichnet ist. Die Analogie zum Freudschen Modell der Persönlichkeitsstruktur ist evident: Die Kategorien von Es, Über-Ich und Ich finden ihren Niederschlag in den motivationalen, normativen und sozialen Aspekten der Handlungsorientierung [2]. Die individuellen Wünsche, Ziele und Interessen

---

2 Vgl. hierzu: Freud, Sigmund: Abriß der Psychoanalyse. Das Unbehagen in der Kultur, Hamburg 1964 (Fischer): Es = älteste psychische Instanz, »sein Inhalt ist alles, was ererbt, bei Geburt mitgebracht, konstitutionell festgelegt ist, vor allem also die aus der Körperorganisation stammenden Triebe . . .«
Ich = Vermittler zwischen Außenwelt und Es, seine Hauptaufgabe ist die Selbstbehauptung, Kanalisierung der Spannungen, Regulieren des Lustprinzips (= „Realitätsprinzip, Vermittler zwischen individuellen Trieben und sozial geforderten Normen); »Als Niederschlag der langen Kindheitsperiode, während der der werdende Mensch in Abhängigkeit von seinen Eltern lebt, bildet sich in seinem Ich eine besondere Instanz heraus, in der sich dieser elterliche Einfluß fortsetzt. Sie hat den Namen des *Über-Ichs* erhalten. Insofern dieses Über-Ich sich vom Ich sondert und sich ihm entgegenstellt, ist es eine dritte Macht, der das Ich Rechnung tragen muß. Eine Handlung des Ichs ist dann korrekt, wenn sie gleichzeitig den Anforderungen des Es, des Über-Ichs und der Realität genügt, also deren Ansprüche miteinander zu versöhnen weiß. Die Einzelheiten der Beziehung zwischen Ich und Über-Ich werden durchwegs aus der Zurückführung auf das Verhältnis des Kindes zu seinen Eltern verständlich. Im Elterneinfluß wirkt natürlich nicht nur das persönliche Wesen der Eltern, sondern auch der durch sie fortgepflanzte Einfluß von Familien-, Rassen- und Volkstradition sowie die von ihnen vertretenen Anforderungen des sozialen Milieus. Ebenso nimmt das Über-Ich im Laufe der individuellen Entwicklung Beiträge von seiten späterer Fortsetzer

(= soziales Es) werden mit den kulturellen Ansprüchen situationsspezifischer Normen (= soziales Über-Ich) konfrontiert, wobei aus diesem Handlungsdilemma das effektive Verhalten (= soziales Ich) resultiert. Im Unterschied zu *Freud* geht aber *Parsons* nicht von der gleichsam »ewig« manifesten Konfliktsituation zwischen Es und Über-Ich aus, sondern versucht den Konfliktaspekt des sozialen Handelns von Bedingungen abhängig zu machen, die sowohl im Persönlichkeitssystem als auch im sozialen System liegen. Auf der Persönlichkeitsebene hängen die Chancen der Konfliktlösung vom Lernerfolg ab, den das Individuum während seines Sozialisierungsprozesses erreicht und dabei die Bewältigung von Konflikten durch genaue Kenntnisse der Situationsstruktur erlernt. Die Chancen der Zurückdrängung manifester Konflikte auf der Systemebene hängen wiederum vom Rationalitätsgrad der Organisierung von Relationen zwischen den situationsspezifischen Bedürfnissen und Werten und von dem Modus ab, wie diese Relationen auf Systemebene geregelt werden. Das soziale Handeln wird folglich in einen Bezugsrahmen gestellt, der nicht nur die Elemente individuellen Handelns in seinen vielfältigen Interdependenzverhältnissen analysiert, sondern seine Struktur auch in Beziehung zum Sozialsystem auf die Weise setzt, daß der bestimmende Einfluß systemkonstituierender Werte auf die individuellen Bedürfnisse erklärbar wird. Diese Rückkoppelung der Kulturwerte zu individuellen Bedürfnissen, die die funktionale Voraussetzung der Systemstabilität ist, wird uns noch im weiteren eingehend beschäftigen.

Unter dem Gesichtspunkt der situational bedingten faktischen Kraft des Normativen erlangt die Rationalität zentrale Bedeutung: Die Zweck-Mittel-Relation wird als eine Variante situationsbedingter Faktoren gesehen, die nicht nur einen Einfluß auf die Mittelwahl, sondern auch auf die Zielgebung des Handelnden selbst ausübt. Zwecke werden nicht nur individuell gesetzt, sondern auch normativ kontrolliert, d. h. daß die individuelle Selektion zwischen Zwecken und Mitteln sowohl von den strukturellen als auch von den funktionalen Elementen des Systems abhängig ist. Der Bezugsrahmen in dem sich jede Handlung abspielt, kann theoretisch, in seiner höchsten Abstraktheit als Relationsfeld von drei Elementen gesehen werden:

a) in den *strukturellen* Elementen der Situation, die der Handelnde in ihren Interdependenzverhältnissen vorfindet und die ihn dazu bringen die vorgegebenen Ziele (z. B. als Verhaltensmuster) mit den entsprechenden Mitteln in der gewünschten Richtung zu verwirklichen;

b) in den *normativen* Elementen, die den Handelnden dazu veranlassen in seinem eigenen Interesse die Konformität mit den Normen zu erstreben und seine Veränderungswünsche in diesem Sinne verwirklichen zu *wollen:*

und Ersatzpersonen der Eltern auf, wie Erzieher, öffentlicher Vorbilder, in der Gesellschaft verehrter Ideale. Man sieht, daß Es und Über-Ich bei all ihrer fundamentalen Verschiedenheit die eine Übereinstimmung zeigen, daß sie die Einflüsse der Vergangenheit repräsentieren, das Es den der ererbten, das Über-Ich im wesentlichen den der von anderen übernommenen, während das Ich hauptsächlich durch das selbst Erlebte ... bestimmt wird« (S. 9).

c) und in den *funktionalen* Elementen, in denen der Prozeßcharakter des Handelns bei der Zielverwirklichung betont wird (Zeitaspekt), damit die notwendigen Veränderungen der Bedingungen in Übereinstimmung mit der Konsistenz der Situation verlaufen können.

Das konkrete Handeln ist an situationsspezifische Verhältnisse gebunden: Es setzt sich aus Elementen der individuellen Motivation und den von der »Situation« diktierten Normen zusammen. »Goal attainment« des Individuums und »pattern maintenance« des Systems bilden das bleibende Spannungsfeld, in dem der Handelnde stets zu Kompromissen bereit sein muß. Die latenten Spannungen – die eine Manifestwerdung von Konflikten nicht ausschliessen – spielen sich zwischen der faktischen Kraft des Normativen und der normativen Kraft des Faktischen ab. Ihre Bewältigung verlangt eine »creative effort« seitens der Individuen: Diese kreative Anstrengung zur Bewältigung der »Situation« vergleicht *Parsons* mit der Funktion der Energie in der physikalischen Welt und begreift sie als bewegende Kraft des Sozialen (Structure, II, S. 719).

Die wichtigste Konsequenz, die sich aus der »Rolle der Situation im sozialen Handeln« ergibt, besteht in der Umwandlung des traditional-individualistischen Handlungsbegriffs (s. *Pareto*) in einen, der die (situationell gebundene) Rollenhaftigkeit des Handelns betont: Soziales Handeln verliert in dieser Konzeption die Selbstverständlichkeit des Vollzugs unbestrittener Imperative (zweckrationale Legitimation im Weberschen Sinne) und wird damit zu einem Kompromißhandeln »degradiert«, dessen »normaler« Verlauf (primär) von außengeleiteten Handlungsabläufen und (sekundär) von individuellen Situationseinschätzungen bestimmt wird. Dominierend ist dabei die Rollenselbstverständlichkeit, die faktisch eine reflexive (unbewußte) Anpassung an Systemfunktionen bedeutet, während Situationseinschätzungen, die mit dem Bewußtsein verbunden sind, daß »es auch anders gehen könnte«, sekundäre Wirksamkeit zukommt. Die Rollenproblematik tritt auf, wenn die Rollenselbstverständlichkeit vorbei ist und das soziale Handeln anders als in gewohnten Bahnen ablaufend gedacht werden kann. Die »Schwerkraft der Situation« verlangt eine affirmative Einstellung zu den zugewiesenen Rollen und die »kreative Anstrengung« – die vor allem auf den Wandel des Rollen- und Strukturmusters von tradierten Verhaltensweisen hinzielt – bedarf des besonderen Geschicks (Organisation) und kognitiven Potentials (Denken), wenn sie entgegen der institutionalisierten Lebensordnung Innovationen durchsetzen will (Näheres darüber vgl. Kap. IX, 1/b [Rolle] und 2 [Wandel]).

Als Überleitung zum nächsten Abschnitt können wir also zusammenfassend festhalten, daß das soziale Handeln aus strukturfunktionalistischer Sicht stets situationsgebunden betrachtet werden muß, indem es durch Bedingungen determiniert wird, die von der dinglich-physikalischen, sozialen und kulturellen Umwelt vorstrukturiert sind. Der funktionale Aspekt der Situationsanalyse bezieht sich auf individuelle und kollektive Aktivitäten, deren Tendenz auf Veränderung bestimmter Bedingungen abzielt. Die Veränderung der Situation (»evolution«) kann nur unter der Voraussetzung eines kontinuierlichen Anpassungsvorgangs zwischen strukturellen und funktionalen Elementen erfolgen.

2. Die Struktur sozialen Handelns (»unit act«)

Handlung ist kein biologisches Verhalten im Sinne eines biochemischen Austausches zwischen Organismus und Umwelt, sondern ein motiviertes und zieltendiertes Verhalten gegenüber den dinglichen, sozialen und kulturellen Objekten der Umwelt. Dieses vom Bewußtsein gesteuerte Verhalten erhält seinen primären Impuls durch den Wunsch nach Befriedigung der Bedürfnisse und Interessen des Handelnden. Wenn Handeln in diesem Sinne erfolgreich sein will, muß es auch organisiert sein, um das eigene Handeln mit dem der anderen abzustimmen. Die Organisierung des Handelns setzt beim Handelnden eine ungefähre Klarheit über die eigene Bedürfnis- und Interessenlage voraus, um die Konsequenzen seiner Handlung dem »Handlungsgegenüber« richtig zu deuten und einschätzen zu können. Das eigene Verhalten muß folglich auch in Bezug auf die interagierenden Individuen und deren Erwartungen abgestimmt sein. Ohne diese Verständigungsbasis, die durch ein System von Erwartungen garantiert wird, ist organisiertes Handeln – und damit auch soziale Ordnung – nicht möglich. Die Berücksichtigung der Erwartungen garantiert dem Handelnden eine gewisse Stabilität in seinen Verhaltensbeziehungen zur Umwelt, liefert relativ sichere Daten für die Orientierung an der gegebenen Situation, löst Interaktionen aus, ermöglicht aufeinander abgestimmtes Handeln (Kooperation): bietet also Sicherheit. Die Organisation des Handelns beruht auf der Verständigungsbasis, die die Handelnden miteinander auf die Weise verbindet, daß zwischen ihnen ein System von Erwartungen entsteht, auf das »man« sich verlassen kann. Dieses verhaltensstabilisierende Element an der Basis des Sozialsystems hat eine fundamentale Bedeutung für die Funktionsfähigkeit der Gesellschaft als Ganzes.

Die Organisierung des Handelns auf der unteren Ebene des Systems bewirkt ihre Strukturierung, deren Funktion in der Sicherung der inneren Ordnung der Interaktionsprozesse und der äußeren Stabilität des ganzen Systems besteht. Als Ausgangspunkt der Analyse werden die Systeme der Bedürfnis-Disposition und der Erwartungen herangezogen:

a) Die *Bedürfnisdispositionen*. Diese liegen bei jedem Handelnden als ein Komplex von Neigungen, Interessen, Wünschen usw. vor, deren Erfüllung (»gratification«) das primäre Interesse des Individuums ist. Bedürfnis-Dispositionen haben einen doppelten Aspekt: Der Terminus selbst verrät, daß es sich dabei um zwei Ebenen der Bedürfnisse handelt. Es gibt danach – wenn wir *Parsons* richtig interpretieren – eine Ebene, auf der Bedürfnisse als biologische Konstante und eine andere, auf der sie als Dispositionen, d. h. als potentiell variable Bedürfnisse erscheinen.

Der biologisch konstante Faktor des »lebendigen Organismus« Mensch ist das Bedürfnis nach Selbsterhaltung und nach Optimierung seiner Beziehungen zur physikalischen Umwelt (Erschließung von Ressourcen, Anwendung von Technologien). Dieser aus der »tiefsten« Schicht der Bedürfnissphäre resultierende *Antrieb* (im psychologischen Sinne des Wortes) ist der ursprüngliche (noch nicht sozialisierte) Zweck eines jeden Handelns (vgl. auch u. a. System, S. 5). *Parsons* spricht hier nicht von »Produktion« (der Lebensmittel – vgl.

Marx), weil er in Anlehnung an die Tradition und die Ergebnisse der Soziologie als relativ eigenständiger Disziplin (vgl. Kap. VI –VIII), erstens von einem eigenständigen Bereich des Zwischenmenschlichen (vgl. vor allem: *Durkheim* und *v. Wiese*) ausgeht und folglich die ökonomischen und psychologischen Aspekte in ein Ensemble von allgemeinen Bedingungen »einbettet«, unter denen Handlung entsteht und zweitens, weil auch er die ökonomische Aktivität – also den Aspekt der »Produktivkräfte« – der positivistischen Tradition entsprechend, nur als Teilbereich des sozialen Handelns auffaßt.

Auch die biologisch konstanten Grundbedürfnisse können nur sozial, bzw. in einer spezifischen sozialen Situation befriedigt werden. Die (notwendigerweise) wahrzunehmende Situation der Umwelt wirkt in Form von Widerständen auf die Antriebe des Organismus als eines Übermittlungsträgers der Umwelt zurück.[1] Die auf die Befriedigung der Grundbedürfnisse gerichteten Antriebe werden also vom Augenblick ihrer handlungsrelevanten Entstehungen an mit sozialen und kulturellen Objekten konfrontiert, deren rückwirkende Einflüsse die konkrete Ausgestaltung der auf Bedürfnisbefriedigung gerichteten Aktivitäten bestimmen. Die Art und Weise der Befriedigung von Grundbedürfnissen verwandelt sich damit in »Dispositionen«, d. h. in Möglichkeiten von Alternativlösungen, die von der jeweiligen »Situation« – durch ihre physikalischen Gegebenheiten, eingespielten Verhaltensnormen und überlieferten Kulturwerte – vorstrukturiert sind. Der Bedürfnis-Aspekt »an sich« gehört noch nicht zu der Soziologie: Er bezieht sich auf einen psychologischen Zustand des Individuums, in dem unspezifische Antriebe zur Selbsterhaltung und zur Optimalisierung der Lebensbedingungen vorherrschen, die jedoch soziologisch noch nicht relevant werden. Der Bedürfnis-Komplex wird erst in Verbindung mit den Dispositionen handlungsrelevant, weil erst diese eine, von der Situation bedingte, *spezifische* Handlungsorientierung implizieren. Die Art und Weise der Bedürfnisbefriedigung ist je nach sozio-kulturellen Gegebenheiten variabel bestimmbar und in diesem eingeschränkten Sinne: wählbar.

Den Antrieb zur Wahl bildet das Wünschenswerte: Das, was Menschen für wünschenswert halten, bildet zwar den Impuls für ihre Entscheidungen, die Entscheidungen selbst hängen aber engstens mit anderen sozialen Faktoren zusammen. Die Entscheidung über das jeweils »Wünschenswerte« muß auf dieser fundamentalen Ebene einer analytischen Handlungstheorie ebenfalls im Spannungsfeld zwischen dem individuellen Befriedigungs-Aspekt und den schon spezifizierten und vorgegebenen Dispositionen als Orientierungs-Aspekt betrachtet werden. Im Brennpunkt dieses Orientierungs-Aspektes – der die Wahl der Mittel für das Erreichen des Ziels der Bedürfnisbefriedigung intendiert – steht die das konkrete Handeln vorbereitende Orientierung an den vorhandenen Mitteln, bzw. am »Wie« des Erreichens eines biologischen Gleichgewichts. Der Handelnde gerät also *unmittelbar* durch sein Streben nach einem biologischen Gleichgewicht nicht nur zu den dinglichen, sondern auch zu den sozialen

---

1 »Handeln muß man sich immer so vorstellen, daß es einen Spannungszustand zwischen zwei verschiedenen Ordnungen von Elementen, der normativen und der konditionalen, impliziert. Als Prozeß ist Handeln in der Tat ein Prozeß der Änderung von Bedingungselementen in Richtung auf Konformität mit Normen« (Structure, II, S. 732).

und kulturellen Objekten – die das »Wie« vorgeben – in Beziehung. Es soll abschließend zu diesem Punkt betont werden, daß auf dieser Stufe der Analyse der Orientierungs-Aspekt, der als Korrelat zum Befriedigungs-Aspekt auftritt, auch die Dispositionen eines Strebens nach normativem Gleichgewicht im Persönlichkeitssystem enthält. Um das noch unstrukturierte Ziel des biologischen Gleichgewichts (auf der Ebene des Befriedigungs-Aspektes) zu erreichen, kann sich der »lebendige Organismus« Mensch nicht nur an sich selbst orientieren, sondern muß sich auf die Rückwirkungen seiner Außenwelt einstellen können. Er muß die »Richtigkeit« und »Angemessenheit« – kurz: die sozialen Spielregeln – kennenlernen, um seine Bedürfnisse befriedigen, bzw. Erfolg haben zu können. Die vom individuellen Standpunkt für wünschenswert gehaltenen Zielvorstellungen, die als Entscheidungs-Disposition zum konkreten Handeln hinführen, erfahren also schon auf dieser »untersten« Stufe eine normative Beeinflussung.

b) Auf dieser Grundlage der Bedürfnis-Dispositionen entwickelt *Parsons* die weiteren Stufen seiner Handlungstheorie: Ergänzend zu den »need-dispositions« spezifiziert er den Befund unter stärkerer Berücksichtigung der typisch sozialen Einflüsse und subsumiert ihn unter der Kategorie »*motivationale Orientierung*«.

Als den ersten Bestandteil des Funktionsschemas von motivationalen Orientierungen sieht er – in Anlehnung an die liberalistische Tradition (*Locke, Smith, Spencer*) – im (universal geltenden) Bestreben »des Menschen« nach Belohnung und Vermeidung von Schmerz und Strafen (»gratification-deprivation-balance«). Diese motivationale, dem Befriedigungsaspekt am nächsten stehende Orientierung erscheint hier schon pointiert als komplexe Einheit von sich gegenseitig bedingenden individuellen *und* normativen Komponenten. Die Bezugnahme auf die normativen Elemente der Situationsstruktur unterscheidet die Parsonssche Position von der der Liberalen: Handeln wird hier nicht aus dem »natürlichen Luststreben«, als nur »individueller Wille« gesehen, sondern in einem kontinuierlichen Wechselwirkungsprozeß zwischen diesem unspezifizierten Verlangen und den spezifizierten Erfordernissen einer komplexen Situationsstruktur mit normativen Elementen, deren Nicht-Berücksichtigung nicht nur »Schmerz« im biologischen Sinne, sondern auch »Strafe« im normativen Sinne (wie z. B. auch Frustation, Versagung) verursacht. Diese normativen Einflüsse zwingen das Individuum im Prozeß der Entscheidungsfindung (»decision-making«) zu Bewertungen (»evaluation«) seiner handlungsintendierten Orientierungen. Die »cognitive standards« der sozialen Umwelt (vgl. unter c: Wertorientierung) schlagen sich im (individuellen) Bewertungs-Aspekt nieder, der nicht nur die Wahl der Mittel, sondern auch die Bewertungsmaßstäbe für Urteile – unter dem Einfluß des »Erlaubten« – bestimmt. In diesem kognitiven Bereich wird im Unterschied zum moralischen darüber entschieden, welche Weisen des Tuns – aber auch des Denkens, »richtig«, »angemessen« und »vernünftig« sind. Bei seinem Streben nach dem »Lob-Tadel-Gleichgewicht« wird also der Handelnde mit einer Reihe von Bewertungsaspekten, z. B. der Produktions*weise*, der Umgangsformen, Meinungen, Sitten, Denkgewohnheiten usw. konfrontiert und gezwungen, sein intendiertes Handeln am Bewertungs-aspekt seiner sozialen Umwelt zu orientieren. Er muß auf jeden Fall die dort herrschenden Vorstellungen über die »Richtigkeit« des Ackerbaus, der hygienischen Vorschriften, der Dreieinigkeitslehre und dergleichen zur Kenntnis nehmen, um seine Handlungen situationsadäquat koordinieren zu können. Die individuelle Entscheidungsfindung wird folglich von einem Lernprozeß begleitet, der den Handelnden lehrt, das biologische mit dem normativen Gleichgewicht seines Zustandes optimal zu verbinden, um dadurch die Konflikte zwischen seinem Befriedigungs-Aspekt und den angemessenen Weisen seiner Orientierung an Lösungen zu vermeiden. Dazu gehört eine intentionale Übereinstimmung zwischen den individuellen und kollektiven Bewertungsmaßstäben. Zur Illustration dieses Problems können wir die oben genannten Beispiele heranziehen: Herrscht in einer Gesellschaft die Überzeugung vor, daß mit Traktoren der Boden besser als mit Pferden zu bewirtschaften ist, daß tägliches Duschen die Lebenserwartung erhöht, daß das Lesen von *Marx* sozialschädlich ist, und daß die Mona Lisa »die« vollkommene Schönheit abbildet, dann ist es für das Individuum zweckmäßig, die Traktoren, das tägliche Duschen für richtig, die Mona Lisa für unübertrefflich schön und *Marx* für absolut sozialschädlich zu halten. Auf diese angepaßte Weise kann das Individuum Konflikten aus dem Wege gehen, die seinen Gleichgewichtszustand gefährden. Die abstrakte Formulierung desselben Problems hört sich folgendermaßen an: Wenn der Handelnde in den Bewertungsaspekt seiner motivationalen Orientierung die Bewertungsmaßstäbe des Kollektivs miteinbezieht und im Hinblick auf diese – zuerst nur kognitiven – Werte seine intendierten Ziele ausrichtet, dann besteht die Möglichkeit der Stabilisierung seiner Beziehungen zur sozialen Umwelt. Dieser Prozeß der – von *Parsons* als kognitiv – bezeichneten Anpassung an die Gegebenheiten, geht mit der Internalisierung von Bewertungsaspekten einher, die nicht nur die »rein ausführende« Mittelwahl, sondern auch die Richtung der Zielorientierung wesentlich beeinflußt. Der Gleichgewichtszustand zwischen dem Individuum und dem Kollektiv wird also dadurch erreicht, daß das Individuum selbst das will, was »man« von ihm erwartet oder verlangt.

Ebenso wie der Befriedigungs-Aspekt und der Bewertungs-Aspekt hat auch der moralische Aspekt der motivationalen Orientierung seinen primären Bezug zum »Ich-System«, der durch soziale Handlungsmuster normativ »korrigiert« wird. Der aus der »self-orientation« entspringende Impuls zur Interessendurchsetzung wird infolge komplexer Beziehungsgeflechte im Sozialen zur Einschätzung jener Grenzen gezwungen, die zuerst von »Alters« (also: von den Mitmenschen) gesetzt werden. Egos Erwartungen werden durch die Erwartungen anderer korrigiert, wobei alle diese Erwartungen in den Befriedigungsmöglichkeiten der individuellen Bedürfnisse zentriert sind:

»... die Handlung eines jeden ist an den Erwartungen anderer orientiert. Dabei kann das System von Interaktionen in Kategorien des Konformitätsgrades von Egos Handlung mit Alters Erwartungen und umgekehrt analysiert werden« (Toward a General Theory, S. 15).

In der *Einschätzung seiner Interessenlage* kommt der Handelnde also am intensivsten mit den »sozialen Objekten« in Berührung. Auf die »einfache«

Antizipation der Reaktionen von »Alters« folgt die Einkalkulierung seiner Ansprüche in bezug auf das Objekt der Erwartung. Die allgemeinen Regeln dieser gegenseitigen Rücksichtnahme auf die Interessenansprüche aller wird von den »moral standards«, von den standardisierten Verhaltensweisen im Umgang mit dem »Nächsten« gesteuert. Dieser dritte Aspekt der motivationalen Orientierung ist deshalb von größter Wichtigkeit, weil er nun unmittelbar – auf der Grundlage der wahrgenommenen »Objekte« und der (kognitiven) Kenntnisnahme von Bewertungsaspekten – unmittelbar das Verhältnis zu den interagierenden Handelnden erfaßt:

»Die drei Grundvarianten der motivationalen Orientierung – sagt *Parsons* (Social System, S. 7 f) – kategorisieren zusammen mit der Konzeption eines Objektsystems die Elemente der Handlung auf breitester Ebene. Sie alle drei sind in einer Struktur impliziert, die wir mit „Erwartung" bezeichnet haben. Neben dem gesetzten Interesse, der kognitiven Definition 'der Situation und der bewertenden Selektion hat die Erwartung, wie der Begriff vermuten läßt, noch einen Zeitaspekt, der sich in der Orientierung an der zukünftigen Entwicklung des Situationssystems des Handelnden (,actor-situation system') und an der Erinnerung an vergangene Handlungen zum Ausdruck kommt ... Ein zukünftiger Zustand des Situationssystems des Handelnden, in dem (er) nur ein passives Interesse zeigt, mag als ,Antizipation' bezeichnet werden, während ein zukünftiger Zustand, in dem (der Handelnde) versucht etwas aktiv hervorzubringen (einschließlich der Verhinderung von Ereignissen, von denen er nicht will, daß sie passieren), mag als ,Ziel' bezeichnet werden. Die Zielgerichtetheit einer Handlung ist ... eine fundamentale Eigenart aller Handlungssysteme«.

c) Parallel zur motivationalen Orientierung verlaufen die *Wertorientierungen,* die aus analytischen Gründen doch noch unter einem besonderen Abschnitt behandelt werden müssen. Die Grenzen zwischen motivationaler und wertmäßiger Orientierung sind genau so »fließend«, wie zwischen den Wertorientierungen und den kulturellen Mustern des Gesamtsystems. Es handelt sich in diesem Sinne um bestimmte Idealtypen, in deren Brennpunkten sich soziales Handeln abspielt. Wir haben bisher gesehen, daß Handeln auf Entscheidungen, Entscheidungen auf Erwartungen beruhen. Um hier eine optimale »Ordnung« stiften zu können, müssen ego-zentrische Entscheidungen den von »Alter« gehegten Erwartungen entsprechen, ebenso, wie die Entscheidungen von »Alter« an der ego-zentrischen Erwartung »Egos« nicht vorbeigehen können. *Parsons* fragt zuerst nach den *Bedingungen,* die zu erfüllen sind, um soziales Chaos zu vermeiden: Er geht hier in Anlehnung an die englische Tradition (*Sumner, Spencer)* und an *Durkheim* vom Prinzip der »selfmaintenance«, der den sozialen Systemen innewohnenden Tendenz der Selbsterhaltung aus. Seine diesbezügliche Grundfrage lautet: Wie kann die Konsistenz und Reibungslosigkeit der Interaktionsprozesse garantiert werden? Die Beantwortung dieser Frage bildet den Kerngedanken seiner ganzen Systemtheorie. Doch ehe wir auf den generellen Aspekt der Rolle von kulturellen Wertmustern näher eingehen, deren zentrale Bedeutung in der Vereinheitlichung der Entscheidungen und Erwartungen besteht, indem sie als quasi »übergeordnete« Bezugspunkte der Handlungsorientierung erscheinen, möchten wir die Analyse der Funktion von Wertorientierungen präzisieren.
Die Standards der Wertorientierung haben zwar einen statischen *Charakter:* – sie müssen aber im Interesse ihrer Geltungsmöglichkeit bzw. Funktionalität inhaltlich flexibel sein, denn wenn sie »Unmögliches« vorschreiben und verlan-

gen, verlieren sie die Chance, anerkennbare Leitbilder konkreter Orientierungen zu werden und Handlungen zu steuern. Die funktionale Voraussetzung praktikabler Wertmuster besteht also auch in der Anpassung dieser wertmäßigen Richtlinien an die egozentrischen Bedürfnisse und Erwartungen. Sie repräsentieren in dem Sinne die Systeminteressen, indem sie einerseits »bewährte« Standards für die Handlungsorientierung liefern, andererseits aber die Impulse der Aktionsebene auffangen und in das kulturelle Wertsystem hinüberleiten. Die fundamentale Bedeutung des kulturellen Wertsystems, das selbst kein Handlungssystem im Sinne der Systeme von Entscheidungen und Erwartungen – also der Ebenen des sozialen Systems – bildet, werden wir im Rahmen unserer systemtheoretischen Analysen (vgl. Kap. IX, Strukturfunktionalismus) erörtern. Hier sollen nur die Einflüsse des kulturellen Wertsystems auf das »eigentliche« System von Handlungen untersucht werden, wobei zu betonen ist, daß kulturelle Werte hier noch grundsätzlich als »Objekte« der Orientierung betrachtet werden: Kulturelle Wertmuster liefern für das Handeln objektbezogene Bezugspunkte der Orientierung. Mit anderen Worten, sie haben die Funktion strukturelle – ordnungsbezogene – Schwerpunkte zu setzen, an denen sich Entscheidungen und Erwartungen orientieren *sollen*. In diesem Sinne nehmen sie Einfluß auf die Zielsetzungen aber auch auf die Wahl der Mittel in den Interaktionsprozessen und erzwingen – durch ihre handlungsleitenden Maßstäbe der Nützlichkeit, Wahrheit und des ethischen Verhaltens – die »Einlenkung« partikularistischer Interessenorientierungen auf die Interessen des Kollektivs (vgl. *Durkheim*). Kulturelle Wertmuster bereiten die Handlungs*muster* für eine »allseitig befriedigende Lösung« vor:

»Als Element eines allgemeinen Symbolsystems, das als Kriterium oder Standard für die Wahl zwischen den Orientierungsalternativen dient, die in einer gegebenen Situation völlig offen sind, kann ein Wert genannt werden (Social System, S. 12) . . .

. . . eine kulturelle Tradition . . . Ein Symbolsystem von Bedeutung ist ein Ordnungselement, das auf eine reale Situation wie auferlegt erscheint: Selbst die elementarste Kommunikation ist nicht ohne ein bestimmtes Maß an Konformität gegenüber den ,Konventionen' des Symbolsystems möglich. Um es etwas anders zu sagen: Die Gegenseitigkeit von Erwartungen ist an der vorgegebenen Ordnung der symbolischen Bedeutung orientiert. In so weit wie die Gratifikation des Ego von den Reaktionen des Alter abhängig werden, kommt es dazu, daß ein Standard darüber aufgestellt wird, welche Art von Bedingungen eine „belohnende" Reaktion hervorrufen wird und welche nicht, und die Beziehung zwischen diesen Bedingungen und deren Reaktionen werden als solche, ein Teil des Bedeutungssystems von Ego's Orientierung zur Situation. Deshalb sind Orientierungen an einer normativen Ordnung und wechselseitigem Ineinandergreifen von Erwartungen und Sanktionen . . . in den tiefsten Grundlagen des Handlungsbezugsrahmens verwurzelt« (Social System, S. 11).

Wir haben schon zu Anfang dieses Punktes (c) darauf hingewiesen, daß handlungsweisende Wertmaßstäbe der Außenwelt parallel zu den durch Erfahrung »belehrten«, motivationalen Orientierungen (Bedürfnis-Aspekt, Bewertungs-Aspekt, Aspekt der Einstellung zu »Alter«) verlaufen. Entsprechend diesen drei Brennpunkten der motivationalen Orientierung bietet die Gesellschaft drei »standards« sozialer Verhaltensregeln an, die »dem Handelnden helfen können, seine Wahl zu treffen« (Toward a General Theory, S. 60, 71).

a) Die »appreciative mode auf value-orientation« bietet Wahlalternativen, bzw. Modalitäten hinsichtlich der Nutzungschancen der für wünschenswert gehaltenen Ziele. Ihr Prinzip ist die Steuerung des Nutzstrebens und das Aufzeigen seiner Modalitäten;

b) Die »cognitive mode of value-orientation« bietet Wahlalternativen hinsichtlich der Richtigkeit und Gültigkeit kognitiver Urteile. Ihr Prinzip ist die »Wahrheit«, sie ist an der »Richtigkeit« der Sachverhalte orientiert;

c) Die »moral mode of value-orientation« zeigt bestimmte Konsequenzen des Handelns im Verhältnis zu anderen auf. Ihr Prinzip ist die Ethik, die an der »Richtigkeit« der Regeln gegenseitiger Rücksichtnahme orientiert ist und dazu die entsprechenden Modalitäten liefert.

Die Möglichkeit von Alternativlösungen wird zwar »offen« gehalten, aber durch die Vorgabe wertbezogener Wahl-Standards (»selective-standards«) gleichzeitig eingeengt. Auf der motivationalen Ebene bedeutete Auswahl, bzw. Entscheidung für eine bestimmte Alternative den Bezugspunkt der Orientierung:

a) erstens, in Richtung auf den Befriedigungs-Aspekt der Bedürfnis-Dispositionen und Rollenerwartungen;

b) zweitens, in Richtung auf eine reale, sachbezogene Einschätzung der Situationsfaktoren im Hinblick auf die Durchsetzung der eigenen Interessen und auf die Berücksichtigung der Normen hinsichtlich der Wahl der Mittel;

c) und drittens, in Richtung auf die Zielverwirklichung unter Berücksichtigung verbotener, erlaubter und gebotener Möglichkeiten in der Interaktion mit anderen.

Die eben behandelten Wertorientierungsarten haben schon eingeengteren und verbindlicheren Charakter als die vom Selbstinteresse geleitete Art und Weise der motivationalen Orientierung; »modes of value-orientations« schränken die »psychologische Auswahleigenart« der Handelnden ein und stellen mit sozialer Autorität Maßstäbe dafür auf, was als nützlich, denkerisch gültig und moralisch richtig zu gelten hat. Die für die Wertorientierung verbindlichen Verhaltensmuster bringen den Anspruch zentraler Kulturwerte zur Geltung, indem sie durch die Mechanismen des sozialen Systems dafür sorgen, daß Kulturwerte tradiert, vom Handelnden erlernt und von ihm als vorgegebene Richtschnur der Orientierung akzeptiert werden:

In den Begriffen einer Handlungstheorie »kann dieses Problem wie folgt zusammengefaßt werden (Social System, S. 16 f): ein vollständig normbeständiges („pattern-consistent") kulturelles System kann mit den Forderungen beider (Systeme), sowohl der Persönlichkeit als auch des Sozialsystems in Beziehung gebracht werden, und zwar so, daß vollständige ‚Konformität' mit ihren Standards bei allen individuell Handelnden im sozialen System auf die gleiche Weise motiviert werden kann ... Die Integration des gesamten Handlungssystems, wie partiell und unvollkommen sie auch ist, ist eine Art Kompromiß zwischen dem ‚Hang zur Beständigkeit' seiner sozialen, kulturellen und Persönlichkeitskomponenten, und zwar auf eine solche Weise, daß keiner von ihnen eine ‚perfekte' Integration erreicht ... Der entscheidende Punkt liegt jedoch darin, daß das ‚Lernen' und das ‚Leben' eines Systems kultureller Muster durch die Handelnden in einem Sozialsystem, ohne die Analyse von Motivationen in Bezug auf konkrete Situationen, nicht verstanden werden kann, und zwar nicht allein auf der Ebene der Persönlichkeitstheorie, sondern auf der Ebene des Mechanismus des sozialen Systems«.

Die durch Verhaltensmuster vermittelten Orientierungen an zentralen Kulturwerten machen die Wirksamkeit des Einflusses von Kulturwerten für den Handelnden »spürbar«: Sie sind nicht nur Determinanten für Sozialsysteme, sondern auch für individuelle Handlungen. *Parsons* will betonen, daß er zwar einerseits das System der Kulturwerte als eine Art Gravitationsfeld sozialer Handlungen betrachtet, andererseits aber auch den Rückwirkungen der Handlungen auf das Wertsystem eine wichtige Bedeutung beimißt. Der »Mechanismus des Sozialsystems« steht nämlich in einem kontinuierlichen Wechselwirkungsprozeß mit dem Persönlichkeitssystem, wobei die »spezifischen Auswahlkriterien« jenen Spielraum sichern, in dem Auswahlprozesse stattfinden.

Die Alternativen zur geordneten und ordnenden Auswahl werden von Alternativmustern (»pattern variables«), als möglichen Bezugspunkten von Einstellungen innerhalb des System, gesteuert. Dadurch sollen die Determinanten strukturell festgelegter Bezugspunkte kultureller Werte auch in ihrer dynamischen Perspektive, im Zusammenhang mit den funktionalen Erfordernissen der Integrations- und Differenzierungsprozesse aufgezeigt werden. »Pattern variables« bieten dem Handelnden fünf dichotomisch strukturierte Wahlalternativen an (vgl. Toward a General Theory, S. 77 ff.):

1. Affektivität – affektive Neutralität (1 a)
2. Selbstorientierung – Kollektivorientierung (2 a)
3. Universalismus – Partikularismus (3 a)
4. Zuweisung (»ascription«) – Leistungsorientierung (4 a)
5. diffuses – spezifisches Verhalten (5 a)

ad 1. Dieses erste Alternativmuster bietet Wahlmöglichkeiten für emotionale oder nicht-emotionale Handlungsweisen und betrifft das Orientierungsdilemma zwischen Belohnung und Disziplin, oder: unmittelbarer und hinausgeschobener Bedürfnisbefriedigung.

1) *Affektivität* (Typus z. B.: Familienbeziehungen):

In *kultureller* Hinsicht wird emotionales Handeln erlaubt, wenn in einer Handlungssituation die normativen Muster Gelegenheit für unmittelbares Streben nach Belohnung, ohne bewertende Überlegungen, ermöglichen.
Unter dem Aspekt der *Persönlichkeit* wird dem Handelnden dann die unmittelbare Befriedigung seiner Bedürfnisse erlaubt.
Unter dem sozialen *System-Aspekt* bedeutet Affektivität eine Kommunikation auf gefühlsmäßiger Basis, die auch im System der Rollenbeziehungen, entsprechend der Zulässigkeit affektiver Handlungen, in das Erwartungssystem einbezogen wird.

1 a) *Affektive Neutralität* (Typus z. B.: Verkäufer – Kunde):

Vom *Kulturellen* her verbieten hier die normativen Muster die Unmittelbarkeit des Strebens nach Belohnung – auch wenn dazu eine direkte Möglichkeit bestünde und schreiben, ohne Rücksicht auf diesen, für die Person vorteilhaften Inhalt (der Belohnung) bestimmte Verzichtsleistungen vor, die eine bewertende Überlegung erfordern.

Von der *Persönlichkeit* verlangt eine affektiv neutral strukturierte Handlungssituation die Zurückdrängung der Impulsivität und fordert die Unterordnung der Gefühlsregungen unter eine disziplinierte Kontrolle.

Unter dem *sozialen System-Aspekt* wird in einer emotional neutral strukturierten Situation die Zurückstellung affektiver Ausdrucksformen des Handelns erwartet.

ad 2) Selbstbezogenes und nach kollektiven Interessen orientiertes Handeln bilden das zweite Orientierungsdilemma zwischen privaten Zulässigkeiten und kollektiven Obligationen.

2. *Selbstorientierung* (Typus, z. B.: Kaufmann):

Interaktionssysteme, die in *kultureller* Hinsicht so strukturiert sind, daß in ihnen eine Reihe von Handlungen erlaubt ist, die die Verfolgung von Privatinteressen zulassen, gehören zum Handlungstypus der Selbstorientierung.

Unter dem *Persönlichkeits-Aspekt* kann in dieser Situation ohne Rücksicht auf Kollektivinteressen gehandelt werden, und zwar im Hinblick auf Verfolgung individueller Ziele.

Für den *System-Aspekt* bedeutet diese Alternative die Zulässigkeit der Verfolgung von Privatinteressen unter den sozial definierten Rahmenbedingungen und relativ unabhängig vom Interesse »der anderen«.

2 a) *Kollektivorientierung* (Typus, z. B.: Beamter):

Im *kulturellen* Aspekt kommt Kollektivorientierung durch die Verbindlichkeit bestimmter normativer Muster zum Ausdruck, die dem Handelnden mit obligatorischem Charakter vorschreiben, eine vorgegebene Selektion von Werten vorzunehmen, die eine Entscheidung – mit Rücksicht auf Kollektivinteressen und unter Berücksichtigung der Verantwortlichkeit gegenüber der Allgemeinheit – veranlaßt.

Für das *Persönlichkeitssystem* heißt Kollektivorientierung die Unterordnung privater Interessen und Wünsche unter die des Kollektivs.

Der *soziale System-Aspekt* dieses Handlungstypus wird durch den obligatorischen Charakter der Einhaltung bestimmter Rollenerwartungen gekennzeichnet, die von dem Handelnden eine Orientierung nach Allgemeininteressen verlangen.

ad 3) Das Handlungsdilemma zwischen Universalismus und Partikularismus richtet sich auf die Unterscheidung zwischen allgemeinen und besonderen Normen. Der Handelnde kann sich in Übereinstimmung mit den allgemeinsten Normen, bezogen auf die Gesamtheit bestimmter Objekte, für die generelle Normorientierung entscheiden oder: von den verschiedenen Wertstandards einer partikularen Systemrelation den Vorzug in seinem Verhalten geben.

3) *Universalismus* (Typus z. B.: Verhalten gegenüber allen Alten, Kindern, Frauen):

Der *kulturelle Aspekt* universalistischer Orientierung bezieht sich auf Handlungsentscheidungen, die nach Maßstäben allgemeiner Standards getroffen werden sollen.

Für den *Persönlichkeits-Aspekt* bedeutet dieser Handlungstypus konformes Verhalten mit den (allgemeinen) Wert-Forderungen.
Für den *sozialen System-Aspekt* bedeutet universalistische Orientierung, die obigen Rollenerwartungen auch unabhängig von der Status-Situation oder den partikularen Beziehungen des Handelnden zu erfüllen.

3 a) *Partikularismus* (Typus z. B.: Verhalten gegenüber seiner eigenen Frau, seinen eigenen Kindern usw.):

Unter dem *kulturellen Aspekt* ist partikularistische Orientierung möglich, wenn die normativen Muster die Handelnden verpflichten, im Hinblick auf besondere Beziehungen zu bestimmten Objekten, eine Auswahl nach speziellen Einstellungen zu treffen.
Für den *Persönlichkeits-Aspekt* bedeutet dies eine Handlungsmöglichkeit, in stärkerem Maße als im Falle generalisierender (universalistischer) Standards die individuelle Bedürfnisdisposition geltend zu machen.
Im *sozialen System-Bereich* bedeutet partikularistische Orientierung eine spezifische Rollenerwartung, die im Unterschied zur Loyalität für generelle Normforderungen partikulare Solidarität mit den im Rollennetz verbundenen Personen zuläßt.

ad 4) Das Orientierungsdilemma zwischen »ascription« (Zuweisung) und Leistung (performance) soll sich auf Modalitäten beziehen, nach denen entweder die zugeschriebene Eigenschaft oder die besondere Leistung der Funktionserfüllung maßgeblich ist.

4) *Zuweisung* (Typus z. B.: Handeln nach Anweisungen in der Bürokratie):

Für den *kulturellen Aspekt* ist in diesem Falle die Befolgung der vorgeschriebenen Lösungen – ohne Rücksicht auf spezifische Gegebenheiten – erforderlich.
Für den *Persönlichkeits-Aspekt* verlangt dieses normative Muster die Einstellung der Leistungserfüllung nach vorgegebenen Bezugspunkten.
Unter dem *sozialen System-Aspekt* schreibt dieses Rollenmuster eine »strikte« Orientierung nach den Situations-Objekten (und deren vorgegebenen Qualitäten) – ohne Rücksicht auf mögliche Leistungsmodalitäten – vor.

4 a) *Leistungsorientierung* (Typus z. B. unternehmerisches Handeln auf Eigeninitiative):

Im *kulturellen Aspekt* wird hier eine normativ erlaubte Orientierung nach Leistung möglich, die über die gegebenen Eigenschaften der Objekte hinaus, Selektion und differenzierte Behandlung zuläßt, d. h. die Möglichkeit bietet, Prioritäten in bezug auf die Auswahl spezifischer Lösungsweisen zu setzen.
Im *personellen Bereich* bietet Leistungsorientierung die Chance, die Bedürfnisdispositionen im Sinne des Handelnden im Hinblick auf einen spezifischen Selektionspunkt zu gestalten.
Unter dem *sozialen System-Aspekt* wird hier eine Wahlsituation angeboten, in der sich der Handelnde so verhalten kann, daß er Tätigkeitsformen bevorzugt, die dem spezifischen Charakter der Situation entsprechen.

ad 5) Das Orientierungsdilemma zwischen spezifischem und diffusem Verhalten, bzw. zwischen spezifischer und diffuser Definition der Situation weist Alternativen auf, nach denen der Handelnde entweder nur in einer bestimmten (spezifischen) Funktion oder mit seiner ganzen Person agiert.

5) *Spezifische Definition der Situation* (Typus, z. B.: Arzt – Patient):

Aus *kultureller Sicht* gibt es für Handlungssituationen, die nur spezifizierte Interaktionsmuster ohne Variabilität zulassen, Handlungsvorschriften, deren rollenspezifisches Einhalten strikt geboten wird.

Im *Persönlichkeitsbereich* werden folglich die Handlungen auf eine spezifische Weise limitiert und lassen keine anderen Verhaltensmöglichkeiten zu.

Unter dem *sozialen System-Aspekt* kommt dieser Handlungstypus in der Rollenerwartung zum Ausdruck, die eine spezifische Auswahl in den sozialen Beziehungen, oder z. B. nur eine begrenzte Inanspruchnahme einer Institution erlaubt.

5 a) *Diffuse Definition der Situation* (Typus, z. B.: Dorfbewohner in seinen Beziehungen zur Familie, Nachbarschaft, Gemeinde usw.):

Im *kulturellen Bereich* bieten die normativen Muster keine spezifische Orientierungshilfe, sondern nur den Rahmen des Handlungsspielraums im Hinblick auf Erfordernisse der Situation.

Unter dem *Persönlichkeits-Aspekt* entsteht das Dilemma, wenn Ego in aktuelle Beziehung zu einem Objekt tritt, wobei ihm überlassen bleibt, auf welche Weise es seine Bedürfnisdispositionen zu befriedigen gedenkt.

Unter dem *sozialen System-Aspekt* gibt es für Ego die Möglichkeit, die Rollenorientierung ohne Vorgabe (Abwägung) von Wichtigkeitsgraden, nach bestimmten Interessen und Obligationen von Ego vorzunehmen. Ego kann im Spielraum allgemeiner Erwartungen seine Entscheidungen »auf seine Weise vereinfachen«.

Zum Schluß muß darauf hingewiesen werden, daß »pattern variables« keine institutionellen, sondern »geronnene« Orientierungsmuster mit normativem Charakter darstellen, und daß sie, je nach Situationsstruktur in der sich der Handelnde befindet, eine rasche Umorientierung erfordern. Jedes Sozialsystem ist durch eine Mischung dieser »pattern variables« gekennzeichnet, deren Beschreibung eine wichtige Aufgabe für die Soziologie wäre. Die Orientierungstypen Emotionalität, diffuses Verhalten, Partikularität, Kollektivorientierung und Handlung nach »zugeschriebenen Eigenschaften«, scheinen jene Handlungsstrukturen zu erfassen, die *Tönnies* mit der Kategorie Vergemeinschaftung zu beschreiben versuchte (S. 57 ff). Ebenso können wir in Anlehnung an *Tönnies* in den Orientierungstypen der emotionalen Neutralität, des spezifischen Verhaltens, des Universalismus, der Selbstorientierung und der Orientierung nach Leistung – im Unterschied zu gemeinschaftlichen – gesellschaftliche Beziehungen verstehen, die durch »sachliche Verbindungen« unter bestimmten Personen zu charakterisieren sind. Den dichotomen Charakter sieht auch *Parsons* in diesen variablen Orientierungsmustern: Er weiß, daß Familien- oder Freundschaftsbeziehungen einen eher emotionalen, Berufs-

oder Geschäftsbeziehungen eher einen sachbezogenen Aspekt aufweisen. Sein Modell der »pattern variables« unterscheidet sich von der Dichotomisierung gemeinschaftlicher und gesellschaftlicher Beziehungen von *Tönnies* vor allem dadurch, daß er (in Anlehnung an *Weber*) die gegenseitige Durchdringung dieser Mischformen (»penetration«) in den Griff zu bekommen versucht und folglich die Aspekte der Wechselwirkung und Interdependenz – trotz tendenzieller Polarisierung – nicht aus dem Auge verliert. Nach *Parsons* gibt es also keine Entwicklung von Gemeinschaft zu Gesellschaft, sondern nur konstituierende Aspekte dieser Typen unter den Bedingungen wachsender Differenzierung, d. h. andere, vielschichtige Verteilungen und Kombinationen der Gemeinschaft-Gesellschaft-Dichotomie.

Zusammenfassend könnte man mit *Friedrichs* sagen [4]:

»Pattern variables sind ,dilemmas of choice', die in jeder Situation auftreten und vom Akteur entschieden werden müssen, bevor er die Situation erkannt hat und handeln kann. Für sie gelten folgende Annahmen:
a) Sie sind dichotomisch, keine Kontinua. Die eine oder andere Alternative muß gewählt werden.
b) Sie sind erschöpfend, es gibt keine weiteren Dichotomien.
c) Der Akteur muß für alle fünf Paare Entscheidungen treffen.
d) Sie gelten in allen Situationen.
e) Sie sind ein Ersatz für eine biologische Steuerung des Verhaltens, die sonst eine Hierarchie der Orientierungen liefern könnte.
f) Sie betreffen den „normativen oder idealen Aspekt der Struktur von Handlungssystemen".
g) Sie gelten für die Analyse aller Gesellschaften.
Die fünf pattern variables sind:
1) *Affectivity – Affective neutrality:* Soll der Akteur, wenn es eine Situation ermöglicht, die Befriedigung seiner Wünsche sich *gleich* gestatten oder derartige Impulse zurückdrängen auf spätere Situationen? Sollen also bewertende Überlegungen in affektive Bedürfnisse in einer Situation eingehen?
2) *Self-Orientation – Collectivity-orientation:* Soll der Akteur privaten Interessen oder kollektiven Verpflichtungen folgen? Die bereits erwähnte „looseness" sozialer Systeme gestattet Divergenzen zwischen individuellen und kollektiven Zielen. Welchen von beiden soll in einer Situation Priorität zukommen?
3) *Universalism – Particularism:* Wie soll der Akteur die Objekte beurteilen: nach dem allgemeinsten und generellen Normen des sozialen Systems, dem er angehört, oder nach speziellen Normen, die sich aus der Beziehung des Akteurs zu den Objekten ergeben, z. B. besondere Qualitäten des Objekts oder Beziehungen zu den Eigenschaften des Akteurs selbst (z. B. als Freund).
4) *Ascription – Achievement:* Soll der Akteur die Objekte einer Situation nach dem beurteilen, was sie für sich genommen sind, oder danach, was aus ihren Handlungen resultieren kann? Er muß als Maßstab entweder die Qualitäten (Eigenschaften) des Objekts, wie Besitz, Geschlecht, Mitgliedschaften wählen oder aber dessen Leistungen, seien es vergangene, gegenwärtige oder zukünftige.
5) *Specificity – Diffuseness:* Welcher Art sollen Interesse und Verpflichtung des Akteurs den Objekten gegenüber sein? Soll er sein Interesse am Objekt auf einen speziellen Bereich beschränken, der unter Umständen schon vor der Situation bestand, oder soll sein Interesse dem Objekt gänzlich gelten, je nach den Gegebenheiten der Situation sich erweiternd? Soll er z. B. einen anderen Akteur nur als Inhaber einer speziellen Rolle oder in einer Vielzahl von Rollen betrachten?

Die pattern variables sind, worauf schon *Don Martindale* hingewiesen hat, keine Variablen, sondern ,schematization of directions or dimensions of some possible variation'«.

4 Friedrichs, J.: Werte und soziales Handeln, Tübingen 1968, S. 56 f.

Tabellarische Zusammenfassung der »variablen Muster«
(Toward a General Theory, S. 253):

Value-Orientation

Focus of Social Value Systems

Universalism-Particularism   *Ascription-Achievement*

Collectiv-Self-Orientation

Diffuseness-Specificity   *Neutrality-Affectivity*

Focus of Personal Value Systems

Motivation-Orientation

Das abstrakte Grundmodell des »unit act«, d. h. »des einheitlichen Handelns«, will vorerst »nur« die »allgemeinsten« Rahmen*bedingungen* als strukturelle Voraussetzungen des Handelns überhaupt beschreiben, unter denen soziales Handeln entsteht. Die oben skizzierten Grundkategorien der strukturfunktionalistischen Handlungstheorie, vom Befriedigungs-Aspekt und der motivationalen Orientierung bis hin zu den »pattern variables« sollen all jene möglichen Bezugspunkte von Orientierungen aufzeigen, die für *jedes* Handeln – unabhängig davon, ob es sich in der Gesellschaft von Kopfjägern oder Atomphysikern vollzieht – »auf der abstraktesten Ebene« gültig sind. »Das Handeln« sowohl des Stammesmitgliedes der Kopfjäger als auch eines Mitgliedes der hochentwickelten Industriegesellschaft ist durch die biologische Grundgegebenheit der »need-dispositions« zieltendiert (im Sinne des Lob-Tadel-Gleichgewichts) und wird dabei (auf die schon geschilderte Weise) mit den dinglichen, sozialen und kulturellen Objekten seiner Umwelt konfrontiert. Ebenfalls ist es »universal gültig«, daß Handlungen um die Brennpunkte einer motivationalen und Wert-Orientierung strukturiert sind, und daß es in jeder Gesellschaft bestimmte Standards für die Durchführung, Bewertung des Handelns und für die Rücksichtnahme auf die anderen Handelnden gibt. Auch die »Dilemmas« zwischen den idealtypischen Bezugspunkten der »pattern variables« sollen als *mögliche* Alternativen von Einstellungen in ihrer universalen Gültigkeit als Bezugspunkte der Orientierungen betrachtet werden. Die Wiedergabe der relativ detaillierten Beschreibung von kulturellen, personellen und sozialen Aspekten dieses Orientierungsdilemmas sollte die Intention der Strukturfunktionalisten veranschaulichen, ein allgemeines und auf alle Gesellschaftssysteme anwendbares *Bezugssystem* sozialen Handelns zu erstellen. Sie stellen dabei die kollektiven (»value-orientation«) und individuellen (»motivational orientation«) Brennpunkte (»focus«) der Handlungsorientierung heraus und weisen – in den detaillierten Beschreibungen der »Dilemmas« bei den »pattern variables« – auf die unzerlegbaren Wechselwirkungsprozesse zwischen diesen (idealtypischen) Bezugspunkten der Orientierungen hin. Auch hier bleibt die grundlegende Intention, die allgemeinen Rahmenbedingungen sozialen Handelns so zu analysieren und systematisieren, daß sie dem Soziologen als »analytisches Werkzeug« in der empirischen Sozialforschung dienen können (vgl. Kap. VII: Formale, bzw. Beziehungssoziologie, – vor allem: v. *Wiese*). Demjenigen, der diese Intention des *Parsonsschen* Ansatzes verkennt, wird die (oben dargestellte) Abstraktion »sinnlos« erscheinen: Es muß also nochmals betont werden, daß es sich hier *nicht* um empirische Befunde handelt, die für ein konkretes Handeln unmittelbar relevant sein können. Auch ist z. B. die Frage in diesem Rahmen »völlig uninteressant«, ob für den Handelnden die Möglichkeit der »self-orientation« in einer strukturell nach »collectiv-orientation« organisierten Gesellschaft (oder umgekehrt) besteht. Es geht hier lediglich darum, *mögliche* Bezugspunkte der im Sozialen eingebetteten Handlungsorientierungen vollständig zu erfassen. Wie dies nun im einzelnen konkret aussieht und warum in dem einen System z. B. individualistische und nicht kollektivistische (und umgekehrt) Orientierungstendenzen vorherrschen, sollte auf dieser allgemeinsten Stufe der Analyse sozialen Handelns als eines »einheitlichen Handelns« ausgeklammert werden. Die theoretische Erarbeitung dieser Problematik gehört in die Systemtheorie (vgl. Kap. IX), weil sie nur in bezug auf die allgemeinen Bedingungen strukturbildender Systemfunktionalität sinnvoll erörtert werden kann. Während die analytische Annäherung an das Problem des sozialen Handelns unter dem Aspekt des »unit act« primär vom Standpunkt des Handelnden ausgeht, wird nun dasselbe Phänomen in der Systemtheorie unter dem Aspekt der strukturellen und funktionalen Rahmenbedingungen des Systems untersucht.

Abgesehen von dieser Absicht der theoretischen Verortung und Systematisierung, hat die dargestellte Analyse auch einen methodologischen Zweck: Sie will durch die komplexe Darstellung der sich wechselseitig bedingenden Zusammenhänge den Aspekt der Multidimensionalität sozialer Handlungen betonen. Auch hier werden Bezugspunkte der theoretischen Orientierung in Form von allgemeinen Kategorien klar formuliert: Soziales Handeln entsteht generell in den sich gegenseitig durchdringenden Relationsfeldern der personellen, sozialen und kulturellen Aspekte biologisch, sozial und kulturell vorgegebener Bedingungen. Die kontinuierliche Berücksichtigung dieser grundsätzlichen Elemente der Situationsstruktur und ihres funktionalen Zusammenhanges sollte dazu berechtigen, von einer strukturfunktionalistischen Richtung in der theoretischen Soziologie zu sprechen.

IX. Strukturfunktionalismus

Talcott Parsons (1902)

The Structure of Social Action (1937), New York–London 1968, I, II
The Social System (1951), New-York–London 1966
Toward a General Theory of Action, ed. by *Parsons* and A. *Shils*, New-York 1962
Soziologische Theorie = Soziologische Texte (ST), Bd. 15, Neuwied 1963
Sozialstruktur und Persönlichkeit (1964), Frankfurt a. M. 1968
The System of Modern Societies, New-Jersey 1971 (Abkürzung: System)

Der Strukturfunktionalismus oder die strukturell-funktionale Theorie betrachtet Gesellschaft als ein relativ geschlossenes und je nach Entwicklungsgrad mehr oder weniger komplexes Handlungssystem, das durch die strukturelle Interdependenz seiner Elemente (»unit act«, Rolle, Status, Institution) eine funktionale Einheit bildet. Die Beziehungen der Elemente zueinander bilden die Struktur des Sozialsystems, die primär von den Kulturwerten geprägt und durch die Gemeinsamkeit der Wertorientierungen bestimmt wird. Analog zu biologischen Systemen *tendiert* das Sozialsystem danach, sich von der Umwelt abzukapseln und durch die wertspezifische Anordnung seiner Bestandteile sich in Kontinuität und autark zu erhalten. Das Sozialsystem ist jedoch den permanenten Störungen seiner Umwelt (den Einwirkungen von Persönlichkeiten oder von fremden Wertsystemen) ausgesetzt und dazu gezwungen, diese Umwelteinflüsse so zu verarbeiten, d. h. in die Interaktionsprozesse so zu integrieren, daß eine relative Stabilität (Fließgleichgewicht) bewahrt bleiben kann. Die Aufgaben – oder: Funktionen – der Systembestandteile in denen sich Handlungen verdichten, bestehen einerseits darin, das etablierte Wertsystem zu unterstützen, andererseits die Austauschprozesse zur Umwelt mit Rücksicht auf die neuen Erfordernisse selektiv zu regeln. Die Möglichkeit zur Veränderung von Verhaltensmustern hängt nicht von der »Güte« der Ideen oder der ökonomischen Vorteile, sondern von der Qualität des Wertsystems ab, die eine bestimmte Art und Weise der Problemlösungen zuläßt oder verbietet. Die Funktionen sind in diesem Sinne situationsorientierte Handlungstendenzen, deren Freiheitsspielraum jedoch den vom Wertsystem ausgehenden normativen Orientierungen und Kontrollen unterworfen sind.

1. Gesellschaft als soziales System

Parsons definiert Gesellschaft als einen Typus des sozialen Systems, »der durch den höchsten Stand der Selbstgenügsamkeit im Verhältnis zu seiner Umwelt, eingeschlossen andere Sozialsysteme, charakterisiert wird« (System, S. 8). Die so verstandenen (autarken) »Einheiten« von Sozialsystemen unterscheiden sich voneinander nicht durch bestimmte Aspekte menschlicher Handlungen, sondern durch ihre Interaktionsstrukturen und die Art ihrer Kontrolle über die Funktionsleistungen der Gesellschaft (= politisches System) im Verhältnis zur Umwelt:

... Das soziale System »ist sowohl mit der Persönlichkeit als auch mit der Kultur verbunden, aber nicht um ihrer selbst willen, sondern eher in ihren Auswirkungen auf die Struktur und das

Funktionieren des sozialen Systems . . . Da die empirische Organisation des Systems ein fundamental wichtiger Brennpunkt ist, muß der (Aufbauplan) eines sich selbsterhaltenden sozialen Systems die Norm, wie sie gegeben ist, sein. Wenn wir dazu noch (den Aspekt) der Dauerhaftigkeit hinzufügen, lang genug, um die Lebensspanne eines normalen menschlichen Individuums zu übersteigen, dann wird die Wiederherstellung der kommenden Generation durch ihre biologische Reproduktion und Sozialisation, zum wesentlichen Aspekt eines solchen sozialen Systems. Ein soziales System dieses Typs, in dem alle diese wesentlichen funktionalen Vorbedingungen eines langperiodischen Überdauerns aus eigener Kraft zusammenkommen, soll eine Gesellschaft genannt werden. Es ist nicht wesentlich für ein Gesellschaftskonzept, daß es nicht . . . von anderen Gesellschaften abhängig sein sollte, sondern nur, daß es alle strukturellen und funktionalen Fundamente für ein unabhängig sich erhaltendes System erfüllt. Jedes andere soziale System soll ein ‚partielles‘ Sozialsystem genannt werden. Offenkundig befassen sich die meisten empirisch-soziologischen Studien mehr mit partiellen Sozialsystemen als mit Gesellschaften als Ganze. Das ist ganz legitim. Aber der Gebrauch (des Begriffs) Gesellschaft als ‚Norm‘ in der Theorie sozialer Systeme stellt sicher, daß ein Konzeptionsschema entwickelt wird, um das partielle Sozialsystem ausführlich und systematisch im Rahmen des sozialen Systems in Frage zu stellen, von dem es ein Teil ist (Social System, S. 19) . . . Wie wir gesehen haben . . . ist das soziale System eine Art Organisation von Handlungselementen, die auf den Fortbestand oder auf geordnete Wandlungsprozesse der interaktiven Muster von einer Vielzahl individuell Handelnder bezogen ist« (Social System, S. 24).

Soziale Systeme unterscheiden sich also voneinander durch den Typus der Organisation von Handlungselementen, der im wesentlichen von den Gegebenheiten der psysikalischen Umwelt, der territorialen Organisation, der Kontrolle und von der speziellen Art der internen (wertmäßigen) Beziehungen der Individuen als Gesellschaftsmitglieder zueinander abhängt. Die Selbstgenügsamkeit eines Systems erstreckt sich demzufolge auf die relative Einheitlichkeit seiner technologischen und ökonomischen Produktionsmechanismen, seiner politischen Kontrollmechanismen zum Zwecke der Sicherung der für wünschenswert gehaltenen gesellschaftlichen Zielsetzungen und auf die ebenfalls nur relative Einheitlichkeit des Wertkonsensus, die insofern Selbstgenügsamkeit darstellt, als sie voraussetzt, daß die Majorität der Gesellschaftsmitglieder nicht »radikal entfremdet« ist (System, S. 9).

Um die Parsonssche Theorie systematisch darzustellen, müssen wir noch einmal kurz auf den Ausgangspunkt, auf die Handlungstheorie (»action system«) zurückgehen. Vollständigkeitshalber möchten wir die strukturfunktionalistische Grundposition mit *Parsons* Worten wiederholen:

»Die Grundeinheit aller sozialen Systeme ist das Individuum als *Handelnder,* d. h. als eine Einheit, die grundsätzlich dadurch gekennzeichnet ist, daß sie die Erreichung von ‚Zielen‘ anstrebt, daß sie Gegenständen oder Ereignissen gegenüber emotionell oder affektiv ‚reagiert‘ und daß sie ihre Situation, ihre Ziele und sich selbst bis zu einem gewissen Grade kognitiv kennt oder versteht. Handeln ist in diesem Bezugsrahmen notwendig entlang einem ‚normativen‘, ‚teleologischen‘ oder vielleicht noch besser ‚voluntaristischen‘ ‚Koordinaten‘- oder Achsensystem strukturiert. Ein Ziel ist definiert als ein ‚wünschenswerter‘ Zustand, sein Nichterreichen ist eine ‚Versagung‘, eine ‚Frustration‘. Die affektive Reaktion umfaßt die Komponenten der entweder angenehmen oder schmerzlichen Bedeutung für den Handelnden sowie der Anerkennung oder Ablehnung des Gegenstandes oder Zustandes, der die Reaktion hervorgerufen hat. Die kognitive Ausrichtung schließlich ist den Maßstäben der ‚Richtigkeit‘ und ‚Angemessenheit‘ des Wissens und Verstehens unterworfen« (Theorie, S. 52 f).

Die Grundannahme des strukturfunktionalistischen Ansatzes basiert also auf dem »Willen zur Ordnung«: So wie das Individuum ein originäres Interesse an der Stabilisierung seiner Beziehungen zur Umwelt hat, hat auch »das System«

ein originäres Interesse daran, sich funktionsfähig gestalten zu können. Das System setzt »standards« als »Wegweiser« für den geordneten Verlauf zwischenmenschlicher Beziehungen und Wertmuster als »Leitbilder« für die Chance der Internalisierbarkeit gewünschter Zielorientierungen. Angesichts der Grundannahme eines anthropologisch verstandenen und universal gültigen Strebens aller Menschen nach einem biologischen und normativen Gleichgewichtszustand (vgl. Kap. VIII, 3/2) müßte individueller »Wille« zu einer zieltendierten Handlung führen, die »normalerweise« die Übereinstimmung mit den kollektiv gesetzten Wertmaßstäben sucht. Der Verschmelzungsprozeß dieser psychologischen und soziologischen Komponente beginnt schon mit der Geburt und setzt sich im ganzen Verlauf der Sozialisierung – von der primären Sozialisation des Kindes in der Familie bis zu den sekundären Sozialisierungsprozessen im außerfamiliären Raum auch im Erwachsenenalter (Berufssphäre) – fort. Der Mechanismus der Internalisierung von Wertmustern, was in Anlehnung an *Durkheim* Verinnerlichung von sozialen Normen bedeutet, erlangt in der Parsonsschen Theorie zentrale Bedeutung. Ihren handlungsspezifischen Mechanismus interpretiert Erich *Hahn* folgendermaßen [1]:

»Jeder individuell Handelnde (ego) trägt in sich eine Reihe von Erwartungen gegenüber einem anderen Handelnden (alter). In bezug auf Alters Handlungen hegt Ego Hoffnungen und Befürchtungen, d. h. einige der Reaktionen Alters werden von Ego als günstig, andere als ungünstig eingeschätzt. Man ist daher aus psychologischen Gründen berechtigt anzunehmen, daß Egos Orientierung dahin tendiert, günstige, Befriedigung erweckende Reaktionen Alters zu stimulieren und Handlungen zu vermeiden, die eine ungünstige, Beeinträchtigung verursachende Reaktion von Alter provozieren könnten.

Wenn nun die normativen Muster allgemein verbreitet und klar sind, dann werden (für Ego) günstige Reaktionen seitens Alter dadurch und dann ausgelöst, daß Ego in Übereinstimmung mit dem Muster handelt, und (für Ego) ungünstige Reaktionen dadurch, daß Ego in seinem Verhalten von diesem Muster abweicht. Selbstverständlich gilt umgekehrt das gleiche. Ergebnis ist das Ausbalancieren der Konformitäts-Abweichung-Dimension; mit anderen Worten: Grundbedingungen für die Stabilität eines Interaktionssystems ist die Abstimmung der Interessen der Handelnden auf Konformität mit dem allgemein verbreiteten System von Wertorientierungs-Mustern.

Diese „Abstimmung" ergibt sich demnach auf eine doppelte Weise. Einerseits tendiert die Konformität mit den Mustern infolge ihrer Internalisierung dazu, persönliche bzw. instrumentale Bedeutung für Ego anzunehmen. Andererseits ist der Sanktionscharakter der Reaktionen von Alter gegenüber Ego eine Funktion seiner Konformität mit den Mustern. Konformität als direkter Weg der Erfüllung der eigenen Bedürfnisse tendiert dazu, mit Konformität als Bedingung günstiger Reaktionen und der Vermeidung ungünstiger Reaktionen der Umgebung zu verschmelzen. Sobald in einem gegebenen Handlungssystem die Konformität mit dem Wertorientierungs-Muster beide Kriterien aufweist, d. h. auf seiten der Handelnden sowohl als Weg der Befriedigung der eigenen Bedürfnisse als auch als Bedingung der ‚Optimierung' der Reaktionen empfunden und anerkannt wird, dann bezeichnet Parsons dieses Muster als institutionalisiert.«

Die Wertmuster selbst haben also hier einen anderen Charakter als bei *Durkheim:* Sie schränken zwar auch nach *Parsons* die »reine« instrumentale Zweckmäßigkeit individueller Handlungsorientierung ein, statten soziale Autoritäten – wie z. B. elterliche oder gesellschaftliche Vorbilder – mit der Fähigkeit der Normdurchsetzung aus und verhängen Strafen für abweichendes Verhalten – sie werden aber nicht in dem intensiven Maße wie bei *Durkheim,* in

1 Hahn, Soziale Wirklichkeit und soziologische Erkenntnis, Berlin-Ost 1965, S. 57 f.

ihrem Zwangscharakter gesehen. Die Wertmuster müssen – aus funktionalen Gründen – auch für den einzelnen Handelnden akzeptierbar und praktikabel, also: an die (individuellen) Bedürfnisse der Handelnden angepaßt sein. Dieser Aspekt verleiht ihnen und den sie »tragenden« Institutionen Wirksamkeit durch Legitimität und dadurch Stabilität. Um die *Übereinstimmung* zwischen motivationaler Orientierung und kulturellen Werten zu *erreichen* – worum es sich stets im Strukturfunktionalismus handelt – muß also sowohl die Struktur der Bedürfnis-Dispositionen mit den Kulturwerten, als auch die Struktur der Kulturwerte mit den Bedürfnis-Dispositionen durch »dynamische« Wechselwirkungsprozesse verbunden werden. Der Konflikttheoretiker *Mills* interpretiert diesen Zusammenhang wie folgt [2]:

»... Wenn Individuen die gleichen Werte akzeptieren, verhalten sie sich im Einklang mit dem erwarteten Verhalten der anderen. Darüber hinaus sehen sie diese Konformität als eine gute Sache an, sogar auch dann, wenn sie ihren eigenen Interessen entgegensteht. Daß diese gemeinsamen Werte eher angelernt als angeboren sind, vermindert keineswegs ihre Bedeutung für die Motive menschlichen Handelns. Im Gegenteil, sie werden zum Bestandteil der Persönlichkeit selber. Sie halten die Gesellschaft zusammen, wobei das, was gesellschaftlich erwartet wird, zum persönlichen Bedürfnis wird«.

Die generelle (und prinzipielle) Voraussetzung für das relativ konsistente Bestehen eines Sozialsystems ist also ein auf relativem Konsensus beruhendes Wertsystem, das durch die Mechanismen der Internalisierung dieser Werte (durch Sozialisierung und interessenbedingte Anpassung), die Wert-Forderungen selbst in die Sphäre der Bedürfnis-Dispositionen verlagert: Die Verinnerlichung und das Erlernen einer, von der Gesellschaft geforderten Wertorientierung verwandelt sich damit zu einem »Bedürfnis« des Individuums. Nur unter diesem generellen Aspekt ist der strukturfunktionale Aufbau des Sozialsystems bei *Parsons* zu verstehen. Dieser Systemaufbau wird im wesentlichen auf vier Kristallisationspunkte der Handlungssysteme bezogen:

a) Persönlichkeitssystem,
b) Status und Rollen
c) Institutionen
d) Koordinierung aller Sub-Systeme im Rahmen eines ganzen Sozialsystems.

ad a: *Persönlichkeitssystem*

Das grundlegende Merkmal menschlicher Interaktionen sieht *Parsons* in der Tendenz der gegenseitigen Orientierung (vgl. auch Social System, S. 481). Diese gegenseitige Orientierung, über deren strukturellen Verlauf wir in systematischer Form in *Parsons* Handlungstheorie berichtet haben (vgl. Kap. VIII, 3/2: Entscheidungen – Erwartungen – gemeinsame Orientierungsbezugspunkte an kulturellen Werten), ergibt sich aus den Erfordernissen der Systembildung. Die inter-individuellen Handlungen müssen nach bestimmten systembezogen strukturierten Bezugs- oder Gesichtspunkten verlaufen, damit die Aktionen der Einzelnen ein relativ konsistentes Ordnungsgefüge aufweisen können. In der Parsonsschen Terminologie heißt dies, daß Handlungen so strukturiert

---

2 Mills, C. W.: Kritik der soziologischen Denkweise (1959) = ST. Bd. 8, Neuwied 1963, S. 71.

werden müssen, daß die individuellen Absichten den kollektiven Erwartungen entsprechen können:

Der Grundgedanke des Autors (soll) – »aus seiner Perspektive als Soziologe – über die Bedeutung der psychoanalytischen Theorie der Persönlichkeit für die Integration von Soziologie und Psychologie, besonders über das Problem der Beziehung zwischen Motivation zur Erfüllung sozialer Rollen und der Kontrolle dieser Erfüllung durch normative Mechanismen« (erörtert werden) (Sozialstruktur, S. 5).

Wir haben schon öfter auf die zentrale Bedeutung normativer Mechanismen und deren entscheidende Einflüsse auf das Persönlichkeitssystem hingewiesen. Wir haben gesehen, daß sich das »System der Persönlichkeit« schon während der Organisierung individuellen Handelns (»unit act«) unter sozio-kulturellen Einflüssen formt. Die erste Phase in dieser Entwicklung bildet das Erlernen von Erwartungen. Unter dem Aspekt der Systemfunktionalität reicht jedoch diese, im wesentlichen auf dem Befriedigungs-Aspekt beruhende und schwerpunktmäßig kognitiv ausgerichtete Einstellung zu den sozialen Werten nicht aus. Für die Stabilität des Sozialsystems ist auch die emotionale Seite, die Verinnerlichung der Wertmuster, von fundamentaler Bedeutung:

»Verinnerlichung eines kulturellen Musters heißt nicht nur, dieses als ein Objekt der äußeren Welt zu kennen; es bedeutet seine Eingliederung in die eigentliche Struktur der Persönlichkeit als solcher. Das heißt, daß das kulturelle Muster mit dem affektiven System der Persönlichkeit integriert werden muß.

Kultur ist jedoch ein System generalisierender Symbole und ihrer Bedeutungen. Damit die Integration mit den Affekten, welche die Verinnerlichung darstellt, stattfinden kann, muß die eigene affektive Organisation des Individuums ein hohes Niveau der Generalisierung erreichen. Der Hauptmechanismus, durch den dies erreicht wird, scheint sich durch den Aufbau von Bindungen an andere Personen zu vollziehen – das heißt, durch emotionale Kommunikation mit anderen, so daß das Individuum empfindsam für die Attitüden der anderen wird, nicht nur für ihre spezifischen Handlungen mit der inhärenten Bedeutung von Befriedigung oder Versagung. Mit anderen Worten, der Prozeß, durch den Bindungen gebildet werden, ist in sich selbst wesentlich ein Prozeß der Generalisierung der Affekte. Aber diese Generalisierung wiederum ist in der Tat einer der Hauptaspekte des Prozesses der Symbolisierung emotionaler Bedeutungen – das heißt, ein Prozeß des Erwerbs von Kultur« (Sozialstruktur, S. 39 f).

Die Umformung, bzw. Anpassung des Persönlichkeitssystems an das Sozialsystem wird also von *Parsons* so erklärt, daß er das Individuum als den Träger von sozialen Beziehungen in ein (vorstrukturiertes) System von Handlungen versetzt und es dadurch zum »Elementarteil« des Sozialsystems macht. Denn, die Wertmuster des kulturellen Systems »realisieren« sich im Persönlichkeitssystem nicht nur auf eine adaptive Weise, indem sie als instrumentale Bezugspunkte der Handlungsorientierung übernommen werden, sondern wirken auch auf die Emotionen des Individuums ein und bedingen folglich den Prozeß der Generalisierung von Affekten in den zwischenmenschlichen Beziehungen. Im Hinblick auf die funktional erforderliche Rollenerfüllung ist die Art und Weise der instrumentalen und gefühlsmäßigen Einstellung zum Orientierungsdilemma von entscheidender Bedeutung: Die Wahl, die der Rollenträger in einer gegebenen Situation mit Alternativlösungen trifft, wird im wesentlichen von den Dispositionen beeinflußt, die im Persönlichkeitssystem verankert sind. Die Analyse des Rollenverhaltens kann erst auf dieser Grundlage vorgenommen werden [3]: Die Systemtheorie kann also ohne den Hintergrund der Handlungstheorie nicht auskommen, weil das Rollenverhalten als zentraler Bezugsrahmen sozialen Handelns weitgehend vom Persönlichkeitssystem abhängt, dessen Struktur schon auf der »untersten« Ebene des »unit act« systemadäquat vorprogrammiert ist.

Das Wesen des Sozialisierungsprozesses besteht also aus drei Grundkomponenten:

a) aus Lernen,

b) aus Verinnerlichung und

c) aus Kontrolle, als einem die Sozialisation ergänzenden Mechanismus.

Im weitesten Sinne versteht *Parsons* unter Lernen die »Einverleibung von Elementen kultureller Muster in das Handlungssystem individueller Akteure« (Social System, S. 16): Es handelt sich also auch hier nicht um ein bloß instrumentales Erlernen von »intellektuellen Inhalten«, sondern um den generellen Aspekt der Aneignung bestimmter »intellektueller Inhalte« im sozialen Kontext. Die Objekte der Erkenntnisorientierung werden nämlich auch gesellschaftlich »gesetzt« und haben eine primär integrative Funktion im Hinblick auf die »Organisierung« des Handlungssystems.

Unter Internalisierung von Normen [4] ist ein Vorgang zu verstehen, der in einer Kultur die festgelegten Werte und Normen, bzw. Rollenerwartungsstandards zu konstituierenden Bestandteilen der Handlungen macht, wobei diese Werte, Normen und Standards aus der gegebenen Kultur ableitbar sind, in der das Individuum sozialisiert wird. Internalisierte Wertsysteme wirken wie Kontrollmechanismen in den Handlungsprozessen: Wenn sie einmal im Persönlichkeitssystem fest verankert sind, dann funktionieren sie relativ unabhängig von den Veränderungen der Handlungssituation. Der Lernprozeß der Internalisierung eines Wertsystems ist bestimmten Grundbedingungen unterworfen, von denen hier einige genannt werden sollen:

3 Dagegen z. B. Dahrendorf: » . . . als sei die strukturell-funktionale Theorie weder logisch notwendig mit der Theorie des Handelns verknüpft, noch auch nur so an sie gebunden, daß sie ohne sie sinnlos würde« (Gesellschaft und Freiheit, München 1965, S. 76 f).

4 Um es nachdrücklich zu präzisieren: Im Unterschied zu den Rechtsnormen handelt es sich im Normbegriff der Soziologie um eine Gebundenheit sozialen Verhaltens, die die Willkür der Beziehungen zwischen den Menschen – theoretisch: ohne strafrechtliche Konsequenzen – begrenzt. Soziale Normen bewirken, daß Menschen sich mit einiger Sicherheit und Dauerhaftigkeit aufeinander einstellen können. Durch Verhaltensgebote und -verbote wird soziales Verhalten durch diese Normen in Situationen gesteuert, die mit bestimmten Alternativen belastet sind; hier wirkt die „obligatorische Bindung" integrativ und scheint auf irgendwelchen Verabredungen zu beruhen. Die Geltungsdauer einer Norm hängt diesem Verständnis nach vom „Bereitschaftsgrad" des Kollektivs (oder: der Gruppenöffentlichkeit) ab, der für den Schutz gemeinsamer Interessen „funktioniert". Die Freigabe ehemals normativ gebundener Verhaltensformen steht mit dem Dissens über die generelle Gültigkeit oder positive Bewertung dieser Vorschriften im Zusammenhang: Abweichung wird immer schwächer sanktioniert (z. B. sexuelle Freizügigkeit) und die Forderung klingt ab (Emanzipationsbewegung). Vgl. hierzu: Popitz, H.: Soziale Normen, in: Archives Européennes de Sociologie, 1961, Nr. 2, S. 185–199 (insbesondere: S. 188).

— vor der Internalisierung entstandene Motivationskomplexe müssen enttäuscht werden;
— die daraus resultierenden Konflikte müssen ausgedrückt werden dürfen;
— Verhaltensweisen, die mit den zu erlernenden Mustern übereinstimmen, müssen belohnt werden;
— dieses Muster muß mit den Werten einer neuerlernten Rolle in einem Interaktionssystem, an dem das Individuum vorher nicht beteiligt war, übereinstimmen.

Komplementär zum Sozialisierungsprozeß verlaufen die Mechanismen der sozialen Kontrolle: Sie beginnen mit der Sozialisierung des Kindes und setzen sich später in den Interaktionsbeziehungen zwischen Individuen, die in derselben Sozialstruktur stehen, fort; sie bewirken die Anpassung individueller Handlungsmotivationen an die Systemerfordernisse und Rollenerwartungen. Das Ziel der Sozialisierung und der sozialen Kontrolle im besonderen ist die Eliminierung der Tendenzen zu abweichendem Verhalten. Unter Abweichung werden die Prozesse verstanden, in denen sich Widerstände gegenüber einem normkonformen Verhalten herauskristallisieren. Abweichendes Verhalten ist normverletzendes Verhalten.

Die Gründe für abweichendes Verhalten können nach der Auffassung von *Parsons* einmal in der »primären Entfremdung« des Individuums liegen. Primäre Entfremdung ist in der Struktur des Individuums begründet, d. h. sie rührt aus der Eigenart seines Sozialisationsprozesses her. Andererseits kann abweichendes Verhalten aus Rollenkonflikten resultieren. Diesen Ursprung bezeichnet *Parsons* als Grund für »sekundäre Entfremdung«. Generell kann gesagt werden, daß nach systemtheoretischem Verständnis abweichendes Verhalten aus der Nichtangepaßtheit der motivationalen Orientierung an die Systembedürfnisse und speziell an die Rollenerwartungen resultiert, das Spannungen im Hinblick auf den gleichgewichtigen Verlauf eingefahrener Interaktionsbeziehungen hervorruft (vgl. u. a. *Toward*, S. 227). Durch den Mechanismus der Belohnung von normkonformem Verhalten und Bestrafung von nicht-normkonformem Verhalten soll erreicht werden, daß der Wert der Konformität mit Normen nicht nur aus Nützlichkeitserwägungen erkannt, bzw. erlernt, sondern auch als Bedürfnis in die Persönlichkeit hineingetragen wird.

Beispiel: Enkulturation bzw. Sozialisierung des Kindes:

Es ist die von der Gesellschaft gegebene Funktion der Eltern, das Kind zur Einhaltung bestimmter sozialer Normen, üblicher Verhaltensweisen usw. zu erziehen. Durch physische Überlegenheit und sonstige Machtmittel der Eltern wird das Kind, z. B. auch durch Androhung von Liebesentzug, zum Gehorsam gezwungen. Durch positive und negative Sanktionen, d. h. durch Lob und Tadel oder Strafe, werden bestimmte Verhaltensweisen gefördert oder unterdrückt. Das Kind spürt, daß die Konformität mit den positiv bewerteten Verhaltensweisen von seiner Umgebung als positiv anerkannt und belohnt wird. Die Konformität mit den geltenden Verhaltensweisen bedeutet, daß diese Normen als Leitideen internalisiert wurden, das heißt, daß die Außennormen zu subjektiven Motiven des Verhaltens des Kindes gemacht wurden. Dieser von außen wirkende Druck läßt Gewohnheiten entstehen, durch die der Zwangscharakter des sozialisierten Verhaltens nicht mehr als Zwang empfunden wird. Der Zwang wird dann überflüssig, weil die angenommenen Gewohnheiten den geltenden Normen entsprechen. Ein wesentlicher Aspekt dieses Sozialisierungsprozesses ist auch, daß das Kind die Reaktionen seiner Umgebung erkennt und nun seinerseits nicht nur die Handlungen der anderen „kalkulieren", sondern auch sein eigenes Handeln nach sicheren, weil anerkannten Maßstäben ausrichten kann.

ad b: *Status und Rolle*

Die Unterscheidung zwischen den Begriffen Status und Rolle geht im wesentlichen auf den amerikanischen Anthropologen Ralph *Linton* zurück (The Study of Man, New York 1936), der »Ein Status im abstrakten Sinne (als) eine Position in einem besonderen Muster« definierte [5]:

»,Der Status irgendeines Individuums bedeutet die absolute Summe aller Statusse, die es innehat. Er repräsentiert seine Position in bezug auf die Gesamtgesellschaft. . . . Ein Status ist – im Unterschied zum Individuum, das ihn innehaben kann – einfach eine Reihe von Rechten und Pflichten.' Und: ,Eine Rolle repräsentiert den dynamischen Aspekt eines Status. Das Individuum ist einem Status gesellschaftlich verhaftet und hat ihn in Beziehung zu anderen Statussen inne. Wenn es die Rechte und Pflichten, die einen Status konstituieren, wirksam werden läßt, führt es eine Rolle aus. Rolle und Status sind völlig untrennbar, und die Unterscheidung zwischen ihnen ist nur von akademischem Interesse. Es gibt keine Rollen ohne Statusse und keine Statusse ohne Rollen. Ebenso wie im Falle des Status wird der Terminus Rolle in doppelter Bedeutung benutzt. Jedes Individuum hat eine Reihe von Rollen, abgeleitet von den verschiedenartigen Mustern, an denen es partizipiert, und gleichzeitig *eine* Rolle, die die absolute Summe dieser Rollen repräsentiert und bestimmt, was es für seine Gesellschaft tut und was es von ihr erwarten kann. . . . Status und Rolle dienen dazu, die Idealmuster sozialen Lebens auf individuelle Termini zu reduzieren. Sie werden zu Modellen für die Organisation der Haltungen und des Verhaltens von Individuen, so daß diese übereinstimmen mit denen der anderen Individuen, die daran teilhaben, dieses Muster zum Ausdruck zu bringen'«

Unter Status wird also ein lokalisierter Platz als soziale Stellung in der sozialen Hierarchie verstanden, der den Standort des Handelnden in einem strukturierten Teilbereich des Sozialsystems relativ stabil festlegt. Status ist ein »patternd system of parts«, das für Alter ein relativ konsistentes Objekt seiner Handlungsorientierung bildet. Status ist insofern eine der Rolle übergeordnete Kategorie als er – in Anlehnung an den alteuropäischen Standesbegriff – die »umfassende« Lage der Persönlichkeit beschreibt, aus der ein ganzes Bündel von Rollenbeziehungen, bzw. Rollenfunktionen ableitbar ist. An den Träger von Status-Positionen werden, im Unterschied zu dem in der Rolle konkret und punktuell erwarteten Verhalten, allgemeinere und breiter gestreute Verhaltenserwartungen geknüpft: Darunter sind nicht nur bestimmte Einkommensverhältnisse (– wie z. B. die Status-Symbole einer 5-Zimmer-Wohnung, eines Mittelklassewagens usw. –), sondern auch positionsbedingte Haltungserwartungen (»würdiges Benehmen«), soziales Ansehen, Prestige und (die schon erwähnten) Bündel von sozialen Pflichten und Rechten zu verstehen. Danach hätte der wirtschaftlich schwächere Professor in der sozialen Hierarchie einen höheren Status als der ihm ökonomisch überlegene Händler. Die »allgemeine« Anerkennung des Professoren-Berufes und sein höheres Sozialprestige gewähren dem Inhaber einer solchen Status-Position einen höheren Rang in der sozialen Wertschätzung. Um bei diesem Beispiel zu bleiben: Vom Inhaber einer Professoren-Status-Position wird auch in höherem

---

[5] Nach: Claessens, D.: Rolle und Macht = Grundfragen der Soziologie, Bd. 6, München 1968, S. 15 f.

Maße Sachlichkeit, Unparteilichkeit, Verantwortungsbewußtsein, usw. als z. B. von Angehörigen der Unterschicht erwartet. Seine soziale Stellung sollte einem Professor die Pflicht auferlegen, höfliche Umgangsformen zu wahren, einen adäquaten geselligen Verkehr zu pflegen, leidenschaftslos zu handeln, Interesse an der Wahrheit zu haben usw. Alle diese Erwartungen sind in dem Sinne diffus, als sie *nicht* an spezifische Leistungen im Rahmen der Rollenerwartungen und im Hinblick auf konkrete Aufgaben – z. B. als akademischer Lehrer, Forscher, Ehemann, Klubmitglied usw. – gebunden sind. Unabhängig davon, ob der Professor tatsächlich diesen sozialen Erwartungen entspricht oder nicht, wird ihm ein gewisses vorausgeschicktes Vertrauen seitens der Gesellschaft entgegengebracht, das mit seiner Stellung – als einem sozial definierten Status – zusammenhängt. Dieselben Status-Erwartungen könnte man selbstverständlich auch in anderen Berufssparten mit ihren positiven und negativen Aspekten und einem entsprechend anderen Inhalt nachweisen (Arzt, Parlamentarier, Bankier, Arbeiter, Ingenieur usw.).

Der strukturfunktionalistische Status-Begriff ist unübersehbar dem Begriffsinhalt der »ständischen Lage« von Max *Weber* entlehnt. *Weber,* dessen Definition der ständischen Lage uns viel konkreter und inhaltsreicher zur Klärung des Begriffs Status hinführt, erkannte in voller Deutlichkeit die Problematik, die sich bei der Bestimmung sozialer Rangordnungen ergibt: Einerseits bestimmt zwar Besitz in hohem Maße die Schichtenzugehörigkeit (= Klassen), andererseits aber korrespondiert die ökonomische Lage nicht typischerweise mit der *sozialen Schätzung,* die den einzelnen Schichten entgegengebracht werden:

»Ständische Lage *kann* auf Klassenlage . . . ruhen. Aber sie ist *nicht* durch sie allein bestimmt: Geldbesitz und Unternehmerlage sind nicht schon *an sich* ständische Qualifikationen, – obwohl sie dazu führen können –, Vermögenslosigkeit nicht schon *an sich* ständische Disqualifikation, obwohl sie dazu führen kann. Andererseits kann ständische Lage eine Klassenlage mit- oder selbst allein bedingen, ohne doch mit ihr identisch zu sein. Die Klassenlage eines Offiziers, Beamten, Studenten, bestimmt durch sein Vermögen, kann ungemein verschieden sein, ohne die ständische Lage zu differenzieren, da die Art der durch Erziehung geschaffenen Lebensführung in den ständisch entscheidenden Punkten die gleiche ist« (*Weber,* WG, op. cit. S. 226).

Die durch die ständische Lage in Anspruch genommene positive oder negative Privilegierung in der sozialen Schätzung begründet sich auf Erziehungsweise, Lebensführung »monopolistische Appropriation von privilegierten Erwerbschancen oder Perhorreszierung bestimmter Erwerbsarten«, auf ständische Konventionen (»Traditionen«) und auf »connubium«. Statusgebundene Verhaltensorientierungen treten besonders deutlich in den »connubialen« Regelungen der Bestimmungen für die Ehefähigkeit bestimmter Personen hervor: Rechtlich gesehen handelt es sich dabei um die Gültigkeit der Ehe, die z. B. bei der Verschiedenheit des Standes oder des Bürgerrechts fehlt. Die früher meist durch Vereinbarung der beiderseitigen Eltern geschlossene Ehe erlangte unter Berücksichtigung von Stand und Ansehen, Gesundheit und Fortpflanzungsfähigkeit, Vermögen und Bildung ihre Gültigkeit. Auch nach dem Wegfall der juristisch festgelegten Kriterien einer standesgemäßen Ehe und der sozialen Wirksamkeit des elterlichen Einflusses auf die Eheschließung, bestehen auch in unserer Gegenwart status-orientierte normative Verhaltensweisen weiterhin fort. Am unproblematischsten lassen sich diese status-orientierten Kristallisationspunkte der Interaktionsprozesse am Verwandtschaftssystem zeigen:

»Das gleiche Individuum – sagt *Parsons* –, das eine Rolle im Berufssystem hat, ist auch Mitglied einer Familieneinheit. In diesem letzten Zusammenhang müssen die übrigen Familienmitglieder seinen Status innerhalb bestimmter Grenzen teilen, und zwar unabhängig von ihrer persönlichen Kompetenz, ihren Eigenschaften und ihren Mängeln. Die Verknüpfung der beiden Systeme (– gemeint ist: Verwandtschafts- und Berufssystem – vom Vf. G. K.) ist nur möglich dank der Tatsache, daß im typischen Fall nur ein Familienmitglied, der Gatte oder Vater, im vollen Sinne dem Berufssystem angehört. Aber so wichtig dieser Grad der Trennung beider Systeme auch ist, so wäre eine völlige Trennung zwischen ihnen doch funktional unmöglich. Zumindest auf Grund von Eigenschaften und Leistungen, die von denen ihrer Männer verschieden sind, müssen die Frauen in den relevanten Zusammenhängen dem Status ihrer Männer teilen. Dies bedeutet, daß die für die Familie relevanten Statuskriterien und -symbole in Bereiche ausgedehnt werden müssen, die außerhalb der Sphäre funktional nützlicher Erwägungen liegen, auf denen der Status des Ehegatten in seinem Beruf beruht. Wie sehr der Lebensstil einer Familie und seine Implikationen für den weiblichen Tätigkeitsbereich auch vom Einkommen des Ehemannes abhängen mögen, so bedingen sie doch, daß der Gesamtstatus nicht lediglich eine Funktion der ,Fach'-Angelegenheiten in der männlichen Berufswelt ist. Weiter, soll ein Familiensystem überhaupt bestehen, so ist es von gleicher Wichtigkeit, daß die Kinder den Status ihrer Eltern teilen. Es ergibt sich notwendig ein Element der Ungleichheit in den Chancen, wenn der Status der Eltern hierarchisch differenziert ist« (Soziologische Theorie, S. 212 f).

Für die Charakterisierung der Divergenz zwischen ökonomisch bedingter Klassenlage und auf sozialer Schätzung beruhender Status-Lage sollte im Rahmen der durch konventionelle Regeln bestimmten Lebensführung das Beispiel des Hauses als Statussymbols herangezogen werden. Dazu *Elias* [6]:

»Daß Menschen sich durch ihr Haus und um ihres Hauses willen ruinieren, ist unverständlich, so lange man nicht zugleich begreift, daß in dieser grandseigneuralen Gesellschaft Größe und Pracht des Hauses nicht primär Ausdruck des Reichtums, sondern primär Ausdruck des Ranges und Standes sind. Das Aussehen des steinernen Hauses im Raum ist für den Grandseigneur und für die ganze seigneurale Gesellschaft ein Symbol für den Stand, für die Bedeutung, für den Rang seines „Hauses" in der Zeit, nämlich seines Generationen überdauernden Geschlechts, und damit seiner selbst als des lebenden Repräsentanten des Hauses.
Der hohe Rang verpflichtet zum Besitz und zum „Aufmachen" eines entsprechenden Hauses.
Was vom bürgerlichen Wirtschaftsethos aus gesehen als Verschwendung erscheint – „wenn er Schulden machen mußte, warum schränkte er sich nicht ein?" – ist in Wahrheit Ausdruck des eigentümlichen seigneuralen Standesethos. Dieses Standesethos wächst aus dem Aufbau und Getriebe der höfischen Gesellschaft heraus und ist zugleich eine Voraussetzung für die Aufrechterhaltung dieses Getriebes. Es ist nicht frei gewählt . . .
Die Schilderung, welche die Encyclopédie von dem Charakter der Häuser für die verschiedenen Stände und Gruppen gibt, ist in dieser Hinsicht recht bezeichnend. Da werden zunächst als Grundsätze für die schon charakteristischen untersten Häusertypen, für die der Berufsschichten, die folgenden festgestellt: „La symmétrie, la solidité et l'économie." Der ständische Charakter dieser Grundsätze für den Bau von Mietshäusern, in denen die kleinen Handwerker und Händler ihr Quartier haben, wird leicht verdeckt, weil sie ziemlich genau dem entsprechen, was in der Gegenwart eine breite Bewegung von *jedem* Hause fordert . . .
Es gibt innerhalb der Gesellschaftsentwicklung aufsteigende und absinkende Kulturformen und Ideen. Hier hat man ein Beispiel für ein langfristiges Aufsteigen kultureller Formungen. Daß er mit dem Aufstieg von Berufs- und Massenschichten funktionell verbunden ist, ist leicht erkennbar. Wirtschaftlichkeit, Bequemlichkeit, Symmetrie und Solidität haben sich mit ihm bis zu einem gewissen Grade als vorherrschende Charaktere der Häuser durchgesetzt, aber sie

6 Elias, N.: Die höfische Gesellschaft = ST. Bd. 54, Neuwied 1969, S. 85, 88 f.

hatten sich durchzusetzen vor allem gegen diejenige Art der Hausgattungen, die im ancien régime den Häusern der oberen Schichten vorbehalten waren, und für die die ‚cinq ordres d'architecture' ... besonders charakteristisch sind. Diese auf soziale Abhebung, auf Prestige und Repräsentation abgestellte traditionelle Ausschmückung der Häuser blieb natürlich zunächst einmal schon im ancien régime selbst nicht ohne Wirkung auf die Hausgestaltung der unteren Schichten. Transformiert und vereinfacht sank diese Weise der Formung und Fassadengestaltung schon hier immer von oben nach unten. Der Kampf zwischen diesen beiden Tendenzen, zwischen Wirtschaftlichkeit und repräsentativer Ausschmückung durch Ornamente, die zugleich als Standes- und Prestigesymbole gelten, blieb noch lange, noch bis in unsere Tage im Gange, wenn auch langsam der repräsentative Charakter der alten Ornamente verblaßte. Er wurde aufrecht erhalten dadurch, daß nach den aristokratischen und z. T. mit ihnen zusammen in immer neuen Wellen bürgerliche Schichten sich in dem Verlangen nach sozialer Abhebung, Repräsentation und Prestige der alten von der Oberschicht des ancien régime durchgeformten Stilcharaktere in bestimmten Abwandlungen (dies besonders in Frankreich, in Deutschland tritt noch der eine oder andere Stilcharakter aus anderen Epochen hinzu) als Ausdruck ihres eigenen Prestige- und Distinktionswillens bedienen, während gleichzeitig der Zwang zur Wirtschaftlichkeit aus den Bedürfnissen der breiten Berufsschichten andere Formtendenzen nach oben trieb. Der Konflikt zwischen Wirtschaftlichkeit und dem Verlangen nach Ausschmückung im Sinne herkömmlicher Prestigesymbole war eine der Wurzeln des Kitschstils in der Architektur.

Aber daß sie damals in dieser Zusammenstellung ausdrücklich als Maßstäbe für die Häuser der untersten Schichten genannt sind, daß insbesondere die „économie" als Grundsatz des Bauens nur mit Bezug auf diese Unterschichten erwähnt wird, ist nicht weniger charakteristisch für die Entwicklung des Wohnhausbaues überhaupt, wie für die auch von vielen anderen Seiten her zu stützende Beobachtung, daß „économie", also Wirtschaftlichkeit und Sparsamkeit für die Hausgestaltung der höfisch-absolutistischen Oberschichten von keiner entscheidenden Bedeutung war. Sie wird bei keiner von diesen erwähnt. Die untersten sozialen Schichten brauchen nicht zu repräsentieren, sie haben keine eigentliche Standesverpflichtung. So treten als bestimmend für ihre Behausungen Charakterzüge in den Vordergrund, die bei den anderen nicht zu fehlen brauchen, aber doch hinter der Repräsentations- und Prestigefunktion entscheidend zurücktreten. Gebrauchswerte, wie Bequemlichkeit und Solidität werden so beim Bau der Häuser für die bezeichneten Berufsschichten nackt und unverbrämt zur Hauptsache. Der Zwang zur Wirtschaftlichkeit und Sparsamkeit macht sich schon im Äußeren bemerkbar«.

Durch die beiden vorangegangenen Beispiele wollten wir den status-bezogenen Brennpunkt sozialer Handlungsorientierungen veranschaulichen und dessen Kohärenz zur schichtenspezifischen Rangordnung der Handelnden im System der sozialen Schichtung aufzeigen. Man muß also davon ausgehen, daß die unterschiedliche Einstufung der Individuen in eine Rangordnung nach den Kriterien der für sozial bedeutsam erachteten (»geschätzten«) Unterschiede erfolgt, wodurch der unmittelbare Einfluß eines bestimmten Wertsystems – in der Bewertung dessen, was als »höher« oder »niedriger« in der sozialen Hierarchie gelten soll – zum Ausdruck kommt.Diese differenzielle Wertung – bei der man z. B. an den Priesterstand in Feudalsystemen, oder den »Gelehrtenstand« (Wissenschaftler) in modernen Systemen denken soll – basiert – *neben den funktionalen Gesichtspunkten* – auf allgemeiner sozialer Anerkennung und gehört somit – durch ihre orientierungs- und handlungsleitenden Einflüsse – zum wesentlichen Merkmal der sozialen Schichtung (über die *Schichtungsproblematik* vgl. Kap. XI, Zusammenfassung). Mit *Parsons* eigenen Worten:

»Es ist der Struktur sozialer Handlungssysteme inhärent, daß sich das Handeln in einem sozialen System in großem Maße an einer Schichtungsskala orientiert ... Die hier folgende Klassifizierung der Grundlagen, nach denen eine differentielle Wertung erfolgen kann, ist zwar keineswegs erschöpfend und endgültig, doch hat sie sich als relativ konkret und brauchbar erwiesen.

1. Mitgliedschaft in einer Verwandschaftsgruppe.

Das Individuum teilt einen Aspekt des differentiellen Status mit anderen Mitgliedern der jeweiligen, effektiven Verwandtschaftsgruppe in seiner Gesellschaft. Die Mitgliedschaft in einer derartigen Gruppe kann kraft Geburt erworben sein, doch kann sie auch auf anderen Kriterien beruhen – in unserer Gesellschaft beispielsweise auf Heirat mit persönlicher Partnerwahl.

2. Persönliche Eigenschaften.

Persönliche Eigenschaften sind all jene Merkmale, durch die ein Individuum sich vom anderen unterscheidet und die den Grund dafür bilden können, den einen höher „einzustufen" als den anderen: Geschlecht, Alter, Schönheit, Intelligenz, Stärke usw. Insofern persönliches Bemühen einen Einfluß auf diese Eigenschaften haben kann, wie z. B. im Falle der „Anziehungskraft" der Frauen, überschneiden sie sich teilweise mit der nächsten Kategorie, den „Leistungen". Für unsere Zwecke empfiehlt es sich, die Eigenschaften als einen Aspekt dessen zu behandeln, was jemand „ist", nicht als Ergebnis dessen, was jemand „tut". Konkrete Eigenschaften reichen von bestimmten, ganz grundlegenden und der persönlichen Beeinflussung völlig entzogenen Dingen wie Geschlecht und Alter, bis zu solchen, die in erster Linie als Leistungen zu betrachten sind.

3. Leistungen.

Leistungen sind die als wertvoll erachteten Ergebnisse der Handlungen des Individuums. Sie können in materiellen Gegenständen verkörpert sein, müssen es aber nicht. Sie sind all das, was den Handlungen des Individuums und seinem Tun als moralisch verantwortlicher Instanz zuzuschreiben ist. Genau so, wie die Leistungen an dem einen Ende übergehen in persönliche Eigenschaften, reichen sie an dem anderen Ende in die folgende, vierte Kategorie hinein.

4. Eigentum.

Eigentum sind jene Dinge, die dem Individuum „gehören". Es zeichnet sich aus durch das Kriterium der Übertragbarkeit und ist nicht auf materielle Gegenstände beschränkt. Eigenschaften und Leistungen sind als solche nicht notwendig übertragbar, wenn sie es auch manchmal bis zu einem gewissen Grade sein können. Im konkreten Falle kann Eigentum natürlich ein Ergebnis eigener oder fremder Leistung sein, wie auch die Kontrolle über Eigenschaften anderer Personen Eigentum darstellen kann.

5. Autorität.

Autorität ist das institutionell anerkannte Recht, die Handlungen anderer zu beeinflussen, wobei die unmittelbare persönliche Einstellung der anderen zur Richtung dieses Einflusses unberücksichtigt bleibt. Autorität wird ausgeübt vom Inhaber eines Amtes oder eines anderen, sozial definierten Status – etwa dem der Eltern, des Arztes oder des Propheten. Die Art und das Ausmaß der vom Individuum ausgeübten Autorität bildet zweifellos eine der wichtigsten Grundlagen für die differentielle Wertung.

6. Macht.

Es ist angebracht, eine sechste Residualkategorie, Macht, mit in Betracht zu ziehen. Von Macht sprechen wir hier dann, wenn jemand auf nicht institutionell sanktionierte Weise Einfluß auf andere ausüben, Leistungen erzielen und sich Eigentum sichern kann. In der Praxis finden jedoch Personen, die Macht in diesem Sinne besitzen, oft eine gewisse Art direkter Anerkennung. Macht kann darüber hinaus – und dies ist im allgemeinen der Fall – dazu benutzt werden, sich legitimen Status und legitime Anerkennungssymbole zu verschaffen.
Der Status eines jeden Individuums im Schichtungssystem einer Gesellschaft kann als Resultante der gemeinsamen Wertungen betrachtet werden, nach denen ihm sein Status in diesen sechs Punkten zuerkannt wird« (Soziologische Theorie, S. 187-189).

Status-Lage ist also nicht mit Klassenlage gleichzusetzen, weil in ihr nicht nur ökonomische Faktoren die dominierende Rolle spielen, sondern auch andere Elemente – so wie soziale Wertschätzung (z. B. persönliche Eigenschaften, Leistung, Autorität) und positionsgebundene Gegebenheiten (z. B. Mitgliedschaft in einer Verwandtschaftsgruppe, Macht) – enthalten sind. Ein brauchbares Schichtenmodell moderner Gesellschaften sollte nach *Parsons* an den Status-Lagen orientiert sein, die einerseits vom Bezugspunkt sozialer Wertschätzungen, andererseits von dem des funktional bedingten Rollenintegrates dieser Status-Lage empirisch zu erforschen wären.

Im Unterschied zu Status versteht *Parsons* unter *Rolle* den dynamischen Aspekt der Teilnahme der Individuen an Interaktionsbeziehungen: Er weist auf den Prozeß-Charakter des jeweiligen sozialen Beziehungssystems hin, in dem Menschen nicht nur als »Objekte der Orientierung für andere« (= Status-Inhaber), sondern auch als Partner fungieren, die ihr Handeln in gleichberechtigt-gegenseitigem Einvernehmen gestalten können. Im Rahmen der vom System vorgegebenen funktionsspezifischen Aufgabenteilung – wie z. B. im Bereich der Familie, des Berufs usw. – übernimmt der Handelnde einen speziellen Aufgabenbereich, den er aufgrund seiner individuellen Eigenschaften auf diese oder jene Weise zu erfüllen hat. In diesem Sinne spielt er seine Rolle (Social System, S. 25).

Das »Rollenspiel« in seinen Beziehungen zu anderen Rolleninhabern wird durch eine ganz spezifische Zuordnung von Funktionen gekennzeichnet; die Anordnung von Handlungselementen als System des Rollenverhaltens und der Interaktion unter den Rollenspielern ist so strukturiert, daß sie neben den zugewiesenen Aufgaben auch auf die konsistente Bedürfnisbefriedigung des Rolleninhabers und auf die Kooperation mit anderen angelegt ist. Rollen sind die wichtigsten Mechanismen, durch die die Personen in das Sozialsystem integriert werden; sie sind weiterhin so beschaffen, daß sie einerseits auf die Systemerhaltung, andererseits auf die Erhaltung der funktionalen Autonomie der beteiligten Individuen (im Rollennetz) ausgerichtet sind. Der Rolleninhaber ist einerseits der institutionellen Kontrolle (in Form von Wertansprüchen), andererseits den Obligationen gegenüber der Gruppe ausgesetzt. Unangepaßte Reaktionen werden also durch eine doppelte soziale Kontrolle überwacht.

Damit wird die Rolle zum »strategischen Punkt« der sozialen Ordnung[7]:

»Das Rollenmuster ist, um ein emanationistisches Gleichnis zu gebrauchen, die ‚Entfaltung' des gemeinsamen Wertsystems, aber *in seiner Anwendung* auf die *Erfüllung der Systemfunktionen* in einer weiten Vielfalt von konkreten Situationen, wobei sowohl die ‚Bedürfnisse' der Einheiten als auch ihre Beiträge, d. h. ihre Input-Output-Kapazitäten, gebührend in Rechnung gestellt werden«.

Der Rollenbegriff dient also der Beschreibung von Interaktionsverdichtungen in ihrem funktionalen, d. h. organisatorischen Zusammenhang mit dem (Gesamt-) System. Rollen sind Schaltstellen zwischen Individuum und System:

»Die Rolle ist also ein Ausschnitt aus dem gesamten Orientierungssystem eines individuell Handelnden, das für Erwartungen in bezug auf einen besonderen Interaktionszusammenhang eingerichtet ist, der durch einen besonderen ‚set' (Satz) von Wertstandards ergänzt wird, die die Interaktion mit einem oder mehreren alters in den eigenen komplementären Rollen steuern« (*Parsons,* Social System, S. 38 f.).

Die Rollenhaftigkeit des Handelns wird erst dann problematisch, wenn man bedenkt, daß die Rollenausübung mehrere Dimensionen hat:

a) Sie steht erstens in engem Zusammenhang mit den für eine bestimmte Rolle vorgesehenen Verhaltensvorschriften, die mit bestimmten Erwartungen verknüpft und dadurch einer relativ starken sozialen Kontrolle ausgesetzt sind (z. B. die Einhaltung der Rollenvorschriften für einen »Familienvater«, für die Frau als Mutter usw.);

7 Nach: Schwanenberg, Enno: Soziales Handeln, Bern–Stuttgart–Wien 1970, S. 125.

b) Die mit Obligationscharakter ausgestatteten Rollen verlangen aber nicht nur äußere Handlungen, sondern auch eine innere positive Einstellung zu den Aufgaben, die in jeder Rollensituation gegeben sind. Die Rollenhaftigkeit des Handelns steht also auch mit dem Persönlichkeitssystem in engem Zusammenhang, indem sie auch einen Komplex von Emotionen, Engagement und Identifikation beinhaltet. Rollenhandeln wird erst möglich, wenn sich adäquate Gefühlsdispositionen, Vorstellungen, Strebungen in einer typischen Situation durchsetzen können [8].

c) Rollenhandeln steht notwendigerweise auch in Beziehung zu anderen Rollen: Partikulare Rollen müssen sozial organisiert werden, um dem Handelnden im Schnittpunkt mehrerer ineinandergreifender Rollenkreise mit verschiedenartig strukturierten Verhaltensmustern eine Orientierungshilfe geben zu können. Die gegenseitige Angepaßtheit der Rollen aneinander ist für das System schon deshalb wichtig, weil es sich um die Art und Weise der Funktionsteilung, bzw. um die Verteilung von Aufgaben handelt. In der Art und Weise der Integration einer Mehrzahl von »associated roles« erblickt *Merton* ein grundlegendes Charakteristikum der sozialen Struktur:

> ». . . unter Rollen-Set verstehe ich die Kombination von Rollenbeziehungen, in die eine Person auf Grund ihrer Inhaberschaft eines bestimmten sozialen Status verwickelt ist. So haben wir in unseren derzeitigen Untersuchungen von Medizinischen Hochschulen von Anfang an die Ansicht vertreten, daß der Status eines Medizinstudenten nicht nur die Rolle Student gegenüber seinen Lehrern mit sich bringt, sondern auch eine Reihe anderer Rollen, die ihn verschiedentlich mit anderen Studenten, Ärzten, Krankenschwestern verbinden« (in: Moderne Amerikanische Soziologie, hersg. H. Hartmann, Stuttgart 1967, S. 260).

Die Komplementarität der Rollenbeziehungen im Rahmen der soziären Gesellschaft muß sowohl auf die Erfordernisse der funktionalen Differenzierung als auch die Loyalität zum Kollektiv abgestimmt sein. In diesem komplexen Netz von »interpenetrating collectivities and collective loyalities« müssen Rollenintegrate – wie z. B. Verwandtschafts- und Haushaltseinheiten, Kirchen, Berufs- und Erziehungssysteme – in einen Gleichgewichtszustand gebracht werden, der durch die gegenseitige Anpassung der funktionalen und integrativen Leistungen der koordinierten Rollensysteme charakterisiert werden kann (System, S. 13 – vgl. oben, S. 155 f.). Zusammenfassend zu diesem Punkt (b) über Status und Rolle sollen noch zwei Quellentexte zitiert werden:

Für den theoretischen Bezugsrahmen:

> »Jeder individuell Handelnde ist in eine Vielzahl von solchen Interaktionsbeziehungen einbezogen, von denen jede (Beziehung) mit einem oder mehreren (Verhaltens-)Mustern in der sich ergänzenden Rolle (verbunden ist). Deshalb ist die *Teilnahme* eines Handelnden an einer

---

8 Während Dahrendorf den Zwangscharakter der Rollenhaftigkeit des Handelns betont, weist Tenbruck auf die Mißverständlichkeit dieser Rezeption der Rollentheorie im Hinblick auf den ursprünglich konzipierten Rollenbegriff der Strukturfunktionalisten hin und hebt seinerseits den hier geschilderten Aspekt der Ambivalenz zwischen Zwang und Identifikation hervor (Replik auf Dahrendorfs „Homo sociologicus": Zur deutschen Rezeption der Rollentheorie, in: KZfSS, 1961, H. 1, S. 13 f).

„patterned" Interaktionsbeziehung, die in vieler Hinsicht die bedeutendste Einheit des sozialen Systems bildet (das wesentliche Strukturelement dieses Systems). Die Teilnahme hat ihrerseits zwei prinzipielle Aspekte. Auf der einen Seite gibt es einen Positions-Aspekt – der den betreffenden Handelnden, relativ zu anderen Handelnden innerhalb des sozialen Systems „lokalisiert". Dies ist, was wir seinen *Status* nennen . . . Auf der anderen Seite gibt es einen prozessualen Aspekt, von dem aus der Handelnde in seinen Beziehungen zu anderen und im Zusammenhang seiner funktionalen Bedeutung für das soziale System gesehen wird. Das ist das, was wir als Rolle bezeichnen.

Der Unterschied zwischen Status und Rolle ist in seinen Wurzeln sehr eng mit dem zwischen den zwei wechselseitigen Perspektiven verbunden, die jeder Handlung eigen ist. Auf der einen Seite ist jeder Handelnde ein *Objekt* für die Orientierung anderer Handelnder (und auch für sich selbst). Insofern als diese Objekt-Bedeutung von seiner Position im sozialen Beziehungssystem abgeleitet wird, hat es eine Status-Bedeutung. Auf der anderen Seite ist jeder Handelnde an den anderen Handelnden orientiert. In dieser Eigenschaft handelt er und dient nicht als Objekt – und das ist es, was wir mit Rollenspiel (‚eine Rolle spielen') meinen.

Es sollte klar geworden sein, daß Status und Rollen oder das Status-Rollenbündel keine allgemeinen Attribute des Handelnden, sondern *Einheiten* des sozialen Systems sind, obgleich das Innehaben eines gegebenen Status manchmal als ein Attribut behandelt werden kann. Aber das Status-Rollen-Bündel ist analog den Partikeln der Mechanik und nicht der Masse oder Geschwindigkeit« (Social System, S. 25).

Für die konkrete Anwendung des Rollenbegriffs am Beispiel der Rolle der Frau:

»Neben der Berufssphäre betrifft ein sehr wichtiger Aspekt des Problems die Familie und ihre Beziehung zur Rolle der Frau. Indem wir diesen Komplex etwas näher betrachten, können wir vielleicht zur Klärung des Problems in der Berufssphäre beitragen. Die Familie und die Rolle der Frau haben etwa seit dem letzten halben Jahrhundert einen beträchtlichen Differenzierungsprozeß durchlaufen. Erstens ist die Familie selbst eine weit spezialisiertere Instanz geworden und hat aufgrund dieser Tatsache zahlreiche ihrer früheren Funktionen, besonders im Bereich ökonomischer Produktion, verloren. Vor allem ist der Haushalt als Wohnsitz und „Lebensgemeinschaft" strukturell von den Organisationen getrennt worden, in denen die Berufsarbeit geleistet wird. Er hat viele seiner früheren Funktionen an diese Organisationen abgetreten. Im Zusammenhang mit dieser Entwicklung beschränkte sich jedoch der Platz der Frau immer weniger auf das „Heim". Eine entscheidende Entwicklung war das enorme Wachstum der Beteiligung von Frauen auf allen Ebenen formaler Bildung; eine andere ist die Anteilnahme an zahlreichen öffentlichen Angelegenheiten außerhalb des Hauses, nicht zuletzt aber der erhöhte Anteil der Frauen an den Arbeitskräften. Der Anteil der nicht berufstätigen, alleinstehenden und gesunden Frauen unter 65 (Witwen ausgenommen) ist minimal geworden; die auffallendste neuere Entwicklung aber ist diejenige der Berufstätigkeit verheirateter und mit ihren Gatten lebender Frauen.

Die zentrale spezifische Aufgabe der Frau ist zweifellos die Aufzucht der Kinder. Mit dem berühmten „Baby Boom" ist die Hingabe an diese Funktion zu einer neuen Blüte gelangt, was um so bezeichnender ist, als dies in der Bevölkerung geschah, in der die Kenntnis empfängnisverhütender Mittel sicherlich weiter verbreitet ist als je zuvor. Noch eine andere interessante Sache hat sich ereignet: die Konzentration der Geburten auf einen wesentlich kürzeren Zeitraum als früher. Nach den neuesten Informationen bringen die Frauen im Durchschnitt ihr letztes Kind im Alter von 26 oder 27 zur Welt; die Eltern sind somit, nachdem ihr jüngstes Kind das Heim verlassen hat, wahrscheinlich noch unter 50 und haben im Durchschnitt noch ein Drittel des Ehelebens vor sich.

Mit diesem Phänomen hängt die sehr rasche gegenwärtige Zunahme der Berufstätigkeit verheirateter Frauen zusammen, die in ihren vierziger oder fünfziger Jahren (oder auch älter) sind. Dabei handelt es sich in der Tat um den größten Einzelfaktor des gegenwärtigen Wachstums der Arbeitskräfte, bezogen auf die Gesamtbevölkerung im arbeitsfähigen Alter. Es scheint also so zu sein, daß die spezielle Aufgabe der Kindererziehung, vor allem natürlich der jüngeren Kinder, im Lebenszyklus der Mutter wie auch in anderen Zusammenhängen immer mehr zu einer differenzierten Rolle wird. Sie wird daher für andere Funktionen befreit, teils weil sie länger in einem besseren Gesundheitszustand lebt, teils weil sie ihre primäre, auf die Mutterschaft gerichtete Aufmerksamkeit auf einen kürzeren Zeitraum konzentrieren kann.

Dies scheint wiederum mit einer Reihe anderer Phänomene verbunden zu sein. Wir brauchen auf der Suche nach einer Zeit, in der die durchschnittliche Frau nach den gängigen Maßstäben in ihren Mittvierzigern eindeutig als alt betrachtet wurde, nicht weiter als bis zu den frühen Jahren dieses Jahrhunderts zurückzugehen. Es war, als hätte ihre Funktion der Kinderaufzucht tatsächlich ihre Leistungsfähigkeiten erschöpft und ihr verhältnismäßig wenig zu tun übrig gelassen. Die Erhaltung weiblicher Attraktivität bis in weit fortgeschrittenes Alter ist ein wichtiges Symptom eines in dieser Beziehung entscheidenden Wandels.

Ein Aspekt dieses Problems betrifft die Kontinuität der Verwandtschaftsbeziehungen und -verantwortungen. Die Frau älteren Typs besaß als Großmutter mehr Verantwortung und Autorität für die Familie ihrer Kinder als ihr heutiges Gegenstück. Deshalb ist vielleicht die Annahme berechtigt, daß die in dieser Hinsicht verringerte Verantwortung der älteren Frau durch die Aufwertung der Mutterrolle ausgeglichen wurde; die jüngere Frau trägt einen größeren Teil der Gesamtverantwortung für ihre Kinder als ihre Vorgängerinnen. Dies gibt wiederum *ihrer* Mutter und später ihr selbst mehr Freiheit für andere Funktionen. Bei allen Spannungen und Belastungen kann dennoch berechtigterweise gesagt werden, daß aus diesem allgemeinen Differenzierungsprozeß eine enorme Aufwertung der Nutzung der weiblichen Fähigkeiten resultierte. Ein besonders auffallender Aspekt war die bessere Nutzung der Fähigkeiten der Frauen nach ihrem gebärfähigen Alter. Die Menopause ist in keinem vergleichbaren Sinn mehr ein Zeichen dafür, daß Nützlichkeit und Status einen Endpunkt erreicht haben. Das hier involvierte Prinzip kann verallgemeinert werden. Wenn Kinderaufzucht primärer Mittelpunkt der weiblichen Rolle war, dann war die berufliche Leistung derjenige der männlichen Rolle. Es gibt wichtige Gründe, weshalb der „Job" ein derartig wichtiger Brennpunkt der Rollenorganisation unseres speziellen Gesellschaftstyps wurde und weshalb, innerhalb dieser allgemeineren Kategorie, die Berufskarriere und ihr Höhepunkt so wichtig sind. Es handelt sich dabei vor allem um die zentralen Symbole des männlichen Beitrags zum gesellschaftlichen Wohl; sie haben in erster Linie die Maßstäbe geliefert, nach denen die Nutzung der männlichen Fähigkeiten beurteilt wurde. Wenn unter der Voraussetzung der überwältigenden Bedeutung dieser Beitragskategorie der einzelne nicht länger gefragt oder gebraucht wird oder seine Fähigkeit nachläßt, dann scheint die offensichtliche Schlußfolgerung zu sein, daß er in eine niedrigere gesellschaftliche Wertkategorie eingestuft werden sollte« (Sozialstruktur, S. 311-313).

ad c): *Institutionen*

Die Soziologie erfaßt menschliches Handeln unter dem Aspekt seiner Rollenhaftigkeit und Institutionalität. Die Elemente der Rollenhaftigkeit des Handelns wurden oben (unter Punkt a und b) schon skizziert: Für diesen Aspekt war die Strukturierung der Tätigkeiten in partikulare Rollen ausschlaggebend. Jetzt soll nun die Frage geklärt werden, auf welche Weise ein relativ kontinuierlich strukturiertes Rollensystem entsteht. Dies umfaßt den Aspekt der Institutionalität des Rollenverhaltens im Hinblick auf seine Stabilisierungsfunktion zur Systemerhaltung. In seiner »Kritik der soziologischen Denkweise« (Neuwied 1963, S. 69) faßt *Mills* dieses Problem wie folgt zusammen:

»Die Menschen handeln miteinander und gegeneinander. Jeder zieht die Erwartungen anderer in Betracht. Wenn diese gegenseitigen Erwartungen ausreichend scharf umrissen und dauerhaft sind, nennen wir sie Normen. Darüber hinaus erwartet jeder, daß die anderen auf sein eigenes Handeln reagieren. Wir nennen diese erwarteten Reaktionen Bestätigungen. Einige werden als positiv empfunden, andere nicht. Wenn die Menschen sich nach Normen und Bestätigungen verhalten, können wir auch sagen, daß sie zusammen Rollen spielen. Das ist eine brauchbare Metapher. Und was wir als Institution bezeichnen, läßt sich vielleicht am ehesten als eine mehr oder weniger konstante Anordnung von Rollen definieren. Wenn innerhalb einer Institution oder innerhalb einer ganzen Gesellschaft, die sich aus solchen Institutionen zusammensetzt, die Normen und Bestätigungen von den Menschen nicht mehr akzeptiert werden, dann können wir mit Durkheim von einer Anomie sprechen. In einem Extrem befinden sich dann die Institutionen zusammen mit den Normen und Bestätigungen in rechter Ordnung. Im anderen Extrem herrscht die Anomie . . . die normative Ordnung ist zusammengebrochen«.

Das Grundproblem der Institutionalisierung besteht also darin, die Beziehungen zwischen verschiedenen »Alters« mit verschiedenen Rollen so zu koordinieren, daß sie durch ihren Aktionsbeitrag die bestmögliche Effizienz für das Kollektiv erbringen. Unter »Kollektiven« sind: Gruppen, Organisationen, Vereine, Gemeinschaften usw. zu verstehen, die die Einhaltung funktionsspezifischer Handlungsvorschriften (Normen) garantieren müssen. Hier wird also das Rollenverhalten, unter dem Aspekt der Anordnung von Rollen mit unterschiedlicher Autorität, im Hinblick auf kollektive Ziele institutionalisiert, d. h. auf Dauerhaftigkeit und Integration von Handlungsabläufen ausgerichtet (= Funktion) und normiert (= Struktur):

»Unter einer Institution verstehen wir einen Komplex von institutionalisierten Rollen-Integraten (oder Status-Beziehungen), die im gegebenen Sozialsystem von strategisch struktureller Bedeutung sind. Die Institution kann als eine Einheit höherer Ordnung als die Rolle in der Sozialstruktur betrachtet werden, und es ist evident, daß sie sich über eine Vielzahl von interdependenten Rollenmustern oder über ihre Komponenten erhebt . . . Ein Kollektiv ist ein System von konkret interaktiven spezifischen Rollen. Eine Institution ist demgegenüber ein Komplex von ,patterned' Elementen in Rollenerwartungen, die für eine undefinierbare Zahl von Kollektiven angewandt werden können. Dagegen kann ein Kollektiv Brennpunkt („focus") von einer ganzen Reihe von Institutionen sein« (Social System, S. 39).

Unter Institutionen versteht also *Parsons* die organisierte Form von Rollenverteilung im Hinblick auf die Komplementarität (gegenseitige Abgestimmtheit) von Rollenerwartungen, die eine Situation definiert und im Interesse des kollektiven Zusammenlebens hierarchisch reguliert. Die Regulation, die verschiedene Typen von Handlungen für die verschiedenen Teile des funktional differenzierten Systems erlaubt, zuläßt oder verbietet, steht in engstem Verhältnis zum Wertsystem. Die institutionellen Normen legitimieren sich durch die im ganzen System verankerten gemeinsamen und generellen Werte. Institutionen haben daher, im Unterschied zu den relativ flexiblen Differenzierungschancen des Rollensystems, eine primär integrative Funktion, um die Strukturmuster der Verhaltensorientierungen des ökonomischen, politischen, rechtlichen, erzieherischen usw. Bereichs den Stabilisierungstendenzen des Systems anzupassen. Diese Konsistenz von Normen erfordert eine kontinuierliche Anpassung durch konkrete Aktionen, damit die Orientierung nach legitimen (also: aus den letzten, generalisierten Werten des Kollektivs abgeleiteten) Mustern erfolgt. Institutionelle Normen müssen detailliert vorgegeben und für besondere Situationen verwendbar sein; ihre Einhaltung unterliegt einer strengen sozialen Kontrolle.

Die drei wichtigsten Typen von Institutionen sieht *Parsons:*

a) in den relationalen Institutionen, die die dauerhaften Beziehungen der Menschen in »horizontaler Richtung« regeln (= Grundbestände des Systems in Form von Status und Rolle; über Divergenzen in der Rollenerfüllung und Rollenerwartung geben die »pattern variables« Auskunft; institutionalisiert sind diejenigen Rollen, in die ein bestimmtes Maß an (moralischer) Wertorientierung (Loyalitätsverpflichtung) mit erhöhten Sanktionsmöglichkeiten gegenüber partikularistischen Bestrebungen eingeht);

b) in den regulativen Institutionen, die die Dauerhaftigkeit der Verhaltensregelungen in »vertikaler« Richtung garantieren (= sie verhindern, daß private Interessen über ein »erlaubtes Maß« hinaus von den Gesamtinteressen des sozialen Teilsystems abweichen: So z. B. sieht *Parsons* die Wirtschaft als »Institutionalisierung von Vertragsregeln«, die Politik als Institutionalisierung von Autorität (der legitimen Herrschaft) und soziale Schichtung als Institutionalisierung eines Rangsystems von Sozialprestige);

c) in kulturellen Institutionen, die ebenfalls »vertikal« die moralischen Bindungen herzustellen haben und die Anerkennung bestimmter Werte in Subsystemen (z. B. Wissenschaft, Religion, Kunst usw.) verlangen.

ad d: *Sozialsystem*

Die Grundbedingung für das Funktionieren des gesamten sozialen Systems ist ein alle Teilsysteme miteinander verbindender Wertkonsens. Nicht nur die Anerkennung, sondern auch das konkrete Handeln muß sich nach diesem allgemein akzeptierten Wert orientieren. Eine soziale Ordnung ist also nur durch allgemein akzeptierte Werte möglich, in der die Leistungsanstrengung des Einzelnen mit den Zielen und den aus diesen Zielen abgeleiteten Strukturen des kollektiven Lebens im Einklang steht. Diese Integration, die einen »geordneten« Wandlungsprozeß nicht nur nicht verhindert, sondern geradezu fördert, wird (mit mehr oder weniger Erfolg) dadurch gesichert, daß:

— die Verhaltensmuster im Interesse der Stabilität der Sozialstruktur (und deren Funktionalität) situationsspezifische Definitionen von Zwecken »vorgeben«;

— die Zuweisung von Rollen und Positionen die Übereinstimmung zwischen Rollenverhalten und Rollenerwartung vorstrukturiert;

— die Institutionen bei der Überwachung des regelhaften Ablaufs sozialer Handlungsprozesse Konflikte in den Kollektiven schlichten, Abweichungen sanktionieren und wünschenswerte Änderungen selektiv einbauen;

— die in das soziale System »heruntertransformierten« Kulturwerte als moralische Obligationen die soziale Kohäsion stärken.

Jedes soziale System funktioniert nach dem Prinzip der Schwerkraft: In seinem Aufsatz über »The Dimensions of Action-Space« (1953) sagt *Parsons* [9]:

»1. Das Prinzip der Trägheit: Ein gegebener Prozeß des Handelns wird in Geschwindigkeit und Richtung unverändert verlaufen, wenn er nicht durch Kräfte antagonistischer Motivation gehemmt oder abgelenkt wird.

2. Das Prinzip von Wirkung und Gegenwirkung: Wenn in einem Aktionssystem eine Änderung in der Richtung des Handlungsablaufs auftritt, dann wird daraufhin wahrscheinlich eine ausgleichende Änderung eintreten, die der Richtung der ersten Änderung entgegenläuft und ihr an Stärke der Motivation gleichkommt.

3. Das Kraftprinzip: Jede Änderung in der Ablaufgeschwindigkeit des Handelns verhält sich direkt proportional zu der Größe des hinzutretenden oder ausscheidenden motivationalen Antriebs.

4. Das Prinzip der System-Integration: Die Bestätigung jedes Musters (d. h. der Art der Organisation von System-Teilen) in seiner Stellung innerhalb eines Aktionssystems, wie umgekehrt auch sein Ausschluß aus dem System (Löschung) sind der Tendenz nach eine Funktion des Beitrages, den dieses Muster zum integrativen Ausgleich des Systems leistet«.

9 Nach: Moderne amerikanische Soziologie, hersg. H. Hartmann, Stuttgart 1967, S. 291.

Ein relativ einfaches Grundschema, das für jedes Aktionssystem zutrifft, soll die vier Kräftekombinationen, die *Parsons* als lösungsbedürftige Probleme der Systemfunktionalität ansieht, durch folgende Tabelle veranschaulichen [10]:

	internal	external
system	integration	adaptation
actor in situation	pattern maintenance	goal attainment

Aus diesem generellen Schema können nun die Systemdifferenzen in beliebiger Zahl abgeleitet werden (etwa in Richtung auf Subsysteme, Institutionen, Kollektive). Die Vielfalt der strukturellen Differenzierung kann auf diese (oben dargestellte) Kombination der vier Grundpfeiler reduziert werden;

— auf individueller Ebene: auf Erhaltung der grundlegenden Orientierungsmuster und der Zweckerreichung und
— auf Systemebene: auf die Integration und Anpassung.

Jedes Handlungssystem muß diesem Schema, im Interesse der Systemfunktionalität genüge tun, um den Fortbestand des Systems zu sichern. Die Handlungstheorie sollte klarstellen, daß jede Handlung, soweit sie das Substrat der Soziologie bildet, als Element von Interaktionsbeziehungen definiert wird, die sich nach den vier obengenannten »Kräften« als Kombinationsmöglichkeiten orientiert und die, motiviert von Furcht vor Mißbilligung oder Hoffnung auf Anerkennung stets den wechselseitig vorgegebenen Erwartungen zu entsprechen versucht. Der Handelnde wird hiermit zum elementarsten Teil des sozialen Systems, da doch alles, was er in seinen Beziehungen zu anderen tut, auch für das Ganze von funktionaler Bedeutung ist.
Bei der Trennung und Gliederung der Struktur von Interaktionssystemen auf den Ebenen:

a) des Persönlichkeitssystems (biologisch, psychologisch);
b) des sozialen Systems:
    ba) im partikular strukturierten Status-Rolle-Bündel,
    bb) in institutionalisierten Bündeln von Status-Rolle;
c) und des kulturellen Systems (Wertkonsensus und Wert-Organisation)

darf nicht vergessen werden, daß es sich um ein funktionelles Schema (System) handelt, das einen hohen Grad von Durchdringung (»penetration«) gewährleistet, so daß kein einziges »Element« des Systems, ohne Verbindung und Rückkoppelung zu den Grundwerten analysiert werden kann. Die Elemente sind aber auch – auf allen Ebenen – eng miteinander verbunden und stehen in funktionalem Zusammenhang zueinander, wobei ihre Funktionalität von der Möglichkeit wechselseitig bedingter Anpassung abhängt. Anpassung heißt in diesem Zusammenhang abstrakt: Einarbeitung der Differenzierungs-

10 Luhmann, N.: Grundrechte als Institution = Schriften zum öffentlichen Recht, Bd. 24, Berlin 1965, S. 190 („Theorie der sozialen Differenzierung").

prozesse in die verschiedenen Sektoren des sozialen Systems. Den wichtigsten Ausgleich zwischen den größeren Systemeinheiten bewirken nach *Parsons* die Subsysteme, z. B. der religiös-kulturellen Institutionen, der Politik und der Wirtschaft. Der signifikante Maßstab für das gemeinsame Handeln bleibt aber der (relative) Wertkonsensus, der in erster Linie zum »reibungslosen Funktionieren« (*Weber*) der Strukturelemente beiträgt.

Das Parsonssche Schema des Systemgleichgewichts orientiert sich an drei »relativ wohldefinierten Gruppen« von strukturellen Elementen, deren »Einarbeitung« für die Lösung des Ordnungsproblems jedes Sozialsystems von grundsätzlicher Bedeutung ist:

a) Konditionalität (= Strukturelemente, die sich aus Anlage und Umwelt der Handelnden zusammensetzen = »behavioral organism«);

b) Normativität (= vorgegebene Elemente, die sich um das System der letzten Werte scharen = Kultursystem);

c) Rationalität (= zwischengeschaltete Elemente des Handlungssektors: Mittel-Zweck-Relation [= Persönlichkeit]).

Ein gleichgewichtiger Zustand entsteht dort, wo diese nicht endogen-sozialen Strukturelemente mit den funktionalen Erfordernissen des Sozialsystems ausbalanciert werden können. Gleichgewichtsstörungen müssen vom *Sozialen* her situationsadäquat gelöst werden: Die Einordnung von Handlungselementen in Rollensysteme, die Einordnung der Rollenintegrate in Institutionen und die Einordnung der Institutionen in das übergeordnete System, sollte den relativ reibungslosen Ablauf sozialer Prozesse, ihren Beitrag zu funktionsgerechter Erfüllung integrativer Leistungen garantieren (System, S. 6):

Action

	Subsystems	*Primary Functions*
System	Social	Integration (= endogene Elemente)
Umwelt	Cultural Personality Behavioral Organism	Pattern Maintenance Goal Attainment (= exogene Elemente) Adaptation

This table presents the barest schematic outline of the primary subsystems and their functional references for the *General System of Action*, of which the social system is one of four primary subsystems, that concentrated about integrativ function.

Jedes Sozialsystem kann demnach unter folgenden strukturellen Gesichtspunkten analysiert werden (vgl. System, S. 12-26):

I. *Sozietäre Gemeinschaft (»Societal Community«)*:

1. *Loyalität zum Kollektiv* (Internalisierung und Obligationen);
2. *Rollenpluralismus* (funktionsspezifische Aufgabenverteilung);
3. *Stratifikation* (hierarchischer Aspekt: Über- und Unterordnung auf der Prestigeskala nach a) Fähigkeit der Beeinflussung und b) der Legitimität, bzw. Anerkennung);

4. *Wertübereinstimmung* durch Aufrechterhaltung bestimmter Verhaltensmuster (»pattern-maintenance«) und deren Generalisierung;
5. *Politik* im Sinne machtmäßiger Sicherung der Verbindlichkeit der normativen Ordnung (Zwang, Sanktionsgewalt, Funktion der Mobilisierung von »Anstrengungen«, um kollektive Ziele zu erreichen);
6. *Ökonomie* im Sinne normativer Regelungen der Produktionseffizienz (praxisorientierte Weisen ökonomischen und technologischen Handelns);

II. *Differenzierte Gesellschaften*

Unter entwickelteren Sozialverhältnissen kommen zum »Sozialen« (– zusätzlich zu I –) noch folgende Charakteristika hinzu:

1. *Rechts- und Gesetzessystem* (die normative Gültigkeit der sozialen Ordnung wird nicht mehr religiös, sondern profan legitimiert):

»Ebensowenig ist das konstitutionelle Element ›rein moralischer Natur‹, denn moralische Überlegungen gehen auch über den Bereich der gesellschaftlichen Werte hinaus. Verfassungsmäßige Normen verbinden sich mit der gesellschaftlichen Gemeinschaft und schließen das Element gesellschaftlicher Loyalität in der Form von positiv bewerteter Vereinigung ein; das Recht erfaßt die staatsbürgerliche Moralität, doch nicht unbedingt die gesamte Moral. Außerdem kann das moralische Element die Grundlage für legitimierten Widerstand, vom geringsten zivilen Ungehorsam bis zur Revolution, gegen eine gesellschaftliche normative Ordnung abgeben. Obwohl das konstitutionelle Element als solches als durchsetzbar gilt, erhebt sich bei der tatsächlichen Durchsetzung der Frage, ob die Regierungsorgane im Sinne der Verfassung – und weiter im Sinne der Moral – legitim handeln. Daher ergibt sich als zweiter Aspekt des konstitutionellen Elements die normative Definition der breiten Ermessensfunktionen der Regierung, einschließlich des Ausmaßes und der Grenzen der Amtsgewalt der verschiedenen Regierungsinstanzen. Das Verfassungsrecht in diesem Sinne gewinnt in dem Maße zunehmend an Bedeutung, indem sich die gesellschaftliche Gemeinschaft von ihrer Regierung differenziert. Dann brauchen die Regierungsgewalten eine spezifische Rechtfertigung, denn die gesellschaftliche Gemeinschaft wäre nicht ausreichend vor Machtmißbrauch geschützt, wenn sie den ›Herrschern‹ die uneingeschränkte Legitimation gewähren sollte, je nach ihren eigenen Auslegungen dessen, was öffentliches Interesse sei, zu handeln« (S. 18 f.).

2. Mitgliedschaft in der sozietären Gemeinschaft

Räumliche Ausdehnung bringt die Differenzierung politischer Interessen in den Beziehungen der sozietären Gemeinschaft (endogen) und gegenüber »fremden« Interessen (exogen) mit sich, die auf eine bestimmte Art und Weise reguliert werden müssen. Die Beziehungen zwischen Regierung und kleinen Gemeinschaften stellten den feudalen Typus einer normativen – nach Status-Lage bestimmten – Ordnung dar, die dann durch die normative Konzeption des Verhältnisses zwischen Individuum und Herrscher (Bürger – absoluter Herrscher – nach dem *Hobbesschen* Modell) ersetzt wurde. Auf dieser Grundlage entwickelte sich das Konzept der Rechtsstaatlichkeit (England: Common Law, Deutschland: vgl. *Kant*). Die zweite Phase politischer Beziehungen unter komplexen Sozialverhältnissen läßt sich durch die Partizipation der Bürger an öffentlichen Angelegenheiten kennzeichnen, auf die dann die dritte Phase: die der »öffentlichen Verantwortung« folgt. Das Bürgerrecht als Teilhabe an öffentlichen Angelegenheiten wird »sozial«, im Zusammenhang mit dem Anspruch auf »welfare« der Bürger konzipiert. Dieses legale Recht der Mitgestaltung, durch das sich die Bürgerrechte in einer neuen Dimension darstellen, bedeutet »Verfügbarkeit über realistische Möglichkeiten von solchen Rechten guten Gebrauch zu machen« (S. 21). Diese Entwicklung zur Institutionalisierung von Bürgerrechten tendiert zu einem gesteigerten Einfluß der Bürger auf institutionelle Regelungen, die z. B. Probleme des Lebensstandards, Gesundheits- und Erziehungswesen betreffen.

3. Marktsystem und bürokratische Organisation

In dem Maße, in dem sich die gemeinschaftliche Solidarität von der Basis religiöser, ethnischer und territorialer Sozialbindungen löst, tritt eine interne Differenzierung und Pluralisierung auf dem Gebiet der Wirtschaft, Politik und Assoziationen auf: Die Organisierung produktiver Prozesse kann nicht mehr isoliert, den autonomen Transaktionen privater Gruppen überlassen werden. Das moderne Marktsystem verlangt Steuerung in einem »bürokratischen Kontext«: Politische und wirtschaftliche Führung müssen aufeinander abgestimmt sein, um eine stabile Integration mit der sozietären Gemeinschaft – im Sinne des Gleichgewichts von Interaktionsprozessen – zu erreichen. Die funktionalen Erfordernisse bewirken das Anwachsen administrativer Organisationen der Regierung und führen zu einer immer größeren Vielfalt der Hierarchie. Die soziologisch wichtigste Folge dieser Entwicklung besteht in der zunehmenden Differenzierung der *Berufsrollen*. Der Familienbetrieb als tragender Typus vormoderner Zeiten wird durch den modernen Arbeitsmarkt, der in steigendem Maße auch von den – durch die Bürokratie vermittelten – politischen Regelungen (Sozialpolitik) abhängig wird, bestimmt und von anderen Organisationsformen abgelöst. Bürokratische Organisationen sind primär politisch, weil sie in erster Linie am Erreichen kollektiver Zielsetzungen orientiert sind. Private Wirtschaftsgruppen, die früher »Arbeit bürokratisiert haben«, können unter den komplexen Bedingungen der Moderne nicht ohne die Bürokratisierung ihrer Manager-Aktivitäten (im Hinblick auf das Kollektiv) auskommen. Die ökonomische Praxis kann vom soziologischen Standpunkt aus nicht nur als eine Tätigkeit der Herstellung von Gütern und Sicherung der Dienstleistungen betrachtet werden: Sie muß über diese »rein« kommerziellen Funktionen hinaus als integrativer Bestandteil der sozialen Ordnung und des Gleichgewichtszustandes der sozietären Gemeinschaft funktionieren.

4. Assoziäre Organisation

Unter dieser ebenfalls neuen Form zwischenmenschlicher Beziehungsstrukturen in modernen Systemen versteht *Parsons* eine gewisse Tendenz der Entwicklung von autoritären zu egalitären Beziehungen unter den Mitgliedern moderner Gesellschaften. Die Regierung läßt immer mehr Freiräume für die erwünschten Assoziationsformen der Bürger zu (Beispiel: Recht auf Ehescheidung). Dazu gehört auch die auf Überzeugungsbasis herbeizuführende Art der Entscheidungsfindung: »Diskussion in Assoziationen stellt einen primären Wirkungsbereich des Einflusses als Mittel zur Erleichterung sozialer Prozesse dar« (S. 25). Ein weiteres Charakteristikum assoziativer Organisationsformen

Tabellarische Zusammenfassung der Parsonsschen Systemtheorie

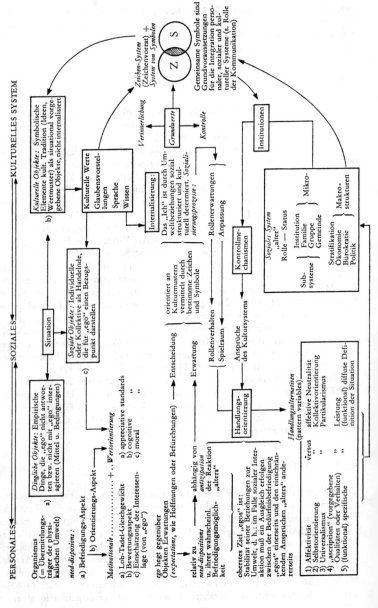

ist die Entscheidungsdurchsetzung (»decision-making«) durch Abstimmung. Herrschaft soll nur von der Majorität einem legalen Wahlverfahren gemäß ausgeübt werden können. Das Funktionieren dieses Wahlmodus ist der Testfall für die Institutionalisierung von »demokratischer« Solidarität. Besonders verbreitete Assoziationsformen in modernen Systemen sind die professionellen Vereinigungen, die sich von früheren korporativen Formen vor allem durch ihre vertikale Beziehungsstruktur unterscheiden. In diesem Bereich spielt die »nicht-bürokratische« Struktur eine besonders große Rolle: Berufsvereinigungen tendieren nach einem Abbau hierarchischer Strukturierungen innerhalb assoziativer Organisationsformen.

2. Gleichgewicht und Wandel

Die Parsonssche Konzeption des Gleichgewichts ist der Biologie entnommen und orientiert sich an einer tendenziell nach Stabilität strebenden Eigenschaft organisch konditionierter Systeme. Die wesentlichsten Elemente dieses Denkmodells bilden Selbststeuerung (System) und Selbstregulierung (Rollensysteme), die einerseits auf Strukturbewahrung, andererseits auf flexible Anpassung an die Umweltbedingungen ausgerichtet sind. Der statische Aspekt des Gleichgewichts bezieht sich auf die gleichsam »diktatorische« Steuerung der »Zentrale«, die sowohl das System als Ganzes als auch seine Glieder konstant erhalten »will«, während der dynamische Aspekt all jene Modalitäten umfaßt, die die Austauschprozesse der Systemglieder in der Verarbeitung von Umwelteinflüssen regeln. Das vermittelnde Medium zwischen System und Teilen ist die Informationsübertragung, die, auf das Sozialsystem angewandt, mit Organisation gleichgesetzt werden kann. Der allgemeine Organisationsbegriff wird – wie *Schwanenberg* nachwies [1] – sowohl über Struktur als auch Prozeß gestellt und erhält in der Parsonsschen Theorie eine mit der Funktion identische Bedeutung. Da »alles Handeln dynamischer Prozeß ist« *(Parsons)* und der konkrete Prozeß zwischen Aktor und Situation durch rückgekoppelte Zirkulationsvorgänge in Form von Wirkungen zum Systemprozeß generalisiert wird, ist Gleichgewicht eine Ordnung des Prozesses, d. h. der Bewegung. Die wechselseitige Bedingtheit und gegenseitige Durchdringung dieser statischen und dynamischen Elemente des Sozialsystems bilden das Kernstück des Gleichgewichtsmodells bei *Parsons*, das im Unterschied zur gängigen und vor allem von seinen Kritikern hervorgekehrten Bezeichnung eines unterschwellig »stationär« interpretierten Begriffs Gleichgewicht, zutreffender als Fließgleichgewicht mit einem geringeren (– vorindustrielle Gesellschaften –) oder größeren dynamischen Potential bezeichnet werden kann:

»Das soziale System hängt demnach von dem Ausmaß ab, nach welchem es das Gleichgewicht des personalen Systems und seiner Mitglieder in der Variationsbreite zwischen bestimmten Grenzen behalten kann. Das Gleichgewicht des sozialen Systems selbst baut sich auf zahlreichen „subequilibriums" (also: Gleichgewicht der Subsysteme) auf . . . (wie) Gruppenbeziehungen, soziale Schichtung, Kirchen . . . ökonomische Unternehmen und politische Körperschaften. Alle treten in ein höchst bewegliches Gleichgewicht ein, in dem die Unstabilität in einem Subsystem

1 Schwanenberg, E.: Soziales Handeln, Bern–Stuttgart–Wien 1970, S. 120 f.

in der personellen oder sozialen Sphäre simultan zu beiden Ebenen in Verbindung stehen, entweder, (daß sie) das größere System oder einen Teil von ihm in Ungleichgewicht bringen, oder (daß sie) einem neuen Gleichgewicht Platz geben, oder (daß sie) die Formen des totalen Gleichgewichts ändern.

Das Gleichgewicht des sozialen Systems wird durch eine Vielfalt von Prozessen und Mechanismen aufrechterhalten, und ihre Fehler schlagen sich in verschiedenen Graden von Ungleichgewicht (oder Desintegration) nieder. Die beiden Hauptklassen von Mechanismen, durch die die Motivation auf der Ebene und in der notwendigen Richtung für die kontinuierliche Handlungsfähigkeit des Sozialsystems gehalten werden, sind der *Mechanismus der Sozialisierung* und der *Mechanismus der sozialen Kontrolle* . . .« (Toward a General Theory, S. 226 f.).

Das gleichgewichtige Modell des Handlungssystems bedeutet ein horizontal und vertikal verlaufendes Handlungsgleichgewicht, das sich auf den Ebenen des Aktionssystems und des Sozialsystems und zwischen ihnen dann einstellt, wenn die auf allgemein akzeptierte Kulturwerte bezogenen Entscheidungen und Erwartungen der Beteiligten einen optimalen Grad an Übereinstimmung erreichen. Die Bedingungen der Systemstabilität hängen also davon ab, inwiefern es dem System gelingt, die zieltendierte Suche der Individuen nach einem organisch-konditionierten und normativen Gleichgewichtszustand mit den Ansprüchen des Wertsystems so zu verbinden, daß Handlungen – die per se Prozesse und folglich Zustandsveränderungen bedeuten – in sozial erwünschte Zielrichtungen gelenkt werden können. Durch eine wertbezogene Stabilisierung von Verhaltenserwartungen läßt sich die Effizienz möglicher Handlungen immens steigern: »Werte sind ein funktionales Erfordernis individueller Entscheidungsfindung und gesellschaftlicher Integration« [2]. Stabilität und Funktionalität eines Systems von Interaktionen hängen also davon ab, daß der Handelnde nicht nur fremdes Verhalten, sondern auch fremde Erwartungen zu erwarten lernt: Gültigkeit und Dauerhaftigkeit dieser Ziel- und Erwartungsvereinbarkeit wird – nicht identisch aber analog zum Vertragsmodell der Vernunftrechtler *(Hobbes, Rousseau, Kant* – vgl. Teil I, S. 48 ff.) – durch eine gemeinsame Orientierung an übergeordneten verbindlichen Werten garantiert.

Den Vertragscharakter des Handlungsgleichgewichts können wir also dahingehend präzisieren, daß wir sein Problem in der wechselseitig bedingten Ausgewogenheit zwischen motivationalen und den diese Motivationen steuernden Wertorientierungen fixieren. Dieses Grundproblem der sozialen Ordnung kann aber funktionsadäquat nur auf dem Wege eines Kompromisses gelöst werden: Nicht nur müssen sich die motivationalen Orientierungen den Wertmustern anpassen, sondern auch die Wertmuster müssen dem Organismus- und auch dem Persönlichkeitssystem auf eine adäquate, d. h. auf eine solche Weise entsprechen, die die Erfüllbarkeit der Hauptmuster der Rollenerwartung durch allgemeine Bereitwilligkeit ermöglicht. Dieses Dilemma organisatorisch adäquater Systemleistungen kommt deutlich zum Ausdruck, wenn für das funktionale Paradigma auf der einen Seite Systemintegration mit »pattern maintenance«, auf der anderen Seite aber Systemanpassung mit »goal attainment« des Handelnden in der Situation in vertikale Verbindung gebracht wird (vgl. oben S. 182).

2 Friedrichs, Jürgen: Werte und soziales Handeln, Tübingen 1968, S. 64.

In diesem Sinne wird von *Parsons* die eine, recht häufige Ursache des System-wandels in der Übergangsphase vom Traditionalismus zum Industrialismus in der »Koinzidenz drängender materieller Not und fehlender funktionsorien-tierter Wertbeziehungen« gesehen [3] und mit Nachdruck darauf hingewiesen, daß die Stabilisierungschance der Institutionen in der Systemleistung besteht, die obersten Werte mit dem Selbstinteresse der Einzelnen auszubalancieren [4]. Wertsysteme, die sich ohne Rücksicht auf das Selbstinteresse Geltung verschaf-fen wollen, bringen das Sozialsystem ebenso aus der Gleichgewichtslage, wie Wertsysteme, die tendenziell nur Selbstinteressen berücksichtigen. Diese Distanzierung *Parsons* – sowohl von den totalitär-kollektivistischen als auch den individualistisch-liberalkapitalistischen Grundsätzen – kommt auch in der Interpretation von *Bergmann* zum Ausdruck, wenn gesagt wird, daß (nach *Parsons*) kein dauerhaftes »Interaktionssystem und keine Gesellschaft denkbar ist, deren Zusammenhalt (entweder) nur auf der Gewalt oder (nur) der ego-istischen Verfolgung der Privatinteressen beruht« [5].

Die Parsonssche Konzeption des sozialen Gleichgewichts geht zwar vom Träg-heitsbegriff aus, doch auch gleichzeitig über diese rein mechanische Auffassung hinaus: Sie orientiert sich an einer statistischen Strukturanalyse, die die Funk-tion hat, einen Fixpunkt in einem Bezugssystem zu bestimmen, an dem und in dem Wandel erkannt und gemessen werden sollte. Sie geht aber auch deshalb von der statistischen Analyse aus, weil Wandelvorgänge nicht zufällig, sondern in einem historisch bestimmten Kulturmilieu entstehen und den diesen kul-turellen Prämissen entsprechenden Strukturmustern folgen.

Fließgleichgewicht impliziert Spannungen: Sie werden als dynamische Prozesse auch innerhalb eines tendenziell stabilen Systems auf der Handlungsebene registriert:

»Handeln muß immer so vorgestellt werden, daß es einen Spannungszustand zwischen zwei verschiedenen Ordnungen von Elementen, der normativen und konditionalen, impliziert. Als Prozeß ist Handeln in der Tat ein Prozeß der Änderung von Bedingungselementen in Richtung auf die Konformität mit den Normen« (Structure, II, S. 732).

Der jedem Handelnden auferlegte Zwang zum Kompromiß zwischen Selbst-orientierung und normvermittelter Kollektivorientierung haftet einer jeden sozialen Situation an: Es hängt nun – wie bekannt – vom Gelingen der Sozialisierung und von der Wirksamkeit sozialer Kontrolle ab, ob diese Spann-ung – die im wesentlichen ein Zielkonflikt ist – sich in Richtung auf die Normkonformität, oder aber in Richtung auf den Widerstand gegen die Nor-men entwickelt. Die differenzierte Formulierung »in Richtung« (– *Weber:* »Chance« –), läßt unserer Interpretation nach erkennen, daß es sich hier nicht um eine »rigide« Anpassung, sondern vielmehr um ein »arrangement«, »accomodations« mit den institutionalisierten Normen handelt. Auch im Falle des devianten Verhaltens weist *Parsons* darauf hin, daß »ein kompletter Bruch mit institutionalisierten Werten ... (nur) als Grenzfall betrachtet werden

3 Parsons, T.: Das Problem des Strukturwandels, in: Theorien des sozialen Wandels, hersg. W. Zapf, Köln–Berlin 1969, S. 35–54 (S. 51).
4 Ebenda, S. 47.
5 Bergmann, J.: Die Theorie des sozialen Systems von Talcott Parsons, = Frankfurter Bei-träge zur Soziologie, Bd. 20, Frankfurt a. M. 1967, S. 41.

kann (Social System, S. 315). Daraus möchten wir schließen, daß die vom individuellen Handeln ausgehenden »Änderungen von Bedingungselementen« einen gewissen Spielraum haben, um Druck auf die Variierbarkeit der Strukturmuster in Form von Ansätzen zur Rollendifferenzierung auszuüben, wobei die Strukturmuster selbst – gemäß dem »Gebot« der funktionalen Anpassung – gerade im Interesse der Systemerhaltung, eine diesem Druck entsprechende Flexibilität des Rollen- und Institutionssystems aufweisen müssen. »Der Qualitätsbeweis der Institutionalisierung« ist nach *Parsons* dann zu erbringen, »wenn die Werte mit dem Selbstinteresse der einzelnen Einheiten in Übereinstimmung gebracht werden können« (Das Problem des Strukturwandels, op. cit. (Anm. 3), S. 47).

Ein weiterer, von vielen Kritikern vernachlässigter Aspekt des adaptiven Aktionstyps ist der kreativ-kognitive Aspekt devianten Verhaltens [6]: Daß auch funktionsorientiertes rationales Denken und Verhalten »gleichgewichtsstörend« sein und seitens der Gesellschaft einem »Druck« ausgesetzt werden kann, wies *Parsons* schon in seinen frühesten Veröffentlichungen, wie z. B. in seinem Aufsatz über die akademischen Berufe nach (1939, in: Theorie, S. 160–179). Folglich ist es auch kein Zufall, daß sein Konzept des rationalen Handelns ausgerechnet in Kapitel XI. des »Social System« über »Change« abgehandelt wird (vgl. Kap. VIII, 3/1, S. 145 f.).

Als auf Bedingungsveränderungen gerichtete Tätigkeit im Spannungsfeld konditionaler, normativer und rationaler Faktoren stehen jedem Handeln, gleichgültig, ob es sich um tendenziell kriminelle oder innovative Richtungen handelt, soziale Widerstände entgegen, die vor allem in Form von:

a) verinnerlichten Wertmustern;
b) traditionellen Rollenstrukturen;
c) eingefahrenen Mechanismen der sozialen Kontrolle;
d) Beständigkeit der Kulturmuster;
e) und den »vested interests« von Personen »wirksam« werden, deren erworbener sozialer Status sie besonders eng mit den Interessen der Systemstabilisierung verbindet.

Die Entstehung endogener Wandlungsprozesse ist mit einem grundlegenden Dilemma sozialer Systeme verknüpft:

»Einerseits können (soziale Systeme und besonders Großgesellschaften) nur durch ein System institutionalisierter Werte leben, dem die Mitglieder ganz verpflichtet sein müssen und die sie in ihren Handlungen befolgen. Andererseits müssen sie fähig sein, Kompromisse und Anpassungsarten zu akzeptieren und viele Handlungen zu tolerieren, die vom Standpunkt ihrer eigenen dominanten Werte falsch sind. Ihr Versagen bei diesem Handlungsmodus schlägt sich in Rebellion oder im apathischen Rückzug nieder und gefährdet die Kontinuität (der Systemintegration) ... In diesem Paradox liegt die Hauptursache von Spannungen und Instabilität ... und viele der wichtigsten Wurzeln sozialen Wandels« (Toward a General Theory, S. 179).

Spannungen können unter Beibehaltung der alten Muster gelöst, d. h. ausgelöscht – oder: durch die Wandlungen der Struktur selbst, d. h. durch Anpassung entschärft werden. Erst der Bruch mit den alten und die Institutionalisierung der neuen Wertmuster bewirkt einen soziologisch relevanten Wandel.

6 Krysmanski, H. J.: Soziologie des Konflikts, Reinbek 1971, S. 157.

So konnte sich z. B. die Orientierung nach Steigerung der wirtschaftlichen Produktivität – oder wie *Weber* sagte: Der größere Anreiz des Mehrverdienstes als der der Minderarbeit (Protestantische Ethik, op. cit. S. 50) – erst dann durchsetzen, als dieses »pattern« – auch durch institutionelle Legitimierung – als »gut« zu gelten begann und dadurch die Generalisierung dieses neuen Verhaltensmusters bewirkt werden konnte.

Unsere bisherige Analyse erstreckte sich auf die Handlungsebene, auf der sich die *Voraussetzungen* sozialen Wandels im Spannungsfeld zwischen institutionalisierten Wertmustern und den auf sie bezogenen Zielorientierungsalternativen herausbilden. Ein soziologisch relevanter Wandel entsteht – wie oben schon erwähnt – erst dann, wenn sich neudefinierte Zielorientierungen in Richtung auf einen Kompromiß zwischen Wertstandards und »Wünschenswertem« auf der Ebene der Subsysteme – also: der organisierten Gruppen – normativ festigen, so daß sie durch die Neuregelung von Motivationsmustern zu einem strukturell relevanten Verhaltensmuster in den Interaktionsbeziehungen werden [7]:

»Wir definieren einen Wandel in der Struktur eines sozialen Systems als Wandel seiner normativen Kultur. Wenn wir die oberste Ebene sozialer Systeme betrachten, handelt es sich um einen Wandel des gesamtgesellschaftlichen Wertsystems« (*Parsons:* Probleme des Strukturwandels, op. cit. (Anm. 3), S. 13).

Die Frage nach der bestimmenden Auslösungsursache sozialer Wandlungsprozesse – ob es sich dabei primär um ökonomische oder wertmäßige Komponenten handelt – ist soziologisch irrelevant:

»Aus einer bestimmten Reihe von Faktoren *können* jeder einzelne oder alle zusammen die Quelle des Wandels sein; die Art des Wandels hängt davon ab, wie sich ein erstmaliger Anstoß vermittels der verschiedenen dynamischen Systemprozesse durch das System hindurch fortpflanzt« (Probleme des Strukturwandels, op. cit. (Anm. 3), S. 39).

Die Chance zu einer immer typischer werdenden Neuorientierung in den Zieltendenzen wird im Falle endogener Wandlungsprozesse durch die positive Reaktion und die organisatorische Fähigkeit des Systems bedingt, durch situationsadäquate Mechanismen die neuen Verhaltensmuster zu integrieren.

Die durch Gleichgewichtsstörungen hervorgerufenen endogenen Wandlungsprozesse – wie z. B. die Herausdifferenzierung der Berufsrollen aus dem Verwandtschaftssystem – stehen in engem Wechselverhältnis zu den endogenen Wandlungstendenzen ihrer Umwelten. Organismussysteme (– wie z. B. genetische Veränderungen des menschlichen Organismus –), Persönlichkeitssysteme, Kultursysteme, aber auch fremde Systeme können im betreffenden System Wandlungen verursachen, die *Parsons* zu den exogenen Quellen des Wandels zählt. Komplementär zur Prozeßsteuerung eines equilibrierten Zustandes in den Subsystemen, müssen Produktion und Distribution – nach dem national-

---

7 »Die strukturelle Betrachtungsweise – sagt Zapf – ist heute in der Soziologie vorherrschend, auch bei Autoren, die die Stabilität von Strukturen ganz anders erklären, z. B. durch Zwang oder legitimierte Herrschaft oder kybernetische Rückkoppelung: nicht das konkrete Handeln von Menschen, sondern die Veränderung von ,auskristallisierten' Handlungsmustern, nicht konkrete Motivationen, sondern Veränderung sozial geregelter Motivationsmuster sind mit sozialem Strukturwandel gemeint« (Theorien des sozialen Wandels, hrsg. W. Zapf, Köln–Berlin 1969, S. 16).

ökonomischen Input-Output-Modell – bei exogenen Störungen mit Anpassungs-, Zielsetzungs-, Integrations- und Legitimationsleistungen ausgeglichen werden. Der Ausgleich der Bilanzen dieser Produktions- und Austauschprozesse ist Systemgleichgewicht.

Das Systemgleichgewicht ist alles andere als statisch konzipiert [8]: Seine Funktion besteht in der Absorbierung oder Verarbeitung endogen und exogen bedingter Störungen, um die Equilibriumprozesse in Bewegung zu setzen und den Wandel unter Kontrolle zu halten. Der Bestand des Systems ist nämlich von innen und außen permanent gefährdet; einerseits von der potentiell chaotischen, eigensüchtigen und agressiven Triebstruktur des Menschen, andererseits von den Herausforderungen der Umwelt, zu denen z. B. Bevölkerungswachstum oder fremde kulturelle Einflüsse gehören.

Die Ogburnsche Konzeption des »cultural lag« [9] ist in die Parsonssche Theorie eingearbeitet und weist auf die einem jeden Wandel innewohnende Tendenz bestimmter Dysfunktionalitäten hin, die mit der mangelnden Unangepaßtheit der Systemteile infolge zeitlicher Verschiebung der zu koordinierenden Prozesse zusammenhängen. Das Ausmaß der Unangepaßtheiten hängt wiederum von den Wirkungen und Arten der Störungen [10] und nicht zuletzt von der Beschaffenheit der Kontrollmechanismen ab, die eine funktional adäquate Problemlösung herbeiführen müssen:

»Zunächst einmal sind alle westlichen Gesellschaften in ihrer jüngsten Geschichte den desorganisierenden Wirkungen zahlreicher Formen des schnellen Wandels ausgesetzt gewesen. Es war dies ein Zeitraum der raschen technischen Veränderungen, der Industrialisierung, Urbanisierung, der Wanderungen, der beruflichen Mobilität, des kulturellen, politischen und religiösen Wandels. Als Funktion der bloßen Schnelligkeit dieses Wandels, die niemandem genügend Zeit gibt, ,sich einzurichten', ergibt sich eine weitverbreitete Unsicherheit bei einem großen Teil der Bevölkerung, und zwar nicht nur im wirtschaftlichen, sondern auch im psychologischen Sinne . . .« (Theorie, S. 272 f).«

Bei diesem sich wechselseitig bedingenden Wirkungsgeflecht von endogenen und exogenen Faktoren des Wandels innerhalb des Systems, kommt es im wesentlichen auf die Kontroll- aber auch Anpassungsfähigkeit der Steuerungsmechanismen an, um die *Verhältnismäßigkeit zwischen Stabilität und Wandel* – oder wie *Comte* sagen würde: zwischen »Ordnung und Fortschritt« – zu wahren.

8 Die Kritik am ,,statischen Konzept'' der Parsonsschen Systemtheorie scheint auf einem Mißverständnis der idealtypischen Konstruktionen – wie z. B. Sozialisierung, Gleichgewicht usw. – zu beruhen. Auch der Begriff Störung muß in diesem idealtypisch und wertneutral konzipierten Inhalt verstanden werden.

9 ,,Cultural Lag'' = ,,Kulturverspätung'', d. h. Entwicklungsrückstand von Kulturelementen im Verhältnis zur ,,materiellen Kultur'', wie z. B. die Diskrepanz zwischen der Verbreitung der Berufstätigkeit der Frau und dem Fortleben herkömmlich wertender Einstellungen über die Rolle der Frau (,,Kinder, Küche, Kirche''). – Ogburn, W.: Theorie des ,,Cultural Lag'', in: Sozialer Wandel, Hrsg. P. Dreitzel, = ST. Bd. 41, Neuwied 1967, S. 328–338.

10 So kann z. B. die Art der Störung ganz verschieden sein: »Bei gegebener funktionaler Bedeutsamkeit einer Einheit kann man sagen, daß Rollen am leichtesten ersetzbar oder ,reparierbar' sind, organisierte Gruppen weniger leicht, Normen noch weniger, Bindungen an Werte am wenigsten. Diese Komponenten sind in umgekehrter Reihenfolge Wandlungstendenzen ausgesetzt; das Rollenverhalten eines Individuums am stärksten . . . die Wertbindungen am wenigsten . . .« (Parsons: Probleme des Strukturwandels, op. cit. (Anm. 3), S. 41).

Differenzierungsprozesse innerhalb des Systems bedeuten noch keinen Wandel *des* Systems, d. h. des obersten Wertsystems. Ein wertmäßiger Wandel ist »mit der Institutionalisierung neuer Werte auf gesamtgesellschaftlicher Ebene verknüpft« – und bedeutet die Änderung der Systemqualität. Ähnlich wie bei den systemimmanenten Wandlungen weist *Parsons* auf die exogenen und endogenen Quellen des Wandels von Wertsystemen hin: Bei dem Typus des exogen bedingten Systemwandels – wie z. B. in den Entwicklungsländern – handelt es sich um die Etablierung eines, der eigentlichen sozioökonomischen Struktur des Systems fremden Wertsystems. Die recht häufige Ursache eines solchen Systemwandels führt *Parsons* auf das Fehlen funktionsgerechter Wertbeziehungen im alten System zurück. Beim endogenen Typus des Systemwandels spielen die charismatische Innovation – bei der die neuen Werte »herauftransformiert« – und die Institutionalisierung neuer religiöser Werte – bei der, von der Führungsebene ausgehend, die neuen Werte »heruntertransformiert« werden müssen – die dominante Rolle. In allen Fällen des Systemwandels üben die »Trägergruppen« neuer und alter Werte einen entscheidenden Einfluß aus:

»Deshalb *kann* ein entscheidender Wandel in der ‚Gruppenorganisation' der Führungsgruppen der Gesamtgesellschaft sehr wohl eine viel größere Wirkung auf die gesamtgesellschaftlichen Normen und Werte ausüben als eine Veränderung der Werte in Subsystemen niedriger Stufen« (Probleme des Strukturwandels, op. cit. [Anm. 3], S. 40).

Nach der Etablierung eines neuen Wertsystems erfolgt eine Reedukation, um Konformität zu erzeugen und dadurch die funktionale Ausgewogenheit der neuen Strukturelemente zur Erstellung eines neuen Gleichgewichtszustandes zu erreichen:

»Die revolutionären Werte werden notgedrungen „orthodox" und ihre Tendenz (weist darauf hin), daß sie bestrebt sind, eine Sozialisierung, eine Konformität mit diesen neuen Werten in demselben funktionalen Sinn, wie dies für beliebig andere stabilisierte Gesellschaften gilt, herbeizuführen« (Social System, S. 529).

Erst in der zweiten Phase seines wissenschaftlichen Werdeganges taucht bei *Parsons* der Begriff Evolution auf. Die Ausführungen in den »Evolutionary Universals« (1964) lassen erkennen, daß der noch im Jahre 1937 von *Parsons* für »tot« erklärte *Spencer* im Strukturfunktionalismus wieder auferstanden ist (vgl. Teil I, S. 245 ff.). Ähnlich wie *Spencer* deutet *Parsons* Evolution als die Entwicklung der menschlichen Gattung durch strukturelle Differenzierung mit funktionaler Integration, die durch die Fähigkeit der Selbstorganisierung das »kombinierte Leben einer ausgedehnteren Masse« *(Spencer)* mit steigender Effizienz zu verbinden vermag und dadurch in der Lage ist, immense »physikalische Ressourcen« zur Hebung des allgemeinen materiellen Wohlstandes zu erschließen und die »Hebung des Niveaus generalisierter Werte« *(Parsons)* herbeizuführen. Hinter dieser Formulierung steckt die (alte) Vorstellung vom wachsenden materiellen Wohlstand und von der prozessualen Verbreitung der Zivilisierbarkeit der Menschen durch generalisierte Werte in Richtung auf ein weltumspannendes System: den »Weltstaat« [11].

11 Gouldner spricht in diesem Zusammenhang von der „organischen Vision" einer Menschheitsgesellschaft. – Gouldner, A. W.: The Comming Crisis of Western Sociology, New-York–London 1970, S. 204.

Unter evolutionären Universalien versteht *Parsons* »Erfindungen«, die »für die weitere Evolution so wichtig (sind), daß sie nicht nur an einer Stelle (auftreten), sondern mit großer Wahrscheinlichkeit mehrere Systeme unter ganz verschiedenen Bedingungen« erfassen [12]. Die von der Fähigkeit »lebender Systeme« abgeleitete Entwicklungsstufe vom subhumanen zum humanen Stadium wird durch die sozialen »Erfindungen«:

a) der Religion – als der Kraftquelle der Symbolik und der durch ihre kultischen Handlungen bewirkte Habilitualisierung des Verhaltens;
b) der Kommunikation durch Sprache;
c) der sozialen Organisation der Verwandtschaftsordnung;
d) und der Technologie (empirische Erfahrung + praktische Techniken)

markiert.

Im weiteren Verlauf der Entwicklung bilden sich evolutionäre Universalien auf einem höheren Niveau der »Erfindungen« organisatorischer Art heraus:

a) *soziale Schichtung:* von altersspezifischen Prestigedifferenzierungen bis zu den Zwei- oder Vier-Klassen-Systemen erfolgt eine »generelle Hierarchisierung«, die funktionale Effizienz – durch »Zentralisierung der Autorität«, Eröffnung des »Zuganges zu Ressourcen« und Gewährleistung der »Durchsetzung von Innovationen« – steigert;
b) *kulturelle Legitimierung:* »Die mit der Schichtung gegebene Differenzierung erzeugt neue Spannungen und Desorganisation«, die durch Legitimierung der Ungleichheiten, des »Warum«, durch Verleihung eines Sinnes »der Anstrengungen« ausgeglichen werden muß. Kulturelle Legitimation macht Loyalität der Gesellschaftsmitglieder sinnhaft und grenzt sie von Fremdgruppen ab. Dies führt dann zur Verstärkung der Solidarität;
c) *Bürokratie:* Handlungsvollmacht im Namen der Organisation, die sich teils auf Zwangsmittel, teils auf Solidarität stützt (= »institutionalisierte Amtsautorität«). Bürokratie ist einerseits ein Mittel der Machtkonzentration, andererseits schafft sie als effektivste Verwaltungsorganisation die Voraussetzungen für
d) (die) *Geld und Marktorganisation:* Ein marktmäßiger Austausch steigert wirtschaftliche Aktivitäten zur Ausbeutung von Ressourcen in einem sehr hohen Maße. Voraussetzung dafür ist der politische Schutz:

»Märkte können institutionell stabilisiert werden; sie eröffnen den Konsumeinheiten den Zugang zu den Objekten, die sie zum Verbrauch benötigen, und den Produzenten den Zugang zu ,Absatzgebieten', die nicht zugewiesen sind, sondern auf den freiwilligen Kaufentscheidungen der Konsumenten beruhen. Somit ,befreit' dieses Universale die Ressourcen von askriptiven Bindungen, etwa der Verpflichtung, verwandtschaftliche Ansprüche zu bevorzugen, politischen Gruppen gegenüber in ganz spezifischer Weise loyal zu sein, oder die Einzelheiten des Alltagslebens den spezifischen Ansprüchen religiöser Sekten zu unterwerfen . . .« (Anm. 12, S. 65);

e) *generelle universalistische Normen:* Die Institutionalisierung bürokratischer Herrschaft und des Marktsystems enthalten universalistische Normen, auf die sie angewiesen sind. Auf diesen Grundlagen entwickelt sich ein »gene-

12 Parsons, T.: Evolutionäre Universalien (1964), in: Theorien des sozialen Wandels, hersg. W. Zapf, Köln–Berlin 1969, S. 55–74.

relles Rechtssystem«, das seinen Gültigkeitsanspruch auf ganze Systeme ausdehnt. Die Entstehung der industriellen Revolution in England war kein Zufall: Sie wurde vorstrukturiert durch das *Common Law*, das zur späteren Etablierung eines unabhängigen Parlaments führte und dadurch die Grundlagen eines Rechtsstaates schaffte. Rechtsstaatlichkeit wiederum bewirkte die Entfaltungschancen freier Aktivitäten in der Wirtschaft (Vertragsfreiheit) und im Denken (Säkularisierung, Entwicklung der Naturwissenschaften);

f) Während der »langen Geschichte der parlamentarischen Körperschaften« entstanden die ersten *demokratischen Assoziationen,* die zur Einführung des allgemeinen Wahlrechts und des modernen Typus einer Wahlrechtsdemokratie führten. Demokratische Assoziationen können deshalb zu den bedeutendsten »Erfindungen« gerechnet werden, weil sie unter den komplexen Bedingungen moderner Systeme am effektvollsten Loyalität und Machtkontrolle in Form von funktional legitimierbarer Autorität sichern können:

»Je größer eine Gesellschaft wird, desto wichtiger ist eine effektive politische Organisation, und zwar nicht nur hinsichtlich ihrer Verwaltungskapazität, sondern auch und vor allem hinsichtlich ihrer Unterstützung einer universalistischen Rechtsordnung« (Anm. 12, S. 70).

Zum Schluß sollen *Parsons* Ausführungen über das »Amerikanische Wertsystem« als Anhang dargestellt werden:

»Trotz der Komplexität unserer zeitgenössischen Gesellschaft und der Heterogenität ihrer Bevölkerung aufgrund ethnischer und religiöser Herkunft, Schicht, Religion und anderer Variablen kann man sagen, daß es ein relativ kohärentes, geschlossenes und im ganzen stabiles, gesellschaftlich institutionalisiertes Wertmuster in Amerika gibt. Unter den gesellschaftlichen Werten werden Konzeptionen des erwünschten Gesellschaftstyps verstanden, nicht aber andere Dinge, deren Bewertungen von den Mitgliedern geteilt werden können oder nicht.

Das amerikanische Wertsystem kann als ein Wertsystem des *instrumentalen Aktivismus* verstanden werden. *Instrumental* bedeutet in diesem Zusammenhang, daß weder die Gesellschaft als Ganzes noch irgendeiner ihrer Aspekte (etwa der Staat) zu einem „Zweck an sich" erhoben, sondern als instrumental für „lohnende" Dinge betrachtet werden, mit einer sehr weitreichenden Skala von Auffassungen, was hierzu gezählt werden soll. Das Element des Aktivismus schränkt diese Skala jedoch ein. Für die gesellschaftliche Einheit, sei es ein Kollektiv oder ein Individuum, heißt dies *Leistung,* und zwar Leistung von etwas Bedeutungsvollem. Soweit diese Leistungen selbst Beiträge zur Gesellschaft sind, müssen sie der Erhaltung oder, besser noch, der Verbesserung der Gesellschaft, als Basis und Rahmen von Leistungen, dienen.

Die Konkretisierung dieser abstrakten Formel führt zu einer Reihe vertrauter Themen. Wenn wir Leistung positiv bewerten, müssen wir auch die dafür wesentlichen Bedingungen positiv bewerten. Vom Gesichtspunkt der Leistungseinheit aus müssen wir Freiheit und Chancen als die in diesem Zusammenhang wesentlichen Elemente der Situation betrachten. Freiheit bedeutet hier das Fehlen unnötig hinderlicher Beschränkungen, Chancen dagegen eine Strukturierung positiver Möglichkeiten. In der Tat können wir noch einen Schritt weitergehen und auf die Bedeutung positiver Belohnungen für Leistungen hinweisen. Belohnungen, die in gewisser Hinsicht in dem etwas verleumdeten „Erfolgs"-Komplex enthalten sind. Das heißt im wesentlichen, daß bei positiver Bewertung der Leistung die Menschen nicht nur Freiheit und Chancen erhalten sollten, sondern auch, wenn sie Hervorragendes leisten, daß diese Leistung in irgendeiner Weise anerkannt werden sollte.

Eine starke Betonung der Leistung wirft zwangsläufig das Problem der Gleichheit auf, da eine inhärente Ungleichheit der Leistungen und ihrer Belohnungen Positionen unterschiedlicher Macht und Privilegien schafft. Wir schätzen somit nicht nur Leistung als solche und die dazugehörigen Freiheiten, Chancen und Belohnungen, sondern auch den Zugang zu diesen erstrebenswerten Dingen. Die grundsätzliche Formel in dieser Hinsicht lautet: Gleichheit der

Chancen. Der Begriff der Chance wiederum ist jedoch relativ. Was eine Chance für einen ist, der die Ausbildung oder die finanzielle Möglichkeit besitzt, sie wahrzunehmen, kann für den anderen völlig bedeutungslos sein. Was im einzelnen realistischerweise eine Chance ist, hängt von der Fähigkeit des Individuums ab, gerade das zu tun, was durch die Chance ermöglicht wird. Fähigkeit ist Möglichkeit der Leistung, die wiederum teilweise eine Sache angeborener Befähigung ist, wahrscheinlich aber mehr der „Vorteile" (oder Nachteile), die das Individuum im Lauf seines Lebens erfahren hat. Der Aktivismus unserer Werte erhellt, daß wir nicht eine statische, unveränderliche Gesellschaft positiv bewerten, sondern vielmehr eine Gesellschaft, die sich ständig in einer „progressiven" Richtung wandelt, das heißt in Übereinstimmung mit unseren zentralen Werten. Vor allem kann gesagt werden, daß diese Richtung definiert ist als immer rascheres Wachstum der Leistungsfähigkeiten und -chancen (nicht nur auf denselben, sondern auf immer höheren Ebenen) und der zu ihrer Wahrnehmung erforderlichen Freiheiten. Die Aufrechterhaltung oder Verbesserung gewisser Gleichheiten versteht sich von selbst. Wir schätzen Stabilität, aber Stabilität *im* Wandel, nicht totale Stagnation« (Sozialstruktur, S. 299 f).

3. Der Parsonssche Machtbegriff

a) Die Funktion der Macht besteht in der Aufrechterhaltung der rechtlich geordneten Beziehungen unter den Angehörigen eines Systems.

Die Macht und ihre Grundlagen sind höchst spezifischer Natur; in einer Hinsicht ist jede Verfügungsmöglichkeit (»possession of facilities«) schon Machtbesitz, »weil sie letztlich in einem implizierten und möglichen Sinne eine Kontrolle über die Handlungen anderer bedeutet . . . Aber die Bedeutung der Macht im sozialen System ist, neben der Institutionalisierung von Rechten auf partikularisierte Besitze, vom Faktum ihrer Verallgemeinerung und, als deren Konsequenz, von ihrer Vermehrung (Quantifizierung) abhängig. Diese Verallgemeinerung und Vermehrung ist eine graduelle Angelegenheit hinsichtlich dem höchst verschiedenen Entwicklungsniveau in verschiedenen sozialen Systemen. Es scheint von drei Bedingungen abhängig zu sein. Die erste (Bedingung) ist die inhärente Bedeutung dessen, was wir das Tauschproblem in allen Systemen mit differenzierten Rollen genannt haben. Je höher der Grad der Differenziertheit des Rollensystems ist, um so mehr muß das Netzwerk von Tauschbeziehungen ausgedehnt werden, und um so mehr dies der Fall ist, muß es Prozesse der Festsetzung von Bedingungen („settlement of terms") zwischen den Inhabern der verschiedenen Rollen geben. In diesem Prozeß der Festsetzungen von Bedingungen entsteht die Gelegenheit „Macht auszuüben" und individuelle Zielvorstellungen (oder: Zielsetzungen) zu verwirklichen. „Die Bedeutung der Macht für die Realisierung von irgendwelcher gegebener Zielorientierung eines oder mehrerer Handelnder innerhalb eines sozialen Systems ist die Funktion der Ausdehnung des Systems von aktuellen oder potentiellen Tauschbeziehungen . . .«
Die zweite Bedingung der Machtausdehnung besteht in der universalistischen Orientierung innerhalb des Systems. Das „berühmte Hobbessche Problem der Ordnung" kann nicht ohne ein gemeinsames normatives System gelöst werden. „Je ausgedehnter das Beziehungsgeflecht einer instrumentalen Orientierung ist, in der die Tauschprozesse frei fungieren . . . um so wesentlicher ist es, daß diese Prozesse durch generalisierte Normen reguliert werden, die in ihrer Anwendbarkeit die Partikularität eines jeden Bündels von Beziehungen (in die Allgemeinheit) überleiten, aus denen sie entstanden sind. Nur unter dieser Bedingung (ist es möglich), die Reichweite des Tausches einzuschränken.« . . . Die Einschränkung individualistischer Strebungen kann entweder durch partikularistische Restriktionen oder durch Institutionalisierung von universalistischen Normen gewährleistet werden.
„Die dritte Bedingung ist, was als Gradmesser der Effektivität oder ‚Drastizität' der Mittel genannt werden kann. Die ganze Institutionalisierung von Tauschbeziehungen schließt . . . die Definition von legitimierten Grenzen über die Wahl von Mitteln ein. Die fundamentale funktionale Grundlage der Bedürfnisse nach solcher Institutionalisierung verleiht in der Tat den Zugang zu bestimmten Mitteln, die Ego ‚allzu viel Macht' geben können in dem Sinne, daß er über seine Macht hinaus diese Macht auf andere ausdehnt und seine Zwecke auf Kosten anderer erreicht.« . . . Dies würde nun zu einem „Krieg aller gegen alle" führen, dem die Institutionalisierung der Gewaltanwendung entgegentritt und damit die Anwendung von Machtmitteln unter soziale Kontrolle stellt. (Social System, S. 121–123).

196

b) Die Verallgemeinerung und Vermehrung von Macht hat zwei prinzipiell zusammenhängende, aber in ihrer Richtung unterschiedliche Modalitäten: die ökonomische und politische Form der Macht. Die allgemeinere und damit beherrschendere Form ist die der politischen Macht. Die politische Macht die nach *Parsons* Vorstellungen auf die Dauer nur in Übereinstimmung mit einem sozial akzeptierten Wertkonsensus der Allgemeinheit – also nur legitim – aufrechtzuerhalten ist (eigentlich mit dem Weberschen Begriff der »Herrschaft« identisch), schränkt den freien Spielraum der wirtschaftlichen oder: rein ökonomischen Bestrebungen ein und erfüllt damit die Funktion, gemeinschaftsbindende Verpflichtungen durch die Einheiten in einem System kollektiver Organisation zu sichern.

»Diese Ausdehnung (der Tauschbeziehungen) ist nur unter den relativ starr definierten Bedingungen möglich, die auf der negativen Seite in erster Linie die ‚Emanzipation' von einer diffusen und partikularistischen Einbettung von Tauschzusammenhängen zu einem Tauschzusammenhang (ermöglichen), in dem die instrumentale Effektivität die Vorrangstellung haben kann, und auf der anderen, auf der positiven Seite, die Institutionalisierung von Einschränkungen am Zugang zu Mitteln für die erstrebten Vorteile . . . der organisatorischen Kontrolle (unterliegt) . . .«
Diese (Tausch-)Beziehungen müssen mitten im Netzwerk von regulativen Institutionen wirken, wobei beide (also: Tauschbestrebungen + regulative Institutionen) den Grad der Emanzipation vom Partikularismus und (diffuser Situationsdefinition) erzwingen, die ‚‚die Voraussetzung für die unabhängige Bedeutungsorientierung nach ‚‚ökonomischen Überlegungen" ist, und (gleichzeitig) die Überwachung der Grenzen an der Wahl von Zwecken und Mitteln erzwingt, die der Verschmelzung der ökonomischen in politische Probleme vorbeugen« (Social System, S. 123–125).
Zur politischen Macht: »Die Reichweite potentieller Tauschbeziehungen, zu denen eine erweiterte Möglichkeit der ‚Beeinflussung' gehört, ist evident . . . Aber was den Unterschied zur politischen Macht (ausmacht), ist nicht dies, sondern die Erweiterung des Spielraumes von Betrachtungen, die anwendbar für ihre Bestimmung und Ausübung sind. Ökonomische Macht ist auf den Besitz von *Mitteln* konzentriert . . ., um die Vorteile zu maximieren . . . Politische Macht hingegen ist durch die Verbreitung des anwendbaren Spielraums auf den ganzen Beziehungskontext in Richtung auf ein gegebenes Ziel verallgemeinert« (Social System, S. 125 f).
Daraus folgt:

c) Macht hat einen spezifischen Bezug zu den Zielen des Kollektivs und impliziert daher die Integration des Kollektivs im Hinblick auf solche Ziele.

»Als Konklusion können wir wiederholen, daß die Generalisierung von Macht in Richtung Ökonomie von der Instiutionalisierung universalistischer und funktional spezifischer Institutionen abhängt, die *par excellence* regulative Institutionen sind . . . Politische Macht . . . ist ihrem Wesen nach diffus und größer im Verhältnis zur Reichweite des Beziehungszusammenhangs, der darin eingeschlossen ist. Ihre Generalisierung hängt jedoch vom Stand der Universalität ab. Das Problem der Kontrolle von politischer Macht ist vor allem das Problem der *Integration*, um die Macht der Individuen und Sub-Kollektive in ein kohärentes System von legitimer Autorität einzubauen, in dem die Macht mit kollektiver Verantwortung verschmilzt« (Social System. S. 127).
»Das Ziel oder die Funktion des politischen Teilsystems sehe ich in der Mobilisierung von gesellschaftlichen Resourcen und ihrer Bestimmung für die Realisierung kollektiver Ziele, für die Gestaltung und Ausführung einer ‚öffentlichen Politik'. Das ‚Produkt' des politischen Teilsystems als eines Systems ist *Macht,* die ich definieren möchte als die *allgemeine Fähigkeit eines sozialen Systems, Ziele im kollektiven Interesse durchzusetzen«* [1].

1 Nach: Bergmann, Joachim, E.: Die Theorie des sozialen Systems von Talcott Parsons, = Frankfurter Beiträge zur Soziologie, Bd. 20, Frankfurt a. M. 1967, S. 112.

197

d) *Parsons'* Begriff der diffusen (d. h. nicht funktionsspezifisch lokalisierbaren) Macht steht in engem Zusammenhang mit seiner Interpretation der kulturellen Werte. Kulturelle Werte realisieren sich in Symbolen und weisen eine relativ große Festigkeit und Selbständigkeit gegenüber den sozialen Prozessen des Systems auf: Ihre Unabhängigkeit manifestiert sich in ihrer relativ bruchlosen Übertragbarkeit für die verschiedenen, gewandelten Formen im sozialen Feld. Die relative Festigkeit kultureller Werte ist auch daran zu erkennen, daß die Orientierung, die sie geben, im Unterschied zu Bedürfnislagen und Rollenerwartungen, die sich immer nur an Partikularitäten orientieren, für alle Gesellschaftsmitglieder in dieselbe Richtung weist [2]:

In der Objektivierbarkeit kultureller Werte »... kann eine komplexe externe symbolische Struktur (bei der jedes Element sein Gegenstück in der Festsetzung von Bedürfnis-Dispositionen auf der Seite einzelner Handelnder hat, die am Kollektiv partizipieren) denselben Orientierungstypus hervorbringen, bei einigen oder allen Handelnden, denen es gelingt sich danach zu orientieren. Und von nun an ist der konkrete Hinweis des Symbols kein externes Objekt mehr, sondern eher der „Weg zur Orientierung", der ihn kontrolliert, und wir können sagen, daß komplexe Symbole von Handelnden zu Handelnden übertragbar sind« (Toward a General Theory, S. 160).

Dadurch bewirken kulturelle Werte eine gleichgestimmte Orientierung und erzeugen die Solidarität unter den Mitgliedern des (kulturellen) Systems. Diese Solidarität offenbart sich darin, daß sich die verschiedenen Handlungen einer differenzierten Gesellschaft doch in ein auf gemeinsame Ziele ausgerichtetes Ganzes integrieren lassen. Diesen Vorschriften seien auch die Machtinhaber unterworfen und es sei undenkbar, daß eine Machtgruppe, ohne Rücksicht auf die Interessen des Kollektivs, das tun könnte, was sie wolle [3]:

»Von diesem Blickwinkel aus erscheint Herrschaft als der Komplex institutionalisierter Rechte, die Handlungen der Mitglieder der Gesellschaft zu kontrollieren, soweit sie ihr Verhältnis zur Realisierung kollektiver Ziele betreffen« [4].

e) Im gleichgewichtigen sozialen System ist politische Macht eine legitime, funktional notwendige (mit Sachautorität begründete) Herrschaft. Die Anwendung physischer Gewalt gelte nur für den äußersten Fall als Abschreckungsmittel und fände ihre Verwendung vornehmlich gegenüber Kriminellen, bei denen also der Sozialisierungsprozeß nicht gelungen sei. Die Gruppe der Asozialen sei eine »quantité négligable«. Macht, so könnte man zugespitzt *Parsons* interpretieren, produziert auf der Basis der Grundwerte die für das Allgemeinwohl effektivste Ordnung (analog zur »volonté générale« bei *Rousseau*):

»Die erste Bedingungen (der Erzeugung von Macht) ist die Institutionalisierung eines Wertsystems, das beide: das Ziel der Organisation und das Erreichen dieses Ziels legitimiert« (Structure and Process of Modern Societies, Glencoe 1964, S. 42).

---

2 Messelken, Karlheinz: Politikbegriffe der modernen Soziologie = Beiträge zur Soziologischen Forschung, Bd. 2, Köln-Opladen 1968, S. 72 ff.
3 In der Auseinandersetzung mit Mills über dessen Buch: „Die Machtelite" (vgl. später: Konflikttheorie), in: Parsons: Structure and Process in Modern Societies, Glencoe 1964.
4 Nach: Bergmann, op. cit. S. 112.

Zusammenfassung

Eine breit angelegte Würdigung und Kritik des Strukturfunktionalismus, dessen wesentlichste Bezugspunkte an der Theorie von *Parsons* veranschaulicht wurden, müßte den Rahmen dieser Abhandlung sprengen. Als Würdigung des Parsonsschen Werkes sollte der Hinweis genügen, daß – abgesehen von der Originalität des strukturfunktionalistischen Ansatzes – *Parsons* nicht nur vergangenes Theoriegut synthetisiert hat, sondern darüber hinaus auch eine bestehende Systematik anbietet, die die Brennpunkte soziologischer Orientierung – vom Organismussystem über Persönlichkeitssystem, Sozialisierung, Rolle-Status, Institutionen, Sozialsystem bis hin zum Wertsystem – in ihrer Geschlossenheit und ihrem Wechselverhältnis analysiert.

Je umfassender und allgemeiner jedoch eine Theorie ist, desto geringer die Aussicht, sie in ihrer Gänze zu bestätigen oder zu widerlegen. Auch *Zapf* meint, daß man die strukturfunktionale Theorie »nicht wie falsche Theorien widerlegen, sondern daß man nur für oder gegen ihre Fruchtbarkeit argumentieren kann« (Theorien des sozialen Wandels, op. cit. S. 15). Auch *Luhmann* betont, daß in der Parsonsschen Theorie die Möglichkeit einer jeden Entwicklung und eines jeden Konfliktes gegeben ist. Wir müssen also davon ausgehen, daß bei *Parsons* alles möglich ist. Unter diesen äußerst schwierigen Bedingungen können wir folglich nur fragen: was wahrscheinlicher ist.

1. *Zum Fließgleichgewicht:* Differenzierungsprozesse, die tendenziell die Gefahr permanenter Interessenkollisionen – den »Kampf aller gegen alle« *(Hobbes)* – implizieren, müssen durch Loyalität zum Wertsystem und durch Kontrollmechanismen so ausgeglichen werden, daß weder die Innengefährdung durch die potentiell eigensüchtige und aggressive Triebstruktur des Menschen, noch die Außengefährdung durch gleichgewichtsstörende Exogenfaktoren – wie z. B. Bevölkerungsexplosion, fremde kulturelle Einflüsse, usw. – die Stabilität wesentlich aus dem Gleichgewicht bringen können. Infolge zunehmender exogener Störungen unter den Bedingungen einer immer komplexer werdenden Welt stellt sich das Problem der Sicherheit – das Problem der »Stabilität im Wandel« *(Parsons)* – mit besonderer Dringlichkeit: Es kommt dabei im wesentlichen auf die Kontroll- aber auch Anpassungsfähigkeit der Steuerungsmechanismen an, den ordnungsgemäßen Ablauf sozialer Prozesse zu garantieren. Diese eingehende Beschäftigung mit dem Ordnungsproblem entsteht bei *Parsons* nicht – wie viele meinen – aus einer idealisierenden Sichtweise der integrativen und harmonischen Beschaffenheit von Sozialsystemen, sondern gerade im Gegenteil: *Parsons* teilt mit *Hobbes* die Meinung, daß soziale Ordnung nur unter der äußersten Anstrengung aller Gesellschaftsmitglieder und nur unter »künstlichen« (= bei *Parsons:* kulturellen) Bedingungen entstehen kann:

»Meines Erachtens – sagt z. B. *Devereux* – spiegelt Parsons' Beschäftigtsein mit dem Equilibrium nicht die Ansicht wider, daß alles allem in dieser besten aller Welten automatisch angepaßt und integriert sei. Statt dessen spiegelt es die Auffassung, daß die Gesellschaft ein wahres Pulverfaß im Streit liegender Kräfte sei, die gleichzeitig in alle Richtungen drängen und zerren« [1].

1 Nach: Schwanenberg, E.: Soziales Handeln, Bern–Stuttgart–Wien 1970, S. 255.

Auf der motivationalen Ebene besteht die Grundbedingung der Systemstabilität in einer – auf Vertrauen zur funktionsgerechten Systemsteuerung beruhenden – Handlungs*bereitschaft,* funktionale Beiträge zur Systemerhaltung und zu verantwortbaren Änderungen (Verbesserungen) zu leisten. Vertrauen zu den individuellen Vorteilen kompromißwilliger Einstellungen soll nach *Parsons* nach dem bekannten Modell der motivationalen Fixierung auf gemeinsame Werte (vgl. oben, S. 154 ff) verstärkt werden. An die Stelle der rationalen Vertragskonstruktion, die noch die bestimmende Rolle der Vernunft bürgerlicher Subjekte voraussetzte, tritt bei *Parsons* der Vertrag im Gewand eines sozialen Kompromisses zwischen moralischen Obligationen und (im Unterschied zu *Durkheim)* psychologischer Zufriedenheit auf. Rationalität wird hier auf die Systemebene verlagert und die Lösbarkeit objektiv gestellter Probleme von den – vom System ausgehenden – übersubjektiven Lernprozessen erwartet. Dieses, die Kompromißwilligkeit bedingende Tauschverhältnis zwischen System und Individuum läßt sich auf die Gewährleistung des materiellen Wohlstandes mit gleichzeitigem Anspruch auf die Beibehaltung des Wertsystems reduzieren.

Bindungen an Werte – so könnte man *Hobbes* »parsonsifizieren« – können nicht mit dem »Schwert« herbeigeführt werden; andererseits sind aber bereitwillige Bindungen »bloße Gefühle«, die »nicht die Kraft besitzen, auch nur die geringste Sicherheit zu bieten« (*Hobbes,* Teil I, S. 23). Die zweite Grundbedingung für die Systemstabilität ist folglich die »Heruntertransformierung« der ordnungsstiftenden Funktionen souveräner Herrschaft in die Systembereiche, um von hier aus die Legitimation normsetzender Wirksamkeit einzuholen (vgl. oben: »diffuseness of power«, S. 198).

Die Sicherheit hinsichtlich der Komplementarität der Erwartungen wird folglich durch die normative Struktur gewährleistet: Herrschaft wird delegiert und erscheint in Form von funktional legitimierbarer Autorität. Von Macht (im Sinne der Anwendung physischer Gewalt) wird nur in äußersten Fällen Gebrauch gemacht. Unter komplexen Bedingungen kommt zu der legitimen und funktional notwendigen Autorität noch die Sachautorität hinzu, die die normative Legitimation der Führung durch ihren Beitrag zur funktionalen Effizienz zusätzlich stabilisiert. Das Kriterium des sozial Wünschenswerten wird durch demokratisches Verfahren bestimmt: Komplementär zu der – aus den Verbindlichkeiten des Wertsystems abgeleiteten – Zwangsläufigkeit der Solidaritätssicherung, verlaufen die Steuerungsprozesse moderner Systeme unter einem permanenten Legitimitätszwang, sowohl in bezug auf die normativen als auch die funktionsorientierten Lösungsalternativen. Die auf Kompromißlösungen angelegte Struktur moderner Systeme verhindert infolge hochgradig interdependenter Zusammenhänge und durch die (daraus resultierenden) sozialen Zwangsläufigkeiten des wechselseitigen Verzichts auf totale Zielrealisierung, die Radikalisierung von Interessengegensätzen.

Das obige Modell reibungslosen Funktionierens wird von den Kritikern *Parsons'* immer wieder als »Vision einer totalen organischen Integration« [2] dar-

---

2 So z. B. spricht in diesem Zusammenhang Gouldner von der Parsonsschen „organischen Vision" einer Menschheitsgesellschaft. – Gouldner, Alwin W.: The Comming Crisis of Western Sociology, New-York–London 1970, S. 204.

gestellt, wobei wir nochmals betonen müssen, daß in der Parsonsschen Theorie stets – gerade wegen der permanenten Gefahr einer absoluten Desintegration (vgl. oben) – auf die funktionalen Voraussetzungen mit handfesten pragmatischen Vorstellungen hingewiesen wird, um erst einmal die Bedingungen der Stabilität aufzuzeigen. Das Fließgleichgewichtsmodell ist idealtypisch gedacht und kann (und soll) folglich nicht wirklichkeitsadäquat sein. Die nicht-idealisierende, wohl aber optimistische Sichtweise *Parsons'* läßt sich an seinem Evolutionskonzept nachweisen, in dem er bestimmte positive *Trends* – in Richtung auf Rechtsstaatlichkeit, funktionale Effizienz in der Hebung des materiellen Wohlstandsniveaus und auf demokratische Assoziationsformen – feststellt, die er aus der sozialen Zwangsläufigkeit komplex koordinierter Systeme begründen zu können glaubt. Die den Wandel zulassenden und steuernden Selektionsmechanismen moderner Systeme verlaufen seiner Ansicht nach in »positiver« Richtung: Die Positivität der Trends kann sich infolge der Etablierung des obersten Wertmusters »soziale Rationalität« (= »instrumentaler Aktivismus« zum Wohle des Einzelnen) – auch ohne Revolution, d. h. ohne die Notwendigkeit, den Grundbestand des Wertsystems zu ändern – auf evolutionärem Wege fortentwickeln.

Unter diesen wertmäßigen Bedingungen ist der Variierbarkeit neuer Verhaltensmuster (Freiheitsraum) nur dann Grenzen gesetzt, wenn diese entweder keine normative Anerkennung finden können oder für das Allgemeininteresse schädlich sind (sozialer Zwang) [3]. Bei diesem absoluten Vertrauen zur Unfehlbarkeit der »volonté générale« – die sich durch demokratisches Verfahren offenbaren sollte – kann u. E. eine adäquate Kritik ansetzen, die aber –wie anfangs betont – sich nur darauf beschränken kann herauszustellen, was wahrscheinlicher ist. Denn in der Parsonsschen Theorie ist selbstverständlich *auch* die Möglichkeit berücksichtigt, daß – trotz demokratischer Verfahrensweise – undemokratische Entscheidungsprozesse zustandekommen können. Nur meint Parsons, daß diese Diskrepanz zwischen situationsadäquaten Lösungen auf der Leistungsebene und Problemlösungsmechanismen auf der Kontrollebene (»decision-making«) unter den allgemeinen Bedingungen rational organisierter Industriesysteme mit demokratischen Verfassungen – mit sozialer Zwangsläufigkeit – verringert wird. Eine nicht adäquate Reaktion der Führung auf die Probleme der Leistungsebene, bzw. der »Basis« rächt sich durch Störungen, die bei einer rationalen Gesellschaftslenkung einkalkuliert und vermieden werden müssen.

Aber gerade an diesem Punkt möchten wir behaupten, daß es wahrscheinlicher ist, daß – auch infolge der »Schnelligkeit des Wandels« *(Parsons)* – das Gleichgewicht zwischen leistungsadäquaten Problemlösungen und den von den Kontrollinstanzen korrigierbaren Äquivalenzalternativen ein gewichtigerer Konflikt, oder sogar ein permanenter latenter Widerspruch besteht, der sich nicht so problemlos aufheben läßt, wie das durch die Konzeption eines durch soziale Zwangsläufigkeit bedingten kompromißhaften Systemhandelns suggeriert

---

3 So wird z. B. ein für das System ungefährlicher Nonkonformismus – z. B. im materiellen oder sexuellen Bereich – ohne „Bedenken" geduldet: Die Closchards werden dann zur touristischen Attraktion umfunktioniert.

wird. Es handelt sich dabei um die Möglichkeit, verbindliche Entscheidungen auf Kosten jener zu treffen, die sich auf der Leistungsebene befinden und keinen Einfluß auf die Entscheidungen haben, die von Kontrollinstanzen kraft Verfügung über den »Apparat« der Steuerungsmechanismen getroffen werden. Man kann z. B. auf den Massenandrang an den Universitäten verschiedenartig »reagieren«:

a) Dozenten kündigen esoterische Themen an, um dadurch die Hörerzahl in ihren Seminaren und Übungen auf ein sinnvolles Maß zu reduzieren;
b) Numerus clausus;
c) Ausbau eines akademischen Mittelbaus, um Professoren zu entlasten;
d) bei wachsenden »Problemen« sollen nicht die Planstellen vermehrt, sondern der Mittelbau gezwungen werden, mehr Unterrichtsstunden zu geben;
e) Errichtung von studentischen Arbeitsgruppen (z. B. in Form von Tutorien) und deren Anerkennung und Institutionalisierung, usw.

Die Zahl der »Möglichkeiten« könnte man noch fortsetzen: Wir wollten nur konkret das Problem des »Problems« von Äquivalenzleistungen vor Augen führen, um zu zeigen, wie unmittelbar diese Steuerungsmechanismen mit bestimmten Interessenkonstellationen verbunden sind. Ein »allgemeines Schema« läßt alle diese Probleme ziemlich wirklichkeitsfremd erscheinen (vgl. Kap. XI, Zusammenfassung, S. 292 ff.).
Wir haben oben von Konflikten, aber auch von latenten Widersprüchen gesprochen, weil wir meinen, daß das hier angeschnittene Problem situationsadäquater und äquivalenter Lösungs»mechanismen« nicht nur eine Frage des Einsatzes von Mitteln – also eine Frage der Organisation zwecks Vermeidung von »Pannen« –, sondern auch eine Frage des Ziels ist. *Parsons* scheint zu verkennen, daß moderne Systeme – eingeschlossen die sozialistischen – den potentiellen Zielkonflikt in ihrem obersten Wertsystem enthalten: Die Werte der Volkssouveränität, Freiheit, Chancengleichheit und der Sicherheit. Der grundlegende, aus dem Wertsystem selbst resultierende Konflikt zwischen einem formaljuristischen Anspruch auf Freiheit, Chancengleichheit und – wegen der Nicht-Institutionalisierbarkeit von Brüderlichkeit – auf Sicherheit und den erlebbaren Unfreiheiten, Ungleichheiten und Unsicherheiten, bedeutet gerade dann einen latenten Zielkonflikt, wenn – wie im »Amerikanischen Wertsystem« dargestellt (oben, S. 195 f) – instrumentaler Aktivismus im Selbstzweckcharakter der Leistung für etwas »Lohnendes«, bzw. »Bedeutungsvolles« gesehen wird – der *praktisch* auf die individuelle Konkretisierung der Grundrechte auf Freiheit, Chancengleichheit und Sicherheit bezogen ist. Damit wollen wir nur andeuten, daß sich aus der »Heruntertransformierung« von Werten bestimmte Konsequenzen ergeben, die sich bei wachsender Bewußtseinsbildung in zieltendierte Interessengegensätze – gerade in bezug auf die Problemlösungsalternativen – verwandeln können.
Es ist – im Sinne des Typischen – unwahrscheinlich, daß die über Steuerungsmittel verfügenden Kontrollinstanzen bei der damit gegebenen Möglichkeit von Äquivalenzlösungen im Sinne der Situationsadäquanz dann handeln können, wenn die Kontrolle nur hierarchisch – ohne unmittelbare Rückkoppelung zur Leistungsbasis – organisiert ist, und ihre demokratische Legitimation – fil-

triert durch sämtliche Instanzen – nur durch ein »allgemeines politisches Wahlverfahren« bezieht. Im Vertrauen auf das formale Verfahren einer Wahlrechtsdemokratie und zu den auf diese Weise gewählten Politikern und ausgelesenen Managern der Kontrollmechanismen, geht *Parsons* von der zwar »künstlichen«, aber im Endeffekt »natürlichen« Übereinstimmung« zwischen normativen und faktisch notwendigen Entscheidungsinhalten aus. Die Herrschaft der Gewählten legitimiert sich durch Sachautorität und bedeutet faktisch die Übernahme jenes technokratischen Elite-Konzeptes, das schon von *Saint-Simon* als charakteristischer Herrschaftstypus des »Industrialismus« dargestellt wurde (vgl. Teil I, S. 228, 233 f., 273 ff.). Das Problematische dabei ist, daß *Parsons* – in Anlehnung an *Durkheim*, *Weber* und *Pareto* – die Qualität der Herrschaft auch an ihrer Beständigkeit mißt, so daß das Merkmal der »natürlichen Übereinstimmung« (– wie *Montesquieu* formulierte –) zwischen der funktionalen Notwendigkeit und Legitimität der Herrschaft auch auf vorindustrielle Systeme übertragen wird: Ihre Legitimität wurde erst in Frage gestellt, als sie nicht mehr in der Lage war, auf die gleichgewichtsstörenden Faktoren exogenen Ursprungs eine adäquate »response« zu leisten. Das spezifizierte Vertrauen zu einer »gerechten Obrigkeit« verwandelte sich in generalisierende Erwartungen gegenüber dem Staat und den öffentlichen Institutionen. Die Änderung der Herrschaftsverhältnisse wird also nicht auf Interessengegensätze, sondern auf funktionale »Schwierigkeiten« und die – eigentlich psychologisch bedingte – »Unfähigkeit« der Führungsgruppen zurückgeführt, trotz unterstelltem »guten Willens« die Komplexität der Probleme nicht lösen zu können (vgl. *Pareto*, Kap. VIII, 1/3).

Das Modell des Fließgleichgewichts wäre nur für evolutionäre Perioden brauchbar, weil es Revolutionen nicht erklären kann. Doch müßte man auch hier unter den vielen Möglichkeiten den Charakter endogener Quellen der Störungen in seiner spezifischen Form als tragenden Typus herausstellen. Von *Parsons* hingegen werden die exogenen Störungsfaktoren – wie z. B. charismatische Persönlichkeiten oder: in Anlehnung an *Durkheim* (und uneingestandenerweise an *Spencer*) das Bevölkerungswachstum – hervorgehoben. Im »Problem des Strukturwandels« wird darauf hingewiesen, daß die »Bevölkerungsgröße eine Determinante ... und nur zum Teil eine Resultante der Wandlungsprozesse innerhalb des Systems« ist (in: Theorien des sozialen Wandels, hersg. Zapf, op. cit. S. 40). Trotz dieser Nuancierung wird es deutlich, daß Gleichgewichtsstörungen zum größe*ren* Teil auf die Naturtatsache eines unbewußt generativen Verhaltens des Menschen zurückgeführt und damit die Bedeutung des durch wirtschaftliche Tätigkeit geprägten rationalen und planenden Denkens nur ungebührend berücksichtigt werden. Zur »Menschwerdung des Affen durch die Produktion« – wie *Marx* sagte – gehört auch die Regulierung generativen Verhaltens (vgl. oben, S. 63) – ein Zusammenhang, den Adam *Smith* folgendermaßen beschrieb:

»So geschieht es, daß die Nachfrage nach Menschen, gerade wie die nach jeder anderen Ware, notwendig auch die Erzeugung des Menschen reguliert . . .« (Teil I, S. 77 f).

Unter diesen Prämissen einer das Gleichgewicht typischerweise nur von außen gefährdenden Störung ist es nun allzu gut verständlich, daß *Parsons*

2. in der *Theorie des sozialen Wandels* die Vermittlung zwischen den dynamischen Prozessen auf der Handlungsebene und den eigentlichen Wandlungsvorgängen in den Strukturmustern – präziser: Die Vermittlung der Auswirkungen der Ereignisse auf der Leistungsebene zur Entstehung und Veränderung von institutionalisierten Strukturmustern – nicht überzeugend gelingt. Strukturwandel innerhalb des Systems und vor allem der Wandel des Systems sind »normalerweise« der normativen Initiative der Führungsgruppen und – nach demselben Modus – einer »Revolution von oben« zu verdanken. Damit rückt die Parsonssche Theorie in eine fatale Nachbarschaft zur Theorie der sozialistischen Gesellschaft von *Stalin*. Im »Marxismus und die Fragen der Sprachwissenschaft« (Berlin-Ost 1954, S. 35) sagt *Stalin:*

Die sozialistische Kollektivwirtschaftsordnung »war eine Revolution, die die alte bürgerliche Wirtschaftsordnung auf dem Lande liquidierte und eine neue sozialistische Ordnung schuf. Diese Umwälzung vollzog sich jedoch nicht durch eine Explosion, das heißt nicht durch den Sturz der bestehenden Macht und die Schaffung einer neuen Macht, sondern durch den allmählichen Übergang von der alten, bürgerlichen Ordnung auf dem Lande zu einer neuen Ordnung. Das aber konnte vollzogen werden, weil es eine Revolution von oben war, weil die Umwälzung auf Initiative der bestehenden Macht mit Unterstützung der Hauptmassen der Bauernschaft durchgeführt wurde«.

Für *Parsons* ist die einzige, »echte Revolution« (= radikaler Systemwandel mit wirklich neuen Werten) nur in der Übergangsphase vom Traditionalismus zum Industrialismus konkretisiert (darüber noch unten): Für *Stalin* ist die revolutionäre Umwälzung alter Ordnungen nur bis zu der sozialistischen Revolution »notwendig«; unter den Bedingungen des die Rationalität verkörpernden Industrialismus ist für *Parsons* die Änderung des Wertsystems ebenfalls nicht mehr nötig: Man kann nicht Unfreiheit, Ungleichheit, Unsicherheit wünschen – auch nicht für andere, weil die unproportionierte Maximierung eigener Vorteile und Privilegien infolge der Abhängigkeitsdichte in komplexen Systemen letztlich einem selbst schaden würde. Es handelt sich folglich nur um evolutionäre (sich ständig verbessernde) Organisationsregelungen und um die Probleme der Auslese einer funktionstüchtigen Elite (vgl. *Spencer*). Aus der Stalinschen Konzeption ergibt sich ein ähnliches Bild: Nach der Etablierung einer sozialistischen Ordnung (Abschaffung des Eigentums an Produktionsmitteln) sind soziale Verhältnisse geschaffen, unter denen der sachgerechten Auswahl einer Leistungselite, der Gleichheit der Qualifikationschancen und der allgemeinen Sicherheit durch die Materialisierung des Rechts auf Arbeit nichts mehr im Wege steht und es folglich keinen Anlaß gibt, evolutionäre Prozesse durch revolutionäre Umgestaltungen voranzutreiben, zumal diese »von oben« her aus Verantwortung für die Massen (Partei) zum Besten aller initiiert werden. Die Diskrepanz, die sich nach *Parsons* in der – durch zunehmende gesellschaftliche Komplexität verursachten – Differenzierung, Generalisierung, Spezifikation und Systemvermittlung zeigen kann, wird durch angepaßte Mechanismen der Institionalisierung auf evolutionärem Wege aufhebbar. Die Voraussetzung für diese »bruchlose« Evolution ist für *Parsons* die Herstellung »funktionsgerechter Wertbeziehungen« (d. h. die Ersetzung traditionaler Wertsysteme durch »industrielle« bzw. rationale) – für *Stalin* die Entmachtung des bürgerlichen Staates. Nach der Abschaffung dieser antagonistisch strukturierten Klassengegensätze verläuft auch dem Stalinschen Modell nach die Entwicklung ohne Revolutionen:

»... Ein Beispiel völliger Übereinstimmung der Produktionsverhältnisse mit dem Charakter der Produktivkräfte ist die sozialistische Volkswirtschaft in der Sowjetunion, wo das gesellschaftliche Eigentum an den Produktionsmitteln sich in völliger Übereinstimmung mit dem gesellschaftlichen Charakter der Produktionsprozesse befindet (S. 30). ...
In der sozialistischen Gesellschaftsordnung (S. 17), die vorerst nur in der Sowjetunion verwirklicht ist, ist die Grundlage der Produktionsverhältnisse das gesellschaftliche Eigentum an den Produktionsmitteln. Hier gibt es keine Ausbeuter und keine Ausgebeuteten mehr. Die erzeugten Produkte werden nach der Arbeitsleistung verteilt, gemäß dem Prinzip: ‚Wer nicht arbeitet, der soll auch nicht essen'. Die Wechselbeziehungen der Menschen im Produktionsprozeß haben hier den Charakter kameradschaftlicher Zusammenarbeit und sozialistischer gegenseitiger Hilfe von Produzenten, die von der Ausbeutung frei sind . . .« [4].

Trotz des vom Wertsystem und von der Funktionalität her begründeten integrativen Modells und der positiven Prognosen hinsichtlich einer kontinuierlichen Menschheitsentwicklung, muß ein wesentlicher Unterschied zwischen der marxistischen und strukturfunktionalistischen Sichtweise schon jetzt betont werden (vgl. vor allem Kap. XI, Zusammenfassung). Während Marxisten von der bestimmenden Rolle ökonomischer Faktoren ausgehen und von dieser »Annäherung« an soziologische Fragen zur »Gretchenfrage« der Interessengegensätze kommen – was übrigens *Stalin* in bezug auf die Sowjetgesellschaft *nicht* tut –, will *Parsons*, in Anlehnung an die Durkheimsche Tradition, Soziales nur durch Soziales erklären. Aus diesem Grund ist es auch verständlich, daß für *Parsons* Wandlungen letztlich nur durch exogene Faktoren erklärbar sind: Im sozialen System (der Interaktionen) bildet der ökonomische nur einen unter mehreren Aspekten, so daß man annehmen kann, daß *Parsons* genauso wie *Mauss* das System von Angebot und Nachfrage aus dem sozialen »Ur-Akt« des Schenkens und Annehmens (vgl. oben, S. 61) ableiten würde. Im Hintergrund des »Sozialen« steht also das harmonische Modell des »Schenkens«, dessen Äquivalenz vom »System« kontrolliert wird (vgl. Adam *Smith*, Teil I, S. 73 ff.). Die Regulierung des Tausches durch Angebot und Nachfrage ist demnach als eine »organisatorische Erfindung« mit höherer funktionaler Effizienz zu deuten, wobei sowohl der widersprüchliche Charakter dieser »Erfindung« durch Benachteiligung und Bevorzugung bestimmter Personen als auch die dahinterstehenden Interessenkonflikte in Anbetracht der »Errungenschaften« verharmlost und bagatellisiert werden. Die Folgen dieser methodologischen Annäherung an soziale Probleme zeigen sich auch am (oben ausgeführten) Beispiel des Bevölkerungswachstums (S. 63, 203).
Differenzierungsprozesse innerhalb des Systems bedeuten noch keinen Wandel *des* Systems: Ein wertmäßiger Wandel ist mit der »Institutionalisierung neuer Werte auf gesamtgesellschaftlicher Ebene verknüpft«. Diese Bestimmung der Qualität eines Systems durch sein Wertsystem stimmt mit der Konzeption marxistischer Theoretiker überein, die gegenüber den in der Konvergenztheorie enthaltenen Implikationen der Annäherung von Systemen mit unterschiedlicher Gesellschaftsordnung bei der Bestimmung der Systemqualität nach Lei-

4 Stalin, J. W.: Über den dialektischen und historischen Materialismus, 5. Aufl., Berlin-Ost 1945.

stungskapazität nachdrücklich darauf hinweisen, daß einerseits Leistungsorientierung nicht notwendigerweise zur Übernahme kapitalistischer Werte führen muß und andererseits, daß der qualitative Unterschied nicht am Technisch-Ökonomischen, sondern an der Differenz der Zielfunktionen zu bemessen sei [5]. Gegenüber dem zentralen Wert der Profitmaximierung, der de facto Allgemeininteressen privaten Zwecken unterordnet, sei der Zweck der Gewinnmaximierung im Sozialismus die Befriedigung allgemeiner Bedürfnisse und Interessen. Der Systemunterschied bestünde demnach nicht mehr – wie früher behauptet – in der Überlegenheit der Leistungskapazität sozialistisch organisierter Systeme, sondern in der Ausgewogenheit der Gesellschaftslenkung zwischen Optimalisierung der Produktion und Humanisierung der Sozialverhältnisse (*Hegedüs*, Ungarn). So ist z. B. nach *Semenov* (UdSSR) oder *Noske* (DDR) das qualitative Element eines sozialistischen Systems im gesellschaftlichen Bewußtsein, im »Grad der Klassenbewußtheit« und der »Organisiertheit der Arbeiterklasse« zu bestimmen.

Die durchaus zu akzeptierende Erkenntnis, daß »die Koinzidenz drängender materieller Not und fehlender funktionsorientierter Wertbeziehungen« mit großer Wahrscheinlichkeit zu einem Systemwandel führt, wird aber von *Parsons* nur für den exogen bedingten Typus des Systemwandels – wie z. B. für die UdSSR – angewandt; dem Verlauf eines endogen bedingten Systemwandels haftet hingegen der Charakter der Wunderhaftigkeit in Form von religiösen Bestrebungen oder charismatischen Persönlichkeiten an. Ein solcher, durch eine einmalige historische Konstellation bedingter, aus den inneren Spannungen hervorgegangener Wandel, der »das positive Modell für neuartige Organisationsmuster ... auf der unmittelbar relevanten Organisationsebene sichtbar machen konnte« (Probleme des Strukturwandels, op. cit. S. 48), entstand eigentlich nur im Abendland an der Wende zur Neuzeit. Es war eine im Grunde atypische Entwicklung, die es aus »innerer Kraft« fertigbrachte, nicht nur Wandlungen innerhalb des Systems, sondern auch einen Wandel des Wertsystems herbeizuführen. Wenn also dieser Wandel als eine nicht übliche Möglichkeit dargestellt wird, dann wird stillschweigend vorausgesetzt, daß soziale Probleme »normalerweise« nicht unter gesellschaftlichem, sondern unter »exogenem« Druck entstehen. Es bleibt also generell gesehen unklar, in welchem Maße endogen bedingte kulturelle Innovationen von der Zufälligkeit der Wirkung von Persönlichkeiten und historischen Konstellationen abhängig gemacht werden, bzw. welche konkreten Umstände charismatische Persönlichkeiten veranlassen, »die Änderung in der Definition des Lebenssinnes« herbeizuführen und welche konkreten Beziehungen zwischen den neuen Sollvorstellungen und den realen Gegebenheiten bestehen. Das, was *Lenin* die Chance gab, das russische Wertsystem zu ändern, ist ohne die auf Jahrzehnte zurückreichende Unangepaßtheit der sozioökonomischen Struktur innerhalb des zaristischen Systems und der besonderen Kriegssituation nicht zu verstehen. Der Erfolg *Lenins* wurde – ähnlich wie der von *Luther* – durch die von wirtschaftlichen und institutionellen Mißständen verursachte latente Polarisierung von gesamt-

---

5 Kiss, G.: Marxismus als Soziologie, Reinbek bei Hamburg 1971, S. 220 ff.

gesellschaftlichen Interessengegensätzen gleichsam vorstrukturiert. Abgesehen davon, daß es sehr fraglich ist, die Entstehung des sowjetischen Wertsystems nur deshalb für exogen bedingt zu halten, weil Technik importiert wurde, liegt die logische Inkonsequenz in der Parsonsschen Formulierung selbst: Es handelt sich demnach um eine »östliche Variante« des westlichen Wertsystems, also um eine – nicht näher untersuchte Differenz – gerade im »qualitativen Bereich«! Es wäre nun *Parsons'* Aufgabe gewesen, diese Wert-Differenz genauer zu bestimmen.

Dieselbe Kritik kann hinsichtlich der Analyse der Entstehung des national-sozialistischen Systems in Deutschland geäußert werden (Soziologische Theorie, op. cit. S. 256–281): *Parsons* beschreibt auch hier die strukturellen Bezugspunkte des Wandels – ohne historische Quellenbelege und ohne auf eine das Ursachengeflecht erklärende tiefere Analyse einzugehen. Zwar werden auch hier ökonomische Faktoren (– wie z. B. Weltwirtschaftskrise, Konzentration des Großkapitals usw. –) berücksichtigt und diese mit den Kulturmustern (– wie z. B. Beamtenethos, »feudal-militaristische Elemente«, »Untertanengeist«, usw. –) und der spezifischen kleinbürgerlichen Sozialstruktur in Verbindung gebracht, doch bleiben die Erörterungen essayistisch. »Der fundamentalistische Aufstand gegen die rationalistische Tendenz in der westlichen Welt« sei nach *Parsons* möglich gewesen, weil der politische Druck auf das besiegte Deutschland den Nationalsozialismus gefördert hätte. Letztlich wird also auch die Entstehung des Faschismus auf exogene Faktoren, auf die verfehlte, unflexible Politik der damaligen Siegermächte zurückgeführt. Mit dem relativ vagen Rekurs auf kulturelle Prämissen wird – ohne eine fundierte konkret-historische Analyse der sozioökonomischen Verhältnisse – die Möglichkeit eines endogenen Systemwandels nur andeutungsweise erklärt. Aufgrund aller empirischen Erfahrung ist es aber wahrscheinlicher, daß endogene Faktoren (– vor allem: Herrschaftsverhältnisse, vgl. Kap. X. –) in einem viel entscheidenderen Maße als von *Parsons* angenommen, Systemveränderungen bedingen bzw. vorstrukturieren.

Genau genommen kann aber nach *Parsons,* nach der – die höchste Form der Rationalität verkörpernden – bürgerlichen Revolution überhaupt kein endogener Wandel des Wertsystems mehr vorkommen: Deutschland habe seine »Revolution« in Form des Faschismus durchgemacht und sich um den Preis der militärischen Niederlage den »rationalistischen Tendenzen der westlichen Welt« wieder angeschlossen. Alle Wertsysteme, die heute entstehen – wie z. B. der Sowjetsozialismus oder die Wertsysteme der Entwicklungsländer – wären demnach nur »Varianten« des westlichen Wertsystems und stünden unter einem – schon von *Spencer* beschriebenen – soziologischen Organisationszwang, der sie mit sozialer Zwangsläufigkeit in Richtung auf die evolutionären Universalien – wie Schichtung, Bürokratie, Geld–Markt–Organisation, generelle universalistische Normen und demokratische Assoziationen – steuert.

Über China, Kuba oder Chile (unter *Allende*) wird nichts gesagt. Es ist nur zu vermuten, daß *Parsons* auch für diese Fälle das sagen würde, was er über die UdSSR sagte:

»Ich stelle tatsächlich die Prognose, daß sich die kommunistische Gesellschaftsorganisation als instabil erweisen wird und entweder Anpassungen in Richtung auf die Wahlrechtsdemokratie und ein pluralistisches Parteiensystem machen, oder in weniger entwickelte und politisch weniger effektive Organisationsformen regredieren wird« (Evolutionäre Universalien, op. cit. S. 71).

Ein auch auf die konkrete Analyse des Systemwandels angewandter Nachweis der Korrespondenz zwischen sozio-ökonomischen Strukturen und angebotenen Normen – wie dies übrigens auch *Weber* tat – hätte den Einwand entkräften können, daß *Parsons* gegenüber der normativen Kraft des Faktischen der faktischen Kraft des Normativen einen de facto *überproportionierten* Einfluß einräumt und damit das dialektische Verhältnis dieser beiden Faktoren übersieht.

Unsere Kritik an der Kritik an *Parsons* richtet sich also gegen den Vorwurf, daß *Parsons* das Problem des sozialen Wandels und dessen konfliktträchtige Ursachen nicht gesehen hätte. Unsere »revidierte« Kritik bezieht sich hingegen auf die Mängel in der theoretischen Vermittlung zwischen dynamischen Handlungsprozessen und institutionalisierten Strukturmustern, und zwischen systemimmanenten Wandlungsprozessen und den von ihnen implizierten endogenen Ursachen in den Wandlungsprozessen der Wertsysteme selbst.

3. Im Hinblick auf die Frage, warum *Parsons* die (oben erörterte) Vermittlung nicht gelingt, möchten wir auf sein undialektisches Verständnis von *Institutionen* verweisen. Das Parsonssche Konzept von Institutionen orientiert sich an den kulturanthropologischen Arbeiten vor allem von A. R. *Radcliffe-Brown* (1881—1955) [6] und B. *Malinowski* (1884—1942) [7], die anhand empirischer Analysen primitiver Gesellschaften die Genesis der strukturell und funktional geprägten institutionalisierten Beziehungen in ihrer generellen Gültigkeit (für Institutionalisierungsprozesse schlechthin) herauszustellen versuchten. *Radcliffe-Brown* konzentriert seine Aufmerksamkeit auf die Kontinuität bestimmter Verhaltensstrukturen, die die Aktivitäten und wechselseitigen Beziehungen sowohl der Individuen als auch organisierter Gruppen integrativ lenken. Das soziale Leben der Gemeinschaft definiert er als das Funktionieren der sozialen Struktur: Die Funktion jeder regelmäßig wiederkehrenden sozialen Aktivität, wie z. B. der Bestrafung eines Verbrechens, eine Begräbniszeremonie ist in der Bedeutung zu sehen, die sie für das soziale Leben als Ganzes hat, d. h. in dem Beitrag, den sie zur Erhaltung der strukturellen Kontinuität leistet:

»Eines der grundlegenden theoretischen Probleme der Soziologie – sagt *Radcliffe-Brown* [8] – stellt die Aufhellung der Natur der sozialen Kontinuität dar. Kontinuität in Form von sozialem Leben hängt ab von struktureller Kontinuität, das heißt einer gewissen Art von Kontinuität in den Anordnungen (arrangements) der Beziehungen von Menschen untereinander . . . Eine Nation, ein Stamm, ein Clan, eine Körperschaft oder die Römische Kirche kann fortbestehen als eine Anordnung von Personen, auch wenn ihre Angehörigen, die Einheiten, aus denen sie sich zusammensetzen, von Zeit zu Zeit wechseln. Es gibt eine Kontinuität der Struktur ebenso wie ein menschlicher Körper, dessen Bestandteile die Moleküle sind, eine Kontinuität der Struktur bewahrt, obwohl die augenblicklich vorhandenen Moleküle, aus denen der Körper besteht, ständig wechseln«.

6 Radcliffe-Brown: Structure and Function in Primitive Society, London 1952.
7 Malinowski, B.: A scientific theory of culture, New-York–London 1944.
8 Nach: Rüegg, W.: Soziologie, Frankfurt a. M. – Hamburg 1969, S. 57.

Radcliffe-Brown – fügt *Rüegg* hinzu (ebenda) – »versucht hier, die drei soziologisch theoretischen Ansätze, die ihn am meisten beeinflußten, miteinander zu verbinden und aus ihnen ein neues Konzept zu entwickeln. Wie *Durkheim* legt er den Schwerpunkt auf die sozialen Tatsachen, die Institutionen. Er sieht sie aber nicht wie dieser in scharfer, analytischer Trennung zum Individuum; vielmehr faßt er sie wie *Simmel* als ‚Formen der individuellen Wechselwirkungen‘ auf. Er ist somit nicht nur an der Struktur der Gesellschaft, sondern auch am einzelnen Gesellschaftsmitglied interessiert«. Die Funktion als Aktivitätsbeitrag zur Gesamtheit aller Aktivitäten wird hier als Korrektiv zur *Strukturgestaltung* begriffen, die einen integrativen Einfluß auf die »Regulationsprozesse« im Rahmen gesamtgesellschaftlicher Entscheidungen ausübt. Auch *Malinowski* sieht den Aktivitätsbeitrag von Individuen aus der »inneren Harmonie« der Übereinstimmung zwischen individuellen Bedürfnissen und institutionellen Regelungen. In der »Theory of Culture« geht er davon aus, daß Institutionen grundsätzlich instrumentale und integrative Bedürfnisse auf einer breiten Skala zu befriedigen haben (Anm. 7, S. 40). Ausgehend von der elementarsten Struktur sozialen Zusammenlebens setzt *Malinowski* das gegebene System von Grundbedürfnissen mit der Eigenart »kultureller Antworten« in Verbindung (S. 91):

Basic Needs	Cultural Responses
1) Metabolism (Ernährung, Stoffwechsel)	*Commissariat* (institutionelle Regelung der Produktionsaktivitäten, Ernährungswesen)
2) Reproduction (Fortpflanzung)	*Kinship* (dazu Institutionen: Verlobung, Ehe, Familie, Clan, Verwandtschaft)
3) Body comforts (körperliche Bequemlichkeit)	*Shelter* (Wohnung)
4) Safety (Verhütung von Körperverletzung, Abwehr von Angriffen, Sicherheit)	*Protection* (Über familiale Schutzfunktionen hinaus: kollektive Verteidigung, z. B. Militär, politische Einrichtungen usw.)
5) Movement (Bewegungsimpulse des Körpers)	*Activities* (Z. B. Tänze, Spiele, Sport usw.)
6) Growth (Wachstum, Kind, alte Menschen)	*Training* (Training zur Anpassung und Integration: Schule, Familie, Formen der Altersversorgung)
7) Health (Gesundheit, Abwehr von Krankheiten)	*Hygiene* (Hygienische Vorschriften)

Im Zuge der sozialen Entwicklung – im Sinne wachsender Komplexität – wird der diffuse Charakter institutioneller Regelungen immer spezifischer, wodurch die Befriedigung spezieller Bedürfnisse in immer größerem Umfang mehrere Institutionen »stiftet«. Kultur kann nicht als eine Erwiderung von speziellen »Antworten« auf spezifisch biologische Bedürfnisse angesehen werden, sondern muß als »integrale Befriedigung einer Serie von Bedürfnissen« betrachtet werden (Anm. 7, S. 112). Im Verlauf der Kulturentwicklung entstehen auf der biologischen Grundlage immer mehr neue Typen von Bedürfnissen: Die abgeleiteten

Bedürfnisse haben dieselbe zwingende Kraft wie die biologischen, weil sie auf die Bedürfnisse des Organismus *bezogen* bleiben und eine kulturspezifisch adäquate »Antwort« verlangen. Die aus den abgeleiteten Bedürfnissen resultierende »cultural response« bewirkt die Entstehung neuer Institutionen. Diesen Vorgang hat *Schelsky* tabellarisch wie folgt zusammengefaßt [9]:

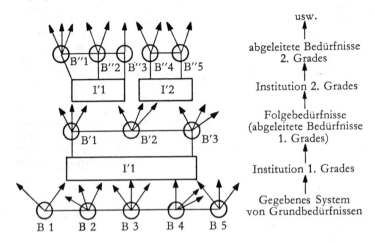

Dieser kulturanthropologisch konzipierte Institutionsbegriff (von *Radcliffe-Brown* und *Malinwoski*) bekommt in der *Parsonsschen* Theorie einen soziologischen, d. h. handlungstheoretischen Inhalt, indem er als Muster zur Regelung sozialer Beziehungen definiert wird, die mit einem System gemeinsamer moralischer Empfindungen und von hier aus legitimierbarer status- und rollenspezifischer Erwartungen gleichgesetzt wird (vgl. oben, S. 179 f., und *Parsons: Essays* (1942), N.Y. 1967, S. 143). Ein entsprechend einem bestimmten Wertmaßstab ausgerichtetes Verhalten gilt dann als institutionalisiert, wenn es einerseits der Bedürfnisstruktur des Handelnden und andererseits den optimalen Reaktionen der anderen entspricht und sich auf diese Weise »festigt«: Bewährung, Dauerhaftigkeit und Sanktionsmöglichkeiten sind die wichtigsten Komponenten der Institutionalisierung von Handlungsmustern. Die institutionelle Struktur eines sozialen Systems bildet nach *Parsons* die Gesamtheit der moralisch sanktionierten Status- und Rollenbeziehungen, die das interpersonelle Verhalten regulieren, indem sie es sozial strukturieren und das Erwartungssystem festlegen. Wenn nun die Majorität der Gesellschaftsmitglieder diese institutionelle Ordnung und ihre Rechtfertigung anerkennt, haben wir es mit »gemeinsamen Werten« zu tun, deren Legitimität die Grundlage des Gehorsams bildet, oder »zumindest für eine gewisse Zufriedenheit sorgt«.

9 Schelsky, H.: Auf der Suche nach Wirklichkeit, Düsseldorf–Köln 1965, S. 40.

Im Hintergrund dieser Konzeption steht ein – von Interaktionssystemen auf die Gesamtgesellschaft und vom Systemganzen auf die Vermittlungsmedien von Institutionen übertragenes – integratives Modell, das durch folgende Merkmale zu charakterisieren wäre:

a) Es wird vorausgesetzt, daß die Konformität mit den von den Institutionen vermittelten Wertorientierungen denjenigen Weg vorgibt, der zu einem »echten« Kompromiß zwischen Bedürfniserfüllungen der Handelnden und den Bedingungen ihrer Realisierung durch die Zustimmung anderer führt. Durch die Akzeptierung der Vorrangigkeit von sozial gesetzten Wertstandards wird folglich die allgemeine Bedürfnislage – ein sich selbst als Bedürfnis setzendes Bedürfnissystem – in entscheidendem Maße de facto vom System bestimmt. Integration – in diesem Zusammenhang als aufeinander abgestimmtes System von sozialisierten Bedürfnissen zu verstehen – erbringt durch die Koordinierung von Bedürfnis-Dispositionen und Aktivitätsrichtungen eine hohe Effizienz, die gerade infolge ihrer kummulativen Wirksamkeit auch den besten Modus der Befriedigung individueller Bedürfnisse und deshalb den optimalen Grad an »Zufriedenheit« herbeiführen sollte. Nichts wäre an diesem Modell auszusetzen, wenn die Genesis und institutionelle Vermittlung von allgemeinen Werten auch in ihrer Dimension als psychologisches Mittel der Herrschaftssicherung partikularer Gruppen gesehen würde. *Neben* ihrer integrativen Wirkung im obigen Sinne, haben u. E. Werte *auch* die Funktion gesellschaftliche Bedürfnisse so zu lenken, daß durch sie eine Nachfrage entsteht, die vom bezweckten Angebot des Systems gesteuert werden können. Um unsere Kritik zu untermauern, soll noch einmal die Parsonssche Definition der Institutionen in Erinnerung gerufen werden:

Institution = Komplex von Rollenintegration;
entsprechende Statusbeziehungen;
Vielzahl interdependenter Rollenmuster;
höhere Ordnungseinheit der sozialen Struktur
(Social System, S. 39 – vgl. oben S. 179 ff).

Durch dieses Modell wird der Prozeß der Institutionalisierung »von unten her«, d. h. als »sozialer Akt« der Gruppenregelungen in *seiner Genesis* erklärt [10]. Herrschaft sichert nun – gleichsam im Auftrage des Kollektivs – die Verbindlichkeit dieser selbstgesetzten Regeln. Wenn ein »außer-soziales« Ereignis – wie z. B. die Wirkung einer charismatischen Persönlichkeit – die Reorganisierung tradierter institutioneller Beziehungen erforderlich macht, dann müssen die »neuen Erfindungen« auf dem Umweg der Veränderung von Bewußtseinsinhalten (Denken) in die Rollen- und Statussysteme eingehen, um von hier aus eine abermalige Stabilität herbeizuführen (Überzeugung, Loyalität). Hier wird folglich vorausgesetzt, daß eine dauerhafte Herrschaft ohne allgemeinen Konsens nicht möglich sei. Dies bleibt eine theoretische Behauptung, die mit konkreten Analysen über den tatsächlichen Vorgang der Institutionsbildung und der Rolle von machtorientierten Interessengruppen innerhalb des »Sozialen« nicht untermauert wird.

10 Vgl. Hauriou, Maurice: Die Theorie der Institution, hersg. R. Schnur, Berlin-West 1965, S. 35 ff.

b) *Parsons* übersieht im weiteren die Probleme, die sich aus der Verfestigung von institutionellen Machtstrukturen in dem Sinne ergeben, daß sie sich im Verlauf ihrer Verselbständigung von der Legitimitätsbasis lösen können. Auf dem Kontinuum institutioneller Regelungen entsteht an einem Punkt ein »qualitativer Umschlag«, an dem die tradierten Machtstrukturen in einen Widerspruch zu den Bedürfnissen des Kollektivs geraten. Diese Periode des Übergangs – vgl. z. B. die Umwandlung ständischer Institutionen in bürgerliche – ist dermaßen konfliktbeladen, daß man sich fragen muß, ob das für bestimmte Perioden zweifellos seine Berechtigung habende Integrationsmodell fruchtbar genug ist, um soziale Realität in ihrer empirischen Dimension zu erfassen. In diesen Perioden des Umbruchs kann die Rollenidentifikation – die doch zur Grundannahme der strukturfunktionalistischen Rollentheorie gehört – tatsächlich jene *Tendenz* aufweisen, die *Dahrendorf* in seinem »Homo sociologicus« (4. Aufl. Köln–Opladen 1964 – vgl. Kap. X, 1) durch die Dichotomie zwischen Rolle und Persönlichkeit, bzw. als Entpersönlichung in der Rolle beschrieb. Die mit Machtinteressen gekoppelten institutionellen Bedürfnisse – wie z. .B Kirchgang, widerspruchslose Unterordnung im Betrieb, diskussionslose Vorlesungen an der Universität usw. – entsprechen dann nicht mehr den realen Bedürfnissen der Mitglieder von Institutionen auf der unteren Ebene (z. B. in Anlehnung an obige Beispiele: Religiösität in Form von Dauerreflexion, Mitbestimmung bei Problemlösungen im Betrieb, Kritisierbarkeit von Vorlesungen usw.). Bleiben institutionelle Strukturen starr, dann wird infolge auseinandergehender Zielorientierungen von »oben« und »unten« innerhalb der Institution funktionsgerechte Leistung immer schwieriger. Die Garantie für die Flexibilität der Institutionen ist von ihrer Genesis (vgl. oben: *Malinowski*) nicht bruchlos abzuleiten: Wenn sie einmal aus einem bestimmten Bedürfnis entstanden sind, sagt das noch nicht, daß sie deshalb »ewig« gültig bleiben müssen, was vor allem von den jeweiligen Nutznießern der dort verfestigten und privilegierten Positionen stets ideologisch betont wird. *Parsons* sieht zwar dieses Problem, doch vermag er keinen wesentlichen Unterschied zwischen normativ bzw. institutionell gesetzten und faktischen, d. h. aus der Praxis resultierenden »Notwendigkeiten« bei Problemlösungen zu machen, die entweder die eine oder andere Seite der »Sozialpartner« bevorzugen *müssen. Parsons* meint, daß kompromißlose Regelungen deshalb auf die Dauer keinen Bestand haben können, weil sie die Systemerhaltung gefährden würden und unterschätzt dabei die integrative Kraft des Zwanges, die trotz fortdauernder Benachteiligung der einen »Seite« die gleichzeitige Integration bewirken kann. Weder die manipulativen Mechanismen der Herrschaftssicherung (z. B. im ideologischen Bereich) noch die Praktiken der Übervorteilungen mit dem Schein des »echten« Kompromisses (z. B. private Verfügbarkeit über nach außen hin gemeinnützig erscheinende öffentliche Mittel) werden – als die soziale Kontrolle überspielende Mechanismen – in gebührendem Maße in die theoretischen Reflexionen miteinbezogen.

Die wachsende Komplexität moderner Systeme ist durch die steigende Wandlungsfrequenz der »Ereignisse« gekennzeichnet, die selbstverständlich auch die Frequenz institutioneller Regelungen betrifft. Wir können uns im Rahmen dieser Arbeit nicht über weitere Konsequenzen der Institutionslehre auslassen, doch sollte zum Schluß noch angedeutet werden, daß die Neukonzeption der Institutionslehre von größter Wichtigkeit wäre. Dem Begriff Institution liegt die »Dauerhaftigkeit« zugrunde, deren faktische Gültigkeit jedoch angesichts der wachsenden »Wandlungsfrequenz« etablierter Regelungen zwischenmenschlicher und zwischensystemischer Beziehungen immer fragwürdiger wird. Auf die Aushöhlung des Bedeutungsinhalts (der Dauerhaftigkeit, Beständigkeit) deutet schon der Sprachgebrauch hin, indem oft dann von „Institutionalisierung« gesprochen wird, wenn eigentlich nur organisatorische Regelungen gemeint sind. Der Bereich der auf Dauerhaftigkeit gerichteten, stärker wertbezogenen und generalisierte Gültigkeit beanspruchenden Regelungen (= Institution) müßte sorgfältiger von der sich immer typischer durchsetzenden Regelungsweise der *Organisation* – als temporäre, an spezifische Zwecke gebundene und relativ beliebig austauschbare Zielsetzungen enthaltene Kategorie [11] – abgegrenzt werden. In diesem Sinne können wir sagen, daß *Parsons'* Institutionstheorie eher vergangene als gegenwärtige Strukturen erfaßt [12].

11 Vgl. Mayntz, R.: Soziologie der Organisation, Reinbek/Hamburg 1963 (S. 7 ff).
12 Die Weiterführung dieses klassischen Ansatzes, vgl. die *funktional-strukturelle Theorie* vor allem von Luhmann. Von seinen zahlreichen Arbeiten soll hier nur auf „Soziologische Aufklärung 1" (Opladen 1974, 4. Aufl.) hingewiesen werden.

X. Konflikttheorie

Lewis A. Coser (1913):
Theorie sozialer Konflikte, = ST. Bd. 30, Neuwied 1965.

Ralf Dahrendorf (1929):
Gesellschaft und Freiheit, München 1965.
Pfade aus Utopia, München 1967.

C. Wright Mills (1916–1962):
Kritik der soziologischen Denkweise, = ST, Bd. 8, Neuwied 1963.

1. Konflikt – contra Harmonie (Kritik der Systemtheorie)

Als Reaktion auf die Konzentration der soziologischen Fragestellung auf
»Ordnung« und »Anpassung« lenken vor allem *Mills* und *Coser* die Aufmerksamkeit auf die Rolle des Konfliktes, um die Mängel des Strukturfunktionalismus herauszustellen. In enger Anlehnung an *Simmel* (vgl. Kap.
VII) versuchte zuerst *Coser* (1956) die konflikttheoretische Position zu systematisieren, um eine klare Differenz zwischen »echten« und »unechten« Aspekten
des Konfliktbegriffs herauszustellen (in: Theorie sozialer Konflikte, S. 180 ff.):

»Konflikt in einer Gruppe . . . vermag Einigkeit zu schaffen oder Einheit und Zusammenhalt
wiederherzustellen, wo sie von feindlichen und gegensätzlichen Gefühlen unter den Mitgliedern
bedroht sind. Wir stellen jedoch fest, daß nicht *jeder* Konflikttyp der Gruppenstruktur nützt,
und auch, daß Konflikt solche Funktionen nicht für *alle* Gruppen haben kann. Ob sozialer
Konflikt die innere Anpassung fördert oder nicht, hängt von der Art der Streitpunkte ab, wie
auch vom Typ der Sozialstruktur, in der er auftritt. Indes sind Typen des Konflikts und der
sozialen Struktur keine unabhängigen Variablen.
Innere soziale Konflikte, die Ziele, Werte oder Interessen betreffen, die nicht den grundlegenden Voraussetzungen zuwiderlaufen, auf denen die Beziehung begründet ist, sind eher
positiv funktional für die soziale Struktur. Solche Konflikte ermöglichen die Wiederanpassung
von Normen und Machtverhältnissen innerhalb der Gruppen entsprechend den von ihren Ein-
zelmitgliedern oder Untergruppen empfundenen Bedürfnissen.
Innere Konflikte, bei denen die streitenden Parteien die grundlegenden Werte nicht mehr
teilen, auf denen die Legitimität des sozialen Systems beruht, drohen die Struktur zu zerbrechen.
Ein Schutz gegen den Konflikt, der die grundsätzliche Übereinstimmung der Beziehungen auf-
hebt, ist indessen in der sozialen Struktur selbst enthalten: er besteht in der Institutionalisierung und Tolerierung von Konflikt . . .
In jeder Art Sozialstruktur gibt es Gelegenheiten zum Konflikt, da Einzelmitglieder oder
Untergruppen von Zeit zu Zeit gegensätzliche Ansprüche auf knappe Mittel, auf Prestige oder
auf Machtpositionen erheben. Aber soziale Strukturen unterscheiden sich darin, inwieweit sie
erlauben, daß antagonistische Forderungen auch gestellt werden. Manche zeigen dem Konflikt
gegenüber mehr Toleranz als andere. Gruppen, in denen die Mitglieder eng miteinander verbunden sind, in denen die Integration sehr lebhaft und das persönliche Engagement der Mitglieder groß ist, haben die Tendenz, Konflikte zu unterdrücken. Während sie reichlich Gelegenheit für Feindseligkeit bieten (sowohl Liebes- wie auch Haßgefühle werden durch lebhafte
Interaktion verstärkt), wird eine Äußerung solcher Gefühle als Gefahr für diese engen Beziehungen empfunden – und deshalb herrscht hier die Tendenz, das Äußern von feindseligen
Gefühlen eher zu unterdrücken als zu gestatten . . .
Deshalb: je enger die Gruppe, desto intensiver der Konflikt. Wenn Mitglieder mit ihrer
ganzen Persönlichkeit teilhaben und Konflikte unterdrückt werden, wird der Konflikt, bricht
er dennoch aus, für die Grundlage der Beziehung wahrscheinlich bedrohlich.
In Gruppen mit Individuen, die nur partiell teilnehmen, wirkt der Konflikt weniger auf-
lösend. Solche Gruppen werden wahrscheinlich eine Vielzahl von Konflikten erleben. Dies

214

schafft in sich selbst eine Barriere gegen die Auflösung des Konsensus: die Energien der Mitglieder gehen in viele Richtungen und konzentrieren sich daher nicht auf *einen* Konflikt, der die Gruppe dann spaltet. Überdies bleibt ein Konflikt da, wo Gelegenheiten zur Feindseligkeit sich gar nicht häufen können, wo Konflikt auftreten darf, wenn eine Lösung von Spannungen angezeigt scheint, hauptsächlich auf jenen Umstand zentriert, der zu seinem Ausbruch führte, und läßt nicht verdrängte Aggressionen wieder aufleben; dabei beschränkt sich der Konflikt auf die „Fakten des Falles". Man kann es wagen zu sagen, daß die Vielzahl von Konflikten im umgekehrten Verhältnis zu ihrer Intensität steht.

Bis jetzt sind wir nur auf den inneren sozialen Konflikt eingegangen. Wir müssen uns jetzt dem äußeren Konflikt zuwenden, denn die Struktur einer Gruppe selbst wird von den Konflikten mit anderen Gruppen berührt, auf die sie sich einläßt oder sie vorbereitet. Gruppen, die in dauerndem Streit liegen, erheben leicht Anspruch auf die Hingabe der ganzen Persönlichkeit ... (und) lassen dann ungern mehr als einige begrenzte Abweichungen von der Gruppeneinheit zu ...

Gruppen, die nicht in dauerndem Kampf mit der Umwelt liegen, sind weniger disponiert, Ansprüche auf die gesamte Persönlichkeit ihrer Mitglieder anzumelden, auch werden sie in der Struktur eher flexibel sein ... In flexiblen sozialen Systemen überkreuzt sich eine Vielzahl von Konflikten und verhindert so einseitige grundlegende Spaltungen. Die vielschichtigen Verbindungen der Individuen in der Gruppe beteiligen sie an verschiedenen Gruppenkonflikten, so daß nicht ihre gesamte Persönlichkeit in einem einzigen dieser Konflikte aufgeht. So bildet die partielle Teilnahme an vielen Konflikten einen Ausgleichsmechanismus innerhalb der Struktur.

In lose strukturierten Gruppen und offenen Gesellschaften hat der Konflikt, der die Lösung der Spannung zwischen Gegnern herbeiführen will, stabilisierende und integrierende Funktionen für die Beziehung. Indem sie zulassen, daß gegensätzliche Forderungen unmittelbar und direkt zum Ausdruck kommen, vermögen solche sozialen Systeme ihre Struktur wieder in Ordnung zu bringen, indem sie die Quelle der Unzufriedenheit ausschalten ... Diese Systeme verschaffen sich selbst durch Tolerierung und Institutionalisierung des Konfliktes einen wichtigen stabilisierenden Mechanismus.

Außerdem trägt Konflikt innerhalb einer Gruppe häufig dazu bei, die bestehenden Normen neu zu beleben; oder er hilft mit, neue Normen zu schaffen. In diesem Sinne ist sozialer Konflikt ein Mechanismus zur Anpassung von Normen an neue Bedingungen. Eine flexible Gesellschaft profitiert vom Konflikt, weil solches Verhalten, indem es die Normen schaffen und modifizieren hilft, ihre Kontinuität unter veränderten Bedingungen garantiert. Ein solcher Mechanismus zur Wiederanpassung von Normen steht starren Systemen kaum zur Verfügung: indem sie den Konflikt unterdrücken, verdecken sie ein nützliches Warnsignal und erhöhen so die Gefahr eines katastrophalen Zusammenbruchs aufs äußerste.

Innerer Konflikt kann auch ein Mittel sein, die relative Stärke der gegnerischen Interessen innerhalb der Struktur festzustellen, und so zum Mechanismus der Erhaltung ... des Gleichgewichts der Macht werden. Da der Ausbruch des Konflikts einen Bruch der früheren Abmachungen zwischen den Parteien anzeigt, kann ein neues Gleichgewicht hergestellt werden, sobald der jeweilige Macht der Streitenden durch Kampf festgestellt ist, und die Beziehung kann auf dieser neuen Basis weitergehen. Deshalb verfügt eine soziale Struktur, die dem Konflikt Raum läßt, über ein wichtiges Mittel, Ungleichgewicht zu vermeiden oder zu beheben, indem sie die Art der Machtbeziehungen modifiziert ...

(Unterscheidung zwischen echtem und unechtem Konflikt): Soziale Konflikte, die sich aus den Frustrationen bestimmter Forderungen innerhalb einer sozialen Beziehung und aus Gewinnerwartungen der Teilnehmer ergeben, und die sich gegen das angeblich frustrierende Objekt richten, können echte Konflikte genannt werden. Insofern als sie Mittel zu bestimmten Zwecken sind, können sie durch andere Arten der Interaktion mit der Gegenpartei ersetzt werden, wenn diese Alternativen dem angestrebten Ziel angemessener erscheinen.

Unechte Konflikte auf der anderen Seite entstehen nicht aus den entgegengesetzten Zielen der Streitenden, sondern aus der Notwendigkeit der Spannungserleichterung ...

In echten Konflikten gibt es im Hinblick auf die Mittel, den Konflikt auszutragen, funktionale Alternativen, desgleichen im Hinblick darauf, gewünschte Resultate ohne Konflikt zu erzielen; im unechten Konflikt auf der anderen Seite gibt es funktionale Alternativen nur in der Wahl der Gegner ...

Unsere Diskussion über die Unterscheidung zwischen Konflikttypen und Typen sozialer Strukturen führt uns zu dem Schluß, daß Konflikt dazu neigt, für eine soziale Struktur dysfunktional zu sein, in der es keine oder nur eine ungenügende Tolerierung und Institutionalisierung von Konflikt gibt. Die Intensität eines Konflikts, der alles „zu zerreißen" droht, der die fundamentale Übereinstimmung eines sozialen Systems angreift, hängt mit der Starrheit dieses Systems zusammen. Was das Gleichgewicht einer solchen Struktur bedroht, ist nicht der Konflikt an sich, sondern die Starrheit selber, die die Aggression sich anstauen läßt und – bricht der Konflikt dann aus – sie geradenwegs diese Struktur zerbrechen läßt".

Radikaler als *Coser* griff *Dahrendorf* – in Anlehnung an seine Marx-Studien [1] das Problem auf: Er stellte den vier Grundbedingungen des sozialen Gleichgewichts von *Parsons* die vier Grundaxiome einer konflikttheoretischen Betrachtungsweise entgegen (Gesellschaft und Freiheit, S. 209 f.):

Parsons: 1. Jede Gesellschaft ist ein („relativ") beharrendes, stabiles Gefüge von Elementen (Annahme der Stabilität);

Dahrendorf: 1. Jede Gesellschaft und jedes ihrer Elemente unterliegt zu jedem Zeitpunkt dem Wandel (Annahme der *Geschichtlichkeit*).

Parsons: 2. Jede Gesellschaft ist ein gleichgewichtiges Gefüge von Elementen (Annahme des Gleichgewichts);

Dahrendorf: 2. Jede Gesellschaft ist ein in sich widersprüchliches und explosives Gefüge von Elementen (Annahme der *Explosivität*).

Parsons: 3. Jedes Element in einer Gesellschaft leistet einen Beitrag zu ihrem Funktionieren (Annahme der Funktionalität);

Dahrendorf: 3. Jedes Element in einer Gesellschaft leistet einen Beitrag zu ihrer Veränderung (Annahme der *Dysfunktionalität* oder *Produktivität*).

Parsons: 4. Jede Gesellschaft erhält sich durch einen Konsensus aller ihrer Mitglieder über bestimmte gemeinsame Werte (Annahme des Konsensus);

Dahrendorf: 4. Jede Gesellschaft erhält sich durch den Zwang, den einige ihrer Mitglieder über andere ausüben (Annahme des *Zwanges*).

Durch diese klare Gegenüberstellung von Positionen erübrigt sich die nähere Begründung des konflikttheoretischen Ansatzes; es ist deutlich, daß es sich um eine »Korrektur« methodologischer Art am Strukturfunktionalismus handelt. Die eher nach Stabilität, Gleichgewicht, Funktionalität und Konsensus tendierende Sichtweise sollte nach *Dahrendorf* durch den schärferen Blick für Geschichtlichkeit, Explosivität, dysfunktionale Produktivität und Zwang korrigiert werden. Wir haben in den vorangegangenen Kapiteln über *Parsons* nachzuweisen versucht, daß eine derart scharfe Abgrenzung der beiden Positionen ungerechtfertigt ist, da doch alle diese oben genannten Aspekte der konflikttheoretischen Position auch im sozialen System von *Parsons* differenziert behandelt werden [2]. *Messelken* schreibt hierzu [3]:

»Ist es im Falle der Systemtheorie einsichtig darzutun, daß ihre Gestalt nicht unwesentlich durch das Streben einer Generation älterer amerikanischer Soziologen nach fester und abgegrenzter Etablierung ihrer Wissenschaft im akademischen Betrieb geformt ist, so sprechen bei

1 Soziale Klassen und Klassenkonflikt, Stuttgart 1957.
2 Vgl. z. B. Luhmann: „Üblicherweise wird gegen diese Theorie (von Parsons) vorgebracht: sie enthalte ein konservatives, statisches Vorurteil und sei zu harmonisch und widerspruchsfrei angelegt, um der Wirklichkeit des sozialen Lebens gerecht werden zu können. Doch gehen diese Einwendungen fehl. Durch den Abstraktionsgrad der Grundprobleme und durch die Anerkennung einer Mehrzahl divergierender Bedürfnisse ist in dem Schema für jede Entwicklung und für jeden Konflikt Raum" (Grundrechte als Institution, = Schriften zum öffentlichen Recht, Bd. 24, Berlin 1965, S. 191).
3 Politikbegriffe der modernen Soziologie, Köln-Opladen 1968, S. 81–84.

216

der Konflikttheorie viele Anhaltspunkte dafür, daß diese Strömung einer jüngeren Generation von Soziologen dazu dient, sich nach der inzwischen vollzogenen Etablierung der Soziologie nicht als Generation von Epigonen fühlen zu müssen, die, ohne einen eigenständigen Beitrag zu ihrer Entwicklung geleistet zu haben, einfach auf das Freiwerden der akademischen Positionen wartet, um sie so, wie sie sie ererbten, zu besetzen. In dem Maße, wie die Psychologie darauf aufmerksam gemacht hat, daß selbst noch in den abstraktesten menschlichen Schöpfungen der Drang nach Selbstdarstellung ihrer individuellen Schöpfer Ausdruck findet, in dem Maße hat die Soziologie herausgearbeitet, wie sehr ein solcher Drang trotz aller individuellen Differenzen von typischen Soziallagen genormt ist. Eine davon, die Lage der Jüngeren, die im Vollbesitz ihrer Leistungsfähigkeit sozialen Rang und soziales Prestige durch ihre Väter monopolisiert finden, ist nicht zufällig unter der Bezeichnung des Generationskonflikts gerade heute zu einem beliebten soziologischen Thema geworden. Daß die Ausbildung der Heranwachsenden so lange gedauert und die Schaffenskraft der Alternden so lange angehalten, wie es in unserer Zeit durch den zivilisatorischen Fortschritt ermöglicht und bedingt wird. So kann es nicht als Zufall gelten, daß, obwohl Coser noch 1956 klagte, „the contemporary work of American sociologists clearly indicates that conflict has been very much neglected", sich das Thema des Konflikts heute, zehn Jahre später, im soziologischen Berufsstand allgemeiner Aufmerksamkeit erfreut. Es reflektiert sich eben in dem Begriff des Konflikts erstens ein Wesensmerkmal der Situation, die die jüngeren Soziologen suchen müssen, um sich neben den älteren Kollegen und dann auch gegen die durchsetzen zu können, zweitens ist der Begriff als Negation des Systembegriffs aufzufassen und so auch theoretisch besonders geeignet, die eigene Position von der der Väter abzugrenzen und diese damit als in ihrem Erkenntniszustand unzureichend zu disqualifizieren, und drittens schließlich ist er von seinem Inhalt her wie geschaffen, die geistige Aggressivität derer, die ihn handhaben, zu legitimieren. Gerade diese letzte Seite aber tritt in Dahrendorfs Fassung des Konfliktsbegriffs besonders deutlich in Erscheinung (S. 81 f). ... An diesen Arbeiten (von Dahrendorf), die zumeist in dem Band „Gesellschaft und Freiheit" versammelt sind, fällt die seltsame Haßliebe zu Parsons auf, von der sie geprägt sind. Überwiegt in der ersten Arbeit dieser Art, mit der er sich und dem deutschen soziologischen Publikum Parsons verständlich zu machen suchte, noch die Faszination, so werden die folgenden Arbeiten immer polemischer und lassen das eigene Thema, das ursprünglich nur als Korrelativ zum Strukturfunktionalismus gedacht war, schon bald zu dessen Negation gedeihen«.

Dahrendorf begründet die Eigenständigkeit seiner Position wie folgt (Gesellschaft und Freiheit, S. 124 ff.):

»Es ist meine These, daß die permanente Aufgabe, der Sinn und die Konsequenz sozialer Konflikte darin liegt, den Wandel globaler Gesellschaften und ihrer Teile aufrechtzuerhalten und zu fördern. Wenn man so will, könnte man dies als die „Funktion" sozialer Konflikte bezeichnen. Doch wird der Begriff der Funktion dann in einem ganz neutralen Sinne, d. h. ohne jeden Bezug auf ein als gleichgewichtig vorgestelltes „System" gebraucht. Die Konsequenzen sozialer Konflikte sind unter dem Aspekt des sozialen Systems nicht zu begreifen; vielmehr werden Konflikte erst dann in ihrer Wirkung und Bedeutung verständlich, wenn wir sie auf den historischen Prozeß menschlicher Gesellschaften beziehen. Als ein Faktor im allgegenwärtigen Prozeß des sozialen Wandels sind Konflikte zutiefst notwendig. Wo sie fehlen, auch unterdrückt oder scheinbar gelöst werden, wird der Wandel verlangsamt und aufgehalten. Wo Konflikte anerkannt und geregelt werden, bleibt der Prozeß des Wandels als allmähliche Entwicklung erhalten. Immer aber liegt in sozialen Konflikten eine hervorragende schöpferische Kraft von Gesellschaften. Gerade weil sie über je bestehende Zustände hinausweisen, sind Konflikte ein Lebenselement der Gesellschaft – wie möglicherweise Konflikt überhaupt ein Element des Lebens ist.
Diese These ist nicht neu. Wenn auch ihre Präzisierung und Erklärung zu kritischen Einwänden gegen diese Autoren Anlaß geben wird, so gilt doch in einem allgemeinen Sinne, daß Marx und Sorel ebenso wie vor ihnen Kant und Hegel als Hintergrund zu Aron, Gluckmann und Mills hin manche Soziologen in allen Ländern die Fruchtbarkeit sozialer Konflikte erkannt und ihren Bezug auf den historischen Prozeß gesehen haben. Doch läßt sich nicht leugnen, daß der Hauptstrom soziologischen Denkens von Comte über Spencer, Pareto, Durkheim und Max Weber bis zu Talcott Parsons angesichts der Comteschen Dialektik von Ordnung und Fort-

schritt allzu vorbehaltlos für die eine Seite, die der Ordnung optiert hat und alle Probleme des Konfliktes und des Wandels daher nur unzureichend bewältigte . . . Wenn hier von Konflikten die Rede ist, so sind damit alle strukturell erzeugten Gegensatzbeziehungen von Normen und Erwartungen, Institutionen und Gruppen gemeint. Entgegen dem Sprachgebrauch müssen diese Konflikte keineswegs gewaltsam sein. Sie können latent oder manifest, friedlich oder heftig, milde oder intensiv auftreten. Parlamentarische Debatte und Revolution, Lohnverhandlungen und Streik, Machtkämpfe in einem Schachklub, einer Gewerkschaft und einem Staat sind sämtliche Erscheinungsformen der einen großen Kraft des sozialen Konflikts, die überall die Aufgabe hat, soziale Beziehungen, Verbände und Institutionen lebendig zu erhalten und voranzutreiben.

In merkwürdiger Verkennung sozialer Gesetzlichkeiten haben viele Soziologen seit Marx, insbesondere aber seit Ogburns schlimmem und einflußreichem Werk über „Social Change", die Faktoren des Wandels in metasozialen Gegebenheiten gesucht. Immer wieder wurde vor allem die technische Entwicklung als Triebkraft der gesellschaftlichen Entwicklung beschworen, bis schließlich die Vorstellung eines Überbaus sozialer „Produktionsverhältnisse" über dem eigentlichen Motor technischer Produktivkräfte fast zum Gemeingut soziologischen Denkens geworden ist. Nun liegt in der technischen Entwicklung zweifellos ein Faktor des sozialen Wandels; doch ist dies weder der einzige noch auch nur der wichtigste Faktor. Mindestens ebenso wichtig ist hier die eigentümlich soziale Tatsache, daß alle Gesellschaften in sich ständig Antagonismen erzeugen, die weder zufällig entstehen noch willkürlich beseitigt werden können. Die Explosivität von mit widersprüchlichen Erwartungen ausgestatteten sozialen Rollen, die Unvereinbarkeit geltender Normen, regionale und konfessionelle Unterschiede, das System sozialer Ungleichheit, das wir Schichtung nennen, und die universale Schranke zwischen Herrschenden und Beherrschten sind sämtlich soziale Strukturelemente, die notwendig zu Konflikten führen. Von solchen Konflikten aber gehen stets starke Impulse auf das Tempo, die Radikalität und die Richtung sozialen Wandels aus«.

Dahrendorf selbst gibt expressis verbis zu, daß es hier nur um eine Veränderung der methodologischen Annäherungsweise an soziologische Probleme geht:
»Wer mit den Annahmen der Stabilität, des Gleichgewichts, der Funktionalität und des Consensus an menschliche Gesellschaften herangeht, erschwert sich von vornherein die Beschäftigung mit einem Phänomen, das alle diese Annahmen in Frage stellt . . . Unter Voraussetzung der Möglichkeit, daß beide Ansätze nebeneinander Gültigkeit oder doch Fruchtbarkeit beanspruchen können, ist hier vielmehr nur zu erörtern, welches der beiden Gesellschaftsbilder sich als allgemeine Orientierung einer soziologischen Theorie des Konflikts besser eignet. Unter diesem eingeschränkten Aspekt würde ich behaupten, daß eine befriedigende Theorie des sozialen Konfliktes nur dann zustande kommen kann, wenn wir die Zwangstheorie der gesellschaftligen Integration zugrunde legen« (Gesellschaft und Freiheit, S. 211).

Nach konflikttheoretischem Ansatz soll also die Rolle der Konflikte (Antagonismen), um des besseren Verständnisses der sozialen Wirklichkeit willen, hervorgehoben werden. *Dahrendorf* geht von der Behauptung aus, daß Konflikte allgegenwärtig sind, d. h., daß wo immer es menschliches Leben in Gesellschaft gibt, es auch Konflikt gibt (= Ubiquität von Konflikt). Unter Konflikten versteht er »alle strukturell erzeugten Gegensatzbeziehungen von Normen und Erwartungen. Institutionen und Gruppen«, die in latenter oder manifester Form auftreten können (Gesellschaft und Freiheit, S. 125). Dieselbe Definition gibt *Coser:*

»Social conflict may be defined as a struggle over values or claims to status, power and scarce, resources, in which the aims of the conflicting parties are not only to gain the desired values but also to neutralize, injure, or eliminate their rivals. Such conflicts may take place between individuals and collectivities, intergroup as well as intragroup conflicts are perenial features of social life« (in: International Encyclopedia of Social Sciences, Art. Conflict, III, p. 232).

Aus soziologischer Sicht sind nur die »überindividuellen Konflikte« zu behandeln, wenn sie sich aus der Struktur sozialer Einheiten ableiten lassen: Diese

218

Art von Konflikten (also: *soziale* Konflikte) bilden den Gegenstand der soziologischen Forschung. Die latent oder manifest erscheinenden Gegensätzlichkeiten findet man in allen Bereichen des sozialen Lebens, gleichgültig ob es sich um eine Bewerbung um eine Position zwischen zwei Rivalisierenden, um das Ringen um die Macht zwischen Parteien, um einen Kampf um Profit oder um einen Krieg zwischen Nationen handelt. Latente Konflikte sind »immer da« und es kommt darauf an, diese anzuerkennen und zu regeln. Der Konfliktbegriff wird somit per definitionem zum allgegenwärtigen Bestandteil der menschlichen Gesellschaft erhoben. Die menschlichen Gesellschaften unterscheiden sich nur durch das Maß der Gewaltsamkeit und der Intensität von Konflikten voneinander.

Die Konfliktarten lassen sich nach horizontalen und vertikalen Gesichtspunkten gliedern:

a) nach den Konflikten zwischen sozialen Einheiten und
b) nach den Rangverhältnissen innerhalb (und auch zwischen) diesen Einheiten.

ad a) Zu den Konflikten zwischen sozialen Einheiten gehört auf der untersten Stufe der *Rollenkonflikt:*

»In spezifische Probleme soziologischer Analyse führt die Beschäftigung mit einzelnen Rollen, wenn sie in Rollen kristallisierte Erwartungen mit tatsächlichem Verhalten konfrontiert. Zwei Aspekte solcher Konfrontation haben wir am Rande bereits erwähnt: die Gegenüberstellung von Rollen mit dem tatsächlichen Verhalten ihrer Träger – und die der Normen von Bezugsgruppen über diese Normen. In beiden Fällen kann der Gebrauch des Rollenbegriffs uns Einsichten in die Gesetzlichkeit sozialen Wandels vermitteln. Wenn etwa die Mehrzahl der Assistenten an deutschen Universitäten tatsächlich Lehr- und Verwaltungsaufgaben wahrnimmt, während die Rolle des Assistenten durch Ausbildungs- und Forschungsaufgaben definiert ist, so läßt sich vermuten, daß hier ein Wandel der Rollendefinition bevorsteht. An der Übereinstimmung von Rollen und tatsächlichem Verhalten bzw. Normen und Meinungen können wir die Stabilität sozialer Prozesse ablesen; ihre Nichtübereinstimmung verrät Konflikte und damit Richtungen der Entwicklung.
Ein für die Untersuchung der Sozialstruktur von Gesellschaften besonders wichtiger Bereich der Rollenanalyse liegt in der Ermittlung von Erwartungskonflikten innerhalb sozialer Rollen (*intra-role conflict*). J. Ben-David hat unter diesem Gesichtspunkt die Rolle des Arztes in der bürokratisierten Medizin mit dem doppelten Erwartungshorizont des Dienstes am Patienten und der Erfüllung administrativer Verpflichtungen untersucht. Ähnliche Konflikte charakterisieren die Mehrzahl akademischer Positionen, die nicht mehr „freie Berufe" sind. In diesen Fällen kennen verschiedene Bezugsgruppen – Klienten und übergeordnete Behörden – widersprüchliche Erwartungen, die den Träger der Position vor eine unlösbare Aufgabe stellen und daher einerseits zu einem sozialen Strukturwandel zwingen, andererseits aber, solange ein solcher Wandel nicht eintritt, jeden Träger der Position zum „Gesetzesbrecher" machen, bzw. von den Bezugsgruppen keineswegs beabsichtigte Verhaltensweisen hervorbringen ... Viele Probleme des Sozialverhaltens lassen sich durch ihr Verständnis als Erwartungskonflikt innerhalb von Rollen erklären.
Die Untersuchung von Konflikten innerhalb von Rollen ist erst durch die Unterscheidung von Rollensegmenten möglich geworden; älter ist die Beschäftigung mit Konflikten, die dort auftreten, wo auf eine Person mehrere Rollen mit widersprechenden Erwartungen entfallen. Solche Konflikte zwischen Rollen (*inter-role conflict*) sind strukturell vor allem dann wichtig, wenn sie nicht auf der zufälligen Wahl von Individuen, sondern auf Gesetzlichkeiten der Positionszuordnung beruhen. Der Einzelne, der die Rollen als Mitglied zweier einander bekämpfender Parteien nicht zu vereinen vermag, kann aus einer von beiden austreten; der Parlamentarier aber, der gleichzeitig einen Beruf ausüben soll, oder der Sohn eines Arbeiters, der als Rechtsanwalt den Erwartungen seiner neuen, höheren Schicht nachkommen soll, hat keine Wahl und steht nichtsdestoweniger in einem Konflikt. Das bekannteste Problem (ist) die reduzierte Be-

deutung der Familie in der industriellen Gesellschaft ... Der Vater, der zuvor Arbeit und Erziehung seiner Kinder vereinen konnte, muß diese nun trennen und eine der beiden Funktionen einschränken. Der Konflikt zwischen Berufs- und Familienrollen und seine allmähliche Lösung durch Reduzierung der Erwartungen familiärer Positionen läßt sich an historischem Material im einzelnen belegen und kann als Paradigma für viele andere Prozesse der gesellschaftlichen Teilung der Arbeit gelten. Bei Problemen des Konfliktes von Erwartungen innerhalb von und zwischen Rollen, die auf einen Einzelnen fallen, ist die Brauchbarkeit des Rollenbegriffes offenkundig; doch erstreckt diese sich auf ein sehr viel weiteres Feld. Man denke etwa an das Problem der Erklärung des industriellen Konfliktes. Warum stehen Unternehmer und Arbeiter in einem Konflikt? Sind Arbeiter und Unternehmer als Personen unversöhnliche Gegner? Diese Annahme wäre offenbar wenig plausibel ... Der Konflikt (zwischen den beiden) besteht nur, insoweit die Herrn A, B, C Träger der Position „Unternehmer" und die Herren X, Y, Z Träger der Position „Arbeiter" sind. In anderen Positionen, z. B. als Mitglied eines Fußballklubs, können A, B, C und X, Y, Z Freunde sein. Alle soziologischen Aussagen über ihr Verhältnis lassen sie als Menschen unberührt; sie sind Aussagen über den Menschen als Träger von Positionen und Spieler von Rollen« (Homo Sociologicus, in: Pfade, S. 178–180).

Auf einer höheren Stufe des sozialen Systems sind *Konflikte* – auf horizontaler Ebene – *zwischen Gruppeneinheiten* zu beobachten, die entweder in organisierter, oder nicht-organisierter Form als Interessengegensätze zwischen den Gruppeneinheiten zum Vorschein kommen (Interessengruppen und »Quasi-Gruppen«). Diese Unterscheidung scheint auf die Marx'schen Begriffe von einer »Klasse für sich« und einer »Klasse an sich« zurückzugehen, da *Dahrendorf* das spezifische Merkmal der »Interessengruppe«, im Unterschied zu den »Quasi-Gruppen«, im Bewußtsein der gemeinsamen Interessen sieht. Zu

Soziale Einheit \ Rang der Beteiligten	1. Gleicher contra Gleichen	2. Übergeordneter contra Untergeordneten	3. Ganzes contra Teil
A. Rollen	Patienten c. Kassen (in Arztrolle) Familienrolle c. Berufsrolle	Herkunftsfamilie c. eigene Familie (als Rollen) Berufsrolle c. Vereinsrolle	Sozialpersönlichkeit c. Familienrolle Soldatenrolle c. Gehorsamsverpflichtung
B. Gruppen	Fußball-Abt. c. Leichtathletik-Abt. (i. Sportclub) Jungen c. Mädchen (i. Schulklasse)	Vorstand c. Mitglieder c. Außenseiter (i. Verein) Vater c. Kinder (i. Familie)	Altbelegschaft c. Neuling (i. Betriebsabt.) Familie c. „verlorenen Sohn"
C. Sektoren	Firma A. c. Firma B Luftwaffe c. Heer	Unternehmerverbände c. Gewerkschaften Monopolist	Kath. Kirche c. „Altkatholiken" Bayern c. „Zugereiste"
D. Gesellschaften	Protestanten c. Katholiken Flamen c. Wallonen	Regierungspartei c. Opposition Freie c. Sklaven	Staat c. kriminelle Bande Staat c. ethnische Minderheit
E. Übergesellschaftl. Verbindungen	Westen c. Osten Indien c. Pakistan	Sowjetunion c. Ungarn Deutschland c. Polen	UN c. Kongo OEEC c. Frankreich

diesem Typus von horizontal gelagerten Konflikten gehören noch diejenigen, die zwischen den einzelnen Sektoren regional oder institutionell gegliederten Gruppen der Gesellschaft ausgetragen werden.

ad b) Man kann aber die Konflikte auch nach ihrem Rangverhältnis, d. h. vertikal aufgliedern: Hierzu gehören Konflikte zwischen Gegnern, die in einem Über- bzw. Unterordnungsverhältnis zueinander stehen oder aber Konflikte (mehr oder weniger organisiert) innerhalb einzelner sozialer Gruppen oder Einheiten (z. B. innerhalb der Institutionen).

Eine tabellarische Übersicht über die Konfliktarten gibt *Dahrendorf* in seinem Buch: »Gesellschaft und Freiheit« (hier Tabelle S. 220):

Zur Ausgangsposition der Konflikttheorie läßt sich zusammenfassend folgendes sagen:

a) Für die Erkenntnis der sozialen Realität ist die methodologische Sichtweise der Konflikttheorie – die also die sozialen Erscheinungen eher aus dem Blickwinkel des Konfliktes als von der Übereinstimmung her sieht – fruchtbarer:

b) Konflikte haben ihre eminent wichtige soziale Funktion, weil sie durch ihr Hervortreten die sozialen Spannungen sichtbar machen. Das Erkennen von Mängeln erleichtert die Aufhebung ihrer Ursachen. Dies ist eher ein funktionalistisches Konfliktverständnis (hauptsächlich amerikanischer Prägung – vgl. *Coser*), das in der deutschen Soziologie, namentlich durch *Dahrendorf* zwar vertreten wird, das aber nicht als »letztes Wort« zu dieser Problematik *(Dahrendorf)* aufgefaßt werden dürfte:

c) Die Cosersche Unterscheidung von funktionalen und dysfunktionalen Konflikttypen ist für *Dahrendorf* noch allzu sehr vom Strukturfunktionalismus geprägt: Konflikte müssen seiner Ansicht nach, ohne positive oder negative Zuordnung zum »System«, als eine jeder Gesellschaft innewohnende »soziale Tatsache« anerkannt werden. Alle Gesellschaften erzeugen ständig Antagonismen und diese wiederum sind die treibende Kraft des sozialen Wandels. Damit wird der Dahrendorfsche Konfliktbegriff zu einer Erklärung des Sozialen im Negativen: Gesellschaft kann auf der einen Seite nur aus Konflikten bestehen (»ärgerliche Tatsache der Gesellschaft«), während auf der anderen Seite gerade diese Konflikte »den Wandel« – zu einem offenen und undefinierbaren Ziel, aber mit der Notwendigkeit ihrer Rationalisierung – vorantreiben (vgl. *Kant*, Teil I, S. 35 f.):

»Insoweit die hier versuchte Theorie des sozialen Konflikts von einer ganz anderen Optik ausgeht, nämlich die ständige schöpferische Wirksamkeit sozialer Konflikte voraussetzt, müssen die aus ihr abgeleiteten Analysen und Prognosen die Fruchtbarkeit der Orientierung erweisen. Allgemein läßt sich nur sagen, daß es weniger schwierig ist, Konflikte zu erkennen und zu verstehen, wenn man die Annahmen der Geschichtlichkeit, der Explosivität, der Dysfunktionalität und des Zwangcharakters menschlicher Gesellschaft zugrunde legt: auf einer solchen Basis erscheint der Konflikt als notwendiger Faktor in allen Prozessen des Wandels. Darüber hinaus schließt eine solche Orientierung den utopischen Gedanken des gleichgewichtig funktionierenden, stabilen Sozialsystems, der „klassenlosen Gesellschaft“, des „Paradieses auf Erden“ aus – und ist damit sowohl der Wirklichkeit der Gesellschaft als auch (auf der Ebene der politischen Theorie) der Idee der Freiheit näher als die Consensus-Theorie. Auch vor empirischer Bewährung schon scheint es daher naheliegend, in der Zwangstheorie der Gesellschaft den geeigneten Hintergrund einer Theorie des sozialen Konfliktes zu vermuten« (Gesellschaft und Freiheit, S. 212).

2. Sozialer Wandel

Dahrendorf sieht den fruchtbarsten Ansatzpunkt einer Theorie des sozialen Wandels bei *Marx:*

»Soziale Epochen lassen sich auf drei aufeinander bezogene Ebenen darstellen. Die gleichsam sichtbarste von diesen ist die ihrer „Produktionsverhältnisse" oder, wie ich es interpretierend ausdrücken möchte, ihrer Sozialstruktur. Damit ist die Menge jeweils vorherrschender Normen gemeint, unter denen Marx im Einklang mit einer verbreiteten Fixierung seiner Zeit eine Rangordnung statuiert, in der der erste Platz den Normen, die sich auf Eigentum beziehen, zugeordnet wird. Die Sozialstruktur einer Epoche ist sozusagen vollkommen an deren Anfang. Sie ist da, und sie ist für ständig da. In der Tat verändert sich die so verstandene Sozialstruktur nicht sehr stark im Verlauf der Entwicklung etwa der feudalen oder der kapitalistischen Gesellschaft. Der einzige feststellbare Wandel liegt in der zunehmenden Stabilisierung einer gegebenen Struktur, so daß sie zunehmend starr und inflexibel wird.
Die zweite – und vermutlich wichtigste – Ebene der historischen Wirklichkeit ist die der „Produktivkräfte", der bewegenden Kräfte der Geschichte . . . Die dritte Ebene, auf der Marx gerne historische Epochen beschreibt, muß zumindest erwähnt werden . . . es ist die des Überbaus der Ideen. Für Rhythmus und Richtung der Wandlungen in den herrschenden Ideen gibt es keine einfache Formel [1] . . .
Selbst wenn man mit Marx der Meinung ist, daß es nicht die Menschen sind, die die Geschichte machen, bleibt doch die Frage, wie die Abstrakta des wirtschaftlichen Potentials oder der geltenden Sozialstruktur historisch wirklich werden . . .
(Das sind die herrschenden Gruppen, die ihr positionsgebundenes Interesse am Status quo haben). Gegenüber der herrschenden Klasse steht am Anfang der Epoche eine nichtorganisierte Masse von Individuen in einer gemeinsamen Position der Unterdrückung . . . Die Geschichte einer Epoche läßt sich nun beschreiben als ein Prozeß der Organisation dieser unterdrückten Masse zu einer solidarischen, ihrer Interessen bewußten Klasse . . . Zunehmende Organisation der Unterdrückten gefährdet die Herrschenden« (Pfade, S. 281–283).

Die Chance für die zunehmende Organisierung von Gruppeninteressen bedingt die Ausweitung der Gleichheitsrechte, die Institutionalisierung des Klassengegensatzes und damit die Entstehung einer »offenen Gesellschaft«. Nach *Dahrendorf* habe sich *Marx* in seiner Prognose geirrt, da die Strukturwandlungen der modernen Industriegesellschaft eher zur Entschärfung als zur Verschärfung der (auf Eigentum beruhenden) Klassengegensätze geführt hätten:

». . . Denn zu Strukturwandlungen kann der solchermaßen verhärtete Klassenkonflikt zunächst noch nicht führen. Das Fehlen eines demokratischen Prozesses und das völlige Sich-Verschließen der herrschenden Klasse verbieten nicht nur eine partielle Durchdringung mit Personen aus der beherrschten Klasse, sondern auch den Wandel der herrschenden Werte und Institutionen . . . Damit scheint die Prognose gerechtfertigt, daß der Klassenkonflikt der frühen Industriegesellschaft auf einen radikalen Wandel ihrer Struktur zusteuert, – eine Revolution, deren Träger das Proletariat ist und in deren Verfolg das Personal sämtlicher Herrschaftspositionen in Industrie und Gesellschaft ausgewechselt wird . . . Verfolgen wir im Lichte der Klassentheorie und in ähnlich grober Skizzierung die Entwicklung noch ein Stück weit über den Endpunkt der Marxschen Analyse hinaus, so verdienen insbesondere zwei Gesichtspunkte Beachtung. Der erste liegt in der allmählichen Lockerung der Klassenfronten durch Strukturwandlungen, zu denen der Klassenkonflikt beigetragen hat. Diese beginnen in der Industrie. Zeitlich gehen in den meisten Industrieländern Europas nicht nur die Gewerkschaftsgründungen denen der sozialistischen Parteien, sondern auch die ersten Erfolge der Gewerkschaften . . . denen im politischen Bereich voraus. In beiden Herrschaftsverbänden finden wir zunächst strukturelle Wandlungen auf dem Wege des demokratischen Prozesses . . . dann auch durch

---

[1] Die herrschenden Ideen sind abhängige Variablen der herrschenden Gruppen und diese wiederum der technischen Entwicklung (Produktivkräfte + Produktionsverhältnisse).

partielle Veränderungen des Personals der Herrschaftspositionen. Die dadurch verursachte Lockerung der Klassenfronten und Milderung des Klassenkonflikts tritt zwar nur sehr allmählich ein, beseitigt aber in zunehmendem Maße die Wahrscheinlichkeit eines totalen Strukturwandels, eine Revolution. Die Ausweitung der Gleichheitsrechte und der faktischen Gleichheit, die „Institutionalisierung des Klassengegensatzes", die wachsende Offenheit der Klassen in erster Linie durch Intergenerations-Mobilität dürfen als Strukturveränderungen auf Grund des industriellen und politischen Klassenkonflikts von Kapital und Lohnarbeit bzw. Bourgeoisie und Proletariat angesprochen werden.

Daneben setzen nunmehr eine Reihe von Strukturwandlungen ein, die in keinem ersichtlichen Zusammenhang mit dem Klassenkonflikt stehen, sondern aus anderen Bestimmungsgründen erklärt werden müssen, die aber ihrerseits auf die Fronten des Klassenkonflikts in der frühen Industriegesellschaft bestimmend einwirken. Dazu gehört vor allem der Prozeß der Aufspaltung der Herrschaftspositionen, der wiederum im Zuge der Rationalisierung in der Industrie seinen Ausgang nimmt. Die Trennung von Eigentum und Kontrolle, dann aber vor allem die Bürokratisierung der Industrie und wenig später der politischen Verwaltung sind hier die entscheidenden Tendenzen« (Soziale Klassen und Klassenkonflikt, Stuttgart 1957, S. 210 f).

Die Marxsche Theorie des sozialen Wandels (oder: des Klassenkonfliktes) reicht also nicht aus, die vielfältig gelagerten und höchst komplizierten Strukturveränderungen der modernen Industriegesellschaft in ihrem ganzen Umfang zu erklären: Die Zurückführung der sozialen Konflikte und Wandlungen auf die eine Ursache des Besitzes bzw. Nicht-Besitzes an Produktionsmitteln könne für die soziologische Analyse der Gegenwart nicht mehr aufschlußreich sein. Mit einer umfassenden und allgemeinen Theorie des sozialen Wandels, wie die von *Marx,* könne man die typischen Veränderungen in den vielen und kleineren Bereichen des sozialen Lebens nicht spezifisch genug erörtern, abgesehen davon, daß es keinen Anlaß für den empirischen Nachweis einer konfliktlosen, sozialistischen Gesellschaft – wie dies von *Marx* hinsichtlich der eigentumslosen kommunistischen Gesellschaftsform prognostiziert wurde – gibt. Aus dieser Kritik an *Marx* zieht *Dahrendorf* folgende Schlüsse:

1. Konflikt erzeugt Wandel – und der soziale Wandel ist, wie der Konflikt, »allgegenwärtig«:

   »Die Annahme der Ubiquität des Wandels bedeutet die Aufgabe der für Marx' Theorie charakteristischen Starre und Einseitigkeit; neue Phänomene können nunmehr berücksichtigt werden ... Unsere grundlegende paratheoretische Annahme sollte es sein, daß der Wandel im strengen Sinne allgegenwärtig ist, so daß der Gegenstand der Erklärung nicht im Eintreten von Wandel, sondern nur in seiner Abwesenheit oder vielmehr seinen Modalitäten liegt« (Pfade, S. 292).

2. Der soziale Wandel wird durch eine Vielfalt von Faktoren bestimmt:
   a) technische Entwicklung,
   b) Kampf um Positionen,
   c) aus der Vielfalt möglicher Handlungsalternativen,
   d) aus sozialen Ungleichheiten (Konflikte zwischen Konfessionen, Herrschern und Beherrschten, sozialen Schichten, Rollen usw.)

3. Die Bedingungen des Wandels hängen von der Rationalität der Konfliktregelungen ab *(Dahrendorf* vermeidet den Ausdruck »Konfliktlösung«, um zu betonen, daß es sich nur um eine temporär bedingte Regelung – und nicht um eine definitive »Lösung« – von Konflikten handelt).

Wie schon erwähnt, sieht *Dahrendorf* die Hauptaufgabe einer soziologischen Theorie des Wandels in der Erklärung der Modalitäten der sozialen

Bewegung. Im Zusammenhang mit der Intensität des Konfliktes kann der Wandel »heftig« (= Revolution), »umfassend«, »geregelt« oder »stückweise« vor sich gehen (Gesellschaft und Freiheit, S. 91). Das Typische in der Regelung von Wandlungsprozessen unter den Bedingungen der modernen Industriegesellschaft sieht *Darendorf* im Prozeß des rationalen Interessenausgleichs (Schlichtung) unter Aufrechterhaltung bestimmter »Spielregeln«, d. h. unter zunehmender Einschränkung von gewaltsamen Methoden der Interessendurchsetzung.

Ein Sonderfall des sozialen Wandlungsprozesses ist die revolutionäre Situation: Die Revolution ist nach *Dahrendorf*, im Gegensatz zur marxistischen Auffassung, keine »historische Notwendigkeit«, sondern nur eine (mögliche) Form des sozialen Wandels. Der Revolution geht eine »revolutionäre Situation« voraus, die durch die verschärften Klassenantagonismen, durch Schwäche, Zögern und Zweifel der Herrschenden an ihrem Recht, durch die »Hoffnung« der Unterprivilegierten und durch ihre Aussicht auf Erfolg bedingt ist. Zu den wichtigsten Kriterien eines revolutionären Wandels gehören: Radikalität, Rapidität und Gewaltsamkeit [2]. Von einer Revolution kann man nur dann sprechen, wenn die Umwälzung radikal, d. h. in allen Bereichen der Gesellschaft eine tiefgehende Wirkung ausübt, relativ schnell und mit Gewalt vor sich geht:

»Die beherrschte Klasse des politischen Verbandes kann in entwickelten Industriegesellschaften mannigfache Formen annehmen. Ist ihren Mitgliedern und ihren Interessen jeder Zugang zur Herrschaft versperrt, dann kann sie zu einer großen, relativ einheitlichen Quasi-Gruppe zusammenwachsen, aus der eine schlagkräftige, revolutionäre Interessengruppe hervorgeht . . . Es hat jedoch den Anschein, als tendiere die Mehrzahl entwickelter industrieller Gesellschaften auf eine andere Struktur hin. Die Durchsetzung des Leistungsprinzips, damit die Institutionalisierung der sozialen Mobilität, ermöglicht einen regelmäßigen Austausch des Personals der Klassen. Darüber hinaus bahnt der demokratische Prozeß der Ausübung politischer Herrschaft . . . der beherrschten Klasse den Weg zu ständiger Einflußnahme auf den Verlauf sozialer Strukturwandlungen. Durch eine politische Partei . . . auch durch eine Vielzahl spezifischer Interessengruppen, findet sie die Chance, das Personal der herrschenden Klasse zu verändern oder auch zeitweise ohne solche Veränderung ihre Interessen über die herrschende Klasse in Wirklichkeit umzusetzen. Die hierdurch begründete Permanenz des Strukturwandels trägt zur Milderung und Regelung des Klassenkonfliktes bei und macht die Bildung einheitlicher, ideologisch streng zusammengefaßter, umfassender Interessengruppen unnötig . . .« (Soziale Klassen und Klassenkonflikt, Stuttgart 1957, S. 257 f).

». . . In entwickelten Industriegesellschaften haben eine Reihe von dazwischentretenden Variablen dem industriellen Klassenkonflikt die Spitze genommen. Durch den Wandel seiner Formen hat der industrielle Klassenkonflikt an Schärfe und Intensität verloren; er ist in gesellschaftlich geregelte Bahnen gelenkt und als Bestimmungsgrund ständigen Strukturwandels anerkannt worden« (ebenda, S. 224).

3. *Herrschaft und Zwang*

Infolge der Allgegenwärtigkeit von Konflikten und Wandlungsprozessen kann, wie *Dahrendorf* betont, die soziale Ordnung nur als labiles Gleichgewicht betrachtet werden. Das soziale Gleichgewicht sei auch schon deshalb

---

2 Über einige Probleme der soziologischen Theorie der Revolution, in: Archives Européennes de Sociologie, Jg. 1961, Nr. 1, S. 153–162.

labil, weil die menschliche Natur wenig sozial sei und die Regelung der stets vorhandenen Konflikte der ständigen Kontrolle durch Herrschaftsinstanzen bedürfe: Um die Schrecken des Urzustandes, der Anarchie, fernzuhalten sei Herrschaft wünschenswert:

»Und wie der Konflikt den Wandel vorantreibt, so mag man meinen, daß der Zwang die Konflikte der Gesellschaft wachhält. Wir setzen voraus, daß Konflikt allgegenwärtig ist, wo immer Menschen sich soziale Verbände schaffen. In einem formalen Sinn ist es stets die Grundlage des Zwanges, um die es in sozialen Konflikten geht« (Gesellschaft und Freiheit, S. 110).

Wenn nun in Anlehnung an *Kant* der Zwang die Konflikte in der Gesellschaft »wachhält«, so läßt sich der circulus schließen: die Allgegenwärtigkeit von Konflikten und Veränderungen beinhaltet auch die Allgegenwärtigkeit (oder: Ubiquität) der Herrschaft. Auch in den modernen Industriegesellschaften bleibt Herrschaft weiterhin bestehen [1], auch dann, wenn sich die Formen dieser Herrschaft verändert haben:

»Wo immer Industriebetriebe bestehen, gibt es auch Herrschaftsverhältnisse, damit latente Interessen, Quasi-Gruppen und (industrielle) Klassen. In der formalen Organisation des Industriebetriebes wird gewöhnlich zwischen dem „funktionalen" Aspekt der Arbeitsteilung und dem „sakralen" Aspekt der Über- und Unterordnung unterschieden. Beide sind funktionsnotwendig ... Ein System der Über- und Unterordnung garantiert erst den reibungslosen Ablauf des Gesamtprozesses der Produktion – ein System also, das Autoritätsbeziehungen zwischen den verschiedenen Positionen begründet. Den Trägern gewisser Positionen kommt die Entscheidungsbefugnis darüber zu, wer was wann und wie zu tun hat ... Zwar begründet betriebliche Autorität ebenso wenig wie Autorität in irgendeinem anderen Bereich die Unterordnung der ganzen Person unter andere Personen; sie beschränkt sich auf Personen als Träger bestimmter begrenzter Rollen; doch ist sie darum nicht weniger Autorität oder Herrschaft, nicht weniger eine „Chance, für einen Befehl bestimmten Inhalts bei angebbaren Personen Gehorsam zu finden" (Weber). Obwohl also der Werkmeister dem Arbeiter nicht legitim den Befehl geben kann, in seiner Freizeit Briefmarken zu sammeln, bestehen doch für einen definierbaren Bereich im Industriebetrieb Herrschaftsverhältnisse im strengen Sinn der Klassentheorie« (Soziale Klassen und Klassenkonflikt, Stuttgart 1957, S. 216).

In den modernen Industriegesellschaften habe sich nur die Struktur der Herrschaft geändert; an Stelle der früheren leicht lokalisierbaren, relativ einheitlichen Machtgruppen sei auf dem Wege der Interessenorganisationen eine pluralistische Herrschaftsstruktur in den modernen Gesellschaften entstanden:

»In allen Gesellschaftsformen, behauptete Marx, „ist es eine bestimmte Produktion, die allen übrigen, und deren Verhältnisse daher auch allen übrigen Rang und Einfluß anweist. Es ist eine allgemeine Beleuchtung, worin alle übrigen Farben getaucht sind und die sie in ihrer Besonderheit modifiziert" (Zur Kritik der politischen Ökonomie, Berlin 1947, S. 264). Aber hier – auch hier – irrt Marx. Die Herrschaftsverbände der industriellen Produktion erzeugen in entwickelten wie in frühen Industriegesellschaften soziale Konflikte von der Form des Klassenkonflikts. Mit der Trennung von Eigentum und Kontrolle haben die konfligierenden Gruppen ihr Personal, mit der Verwirklichung der Gleichheit als Bürgerrecht und Strukturprinzip die Konflikte ihren Gegenstand, mit der Institutionalisierung des Klassengegensatzes und der sozialen Mobilität auch ihre Intensität gewandelt. Der Konflikt organisierter Interessen-

[1] D. h. *persönliche* Herrschaft (dem Willen als Befehl wird gehorcht) und nicht wie Parsons oder auch Schelsky meinen, daß mit zunehmender Industrialisierung die persönliche Herrschaft durch die „Herrschaft der Sachzwänge" ersetzt wird. „Sachzwang" heißt das zu tun, was von der Struktur der Sache her bedingt ist und was dem individuellen Willen sachnotwendige Entscheidungen quasi aufzwingt.

gruppen ist vom Klassenkampf zum quasi-demokratischen Streitgespräch geworden. Er ist darum nicht minder ein Klassenkonflikt. Aber der industrielle Klassenkonflikt ist nicht mehr „eine allgemeine Beleuchtung, worin alle übrigen Farben getaucht sind" – noch haben die Verhältnisse eines anderen, besonderen Herrschaftsverbandes ihn in dieser Rolle abgelöst. Auf dem Marktplatz der politischen Interessen besetzen die industriellen Interessengruppen nur einen Stand, oder besser: zwei Stände; in aussichtsreicher Position zwar und mit erheblichen Verkaufschancen, aber doch in Konkurrenz mit anderen Interessengruppen der Klasse, die an politischer Herrschaft keinen Anteil hat« (Soziale Klassen, op. cit. S. 256 f).

Dahrendorfs Kritik an der These von *Marx*, nach der Herrschaft ein Derivat des Eigentums (d. h. der ökonomischen Macht) ist, bezieht sich also auf die monokausale Interpretation der Machtphänomene: Macht und Herrschaft, meint *Dahrendorf*, sind universelle Erscheinungen, die auch ohne das Bestehen kapitalistischer Eigentumsverhältnisse die ausschlaggebende Rolle im sozialen Leben spielen. In Anlehnung an *Mills* [2] versucht *Dahrendorf* die Allgegenwärtigkeit von Herrschaft, Arbeitsteilung und Institutionen abzuleiten.

Funktionsdifferenzierung bedingt »positionelle Differenzierung« und diese wiederum Interessendifferenzierung. Diese Interessendifferenzierung führt in dem Sinne zu »echten« Konflikten, als sie persönliche Über- und Unterordnungsverhältnisse schafft. Hier ist für den übergeordneten Teil die Chance gegeben, auf einen bestimmten Befehl Gehorsam zu finden und damit werden die wie auch immer gearteten Über- und Unterordnungspositionen zur Quelle der Herrschaftsverhältnisse. Denn:

a) vom übergeordneten Teil wird erwartet, das er das Verhalten der untergeordneten Teile durch Befehle, Anordnungen, Warnungen und Verbote kontrolliert;

b) unabhängig vom Charakter ihrer Träger werden solche Erwartungen an bestimmte soziale Positionen geknüpft;

c) wobei die Herrschaft stets auf »bestimmte Inhalte« bei »angebbaren Personen« *(Weber)* begrenzt bleibt (also: keine absolute Kontrolle bedeutet);

d) die Nichtbefolgung der Befehle wird sanktioniert.

Der Herrschaftsbegriff wird also bei *Dahrendorf* auf eine positionelle Lage in der sozialen Hierarchie zurückgeführt, die dem Positionsinhaber die Chance verleiht, soziales Verhalten zu kontrollieren, d.h. bestimmten sozialen Normen Geltung zu verschaffen. Diese Überlegenheit der Positionsinhaber von Herrschaftsinstanzen ist an ihre Rolle gebunden, die sie in viel höherem Maße als die »Untergebenen« in die Lage versetzt, ihren Willen durchzusetzen und Rücksichtnahme auf ihre Befehle zu erzwingen. Die positionellen Bedingungen

---

2 »Wir müssen . . . noch hinzufügen, daß die Rollen, welche eine Institution bilden, gewöhnlich nicht nur eine „Ergänzung" der „geteilten Erwartungen" (Parsons) darstellen. Haben Sie einmal die Verhältnisse in der Armee, in einer Fabrik oder in einer Familie daraufhin betrachtet? Das sind Institutionen, innerhalb deren die Erwartungen einiger Menschen wesentlich intensiver zu sein scheinen, als diejenigen anderer Individuen, weil sie nämlich über größere Macht verfügen; soziologisch können wir, wenn auch nicht ohne Einschränkungen, so sagen: Eine Institution stellt eine Anordnung von Rollen mit unterschiedlicher Autorität dar« (Mills, Kritik, S. 69 f).

der Herrschaft von »Mächtigen« wird meist durch bestimmte privilegierte Chancen (wie z. B. Bildung, Meinungsbeeinflussung usw.) reproduziert.

Auf die Frage, wie welche Personen und unter welchen Bedingungen die Herrschaftspositionen erlangen, bekommen wir von *Dahrendorf* keine eindeutige Antwort [3]. Die Interpretation der Texte läßt folgende Deutung zu: Es sind die jeweils »Tüchtigen«, die nach *Dahrendorf* in den industriellen Systemen diese Herrschaftspositionen erlangen können:

»In der Ständegesellschaft war der Mensch das, als was er geboren war; in der industrialisierenden Gesellschaft des 19. Jahrhunderts war der Mensch, was er hatte, d. h., bestimmte sein sozialer Status sich nach seinem Einkommen und Besitz. Die industrielle Gesellschaft aber beruht auf einem ganz neuen Zuordnungsmerkmal: nunmehr ist der Mensch, was er kann. Leistung bestimmt den sozialen Ort des Einzelnen . . .« (Gesellschaft und Freiheit, S. 20 f).

Wenn es nun Leistung ist, die bestimmten Personen den sozialen Aufstieg ermöglicht, dann sind die Inhaber von Herrschaftspositionen diejenigen Personen, die durch ein Ausleseverfahren unter den Bedingungen des freien Spiels der Konfliktkräfte nach »oben« gekommen sind. Wir haben also ein liberalistisches Programm vor uns, das sich von dem älteren Liberalismus vor allem darin unterscheidet, daß es ein »Veto-Recht« der Schwächeren in Gesellschaften mit demokratischer Verfassung gibt und die Verantwortung des Daseinsvorsorgestaates hervorhebt. Das Veto-Recht (auch in Form von Wahlen) ist ein Bestandteil demokratischer Spielregeln, das sich durch das Postulat der gleichen Würde aller Menschen legitimiert. Die Gesellschaft bleibt jedoch ein Gebilde von Ungleichen: Herrscher und Beherrschte stellen zwei »Aggregate« dar; den Beherrschten werden nur die formalen staatsbürgerlichen Grundrechte, den Herrschenden über die inhaltlichen Verwirklichungschancen der Bürgerrechte hinaus bestimmte Herrschaftsbefugnisse gewährt (= »halbierte Gesellschaft«).

Der Garant für die Respektierung der staatsbürgerlichen Grundrechte ist der Staat. Zwar betont *Dahrendorf*, daß der Staat nur ein Interessenverband unter anderen ist, er übersieht jedoch nicht, daß der moderne Staat gleichzeitig die wichtigste Funktion eines Demokratisierungsprozesses in der Gesellschaft ausübt: die Gewährleistung der Chancengleichheit.

»Der Daseinsvorsorgestaat ist eine notwendige Implikation des Wunsches nach Bürgerrechten, und es sollte nicht vergessen werden, daß es bis auf den heutigen Tag in allen entwickelten Ländern viele Menschen gibt, deren soziale Stellung sie daran hindert, vollen Gebrauch von ihren Bürgerrechten zu machen« [4].

Einerseits ist also für *Dahrendorf* der moderne Sozialstaat als Daseinsvorsorgeanstalt die unabdingbare Voraussetzung der Emanzipierbarkeit der Bürger, andererseits sollten aber seine Funktionen so weit wie möglich – durch freiheitliche Prinzipien – eingeschränkt werden, um den Gefahren eines Totalitarismus zu entgehen:

---

[3] Bei Marx: Eigentümer von knappen Produktionsmitteln, – bei Parsons: durch sozialen Wertkonsensus zustandegekommener Auftrag von gewählten Personen.

[4] Dahrendorf, R.: Auf dem Weg zur Dienstklassengesellschaft, in: Merkur, Jg. 26, 1972, H. 7, S. 634–648 (S. 637).

»Ohne rechtsstaatliche Grundlage – sagt *Dahrendorf* in: Gesellschaft und Demokratie in Deutschland (München 1971, S. 225) – kann auch die Verfassung der Freiheit nicht verwirklicht werden; aber die rechtsstaatliche Basis allein gewährt die Verfassung der Freiheit nicht. Für sich genommen kann (die Rechtsstaatlichkeit) vielmehr zum abstrakten Maß werden, das sich nicht nur jedem Herrn zur Bedienung anbietet, sondern auch dann noch autoritäre Wirkungen entfaltet, wenn niemand mehr Herr sein will. Die Demokratie jedenfalls braucht die Liberalität dringender als die Moralität«.

Bei der Analyse rationaler Herrschaftsverhältnisse, in der dieses angedeutete Modell einer liberalen Demokratie *Dahrendorf* stets vor Augen schwebt, käme es also auf die permanente Kontrollierbarkeit der Ausübung von Herrschaft an, wobei die Verfassung der Herrschaft auf den Prinzipien weitgehendster Liberalität beruhen müßte. Das Wesen dieser Liberalität sieht *Dahrendorf* in der verfassungsmäßig garantierten Möglichkeit der freien Austragung von Konflikten.

Nur unter den Bedingungen der freien Entfaltung von Interessengegensätzen könne die Freiheit des Menschen gewahrt bleiben: Während die staatlich gesicherten Gleichheitschancen zur Eindämmung der Übermacht gewisser Sozialgruppen – mit ihren partikularistischen Interessen – Zwangsmaßnahmen bedürfen, sollte die Kontrollfunktion des Staates dort eingeschränkt werden, wo der »Autoritarismus« die Legitimität der Konkurrenz divergierender Interessen zu unterbinden beginnt. Die pluralistische Interessengruppierung in den entwik-

Tabellarische Zusammenfassung der Dahrendorfschen Konzeption:

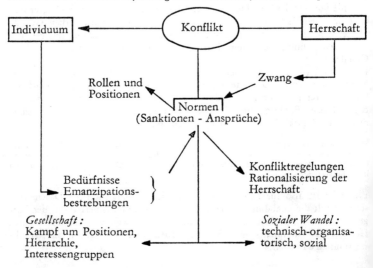

Ziel: liberale Demokratie =
1. effektive staatsbürgerliche Gleichheit
2. rationale Regelung von Konflikten
3. Emanzipation (= Hinarbeiten auf die Vorherrschaft öffentlicher Tugenden)

228

kelten Gesellschaften mit demokratischer Verfassung trägt in hohem Maße dazu bei, die Konzentration der Macht, als dem wirksamsten Mittel zur Unterdrückung der Freiheit zu verhindern. Dieser Tatbestand hebt jedoch noch nicht die Klassenunterschiede auf; sie manifestieren sich in der positionsbedingten Ranghierarchie mit bürokratischer Struktur. In Institutionen, Organisationen und Verbänden gibt es weiterhin ein antagonistisch zu bezeichnendes Machtgefälle, an dessen Abbau die »mündigen Bürger« mitarbeiten müssen. Während also die einzelnen Gebilde (Institutionen, Organisationen usw.) in einer relativ gleichwertigen Machtlage als Interessengruppen einander gegenübertreten, treten die antagonistisch gelagerten Rangunterschiede und die damit verbundenen Über- und Unterordnungsverhältnisse im Rahmen hierarchisch gegliederter Positionen in modernen Systemen hervor. Diese Machtausübung ist jedoch uneinheitlich, da Organisationen nur partielle Bereiche des sozialen Lebens beherrschen und nur auf einen Teilbereich der individuellen Handlungen (wie z. B. Rollenverhalten in verschiedenen Positionen) Anspruch erheben können. Gerade diese strukturell bedingte Uneinheitlichkeit der Machtausübung bietet nach *Dahrendorf* eine Chance, sozusagen zwischen den vielfältig geteilten Gewalten den persönlichen Freiheitsraum des Bürgers zu erweitern.

Zusammenfassung

Aufgrund des Vorangegangenen dürfte die Richtigkeit der Kritik des konflikttheoretischen Ansatzes an der Systemtheorie außer Zweifel stehen: Entgegen den Prognosen der Parsonsschen – aber auch der Stalinschen [1] »grand theory« (*Mills*), hat sich die soziale Wirklichkeit in ihrer durch die fortschreitende Industrialisierung erzeugten Komplexität weiterhin widersprüchlich entwickelt. In der seit Mitte der 50er Jahre anhaltenden Kritik eines Teils der »westlichen«, aber auch der »östlichen« Soziologen wird nachdrücklich darauf hingewiesen, daß die systemtheoretischen Konzeptionen, die faktisch existierenden Interessengegensätze verschleiern und ein nicht nachweisbares harmonisches Gesellschaftsmodell – eine reibungslose Anpassung an «Sachzwänge» – vortäuschen. Wir hoffen, daß dieser Aspekt der Kritik in der repräsentativen Darstellung der Dahrendorfschen Position in vollem Umfang zum Ausdruck kam. Unsere weiteren Überlegungen müssen sich folglich auf die Mängel des konflikttheoretischen Ansatzes selbst konzentrieren. Dazu ist es notwendig, die Grundposition von *Coser* – die doch *Dahrendorf* entscheidend beeinflußt hat – unter die Lupe zu nehmen.

1. *Coser* (wie auch *Dahrendorf*) geht von einem *systemimmanenten Konfliktbegriff* aus: Dieser Aspekt der nicht-externen Natur von »Störungen« (vgl. *Parsons)* kommt bei *Coser* deutlich in der Unterscheidung zwischen »echten« und »unechten« Konflikten zum Ausdruck. Die auf der Grundlage aggressiver Affekte beruhenden und folglich jegliche »Sachrationalität« entbehrenden Konflikthandlungen werden wegen ihrer Systemschädlichkeit als »un-

1 Vgl. Kiss, G.: Marxismus als Soziologie, Reinbek bei Hamburg 1971, S. 112.

echte Konflikte« bezeichnet und entsprechend ihrer negativen Funktion für die Konsistenz des Systems auch negativ bewertet. Denn, die Funktion von Konflikten wird letztlich – so wie bei *Simmel* (vgl. Kap. VII, Zusammenfassung) – in ihrer gesellschaftsintegrierenden Wirkung gesehen. So z. B. soll die Austragung der Konflikte unter den einzelnen Gruppen Aggressionen verhindern, die sich gegen das ganze System richten können.

Das chaotische Gegeneinander der kleinen sich bekämpfenden Gruppen, die durch Intoleranz, Exklusivität, gruppenspezifische Interessendurchsetzung gekennzeichnet sind, sollte von den Toleranz, Flexibilität und Allgemeininteresse verkörpernden Großgruppen überwölbt werden, damit die kontinuierliche Anpassung der Streitigkeiten so gelenkt werden kann, daß der grundlegende Konsens nicht in Frage gestellt wird. Auf diese Weise wird der Konflikt zum Anreiz für die Einsetzung von neuen Normen und Regeln und durch seine Institutionalisierung zum Agenten der Sozialisierung streitender Parteien. Als Anreiz zur Bildung und Modifizierung von Normen ermöglicht der Konflikt die Neuanpassung von Beziehungen an veränderte Bedingungen. Konflikt verlangt nach einer gemeinsamen Organisationsstruktur, damit die gemeinsamen Regeln leichter angenommen und eingehalten werden können. In Anlehnung an *Simmel* sieht also *Coser* die systemstabilisierende Rolle von offen austragbaren Konflikten, die durch ihre Manifestation eine kontinuierliche und flexible Neuanpassung an veränderte Konstellationen *erzwingen*.

Die Offenheit der Konflikte macht sie auch kalkulierbar: Übereinkünfte, Regelungen und Verbesserungen sind nur möglich, wenn genaue Kenntnisse über die eigene und des anderen Stärke vorliegen, um das soziale »Ungleichgewicht« zu verhindern. Entstehung und Manifestation unterschiedlicher Interessen treibt den Fortschritt voran und ist überhaupt die Voraussetzung für geschichtliche Entwicklung. Die Stärke eines Systems läßt sich demnach an seiner Flexibilität hinsichtlich der Duldung und positiven Bewertung von Konflikt-Konstellationen messen. Denn Feindseligkeit nach außen bedingt internen Zusammenschluß (vgl., Kap. VI, *Gumplowicz, Sumner*), aber auch interne Feindseligkeit in großen Systemen bringt – als »Nebenprodukt der Kooperation« (*Coser*, Theorie, S. 77) – soziale Integration zustande.

In der gesamten Argumentation von *Coser* spielen die »echten Konflikte« die zentrale Rolle, die auf ihre »Sachrationalität« hin definiert werden. Sie entstehen dann, wenn Menschen während der Verfolgung ihrer Handlungsziele und der Durchsetzung ihrer Forderungen aneinandergeraten, wobei sie in der Realisierung ihrer Wünsche und Gewinnerwartungen versagen. Das Merkmal der Echtheit dieser Konflikte wird an der *Realisierbarkeit* der erstrebten Zielsetzungen gemessen und erhält dadurch das Attribut des »Sachrationalen«. Demgegenüber sind jene Konflikte »unecht«, die einerseits aus unwirklichen – d. h. für irrational gehaltenen – Wünschen und Forderungen, andererseits aus emotionalen Reaktionen – infolge persönlichen Versagens oder Frustrationen in der sozialen Umgebung (mangelnde Sozialisierung, Unangepaßtheit usw.) – resultieren. Dies sind nun »unechte«, d. h. »unsachliche« Konflikte, die weder sozial gelöst, noch der Gesellschaft angelastet werden können. Ihre Bewältigung bleibe die Aufgabe des Persönlichkeitssystems, d. h. im Bereich der Individualverantwortung.

Die Unhaltbarkeit einer derartigen Klassifikation von Konfliktarten sieht auch *Dahrendorf*, indem er erstens den »überindividuellen« Charakter sozialer Konflikte entgegen ihrer möglichen Psychologisierung nach dem Konfliktverständnis von *Coser* hervorhebt und zweitens versucht, Konflikte nicht nach ihrer systemimmanenten Lösbarkeit durch Kalkulierbarkeit und Rationalisierbarkeit, sondern nach ihrer sozial wirksam werdenden Intensität zu klassifizieren. In dem Dahrendorfschen Schema haben also auch »unechte« Konflikte, unabhängig von ihrem irrational deutbaren emotionalen Inhalt, einen festen Platz, insofern sie sozial transparent und folglich soziologisch relevant werden.

Auch *Messelken* weiß den konflikttheoretischen Ansatz von *Dahrendorf* zu würdigen, nach dem Konflikt als schöpferische Kraft und Bezugspunkt des sozialen Wandels in den Mittelpunkt der soziologischen Analyse gerückt wird, doch meint er, daß der Konflikt als soziales Grundverhältnis in seiner allgemeinsten Form die Anerkennung gewisser Spielregeln, die soziale Ordnung ermöglichen, nicht erklären kann [2]:

»Um die soziale Ordnung nun aber dennoch aus Konflikt zu erklären, trifft Dahrendorf die Annahme, daß Auseinandersetzungen um so milder verlaufen werden, je mehr man ihnen ihren Lauf läßt. Die Beteiligten, das ist seine Überzeugung, werden sich dann schon ,über gewisse' Spielregeln einigen, nach denen sie ihre Konflikte austragen wollen. Dieser Optimismus ist schwer nachzuvollziehen. Erst auf der Basis der Annahme, daß Konflikt von der Einsicht bezähmt wird, friedliche Kooperation sei ergiebiger als gewaltsame Auseinandersetzung, wird er verständlich. Eine derartige Einsicht allerdings resultiert eben nicht aus der produktiven, sondern aus der zerstörerischen Kraft von Konflikt«.

Im Unterschied zu *Marx,* der die Ursache des Konflikts an einem Sachverhalt, d. h. an der ungleichen Verteilung von Produktionsmitteln erkannte, erblickt sie *Dahrendorf* im Machtkampf (vgl. unten, S. 233 f.) und in der Unsicherheit menschlicher Erkenntnis angesichts der »notorischen Ungewißheit« in einer bedrohlichen Welt. Konfliktregelungen basieren folglich primär auf rationaler Übereinkunft (»Einsicht«), die allein die durch menschliche Fehlhandlungen entstandenen, »strukturell erzeugten Interessengegensätze« unter den Gesellschaftsmitgliedern temporär und gewaltlos lösen könne. *Marx* hingegen meinte, daß die Chance zur Rationalisierbarkeit der Problemlösungen erst dann gegeben sei, wenn der soziale Grundwiderspruch zwischen antagonistischen Klassenbildungen in einer Gesellschaft beseitigt werde (vgl. Teil I, Kap. III, S. 150 f., 156 f., 172 usw.). Während also *Marx* dem ökonomischen Interesse einen der Rationalität übergeordneten Einfluß auf das soziale Geschehen einräumt, sieht *Dahrendorf* (gemäß der liberalistischen Tradition) diesen Einfluß durch soziale Mechanismen – wie z. B. Aufklärung, Zusammenschluß in Interessenorganisationen, wachsender Einfluß von Spezialisten usw. – kontrollierbar. Für *Dahrendorf* ist der ökonomische Gegensatz nur einer unter mehreren strukturell erzeugten Gegensätzen: Ohne das Problem zu hinterfragen, wird behauptet, daß Gegensätze aus religiösen oder weltanschaulichen Gründen ebenfalls Antagonismen erzeugen können, die den ökonomischen Interessengegensätzen nicht nachstünden.

2 Messelken, Karl-Heinz: Politikbegriffe der modernen Soziologie, Köln–Opladen 1968, S. 106.

Dies ist aber die Frage: Bei genaueren, d. h. konkreteren Analysen der Vorgänge wird sich mit größerer Wahrscheinlichkeit nachweisen lassen, daß »echte« Gegensätze, die die Rationalität gewaltloser Regelungen bedrohen, ökonomischer Natur sind, während Interessengegensätze sonstiger Art wesentlich »leichter« zu schlichten sind. Um in *Dahrendorfs* Stil fortzufahren: Westdeutschlands Professoren haben solange um ihr Vorrecht gekämpft, Einführungsvorlesungen selbst halten zu können, solange die Hörergelder nach der Teilnehmerzahl verrechnet wurden; seit der Einführung der Hörergeldpauschale scheint dieses Streben nach Einfluß und Macht zusehends abgenommen zu haben; die »machtpolitische« Streitfrage, ob nun auch Assistenten qualifiziert genug wären solche Veranstaltungen zu leiten entschied sich »zugunsten« der Assistenten – weil die ökonomischen Interessen der Professoren durch diese »Machtdelegation« nicht weiter gestört wurden. Die Konfliktregelung *erscheint* also als Ergebnis der rationalen Übereinkunft zwischen kontrahenten Gruppen aus Gründen der strukturell erzeugten Interessengegensätze im Rahmen moderner »Massen«-Universitäten; sie *ist* aber im wesentlichen eine ökonomische Interessenschlichtung, in der die Abgabe von Mehr-Arbeit mit der Verträglichkeit des Verlustes an Vergütung ausgeglichen werden konnte. Erst diese Regelung bildete die Grundlage für die Rationalisierbarkeit der Gegensatz-Beziehungen, bzw. die »Leichtigkeit« der Regelung weiterer Konflikte personalpolitischer oder weltanschaulicher Art, mit der eine Reorientierung der »Einsichten« einherging.

Mit diesem gewiß vereinfachten, aber doch treffenden Beispiel wollten wir die Gefahren aufzeigen, die bei der Analyse der sozialen Wirklichkeit dann auftreten, wenn man den »unsichtbaren« ökonomischen Zusammenhängen nicht genügend Aufmerksamkeit schenkt, bzw. ihre dominante Rolle in den sozialen Beziehungen nicht klarstellt. In dieselbe Richtung zielt unsere Kritik hinsichtlich des Konfliktverständnisses von *Dahrendorf:* Auch wenn man Konfliktarten nach ihrer Intensität unterscheidet, wird es einem nicht klar, wann es sich um existentielle oder »unwesentliche« Konflikte handelt. Nach *Dahrendorf* kann jeder Konflikt je nach gruppenspezifischer oder historischer Konstellation einmal intensiv, ein anderes Mal weniger intensiv sein. So weit so gut; aber was wird damit inhaltlich ausgesagt? Sind denn Konflikte, die aus einem sportlichen Wettbewerb resultieren mit Konflikten gleichzusetzen, die mit derselben Intensität zwischen Mietwucherern und sozial schwachen Mietern ausgetragen werden? Wäre es nicht richtiger, den Intensitätsgrad sozialer Konflikte nach objektiv bestimmbaren Maßstäben – wie z. B. nach der existentiellen Grundlage (Beruf, Schichtenzugehörigkeit) – zu gewichten? Denn die Ehescheidung z. B. ist nach dem Modell von *Dahrendorf* (unten, S. 220) ein extensiver Rollenkonflikt unter »Gleichen«, wobei nicht hinterfragt wird, welche Auswirkungen eine Ehescheidung in den Unter- und Oberschichten haben kann. Derselbe, seiner Erscheinung nach gleichwertig katalogisierte »Konflikt« erlangt sofort einen anderen Stellenwert, wenn man seine schichtenspezifischen Beziehungen nach den ökonomischen Merkmalen verortet: Es wird sich herausstellen, daß die subjektiv erlebte Intensität des Konfliktes mit ökonomischen »Faktoren« zusammenhängt und folglich der Intensitätsgrad des Konfliktes selbst von objektiven Bedingungen abhängt. Eine Ehescheidung in den Unterschichten ist eher ein existenzbedrohender Konflikt als in den Oberschichten, in denen die Lebensgrundlagen der »ausdifferenzierten Systemteile« normalerweise nicht gefährdet werden. Aus dieser Perspektive müßte auch der wesentliche und unwesentliche Charakter von Konflikten herausgearbeitet werden, der sich an der existentiellen Grundlage oder an der Grenze »darüber hinaus« zu orientieren hätte. Dem subjektiven Empfinden nach mögen familiäre den beruflichen Konflikten an Intensität vorangehen, doch wäre u. E. die – vom subjektiven Erlebnis unabhängige – Differenzierung von wesentlichen und unwesentlichen Konflikten nach Maßstäben der objektiven Bestimmbarkeit vonnöten: In seiner »Intensität« ist der Konflikt in der »Rolle des Vaters« auf keine Weise mit dem Konflikt über einen Kamm zu scheren, der z. B. aus dem Verlust des Arbeitsplatzes resultiert. Zwischen den Konflikten im Sportclub und am Arbeitsplatz wäre u. E. eine analytische Trennung notwendig, die uns in der Unterscheidung zwischen wesentlichen und unwesentlichen Sozialkonflikten weiterhelfen könnte. Denn mit der Feststellung, daß der soziale Konflikt »ein Lebenselement der Gesellschaft«, ja »überhaupt ein Element allen Lebens« sei, der »überall die Aufgabe« habe »soziale Beziehungen, Verbände und Institutionen lebendig zu erhalten und voranzutreiben« (Pfade, S. 272 f.), wird eigentlich generalisierend der innovative Charakter sozialer Konflikte »überhaupt« unterstellt. Es gibt ja eine Unzahl von Konflikten, die nicht »belebend«, sondern gerade im Gegenteil ausgesprochen hemmend auf den sozialen Wandel einwirken. So meinte z. B. *Marx*, daß Konflikte, die aus den Eigentumsverhältnissen an Produktionsmitteln resultieren auch für das System der Gesellschaft zerstörerisch wirken, gerade weil sie den freien Lauf innovativer Bewegungen – die auch nicht konfliktlos vorstellbar sind – grundsätzlich verhindern. In seinem Bemühen, die Positivität der »Anerkennung von Konflikten« hervorzuheben, verwarf *Dahrendorf* das funktionalistische Konfliktschema von *Coser:* Er lehnt die bewertende Unterscheidung zwischen funktionalen und dysfunktionalen Konflikten ab, verfällt aber dabei in Generalisierungen, die ebenfalls kritisch zu betrachten sind.

Dahrendorf hat richtig erkannt, daß der Bezugspunkt der Dysfunktionalität bei *Coser* die Systemintegration ist; System ist aber für *Dahrendorf* eine historisch bedingte Gesamtkonstellation von Machtverteilung, die notwendigerweise ungleich ist und folglich eine »ewige« Krise in der Durchsetzung von Partikularinteressen – deren Möglichkeit von der Teilhabe an Macht abhängt – verursacht. Systemerhaltung heißt also in seinen Denkkategorien, die Erhaltung der Vorherrschaft von bestimmten Interessengruppen (– ständischer oder kapitalistischer Art –), in deren Machtbereich es gehört, Bezugspunkte der »Funktionalität« zu setzen. Die Anmeldung neuer Machtansprüche – im Sinne der Partizipation – kann das temporäre »Gleichgewicht« dieser Machtkonstellation empfindlich stören, wobei sie seitens des Establishments als »dysfunktional« bewertet wird. Vom Gesichtspunkt emanzipatorischer Kreativität – wie z. B. Bürgertum gegen Adelsherrschaft – kann aber derselbe Vorgang unter dem positiven Aspekt der zunehmenden Mündigkeit der Bürger und der Verbesserung ihrer Lebensqualität betrachtet werden. Da jedoch nie ein statischer Zustand eintritt, setzt sich dieser Prozeß der Machtumverteilung fort, wobei Dysfunktionalität nur als Unterbindung der Bewegung »von unten«, bzw. die

Unterbindung des ständigen Arrangements der alten und neuen Interessengruppierungen verstanden werden kann. Der ständige Wandel – auch der Qualität (= Macht) – zeitigt die Paradoxie der Erscheinung, daß gerade dysfunktional bewertete politische Bewegungen zum notwendigen Bestandteil eines funktionierenden Systems (= liberale Demokratie) gehören. Fortschritt ist für *Dahrendorf* die Rationalisierung der Machtverteilung mit Hilfe der Sichtbarmachung und ständigen Neuregelung von latenten und offenen Konflikten.

Die Art und Weise der Konfliktregelungen hängt wiederum engstens von der Herrschaftsstruktur ab: So wie *Aron* [3], sieht auch *Dahrendorf* die »eigentliche« Qualität eines Sozialsystems in dessen *politischer* Struktur. Es ist vor allem diese Sichtweise, die den strukturfunktionalistischen vom konflikttheoretischen Ansatz – und teilweise auch von *Cosers* Ansatz – unterscheidet; sozialorganisatorische Regelungen sind hier weder das Resultat von ökonomischen Notwendigkeiten und ungleichen Besitzverteilungen *(Marx)* noch von – durch gesellschaftlichen Wertkonsensus zustande gekommen – »Mandaten« *(Parsons)*, sondern das Ergebnis politischer Machtkämpfe, die einen dominanten Einfluß auf das Soziale ausüben. Vom marxistischen Standpunkt ist die politisierte Konflikttheorie deshalb nicht akzeptabel, weil sie politische Herrschaft nicht konsequent [4] auf die ökonomische Basis zurückführt, während sie vom Strukturfunktionalismus deshalb abgelehnt werden muß, weil der Begriff des Politischen im Sinne von Freund-Feind-Verhältnissen (Carl *Schmitt*) nicht ausreicht, um das Soziale – die auf Entscheidungen, Erwartungen und Orientierungen an kulturellen Werten beruhenden Handlungszusammenhänge – hinlänglich erklären zu können. Die Frage nach der Anerkennung von »Spielregeln« deutet darauf hin, daß auch die Dahrendorfsche Theorie ohne ohne integrative Momente auskommen kann, d. h., daß die Einsicht in die Vorteile der Gewaltlosigkeit von Konfliktregelungen nicht *nur* durch Zwang und rationale Herrschaft erklärbar ist. Gemeinsam akzeptierte Spielregeln können nur aus der dialektischen Einheit von ökonomischen Notwendigkeiten *und* internalisierten Wertorientierungen ermittelt werden, aus denen sich das soziale Leben entwickelt und die Weichen für die sozialorganisatorische Eigenart des Systems (Herrschaft und Politik) stellt. Die »Ewigkeit« des Kampfes um die Teilhabe an der Macht – die doch nach *Dahrendorf* die bestimmende und letztlich erklärbare Ursache sozialer Konflikte ist – beschreibt also nur den politisch relevanten Ausdruck von sozialen Vorgängen (Rangdifferenzierungen durch Herrschaftsstrukturen), die von der Konstellation *sozialer* Kräfte – und Konflikte – im Spannungsfeld zwischen Situationsadäquanz und Wertsystem abhängen. Wenn man nicht vor sozialdarwinistischen Dogmen, denen der Liberalismus nahe steht (»natürliche Selektion der Tüchtigsten führt zum Allge-

---

3 Aron, Raymond: Die industrielle Gesellschaft, Frankfurt a. M. 1964 (insbesondere S. 255 ff).
4 Dahrendorf akzeptiert die Marxsche These in ihrer historischen Bedingtheit: In der Zeit des klassischen Kapitalismus war die Identifizierung der politischen mit der ökonomischen Herrschaft (Besitzbürgertum) richtig, nur ist nach Dahrendorf dieses „Modell" der Vorherrschaft ökonomischer Faktoren weder für vorindustrielle noch für gegenwärtige Sozialverhältnisse als *typische* Erscheinungsform von Herrschaft anwendbar (vgl. Gesellschaft und Freiheit, S. 152 ff).

meinwohl«) kapitulieren will, muß man sich fragen, ob die Bereitschaft zum (politischen) Kampf um die Teilhabe an Macht und ihre Stabilisierung durch Normsetzung nicht selbst die Auswirkung sozialer Konstellationen ist, die dieses Streben notwendig, ja wünschenswert *machen*.

Einer Umverteilung der Macht geht die Umverteilung von Funktionen – im Sinne von Delegierung sozialer Leistungen und Aufgaben – und dieser die Änderung des Entwicklungsstandes der Produktivkräfte voraus. Das heißt, daß der Bewegungsimpuls der Entwicklung bei der Bewegung der »menschlichen Träger von Produktivkräften« (Otta *Šik* [5]) – wie z. B. quantitativ im generativen Verhalten (Arbeitskräftepotential), qualitativ im Prozeß der unmittelbaren Bearbeitung »der Natur« und der konkreten Problemlösungsaktionen (Produktionserfahrung, Organisationstechnik und Sachwissen in der Sphäre der unmittelbaren Konfrontation mit den »schmutzigen« Dingen) und in der Struktur der Kommunikationsdichte (Verkehrsformen, Informationssysteme usw.) – ansetzt. Die »Ideen« hinsichtlich der Ausnutzung bestimmter »Konstellationen« – die für das bürgerliche Verständnis das Primäre und »Geniale« bedeuten – sind u. E. nur von sekundärer und nur unter bestimmten historischen Bedingungen von komplementärer – aber nicht primärer – Bedeutung: Denn sie bauen auf etwas schon Geleistetem auf, das durch die »erfinderische« Koordinierung (an der *Parsons* seine ganze Evolutionstheorie hochzieht, vgl. S. 193 ff.) nur effizienter organisiert und herrschaftsmäßig abgesichert wird. Um aber effiziente Koordinationsleistungen – wie z. B. militärische Siege, unternehmerische oder wissenschaftliche Leistungen mit hoher Effizienz – erbringen zu können, ist es eben notwendig, daß bestimmte Gruppen »im Schweiße ihrer Angesichter« die Vorbedingungen zu »genialen« Erfindungen und Leistungen schaffen. Abgesehen von Alltagsentlastungen, die von Frauen aufgrund der ihnen zugeschriebenen Rolle (?) übernommen werden (Ernährung, Haushalt usw.), kann kein Feldherr ohne Soldaten, kein Unternehmer ohne »Unternommene« *(Bloch)* und kein Professor ohne Assistenten und Sekretärinnen hohe Leistungseffizienz erbringen. Das Beispiel scheint nur banal zu sein: Denn diese Nicht-Anerkennung der Vorleistungen zur Leistung kommt faktisch in der geringen Belohnung und minderen sozialen Wertschätzung und theoretisch – mit Ausnahme der marxistischen Theorien – vor allem dadurch zum Ausdruck, daß hier offen (wie z. B. *Pareto*) oder unterschwellig (z. B. *Parsons* aber auch *Dahrendorf*) de facto von der primär gesellschaftskonstitutiven Rolle »gesellschaftstragender Gruppen« und deren organisatorischen Funktionen ausgegangen und den Alltagsleistungen höchstens nur eine Geste der Reverenz gegenüber dem »Wert der Arbeitskraft« erwiesen wird. Faktisch werden aber Alltagsleistungen im Vergleich zu Eliteleistungen unterbewertet, wenn sich die Analysen *nur* auf die *Beschreibung* der »Bedeutungshierarchie von Tätigkeiten« *(Parsons)* oder der herrschaftlichen Bestimmung von Rangdifferenzen *(Dahrendorf, Über den Ursprung der Ungleichheit unter den Menschen,* in: Pfade, S. 352 ff.) beschränken. Die angegebenen Ursachen dieses Ist-Zustandes – nämlich der sozial überproportionalen Aufwertung von Ausnutzungstechniken des möglich Gewordenen – werden zwar aus »funktio-

5 Šik, Otta: Ökonomie, Interesse, Politik, (aus dem Tschechischen), Berlin-Ost 1966, S. 45 ff.

naler Notwendigkeit« und der »Knappheit der Talente« *(Parsons)*, oder aus den von der Herrschaftsposition ableitbaren Chancen zur Normgebung *(Dahrendorf)* erklärt, doch scheint uns diese Erklärung nicht »tief« genug zu sein, um die zentrale Frage nach der Bewertung menschlicher Tätigkeiten – die doch nicht nur soziale Schichtung begründen, sondern auch einen u. E. besseren Zugang zum Konfliktverständnis gewähren – beantworten zu können. Es geht uns also darum, den Ist-Zustand in seinen ökonomischen Zusammenhängen zu hinterfragen, damit man Individual- oder elitäre Gruppenleistungen in der Relation zu Kollektivleistungen sieht und nicht dem Fehler unterliegt, die Wirkungsmöglichkeit von Eliten, losgelöst von ihren historischen Aufgaben, letztlich *nur* aus ihrem Eigenpotential zu erklären. Diese Fragestellung – wie letztlich jede Grundfrage der Soziologie (und jeder Wissenschaft) – impliziert notwendigerweise und auch dann eine Wertung, wenn die betreffenden Autoren sich verbal der Wertneutralität versichern: Denn es fällt dem aufmerksamen Leser nicht schwer festzustellen, daß sowohl *Parsons* als auch *Dahrendorf* »zwischen den Zeilen« für die Richtigkeit der Überbewertung elitärer Gruppenleistungen auf der Grundlage von Individualleistungen Partei ergreifen. Das ist ihr gutes Recht, weil sie in ihren Deutungsanalysen zu dem Ergebnis gekommen sind, daß die Trägergruppen von »organisatorischen Erfindungen« *(Parsons)* oder von rationalen Herrschaftstechniken *(Dahrendorf)* den eigentlichen Motor des Fortschritts bilden. Uns geht es um eine Korrektur in dieser Bewertung menschlicher Tätigkeiten, die den Stellenwert »unsichtbarer« Kollektivleistungen in eine gleichwertige Beziehung zu elitären Leistungen – im Sinne eines dialektischen Verständnisses dieser Problematik – setzt.

Der Ursprung und der bleibend »tiefste« Grund sozialer Konflikte ist in der Verteilung von materiellen Gütern (Tauschverhältnisse) und den damit zusammenhängenden »sozialen Belohnungen« zu sehen: In primitiven Gesellschaften, in denen kaum etwas zu verteilen ist, gibt es auch keine »asymetrische Verteilung normativer Macht (Herrschaft)« *(Habermas* [6]). Die mit der Herstellbarkeit eines Mehrproduktes verbundene wachsende Arbeitsteilung und Rangdifferenzierung ruft Verhaltensdifferenzierungen nach verschiedenen Positionen und ihre unterschiedliche Bewertung hervor. *Dahrendorf* selbst weist darauf hin, daß »eine Rangordnung ... durch die Arbeitsteilung weder begründet noch erklärt« werden kann, und daß die Position des Schlossers von der des Genraldirektors nur dadurch zu unterscheiden ist, daß sie verschiedentlich bewertet wird [7]. Es gibt aber außer dieser subjektiven Wertschätzung von verschiedenen Tätigkeiten und Positionen – wobei noch präziser zu fragen wäre, ob, von wem, warum und welche Positionen »geschätzt« werden – einen objektiven Maßstab der Bewertung von Positionen (Rängen) und Leistungen: Vermögen und Einkommen. Man kann über die soziale Nützlichkeit und Leistungsbewertung eines Vorstandsmitgliedes im Kaufhauskonzern Karstadt (Monatseinkommen, um 1972 ca. 50 000,– DM) oder eines Erzbischofs (ca.

6 Habermas/Luhmann: Theorie der Gesellschaft oder Sozialtechnologie, Frankfurt a. M. 1971, S. 287.
7 Vgl. Lepsius, Rainer: Ungleichheit zwischen Menschen und soziale Schichtung, in: Soziale Schichtung und soziale Mobilität, KZfSS. Sonderheft 5, Köln–Opladen 1961, S. 54–64 (S. 60).

8400,– DM – ohne Nebeneinkünfte) ganz verschiedener Meinung sein, hauptsächlich dann, wenn man diese Spitzeneinkommen mit dem durchschnittlichen Monatslohn eines Industriearbeiters (ca. 1280,– DM) oder einer Heimarbeiterin (ca. 400,– DM) vergleicht; man kann aber nicht über die Tatsache der Summe streiten – die übrigens noch exakter anzugeben wäre, wenn die Öffentlichkeit und die Sozialforscher einen unverschleierten Einblick in Geschäftsbilanzen, Nebeneinkünfte und dergleichen erlangen könnten. Die sorgfältige Tabuierung dieses Bereiches ändert nichts an der Tatsache oder am »Sachverhalt«, daß es ein objektiv angebbares und nach bestimmten Bewertungsmaßstäben verteiltes Belohnungssystem gibt, daß hinter den allgemeinen Erörterungen über Wertschätzung der Positionen, funktionale Begründung ihrer hierarchischen Struktur und über die Rolle der sozialen Anerkennung [8] die *bestimmende* Ursache sozialer Ungleichheiten ist: Geld (exakter: Teilhabe an materiellen Gütern) ist der wichtigste, soziologisch bestimmbare Gradmesser der sozialen Anerkennung. Es handelt sich dabei *nicht* um individuelle Anerkennung, die es natürlich unabhängig vom »Geld« geben kann, sondern eben um die *soziale,* die nur schichtenspezifisch und in ihrem Gesamtzusammenhang mit dem Belohnungs*system* typischerweise (= Struktur und Durchschnitt) zu ermitteln ist.

Solange die Möglichkeit einer unmittelbar-gemeinschaftlichen Kontrolle über Güterverteilung und deren normative Regelungen besteht (vgl. z. B. Stammesgesellschaften), kann man – im Gegensatz zu *Dahrendorf* – nicht von Herrschaft sprechen: Er selbst weist darauf hin (Amba, Amerikaner und Kommunisten, in: Pfade, S. 318–321), daß es in primitiven Gesellschaften keine »zentrale politische Organisation« (also: Aneignung von Gewaltmitteln), keine »formalisierten Herrschaftspositionen« (also: keine institutionell geregelten Rangdifferenzen) gibt, und daß die »Ausübung von Herrschaft weitgehend auf rechtliche Funktionen« (also: auf die Anwendung gerecht empfundener Regelungen im Kollektiv) beschränkt ist. Damit weicht er aber selbst seinen eigenen Herrschaftsbegriff – als Durchsetzungschance des eigenen Willens durch Zwangsmittel – auf und versteht ihn in diesem Zusammenhang als eine Befugnischance von Dorfältesten (ebenda, S. 319). *Dahrendorf* scheint zu übersehen, daß Herrschaft eben eine private und vom Kollektiv relativ unkontrollierbare Verfügungschance von »Herren« über Menschen und Mittel bedeutet, die nur entstehen kann, wenn die Wirksamkeit der sozialen Kontrolle über Mittelverfügung und Positionszuweisung nachläßt oder gar entfällt (»Despotie«). Es gibt also *ein Kontinuum des privaten Einflusses auf das Kollektiv,* doch wäre es verfehlt, nur aus diesem Grund von der »Universalität der Herrschaft« zu sprechen: Es käme nämlich darauf an, eine Trennungslinie zu ziehen, die das strukturbestimmende Übergewicht der Einflußkräfte zwischen Herrschaft und sozialer Kontrolle in einem historisch gegebenen Sozialsystem festlegt. Um es zu präzisieren: Wir meinen also, daß in einer adäquaten

[8] Oft wird die Rolle der sozialen Anerkennung *auch* aus idealistischer Gesinnung zum Schlüsselbegriff des Sozialen gemacht (vgl. Hoefnagels, Harry: Soziologie des Sozialen, Essen 1966): Was nützt aber „die soziale Anerkennung" – vor allem seitens der Kirchen – einer Hausfrau, die von morgens bis abends Windeln zu waschen hat und ihr die finanziellen Mittel zur Lebenserleichterung („facilities") fehlen?

Erfassung der sozialen Wirklichkeit weder der Kollektiveinfluß (*Parsons:* soziale Kontrolle) noch der Privateinfluß (*Dahrendorf:* Herrschaft) ausgeschaltet werden können. Wenn *Dahrendorf* Gesellschaft strukturbestimmend nur von der Herrschaft ableitet, ist dies ebenso »unvollständig«, wie wenn *Parsons* durch die Annahme, daß jede Herrschaft per se legitim sei, vom bestimmenden Einfluß der sozialen Kontrolle ausgeht. *Beide* Wirkungen sind stets vorhanden; nur kommt es bei ihnen auf die proportionale Kräfteverteilung an. Im dialektischen Verlauf der funktionalen Herausdifferenzierung von Systemteilen, der Schichtungsprozesse auf der Grundlage der Arbeitsteilung (Privateigentum), Kriegs- und politischer Organisationen (Eroberungen) und der Wertorganisation (ideologische Legitimierung) ist infolge der Trennung von »geistiger und körperlicher Arbeit« eine *räumliche* Trennung zwischen Produktions- und Organisationstätigkeiten eingetreten (vgl. auch alte Hochkulturen mit Metropolen, wie Babylon, Rom, Byzanz usw.). Dieser materielle Faktor – nämlich: die räumliche Distanz – gab die konkrete und effektive Chance zur Durchsetzung von *eher* privat als kollektiv strukturierten Interessen (= Partikularinteressen). Die relative – und stets fluktuierende – Trennbarkeit der Produktion von der Verfügung bietet auch deshalb eine Erklärung für die Entstehung von Herrschaft, weil dadurch nicht nur die Aneignungs- bzw. Ausbeutungsmöglichkeiten erhöht werden (– die Übervorteilung fremd angesehener »Anderer« auf einem relativ anonymen Markt ist viel leichter als im »inneren Raum« der sozialen Einheit! –), sondern weil die wertmäßige Legitimierung ungleicher Positionen – infolge des Wegfalls unmittelbar kontrollierbarer Informations- und Kommunikationsstrukturen – auch »bewußtseinsmäßig« manipulierbarer wird. Um unsere Position zu verdeutlichen, nehmen wir jetzt ein modelltheoretisches Beispiel:

1. Die Produktionskapazität eines undifferenzierten Systems beträgt: 100 (Einheiten). Die Verteilung von materiellen Gütern („Beute") erfolgt – begleitet von einer Unzahl von Streitigkeiten – nach einer relativ gerecht empfundenen Relation: 60 zu 40, d. h. daß 60 den „führenden Männern", 40 den übrigen Gesellschaftsmitgliedern zuerkannt und durch Sitte und Brauch – über deren Einhaltung die soziale Kontrolle wacht – normiert wird.

2. Infolge des Produktionskapazitätswachstums wird das System komplexer: Es kann 200 „Einheiten" (Leistungseffizienz) produzieren, wobei sich die Relation – infolge des oben erörterten Zusammenhanges zwischen sozialer Kontrolle und Privatisierbarkeit der Verfügung über Mittel (Bodenbesitz, Waffenbesitz usw.) – von 200 zu 80 verschiebt. Im Anfangsstadium dieser Entwicklung haben wir – gerade infolge der agrarisch bedingten Zerstreuung von Produktionseinheiten (Oikos) – ein integriertes System vor uns, weil:

   a) die kooperative Organisierung heterogener Gruppen mehr materielle Vorteile bietet (Zuwachs: 40),
   b) die Legitimierbarkeit der Herrschaft infolge dieses „sichtlichen" Erfolges (Garantie des Schutzes) plausibel wird,
   c) infolge mangelnder Kommunikationsmöglichkeiten keine Kontrolle über die tatsächlichen Kapazitäten (200) ausgeübt werden kann, demzufolge
   d) der Glaube an die alte, als „gerecht abgemachte" Relation (60:40) weiterbesteht, der zusätzlich noch durch Informationsbarrieren und Verschleierungsideologie (Gehorsam, Genügsamkeit, Gottes Verfügung, ,,gerechte Herrschaft) verstärkt wird. – So z. B. war die Forderung der Bauernführer im XVI. Jahrhundert (Thomas Münzer oder Stenka Razin u. a.) nicht die Eliminierung der Standesrechte, sondern die Wiederherstellung des „alten Rechts" („staraja pravda" – in Rußland).

Im fortgeschrittenen Stadium der Feudalgesellschaften treten antagonistische Konflikte infolge der Relation: 300 zu 20 auf (Renaissance-Fürsten und Leibeigene):

a) die bestehenden „Verhältnisse" bieten dem Mittelstand (– natürlich nur im Durchschnitt! –) relativ gleichbleibende Vorteile (unterprivilegierte Bürger, mittlerer und niederer Adel, Zünfte usw.), den Unterschichten hingegen (Bauern, Leibeigene, Künstler, Gelehrte, Gesellen, „Armen") eine Abnahme von 80 auf 20,

b) dadurch wird die Legitimierbarkeit der Herrschaft problematisch, wobei es zusätzlicher Mittel bedarf, um ihrem Anspruch Geltung zu verschaffen (z. B. Kodifizierung des römischen (imperialen) Rechts im 16. Jahrhundert),

c) infolge wachsender Kommunikationsmöglichkeiten auf der Grundlage der Entfaltung von Produktivkräften (Handel, Markt, Verkehr, zunehmende Mobilität) entsteht eine „ohnmächtige" Kontrolle oder besser: eine Nachprüfbarkeit von offensichtlich ungerechten Proportionen in der Verteilung (Paläste, Lebensaufwand, höfischer und klerikaler Prunk etc.),

d) Dieses „Sichtbarwerden" der möglichen, aber der Mehrzahl der Bevölkerung unzugänglichen Nutzung von Lebensqualitäten läßt auch den Glauben an die Rechtmäßigkeit der Ordnung – trotz krampfhafter Rechtfertigungs„lehren" – schwinden. Um gefühlsmäßige und weltanschauliche Integration herbeizuführen, sind die Herrschenden, um ihre Vorrechte zu bewahren, dazu gewungen, immer drastischere Zwangsmittel anzuwenden (Inquisition, Hexenverbrennungen, „stehendes Heer" seit Ende des 16. Jahrhunderts).

Also: erst durch die Relation 300 zu 20 tritt Herrschaft in dem Sinne auf, in dem sie Dahrendorf als eine mit massiver Zwangs- und Sanktionierungsgewalt ausgestattete Befugnisdisposition einiger Weniger versteht.
In den Anfangsstadien epochalen Strukturwandels (Stammesgesellschaft – Feudalordnung – Kapitalismus), in denen eine „re-equilibration" durch die Anpassung des Wertsystems an die Situationsadäquanz erfolgt (–Feudalordnung – Universalreligionen; Frühkapitalismus – Reformation; Hochkapitalismus – Nationalismus –), gibt es (u. E.) Perioden, in denen Herrschaft *eher* im Sinne eines Wertkonsensus (*Parsons*) ausgeübt wird. Man denke dabei z. B. an die relativ unbestrittene Legitimität der Herrschaft des Adels im frühen Mittelalter oder des Bürgertums um 1800, die nicht nur wertmäßig verankert, sondern auch funktional (oder gerade deshalb!) notwendig war. Auch diese Entwicklung kann selbstverständlich nicht widerspruchsfrei gedacht werden: Es kommt aber dabei auf die funktionale Legitimität der Herrschaftsstruktur an, die sich unter bestimmten historischen Bedingungen *tatsächlich* „nützlich" für die Allgemeinheit erweisen kann. So kann z. B. das Überwiegen des Einflusses von Privatinteressen in einer bestimmten historischen Konstellation primär dem Allgemeininteresse dienen (z. B. in der ersten Phase der Industrialisierung), wobei dieselbe Konstellation von privatem Einfluß in einer anderen Entwicklungsphase vom Standpunkt des Allgemeininteresses unhaltbar wird.
Eine weiterführende Herrschafts- bzw. Machttheorie müßte diese „Konstellationen" – historisch und gegenwartsbezogen – genauer untersuchen, um die differenzierte Verlagerung legitimer und faktisch illegitimer Machtstrukturen in den verschiedenen Bereichen des sozialen Lebens herausstellen zu können. Auch das „empirische Ergebnis" würde bestätigen, daß es sich dabei um höchst komplexe und fluktuierende (temporäre) Vorgänge handelt, die je nach Entwicklungsstufe und Stellenwert in einem mehr oder minder komplexen System sehr variabel sind.

Durch die Verallgemeinerung der positiven Rolle des Konflikts und des Herrschaftsbegriffes hat u. E. *Dahrendorf* den (methodologischen) Weg zum »tieferen« Verständnis dieser Problematik verbaut: Weder können die formalen Kriterien der »Ausübung von Macht über Menschen« noch die phänomenologische Beschreibung von Konflikten das Problem selbst ursächlich *erklären*. Erst die Disproportionalität in der Verteilung von materiellen Gütern macht die »Teilhabe an der Macht« wünschenswert, ja notwendig, die dann auch einen bestimmenden Einfluß auf die Herrschaftsstruktur ausübt. Eine herrschaftstechnisch aufrechterhaltene Disproportionalität in der Verteilung verstößt gegen die existentiellen Interessen der Mehrheit, mobilisiert Emotionen (– die Summe affektiver Handlungen bereitet »revolutionäre Stimmung« vor –) und läßt die Legitimation der Macht unglaubwürdig erscheinen. Nicht nur *Marx,* sondern auch schon *Kant* erkannte die fundamentale Bedeutung der

Regelungen von »Mein und Dein« und wies darauf hin, daß ohne »austeilende« und »öffentlich« gedachte Gerechtigkeit« (unabhängige Justiz und gebildete Öffentlichkeit) kein »rechtlich-bürgerlicher Zustand« zu erreichen sei (vgl. Teil I, S. 39 f.). Bei kritischer, hinter die Oberflächenerscheinungen gehender Betrachtung muß es jedem unvoreingenommenen Beobachter deutlich sein, in welch hohem, wenn nicht ausschlaggebendem Maße die als gerecht empfundene Regulierung von »Mein und Dein« die Grundlage nicht nur für die Stabilität eines Sozialsystems, sondern auch für die der unmittelbaren Sozialkontakte (Liebe, Freundschaft, Kooperation usw.) bildet. Weder die Tatsache der Rangordnung noch die der verschiedentlichen Bewertung von Positionen, sondern die faktisch unproportionale und ungerecht empfundene Verteilung von »Belohnungen« aktualisiert soziale Konflikte. Auch heute in den politischen Debatten z. B. in der BRD, geht es nicht um die »Abschaffung« der ökonomischen und positionellen Unterschiede (»Gleichmacherei«), sondern um die Herstellung *gerechter Proportionen in der Verteilung von Belohnungen und Lasten.* Der soziale Kampf wird um so schärfer, je eklatanter sich die Disproportion zwischen der vorhandenen Lebensqualität der »Massen« und den Möglichkeiten zeigt, die durch den Reichtum einer Minderheit offenkundig wird.

Diesen Gedankengang werden wir noch im Zusammenhang mit dem Thema: Klassen und Schichten (Kap. XI. Zusammenfassung) aufgreifen.

2. Zur *Rollentheorie:* Das Kernproblem der Rollenhaftigkeit sozialen Handelns liegt u. E. in der individuellen Formbarkeit des Rollenspielraums und den sozial erzwungenen Rollenabhängigkeiten. Aufgrund einer »optimistischen« Grundannahme von der sozialen Zwangsläufigkeit der Demokratisierungsprozesse in modernen Systemen, *neigt Parsons* dazu, den »spielerischen Charakter« des Rollenhandelns – gerade wegen seiner Annahme des sukzessiven Abbaus von Klassenantagonismen in der modernen Gesellschaft – zu ungunsten seines »ernsthaften Charakters« *(Dahrendorf)* hervorzukehren. Die Parsonssche Implikation wurde von *Dahrendorf* deshalb mißverstanden, weil er den Strukturfunktionalisten unterstellte, daß sie die »rechtlich-institutionelle« Seite der Rollenhaftigkeit des Handelns übersehen hätten. Aufgrund unserer vorangegangenen Analyse können wir also hier kurz feststellen, daß *Parsons* keinesfalls den Teilaspekt sozialer Zwänge aus seiner Rollentheorie eliminiert hatte (vgl. S. 176 f.). In Anlehnung an die breite Kritik an *Dahrendorfs* Position können wir vielmehr festhalten, daß eben der Dahrendorfsche Rollenbegriff in dem Sinne einseitig ist, als er sogar die Möglichkeit einer internalisierten Rollenidentifikation ausschließt und die Unvereinbarkeit des Sozialen mit dem Individuellen postuliert [9]. Wegen seines »Pessimismus« hinsichtlich der Erwartbarkeit eines »herrschaftsfreien Sozialzustandes« wird er auch von Marxisten kritisiert, die darauf hinweisen, daß der Rollenkonflikt

9 Vgl. Tenbruck, F. H.: Zur deutschen Rezeption der Rollentheorie, in: KZfSS. 1961. S. 1–40. – Popitz, H.: Der Begriff der sozialen Rolle als Element der soziologischen Theorie, = Recht und Staat, 331/332, Tübingen 1967, S. 7 ff.

von dem die Rollensysteme bestimmenden gesamtgesellschaftlichen Zusammenhang abhängt [10].

Der zu würdigende Aspekt der Dahrendorfschen Rollentheorie besteht im Zurechtrücken des strukturfunktionalistischen Ansatzes hinsichtlich der Bedingtheit des Rollenhandelns durch etablierte Machtstrukturen. Die Konkretisierung der Rollenkonflikte auf positionsbedingte soziale Ungleichheiten bedeutet aber noch nicht jene Rigidität der mit der Rolle verbundenen Verhaltensvorschriften, die *Dahrendorf* unter dem Aspekt der Entpersönlichung vermutet.

Neuere empirische Untersuchungen lassen deutlich erkennen, daß das tatsächliche Rollenverhalten weder als Rollen-Spielen noch als Rollen-Nehmen, sondern als Rollen-Machen zu erfassen ist. Es handelt sich dabei um eine grundsätzlich kompromißhafte Verhaltensweise in Rollen, die zwischen Internalisierung und Zwang zu verorten wäre [11]:

»Untersuchungen zum Konflikt zwischen Rollen variieren die ‚klassische' Situation eines Widerstreits moralischer Verpflichtungen: *Samuel Stouffer* brachte Studenten in das Dilemma, als Aufsichtführende bei einer Klausur einen Freund zu überraschen, während er unerlaubte Hilfsmittel benutzte. Die Studenten hatten dabei zwei Rollen, erstens die der Aufsichtsperson, zweitens die des Freundes – für welche würden sie sich entscheiden? *Stouffer* ging von der Hypothese aus, daß die Entscheidung für erstere eine universalistische, jene für letztere eine partikularistische Persönlichkeitsdimension anzeige. (Er) setzte also voraus, daß die Studenten aufgrund gegebener Persönlichkeitseigenschaften sich klar für eine der beiden Alternativen entscheiden konnten. *Tatsächlich* war es aber so, daß die Studenten einen *Kompromiß* zwischen beiden Rollen versuchten, d. h. sie ‚übersahen' die Verfehlung des Freundes. Dadurch bewahrten sie ihre Autorität als Aufsichtsperson, ohne gegen die Regeln der Freundschaft zu verstoßen (S. 249).
. . .
Dieses Rollen-Machen, insofern es *in der Interaktion* geschieht, ist ein sozialer Prozeß . . . Jede Deutung geschieht in einem *situativen* Kontext. Die technischen, organisatorischen oder ökologischen Bedingungen der Rollenerfüllung (also die ‚realen' Gegebenheiten des Arbeitsplatzes, Schulbetriebs etc.) sind die gemeinsame Ausgangslage für die Gruppe und ihre Rollenperzeption. Die Interpretation leistet eine ‚Versöhnung' von faktischen Gegebenheiten und ‚offiziellen' Handlungsmustern.
Sofern sie sich für die Gestaltung der Rollenrealität bewähren, verfestigen sich die Interpretationen zu institutionalisierten Schemata der Rollenmodifikation« (S. 258 f).

In diesem Sinne schreibt auch der rumänische Soziologe *Hoffmann* [12]:

»Das Interesse an dem Begriff der Rolle besteht darin, den Berührungspunkt zwischen Gesellschaft und Individuum zu präzisieren. Im Rahmen seiner sozialen Rolle genießt der Mensch einen Freiheitsraum, er folgt nicht einem präzise ausgeführten Text, sondern nur einem Plan. Er muß weitgehend improvisieren. Weiterhin besitzt die Rolle eine gewisse Elastizität, sie paßt sich Situationen, Umständen und Strukturen an, das Ich, das Wir, die Gruppen, die umfassenden Gesellschaften spielen vielfältige Rollen, die manchmal mehr oder weniger vorhersehbar, manchmal unvorhersehbar sind. Dabei übernehmen sie entweder mehr oder weniger diese Rollen oder modifizieren sie von Grund auf durch Innovationen oder erfinden und erschaffen sie neu.

10 Koch, G.: ‚Soziales Handeln' contra Praxis, in: Deutsche Zeitschrift für Philosophie, 1965, 7, S. 789–805.
11 Gerhardt, Uta: Konflikt und Interpretation, in: KZfSS, 1972, 2, S. 248–264.
12 Structure et fonctionnement des classes sociales, in: Revue Roumaine des Sciences Sociales – Sociologie, 13, 1969, S. 21–35 (S. 33 f).

Die Funktionen der Gruppen manifestieren und realisieren sich durch eine Vielfalt von Rollen von unterschiedlichem Niveau und Rang. Dieselbe Funktion kann sich also durch verschiedene und manchmal sogar konträre Rollen manifestieren. Die ökonomische Funktion der Arbeiterklasse kann sich direkt durch Rollen realisieren: durch Innovation, Ausführung, Leitung, Kontrolle etc. Arbeiter zu sein impliziert nicht, dieselbe Rolle in der Gesellschaft zu spielen. In der Ausführung einer Funktion kann man die Intervention einer Reihe objektiver und subjektiver Faktoren beobachten, die bewirken, daß die Untergruppen und sogar die Individuen dazu befähigt werden, auf spezifische Weise den Bedürfnissen einer Klasse zu genügen und folglich verschiedene Rollen im Rahmen derselben Funktion übernehmen«.

Angesichts der neuerdings immer häufiger auftretenden Ideologisierung der Rollentheorie im Sinne eines dogmatischen Marxismus, die versucht, die Rollenhaftigkeit des Handelns als ein typisches Produkt der bürgerlichen Gesellschaft zum Zwecke der Kapitalverwertung und folglich als unbrauchbar weil verschleiernd darzustellen [13], sollen noch zum Schluß einige diesbezügliche Ausführungen des sowjetischen Soziologen Kon – als Beleg für die Operationalisierbarkeit dieses Begriffs – zitiert werden [14]:

»Noch ein vom soziologischen Gesichtspunkt besonders wichtiges Moment ist zu beachten: Schon die Widersprüchlichkeit der gesellschaftlichen Verhältnisse erfordert eine gewisse Autonomie der Persönlichkeit von jeder ihrer sozialen Rollen. Wie allgemein, unpersönlich die Rollen einzeln genommen auch sein mögen, ihre Struktur, ihre Integration in der Persönlichkeit des einzelnen Individuums ist stets einmalig, nur für dieses spezifisch. Jedes Individuum gehört gleichzeitig einer Vielzahl verschiedener Gruppen und Kollektive (betrieblicher, gesellschaftlich-politischer, kultureller Art usw.) an. Aber ihre Bedeutung für die Persönlichkeit ist nicht gleich. Außer den Gruppen, denen die Persönlichkeit wirklich als Mitglied angehört, gibt es Gruppen, mit denen sich das Individuum sehr eng verbunden fühlt und von denen es Normen, Werte und Verhaltensweisen empfängt. Solche Gruppen heißen in der Soziologie Referenzgruppen (vom lateinischen »refero« – in Wechselbeziehung stehen). Die Persönlichkeit hat gewöhnlich nicht eine, sondern mehrere Referenzgruppen, von denen ihr jede in bestimmter Beziehung als Richtschnur dient. Ein Jugendlicher beispielsweise, der in die Gesellschaft der Erwachsenen zu gelangen sucht, läßt sich, obwohl er darin nicht aufgenommen wird, häufig in seinem Verhalten und seinen Urteilen von einem Normensystem leiten, das nicht unter seinen Altersgenossen, sondern in einem bestimmten Personenkreis von Erwachsenen gilt. Ein Kleinbürger, dessen Bestreben es ist, in die „höhere Gesellschaft" aufgenommen zu werden, ahmt sklavisch die Gewohnheiten und Sitten dieser Gesellschaft nach. Die Referenzgruppe kann sogar eingebildet sein; das ist beispielsweise der Fall, wenn ein Junge versucht, sich entsprechend dem Kodex der drei Musketiere von Alexander Dumas oder anderer literarischer Helden zu verhalten. Auf Grund dieser Vielfalt von Gruppen und Rollen ist die Identifizierung der Persönlichkeit mit jeder einzelnen Rolle unvollständig, eine Teilidentifikation. Wie wichtig für Iwanow sein Beruf als Lehrer auch ist, so werden doch weder seine gesellschaftlichen Beziehungen noch der Inhalt seiner Persönlichkeit durch die berufliche Betätigung voll ausgefüllt. Andererseits sind die einzelnen Rollen kein zufälliges Konglomerat, sondern eine gewisse organische Einheit. Einige sind Hauptrollen, integrierende Rollen, andere sekundäre, weniger wesentliche Rollen.

13 Haug, Frigga: Kritik der Rollentheorie und ihrer Rezeption in der bürgerlichen deutschen Soziologie, Berlin 1970, – „Als Rollenhaftigkeit entspricht der Rollenbegriff der Kapitalisierung der Gesellschaft, in deren Verlauf das Kapital seine ‚borniertien Formen' abgestreift hat und als solches der Arbeit nicht mehr als einer (sozial, und das heißt zugleich, ökonomisch) bestimmten gegenübersteht, sondern der Arbeit ‚in der Totalität und Abstraktion'" (Furth, Peter: Nachträgliche Warnung vor dem Rollenbegriff, in: Argument, 70, S. 494-522 (S. 522). Frau Haug will z. B. die Rollenhaftigkeit sozialen Handelns aufheben (in: Argument, 71, S. 135). Aber auch Claessens spricht von der Rollentheorie als ,,bildungsbürgerliche Verschleierungsideologie" (in: Spätkapitalismus oder Industriegesellschaft, hrsg. Th. Adorno, Stuttgart 1969, S. 270-279.
14 Kon, Igor: Soziologie der Persönlichkeit (Moskau 1967), Berlin-Ost 1971, S. 35 f und 46.

Fassen wir zusammen. Der Begriff Persönlichkeit bezeichnet das menschliche Individuum als Glied der Gesellschaft, verallgemeinert die in ihm integrierten sozial bedeutsamen Wesenszüge. Diese Züge formen und äußern sich nur im konkreten Prozeß der sozialen Interaktion (Wechselwirkung), deshalb ist der Hauptbegriff für die Beschreibung der Persönlichkeit der Begriff soziale Rolle. Das intraindividuelle Resultat und eine Komponente dieser Interaktion in der Reihe aufeinanderfolgender und koexistierender sozialer Rollen ist das die Basis der inneren Struktur der Persönlichkeit bildende System von Motiven, Einstellungen und Orientierungen. Wie die Rolle, so sind auch die Motive, Einstellungen, Orientierungen ihrem Wesen nach sozial und drücken Bedürfnisse des gesellschaftlichen Organismus aus. Aber die Persönlichkeit ist zugleich eine unwiederholbar individuelle Totalität. Die Kombination der biologischen Besonderheiten des Organismus, der spezifischen Züge des individuellen Lebenslaufes und schließlich die Widersprüchlichkeit der Rollenstruktur machen jeden Menschen unikal (einzigartig). Diese Einzigartigkeit und Ganzheit der Persönlichkeit, betrachtet man sie von ihrer subjektiven, inneren Seite her, wird durch den Ich-Begriff widergespiegelt«.

XI. Marxistische Soziologie in Osteuropa

Gemäß unserer in der Einleitung (Teil I.) präzisierten Intention sollten die verschiedenen theoretischen Richtungen in der Soziologie von ihrem Selbstverständnis her interpretiert werden, weshalb auch im folgenden die Richtung »marxistische Soziologie« auf die offiziell so verstandene Gesellschaftslehre der sozialistischen Länder Osteuropas beschränkt bleibt. Eine sinnvolle Ergänzung zu diesem Kapitel – auf die wir hier wegen »Raummangels« verzichten müssen – wäre die Analyse der Arbeiten westlicher Marxisten, wobei zu prüfen wäre, ob *Marx* »besser« von der Sowjetsoziologie oder aber von den kritischen Marxisten im Westen verstanden wird.

Die sowjetische Gesellschaftslehre hat sich von Anfang ihrer Entstehung an (1917) als die »wahre Hüterin des theoretischen Erbes von *Marx* und *Engels*« verstanden und folglich das Attribut »marxistisch« für all das in Anspruch genommen, was von den »Behörden« für marxistisch gehalten wurde. Nach der langen Periode der absoluten Herrschaft des Behördenmarxismus (1924–1956) und der damit verbundenen Unterdrückung der wissenschaftlichen Kreativität, begann seit ca. 1956 eine Periode des Wiederauflebens des intellektuellen Marxismus und der Rückbesinnung auf das humanistische, d. h. anti-institutionalistische Erbe von *Marx*. Die Möglichkeiten, die sich für die wissenschaftliche Innovation der Soziologie aus dem *methodologischen* Ansatz von *Marx* ergeben könnten, sind noch weitgehend ungenutzt, so daß man nur bedingt von der »schöpferischen Entfaltung« und Weiterentwicklung der bei *Marx* angelegten Implikationen einer streng wissenschaftlichen Sozialforschung (u. a. Einheit von Theorie und Praxis, kritische Denkhaltung mit emanzipatorischem Engagement) in Osteuropa sprechen kann. Es gehört zur Paradoxie der Situation, daß die gesellschaftspolitischen Möglichkeiten zur Weiterentwicklung eines undogmatischen Marxismus eher im »kapitalistischen« Westen als im »sozialistischen« Osten gegeben sind: Denn gerade der Streit über die wahre Auslegung und Anwendbarkeit der Marxschen Lehre – der Tatbestand, daß es »Die heiligen Familien des Marxismus« (*Aron*, Hamburg 1970) gibt – zeugt davon, daß noch immer viel Wertvolles und Neues aus dieser Lehre zu schöpfen ist. Die unabdingbare Voraussetzung der schöpferischen Entfaltung der Wissenschaft ist nämlich die »absolute Freiheit der Debatte« (*Engels*, in: MEW, 37, S. 440), die erst recht von einem sich sozialistisch verstehenden System garantiert werden müßte. Es ist überhaupt fraglich, das Sowjetsystem sozialistisch zu nennen: Außer der Abschaffung des Eigentums an Produktionsmitteln gehört nämlich nach *Marx'* Auffassung auch die Verfügung des Produzenten über die Bedingungen und Produkte ihrer Arbeit (Bestimmung der Verteilung), die Abschaffung der »hierarchischen Investitur«, die Übertragung der »durch den Staat ausgeübten Initiative in die Hände der Kommune«, die Abwählbarkeit der »öffentlichen Diener« und die (schon erwähnte) »absolute Freiheit der Debatte« zum Wesensmerkmal eines sozialistischen Systems (*Marx-Engels*, in: MEW, 17, S. 338–341 und 37, S. 440). Es wäre wahrscheinlich »marxistischer«, wenn man ein System erst dann sozialistisch nennen würde, wenn es aus dem »Schoß der alten Gesellschaft selbst ausgebrütet worden« wäre (Vorwort zur Kirtik der politischen Ökonomie, in: MEW, 13, S. 8 f.). Also: Erst nach der vollen Entfaltung aller Produktivkräfte eines höchstgradig komplexen kapitalistischen Systems könnte nach Marxens Ansicht jenes System entstehen, das er sozialistisch nannte. Die »Verfehlungen« des Sowjetsystems, die in ihrer praktischen Wirksamkeit dazu geführt haben, den Sozialismus eher zu diskreditieren als ihn für die Mehrzahl der Bevölkerung im In- und Ausland »wünschenswert« erscheinen zu lassen, haben auch jene von *Marx* als »Gemeinheiten« bezeichneten Manipulationen verursacht, die die wirklich freie wissenschaftliche Forschung durch Behördenkontrolle und dogmatisches Denken zu unterdrücken versuchen. Dem Behördenmarxismus und dessen dogmatischen Vertretern in Ost und West sollte nämlich folgendes Marx-Wort in Erinnerung gerufen werden:

»Einen Menschen aber, der die Wissenschaft einem nicht aus ihr selbst (wie irrtümlich sie immer sein mag), sondern von außen, ihr fremden, äußerlichen Interessen entlehnten Standpunkt zu akkomodieren sucht, nenne ich gemein« (Kapital, in: MEW, 26. 2., S. 112).

1. Die Herausdifferenzierung der marxistischen Soziologie aus dem historischen Materialismus

Als eigenständige Disziplin konnte sich die Soziologie im sozialistischen System Osteuropas – unter näherem Hinweis auf ihre erkenntnistheoretische Grundposition – erst um 1960 als marxistische Soziologie etablieren. Bis zu dieser Zeit galt Soziologie als bürgerliche Gesellschaftslehre, die im wesentlichen aus folgenden Gründen abgelehnt wurde:

a) Der von bürgerlichen Wissenschaftlern verwendete Begriff Soziologie impliziere eine *idealistische Weltanschauung*, die die wesentliche Triebfeder des Sozialen und der gesellschaftlichen Entwicklung (wie z. B. bei *Comte, Spencer* oder den »historischen Soziologen« [vgl. Kap. VII, 3]) auf die bewußtseinsmäßige, geistige Ursachen (Aufklärung intellektuelle Emanzipation, organisatorische Erfindungen [vgl. *Spencer, Parsons* u. a.]) zurückführe. Diese Gesellschaftskonzeptionen betonen – folgerichtig ihrem idealistischen Ansatz – die überragende Bedeutung der Kultur gegenüber dem materiellen Sein (vgl. *Marx*, Teil I, Kap. III/2). Ihr Idealismus bestehe in der Annahme, daß der Geschichtsprozeß nicht von der kulturtragenden Schaffenskraft der Massen, sondern von der Fähigkeit und Einsatzbereitschaft der Eliten (vgl. auch *Saint-Simon*) gestaltet werde. Idealistisch verfahre also die Soziologie, wenn sie ihre Lehre auf die gesellschaftsgestaltenden Werte und die diesen Werten entsprechenden institutionellen Gebilde und Herrschaftsstrukturen – als »letzte Ursachen« – konzentriere. Diese »objektivierten Formen des Geistes« seien nach marxistischer Auffassung nur Derivate der jeweiligen Produktionsverhältnisse:

»Das Wesen der Gesellschaft sind eben nicht primär die jeweiligen Institutionen, sondern die Art und Weise der materiellen Produktion als Lebensäußerung und Betätigungsweise konkreter Individuen. Die gesellschaftlichen Institutionen (auch in dem umfassenden Sinne, den dieser Terminus bei König oder bei Parsons hat, also nicht eingeschränkt auf Organisationen oder Verbände oder gar Einrichtungen des Staatsapparates, sondern verstanden als Inbegriff, als Objektivierung von Rollen) sind stets ihrem Wesen und gesellschaftlichen Inhalt nach, ihrem Charakter, ihrer Zielsetzung, ihrer Funktion im gesellschaftlichen Geschehen nach geprägt von der Art und Weise der materiellen gesellschaftlichen Produktion« [1].

b) Der zweite Einwand gegen die bürgerliche Soziologie bezieht sich auf deren *abstrakten Charakter:* Nicht die Abstraktion an sich wird damit »verworfen«, sondern nur eine vom Konkreten losgelöste Abstraktionsmethode, die mit Hilfe allgemeiner Kategorien Wirklichkeit interpretieren will. Die bürgerlichen Kategorien »der« Ordnung, »des« Eigentums, »des« Menschen und »der« Zivilisation (usw.) sind Abstraktionen ohne konkreten Inhalt, erstens, weil sie aus ideellen Faktoren abgeleitet (vgl. Punkt a) zweitens, weil sie nicht aus dem historischen Kontext – bezogen auf eine konkret-historische Situation – erklärt werden und drittens, weil sie einen universalen Gültigkeitsanspruch auf die »Ewigkeit«, bzw. unumstoßbare Güte der Einrichtungen und der Richtigkeit der Erkenntnis erheben. Die bürgerliche Lehre von der Gesellschaft übersähe nicht nur den ökonomischen Ursprung der Institutionen (– indem sie diese primär als Produkte religiöser *(Weber)* oder moralischer *(Durkheim)* oder rechtlicher (vgl. Teil I, Kap. I – Vernunftrecht) und »organisatorischer« Erfindungen *(Spencer, Parsons)* betrachte –), sondern verabsolutiere auch diese gesellschaftlichen Kategorien (– wie z. B. auch »Familie«, »Staat« usw. –), indem sie sie in ihrer unveränderlich gemeinten Erscheinungsform, in ihrer »leeren« Abstraktheit analysiere. Dabei wird die »universelle« Gültigkeit der bürgerlichen Gesellschaftsordnung als die nicht mehr zu überbietende Form der Zivilisation betont und alle Konzeptionen des Seins an diesem abstrakten Maßstab gemessen. Hinter diesen Konzeptionen verstecke sich – möglicherweise ungewollt – die Vorstellung »vom Ende der Geschichte« in der bürgerlichen Form der Gesellschaft. Praktisch bedeute eine solche Welt-Anschauung die Leugnung des Fortschritts, die Leugnung der Möglichkeit eines wesentlichen Strukturwandels nach der bürgerlichen Epoche, dessen typische Merkmale die Überwindung der Warenproduktion, der Tauschbeziehungen unter den Menschen in ihrer verdinglichten Form und der fortschreitenden materiellen Gleichheit (Abbau der Klassen) sein könnten (vgl. dazu vor allem: *Gumplowicz, Durkheim, Pareto).* Die Abstraktionen bürgerlicher Soziologen spiegeln nicht nur Idealvorstellungen wider und stellen diese als die die soziale Realität lenkenden Kräfte dar, sondern verallgemeinern auch diese historisch relativierbaren Erkenntnisse des »bürgerlichen Geistes«, ohne dabei auf ihren materialistischen Ursprung zurückzugreifen, und diesen als »tragenden Grund« alles übrigen Geschehens herauszustellen:

»Sie reden von der Gesellschaft schlechthin, streiten mit den Spencerianern darüber, was die Gesellschaft allgemein darstelle, worin Zweck und Wesen der Gesellschaft im allgemeinen bestehe u. dgl. Bei derartigen Betrachtungen stützen sich diese subjektiven Soziologen auf Argumente solcher Art, daß der Zweck der Gesellschaft darin bestehe, allen ihren Mitgliedern

1 Hahn, E.: Historischer Materialismus und marxistische Soziologie, Berlin-Ost 1968, S. 117.

Vorteile zu bringen, die Gerechtigkeit erfordere daher eine ganz bestimmte Organisation, und eine Ordnung, die einer solchen idealen Organisation ... nicht entspricht, sei anomal und müsse beseitigt werden. ‚Die Aufgabe der Soziologie', meint zum Beispiel Herr Michailowski, ‚besteht wesentlich in der Klärung der sozialen Verhältnisse, unter denen dieses oder jenes Bedürfnis der menschlichen Natur befriedigt wird'. Man sieht – fährt *Lenin* fort – diesen Soziologen interessiert lediglich eine Gesellschaft, die den Anforderungen der menschlichen Natur genügt, keineswegs aber interessieren ihn sonstige Gesellschaftsformationen, die überdies auf einer solchen der ‚menschlichen Natur' nicht entsprechenden Erscheinung, wie der Versklavung der Mehrheit durch die Minderheit, begründet sein können. Man sieht ferner, daß vom Standpunkt dieses Soziologen aus keine Rede davon sein kann, die Entwicklung der Gesellschaft als einen naturgeschichtlichen Prozeß zu betrachten. (‚Hat der Soziologe etwas als wünschenswert oder unerwünscht erkannt, so muß er die Bedingungen für die Verwirklichung dieses Wünschenswerten bzw. für die Beseitigung des Unerwünschten finden', ‚für die Verwirklichung dieser oder jener Ideale' – räsoniert derselbe Herr Michailowski.) Mehr noch: nicht einmal von einer Entwicklung kann die Rede sein, sondern lediglich von verschiedenen Abweichungen vom ‚Wünschenswerten', von ‚Defekten', die in der Geschichte vorgekommen sind, ... weil es den Menschen an Verstand gebrach, weil sie nicht recht begriffen, was die menschliche Natur erheischt, weil sie die Bedingungen für die Verwirklichung einer derartigen vernünftigen Ordnung zu finden verstanden. Es ist klar, daß der Marxsche Grundgedanke eines naturgeschichtlichen Entwicklungsprozesses der ökonomischen Gesellschaftsformationen diese auf die Bezeichnung Soziologie Anspruch erhebende kindische Moral radikal untergräbt. Wie hat nun Marx diesen Grundgedanken herausgearbeitet? In der Weise, daß er das ökonomische Gebiet aus den verschiedenen Gebieten des sozialen Lebens heraushob, daß er aus der Gesamtheit der gesellschaftlichen Verhältnisse die *Produktionsverhältnisse* als die grundlegenden, ursprünglichen, alle übrigen Verhältnisse bestimmenden heraushob ... Wie Darwin der Vorstellung ein Ende bereitet hat, Tier- und Pflanzenarten seien durch nichts miteinander verbunden, zufällig entstanden, ‚von Gott erschaffen' und unveränderlich, wie er als erster die Biologie auf eine völlig wissenschaftliche Grundlage gestellt hatte, indem er die Veränderlichkeit der Arten und die Kontinuität zwischen ihnen feststellte – so hat Marx seinerseits der Vorstellung ein Ende bereitet, nach der die Gesellschaft ein mechanisches Aggregat von Individuen, an dem gemäß dem Willen der Obrigkeit ... beliebige Veränderungen vorgenommen werden können, das zufällig entsteht und sich wandelt, hat er als erster der Soziologie auf eine wissenschaftliche Grundlage gestellt, indem er den Begriff der ökonomischen Gesellschaftsformation als Gesamtheit der jeweiligen Produktionsverhältnisse festlegte und feststellte, daß die Entwicklung solcher Formationen ein naturgeschichtlicher Prozeß ist. Heute – seit dem Erscheinen des ‚Kapitals' – ist die materialistische Geschichtsauffassung schon keine Hypothese mehr, sondern eine wissenschaftlich bewiesene These, und solange kein anderer Versuch vorliegt, das Funktionieren und die Entwicklung einer Gesellschaftsformation, nicht aber die Lebensformen eines Landes oder eines Volkes oder selbst einer Klasse u. dgl. – wissenschaftlich zu erklären, ein anderer Versuch, der geeignet wäre, genauso, wie es der Materialismus getan hat, in die ‚entsprechenden Tatsachen' Ordnung hineinzutragen und ein lebendiges Bild der bestimmten Formation zu entwerfen und sie dabei streng wissenschaftlich zu erklären – solange bleibt die materialistische Geschichtsauffassung das Synonym für Gesellschaftswissenschaft« [2].

Die Ablehnung des abstrakten Charakters bürgerlicher Wissenschaftsmethode heißt aber noch nicht, daß die marxistische Soziologie Abstraktionen schlechthin verwerfen würde: gerade im Gegenteil; ihre methodologische Forderung (vgl. Teil I, Kap. III, *Hegel, Marx*) besteht darin, die »leeren«, d. h. nichtkonkretisierbaren Abstraktionen zu überwinden und die Einheit von Theorie und Praxis herzustellen. Diese Denkmethode schließt einen sich stets auf einer höheren Stufe reproduzierenden Dreitakt der dialektischen Erkenntnisgewinnung ein:

2 Lenin, W. I.: Was sind die „Volksfreunde" ..., in: Werke, Bd. I, S. 119–338 (S. 127 und 132 f).

a) unmittelbare Erfahrung (durch Sinnesorgane);
b) hypothetische Verallgemeinerung (= Theorie) *und*
c) Rückkoppelung zur Praxis (Revision der unmittelbaren Erfahrung durch ihre Vermitteltheit durch allgemeine Zusammenhänge).

Mit Hilfe dieser Methode soll vor allem eine Abstraktion vermieden werden, die aus subjektiven (klassenbedingt individuellen Erfahrungen) resultiert und die Komplexität des Konkreten entweder zusammenhanglos darstellt (Empirismus), oder aus ihr Verallgemeinerungen ableitet, die sich mit der Wirklichkeit nicht mehr decken. So sei der Erkenntniswert z. B. der »Struktur *des* sozialen Handelns« (vgl. Kap. VIII) oder die Systematisierung des sozialen Beziehungsgeflechts nach dem Modell des Bindens und Lösens *(v. Wiese,* Kap. VII) deshalb »leer«, weil diese Abstraktionen wenig dazu beitrügen, die inhaltliche Bestimmtheit der Handlungsorientierungen und deren gesellschaftliche Bedingtheit durch ökonomische Zusammenhänge zu klären. Diese Klassifikationen und Systematisierungen seien zwar »an sich« richtig, nur könne man mit ihnen in der Praxis nichts anfangen, wenn z. B. die Frage nach dem »Warum« – sei es der spezifischen Rollenzuweisung in einer Gesellschaft oder der Voraussetzungen rationaler Handlungsfähigkeit usw. – gestellt wird. Hier müßte die Verallgemeinerung mit der Praxis rückverbunden werden, um hinter den Rollensystemen die individuell erscheinenden Handlungsabläufe schichten- und klassenspezifischer Verhältnisse aufzudecken und die Erscheinungsformen des Sozialen (– wie z. B. Bedürfnisse, Interessen, Status-Rollenbeziehungen, Institutionen, Werte und Normen und Ideologien usw. –) auf die wesentlichen (= ökonomischen) Bestimmungs- und Strukturzusammenhänge im Rahmen einer konkreten Gesellschaftsformation zurückzuführen:

»Der zentrale Punkt des Marxschen Verständnisses der logischen Struktur der Wissenschaft ist die Entdeckung der Methode des Aufsteigens von abstraktem Wissen zu konkretem. Damit war die Frage nach der logischen Form beantwortet, in der sich die Anwendung der Dialektik als Methode der Erforschung der objektiv gegebenen Realität und als Mittel der Konstruktion einer entsprechenden Wissenschaft realisiert. Marx charakterisiert bekanntlich die Grundzüge dieser Methode in der ,Einleitung zur Kritik der Politischen Ökonomie'. Ihr Wesen besteht darin, das gegebene Objekt, das ,Reale und Konkrete' zunächst auf dem Wege der Analyse in seine wesentlichen Bestimmungen zu zergliedern, seine inneren, notwendigen, gesetzmäßigen Beziehungen und Zusammenhänge aufzudecken, was die Herausarbeitung einer Reihe von Abstraktionen und Begriffen zur Folge hat. Diese Abstraktionen vermögen für sich genommen jedoch noch kein adäquates Bild des Objektes zu vermitteln, solange sie nicht in ihrer wechselseitigen Beziehung aufeinander dargestellt werden, und zwar in der Beziehung, die sie in dem gegebenen konkreten Objekt aufweisen, die dieses Objekt zu dem machen, was es ist. Das Ergebnis ist die theoretische Reproduktion des Konkreten als Totalität von Bestimmungen und Beziehungen. Außerordentlich wesentlich für die Bildung der soziologischen Theorie ist das Begreifen dieser Methode als ,Art des Denkens', sich das Konkrete anzueignen, es als ein geistig Konkretes zu reproduzieren«[3].

c) Abstraktion ist aber in sich ein Politikum, wenn man nach ihrer sozialen Wirkung fragt. Die wertneutral erscheinenden Abstraktionen der bürgerlichen

---

3 Hahn, Historischer Materialismus, op. cit. S. 195. – Zum besseren Verständnis dieser Problematik verweise ich auf die Darlegung der Marxschen Position in Teil I, S. 125 ff, 172-181. Vgl. auch unten, S. 261 ff.

Soziologie bewirken – unabhängig von ihrem Selbstverständnis! – ein ideologisches Mittel der Herrschaft, indem sie im Gewand der »reinen« Erkenntnis ein elitäres und im Endeffekt parteiisches Wissen vermitteln. Auch die bürgerliche Wissenschaft ist *parteiisch:*

»Die *Abstraktion* – sagt der (ungarische) Soziologe *Szende* (1920) – ist infolge der Bewußtseinsenge ein denkökonomischer Prozeß und entspringt dem Einheitsbedürfnis der Psyche, vieles zugleich zu denken. Auch darin liegt ein ökonomischer Zug, daß die konstanten Merkmale den weniger beständigen gegenüber in den Vordergrund treten. Die isolierte Betrachtung eines Merkmals erleichtert seine Erkenntnis . . . Die Begriffe sind nach dem Grad ihrer Abstraktheit in eine Rangordnung eingeteilt. Je abstrakter der Begriff ist, desto weniger kann sein Gegenstand durch Anschauung und Erfahrung kontrolliert werden. Je mehr er sich dem Höchstgrade der Abstraktion nähert, desto dünner wird sein Inhalt, desto größer sein Geltungsumfang, desto geringer die Kontrollmöglichkeit, desto weiter das Herrschaftsgebiet« [4].

Die Wissenschaft wird also in dieser Konzeption als ideologisches Mittel der Klassengegensätze und -kämpfe verstanden, wobei vor allem der Gesellschaftstheorie als Orientierungshilfe politischen Handelns mit Wertlegitimationen eine besondere Bedeutung zukommt. Aus diesen Funktionen der Gesellschaftswissenschaften im Prozeß der sozialen Entwicklung ergibt sich – nach der Emanzipation der bürgerlichen Gesellschaftslehre von den theologisch-klerikalen Gesellschaftskonzeptionen – infolge der Klassenspaltung die Aufspaltung der Gesellschaftslehre in eine bürgerliche und proletarische:

»Um den Kampf mit den anderen Klassen richtig führen zu können, muß (die marxistische Gesellschaftstheorie) *voraussehen*, wie die Klassen sich verhalten werden . . . Dazu aber muß man wissen, wovon das Verhalten der Klassen abhängt und wodurch es bestimmt wird. Auf diese Frage kann jedoch nur die Gesellschaftswissenschaft antworten (S. 1 f) . . . Die bürgerlichen Gelehrten behaupten immer, daß sie die Vertreter der sogen. ,reinen Wissenschaft' seien, daß alle irdischen Leidenschaften, der Kampf der Interessen, die Lebensnöte, die Profitsucht und andere irdische und niedere Dinge ihrer Wissenschaft absolut fern seien. Sie stellen sich die Sache so vor, daß der Gelehrte ein Gott sei, der auf einem hohen Berge throne und das öffentliche Leben in all seiner Mannigfaltigkeit leidenschaftslos beobachte; sie glauben (und reden noch mehr davon), daß die schmutzige ,Praxis' nicht den geringsten Einfluß auf die reine Theorie hat (S. 3) . . . Die Arbeiterklasse hat ihre eigene proletarische Soziologie, die unter dem Namen ,historischer Materialismus' bekannt ist . . . Sie heißt auch anders: materialistische Geschichtsauffassung oder einfach ,ökonomischer Materialismus'. Diese höchst geniale Theorie stellt das schärfste Werkzeug des menschlichen Denkens und der menschlichen Erkenntnis dar. Mit ihrer Hilfe findet sich das Proletariat in den verwickelsten Fragen des gesellschaftlichen Lebens und des Klassenkampfes zurecht« (S. 7) [5].

Das Paradoxe an der Entwicklung der Gesellschaftslehre »des Proletariats« als historischer Materialismus ist jedoch die Tatsache, daß mit der zunehmenden Etablierung neuer Machtstrukturen in der UdSSR (Stalinismus) die revolutionär verstandene Gesellschaftslehre selbst zum Mittel einer dogmatischen Apologie des Bestehenden wurde. Im Gegensatz zum Marxschen Anliegen des »Aufsteigens zum Konkreten« [6] ist der vielversprechende Ansatz einer Konkretisierung und Erweiterung der von *Marx* und *Engels* entworfenen Gesell-

4 Nach: Kiss, G.: Marxismus als Soziologie, Reinbek 1971, S. 151 (vgl. zu Szende, ebenda, S. 146–152).
5 Bucharin, N.: Die Theorie des historischen Materialismus, Hamburg 1922.
6 Die diesbezügliche „Rückbesinnung" auf Marx erfolgte erst nach 1960.

schaftstheorie [7] durch seine politische Instrumentalisierung zu einer faktenblinden Aktions»wissenschaft« der Parteipolitik regrediert worden. Mit dem Anspruch, aus den Leitgedanken von *Marx* und *Engels* auch die komplexe Wirklichkeit adäquat erfassen zu können, mußte sich – unter dem politischen Druck – die sowjetische Gesellschaftslehre auf die Interpretation der allgemeinsten Entwicklungsgesetze (– vom Urkommunismus bis zum modernen Kommunismus –), auf die deduktive Verfahrensweise (bzw. »Anwendungsformen« der philosophisch-historischen Leitsätze [8]) und auf die Analyse der Klassenkämpfe beschränken. Die praktischen Konsequenzen einer so verstandenen Lehre von der Gesellschaft führten zur Vernachlässigung des Faktischen zugunsten des Normativen, zur Zersplitterung des Gegenstandes der Soziologie in Philosophie und Tagespolitik und damit zur Rückentwicklung der Wissenschaft von der Gesellschaft auf ein »theologisches Stadium«, in dem es galt, daß es nichts geben kann, was es nicht geben darf. Die Soll-Postulate des sozialistischen Aufbaus standen unvermittelt der sowjetischen Wirklichkeit gegenüber und dienten dazu, die Orientierung nach Fakten durch weltanschauliche Beschwörungsformeln zu verschleiern.

Der Dogmatismus übertreibt sowohl den eigenen als auch den entgegengesetzten Standpunkt. Dem eigenen verleiht er die Allgemeingültigkeit durch eine idealisierende Abstraktion; dem Skeptizismus, der die Möglichkeit einer strengen, allgemeingültigen Erkenntnis in Zweifel zieht, mutet er zu, daß der letztere jedwede Möglichkeit der Erkenntnis bezweifelt; er macht aus ihm ein Schreckgespenst. Bei dem eigenen Standpunkt vernachlässigt er die unvollkommenen Züge; bei den Gegnern unterschlägt er den Umstand, daß sie an einem relativ hohen Grade und an einer approximativen Gültigkeit der Erkenntnis festhalten. Der Dogmatismus bedient sich solcher Mittel, wie sie in den religiösen, wirtschaftlichen und politischen Kämpfen üblich sind. Die Gleichheit aller erkennenden Subjekte, die Gleichheit der Bewußtseinsfunktionen sind Abstraktionen, die die widerstreitenden Erfahrungstatsachen, die individuellen und sozialbedingten Unterschiede vernachlässigen: Die Anhänger dieser Weltanschauung protestieren immer gegen eine genetische Untersuchung.

Der Erkenntnis- und Informationsgehalt des historischen Materialismus des Stalinismus reduzierte sich auf die Exegese der Klassiker des Marxismus und auf den (mißverstandenen) Versuch, die dogmatisch ausgelegten (von Behörden bestimmten) »Leitsätze des dialektischen und historischen Materialismus auf die Erforschung des gesellschaftlichen Lebens« *(Stalin [9])* zu übertragen. Diese, wie *Ahlberg* sagt: »leerformelhafte Beschwörung des ewig Gleichen als Bestätigung der wissenschaftlichen Entwicklung der historisch-materialistischen Theorie pervertierte die soziale Wirklichkeit zum beliebig manipulierbaren Material ideologischer Demonstrationen« (Anm. 8, S. 72). Wie nun diese verbindlichen Direktiven der gesellschaftswissenschaftlichen Orientierung in Richtung auf eine integrative, konformistische und konfliktfreie Konzeption hin-

---

7 Vgl. hierzu: Lenin, W. I.: Über die Naturalsteuer, in: Werke, Bd. 32, S. 341–380. – ders.: Die große Initiative, in: Werke, Bd. 29, S. 397–424. – Oder Bucharin, op. cit.

8 Ahlberg. R.: Entwicklungsprobleme der empirischen Sozialforschung in der UdSSR, Berlin-West 1968, S. 61.

9 Fragen des Leninismus, Berlin-Ost 1947, S. 647.

auslaufende Auslegung der Marxschen Theorie in der Praxis aussahen, möchten wir jetzt anhand von *Stalin*-Zitaten veranschaulichen:

Fragen des Leninismus, Berlin-Ost 1947:

»In der gesellschaftlichen und politischen Entwicklung unseres Landes – sagt *Stalin* – sind als die wichtigsten Errungenschaften ... anzusehen: die endgültige Liquidierung der Überreste der Ausbeuterklassen, der Zusammenschluß der Arbeiter, der Bauern und der Intelligenz zu einer gemeinsamen Front der Arbeit, die Festigung der moralischen und politischen Einheit der Sowjetgesellschaft, die Festigung der Freundschaft der Völker unseres Landes und als Ergebnis alles dessen die volle Demokratisierung des politischen Lebens des Landes, und die Schaffung der neuen Verfassung ... Als Ergebnis alles dessen haben wir eine völlige Stabilität der inneren Lage und eine Festigkeit der Macht im Lande zu verzeichnen, um die uns jede Regierung in der Welt beneiden könnte (S. 693) ...

...

Was ist erforderlich, um die wichtigsten kapitalistischen Länder ökonomisch zu überholen? Dazu ist vor allem das ernste und ungestüme Verlangen erforderlich, vorwärtszuschreiten, und die Bereitschaft, Opfer zu bringen, bedeutsame Kapitalinvestitionen vorzunehmen, um unsere sozialistische Industrie in jeder Weise zu erweitern (S. 697) ...

...

Der fortdauernde Aufschwung der Industrie und Landwirtschaft mußte zu einer neuerlichen Hebung der materiellen und kulturellen Lage des Volkes führen, und hat in der Tat auch dazu geführt.

...

Die Beseitigung der Ausbeutung und die Festigung des sozialistischen Systems in der Volkswirtschaft, das Fehlen der Arbeitslosigkeit und des mit ihr verbundenen Elends in Stadt und Land, die gewaltige Erweiterung der Industrie und das ununterbrochene Anwachsen der Zahl der Arbeiter, die steigende Arbeitsproduktivität der Arbeiter und Kolchosbauern, die Tatsache, daß den Kollektivwirtschaften der Boden für ewig zuerkannt ist, und die Ausrüstung der Kollektivwirtschaften mit einer gewaltigen Anzahl erstklassiger Traktoren und landwirtschaftlicher Maschinen – all dies hat die realen Voraussetzungen für die weitere Hebung der materiellen Lage der Arbeiter und Bauern geschaffen. Die Verbesserung der materiellen Lage der Intelligenz, die einen bedeutenden Faktor in unserem Lande darstellt und den Interessen der Arbeiter und Bauern dient (S. 704) ...

Dank dieser ganzen riesigen Kulturarbeit (in der Hebung des Kulturniveaus des Volkes) hat sich bei uns eine zahlreiche neue Intelligenz gebildet und entwickelt, die Sowjetintelligenz, die aus den Reihen der Arbeiterklasse, der Bauernschaft, der Sowjetangestellten hervorgegangen ist, die Fleisch vom Fleische und Blut vom Blute unseres Volkes ist, eine Intelligenz, die das Joch der Ausbeutung nicht kennt, die die Ausbeuter haßt und bereit ist, den Völkern der Sowjetunion treu und ehrlich zu dienen.

Ich denke, daß die Entstehung dieser neuen, sozialistischen Volksintelligenz eines der wichtigsten Ergebnisse der Kulturrevolution in unserem Lande ist (S. 707 f) ...

...

Einige Vertreter der ausländischen Presse schwatzen davon, die Säuberung der Sowjetorganisationen von Spionen, Mördern und Schädlingen vom Schlage eines Trotzkij, Sinovev, Kamenev, Jakir, Tuchatschewski, Rosenholz, Bucharin und anderen Ungeheuern hätte das Sowjetsystem ,erschüttert', hätte ,Zersetzung' in dieses hineingetragen ... Wäre es nicht richtiger zu sagen, daß die Säuberung der Sowjetorganisationen von Spionen, Mördern und Schädlingen zu einer weiteren Festigung dieser Organisationen führen mußte und tatsächlich geführt hat? (S. 709 f) ...

...

Nachdem die Partei die Volksfeinde vernichtet und die Partei- und Sowjetorganisationen von entarteten Elementen gesäubert hatte, wurde sie noch einheitlicher in ihrer politischen und organisatorischen Arbeit, schloß sie sich noch fester um ihr Zentralkomitee zusammen *(stürmischer Beifall ...)* (S. 712) ...

Die Festigung der Partei und ihrer leitenden Organe wurde ... vor allem auf zwei Linien durchgeführt: auf der Linie der Regulierung der Zusammensetzung der Partei, der Hinausdrängung der Unzuverlässigen, der Auslese der Besten (S. 712) ...«

Ökonomische Probleme des Sozialismus in der UdSSR, Berlin-Ost 1952:

»... die Rolle der Produktionsverhältnisse in der Geschichte der Gesellschaft beschränkt sich nicht auf die Rolle eines Hemmschuhs, der die Entwicklung der Produktivkräfte behindert. Wenn die Marxisten von der hemmenden Rolle der Produktionsverhältnisse sprechen, so haben sie nicht beliebige Produktionsverhältnisse im Auge, sondern nur alte Produktionsverhältnisse, die dem Wachstum der Produktivkräfte bereits nicht mehr entsprechen und folglich ihre Entwicklung hemmen (S. 62) ...
Das Ziel der sozialistischen Produktion ist nicht der Profit, sondern der Mensch mit seinen Bedürfnissen, das heißt ... die Sicherung der maximalen Befriedigung der ständig wachsenden materiellen und kulturellen Bedürfnisse der gesamten Gesellschaft ... Wachstum und ständige Vervollkommnung der sozialistischen Produktion auf der Basis der höchstentwickelten Technik (ist nur) das *Mittel* für die Erreichung dieses Ziels« (S. 78 f).

Sprachwissenschaft, Berlin-Ost 1954, S. 34 f.:

»... (Es) muß überhaupt gesagt werden, daß das Gesetz des Übergangs von einer alten zu einer neuen Qualität vermittels einer Explosion nicht allein auf die Entwicklungsgeschichte der Sprache unanwendbar ist – es ist auch auf andere gesellschaftliche Erscheinungen, die die Basis oder den Überbau betreffen, nicht immer anwendbar. Es ist unbedingt gültig für eine in feindliche Klassen gespaltene Gesellschaft. Aber es ist gar nicht unbedingt gültig für eine Gesellschaft, in der es keine feindlichen Klassen gibt. Im Laufe von 8 bis 10 Jahren haben wir in der Landwirtschaft unseres Landes den Übergang von der bürgerlichen, auf Einzelbauernwirtschaften beruhenden Ordnung zur sozialistischen Kollektivwirtschaftsordnung vollzogen. Das war eine Revolution ... Das aber konnte vollzogen werden, weil es eine Revolution von oben war, weil die Umwälzung auf Initiative der bestehenden Macht mit Unterstützung der Hauptmassen der Bauernschaft durchgeführt wurde«.

Auf welche Weise nun diese auch für die wissenschaftliche Forschung *absolut* verbindlichen »Auslegungen« die Meinungs- und Gedankenfreiheit drosselten, soll am Beispiel von *Kolakowskis* (Polen) Schilderungen illustriert werden [10]:

»Einige Tage, nachdem der ,größte Sprachforscher' der Welt in einer Tageszeitung sein Werk veröffentlicht hatte, in dem er die Sprachtheorie Marrs für falsch erklärte, hatte ich Gelegenheit, in einer gewissen Stadt den Beratungen einer Gruppe von Sprachwissenschaftlern beizuwohnen, die sich mit diesem Ereignis beschäftigten. Dabei erlaubte sich einer der Redner eine große Taktlosigkeit. Er nahm ein kleines Buch zur Hand, das nun von einem der im Saal anwesenden Sprachforscher stammte und vor einigen Wochen erschienen war, und las daraus einen Abschnitt vor, der ungefähr folgenden Inhalt hatte: Ohne Zweifel ist die Theorie Marrs die konsequent marxistisch-leninistische Sprachtheorie. Nur sie allein stimmt mit den Grundsätzen des Marxismus-Leninismus völlig überein – so daß gerade sie ein zuverlässiges Werkzeug für die marxistisch-leninistische Sprachforschung darstellt, usw. Daraufhin zog der gehässige Mann die neueste Nummer der Zeitung hervor und verlas aus einem kleinen Artikel, den der Autor des zitierten Büchleins verfaßt hatte, einen Passus, der etwa folgenden Inhalt hatte: Es ist ganz offenbar, daß die Theorie Marrs nichts mit dem Marxismus-Leninismus gemein hat. Sie stellt eine grobe Vulgarisierung des Marxismus-Leninismus dar, so daß die marxistisch-leninistische Sprachforschung sich der Theorie Marrs entschieden widersetzen muß, usw. ,Was soll das heißen' empörte sich der Kritiker. – ,Woher ein solcher Meinungsumschwung in wenigen Wochen? Chamäleon!' Der Autor der zitierten Fragmente schwieg verwirrt, die Anwesenden aber lachten und amüsierten sich darüber so lange, bis ein Parteifunktionär das Wort ergriff und sagte, da gebe es nichts zu lachen, denn der Mensch dürfe seine Ansichten ja ändern, das tue niemandem Abbruch.
Als ich diese Diskussion hörte, hatte ich im ersten Augenblick den Eindruck, daß sich das Recht auf seiten des Kritikers befände, der den Opportunismus des betreffenden Sprachwissenschaftlers und dessen unrühmliche Bereitschaft zu blitzschnellen Meinungsumschwüngen – je nach der Auffassung des ,größten Sprachforschers' der Welt – treffend bloßgelegt hatte. Erst später, viel später begriff ich, daß der beschämte Autor des kleinen Buches der wahre Marxist gewesen war und sein Kritiker sich als völliger Ignorant erwiesen hatte. Denn – und hier berühren wir den Kern der Sache, die wir behandeln wollen – die Theorie von Marr war zwei Tage vor der

10 Kolakowski, Leszek: Der Mensch ohne Alternative, (1955–57), München 1964, S. 7–9.

Veröffentlichung der Arbeit des ‚größten Sprachforschers' *wirklich* mit dem Marxismus völlig im Einklang stimmte, als dieses Werk gedruckt war, *wirklich* nicht mehr mit dem Marxismus überein. Der Autor des Büchleins hatte, wenn er ein echter Marxist war, keine Ursache, sich zu schämen, sondern konnte sich rühmen, den Grundsätzen des Marxismus unverbrüchlich treu geblieben zu sein.

Den Grundsätzen? Das ist vielleicht ungeschickt ausgedrückt. Die Sache ist die: Das Wort ‚Marxismus' sollte keinesfalls eine auf ihren Inhalt hin bestimmte Doktrin bedeuten, sondern eine Doktrin, die ausschließlich formal, und zwar durch das jeweilige Dekret einer *unfehlbaren Institution* bestimmt wurde, die in einer gewissen Epoche von der Welt ‚größtem Sprachforscher', ‚größtem Historiker', ‚größtem Philosophen',‚ ‚größtem Wirtschaftsexperten' verkörpert worden ist.

Mit anderen Worten: Der Begriff ‚Marxismus' wurde zu einem Begriff mit institutionellem und nicht intellektuellem Inhalt – wie das übrigens mit jeder kirchlichen Doktrin geschieht. Das Wort ‚Marxist' bezeichnet nicht einen Menschen, der die eine oder andere inhaltlich umrissene Auffassung von der Welt besitzt, sondern einen Menschen mit einer bestimmten Geisteshaltung, die durch die Bereitschaft gekennzeichnet ist, Auffassungen zu akzeptieren, die behördlich bestätigt worden sind. Welchen aktuellen Inhalt der Marxismus besitzt, ist von diesem Gesichtspunkt aus ohne Bedeutung – man wird dadurch zum Marxisten, daß man sich bereit erklärt, von Fall zu Fall den Inhalt zu akzeptieren, den die Behörde präsentiert. Daher war bis zum Februar 1956 *tatsächlich* nur derjenige ein Marxist (also auch revolutionär, Dialektiker, Materialist), der unter anderem die Meinung vertrat, daß es außer der revolutionären Gewalt kein Mittel gebe, den Sozialismus aufzubauen, und jeder, der glaube, daß solche anderen Mittel vorhanden wären – ein Antimarxist (also auch Reformist, Metaphysiker, Idealist). Seit dem Februar 1956 ist es, wie man weiß, umgekehrt: Marxist ist nur derjenige, der die Möglichkeit eines friedlichen Übergangs zum Sozialismus in einigen Ländern anerkennt. Wer in diesen Fragen in einem Jahr als Marxist gelten wird – ist schwer genau vorauszusehen. Aber es ist nicht unsere Aufgabe, darüber zu entscheiden, sondern die der Behörde«.

Erst auf diesem Hintergrund wird die nach *Stalins* Tod (1953) einsetzende Intention des »Revisionismus« – vor allem auf dem Gebiet der Gesellschaftswissenschaften – verständlich: Die von den Dogmatikern zu »Revisionisten« gestempelten Wissenschaftler wollten im Interesse der Funktionsfähigkeit des Systems Reformen durchsetzen (– z. B. Lockerung der Zentralplanung, Rationalisierung der Bürokratie, Sicherung größerer Eigeninitiative, größere Meinungs- und Pressefreiheit usw.), die aber nur dann Aussicht auf Erfolg versprachen, wenn der machtmäßige Praktizismus im politischen Handeln und der Dogmatismus im Denken nachließen. Auf dem Gebiet der Gesellschaftswissenschaften waren es vor allem polnische Soziologen *(Wiatr, Bauman, Hochfeld* u. a.), die die rationale Selbstaufklärung – ganz im Sinne *Webers* – forderten. Die Hauptrichtung der Kritik zielte auf die drei Grundthesen des Dogmatismus über die Struktur der sozialistischen Gesellschaft:

a) auf das Gleichgewichtsmodell, demzufolge *Stalin* behauptete:

».. . Ein Beispiel völliger Übereinstimmung der Produktionsverhältnisse mit dem Charakter der Produktivkräfte ist die sozialistische Volkswirtschaft in der Sowjetunion, wo das gesellschaftliche Eigentum an den Produktionsmitteln sich in völliger Übereinstimmung mit dem gesellschaftlichen Charakter des Produktionsprozesses befindet .. .« (Über den dialektischen und historischen Materialismus, 5. Aufl. Berlin-Ost 1945, S. 62).

b) auf die Konfliktlosigkeit sozialer Differenzierungsprozesse unter sozialistischen Bedingungen (Abbau der Klassenunterschiede) und

c) auf die Legitimität der »Bevormundung der Wissenschaft« durch die kommunistische Partei.

Mit anderen Worten: Es wurde die Frage gestellt, ob mit der Abschaffung des Privateigentums an Produktionsmitteln *tatsächlich* die Klassenunterschiede verschwunden seien und ob es dem System nütze, wenn man von den Wunschvorstellungen einer harmonischen Integration ausgehe und durch diese »Brille« die Wirklichkeit »analysiere« – oder ob es besser wäre, ideologiefrei die wirklichen Probleme im Sinne der Wissenschaftlichkeit zu sehen, um auch entsprechende Maßnahmen gegen bestimmte Mißstände ergreifen zu können. Um sich darüber Rechenschaft ablegen zu können, was in der sozialen Realität wirklich vor sich geht, mußten die marxistischen Soziologen zuerst die ideologische Legitimation von den Parteiinstanzen einholen, um das nachzuholen, was eigentlich nach westlichem Muster schon längst hätte »organisiert« werden können: die Etablierung einer Disziplin, die sich eigens mit den Fragen des sozialen Zusammenlebens der Menschen beschäftigt.

Inzwischen hat nun die westliche Soziologie einen beachtenswerten Stand in der empirischen Sozialforschung, mit den dazugehörigen Techniken erreicht. Sie konnte nur teilweise mit den alten Argumenten widerlegt werden, daß sie eine nur-theoretisierende Wissenschaft sei. Unter dem Differenzierungszwang, eine eigenständige Sozialforschung einerseits von der Sozialphilosophie, andererseits aber gleichzeitig vom Faktenfetischismus der »reinen« Empirie abzulösen, mußte ein neuer Terminus für die inhaltliche Bestimmung der neuen, an Fakten orientierten Disziplin gefunden werden: Im Unterschied zur empirischen Sozialforschung wurde die Bezeichnung: konkret-soziologische gewählt [11]. Der terminologische Unterschied soll auf wesentliche Unterschiede hinweisen: Während die bürgerliche Soziologie entweder nur »abstrakte theoretische Systeme« mit nicht-konkreten Inhalten oder nur exakte Einzelanalysen in ihrer Losgelöstheit vom gesamtgesellschaftlichen Zusammenhang produzieren könne, sollte die »marxistische Soziologie« – auf den Grundlagen ihrer historisch-materialistischen Erkenntnistheorie (= Methodologie, vgl. Punkt 2) – die Verbindung zwischen Faktenforschung und gesamtgesellschaftlicher Analyse herstellen. Mit dem Hinweis auf diese Einbettung soziologischer Forschungen in das theoretische System des historischen Materialismus und mit dem Hinweis auf die Systemnützlichkeit soziologischer Forschungen für das reibungslosere Funktionieren des sozialistischen Systems, konnten die »Revisionisten« eine relativ eigenständige Fachdisziplin: die marxistische Soziologie etablieren (um 1960).

Nachdem polnische Gelehrte schon im Jahre 1956 eine Revision der offiziellen Lehre des historischen Materialismus in bezug auf die Aussagen des gesellschaftlichen Lebens gefordert hatten, verfaßte Jürgen *Kuczynski* (1957) einen Aufsatz über »Soziologische Gesetze« [12], um die Aufmerksamkeit auf ein Gebiet zu lenken, das im Rahmen der allgemeinen, historisch-philosophischen Kategorien des historischen Materialismus bislang unberücksichtigt geblieben war.

Mit dem Hinweis auf die soziologischen Gesetze sollte angedeutet werden, daß es neben den wichtigen philosophischen Fragen (etwa den Beziehungen zwi-

---

11 Vgl. Kiss, Marxismus, op. cit. S. 157 ff.
12 Sociologićeskie zakony (Soziologische Gesetze), in: Voprosy Filosofii, 1957, 5, S. 95–100.

schen Natur und Gesellschaft) und außerhalb der ökonomischen Betrachtungsweise (Erforschung der Beziehungen zwischen Produktivkräften – Produktionsverhältnissen – Überbau) noch bestimmte Gesetze gibt, die innerhalb der drei großen Sphären von Natur, Gesellschaft und Denken *wirken*. Diese Gesetze stellen bestimmte Verbindungslinien innerhalb der einzelnen Bereiche her und sind dadurch zwar nur »Teilerscheinungen«, doch nicht minder wichtig für die Erforschung des konkreten, sozialen Seins der Menschen. Um also ein wirklichkeitsgetreues Bild vom gesellschaftlichen Wirken der Menschen in der Praxis zu bekommen, genüge es nicht nur auf die allgemeinen Entwicklungstendenzen (zum Sozialismus), die Kampftaktik des Proletariats und auf die materialistischen Grundlagen der marxistisch-leninistischen Philosophie (also: Beziehung Natur–Gesellschaft, Sein–Bewußtsein (Denken) usw.) hinzuweisen, weil diese Lehre primär philosophisch sei und ihre Aufmerksamkeit von ihrer Aufgabenstellung her nicht auf soziale Phänomene, auf die konkreten Handlungsweisen der Menschen konzentrieren könne. Aus diesem Grunde sei die Trennung von Philosophie und Soziologie notwendig: Die Soziologie habe die Aufgabe, jene Teilerscheinungen des sozialen Lebens zu erforschen, mit der es die Philosophie nicht in erster Linie zu tun habe. Jene Reihe von gesetzmäßigen Prozessen, die z. B. die Beziehungen zwischen dem natürlichen Wachstum der Bevölkerung und der Entwicklung der Produktivkräfte regulieren oder Gesetze, die die allgemeinen Beziehungen zwischen gesellschaftlichem Bewußtsein und Denken bestimmen, nennt *Kuczynski* soziologische Gesetze:

»Natur, Gesellschaft und Denken entwickeln sich gesetzmäßig. Das Gesetz stellt sich – nach Lenins Definition – „als Widerspiegelung des Seins in der Bewegung des Universums" dar; es ist der Ausdruck der naturbedingten Notwendigkeit im Verlauf des Geschehens. Es gibt Gesetze, die für alle drei Sphären der Wirklichkeit – der Natur, der Gesellschaft und des Denkens – allgemeingültig sind, und Gesetze, die sich nur auf eine dieser Sphären oder auf einen Teil einer Sphäre erstrecken (Gesetze der Chemie, der politischen Ökonomie, der dialektischen Logik). Als Beispiel für ein Gesetz, das in allen drei Sphären wirksam wird, könnte die Feststellung dienen: es gibt keine Bewegung ohne Widersprüche. Die Gesetze, die sich auf alle drei Sphären der Wirklichkeit erstrecken, sind größtenteils allgemeine Gesetze einer jeden Bewegung. Die Wissenschaft, die diese allgemeinen Gesetze (mit anderen zusammen) untersucht, ist die marxistische Philosophie.
Als Beispiel für Gesetze, die in einer der Sphären wirklich sind, kann man nennen: in der Sphäre der Natur – das Erhaltungsgesetz der Energie; in der Sphäre der Gesellschaft – das Gesetz des Überganges vom Kapitalismus zum Sozialismus; in der Sphäre des Denkens – das Gesetz, das besagt, daß „die Entwicklung irgendeines Begriffs oder der Beziehung von Begriffen . . . sich in der Geschichte des Denkens zu seiner Entwicklung im Kopf des einzelnen Dialektikers so verhält, wie die Entwicklung irgendeines Organismus in der Paleontologie – zu seiner Entwicklung in der Embryologie" (nach Engels). Daneben aber existiert noch eine Art von Gesetzen, die die Beziehungen zwischen den obengenannten drei Sphären und auch die Beziehungen zwischen den Teilen dieser Sphären zum Ausdruck bringen. In diesen Fällen, wenn man die Beziehungen zwischen der Sphäre der Gesellschaft im ganzen und den Sphären der Natur und des Denkens betrachtet, haben wir es mit den Gesetzen des historischen Materialismus zu tun . . . Eines der grundlegenden Gesetze des historischen Materialismus, die die Beziehungen zwischen Gesellschaft und Denken bestimmen, formulierte Marx folgendermaßen: „Nicht das Bewußtsein der Menschen bestimmt ihr Sein, sondern umgekehrt, ihr gesellschaftliches Sein bestimmt ihr Bewußtsein".
Eins der grundlegenden Gesetze des historischen Materialismus, die die Beziehungen zwischen Gesellschaft und Natur bestimmen, kommt meiner Ansicht nach im folgenden zum Ausdruck: Im Laufe der Zeit werden sich die Beziehungen zwischen Natur und Gesellschaft soweit umwandeln, daß sich der überwiegende Einfluß der Natur auf die Gesellschaft am Anfang der

Menschheitsgeschichte zu einem überwiegenden Einfluß der Gesellschaft auf die Natur verwandeln wird.

Gesetze hingegen, die zum Beispiel die Beziehungen zwischen dem natürlichen Wachstum der Bevölkerung und der Entwicklung der Produktivkräfte regulieren, oder Gesetze, die die allgemeinen Beziehungen zwischen gesellschaftlichem Bewußtsein und Denken bestimmen, sind soziologische Gesetze. Ein wichtiges Problem soziologischer Forschung ist die Frage nach dem doppelten Charakter der Produktivkräfte, die einerseits gesellschaftlich neutral sind (es gibt keine sozialistische Lokomotive), andererseits wiederum strukturbestimmend für die Gesellschaft ist. Marx sagt zum Beispiel, daß das Handwerk die feudale, die Dampfmaschine jedoch die kapitalistische Gesellschaft erzeugt.

Der gesellschaftliche Entwicklungsprozeß vollzieht sich auf drei Ebenen – auf der Ebene der Produktivkräfte, der Produktionsverhältnisse und des Überbaus. Die Gesetze, die die Beziehungen zwischen diesen drei Ebene bestimmen, nennen wir ebenfalls soziologische Gesetze. Das wichtigste soziologische Gesetz, das die Beziehungen zwischen den Produktivkräften und Produktionsverhältnissen bestimmt, ist das Gesetz der Anpassung der Produktionsverhältnisse an den Charakter der Produktivkräfte. Das wichtigste soziologische Gesetz, das die Beziehungen zwischen Unter- und Überbau bestimmt, ist das Gesetz der Anpassung des ideologischen Inhalts des gesetzlichen Bewußtseins an die Institutionen des Überbaus.

... (Wenn wir dieses Geflecht von Beziehungen erforschen und allseitig entwickeln wollen,) dann müssen wir nicht nur gute Kenner der Theorie und der konkreten Entwicklung der Produktivkräfte, nicht nur Spezialisten auf dem Gebiet der politischen Ökonomie und der Wirtschaftsgeschichte, nicht nur Historiker ... sein, sondern auch gute Soziologen.

Um kurz die Aufgaben der Soziologie zu fixieren, muß man vor allem eine klare Unterscheidung zwischen den Gesetzen, die sie untersucht, und den Gesetzen der politischen Ökonomie treffen.

Beziehung zwischen ökonomischen und soziologischen Gesetzen

Die Besonderheit des gesellschaftlichen Entwicklungsprozesses besteht darin, daß er auf selbstverständliche Weise von zwei Arten der Gesetzmäßigkeit bestimmt wird. Während die Bewegung der Natur „in letzter Instanz" nur durch die allgemeinsten Gesetze, durch die Grundgesetze der Dialektik bestimmt wird, gibt es in der Bewegung der Gesellschaft, parallel dazu noch eine „letzte Instanz" – die ökonomischen Gesetze, denen im Vergleich zu den anderen Gesetzen eine entscheidende Rolle zufällt. Selbstverständlich bedeutet das, daß die ökonomischen Gesetze durch ihre auswirkende Kraft im Vergleich zu den soziologischen Gesetzen den Vorrang haben.

Es wäre jedoch falsch zu glauben, daß die politische Ökonomie der Soziologie untergeordnet sei, da der Gegenstand der letzteren die Beziehungen zwischen zwei oder mehreren Gebieten des gesellschaftlichen Entwicklungsprozesses bildet, oder umgekehrt, daß die Soziologie nur ein Zweig der politischen Ökonomie sei. Die Soziologie ist eine völlig selbständige Wissenschaft. Mehr noch: im Prozeß der gesellschaftlichen Entwicklung gibt es besondere Umstände, in denen die soziologischen Gesetze über die ökonomischen dominieren. Ähnliche Umstände treten in der Periode beim Übergang von einem zum anderen Gesellschaftssystem auf ...

In der ganzen Periode des Übergangs von einem zum anderen Gesellschaftssystem ist das entscheidende soziologische Gesetz: das Gesetz der Anpassung der Produktionsverhältnisse an den Charakter der Produktivkräfte. Seiner Wirkung nach ist dieses Gesetz ein Katalisator, der den Sieg des neuen ökonomischen Gesetze über die alten Inhalte beschleunigt. Während des Übergangs vom Kapitalismus zum Sozialismus ist jedoch noch ein soziologisches Gesetz wirksam, dessen Rolle genauso bedeutsam ist: das Gesetz der Anpassung des ideologischen Inhalts des gesellschaftlichen Bewußtseins an die Institutionen des Überbaus über die Basis ...

Wenn wir uns daran erinnern, welche große Aufmerksamkeit Lenin seit den ersten Tagen der Revolution der Entwicklung des sozialistischen Bewußtseins unter den Werktätigen schenkte, wenn wir uns umschauen, welche erstrangige Bedeutung der Entwicklung eines sozialistischen Bewußtseins unter den Werktätigen die Führung der Arbeiterklasse in allen Ländern, die jetzt den Sozialismus aufbauen, zukommt, dann wird uns das Gesetz der Anpassung zwischen Unter- und Überbau klar. Dabei wird es niemanden einfallen, dieses Gesetz ökonomisch zu nennen, da es völlig einleuchtend ist, daß es sich hier um ein soziologisches Gesetz handelt.

Für die breite Entwicklung der Soziologie

Genügend oft werden viele soziologische Gesetze mit ökonomischen erklärt. Im Lehrbuch der „Politischen Ökonomie" (Moskau 1955, 2. Aufl.) steht zum Beispiel: „So ist das Gesetz der notwendigen Anpassung der Produktionsverhältnisse an den Charakter der Produktivkräfte ein ökonomisches Gesetz der gesellschaftlichen Entwicklung (S. 10). Dabei handelt es sich hier um soziologische Gesetze.

Wie gefährlich diese Verwechslung von Begriffen für die Entwicklung der Wissenschaft ist, zeigten die in der DDR – und ebenso auch in anderen Ländern – geführten Diskussionen von Ökonomen über das Gesetz der planmäßigen und proportionalen Entwicklung der Volkswirtschaft. Im Kapitel XXIII. des Lehrbuchs für Politische Ökonomie („Grundzüge der Übergangsperiode vom Kapitalismus zum Sozialismus") wird diesbezüglich folgendes gesagt: „Indem das gesellschaftliche Eigentum die Unternehmen des sozialistischen Sektors vereinigt, macht es ihre planmäßige Entwicklung notwendig und möglich. Auf der Grundlage der sozialistischen Produktionsverhältnisse in der Übergangsperiode entfaltet sich das ökonomische Gesetz der planmäßigen und proportionalen Entwicklung der Volkswirtschaft und beginnt seine Wirkung zu zeigen. Dieses Gesetz fordert eine planmäßige Wirtschaftsführung und die Aufstellung solcher Proportionen in der Wirtschaftsplanung zwischen den Wirtschaftszweigen, die für den Sieg des Sozialismus, für die Befriedigung der wachsenden Bedürfnisse der Gesellschaft notwendig sind" (ebenda, S. 337).

Auf dieser Grundlage sind einige unserer Wirtschaftswissenschaftler zu den Schlußfolgerungen gekommen, daß die planmäßige Wirtschaftsführung keine ökonomische Erscheinung sei, sondern Sache der Wirtschaftspolitik und folglich, daß es hier nicht um das Gesetz, sondern um das Prinzip des Handels gehe. Bei diesen Überlegungen weisen sie, meiner Ansicht nach völlig richtig darauf hin, daß wir im gegebenen Fall kein ökonomisches Gesetz vor uns haben, da doch in den hier innewohnenden, grundlegend notwendigen Beziehungen die Entwicklung des Überbaus eine allzu große Rolle spielt. Daher meine ich auch, daß wir es hier mit einem Gesetz (und zwar mit einem soziologischen Gesetz) zu tun haben, das durch die bekannten Beziehungen zwischen Wirtschaft (Basis) und Wirtschaftspolitik (Überbau) bestimmt wird . . .

Neben den Fragen, die mit der Strategie und Taktik der Partei und des Staates zusammenhängen, auf die wir hier nicht unmittelbar eingehen, gibt es auch andere Gebiete der soziologischen Forschung, die eine aktuelle Bedeutung haben. Uns allen ist es zum Beispiel bekannt, welche doppelseitige Rolle die Intelligenz in der gegenwärtigen Gesellschaft spielt. Es gab eine revolutionäre Intelligenz der deutschen Sozialdemokratie – Karl Liebknecht, Rosa Luxemburg, Klara Zetkin, Franz Mehring –, die im Jahre 1914 die Führung der deutschen Arbeiterklasse repräsentierten. Zur Intelligenz gehörten jedoch auch jene Kreise, die im Jahre 1956 in Ungarn eine Stellung bezogen, die eine ausgesprochene Gefahr für den Fortschritt bedeuteten. Wo sind nun die soziologischen Forschungen über die Rolle der Intelligenz . . .? . . .

Als am 17. Juni 1953 in den Betrieben der Deutschen Demokratischen Republik dem Feind der kurzlebige Einbruch in die Reihe der Arbeiter gelang, haben wir mit Recht festgestellt, daß der Bestand der Arbeiterklasse in dieser Zeit ein anderer war als unter der kapitalistischen Herrschaft. Es kamen ehemalige Faschisten, die – verjagt von ihren Posten – gezwungen waren, nützliche Arbeit zu leisten, nicht wenige Abkömmlinge der Bourgeoisie und viele ehemalige Staatsbeamte in die Betriebe. In den osteuropäischen Ländern der Volksdemokratie spielt die intensive Zuwanderung bedeutender bäuerlicher Schichten in die Betriebe eine große Rolle. Es gibt jedoch bis jetzt keinerlei soziologische Untersuchungen, die der Zusammensetzung der Arbeiterklasse in den Betrieben der DDR gewidmet wären. Der Einfluß der Produktionsverhältnisse auf das soziale, politische und geistige Leben . . . wurde ebenfalls noch nicht zum Gegenstand einer Untersuchung gemacht. Schon diese wenigen Beispiele zeigen, daß wir es hier mit ernsten Versäumnissen unserer Wissenschaftler zu tun haben, die eine bedeutende Schädigung der Partei- und Staatsinteressen nach sich ziehen. Um dieses Versäumnis zu überwinden, ist es notwendig, die konkreten Fragen der Soziologie auszuarbeiten. Deshalb ist die Frage der Entwicklung der Soziologie äußerst aktuell . . .«

Um die Zeit von ca. 1957 bis 1960 traten viele Wissenschaftler der osteuropäischen Staaten für diese, von *Kuczynski* geforderten Aufgaben einer soziologischen Forschung ein: die wichtigsten Verfechter für eine moderne, empirisch orientierte Soziologie waren in Polen Z. *Baumann*, J. *Hochfeld*, J. *Wiatr* – in der DDR. J. *Kuczinsky* – in Ungarn S. *Szalai* und A. *Hegedüs* [13]. Die

---

13 Vgl. hierzu (mit genauen Quellenangaben): Kiss, Gabor: Gibt es eine „marxistische" Soziologie?, = Dortmunder Schriften zur Sozialforschung, Bd, 33, Köln-Opladen 1966.

Vorwürfe richteten sich vor allem auf die Verwechslung von Soll- und Seins-vorstellungen in der gesellschaftlichen Praxis, auf die Entfernung der Partei-führer vom Volk: Der »machtmäßige Praktizismus« *(Szalai)* habe die Partei-führung verblendet und in einer Selbstherrlichkeit verharren lassen (»Per-sonenkult«), die den Kontakt sowohl zu den Massen als auch zu ihren konkre-ten Problemen verloren hatte. Aus den illusionären Vorstellungen, daß nun, nach der Abschaffung des Privateigentums alles – quasi automatisch – zum Be-sten führe, habe die Partei den konkreten sozialen Verhältnissen im Sozialis-mus zu wenig Aufmerksamkeit gewidmet. Diese Kritik am Führungsstil und an den Versäumnissen der Parteiführung wurde von den Dogmatikern als »revisionistisch« bezeichnet.

Bezeichnenderweise argumentieren die Dogmatiker – wie z. B. *Konstantinov, Glezerman,* (UdSSR), *Braunreuther, Scheler* (DDR), *Fukász* (Ungarn) – mit den von *Szende* beschriebenen Verhüllungspraktiken des Establishments: Die Sorge um den Autoritätsverlust der Partei, die Betonung der Priorität des Abstrakten gegenüber »genetischen Untersuchungen«, die Aufrechterhaltung der Widerspruchslosigkeit bzw. Kontinuität der wissenschaftlichen Tradition und die Heraufbeschwörung der Gefahr der Verharmlosung »gegnerischer Be-strebungen« spielten in den Auseinandersetzungen eine zentrale Rolle. So durfte also die Legitimität der Parteiführung auch in wissenschaftlichen Fra-gen nicht angetastet, die Vorrangstellung der Theorie gegenüber der Empirie nicht in Frage gestellt, die bruchlose Ableitung neuer kritischer Ansätze aus alten unkritisch rezipierten Denkkategorien nur begrenzt angezweifelt und die ideologische Koexistenz zwischen östlichen und westlichen Soziologen nicht allzu weit getrieben werden.

Demgegenüber wiesen die »Revisionisten« vor allem auf die funktionale Not-wendigkeit einer effektiven, an Fakten orientierten Sozialforschung hin, die nur durch die Herausdifferenzierung einer neuen soziologischen Disziplin aus dem herkömmlichen Gefüge des philosophischen Systems des dialektischen und historischen Materialismus möglich werde. Die »Revisionisten« betonten unter Berufung auf *Marx* die Notwendigkeit der Einheit von Theorie *und* Praxis, um die Relationen zwischen Unter- und Überbau in ihren konkreten Ausge-staltungen unter sozialistischen Bedingungen – gerade im Interesse einer »funktionalen Demokratie« – und in ihrer Komplexität wirklichkeitsadäquat erfassen zu können. Eine solche Analyse der sozialistischen Wirklichkeit bedürfe einer gewissen Zurückstellung ideologischer Wertungen zugunsten der nüchternen Beobachtung illusionsfreier Wissenschaftler. Dabei wurde stets betont, daß nicht zuletzt die Vernachlässigung der »Teil-Erscheinungen« des sozialen Lebens dazu geführt habe, daß die Wirklichkeit nur von der Theorie und den »schön frisierten Zahlen« her gesehen wurde. Um also die Effizienz des sozialistischen Systems zu erhöhen, sei es unerläßlich notwendig, daß auf der Grundlage rationaler Selbstaufklärung wissenschaftliche Methoden der Gesellschaftsführung entwickelt würden, damit die konkreten Wechselwir-kungsprozesse zwischen Basis und Überbau – zwischen Produktionsverhält-nissen und normativem System – im Sinne einer praxisbezogenen Wissen-schaftlichkeit erforscht werden könnten. Die Trennung der Sozialphilosophie von der empirischen Sozialforschung gebiete die zunehmende Spezialisierung der Wissenschaften: Während die Erforschung der »allgemeinsten« Gesetze der gesellschaftlichen Entwicklung zum Forschungsbereich des historischen Materialismus gehöre, sollten die »speziellen Gesetzmäßigkeiten« und »Eigentümlichkeiten konkreter sozialer Erscheinungsformen« von einer autonomen Wissenschaftsdisziplin, der Soziologie, untersucht werden.

Den Ausweg aus diesem Dilemma bildete dann eine grundsätzliche Kompromißlösung zwischen »Revisionisten« und »Dogmatikern«: Um ein theorieloses »Dahinforschen« zu verhindern, sollte das philosophische »Gerüst« des dialektischen und historischen Materialismus als theoretischer Überbau einer marxistischen Soziologie weiterhin als »Leitfaden der Orientierung« bestehen bleiben – doch sollte dieses »Gerüst« gleichzeitig mit konkret-soziologischem Material aufgefüllt werden. Dadurch wurde einerseits der Weg für empirische Forschungen freigegeben, andererseits die Forschung in die »erwünschte Richtung« gelenkt: Durch den Verbindlichkeitscharakter des historischen Materialismus als allgemeine soziologische Theorie werden folglich theoretische und methodologische Schwerpunkte – außerhalb der Soziologie – gesetzt, die eine indirekte Kontrolle – wissenschaftlicher und politischer Art – auf das Vorgehen auf empirischem Gebiet ausüben.

Der wesentliche Bezugspunkt der verbindlichen theoretischen Orientierung besteht in der Prämisse der »gesetzmäßigen Entwicklung der Menschheitsgesellschaft zum Sozialismus und Kommunismus«. Diese wirklich philosophische Frage nach dem Sinn und Ziel der Geschichte ist jedoch für den Sozialforscher in seiner Alltagstätigkeit so wenig wichtig, daß er sie wegen ihrer Bedeutungslosigkeit für die Praxis ruhig ausklammern kann. Er kann dann z. B. feststellen, daß nach 50-jährigem Bestehen des Sowjetsystems die größte Zahl der Ehescheidungen wegen Trunksucht und Grausamkeit des Mannes von Frauen beantragt werden, und daß 72,2 % der Männer und 63,3 % der Frauen vorehelichen Geschlechtsverkehr haben [14]; die Frage ob diese Fakten als »Eigentümlichkeiten sozialer Erscheinungsformen unter sozialistischen Produktionsverhältnissen« nun auch ein Indiz für eine sich »letztlich« dem Kommunismus nähernde Gesellschaft sei, kann entweder übergangen oder moralisch-ideologisch angeprangert und so dargestellt werden, daß zwar »das Wesen« (= ökonomische Verhältnisse) sozialistisch sei, es jedoch im »Unwesentlichen« (= soziale Verhältnisse) »Übergangsschwierigkeiten« gäbe, die infolge »bürgerlicher Überbleibsel« noch nicht ganz überwunden werden konnten. Die Folge dieses Verbindlichkeitspostulats der »allgemeinsten« Theorie sind dann die »Beschwörungsformeln«, die heute – im Unterschied zu früheren Zeiten – zu Anfang und Ende einer jeden empirischen Publikation als zeremonialisierte Reverenzgesten gegenüber dem Glauben an die positive Entwicklung erscheinen, die man zwischen Anfang und Ende dann doch nicht ganz nachweisen kann. Um dieses Problem der Beeinträchtigung kritischen Denkens durch ideologische Postulate weiter zu konkretisieren, möchten wir das vorher Ge-

14 Charčev, A. G.: Methoden zur weiteren Stabilisierung der Familie in der UdSSR, in: Soziologie in der Sowjetunion, hersg. R. Ahlberg, Freiburg i. B. 1969, S. 178–187 (S. 181 und 185).

sagte an der oben erwähnten familiensoziologischen Untersuchung von *Char-čev* (UdSSR) illustrieren:

Anfang:

»Die Familie spielt bei der Entwicklung der sowjetischen Gesellschaft, insbesondere bei der Erziehung der jungen Generation, eine hervorragende Rolle.«
Zwischenfrage: warum nur bei der „sowjetischen" Gesellschaft?
„Aus diesem Grunde sind Partei und Staat, wie überhaupt die ganze sowjetische Gesellschaft stets bestrebt, die Ehe- und Familienbeziehungen zu festigen.«
Zwischenbemerkung: Dieser Satz könnte auch in einem CSU-Programm stehen, wobei man sich fragen müßte, wie der Autor sich die „stete Bestrebung der *ganzen* Sowjetgesellschaft" vorstellt.
„Die Bewältigung dieser ebenso wichtigen wie komplizierten Aufgabe setzt die genaue Kenntnis jener ‚Krankheiten' voraus, an denen die Familie am häufigsten leidet. Es versteht sich daher von selbst, daß die Beseitigung solcher Krisenherde eine der effektivsten Methoden zur Stabilisierung des Familienlebens darstellt."
Mitte: jetzt kommt eine solide empirische Untersuchung.

Ende:

„Unserer Ansicht nach lassen sich eine Reihe von Maßnahmen empfehlen, mit denen sich die Zahl der Ehescheidungen senken und die Ehe- und Familienbeziehungen stabilisieren ließen: Erforderlich ist erstens die Mobilisierung eines gesamtgesellschaftlichen Feldzuges gegen die Trunksucht als der wichtigsten Ursache des Amoralismus und der Kriminalität. Der Alkoholismus ist der gefährlichste Feind der sowjetischen Familie und Moralität. Zweitens muß das Zurückbleiben der gesellschaftlichen Verhältnisse hinter den Bedürfnissen der Bevölkerung überwunden werden; die Zahl der Kindertagesstätten und Gemeinschaftsküchen muß vergrößert werden, die die gesellschaftliche Lage der Familie erleichtern . . ." (usw.).

Aus den Federn westlicher Marxisten entnehmen wir dagegen, daß gerade die Instabilität der Institution Ehe als Überwindung der patriarchalischen Familienstruktur in Richtung auf eine sozialistische Entwicklung weise: Ehescheidung wird oft als Merkmal des Emanzipationsgrades beider Partner von sozialen Zwängen bewertet und die Delegierung der Erziehungsfunktionen an die Kommune oder gesellschaftliche Einrichtungen für vorteilhafter gehalten, um das Kind von den »schädlichen« Einflüssen einer überholten Institution zu »befreien«. Die Diskussion darüber, ob nun der schrittweise Abbau institutioneller Zwänge oder die Stabilisierung dieser Zwänge unter veränderten gesamtgesellschaftlichen Verhältnissen eines sozialistischen Systems eher die »notwendige Entwicklung zum Kommunismus« bedeute, öffnet Tür und Tor für – an einer empirisch nicht verifizierbaren »Idee« orientierte – Spekulationen. Diese Problematik des Zusammenhanges zwischen ökonomischen und sozialen Verhältnissen wird uns noch unten (Abschnitt 3) im Rahmen der Konvergenztheorie beschäftigen.

Wir sind davon ausgegangen (S. 258 f.), daß der Verbindlichkeitscharakter des historischen Materialismus im Rahmen – und an der Spitze – der marxistischen Soziologie theoretische und methodologische Schwerpunkte in Forschung und Reflexion setzt. Aufgrund unserer langjährigen Studien auf dem Gebiet der osteuropäischen Soziologie glauben wir behaupten zu können, daß die Rolle der »allgemeinsten Theorie der Gesellschaft« (= historischer Materialismus) in den nicht-dogmatischen – und damit einzig ergiebigen – Arbeiten osteuropäischer Soziologen, abgesehen von äußerlich »angeklebten«, verbalen Reverenzen, kaum eine inhaltlich stringente Rolle spielt, weil sie auch von der Sache her keine wesentliche Rolle spielen kann. Vom wissenschaftlichen Standpunkt aus müßte es möglich sein, auch die tabuierten Prognosen des historischen Materialismus falsifizieren zu können [15]; da jedoch die praxisbezogene Kritik an den »Grundfesten« des behördlich festgelegten Systems des dialektischen und historischen Materialismus mit politischen Repressionen verbunden ist, bleibt nichts anderes übrig, als die sich »positiv« erweisenden Entwicklungstendenzen – z. B. konsumorientierte Produktion, Bau von Eigenheimen, Sicherung der Vollbeschäftigung, wachsender Absatz für Kraftfahrzeuge usw. – als Errungenschaften des Sozialismus darzustellen. Wichtiger, weil wissenschaftlich relevanter und wirklichkeitsnäher, sind u. E. die methodologischen Schwerpunkte, über die wir in einem besonderen Abschnitt (2) berichten müssen.

2. Gegenstand und methodologische Grundlagen der marxistischen Soziologie

Zuerst einige Definitionen zur Gegenstandsbestimmung der marxistischen Soziologie:

1960:
... Die Erforschung der Gesetze von verschiedenen Teilerscheinungen der gesellschaftlichen Form, die nicht unmittelbar die Wechselwirkungen des gesellschaftlichen Seins und des von ihm abgeleiteten Bewußtseins zum Ausdruck bringen, gehören nicht in den historischen Materialismus ... Die Soziologie als Wissenschaft von der Gesellschaft beschäftigt sich mit der Erforschung der einzelnen Seiten des gesellschaftlichen Lebens ... Die allgemeine Soziologie ist aber gleichbedeutend mit dem historischen Materialismus, als der Wissenschaft von der menschlichen Gesellschaft und den Gesetzen ihrer Entwicklung« [1].

1964:
»Die marxistische Soziologie erforscht die Gesetzmäßigkeiten möglicher gesellschaftlicher Zustände und Verhaltensweisen von Menschen unter gesellschaftlich relevanten Bedingungen im Prozeß ihrer Entwicklung« [2].

1970:
»Die soziologische Analyse setzt die Erforschung der sozialen *Beziehungen der Menschen,* der verschiedenen gesellschaftlichen Formen, die auf diese Beziehungen einwirken, voraus (und untersucht) die Mechanismen des Funktionierens sozialer Systeme und deren Elemente. Die Soziologie erforscht vor allem den Entstehungs-, Entwicklungs- und Wandlungsprozeß der *Sozialbeziehungen unter den Menschen,* während sie dabei die Ganzheit aller widersprüchlichen Tendenzen, die auf diese Beziehungen einwirken, berücksichtigt. Die Soziologie untersucht die *Sozialstruktur der Gesellschaft (die Beziehungen zwischen und innerhalb der Klassen, das System der gesellschaftlichen Institutionen und Organisationen, die diese Beziehungen regu-*

---

15 Wie kann z. B. mit dem gesetzmäßigen Ablauf der Gesellschaftsformationen in der Menschheitsentwicklung der „Sprung" von einem feudalen zu einem sozialistischen System (vgl. Kuba, China) – unter „Umgehung" der kapitalistischen Phase – erklärt werden? Aus dem dogmatisierten historischen Materialismus ist er nicht zu erklären – er ist aber u. E. wohl von *Marx* selbst deutbar als eine widersprüchliche Weltentwicklung, die aber noch nicht den sozialistischen Zustand erreicht hat, weil dieser zuerst in den höchstentwickelten kapitalistischen Ländern entsteht. Dann müßte aber auch der sozialistische Charakter des Sowjetsystems in Frage gestellt werden.

1 Glezermann, G. E.: K voprosu o predmete istoričeskogo materializma (Zur Frage über den Gegenstand des historischen Materialismus), in: Voprosy Filosofii, 1960, 3, S. 8–22 (S. 20).

2 Braunreuther, K.: Einleitung, in: Fragen der marxistischen Soziologie, Hrsg. Schröder u. a., Berlin-Ost 1964, Bd. I, S. 14.

lieren), die Entwicklung und Wechselwirkung verschiedener sozialer Systeme und Strukturen innerhalb der Gesellschaft« [3].

Aus der Gegenüberstellung der Zitate in historischer Reihenfolge dürfte deutlich geworden sein, daß die Gegenstandsbestimmung der Soziologie sich in zunehmendem Maße der der »bürgerlichen« Soziologie nähert. Die Angleichung des Wissenschaftsverständnisses erfolgte auf Umwegen: Um überhaupt an das begehrte »know-how« der Sozialforschung zu kommen, war sowohl eine Annäherung an die westliche Soziologie als auch die offizielle Auseinandersetzung mit ihr erforderlich. Nichts ahnend von den Schwierigkeiten der Praxis mußte folglich zuerst eine Welle der Kritik an der »bürgerlichen Soziologie« – noch im Stil des Dogmatismus – zugelassen werden. Erst allmählich (nach ca. 1965) wurde die Kritik profilierter und gewannen die Arbeiten – im Vergleich zu früheren Zeiten [4] – einen qualifizierten Charakter. Dazu einige Beispiele:

Hahn, Historischer Materialismus, op. cit. S. 211–213:

»Zetterberg (USA) gehört zu jener Fraktion amerikanischer Soziologen, die es für unzureichend halten (in Auseinandersetzung mit dem Werk Parsons'), den Begriff der Theorie als Synonym für Begriffssystem aufzufassen. Wenn man den Sinn soziologischer Theorie – schreibt Zetterberg im Vorwort zu ‚One Theory and Verification in Sociology' (New-York 1965) – darin sieht, eine Vielzahl von Untersuchungsbefunden zu einem Ganzen in Gestalt einer kleinen Zahl sehr informationshaltiger Sätze zusammenzufügen, so darf sich eine solche Theorie nicht darauf beschränken, Definitionen aufzubauen. Sie muß vielmehr Aussagen als ihren zentralen Bestandteil ansehen, während Definitionen nur als Hilfsmittel fungieren können. Er charakterisiert soziologische Theorie als ‚systematisch geordnete, gesetzähnliche Aussagen über die Gesellschaft, die durch Evidenz erhärtet sind . . .

Zetterberg formuliert die Aufgabe folgendermaßen: Man muß möglichst empirische Feststellungen (mit einem geringen Informationsgehalt) unter ein und derselben theoretischen These (mit einem demzufolge hohen Informationsgehalt) zusammenfassen, subsumieren. Praktisch läuft das darauf hinaus, Einzelergebnisse mit Hilfe einfacher Begriffe oder abgeleiteter Begriffe niederer Ordnung neu zu formulieren, miteinander zu vergleichen und geographische und zeitliche Bezüge fallenzulassen . . . Er selbst führt dann ein Beispiel an, wie in drei Sätzen, in denen drei Ereignisse formuliert werden, durch „Verallgemeinerung" gemeinsame Merkmale abstrakter Natur an die Stelle der ehemals konkreten Aussagen gesetzt werden, die es gestatten, schließlich einen außerordentlich abstrakten Satz zu formulieren, der an die Stelle der drei ehemaligen konkreten tritt. Das Ergebnis ist dann eine fundamentale Aussage: „Je günstiger die Mitglieder von ihrer Gruppe bewertet werden, desto offener sind sie gegenüber Einflüssen von seiten der Gruppe".

Der umwerfende Wert einer derartigen Operation wird sichtbar, wenn man sich die Frage vorlegt, welchen Erklärungswert eine derartig formale These haben könnte. Ganz abgesehen davon, daß in dem konkreten Beispiel dieser Induktion offenkundig eine Reihe von Ver-

3 Osipov, G. V.: Teorija i praktika sovetskoj sociologii (Theorie und Praxis der sowjetischen Soziologie), in: Social'nye Issledovanija, 1970, 5, S. 5–39 (S. 13).

4 So z. B. kamen auf die Frage: ‚Worin besteht die Schönheit des Lebens?' von den befragten Uraler Industriearbeitern die erwarteten Antworten: ‚Die Arbeit macht den Menschen schön', oder: ‚In der aufopfernden Arbeit für das Wohl des Volkes', in: *Melechov*, A. K. (UdSSR), Erfahrung einer soziologischen Untersuchung über ästhetische Ansichten und Geschmack der Uraler Industriearbeiter (russ.). In: FN, 1963, 5, S. 34. – *Melechov* wunderte sich dann auch, als er eine ‚enge Korrelation' zwischen der Höhe der Schulbildung und der Nichtbeantwortung dieser Frage feststellte (ebenda, S. 35). – In einer jugendsoziologischen Untersuchung fragte *Igitchanjan*: „Was ist Ihrer Ansicht nach typischer für Ihre Altersgenossen: Zielstrebigkeit oder Ziellosigkeit" – 85 % der Befragten antworten, daß das Typische Zielstrebigkeit sei, woraus dann der Interviewer die Schlußfolgerung über die „hohe ideelle Qualität der sowjetischen Jugend" zog (Das geistige Antlitz der sowjetischen Jugend [russ.], in: VF, 1963, 6, S. 77).

gröberungen und unzulässigen Verallgemeinerungen vorgenommen werden, die es fraglich erscheinen lassen, ob die drei Ausgangsfälle tatsächlich unter die formulierte allgemeine These zu subsumieren sind«.

Hahn: Soziale Wirklichkeit und soziologische Erkenntnis, Berlin-Ost 1965, S. 91 f:

»Wir wollen versuchen, die Parsonssche Methode, und zwar an Hand des grundlegenden Aufbaus seines systematischen Hauptwerkes, des „Social System", mit Hilfe der von Marx in seiner „Einleitung zur Kritik der politischen Ökonomie" entwickelten Begriffe zu kennzeichnen. Parsons schlägt formal den Weg des Aufsteigens vom Abstrakten zum Konkreten ein. Er beginnt mit dem abstrakten Begriff der Handlung, analysiert ihre einzelnen Elemente, gelangt dann zur Struktur des sozialen Systems, analysiert wiederum deren einzelne Elemente und stellt drittens die wiederum konkrete Frage nach den Mechanismen der Stabilität der sozialen Systeme. In Beantwortung dieser Frage werden die grundlegenden Begriffe der Internalisierung und Institution eingeführt, um schließlich durch die Darstellung der Prozesse der Sozialisierung und der sozialen Kontrolle ein konkretes Bild von den sozialen Bestimmungsgründen des Individuums sowie vom wirklichen Prozeß der Sozialisierung des Menschen zu entwerfen. Insofern wäre – formal – den methodologischen Anforderungen einer adäquaten Analyse entsprochen. Fehlerhaft wird Parsons' Methode jedoch dadurch, daß sein Ausgangspunkt, das handelnde Individuum, nicht auf dem Wege einer begrifflichen Analyse des Konkreten, d. h. des wirklichen Menschen der kapitalistischen Gesellschaft (oder einer anderen Gesellschaft) oder auch einer Analyse der den verschiedenen wirklichen Menschen (d. h. den verschiedenen sozialökonomischen Formationen angehörigen Menschen) gemeinsamen allgemeinen Merkmalen gewonnen wird. Parsons' Ausgangspunkt ist eine willkürliche (wenn auch nicht zufällige!) Konstruktion, die verschiedene Merkmale eines wirklich konkreten Menschen (des bürgerlichen Individuums) zu einem Bild *des* Menschen verabsolutiert und hypostasiert. Nicht im Aufsteigen vom Abstrakten zum Konkreten also liegt hier der Fehler, sondern in der Spezifik der Gewinnung des Abstrakten. Das Parsonssche Individuum, das als Ausgangspunkt dient, ist von Haus aus, von vornherein abstrakt. Seine sozialen Züge sind ihm äußerlich, sie treten hinzu, sie sind eine Sekundärentwicklung. Dies muß ausdrücklich festgehalten werden entgegen den von uns zitierten Würdigungen Parsons' als Wegbereiter einer soziologischen, d. h. den Menschen als sozial determiniertes Wesen begreifenden soziologischen Theorie. Parsons soll nicht abgesprochen werden, daß er eine derartige Theorie entwickelt hat und daß er gerade durch diese Theorie Einfluß ausübt. Aber bei näherem Hinsehen erweist sich seine Sozialisierung als einseitig, unecht, und zwar in zweierlei Hinsicht. Erstens ist sie eine Sekundärentwicklung. Und zweitens ist sie nach ihrem konkreten Gepräge, nach den Erscheinungsformen, in denen sie auftritt, aus den konstanten Eigenschaften des abstrakten Individuums abgeleitet. Sie bringt „nichts Neues". Es ist eine Sozialisierung, die die Entäußerungen unsozialer Individuen diesen wieder zuordnet.«

Hahn. ebenda, S. 106–118:

»Ganz allgemein definiert Homans (The Human Group, New-York 1950) eine Gruppe ,eine Reihe von Personen, die in einer bestimmten Zeitspanne häufig miteinander Umgang haben und deren Anzahl so gering ist, daß jede Person mit allen anderen Personen in Verbindung treten kann, und zwar nicht nur mittelbar über andere Menschen, sondern von Angesicht zu Angesicht. Die Soziologen nennen dies eine Primärgruppe. Bei einem zufälligen Zusammentreffen flüchtiger Bekannter sprechen wir nicht von einer Gruppe' (S. 29). Das ist aber nur der Ausgangspunkt für die eigentliche Erklärung. Dazu werden drei entscheidende Begriffe eingeführt, und es ist in unserem Zusammenhang von großem Interesse, die Genesis dieser Begriffe zu verfolgen. Homans beginnt die Bildung der Theorie nach seinen eigenen Worten mit einer semantischen Analyse: er stellt sich die Aufgabe, die Wörter bis zu ihrer Verankerung in beobachteten Tatsachen zurückzuverfolgen (S. 37), seine Begriffe in größtmöglicher Nähe zu den unmittelbar beobachtbaren menschlichen Verhaltensweisen zu konstruieren (S. 50). Dieser Weg scheint ihm auf folgende Weise gangbar. Als Soziologe kann er einen Gegenstand nicht unmittelbar konkret beobachten . . . bzw. verschiedene Einzelheiten im Gruppenverhalten unmittelbar bezeichnen, um auf diese Weise zu einem System von Begriffen zu kommen. Homans geht vielmehr von vorhandenen Gruppenerscheinungen aus . . . Die so gefundenen Begriffe sind Begriffe einer niedrigen Abstraktionsstufe, d. h., die zeigen die Beziehungen zu den Dingen, die wir im menschlichen Verhalten wirklich wahrnehmen . . . „Wir beobachten Status und Rolle nicht direkt. Was wir wirklich sehen, sind Aktivitäten, Interaktionen, Bewertungen, Normen und Kontrollen. Status und Rolle sind Namen, die wir einem Komplex

263

von verschiedenartigen Beobachtungen geben. Oder, wie ein Semantiker sagen würde, ein Wort wie Interaktion ist eine Abstraktion erster Ordnung; es ist ein Name, mit dem eine einzelne Klasse von Beobachtungen bezeichnet wird, während ein Wort wie Status eine Abstraktion zweiter Ordnung, einen Namen darstellt, den wir mehreren Klassen von zusammengesetzten Beobachtungen verleihen (S. 39).

Es handelt sich hier nicht nur um eine semantische Analyse, sondern um eine ausdrückliche Darstellung von Homans' allgemeiner Methode . . . Homans geht von der Beschreibung fünf verschiedener konkreter Gruppen aus und analysiert an jeder von ihnen ein oder mehrere Merkmale. Seine Methode besteht im Fortschreiten von einfachen Beschreibungen sozialer Ereignisse zu Gleichförmigkeiten im Verhalten einer begrenzten Anzahl von Personen und Gruppen und schließlich zu Generalisierungen, die auf alle Gruppen angewendet werden . . . Es handelt sich um die Begriffe *Aktivität, Interaktion* und *Gefühl* . . . Die Merkmale der Gruppe sind also von zwei Klassen von Faktoren abhängig; sie werden durch die Umwelt („äußeres System": Aktivität und Interaktion, wie z. B. sprechen, arbeiten, gehorchen, usw. – von mir G. K.) und durch die innere Entwicklung der Gruppe („inneres System": „sentiments", wie z. B. Stolz, Respekt, usw. – von mir G. K.) bestimmt. Diese beiden Faktorenklassen existieren nicht unabhängig voneinander. Die ganze Darstellung Homans' erfaßt im wesentlichen diese Wechselbeziehungen. Wenn ursprünglich bestimmte Beziehungen zwischen den Gruppenmitgliedern bestehen, die die Gruppe in der Umwelt überleben lassen, dann entwickelt die Gruppe auf der Grundlage dieser ,alten' Beziehungen neue, die ihrerseits auf die ursprünglichen Beziehungen zurückwirken, sie modifizieren oder sogar erst schaffen: das Verhalten der Gruppe selbst verändert seinerseits die Umwelt. Dabei konzentriert sich Homans stets auf die Wechselbeziehungen zwischen den drei grundlegenden Verhaltenselementen. Er formuliert eine Fülle von Hypothesen über die gegenseitige Abhängigkeit von Aktivität und Gefühl, von Aktivität und Interaktion, von Interaktion und Gefühl . . .

Hierzu ergeben sich folgende Anmerkungen:

1. Erstens verdient der Ausgangspunkt eine kritische Analyse. Es handelt sich um eine eigenartige Mischung von abstraktem und konkretem Ausgangspunkt. Er entlehnt seine Begriffe einem Bereich, der der unmittelbaren Beobachtung so nahe wie möglich ist. Andererseits aber erfolgt dann – entgegen Homans' eigenen Interpretationen – ein rasches Übergehen zu einer sehr hohen Stufe der Abstraktion. Die Begriffe Interaktion, Gefühl und Aktivität werden zwar im Gang der Darstellung aus Beschreibungen einzelner Ereignisse abgeleitet, haben aber einen kaum zu überbietenden Grad von Abstraktheit. Sie dienen denn auch bereits in der nächsten Stufe der Abstraktion zur Konstruktion von Hypothesen, die auf alle nur möglichen menschlichen Gruppen zutreffen sollen . . . An diesem großen Schritt von konkreten Beschreibungen zu abstrakten Begriffen bzw. Hypothesen fällt auf, daß Homans gerade diese drei Verhaltenselemente herausschält . . .

2. Aktivität, Interaktion und Gefühl fungieren gleichgestellt nebeneinander als Grundelemente. Homans praktiziert diese Gleichstellung, obwohl er bisweilen ausdrücklich die Verschiedenartigkeit der drei Elemente konstatiert. . . . diese durch die Gruppenzugehörigkeit bewirkte Wandlung der Einstellungen ist vielleicht das Zentralthema der Sozialpsychologie. Aber Entfaltung bedeutet auch, daß es zu Veränderungen in den Aktivitäten und Interaktionen kommt, das heißt zu Veränderungen in Gruppenorganisation als Ganzer (S. 124). Faktisch führt die Nichtberücksichtigung dieser Verschiedenartigkeit zu einem Primat der psychischen Momente . . .

3. . . . in diesem Zusammenhang (tritt) klar das Wesen der kleinen Gruppe in Homans' Sicht zutage. Unter Auflösung der Gruppe versteht Homans im wesentlichen eine Auflösung und Zerstörung des Zugehörigkeitsgefühls eines Menschen zu der ihm umgebenden kleinen Gruppe. . . . Uns interessiert hier jetzt nur die ausdrückliche Betonung der gefühlsmäßigen Bindungen und Beziehungen als Kern, als Wesen der Beziehungen der kleinen Gruppe. Und so läßt sich denn die Homanssche Konzeption offenkundig recht gut in der allgemeinen Charakterisierung des Wesens der kleinen Gruppe unterbringen, die René König für die gegenwärtige bürgerliche Gruppensoziologie überhaupt gibt: ,Das fundamentale Strukturmerkmal aller menschlicher Gruppen, nach dem das gleiche Gefühl, das sie zusammenbindet, sie von anderen, ähnlichen Gruppen abhebt . . .' Es ist nun gewiß richtig, daß der Gruppe – in Gegensatz zu den Annahmen der Beziehungslehre – nicht in einem ,Netzwerk von Wechselbeziehungen' (L. v. Wiese), sondern in einem ,Wir-Gefühl' begründet ist.«

Berger, H.: Zur Methodologie und Methodik der soziologischen Forschung, in: Fragen der marxistischen Soziologie, Berlin-Ost 1964, I, S. 55–58:

»Der Subjektivismus der bürgerlichen empirischen Soziologie resultiert unseres Erachtens wesentlich aus zwei Ursachen:

1. Da die bürgerlichen empirischen Soziologen nicht die Produktionsverhältnisse als alle anderen gesellschaftlichen Verhältnisse bestimmenden Faktor anerkennen, den Widerspruch zwischen Produktionsverhältnissen und Produktivkräften als grundlegendes Merkmal der gesellschaftlichen Entwicklung negieren, haben sie kein Kriterium zur Unterscheidung wichtiger von unwichtigen Erscheinungen des sozialen Lebens, können sie diese Erscheinungen nicht auf ihr Wesen zurückführen, das nach *Lenin* nur erfaßt werden kann durch die Analyse sich regelmäßig wiederholender Erscheinungen.

2. Mit Hilfe des Interviews, des Hauptinstruments der empirischen Untersuchungen der bürgerlichen Soziologie, werden vor allem subjektive Meinungen und Einstellungen erfaßt. Diese dienen dann auch vorrangig als Material für die theoretische Analyse.

René König äußert sich in diesem Zusammenhang folgendermaßen:

,Es gibt ... zahllose Verfahrensweisen zur Sicherung des direkten Zuganges zu den Daten; sie reichen von der einfachen Beobachtung bis zum streng kontrollierten Experiment. In dieser Reihe nimmt jedoch das persönliche Interview eine zentrale Stellung ein, wie heute immer klarer hervortritt. Wenn es ... methodischer Kontrolle unterliegt, wird das Interview in seinen verschiedenen Formen doch immer der Königsweg der praktischen Sozialforschung bleiben, ...' (Das Interview, Köln 1957, S. 27).

Und *Erwin K. Scheuch*, langjähriger Mitarbeiter *René Königs* und bekannt durch zahlreiche Veröffentlichungen zur Methodik der bürgerlichen und empirischen Sozialforschung, schreibt:

,Das Interview ist das wichtigste Instrument der Sozialforschung. Keine andere Methode wird häufiger verwandt, und wohl kein anderes Verfahren hat mehr zum gegenwärtigen empirischen Wissen der Soziologie beigetragen' (Handbuch der empirischen Sozialforschung, Stuttgart 1962, Bd. I, S. 136).

In der Tat, es gibt kaum eine Untersuchung der bürgerlichen empirischen Soziologie, bei der nicht das Interview entscheidendes Mittel zur Erfassung des empirischen Materials gewesen ist. Diese Tatsache hat es dann aber auch mit sich gebracht, daß die Technik des Interviews durch die bürgerliche Sozialforschung besonders gut entwickelt worden ist. Zweifellos wird auch seitens bürgerlicher Soziologen viel über Mängel der Interviewmethode geschrieben. Diese werden jedoch fast ausschließlich in der Anwendungstechnik gesehen. Der entscheidende Mangel, daß als Grundlage der soziologischen Forschungen das genommen wird, was die Menschen über sich selbst denken – also subjektive Faktoren –, wird in der bürgerlichen empirischen Soziologie stillschweigend übergangen. So sieht *Scheuch* zum Beispiel Vorurteile und Überzeugungen der Interviewer als wesentliche Fehlerquellen an. Als weitere Fehlerquelle wird bemerkenswerterweise die Furcht der Befragten vor sozialen Konsequenzen angegeben. Scheuch schreibt:

,Die Gültigkeit der Antwort ist immer dann gefährdet, wenn die an sich vom Befragten gemeinte Information von seiner Vorstellung über die soziale Annehmbarkeit einer Antwort abweicht' (ebenda, S. 179).

Dies träfe besonders in der Meinungsforschung zu. Zweifellos sind die bürgerlichen empirischen Soziologen an wahrheitsgemäßen Antworten interessiert, und sie versuchen dementsprechend, vorhandene Fehlerquellen auszuschalten. Wie die Ergebnisse dann der Öffentlichkeit präsentiert werden, ist eine völlig andere Sache. Wenn es um die Feststellung von Meinungen geht, können meines Erachtens Erfahrungen der bürgerlichen empirischen Soziologen kritisch verwertet werden. Ich denke nur an Erfahrungen beim Aufbau eines Fragebogens, Erfahrungen bei der Verwendung verschiedener Frageformen oder Erfahrungen bei der Anwendung bestimmter Interviewformen (mündliches Interview, schriftliches Interview, unstrukturiertes Interview, standardisiertes Interview, Gruppeninterview, Tiefeninterview u. a.). Welche Rolle das Interview als Teil des Beeinflussungs- und Herrschaftsmechanismus des Monopolkapitals spielt, geht aus folgenden Bemerkungen des westdeutschen Soziologen *Ludwig von Friedeburg* hervor:

,Regierungen und Parteivorstände lassen sich durch Umfrageergebnisse nicht ihre Politik, sondern lediglich ihre Propaganda vorschreiben' (KZfSS, 1961, 2, S. 206).

Und *von Friedeburg* schreibt weiter:

,Da die Parteien periodisch der Wählerstimmen bedürfen, um an der Macht zu bleiben, die Wähler sich nicht anders verhalten wie Konsumenten von Markenartikeln, ist es nun konsequent, Politik nicht anders wie Kraftwagen und Kühlschränke zu verkaufen, Wahlkämpfe nach Anweisung der Werbeagenturen zu führen, Umfrageergebnisse zur Manipulation der Bevölkerung zu benutzen' (ebenda, S. 212 f.).

265

Das Interview ist in der bürgerlichen Sozialforschung primär ein Mittel, um die Meinungen der Menschen in Erfahrung zu bringen und dementsprechend die taktischen Varianten der Politik auszuarbeiten. Dazu gehört auch die Produktion bestimmter Meinungen und Anschauungen, die der Politik der herrschenden Schichten entsprechen. Darüber hinaus gibt es natürlich auch wertvolle Einzeluntersuchungen, wie zum Beispiel Untersuchungen zu Problemen der Freizeit, des Bildungsniveaus, der Kultur, der Familie etc. *Lenins* Bemerkung, daß die bürgerlichen Professoren *,auf dem Gebiet spezieller Tatsachenforschung die wertvollsten Arbeiten'* liefern können, man ihnen aber kein Wort glauben dürfe, sobald die Rede von der allgemeinen Theorie der politischen Ökonomie sei, trifft voll auf die bürgerlichen empirischen Soziologen zu«.

Diese Reduktion der Soziologie auf Psychologie sei das Hauptcharakteristikum der bürgerlichen Soziologie, weil hier nur oberflächliche Verallgemeinerungen aus unmittelbar beobachtbaren Erscheinungen gewonnen werden. Die positivistische nichtmarxistische Soziologie habe von Anfang an (seit *Comte* und *Weber* u. a.) die Frage nach dem „Wesen" der sozialen Erscheinungen aufgegeben und versucht, auf induktive Weise aus den empirischen Tatsachen theoretische Konsequenzen abzuleiten:

»Weber konzipiert die Soziologie als Wissenschaft, die ,soziales Handeln deutend verstehen und dadurch in seinem Ablauf und seinen Wirkungen ursächlich erklären will'. Also der Ablauf und die Wirkungen des Handelns sollen dadurch ursächlich erklärt werden, daß dieses Handeln deutend verstanden wird. Verstehen seinerseits bedeutet das deutende Erfassen des real gemeinten oder durchschnittlich gemeinten oder zu konstruierenden Sinnes einer Handlung. Der Betrachter einer Handlung versteht deren Sinn, wenn er zu ermitteln vermag, daß der Sinn dieser Handlung in einen bestimmten, ihm (dem Betrachter) verständlichen Sinnzusammenhang ,hineingehört' . . .
Die erklärende Funktion der Soziologie läuft für Weber also darauf hinaus, erstens Handlungen zu erklären (wobei wiederum darauf hingewiesen werden muß, daß es für Weber ausdrücklich Handeln ,nur als Verhalten von einer oder mehrerer *einzelnen* Personen' gibt. Zweitens richtet sich die Erklärung des Handelns auf die Analyse der subjektiven Motive des Handelns. Und drittens läuft die Erklärung des Handelns im wesentlichen darauf hinaus, die beobachteten oder anderweitig erfaßten Handlungen zu typisieren, festzustellen, inwieweit sie bestimmten Typen entsprechen oder hiervon abweichen . . .« (Hahn: Historischer Materialismus, S. 238–240).

Wenn man versucht, die hier geäußerte Kritik an der bürgerlichen Soziologie mit den von *Marx* initiierten (vgl. Teil I, S. 125–142 und 172–182) methodologischen Grundsätzen einer streng wissenschaftlichen Sozialforschung in Verbindung zu bringen, dann ergeben sich – auf der Grundlage der seit 1960 entwickelten – methodologischen Ergänzungen in wesentlichen drei strukturbestimmende Merkmale einer von der bürgerlichen Soziologie divergenten marxistischen Soziologie: Sie erstrecken sich (u. E.) nicht primär auf theoretische, sondern auf die methodologischen Divergenzen [5], die sich in der erkenntnistheoretischen Grundposition im Hinblick auf die Konzeptionen über (1) Objektivität, (2) Gesetzmäßigkeit und (3) Parteilichkeit zeigen.
ad 1) Das methodologische Postulat der Objektivität soll als Mittel der theoretischen Orientierung in der Organisation der empirischen Forschung verstanden werden, das zur adäquaten Widerspiegelung der objektiven Realität führt. Im Unterschied zum Subjektivismus aber auch zum Objektivismus der bürgerlich-soziologischen Richtungen will die marxistische Soziologie die dialektische Einheit der Objekt-Subjekt-Beziehungen auf allen Ebenen der Sozialforschung geltend machen: Demzufolge muß eine Analyse der gesell-

schaftlichen Wirklichkeit *grundsätzlich* davon ausgehen, daß zwar einerseits die realen, vom subjektiven Bewußtsein unabhängigen, primär ökonomischen Verhältnisse das System subjektiver Handlungen bedingen, andererseits aber, daß dieses System subjektiver Handlungen – dessen Träger eben die Subjekte sind – auf die Gestaltung der objektiven Verhältnisse zurückwirken. Dazu *Lenin* [6]:

»Der Objektivist spricht von der Notwendigkeit des gegebenen historischen Prozesses; der Materialist trifft genaue Feststellungen über die gegebene sozialökonomische Formation und die von ihr erzeugten antagonistischen Verhältnisse. Wenn der Objektivist die Notwendigkeit einer gegebenen Reihe von Tatsachen nachweist, so läuft er stets Gefahr, auf den Standpunkt eines Apologeten dieser Tatsachen zu geraten; der Materialist enthüllt die Klassengegensätze und legt damit seinen Standpunkt fest. Der Objektivist spricht von ‚unüberwindlichen ge-schichtlichen Tendenzen'; der Materialist spricht von der Klasse, die die gegebene Wirt-schaftsordnung ‚dirigiert' und dabei in diesen oder jenen Formen Gegenwirkungen der an-deren Klasse hervorruft. Auf diese Weise ist der Materialist einerseits folgerichtiger als der Objektivist und führt seinen Objektivismus gründlicher, vollständiger durch. Er begnügt sich nicht mit dem Hinweis auf die Notwendigkeit des Prozesses, sondern klärt, welche sozialöko-nomische Formation diesem Prozeß seinen Inhalt gibt, *welche Klasse* diese Notwendigkeit festlegt. . .«.

Zur sachgerechten Beobachtung der objektiven, sich im naturhistorischen Pro-zeß herausbildenden Wirklichkeit kommt noch ein qualitatives Kriterium der Erkenntnisgewinnung hinzu; die Entwirrung struktureller Zusammenhänge im Beziehungsgeflecht der objektiven Realität:

» . . . das gegebene Objekt, das ‚Reale und Konkrete' zunächst auf dem Wege der Analyse in seine wesentlichen Bestimmungen zu zergliedern, seine inneren, notwendigen, gesetzmäßi-gen Beziehungen und Zusammenhänge aufzudecken, was die Herausarbeitung einer Reihe von Abstraktionen und Begriffen zur Folge hat. Diese Abstraktionen vermögen für sich genom-men jedoch noch kein adäquates Bild des Objektes zu vermitteln, solange sie nicht in ihrer wechselseitigen Beziehung aufeinander dargestellt werden, und zwar in der Beziehung, die sie in dem gegebenen konkreten Objekt aufweisen, die dieses Objekt zu dem machen, was es ist. Das Ergebnis ist die theoretische Reproduktion des Konkreten als Totalität von Bestimmungen und Beziehungen« *(Hahn: Historischer Materialismus, S. 195).*

Bei der Herausarbeitung der Wesenszüge der objektiven Realität handelt es sich also um eine »Kunst der Theoriebildung«, die das Wesentliche in der Viel-falt des Unwesentlichen und das Notwendige im Zufälligen entdeckt. Diese »Entdeckung« kann nur so gemacht werden, wenn die logischen Widersprüche im Denken als Reflexe der objektiv existierenden Widersprüche der Wirk-lichkeit betrachtet und auf ihren sozialen Ursprung – in dem auch die zu Klas-sen verdichteten subjektiven Interessen mitwirken – zurückgeführt werden:

»Es handelt sich um materielle gesellschaftliche Verhältnisse, weil und insofern ihre Form, ihre Notwendigkeit und ihre Existenz nicht von der Willkür der Menschen abhängen, sondern im Charakter der materiellen Produktivkräfte gegeben, angelegt sind. Sie sind, wie Marx

---

5 Unter Methodologie verstehen wir in Anlehnung an die marxistischen Soziologen die Theo-rie der Organisation von Forschungsmethoden, die den Zweck hat, die einzelnen Schritte der „Nur-Methode" so zu organisieren, daß die Forschungsergebnisse aus einem speziellen Bereich auf logische Weise mit inhaltlichen Aussagen über allgemeine Bereiche verknüpft werden können. So können z. B. gute Forschungsergebnisse unter falsch angewandten Ver-fahrensweisen zu generalisierenden Aussagen kommen, die entweder bedeutungslos oder falsch sein können (vgl. darüber noch unten).

6 Nach: Klaus, Georg: Die Macht des Wortes, Berlin-Ost 1965, S. 102

oft schreibt, die notwendigen Formen, in denen die materielle Tätigkeit, die sich in einem materiellen Produkt vergegenständlichende Tätigkeit der Menschen realisiert. Es handelt sich um materielle gesellschaftliche Verhältnisse, weil und insofern sie sich nicht als Produkt von Naturkräften konstituieren, sondern Beziehungen der Menschen zur Natur und untereinander darstellen. Sie sind Produkt, Bedingung und Form menschlicher Tätigkeit. Die wesentlichen Elemente sind die Produktivkräfte und die Produktionsverhältnisse. Wenn der historische Materialismus von materiellen Faktoren oder Grundlagen des gesellschaftlichen Lebens spricht, dann wäre nichts verkehrter als diese Materialität auf die *Körperlichkeit* bestimmter Dinge zu reduzieren. Derartige Gegebenheiten kommen vielmehr in Betracht als Träger gesellschaftlicher Beziehungen, als Kristallisationspunkte (Produkt und determinierende Bedingung) menschlicher Tätigkeit, als vermittelnde Glieder sozialer und historischer Prozesse und Zusammenhänge, die ihrerseits materiellen Charakter tragen. Diese Zusammenhänge und jene Gegebenheiten gemeinsam machen die materiellen Existenzbedingungen des gesellschaftlichen Lebens aus. Marx spricht in diesem Sinne von einem ,materialistischen Zusammenhang der Menschen untereinander, der durch die Bedürfnisse und die Weise der Produktion bedingt' ist und aus der Tatsache entsteht, daß jede historische Entwicklungsstufe der materiellen Lebenstätigkeit der Menschen sich unter ihrerseits von Menschen geschaffenen Bedingungen vollzieht . . .

Es ist in diesem Zusammenhang angebracht, darauf aufmerksam zu machen, daß wir den Begriff der materiellen Verhältnisse in einem doppelten Sinne verwenden. Das eine Mal, um auszudrücken, daß die bestimmende Grundlage der Totalität des gesellschaftlichen Lebensprozesses nicht schlechthin in den natürlichen Gegebenheiten der menschlichen und gesellschaftlichen Umwelt zu sehen ist, sondern in dem ,gesellschaftlich-praktischen Verhältnis' des Menschen zur Welt, welches in Erscheinung tritt in Gestalt der jeweilig konkret zu konstatierenden Art und Weise der materiellen Produktion. Dieses materielle Verhältnis schließt solche Gegebenheiten wie die Produktionsmittel, Arbeitsgegenstände, Arbeitsmittel, das menschliche Individuum und seine Lebenstätigkeit selbst ebenso in sich ein wie die gesellschaftlichen, ökonomischen Beziehungen, die sich als gesellschaftliche Form der Entwicklung der Produktivkräfte in diesem Prozeß herausbilden . . .

In einem engeren Sinne sprechen wir von materiellen gesellschaftlichen Verhältnissen, wenn wir die zuletzt erwähnten Produktionsverhältnisse im Auge haben. Diese müssen begrifflich von ihren gegenständlich-dinglichen Trägern unterschieden werden . . . Sie müssen insofern von jenen unterschieden werden, als die materielle Grundlage des Geschichtsprozesses nicht begriffen werden kann, wenn sie auf dinglich-gegenständliche Gegebenheiten reduziert wird. Es war stets ein entscheidendes Anliegen und eine geniale Entdeckung Marx', die Grundlage der ökonomischen Kategorien gegenüber allen mechanistischen Vorstellungen in den gesellschaftlichen Verhältnissen nachzuweisen. Erwähnen wir nur die scharfe Polemik in der Schrift ,Lohnarbeit und Kapital' gegen die Definition des Kapitals als bestehend aus „Rohstoffen, Arbeitsinstrumenten und Lebensmitteln", also lediglich aus solchen Gegebenheiten, die wir als dinglich gegenständlich bezeichneten. ,Ein Neger ist ein Neger. In bestimmten Verhältnissen wird er erst zum *Sklaven*. Eine Baumwollspinnmaschine ist eine Maschine zum Baumwollspinnen. Nur in bestimmten Verhältnissen wird sie zu Kapital. Aus diesen Verhältnissen herausgerissen, ist sie so wenig Kapital, wie Gold an und für sich Geld oder der Zucker der Zuckerpeis ist . . . Das Kapital besteht nicht nur . . . aus materiellen Produkten; es besteht ebensosehr aus Tauschwerten . . .'

Es geht uns um die Hervorhebung des Grundgedankens, daß bei der Entstehung der Totalität der verschiedenen Bereiche des gesellschaftlichen Lebens von den Produktivkräften bis zur Religion die Produktionsverhältnisse oder die materiellen gesellschaftlichen Verhältnisse eine relativ selbständige, wesentliche Rolle spielen« (*Hahn*: Historischer Materialismus, S. 64–68).

Um die praktische Bedeutung dieses methodologisch sauberen Herangehens an die Deutung sozialer Erscheinungen zu veranschaulichen, soll daran erinnert werden, daß bei Generalisierungen der häufigste Fehler in der Überbewertung subjektiver Meinungen und Selbsteinschätzungen liegt: So z. B. stützt sich *Schelkys* These über die »mittelständisch-nivellierte Massengesellschaft« vor allem auf Zu- und Einordnungen, die die Befragten selbst aufgrund der subjektiven Einschätzung ihrer objektiven Lage vornahmen. Dieses Bild von der eigenen Situation kann aber nicht unkritisch auf die tatsächliche Lage der Betreffenden bezogen werden: Mit dem Postulat der Dominanz objektiver Gegebenheiten will die marxistische Sozialforschung die Erklärung sozialer Erscheinungen auf ihre objektiv nachprüfbare »Situation« in einem komplexen Zusammenhang zurückführen. Die subjektive Einschätzung eines Arbeiters seiner Lage als mittelständischer Bürger kann nicht über die Unterprivilegierung in der Belohnung, in der rechtlichen Stellung, in der Minderwertigkeit seines Arbeitsplatzes usw. hinwegtäuschen. Erst nach der Einordnung dieser objektiven Merkmale und deren Vergleich mit anderen Lagen und den Bewußtseinsformen können wirklich inhaltliche Auskünfte über die tatsächliche Lage des Arbeiters in einem bestimmten System der gesellschaftlichen Produktion gegeben werden.

ad 2) Zwecklos ist die Sozialforschung, wenn sie nicht von vornherein auf die Entdeckung von Gesetzmäßigkeiten ausgerichtet ist. Die Erforschung der Gesetzmäßigkeiten hat einen doppelten Aspekt: einerseits will sie strukturbestimmende Regelmäßigkeiten unter dem schon erörterten Aspekt der objektiven Realität aufdecken, andererseits die Zeitdimension erfassen, um durch den historischen Vergleich Wandlungstendenzen wahrnehmen zu können. Diese Aufhellung der »inneren Beziehungen von Veränderungen« leitet dann zum pragmatischen Postulat von der Parteilichkeit über, mit dem dem Forscher ermöglicht wird, aufgrund wissenschaftlich erhärteter Kriterien positive oder negative Tendenzen in der sozialen Entwicklung unterschiedlich zu bewerten.

Um die Tendenz und Gewichtung gesamtgesellschaftlicher Entwicklungen bestimmen zu können, muß man von einer »Ordnung der hierarchisch organisierten Gesetzesstandards« ausgehen [7]:

Auf der untersten Stufe befinden sich die »empirischen Gesetze«, deren Eigenart darin besteht, daß es erstens durch die theoretische Verarbeitung der unmittelbar ermittelten Fakten zum Vorschein kommen und zweitens, daß sie unmittelbar zu beobachtende Erscheinungen sind. Das empirische Gesetz ist eine bestimmte funktionelle Beziehung zwischen vergleichbaren und unmittelbar beobachtbaren Größen, deren Feststellung nur die Oberfläche der sozialen Erscheinungen zum Ausdruck bringt.

Unter dem Begriff »empirische Gesetze« sind also Zusammenhänge, Regelmäßigkeiten und Wiederholungen zu verstehen, die man unmittelbar aus den Beobachtungsresultaten, aus statistisch ermittelten Daten usw. gewinnt.

Von diesen Gesetzen unteren Ranges unterscheiden sich die Gesetzmäßigkeiten mittleren Standards, die die historische Dimension größerer sozialer Gebilde und Zusammenhänge berücksichtigen. Wenn das empirische Wissen noch in bedeutendem Maße subjektive Züge aufweist, so stellt die Abstraktion auf dieser Stufe ein objektiviertes Wissen dar, indem der empirische Befund als Ausschnitt aus der Wirklichkeit in einen engeren Zusammenhang mit der objektiven Realität totaler gesellschaftlicher Zusammenhänge gebracht wird.

Auf dieser Ebene baut sich z. B. die Klassentheorie, die Rolle der Intelligenz, die soziale Ungleichheit zwischen Arbeitern und Kolchosbauern usw. auf. Die Entwicklungstendenz dieser sozialen Erscheinungen ist an den verschiedenen

7 Vgl. Sociologija v SSSR (Soziologie in der UdSSR), I, II, Moskva 1965 (insbesondere: I, S. 139–143).

Etappen ihres historischen Werdeganges abzulesen. Dabei sollten die Invarianten der Beziehungen zwischen den einzelnen Etappen des Entwicklungsprozesses untersucht werden, um die wesentlichen Tendenzen besser in den Griff zu bekommen. Alles Neuerforschte sollte auf seine Brauchbarkeit im Hinblick auf die Deutung und Herausstellung sich entwickelnder sozialer Tendenzen überprüft werden – und alles Übrige sollte dann als »Ballast dem Vergessen überlassen werden«. Die Gesetze der obersten Rangstufe gehören im wesentlichen zu den Gesetzeskategorien des historischen Materialismus (etwa: die Entwicklungsgesetzmäßigkeit vom Kapitalismus zum Sozialismus). Sie umfassen die Gesetze eines ganzen Sozialsystems mit seinem höchsten Grad von Komplexität.

Sinn und Ziel der Verallgemeinerung ist also das Auffinden von Gesetzmäßigkeiten oder von wesentlichen Zusammenhängen, damit über das Unmittelbare bzw. die »Oberflächliche« hinaus die vermittelten Beziehungen bis zum Wesen der Erscheinungen erfaßt, d. h. daß die Erscheinungs*formen* in ihrer Relation zur objektiven Struktur der Gesellschaft aufgezeigt werden können. In der Sprache der Dialektik heißt die methodologische Forderung, Schein von Wahrheit unterscheiden zu können:

> »Der dialektische Materialismus betrachtet das Wesen der Dinge als objektiv, d. h. außerhalb und unabhängig vom menschlichen Bewußtsein existierend . . .
> Wesen und Erscheinung bilden (Gegensätze und zugleich – von mir G. K.) eine untrennbare Einheit. Die Erscheinung ist aber reicher als das Wesen, denn sie enthält außer dem Allgemeinen, Notwendigen, Invarianten den Reichtum des Individuellen, Zufälligen, Variablen . . . Während das Wesen als das Allgemeine und Notwendige das relativ Stabile ist, wechselt das Einzelne und Zufällige als das Unwesentliche öfter, d. h. ,das Unwesentliche, Scheinbare, an der Oberfläche Befindliche verschwindet öfter, hält nicht so ,dicht', ,sitzt' nicht ,fest' wie das Wesen'« [8].

Konkretisiert auf die soziologische Problematik bedeutet dann das Postulat der Gesetzmäßigkeit, die Herausarbeitung der konkret-historischen Totalität eines Systems:

> »Die allgemeinen Gesetze der marxistischen Soziologie sind allgemeine Gesetze, weil sie wesentliche Beziehungen des gesellschaftlichen Lebens zum Ausdruck bringen. Sie sind u. a. allgemeine Gesetze, weil sie strukturelle Beziehungen der *Gesamtheit* der gesellschaftlichen Verhältnisse bestimmen. Allgemeine gesellschaftliche Gesetze bestimmen die wesentlichen Momente eines gesellschaftlichen Gesamtprozesses. Das kann in zweierlei Gestalt geschehen: einmal durch den Umfang des (räumlichen und zeitlichen) Gültigkeitsbereiches relativ konstanter Elemente, zum anderen durch die Bestimmung der Totalität eines konkret-historischen Prozesses. Die Aufgabe der Verallgemeinerung kann daher nicht darauf reduziert werden, formale Ähnlichkeiten festzustellen, sie muß vielmehr in der Herausarbeitung der konkret-historischen Totalität der wesentlichen Momente, also der konkret-allgemeinen Gesetze der Gesellschaft bestehen« (*Hahn:* Historischer Materialismus, S. 213).

ad c) Parteilichkeit bedeutete ursprünglich bei *Marx* eine parteiische Stellungnahme für die wissenschaftlich nachgewiesene Wahrheit. Auch *Lenin* betonte, daß Aussagen über die Gesellschaft nicht »wertfrei« (vgl. *Weber*, Kap. VIII, 2/2) sein können, weil sie notwendigerweise Interessenlagen tangieren, d. h. entweder im Sinne der Beharrung oder der Veränderung der Gesellschaft ausfallen müssen. Schon die Wahl des Themas – ob man z. B. die Lage der sozial

8 Philosophisches Wörterbuch, Hrsg. G. Klaus u. M. Buhr, Leipzig 1969, II, S. 1159.

Schwachen oder der Eliten erforschen will – beinhaltet eine Wertung, die, sei es vom Forscher selbst oder vom Auftraggeber gestellt, auch in der Auswertung der Befunde zum Ausdruck kommt:

»Die Alternative: Marxistische Parteilichkeit oder Objektivismus kann im Grunde nur bedeuten: entweder volle Aufdeckung und Durchsetzung der Wahrheit oder Verschleierung der Wahrheit. Wenn die Interessen der Arbeiterklasse mit dem gesellschaftlichen Fortschritt, mit den historischen Gesetzmäßigkeiten übereinstimmen, so muß jeder Versuch, diese Interessen der fortschrittlichsten und revolutionärsten Klasse der modernen Gesellschaft nicht zu berücksichtigen zu einer Entstellung der objektiven Wahrheit führen . . .«[9].

Die Frage nach der Parteilichkeit oder Wertfreiheit ist nur scheinbar ein wissenschaftliches Problem; sie ist erst dann inhaltlich zu beantworten, wenn geklärt wird, welche gesellschaftlichen Gruppen *Interesse an der Wahrheit* haben und welche nicht.

Theoretisch geht dieses Konzept davon aus, daß nur das Proletariat als Klasse der Unterdrückten an der schonungslosen Enthüllung der Wahrheit interessiert sei, weil es nicht nur nichts zu »verlieren«, sondern auch nichts zu verschleiern hat: Demgegenüber bestehe das primäre Interesse der Bourgeoisie an der »Verhüllung« der Wahrheit [10], weil sie – wie jede herrschende Klasse – ihre Vorrechte nur mit Hilfe ideologischer Manipulationen glaubhaft machen kann. Die Verhüllungstechniken gehören zum Inventar herrschaftsstabilisierender Mittel, um Wohlverhalten und Gehorsam zu erzwingen. Der Klasse der Unterdrückten liegt deshalb nichts an der Verschleierung der Verhältnisse, weil die wirklichkeitsadäquate Erhellung ihrer Situation nur bewußt machen kann, daß sie letztlich die Trägerin des industriellen Fortschritts und damit die bewegende Kraft der Geschichte ist.

Die marxistische Parteilichkeit, die gegenüber dem Wertsystem des Kapitals das Wertsystem der *Arbeit* setzt (vgl. unten: Zusammenfassung) verbindet ihre wissenschaftliche Forderung nach Wahrheitsenthüllung mit der moralischen Forderung nach Gerechtigkeit: Das Schicksal der unmittelbaren Produzenten – die den gesellschaftlichen Mehrwert schaffen – kann nicht unbeteiligt von dem jeweiligen Beobachter »registriert« werden. Es bedarf auf jeden Fall einer Begründung normativer Art, warum die Inhaberin der Putzmacherfirma, Frau Elise, so unverhältnismäßig besser als ihre Putzmacherinnen gestellt ist; der Tod der Putzmacherin Mary Anne Walkley durch Überarbeitung (vgl. Teil I, S. 127) erfordert »von der Sache her« eine wertende Stellungnahme zum Vorgang. Seinsurteile sind folglich immer mit Werturteilen verbunden. Die Forderung von *Marx*, stets für die Interessen der unmittelbaren Produzenten einzutreten erfuhr dann in der Geschichte des institutionalisierten Marxismus im Sowjetsystem eine ideologische Verzerrung, deren Nachweis von den »Revisionisten« selbst unter der Bezeichnung von »machtmäßigem Praktizismus« erbracht wurde. Es hat sich gezeigt, daß auch im Namen von *Marx* und unter Berufung auf das »Proletariat« ein Desinteresse an der Enthüllung der Wahrheit entstehen kann – was auf keine Weise die Berechtigung der Intention

---

9 Klaus, Georg: Die Macht des Wortes, Berlin-Ost 1965, S. 102
10 Szende, Paul: Verhüllung und Enthüllung, in: Archiv f. d. Geschichte des Sozialismus, 10, 1922, 2–3, S. 185–270

dieser sozial engagierten Werthaltung beeinträchtigt oder gar »historisch über-
holt« erscheinen läßt:

»Der entscheidende weltanschauliche Einfluß des Positivismus in der gegenwärtigen bürgerlichen soziologischen Theorie besteht darin – entsprechend seinen methodologischen
Postulaten der Enthaltsamkeit gegenüber solchen „metaphysischen" Objekten wie Wesen und
Materie –, die Soziologie von der Analyse der *konkreten* Existenzbedingungen der heutigen
Gesellschaft abzulenken und auf *abstrakte,* allgemeinmenschliche, psychisch bedingte, klassen-
mäßig indifferente Mechanismen, Verhaltensweisen und Strukturen zu orientieren. Das Kate-
goriesystem und Begriffsinstrumentarium der positivistischen soziologischen Theorie gestat-
ten es nicht, soziale Handlungen und Prozesse als Handlungen von Klassen oder auf dem
Hintergrund des historischen Übergangs vom Kapitalismus zum Sozialismus zu identifizieren.
Im Gegenteil, sie überdecken, verschleiern und überlagern infolge ihrer Abstraktheit diese
wirklichen, konkreten Beziehungen und Bedingungen . . .« (*Hahn,* Historischer Materialismus,
S. 55).

Die methodologischen Prinzipien der objektiven Realität, Gesetzmäßigkeit
und Parteilichkeit fungieren als Transmissionsmittel zwischen Theorie und
Empirie zum Zweck der qualitativen Steigerung von Erkenntnissen. Der auf
seine analytischen Bestandteile reduzierbare dialektische Dreitakt der Erkennt-
nisbewegung kann folgendermaßen veranschaulicht werden:

1. Anschauungen aufgrund empirisch unmittelbar erfaßter Realitäten;
2. Theoretische (also: verallgemeinerte) Aussagen über Strukturen (Regelmäßigkeiten, Gesetzmäßigkeiten);
3. Rückkehr der Theorie zur Praxis und zu einer von Praxis geleiteten
   Empirie zwecks Verifizierung oder Falsifizierung (*Hahn:* »Aufsteigen vom
   Abstrakten zum Konkreten«).

Um zu einer dialektischen Verallgemeinerung zu kommen, muß also die Organisierung sozialwissenschaftlicher Methoden bzw. Techniken zur Sicherstellung
der adäquaten Widerspiegelung komplexer (und zusammenhängender) Prozesse so ausgerichtet sein, daß das Wesen der Totalität (gesamtgesellschaftlicher
Zusammenhänge) erkennbar *und* veränderbar wird. Der Zweck empirischer
Analysen besteht in der Reduktion der Komplexität des »Reiches der Erscheinungen« auf strukturell wichtige Gesetzmäßigkeiten, um von hier aus Thesen
zu postulieren, die auf das Wesen des Allgemeinen hinführen. Diese Verallgemeinerung muß jedoch hypothetisch hinterfragt werden: Sie muß dann wieder
durch empirische Tatsachen korrigiert werden, um einen noch höheren und
gesicherteren Allgemeinheitsgrad zu erreichen. Diese Rückkoppelung zur
Empirie (»das Aufsteigen vom Abstrakten zum Konkreten«) soll aber nicht
deduktiv, sondern reduktiv vorgenommen werden, d. h., daß die Beweisführung vom Besonderen auf das Allgemeine zu schließen hat. Dadurch könnten
die Gefahren nicht konkretisierter Abstraktionen vermieden werden und die
Verallgemeinerungen zur Erfassung des Konkret-Allgemeinen führen. Durch-
läuft der Forschungsprozeß kontinuierlich die gesamten Stufen – die durch
die Anwendung der methodologischen Grundprinzipien für die Forschungs-
praxis sicherzustellen wäre – dann wirkt die Rückbesinnung auf das
dialektische Verhältnis der Objekt-Subjekt-Beziehungen für die Bestimmung
des objektiv Realen, auf die Fixierung des »Blicks« für gesetzmäßige Zusammenhänge und auf die Interessengebundenheit des Wissens korrigierend auf
die allgemeinste Theorie ein, wodurch sich die Ausgangssituation des allgemei-

Schema der soziologischen Forschung unter Ausnutzung der qualitativen
Methoden [11]

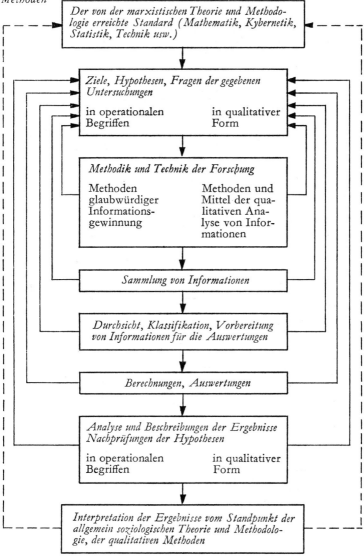

Der von der marxistischen Theorie und Methodologie erreichte Standard (Mathematik, Kybernetik,
Statistik, Technik usw.)

Ziele, Hypothesen, Fragen der gegebenen
Untersuchungen

in operationalen
Begriffen

in qualitativer
Form

Methodik und Technik der Forschung

Methoden
glaubwürdiger
Informations-
gewinnung

Methoden und
Mittel der qua-
litativen Ana-
lyse von Infor-
mationen

Sammlung von Informationen

Durchsicht, Klassifikation, Vorbereitung
von Informationen für die Auswertungen

Berechnungen, Auswertungen

Analyse und Beschreibungen der Ergebnisse
Nachprüfungen der Hypothesen

in operationalen
Begriffen

in qualitativer
Form

Interpretation der Ergebnisse vom Standpunkt der
allgemein soziologischen Theorie und Methodologie, der qualitativen Methoden

11 Šubkin, V. N. (UdSSR): Količestvmnye metody . . . (Qualitative Methoden . . .), in:
Voprosy Filosofi, 1967, 3, S. 30–40 (S. 38).

DIALEKTISCHES VERHÄLTNIS ZWISCHEN THEORIE UND EMPIRIE [12]

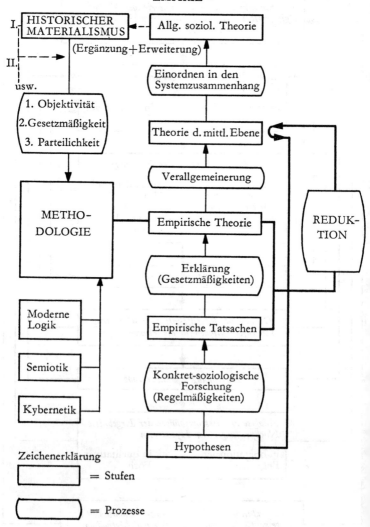

12 Für die Zusammenstellung dieser Tabelle im Rahmen meiner Veranstaltung im SS 1970 danke ich Herrn W. Rammert.

nen Wissens ändert. Auf dieser qualitativ höheren Stufe der allgemeinen Erkenntnis beginnt dann der ganze Vorgang – ausgehend von den „revidierten" allgemeinen Anschauungen – von neuem. Diesen komplizierten Hergang der dialektischen Verallgemeinerung von der (einfachen) abstrakten Theorie zur Empirie und von der Empirie zurück zur inzwischen konkreter (und komplexer) gewordenen allgemeinen Theorie sollen die tabellarischen Zusammenfassungen auf S. 273 und 274 veranschaulichen.

3. Die Kritik an der Theorie der „industriellen Gesellschaft" (Konvergenztheorie)

Die theoretische Konzeption der Vereinheitlichung der »Menschheitsgesellschaft« auf der Basis des »Industrialismus« (Saint-Simon) und der Entwicklung zu einer weltumspannenden technischen Zivilisation ist so alt wie die Soziologie selbst: Aus den Sachgesetzlichkeiten der industriellen Produktionsweise und den daraus resultierenden Eigengesetzlichkeiten des sozialen Lebens versuchte schon Saint-Simon, die schichten- und völkerverbindende Rolle des »Industriellen Systems« abzuleiten (vgl. Teil I, S. 228 ff.). Dieselbe Grundvorstellung finden wir auch bei Comte wieder, der in seinem Entwicklungsmodell – ausgehend von Saint-Simons soziologisch-intellektualistischen Anschauungen – die Moderne als Übergangsphase vom metaphysisch-spekulativen zum »positiv-wissenschaftlichen Stadium« begriff und darin nicht nur die Chancen der Rationalisierbarkeit des Handelns, sondern auch die Sozialisierbarkeit der Gefühle vermutete (vgl. Teil I, S. 237 ff.). In der sich weltweit verbreitenden »industrial society« erblickte auch Spencer eine quasi naturgesetzlich vorbestimmte Tendenz der Vereinheitlichung der Welt unter Organisationszwang, die infolge zunehmender Interdependenzverhältnisse nicht nur zur Erweiterung individueller Freiheitsrechte, sondern auch zur schrittweisen Sicherung des Weltfriedens durch die immer enger werdende wirtschaftliche Kooperation führen sollte (vgl. Teil I, S. 256 ff.).

Infolge des zunehmenden Einflusses empirisch ermittelter Tatsachen über die soziale Wirklichkeit, trat um 1900 eine »Ernüchterung« hinsichtlich jener optimistischen Prognosen ein: Gumplowicz, Sumner, Simmel, Pareto u. a. kehrten das »ewig« gleichbleibende Soziale hervor, das in seiner grundlegenden Konstitution – trotz technisch-wissenschaftlicher Fortschritte – und seinen Grundzügen – wie z. B. Gruppenkampf (Gumplowicz), Kollektivzwang (Durkheim) oder Irrationalität (Pareto) – fortbesteht. Eine besondere Ausprägung erlangte dieser Fortschrittsskeptizismus in der sogenannten »kulturpessimistischen« Richtung der westlichen Soziologie (Gustave Le Bon um 1900, Ortega y Gasset um 1930 und Hendrik de Man um 1950). Als Folge des Industralismus wurden hier das allmähliche Verschwinden kultureller Eigenarten, die geistige Verproletarisierung der Massen bei gleichzeitiger ökonomischer »Verbürgerlichung«, das Ausgeliefertsein des Menschen an den »Zwang der Apparaturen«, der Verlust der Bedeutung gemeinschaftlicher Formen im Zwischenmenschlichen und überhaupt der Untergang der Persönlichkeit in der »Massengesellschaft« herausgestellt; zwar mit negativer Bewertung, doch lag auch dieser Konzeption die Vereinheitlichung bzw. Uniformierung der Welt zugrunde.

Im Gegensatz zu bestimmten marxistischen Interpretationen [1] war die Idee der Konvergenz, d. h. der Angleichung der kulturell geprägten Wertsysteme in der Welt, immer schon ein fester Bestandteil der bürgerlichen Soziologie: Nicht erst nach der Stabilisierung des Sowjetsystems nach 1953 wurde die Konvergenztheorie als »strategisches Mittel des Imperialismus entdeckt«, sondern schon immer behaupteten bürgerliche Theoretiker, daß jedes System dem Organisationszwang komplexer, aus der Industrialisierung resultierender Vorgänge ausgesetzt sei, die die Reorganisierung des politischen und folglich auch des Wertsystems – zumindest partiell – erfordern. Die »Elektrifizierungsparole« und die Forderung *Lenins,* die entwickeltesten Techniken des fortgeschrittenen Kapitalismus zu übernehmen, bestärkten die bürgerlichen Theoretiker in der Annahme, daß der Entwicklungsweg zur »technischen Zivilisation« nur nach dem westlichen (Kultur-)Muster denkbar sei: Deutlicher als *Parsons* hätte es niemand formulieren können, der die Prognose wagte, daß die »kommunistische Gesellschaftsorganisation« regrieren würde, wenn sie nicht die technisch und politisch effektiveren Organisationsformen des Westens (Eigeninitiative, pluralistisches Parteiensystem, Wahlrechtsdemokratie usw.) übernehmen sollte (vgl. S. 207 f.). Und tatsächlich dauerte die Periode der hohen Instabilität des Sowjetsystems (Stalinismus = Diktatur, Machtkämpfe, rigider Zentralismus in Wirtschaft und Bürokratie, fortdauernde Klassenkämpfe im Innern des Systems usw.) bis zu dem Zeitpunkt, als nach *Stalins* Tod die Liberalisierungsmaßnahmen erfolgten [2]:

a) Dezentralisierung der Industrie – um den Abbau des Einflusses der Ministerialbürokratie auf die Wirtschaftsführung zu bewirken;

b) Kompetenzerweiterung der Betriebsleitung – um die Eigenständigkeit und Selbstverantwortlichkeit der Betriebsgruppen zu erhöhen, damit auch die Rentabilität der Betriebe gesteigert werden könne;

c) Einführung des »Prinzips der materiellen Interessiertheit der Werktätigen« – um die Eigeninitiative zu fördern;

d) Ausbau der Konsumgüterindustrie – um den Lebensstandard und die Bereitschaft zur Leistung (Arbeitswilligkeit) zu erhöhen;

e) Bildungsreform – um eine gerechtere Chancengleichheit für die unteren Schichten auf dem Ausbildungssektor zu gewährleisten;

f) Rechtsreform für die persönliche Sicherheit und Freizügigkeit der Arbeitskräfte – um einerseits die Willkür »der Betriebsleitung« einzuschränken, andererseits die Möglichkeiten einer horizontalen Mobilität zu gewähren.

Erst *infolge* dieser systeminternen Veränderungen im Sowjetsystem selbst, die theoretisch ausgedrückt eine graduelle Abkehr vom Prinzip der alles beherrschenden Kollektivität bedeutete und das System stabilisierte, entstand Ende der 50er Jahre die Theorie von der »Angleichung der Systeme« (= Konver-

---

1 Vgl. Rose, Günther: Konvergenz der Systeme – Legende und Wirklichkeit, Köln 1970. – Meißner, Herbert: Konvergenztheorie und Realität, Berlin-Ost 1969.
2 Boettcher, Erik: Die sowjetische Wirtschaftspolitik am Scheidewege, Tübingen 1959 (mit genauen Quellenangaben).

genztheorie)[3]. Die Kerngedanken dieser Theorie, d. h. der Abschätzung bestimmter Entwicklungstendenzen, könnte man wie folgt zusammenfassen:

I. Der technologisch-technische Aspekt – über den *keine* Meinungsverschiedenheiten bestehen –, registriert die typischen Merkmale eines Industrialisierungsprozesses:

— fortschreitende Arbeitsteilung;
— Differenzierung der Berufsrollen;
— wachsende funktionale Interdependenz zwischen Systemteilen;
— Mobilisierung des ländlichen Arbeitskräftepotentials für die industrielle Produktion;
— Konzentration der Massen in Großstädten und die damit verbundenen Probleme der Urbanisierung (horizontale Mobilität, Abbruch der Traditionsmuster usw.);
— Anwachsen der Mittelschichten und insbesondere des „tertiären Sektors" (Dienstleistungen);
— landwirtschaftliche Engpässe infolge der „Landflucht";
— Organisierung eines leistungsfähigen, den technisch-wissenschaftlichen Ansprüchen entsprechenden Bildungssystems;
— Sicherung der Befriedigung sich steigernder und differenzierender Bedürfnisse durch Konsumproduktion;
usw.

II. Den politischen Aspekt (– über den es schon wesentliche Meinungsverschiedenheiten gibt –) sehen die Konvergenztheoretiker wie folgt:
Für die Ingangsetzung der Industrialisierung gibt es zwei Alternativlösungen: die eine ist die privatwirtschaftliche, die andere die kollektivistische (staatskapitalistische) Lösung. In beiden Fällen handele es sich nicht um die Zweckfrage und das ideologische Selbstverständnis: Sowohl im Osten als auch im Westen ginge es um das Gemeinwohl und die Machtlegitimierung durch Volkssouveränität. Der Unterschied bestünde also nicht im »Was« – sondern im »Wie«, d. h. nur in den Mitteln, mit deren Hilfe das eine oder andere System den Zweck (Wohlstand und Demokratie) herbeiführen will. Die kontradiktorischen Prinzipien in der Zweckbestimmung der politischen Systeme können wir wie folgt gekürzt zusammenfassen:

— Unter kapitalistischen Bedingungen seien die ökonomischen Mittel der Eigendynamik der Individual- und Gruppeninteressen zwecks Regulierung der Entwicklung in Richtung auf Wohlstand im Freiheit freigesetzt. Als regulatives Prinzip und treibende Kraft des Fortschritts erweise sich hier die auf Privateigentum basierende Konkurrenzfreiheit und überhaupt die individuelle Leistung.
— Unter sozialistischen Bedingungen würden die ökonomischen Mittel kollektiv bestimmten Zwecken zwecks Durchsetzung gesamtgesellschaftlicher Interessen untergeordnet. Hier sollte sich die Konkurrenzlosigkeit als Folge der Abschaffung des Eigentums an Produktionsmitteln – durch die Beseitigung klassenkämpferischer Beziehungen unter den Gesellschaftsmitgliedern zur treibenden Kraft des Fortschritts entwickeln. Bewähren solle sich das System durch eine zentral gelenkte Planwirtschaft und durch das Prinzip der Kollektivleistung und kollektiven Gewinnbeteiligung nach Leistung.

3 Vor allem: Rostow, W. W.: Stadien wirtschaftlichen Wachstums (1958), 2. Aufl. Göttingen 1967. – Aron, Raymond: Die industrielle Gesellschaft (1962), Hamburg 1964. – Bell, Daniel: Die nachindustrielle Gesellschaft, in: Das 198. Jahrzehnt, Hamburg 1969, S. 351-363. – usw.

Unabhängig von den ursprünglich kontradiktorischen Prinzipien politischer Regelungsmechanismen – argumentieren nun die Konvergenztheoretiker –, habe jedoch eine von der Praxis bestimmte faktische Annäherung der beiden Systeme im Verlauf ihrer konkret-historischen Entwicklung in der Art und Weise der Daseinsbewältigung stattgefunden: Der liberalkapitalistische Typus der westlichen Wirtschaftsgesellschaft habe sich in einen »gebändigten«, durch Staat und Öffentlichkeit zunehmend kontrollierbaren Kapitalismus verwandelt, während die zentral gelenkte Planwirtschaft einen Wandel in Richtung auf wirtschaftliche und politische Liberalisierung erfuhr. Der entscheidende Wendepunkt in der privatkapitalistischen Entwicklung läge in der Zeit nach der Weltwirtschaftskrise (1929/33 – dann: »New Deal«), als der Staat in immer größerem Maße in die Lenkung, Steuerung und Planung der Wirtschaft eingriff. Im sozialistischen System hingegen setzten die Liberalisierungstendenzen um 1958 ein, als es infolge des immer komplexer werdenden Industriesystems notwendig wurde, die zentral gelenkte Planwirtschaft im Interesse ihrer Funktionsfähigkeit durch die Sicherung eigenständigerer Wirtschaftspolitik der Unternehmen (Marktorientierung, »sozialistischer Wettbewerb« usw.) aufzulockern.

III. Der *Wertaspekt* bzw. die These von der Angleichung der Wertsysteme knüpft an die ökonomischen Bedingungen an, die durch die Industrialisierung gegeben sind: Durch Ideologie-Müdigkeit und Hinwendung zur Sachlichkeit wird diese Neuorientierung in den Werten charakterisiert. So wie der Zwang zur Bewältigung praktischer Aufgaben die Umorientierung des Denkens vom Ideologischen zum Konkreten bedingt, bewirkt die Liberalisierung des öffentlichen Lebens den immer ununterdrückbareren Wunsch der Massen nach Hebung des Lebensstandards und der konkreten Verbesserung der Sozialverhältnisse. Das Leitbild der bürgerlichen Lebensweise setze sich immer mehr durch.

Die Konvergenztheorie ist nicht so naiv konzipiert, als hätte sie gravierende Unterschiede – vor allem im politischen Bereich – übersehen: Ausgehend von ihren empirisch-methodologischen Grundlagen, wollte sie nur beobachtbare (und nachprüfbare) Phänomene feststellen und daraus bestimmte Konsequenzen ziehen – über die man diskutieren kann.

Den ganzen Umfang dieser theoretischen Herausforderung können wir im Rahmen dieser Arbeit nicht bringen: [4] Es soll nur über die offiziell-marxistische Version oder Reaktion auf diese Theorie referiert werden.

Vergleicht man die selbstsicheren Prognosen des Behörden-Marxismus bis ca. 1956 über den »unaufhaltsamen Untergang des zum Verfaulen verurteilten kapitalistischen Systems« mit der Nüchternheit der »Koexistenzlehre« von *Chruśćov*, dann müssen die dogmatischen Marxisten die Tatsache hinnehmen, daß der Kapitalismus an seinen »eigenen Widersprüchen« noch nicht zu-

---

4 Vgl. Willms, Bernard: Entwicklung und Revolution. Grundlagen einer dialektischen Theorie der Internationalen Politik, Frankfurt a. M. 1972. – Kiss, Gabor: Marxismus als Soziologie, Reinbek 1971, S. 202–266. – Zur Koexistenzfrage vgl. Willms, B.: Entspannung und friedliche Koexistenz, München 1974.

grunde gegangen, und daß es dem Sowjetsystem bis heute nicht gelungen ist, auf dem Niveau ihrer Produktivkräfte den Kapitalismus zu »überflügeln«. Die Peinlichkeit dieser Tatsache besteht vor allem darin, daß es eben *Marx* war, der das Kriterium des Entwicklungsniveaus auf der objektiven Grundlage des Entwicklungsstandes der Produktivkräfte bestimmt hatte. Nur auf diesem politischen Hintergrund – auf dessen Mitberücksichtigung dogmatische Marxisten im Interesse der Klarstellung der »Zusammenhänge« so gerne hinzuweisen pflegen (vgl. z. B. *Rose, Meißner* Anm. 1) – ist es möglich, den Wandel in der Auffassung hinsichtlich der Bestimmung von Systemqualitäten zu verstehen. Denn, seit jüngster Zeit ist es nicht mehr der Stand der Produktivkräfte, sondern der »Grad der Klassenbewußtheit« und die Humanität der Produktionsverhältnisse, die den wesentlichen Unterschied zwischen den Systemen beweisen soll. Bei der Herausstellung qualitativer Unterschiede wird auf das gesellschaftliche *Bewußtsein* zurückgegriffen:

» . . . Die Schaffung sozialistischer Eigentumsverhältnisse (hängt) nun in erster Linie nicht mehr von der Entwicklung der materiellen Produktivkräfte selbst ab, sondern vom Grad der Klassenbewußtheit und der Organisiertheit der Arbeiterklasse sowie von anderen damit zusammenhängenden Faktoren. Zur Gruppe dieser Produktionsverhältnisse, für deren Schaffung die antagonistischen Klasseninteressen direkt eine Rolle spielen, gehören neben den Eigentumsverhältnissen die davon unmittelbar abhängenden Aneignungsverhältnisse und in gewissem Umfang die Verteilungsverhältnisse«[5].

Semenov und *Mitin* u. a. weisen darauf hin, daß die technologische Entwicklung nicht allein die Qualität der Produktionsverhältnisse bedinge: Sollte nämlich das strukturbestimmende Merkmal des sozialen Fortschritts primär im technisch-ökonomischen Bereich – also: in der technischen Effizienz der Produktivkräfte – liegen, dann könnte der Leistungszwang dazu führen, inhumane Verhältnisse zu schaffen, unter denen die Menschen selbst zu Mitteln eines Leistungsfetischismus werden[6]. Im Kapitalismus werde technischer Fortschritt von Arbeitslosigkeit begleitet und habe »die Ruinierung der in der Landwirtschaft Beschäftigten zur Folge«: Die Nutzung des technischen Fortschritts werde im Sozialismus nicht auf Kosten sozial Schwacher geduldet, weil hier das ökonomische System dem politischen untergeordnet sei. Während im Kapitalismus die Gesamtstruktur des Sozialsystems wesentlich von ökonomischen Faktoren, d. h. von (privaten) Profitinteressen bestimmt werde, wird im Sozialismus das politische System, d. h. der determinierende Einfluß des Allgemeininteresses zur obersten Instanz gesellschaftsorganisatorischer Regelungen. So sorgt der Staat z. B. dafür, daß das materielle Recht auf Arbeit (oder: Sicherheit des Arbeitsplatzes) auch unter den Bedingungen nicht verletzt werden darf, wenn Rationalisierungsmaßnahmen im Interesse der Gewinnmaximierung die Entlassung von Arbeitskräften erforderten: Diese Regelung (oder: »staatliche Einmischung in den Wirtschaftsprozeß«) macht im Gegensatz zu privatkapitalistisch organisierten Sozialsystemen, in denen spontane, von Par-

5 Noske, D.: „Industriegesellschaft" – Ideologie und Wirklichkeit, in: DZfPh. 1966, 2, S. 178–190 (S. 183).
6 Marksistkaja i buržuaznaja sociologija segodnja (Marxistische und bürgerliche Soziologie heute), Moskva 1964.

tikularinteressen geleitete Prozesse durch die Marktmechanismen bestimmt werden, den Weg für die bestimmende Rolle des Allgemeininteresses frei. Die Gesellschaft emanzipiert sich von der Herrschaft des Kapitals, d. h. von der privaten Verfügbarkeit über das Kollektiv: Das Kollektiv wird nicht mehr von Privatpersonen, sondern umgekehrt, die Privatpersonen werden vom Kollektiv gesteuert. Unter den Bedingungen des sozialistischen Eigentums an Produktionsmitteln erlangen folglich die politischen Institutionen eine neue, überragende Bedeutung, die – wie gesagt – auch die ökonomischen Prozesse weitgehend bestimmen. Das politische System wird dadurch zu einem organischen Bestandteil des ökonomischen Systems, auf das es im Interesse der Allgemeinheit lenkend einwirken soll [7].

Die philosophisch-politischen Wurzeln dieser Konzeption gehen (u. a.) auf *Kant* und *Hegel* zurück, die den materiellen Inhalt der Freiheit im Eigentum erblickten, weil unter den damaligen historischen Verhältnissen die einzig objektive Bedingung freien Handelns typischerweise nur durch Eigentumserwerb gewährleistet war (vgl. Teil I, S. 38 ff., 110 ff., 183–185). Die Möglichkeiten eines eigenständigen – »mündigen« *(Kant)* oder »emanzipativen« *(Hegel)* – Handelns waren primär an das faktische Eigentum bzw. an die potentielle geistige Fähigkeit, Eigentum zu erwerben und sekundär auch an den »geistigen Besitz« gebunden. *Marx* führte diesen sekundären Aspekt, den Besitz an Wissen auf den ökonomischen Besitz zurück, da die Partizipationschancen an Bildungsgütern letztlich von ökonomischen Möglichkeiten abhängen. Abgesehen von diesem zweiten Aspekt der Emanzipationsmöglichkeit durch Wissen, bestand also ursprünglich in der theoretischen Erfassung des Wesens des Eigentums als Voraussetzung der Freiheit (von ständisch etablierten Mächten) kein Unterschied zwischen der klassisch-bürgerlichen und der Marxschen Position. Der wesentliche Unterschied zeigte sich aber in der Auffassung von den praktischen Konsequenzen hinsichtlich der Verwendung des Mittels Eigentum zum Zwecke der Freiheit und des Allgemeinwohls: Für die bürgerliche Konzeption gilt bis heute der Satz, daß sich Eigentum durch seine positive Funktion für die Allgemeinheit bewährt, und daß die Verbreitung und Vermehrung des Eigentums Freiheit produziert. Das ideologische Selbstverständnis von der »freiheitlich-demokratischen Ordnung« beinhaltet folglich auch an erster Stelle die Eigentumsfrage, so wie das ideologische Selbstverständnis einer »sozialistischen Gesellschaftsordnung« auf die Nichtexistenz des Eigentums an Produktionsmitteln hinweist. Das Attribut »demokratisch« soll in der westlichen Ideologie das Element der Kontrollierbarkeit der Privateigentümer durch Organe der Volksvertretung im Interesse des Gemeinwohls hervorheben. Die staatliche Kontrolle sollte nur als Korrektiv der eigentumsrechtlichen Bedingungen fungieren, weil nur die in der Privatinitiative verankerte Möglichkeit freien wirtschaftlichen Handelns das Optimum an Freiheit sichern und folglich den »one best way« der industriellen Entwicklung vorzeichnen könne.

Die Marxsche Lösung desselben Problems sah bekanntlich anders aus: Aufgrund seiner ökonomischen Studien kam *Marx* zu der Schlußfolgerung, daß

---

7 Vgl. hierzu: Wiatr, Jerzy: Elements of the Pluralism in the Polish Political System, in: The Polish Sociological Bulletin, 1966, 1, S. 19–26.

unter privatkapitalistischen Produktionsverhältnissen das Eigentum notwendigerweise zur Konzentration – und nicht zur Distribution – des Kapitals und folglich zum Ausschluß immer größerer Bevölkerungsteile vom Eigentum – und folglich von der Freiheit – führen muß. Da aber Eigentumsverlust wachsende soziale Abhängigkeit immer breiterer Schichten bedeutet und de facto – im Gegensatz zur Vorstellung, daß Eigentum durch Streuung »automatisch« mehr Freiheit produziere – zur überproportionalen Privilegierung einer dünnen Schicht der Eigentümer an Produktionsmitteln führt, sollte die Institution Eigentum im Sinne materialistischer Dialektik total negiert werden. Nicht der persönliche Besitz, sondern das Eigentum an Produktionsmitteln ist nach *Marx* zum Grundübel der Gesellschaft unter kapitalistischen Bedingungen und zu einem alle Lebensbereiche beherrschenden Mittel geworden, das die Aneignung fremder Arbeitskraft für private Zwecke ermöglicht und seinen Besitzern – trotz der formalen »Herrschaft der Gesetze« – persönliche Herrschaft garantiert. Feierte noch die bürgerliche Welt die große Französische Revolution als Geburtsstunde der Freiheit von ständisch-absolutistischen Abhängigkeiten, so merkte sie nicht, daß nicht nur biologische Überlegenheit, organisierte Gewalt oder ständisch-absolutistische Herrschaftsform, sondern auch die Verfügung über ökonomische Mittel zu neuen Formen der Unfreiheit führen kann. Das Eigentum als Mittel zur Durchsetzung privaten Willens ist zum politischen Regulativ der bürgerlichen Gesellschaft geworden, was faktisch nichts anderes als die Lenkbarkeit der Politik durch private Interessen bedeutet. Das Eigentum als Mittel der Freiheit (das es unter feudalen Verhältnissen noch war) ist also im Laufe der Entwicklung zu einem Mittel der die Allgemeinheit beherrschenden Unfreiheit geworden.

Marx hat – ebenso wie *Hobbes* zu Anfang der bürgerlichen Ära – die Frage nach der »Ordnung« gestellt: Seiner Ansicht nach lag die Lösung der sozialen Krise der bürgerlichen Gesellschaft in der gleichmäßigen Entmachtung jener Klasse, die sich die gesellschaftlich produzierten Güter zu privaten Zwecken aneignet und dadurch nicht nur Systemkrisen auslöst, sondern infolge der faktisch weiterexistierenden Herrschaft des Menschen über den Menschen auch die sozialen Beziehungen unter den Menschen stört. Ebenso wie *Hobbes* im Namen der bürgerlichen Ordnung die Abtretung des Rechtes *aller* auf Selbstverteidigung und die Übertragung der Mittel (Waffen) – in Form von Monopolisierung physischer Gewaltanwendung – an den Souverän als Repräsentanten des Staates forderte (vgl. Teil I, S. 19–25), forderte *Marx* im Namen der Allgemeinheit den Entzug jener sozialschädlichen Mittel, die unter den veränderten historischen Bedingungen das soziale Gleichgewicht erheblich störten. Die ökonomischen Mittel sollten ebenfalls an einen Dritten, an den die Allgemeinheit repräsentierenden Staat überführt werden, um die »Herrschaft des Gesetzes« – auch materiell und nicht nur formaljuristisch – zu verwirklichen.

Wenn also marxistische Theoretiker über den Unterschied zwischen Systemqualitäten sprechen, dann rekurrieren sie im wesentlichen auf dieses Modell um nachzuweisen, daß mit der Abschaffung des Eigentums an Produktionsmitteln die unabdingbare *Voraussetzung* für die Geltendmachung des Allgemeininteresses gegeben sei: Diese Regelung schafft die krassesten sozialen Ungleichheiten ab, läßt vor den Privatinteressen dem Allgemeininteresse den Vorrang, sichert die optimale Durchlässigkeit zwischen den Schichten und eröffnet den freien Zugang für alle zur Bildung. So schreibt z. B. *Filipeć* (CSSR) [8]:

»An dem Beispiel der Tschechoslowakei könnte man leicht beweisen, daß die Behauptung Bendix' (vom autokratisch geprägten Prinzip der Industrieleitung im Sozialismus – von mir G. K.) irreführend ist. Eine spezifische und brennende Dringlichkeit . . . ist bei uns . . . eher das Problem des Festhaltens der Autorität leitender Instanzen auf allen Stufen. Auf keinen Fall im Sinne einer Autorität des Befehls, sondern im Sinne einer Autorität, die der Sache selbst entsprechend, aus den objektiven Anforderungen eines modernen Großunternehmens entstanden ist. Der Sozialismus führte hier nämlich durch die Aufhebung der Autorität des Privatbesitzers zur *teilweisen Abschwächung* der Autorität der Leitung des modernen Groß-unternehmens überhaupt . . .
(Es ist bekannt, daß) Ford die Trennung der Sphäre der Entscheidung von der Sphäre der Durchführung, also die sogenannte Dichotomie der Arbeit, für eine direkt unabänderliche biologische Tatsache (als Einteilung der Menschen in wenig und höher Begabte) hielt. Der gegenwärtige Sozialismus versucht eine theoretische und praktische Widerlegung dieser Einstellung zu sein. Er beseitigt selbstverständlich dieses objektive Problem durch die Aufhebung des Privateigentums nicht mit einem Schlag, aber schafft vielmehr Grundlagen und Vorbedingungen für diese Überwindung«.

Bei der Bestimmung der Qualität des sozialistischen Systems handelt es sich also um Voraussetzungen und Vorbedingungen, die zu einem stabilen Gemeinwesen – durch die Ausschaltung antagonistisch gelagerter Sozialbeziehungen – führen sollten. Die Sicherheit der Arbeitsplätze, planmäßige Leitung der Gesellschaft nach Kollektivinteressen, der Abbau etablierter und die Errichtung funktionaler Autoritäten, die allmähliche Abschaffung herrschaftlicher Willkür und die stetige, planmäßige Hebung des allgemeinen Bildungsniveaus der Bevölkerung zum Zwecke einer fachlichen und humanitären Bildung sind im wesentlichen die Momente, die die Überlegenheit des sozialistischen gegenüber dem kapitalistischen System beweisen sollten.
Die Unterordnung der ökonomischen Mittel unter gesellschaftspolitische Zielsetzungen sollte verfassungsmäßig garantiert werden: Die so gewährte Chance sollte der Fetischisierung, d. h. zum Selbstzweck erhobenen Maximierung des ökonomischen Nutzeffektes entgegenwirken und die realen Möglichkeiten zur Befriedigung allgemeiner Bedürfnisse – wie z. B. auch der schöpferischen Entfaltung der Persönlichkeit – für alle sichern. All diese Ziele sind selbstverständlich nicht nur »ideologisch« erstrebenswert, sondern müssen mit der Kostenfrage in Beziehung gebracht werden, wobei gesehen werden muß, daß die »Rechnung« nie nach rein ökonomischen Gesichtspunkten beglichen werden kann: Die Allgemeinheit muß, auch auf Kosten des ökonomischen Nutzeffektes, für eine befriedigende Lösung dringendster sozialer Aufgaben »einspringen«. In einer rationalen Gesellschaftspolitik müßte also *sowohl* der ökonomische *als auch* der soziale Aspekt einkalkuliert werden, und zwar so, daß gemäß den theoretischen Erkenntnissen des Marxismus die nicht-ökonomischen und nicht unmittelbar verwertbaren Innovationsprozesse (wie z. B. Bildung), auch von »oben«, von der Ebene der Gesellschaftsführung zielbewußt gefördert werden. Diese wertbejahende Einstellung zu einer planend ausgewogenen, allgemeinen Gesellschaftspolitik, deren Rationalität eben nicht nur in der Ge-

8 Filipeć, J.: Konvergenzen und Divergenzen der Industriegesellschaft in Ost und West, in: Industriegesellschaft in Ost und West, Mainz 1966, S. 33–70 (S. 51 und 53).

winnmaximierung, sondern auch in der Sicherung der gleichmäßigen Hebung des Lebensstandards und des allgemeinen Kulturniveaus bestünde, ist das Grundprinzip der sozialistischen Gesellschaftsordnung. Während im Westen die (liberalistische) Vorstellung vorherrscht, daß mit Produktionsmaximierung quasi automatisch auch Humanisierung einhergehe, faßte *Hegedüs* (Ungarn) die unterschiedliche Position in der knappen Formel: »Optimalisierung und Humanisierung« als gleichwertige und auch gleichzeitig zu verwirklichende Ziele einer sozialistischen Politik zusammen. Die Optimalisierung bezieht sich auf die ökonomische, die Humanisierung auf die soziale Seite der komplexen Entwicklungsproblematik [9]. Mit anderen Worten: Die Aufgabe einer sozialistischen Gesellschaftslenkung besteht darin, daß das ökonomische Wachstum nicht nur mehr Waren, sondern auch mehr Freiheit und Emanzipation produziere. Humanisierung bedeutet also eine mit dem ökonomischen Wachstumsprozeß einhergehende, schrittweise Verbesserung der Sozialverhältnisse mit dem Ziel, die Entfremdung des Menschen allmählich aufzuheben.

Zusammenfassung

1. Klassen und Schichten: Ob wir die Sozialstruktur eher mit Hilfe eines Klassen- oder Schichtenbegriffs wirklichkeitsadäquat erforschen können, ist nicht nur eine wissenschaftliche Frage: Im Hintergrund der Diskussionen über die Ergiebigkeit oder Unergiebigkeit der Begriffsverwendung verbirgt sich eine Werthaltung, die entweder unter einem kritischen oder einem apologetischen Aspekt die Qualität des betreffenden Systems beinhaltet. Der Rekurs auf den von *Marx* eingeführten Klassenbegriff weist auf die Spaltung ein und derselben Gesellschaft in zwei feindliche Lager hin und ist deshalb nicht nur beängstigend, sondern auch – sowohl für das westliche als auch östliche Wertsystem – ideologisch schwer tragbar: Die Existenz von Klassenbeziehungen deutet auf divergierende Ziel- und Wertvorstellungen von großen Menschengruppen mit widersprüchlichen Interessen hin. Zur Systemapologie neigende Soziologen halten die Verwendung des Klassenbegriffs für die Analyse »ihres« Systems für unbrauchbar: *Parsons* oder *Schelsky* meinen ebenso wie die Philosophen-Soziologen *Konstantinov* oder *Glezerman* (UdSSR) mit dem Hinweis auf die veränderte Realität seit dem vorigen Jahrhundert »Abschied vom Klassenbegriff« nehmen zu können. *Glezerman* geht sogar so weit, daß er von der »sozialen Gleichförmigkeit der sowjetischen Gesellschaft« spricht, um auch die Möglichkeit von konfliktuellen Beziehungen – die doch im Schichtenbegriff enthalten sind – von vornherein zu leugnen. Demgegenüber greifen die kritischen Soziologen im Westen wieder auf den Klassenbegriff zurück, während die kritischen Soziologen in Osteuropa – trotz des Widerstandes der »Hohenpriester der Behörde« – den Schichtenbegriff im Rahmen der neu etablierten

[9] Hegedüs, A.: Optimalizálás és humanizálás (Optimalisierung und Humanisierung), in: Valóság, 1965, 3, S. 17–32.

marxistischen Soziologie salonfähig machen wollen. Das theoretische Grundproblem des Themas »Klassen und Schichten« besteht m. E. darin, daß die Gliederung der Gesellschaft sowohl nach den Merkmalen einseitig gelagerter ökonomischer und politischer Abhängigkeiten als auch nach denen mehrschichtig gelagerter einkommens- und berufsmäßiger Abhängigkeiten, der Wertskala von Tätigkeitsmerkmalen gemäß, in interdependenten Abhängigkeitsverhältnissen erfolgen kann. Klassenwirklichkeit impliziert ungleiche Verteilung von Besitz und Macht, während Schichtenwirklichkeit soziale Ungleichheiten nach dem Wertaspekt legitimer – funktionsgerechter – Rangordnungen erfaßt. Der Oberbegriff soziale Schichtung umfaßt zwar auch ständische und klassenmäßige Gliederungsstrukturen, er erfuhr jedoch in den letzten Jahrzehnten eine spezifisch mittelständische Bedeutung in einem ökonomisch und politisch nivellierten System funktionaler Abhängigkeiten. Auf jeden Fall spielt die weltanschauliche Einstellung des Soziologen zu den Grundwerten eine wichtige Rolle, wenn es sich um die Verwendung eines dieser beiden Modelle handelt. Die oft konfuse Verwendung der Begriffe Klasse und Schicht in der soziologischen Literatur verrät Unsicherheit, die einerseits ein Unbehagen an der gegebenen Ordnung andererseits eine sachliche Schwierigkeit zum Ausdruck bringt, die in der komplexen Verzahnung der Gleichzeitigkeit konfliktueller und integrativer Beziehungsstrukturen besteht.

Von allen ökonomistischen Klassenkonzeptionen (vgl. Teil I, S. 70 ff., 234 ff.) unterscheidet sich die Marxsche Klassentheorie durch ihren allgemeinsoziologischen *Ansatz*. Das Klassenverhältnis wird bei *Marx* primär von ökonomischen Verhältnissen abgeleitet, aber in einem unmittelbaren Zusammenhang mit dem politischen und sozialen System gesehen. Die aus der Arbeitsteilung resultierende Schichtung, die sich nach der Etablierung der Eigentumsverhältnisse in Klassen verwandelt, erfaßt nicht nur die Kategorie des Besitzes oder Nicht-Besitzes an Produktionsmitteln, sondern darüber hinaus auch die Bedingungen der Herrschaft. Die Über- und Unterordnungsverhältnisse sind aber nicht nur ökonomisch, sondern auch politisch gekoppelt: Diese doppelte Abhängigkeit bedingt nach Marxens Auffassung auch die normativen Bezugspunkte der Handlungsorientierung in ihrer klassenspezifischen Eigenart. Das objektiv nachprüfbare System der Belohnungen und politischen Privilegierungen weist nicht nur Unverhältnismäßigkeiten in der Verteilung von Bevorzugungen und Belastungen und von Rechten und Pflichten auf, sondern bildet zwei widersprüchliche Wertsysteme in der einen bürgerlichen Gesellschaft aus, die durch die Benennung des Hauptwerkes von *Marx* symbolisiert sind: Das Wertsystem des Kapitals ist von seinen Zielsetzungen her mit dem der Arbeit unvereinbar. Die simple, aber nicht leicht widerlegbare Formel, nach der der Arbeitgeber unter Systemzwang danach trachten muß von seinen Arbeitnehmern so viel wie möglich zu nehmen und so wenig wie möglich zu geben, kann diese von *Marx* gemeinte Struktur der unversöhnlichen Interessengegensätze am deutlichsten darstellen. Die eine Werthaltung bezieht sich auf Profitmaximierung – die andere auf die Abwehr unverhältnismäßiger Ausnutzung und die Schonung der Arbeitskraft. Das Konfliktpotential wächst, wenn das Ausmaß der ökonomischen Ausbeutung – primär als die die physische Belastbarkeit des Menschen nicht berücksichtigende Ausnutzung der Arbeitskraft verstanden –

mit anderen politischen und sozialen Unterprivilegierungen gekoppelt wird. Aus dieser Werthaltung von *Marx* ist auch die vergleichsweise milde Kritik am Feudalismus zu verstehen: Trotz grundherrlicher Abhängigkeit und Armut bot die Feudalordnung eine gewisse soziale Geborgenheit, die eben durch die »brutalste, schonungsloseste kapitalistische Ausbeutung« völlig zerstört wurde. Der Arbeiter ist »zum Zubehör der Maschine« geworden und verlor dadurch die Reste seiner Selbstverwirklichungsmöglichkeiten. Bei der »Umwertung aller Werte« ging es *Marx* darum, die systembedingten Ursachen sozialer Ungerechtigkeiten zu beseitigen bzw. eine Situation zu verändern, in der eine Minderheit aufgrund von Massenleistungen und wachsenden Produktionskapazitäten die möglich gewordenen Lebensqualitäten »genießen« kann, während die Majorität in einer entfremdeten Welt lebt, in der sie für ihren Beitrag zur Systemerhaltung weder nennenswert belohnt noch anerkannt wird. *Marx* wußte wohl die organisatorischen Leistungen der Unternehmer – vor allem im Frühkapitalismus – zu schätzen, nur sah er auch, daß die organisatorische Ausnutzung bestimmter Konstellationen oder die Voraussetzung für »erfinderische Leistungskoordinierung«, das von den Unternommenen schon Geleistete voraussetzt. Wenn ich richtig sehe, war es Marxens Anliegen, die meist »unsichtbaren« gemeinschaftlichen Vorleistungen für individuelle Leistung aufzuwerten. Sachgerecht müßte auch z. B. die individuelle Leistung eines Hochschullehrers im Zusammenhang mit jenen Vorleistungen gesehen werden, die von Studenten, Assistenten, Sekretärinnen und – last but not least von der Ehefrau erbracht werden.

Der Rekurs auf das Marxsche Wertsystem war notwendig, um die Renaissance des Marxismus in unserer Zeit von seinen moralischen Implikationen her – oft als »Reutopisierung« gebrandmarkt – zu verstehen. Aber nicht nur deshalb: Er sollte den methodologischen Zugang zur Erfassung des zentralen Konfliktpotentials aufzeigen. Aufgrund der entidealisierten Dialektik von *Hegel* stieg *Marx* von der hohen Warte des »Blicks zu den Sternen« zu den wirklich »höheren Regionen der oft schmutzigen Praxis« auf: Auf der Suche nach Wirklichkeit entdeckte er die zentrale Bedeutung der Ausnutzungspraktiken des Alltags für das soziale Geschehen. Nicht im Theoretischen, sondern im Methodologischen besteht m. E. der klassische Beitrag von *Marx* zur Soziologie: Er stellte die Hauptursache zwischenmenschlicher Konflikte in den an bestimmte Mittel gebundenen Aneignungsmöglichkeiten fremder Arbeitskräfte für private Zwecke fest – ein Gedanke, den später *Gumplowicz* in der Formulierung der »Sichdienstbarmachung von Menschenkräften« (vgl. Kap. VI, 1,1) wieder aufnahm und in dem auch er die Hauptursache sozialer Ungleichheiten und Kämpfe erblickte. Warum die eine Klasse von Menschen der anderen Klasse »Wolf« sein kann, führte *Marx* nicht nur auf das Eigentum an Produktionsmitteln, sondern auch, wie z. B. im Feudalismus, auf die Verfügung über Produktionsbedingungen zurück. Eigentum und Verfügung wären demnach nur Erscheinungsformen von Herrschaftsbeziehungen, die in einem bestimmten Verhältnis zur »Sache« zum Ausdruck kommen: »Nur die Form – sagt *Marx* (vgl. Teil I, S. 144 ff. – Kapital, S. 225) – worin diese Mehrarbeit dem unmittelbaren Produzenten abgepreßt wird, unterscheidet die ökonomischen Gesellschaftsformationen«. Was ist aber der Inhalt? Dieser Inhalt – das Wesen des

Klassenverhältnisses – ist nicht an das Eigentum an Produktionsmittel gebunden, sondern in der sozial unkontrollierbaren Verfügungschance über Menschen und Mehrprodukt zu sehen. Nicht die Armut an sich schafft Klassenwirklichkeiten, sondern die politische Entrechtung: und auch umgekehrt gilt es, daß die Hebung des ökonomischen Niveaus für alle noch nicht an sich Klassenlosigkeit schafft. *Bettelheim* hat richtig darauf hingewiesen, daß man von sozialistischen Sozialbeziehungen im Marxschen Sinne nur dann sprechen kann, wenn »die Produzenten (auch) über die Bedingungen und Produkte ihrer Arbeit herrschen« [1].

Die antagonistischen Beziehungen zwischen den Klassen Bourgeoisie und Proletariat wurden von *Marx* in ihrer Totalität als ein rigides System einseitiger Abhängigkeiten gesehen. Die Klassenlage – die über Abhängigkeit oder Unabhängigkeit im politischen Sinne entscheidet – wurde nicht nur auf die Besitzverhältnisse, sondern auch auf den Konzentrations- und Organisationsgrad und auf das Klassenbewußtsein bezogen. Weiterführend interpretierte dann *Lenin:*

»Unter Klassen versteht man große Menschengruppen, die sich voneinander unterscheiden, nach ihrem Platz in einem geschichtlich bestimmten System der gesellschaftlichen Produktion, nach ihrem (größtenteils in Gesetzen fixierten und formulierten) Verhältnis zu den Produktionsmitteln, nach ihrer Rolle in der gesellschaftlichen Organisation der Arbeit und folglich nach der Art der Erlangung und der Größe des Anteils am gesellschaftlichen Reichtum, über den sie verfügen«[1].

Folgerichtig erfaßt diese Definition nicht nur den ökonomischen Aspekt: Abgesehen von Eigentumsverhältnissen handelt es sich hier auch um hierarchisch gegliederte Positionen, um die Proportionen der Verteilung des gesellschaftlichen Reichtums und auch um die Verfügungsweise über die Organisation der Produktion. Diese den Schichtungskriterien sehr nahekommende Definition, verrät eine realistische Umformulierung des Klassenbegriffs, deren Pendant zu dieser Zeit auch im Westen zu beobachten ist.

Einen zusammenhängenden Überblick über die Diskussionsergebnisse zwischen 1920–1950 gibt vor allem *Geiger* [3], der die Einführung des Schichtenbegriffs – ebenso wie z. B. *v. Wiese* – mit dem Hinweis auf die empirische Unüberprüfbarkeit konstanter Klassenlagen legitimierte. Statistische und empirische Analysen ließen eine wachsende soziale Mobilität zwischen den »Klassen«, ökonomische Nivellierungstendenzen, weitgehende Berufsdifferenzierung und relativ flexible Grenzen zwischen den ökonomischen Hauptgruppen »Kapitalisten-Mittelstand-Proletariat« erkennen. Entgegen der Marxschen Prognose über die Polarisierung der Gesellschaft entwickelte sich ein starker Mittelstand zwischen den Fronten des Großkapitals und des Proletariats mit spezifischer »Mentalität«. Das ursprüngliche Schichtenkonzept schließt antagonistische Beziehungen jedoch nicht aus: Es war sowohl gegen die integrative Erfassung der Gesellschaft als relativ geschlossenes Gruppensystem (vgl. *Durkheim*) als

1 Bettelheim, Charles: Zur Analyse neuer Gesellschaftsformationen, in: Kursbuch 23, März 1971, S. 1–5 (S. 2).
2 Die große Initiative, in: Werke, Bd. 29, S. 397–424 (S. 410).
3 Geiger, Theodor: Die soziale Schichtung des deutschen Volkes (1932), Stuttgart 1967. – Ders.: Die Klassengesellschaft im Schmelztiegel, Köln 1949.

auch gegen die Marxsche Konzeption einer totalen Binnenverfeindung gerichtet. Der Schichtenbegriff wollte hierarchisch gegliederte Soziallagen in ihrem interdependenten Verhältnis zueinander so erfassen, daß auch das Fortbestehen unzähliger Konflikte und neuartig strukturierter Ungleichheiten in die Analyse mit eingeschlossen werden konnten. Der Schichtenbegriff geht von den empirisch wahrnehmbaren Differenzen der sozialen Lagen aus: Die Unterschiede im Verhalten der Menschen zueinander, ihre Bewußtseinslagen, werden auf objektiv lokalisierbare Schichtungsmerkmale, wie z. B. auf Positionen, Einkommen, Bildung – aber auch auf subjektive Faktoren, – wie z. B. Prestige, Wertschätzungen usw. – zurückgeführt.

Die Umdeutung der »deutschen« Schichtungstheorie erfolgte unter amerikanischem Einfluß: Erst seit ca. 1950 wird Schichtung auf der Basis der Rollentheorie vornehmlich als eine leistungsgerechte hierarchische Anordnung von Gruppen mit horizontal verlaufenden Grenzlinien definiert, die vor allem durch die Hervorkehrung des Wertaspektes in den Sozialbeziehungen auf der Grundlage wechselseitiger Einschätzung von Personen und Gruppen in ihrem funktionalen Zusammenhang betrachtet wird. Abhängigkeiten werden folglich eher horizontal und mehrschichtig als dichotom gewertet.

Boshaft formuliert:

Wenn nun *Marx* das Wesen der klassenlosen Gesellschaft in der dominierenden Rolle der kollektiven Kontrolle über die Steuerung individuellen Handelns sah, dann ist diese klassenlose Gesellschaft in der Welt von Talcott *Parsons* verwirklicht. Ausgehend von der Bedeutungslosigkeit des Eigentums an Produktionsmitteln und der Bedeutsamkeit der Effektivität des funktionalen Beitrages, den der Handelnde für die Systemerhaltung leistet, wurde bei *Parsons* – orientiert am Vorbild der nordamerikanischen Gesellschaft – ein evolutionäres Gesellschaftskonzept entwickelt, das in den 50er Jahren einen dominierenden Einfluß auf die gesamte westliche Soziologie ausübte. Aus der Systematisierung sich empirisch unmittelbar darbietender Daten konnte nachgewiesen werden, daß in der modernen Industriegesellschaft durch die ökonomische Nivellierung prinzipiell alle Schichten Zugang zu den materiellen Ressourcen bekommen hatten, durch die zunehmende Materialisierung der Bürgerrechte zu einem wachsenden politischen Einfluß und durch die demokratisch bestimmte »Bedeutungshierarchie der Tätigkeiten« zu einem für alle akzeptierbaren Wertsystem gelangen konnten. In dieser Gesellschaft kann Macht nur auf der Grundlage eines durch »Wertkonsensus zustandegekommenen Mandats« ausgeübt und Positionen nur nach der allgemein akzeptierten Bewertung von Leistung besetzt werden. Ungleiche Belohnung wird – gemäß der liberalistischen Tradition – von der »Naturtatsache« der »Knappheit von Talenten« abgeleitet und ihre Legitimierung auf die Effektivität zurückgeführt, die diese für das Allgemeinwohl erbringen. Bedingt durch die Zunahme an horizontaler und vertikaler Mobilität werden in modernen Industriesystemen die festen Strukturen der sozialen Schichtung nach Abstammung und Besitz immer »lockerer«: Das immer typischer werdende Merkmal der Schichtenzugehörigkeit wird Leistung und Wissen. Dieser Katalog von Merkmalen erinnert an die Vorstellungen über eine voll-

integrierte sozialistische Gesellschaft, die *Stalin* ebenfalls mit dem Leistungs-
prinzip und in bäuerlicher Schlichtheit unter Berufung auf das Paulus-Wort:
»wer nicht arbeitet soll auch nicht essen«, zu legitimieren versuchte. Der Geist
der »großen Theorien« suggerierte folglich die Annahme, als seien antagonistische Sozialbeziehungen aufgrund der Eliminierung ständischer und groß-
bürgerlicher Privilegien schon aus der Welt geschaffen, da es doch beiden Systemen gelungen sei eine Leistungsgesellschaft ins Leben zu rufen, in der das
Grundinteresse aller Schichten an der gegebenen Ordnung mit demokratischer
Verfassung identisch sei und soziale Scheidewände nur aufgrund der für das
Gedeihen des Kollektivs erbrachten Leistungen existierten.

Diese heile Welt der großen Theoretiker wurde vor allem in den letzten zehn
Jahren durch die Wühlarbeit kritischer Soziologen sowohl im Westen als auch
im Osten unterminiert: In der westlichen Soziologie wird von kritischen
Soziologen die strukturbestimmende Bedeutsamkeit privater Eigentumsverhältnisse wieder in den Vordergrund der Diskussionen gestellt, während in
Osteuropa die Konfliktforschung einen immer größeren Raum in den Auseinandersetzungen mit den Dogmatikern einnimmt.

Die kritische Richtung in der westlichen Soziologie begann mit der Kritik am
Strukturfunktionalismus und richtete sich vor allem gegen dessen Herrschaftsbegriff: *Mills* und *Dahrendorf* zeigten aus der Perspektive der
Machtverteilung und Positionszuordnung klassenbedingte soziale Unterschiede auf, die aufgrund der Teilhabe und des Ausschlusses von Macht weiterhin antagonistisch strukturierte Sozialbeziehungen zwischen der »Power
Elite« *(Mills)* und den Schichten »darunter« verfestigen. Der ökonomische
Klassenkampf habe sich ihrer Ansicht nach in einen politischen Klassenkampf
um Positionen und Verfügungschancen über Produktionsmittel verlagert, wobei der Klassencharakter moderner Gesellschaften – trotz ihrer Feinschattierung durch eine große Zahl von Schichten – weiterhin bestehen bleibe. Die
auch empirisch belegten dichotomischen Vorstellungen von »oben« und »unten« [4] entsprechen demnach durchaus realen Klassenverhältnissen, indem
sie darauf hinweisen, daß es eine Minderheit gibt, die zwar nicht primär aufgrund ihres Eigentums an Produktionsmitteln, sondern aufgrund ihrer durch
Positionserwerb garantierten Verfügungsdisposition in der Lage ist, den eigenen Willen, wenn nötig auch gegen den Willen der Mehrheit, durchzusetzen
und kraft ihres Ranges sich in der Positionshierarchie Privilegien zuzusichern.

Die seit ca. 1965 anlaufende nächste Phase der kritischen »Welle« geht von
der Positivismuskritik der Frankfurter Schule aus: *Adorno, Horkheimer,
Marcuse* und *Habermas* greifen aus der dialektischen Perspektive nicht nur
den Faktenfetischismus der empirischen Soziologie an, sondern postulieren
auch die These vom Spätkapitalismus und weisen den Klassencharakter westlicher Systeme theoretisch nach. Das scheinbar reibungslose Funktionieren des
kapitalistischen Systems dürfe nicht über die in ihm existierenden objektiven,
d. h. von den Bewußtseinslagen unabhängigen gesamtgesellschaftlichen
Widersprüche hinwegtäuschen:

---

4 Popitz/Bahrdt/Jüres/Kesting: Das Gesellschaftsbild des Arbeiters, Tübingen 1957.

»Daß von einem proletarischen Klassenbewußtsein in den maßgebenden kapitalistischen Ländern nicht kann gesprochen werden – sagt *Adorno* [5] – widerlegt nicht an sich, im Gegensatz zur communis opinio, die Existenz von Klassen: Klasse war durch die Stellung zu den Produktionsmitteln bestimmt, nicht durchs Bewußtsein ihrer Angehörigen. An plausiblen Gründen für den Mangel an Klassenbewußtsein fehlt es nicht: daß die Arbeiter nicht weiter verelendeten, daß sie zunehmend in die bürgerliche Gesellschaft und ihre Anschauungen integriert wurden (usw.) . . .

Dem indessen stehen nicht weniger drastische Fakten entgegen, die ihrerseits wieder nur gewaltsam und willkürlich ohne Verwendung des Schlüsselbegriffs Kapitalismus zu interpretieren sind. Weiter wird Herrschaft über Menschen ausgeübt durch den ökonomischen Prozeß hindurch . . . Jener Prozeß produziert und reproduziert nach wie vor . . . zumindest eine Struktur, welche der Antisozialist Nietzsche mit der Formel Kein Hirt und eine Herde vorwegnahm. In ihr aber birgt sich, was er nicht sehen wollte, die alte nur anonym gewordene gesellschaftliche Unterdrückung. Hat schon die Verelendungstheorie nicht à la lettre sich bewahrheitet, so doch in dem nicht weniger beängstigenden Sinn, daß Unfreiheit, Abhängigkeit von einer dem Bewußtsein sich immer mehr entziehenden, entlaufenen Apparatur universal über die Menschen sich ausbreitet. Die allbeklagte Unmündigkeit der Massen ist nur Reflex darauf, daß sie so wenig wie je autonome Meister ihres Lebens sind . . .«

Die nächste und gegenwärtige Phase der kritischen Soziologie ist nun durch die zunehmende Hinwendung zu ökonomischen Fragen gekennzeichnet, wobei schichtenspezifische Gliederungsschemata auf der empirischen Forschungsebene so benutzt werden, daß sie als Mittel zur exakten Erfassung der Feinschattierung von Sozialstrukturen auch die Verbindung zu theoretischen Aussagen über gesamtgesellschaftliche Zusammenhänge herstellen können. *Bottomore* [6], *Mallet* [7], *Jäeggi* [8] oder Werner *Hofmann* und *Kern-Schumann* [9] versuchen mit Hilfe empirischen Materials Klassenverhältnisse nachzuweisen. Im Mittelpunkt ihrer Kritik steht die Verflechtung der Machteliten mit dem Großkapital und die Vorrangstellung des Kapitalinteresses gegenüber den Interessen der Lohnabhängigen, so daß hier die strukturellen Bezugspunkte der Interessenpolarisierung zwischen der in sich geschichteten Masse der Bevölkerung und den Machteliten aufgezeigt werden. Es wird untersucht, inwiefern die praktischen und sich nicht unmittelbar darbietenden Folgen der Systemsteuerung überproportionale Vorteile für diese Eliten erbringen, die am prozentualen Anteil der Löhne und Gehälter und der Profitrate am volkswirtschaftlichen Reichtum[10], an der mangelnden Transparenz der politischen Kontrolle von »unten« und auch an der normativen Struktur unserer Gesellschaft abzulesen ist, die u. a. im Ausbildungssektor, in der Jurisprudenz, im Gesundheits- und Erziehungswesen – öfter als bekannt –

5 In: Spätkapitalismus oder Industriegesellschaft, hersg. Th. Adorno, Stuttgart 1969, S. 15–17.
6 Bottomore wendet sich vor allem gegen die Thesen der „Verbürgerlichung der Arbeiterklasse", der ökonomischen Nivellierung, der „unbeschränkten" Aufstiegsmöglichkeiten und der Sicherheit am Arbeitsplatz (Bottomore, T. B.: Die sozialen Klassen in der modernen Gesellschaft, München 1967).
7 Mallet will die Annäherung der technischen Intelligenz an die Arbeiterschaft (soziale Lage, Interessen) nachweisen (Mallet, Serge: La nouvelle classe ouvrière, Paris 1969).
8 Jaeggi, Urs.: Macht und Herrschaft in der Bundesrepublik, Frankfurt a. M. 1969 (Thema: Die bestimmende Rolle des Kapitals und die Notwendigkeit der „Demokratisierung des Alltags").
9 Kern, Horst, Schumann, Michael: Industriearbeit und Arbeiterbewußtsein, Frankfurt a. M. 1970.
10 Huffschmid, Jörg: Die Politik des Kapitals, Frankfurt a. M. 1969 (insbesondere S. 13 ff.).

repressive Züge gegenüber sozial Schwachen aufweisen. Während noch *Schelsky* ein Klassenbewußtsein ohne Klassenwirklichkeit konstatierte, wird hier gerade umgekehrt: eine Klassenwirklichkeit ohne Klassenbewußtsein festgestellt. Die Unterschiedlichkeit der Ergebnisse läßt sich auf die Verschiedenheit der methodologischen Ausgangsposition zurückführen: Die Aussage von *Schelsky* stützte sich vor allem auf Forschungen über Bewußtseinslagen bzw. Gesellschaftsbilder, während die neueren Forschungen sich eher auf ökonomische Daten beziehen, die dann – wie z. B. *Kern* und *Schumann* (op. cit. S. 25) – feststellen, daß die »Beteiligung (der Industriearbeiter), an Einkommen und Vermögen, die Chancen für Bildung, Gesundheit und Wohnen, trotz partieller Verbesserungen weiter den Stempel der Klassenlage tragen und durch deutliche Unterprivilegierung gekennzeichnet sind«.

Auf der Grundlage der industriellen Entwicklung und im Zusammenhang mit der kritischen Welle im Westen, besann man sich in Osteuropa auf *Lenin* zurück, der im Jahre 1921 empfahl, den Weg »eines konkreten Studiums der besonderen Beziehungen zwischen den besonderen Klassen ... zwischen dem Proletariat und der gesamten nicht-proletarischen sowie halbproletarischen Masse der werktätigen Bevölkerung« einzuschlagen. Daß die politische Klassendefinition von *Lenin* in den Stalin-Zeiten kein brauchbares Mittel für die Gesellschaftsanalyse war – liegt auf der Hand: Der für den »Hausgebrauch« entpolitisierte Klassenbegriff war vorzüglich dazu geeignet, den nicht-antagonistischen Charakter der Sowjetgesellschaft nachzuweisen. Aufgrund des ökonomischen Verhältnisses zu den Produktionsmitteln konnte ohne Schwierigkeiten unter Hinweis auf die Liquidierung des Eigentums die Interessenidentität der lohnabhängigen Arbeiter- und der genossenschaftlich organisierten Bauernklasse dogmatisch festgelegt werden. Unter anderen kritischen Soziologen Osteuropas hat dann *Hegedüs* mit vollem Recht darauf hingewiesen (1964), daß, wie wichtig auch die theoretische und gesellschaftspolitische Rolle des dichotomen Klassenmodells von *Marx* sein mochte

» ... es heute ein schwerwiegender Fehler wäre zu meinen, daß die unmittelbare Erklärung jedes bedeutsamen politisch-sozialen Geschehnisses direkt darin zu suchen und zu finden wäre«[11] .

Unter Verwendung des Schichtenbegriffes profilierte sich dann (seit ca. 1963) die Konfliktforschung durch empirische Untersuchungen auf dem Gebiet der Sozialstruktur. Neben den positiven Ergebnissen wurden auch die negativen festgestellt, die sich vor allem auf schichtenspezifische Unterschiede in der Einkommensstruktur, im Bildungssektor und in den Wertschätzungen beziehen. Die vorsichtig formulierten Andeutungen auf unterschiedliche Grade der Entfremdung (z. B. zwischen Bildungsgrad und adäquater Arbeitsmöglichkeit) oder der Autoritäts- und Abhängigkeitsstrukturen im Betrieb lassen Ähnlichkeiten mit den Strukturproblemen westlicher Systeme erkennen (vgl. S. 176 ff.). Östliche und westliche marxistische Dogmatiker leiten die Qualität der Sozialstruktur im Hinblick auf ihre antagonistische oder geschichtet-integrative Eigenart vom Fortbestehen oder vom Wegfall des Eigentums an Pro-

---

11 Hegedüs, András: Das Strukturmodell der sozialistischen Gesellschaft und die soziale Schichtung, in: Soziale Welt, 17, 1966, H. 2, S. 136—154 (S. 138).

duktionsmitteln ab und interpretieren die ganze Komplexität der Wirklichkeit unter diesem generellen Aspekt. Die Frage des Klassenverhältnisses wird von ihnen nur nach der *einen* Form der privaten Aneignungsmöglichkeit des Mehrproduktes gestellt und alle übrigen Erscheinungsformen des sozialen Lebens von diesem einzigen Leitsatz her gedeutet. Repräsentativ für den Dogmatismus soll eine Aussage von *Semenov* (UdSSR) zitiert werden [12]:

»Tatsächlich unterscheidet sich jedoch die Sozialstruktur des Sozialismus grundlegend von den Sozialstrukturen der kapitalistischen Gesellschaften dadurch, daß in ihr der soziale Antagonismus endgültig überwunden ist: die Spaltung der Gesellschaft in eine ausbeutende und ausgebeutete Klasse, die sozialen Gegensätze zwischen Stadt und Land, zwischen Vertretern geistiger und körperlicher Berufe«.

Die entlastende Simplifizierung solcher Werturteile mag aus politischem Opportunismus verständlich sein, sie kann aber nicht darüber hinwegtäuschen, daß es in beiden Systemen offensichtlich Ungleichheiten gibt, die nach der Positionshierarchie, nach dem Verhältnis zu den Produktionsmitteln, nach Einkommen, Bildung, Wohnverhältnissen, Sozialprestige usw. *nachprüfbar* zu unterscheiden sind. Das theoretische Problem in der Kontroverse mit dem dogmatischen Marxismus der Gegenwart besteht nicht mehr in der Frage, ob es auch im Sozialismus Schichten gibt oder nicht, sondern in der Bewertung und Legitimierung einer geschichteten Sozialstruktur vom gesamtgesellschaftlichen Zusammenhang her. Wenn man natürlich einerseits voraussetzt, daß es nach der Abschaffung des Eigentums an Produktionsmitteln keine soziale Ausbeutung mehr geben kann und andererseits die Nachprüfbarkeit dieser Behauptung faktisch verbietet und nur positivistische Forschungen erlaubt, dann kann man ohne Schwierigkeiten die qualitative Überlegenheit des Sowjetsystems behaupten. Der Empiriker kann sich der Auseinandersetzung mit diesen Wertungsfragen praktisch entziehen, indem er die Entscheidung darüber, ob z. B. die wachsende Zahl der Ehescheidungen wegen Trunksucht und Grausamkeit des Mannes in der UdSSR (vgl. *Charčev*, unten, S. 260) deshalb etwas anderes sei als im Kapitalismus, weil hier das Eigentum an Produktionsmitteln abgeschafft wurde – ruhig den Theoretikern überlassen kann. Der ost-westliche Dogmatismus wird uns dann belehren, daß Trunksucht unter monopolkapitalistischen Verhältnissen ein typischer Ausdruck totaler Entfremdung, im Sozialismus aber z. B. als Kriterium wachsenden Arbeiterwohlstandes zu deuten sei.

Das erste Ergebnis unserer Überlegungen könnte man dahingehend zusammenfassen, daß die Gliederung der Gesellschaft nach schichtenspezifischen Kriterien ein unerläßlicher Bestandteil der wissenschaftlichen Soziologie geworden ist, und daß sich der Schichtungsbegriff als notwendiges analytisches Werkzeug zur differenzierten Erfassung der komplexen sozialen Wirklichkeit erwiesen hat. Bedeutet aber dies auch den »Abschied vom Klassenbegriff«?

---

12 Semenov, V. S.: Die Überwindung der Klassenunterschiede und der Übergang zur klassenlosen Gesellschaft, in: Soziologie in der Sowjetunion, hersg. R. Ahlberg, Freiburg i. Br. 1969, S. 69–86 (S. 69 f.).

Im Unterschied zur interdependenten Struktur sozialer Abhängigkeiten im Schichtungsgefüge impliziert die Klassenstruktur *einseitige* Abhängigkeiten: Die dominante Kategorie im Schichtungsmodell ist die ungleiche Verteilung der Wertschätzung nach Soziallagen, während sie im Klassenmodell die ungleiche Verteilung von Besitz und Macht ist. Daß Klassenverhältnisse im Marxschen Sinne auch in eigentumslosen Gesellschaften entstehen können, ist weder nur die Entdeckung von *Dahrendorf* oder *Aron* noch die von *Djilas* [13], sondern von *Trotzkij* – oder wenn man will – von Bruno *Rizzi*, der in seinem im Jahre 1939 erschienenen Buch: »La Bureaucratisation du Monde« feststellte, daß auch die Diktatur des Proletariats – von *Marx* und *Lenin* als Übergangsform betrachtet – durch die kontinuierliche Beherrschung bürokratischer Schaltstellen des Leistungssystems zur Verfestigung von Machtstrukturen und folglich zur Herausbildung einer »neuen Klasse« führe. Wenn wir nun von der allgemeinen Erscheinung bürokratisch gefestigter Machtverhältnisse ausgehen, so kann je nach Ausmaß der systeminternen und systemexternen Kontrolle der einzelnen Gebilde – wie z. B. Wirtschaft, Verwaltung, Politik usw. – von einem unterschiedlichen Intensitätsgrad der Machtausübung gesprochen werden. Die pluralistische Struktur konkurrierender Gebilde erweitert zwar den Freiheitsraum – wie das z. B. auch im Sowjetsystem in jüngster Zeit an den Konkurrenzbeziehungen zwischen Partei und Verwaltung oder Verwaltung und Wirtschaft nachgewiesen werden kann –, sie kann aber an sich – als Kompromißregelung zwischen Führungsgremien – nicht das Problem der binnenstrukturellen Abhängigkeiten lösen. Im Unterschied zur eher horizontal verlaufenden Dimension der Schichtungswirklichkeit würden wir also in dieser vertikal verlaufenden Dimension die Klassenwirklichkeit verorten. Denn, in beiden Systemen sind Mechanismen überproportionaler Privilegierungen wirksam; sie sind in der positionsgebundenen Chance zur Durchsetzung gruppenpartikularischer Interessen auf dem Umweg über die Nutzung öffentlicher Mittel zu sehen.

Strategisch wichtige Verfügungsdispositionen – wie z. B. die Setzung von Wertmaßstäben, die Bewertung von Leistungen und die Bestimmung ihrer Belohnung, die Festlegung der Proportionen der Verteilung oder der Auswahlkriterien – sollen also eine – aufgrund der Verfügung über bürokratische Apparaturen gegebene – *Möglichkeit* bedeuten, nach den »Eigengesetzlichkeiten« und partikularen Gruppeninteressen der Leitungssysteme im Sinne einseitiger Verfügungen handeln zu *können*. Es hängt nun von der Wirksamkeit der von »unten« und »außen« kommenden sozialen Kontrolle ab, inwiefern die Struktur äquivalenter Problemlösungen seitens der Führung mit faktisch und normativ adäquaten Problemlösungen aus der Perspektive der Basis in Einklang gebracht werden kann. Antagonistisch gelagerte Konfliktbeziehungen können dann abgeschwächt werden, wenn Kompromisse erzielt werden, deren Wesen im Teilverzicht auf totale Zielrealisierung beider Kontrahenten besteht. Wenn es in den modernen Gesellschaften keine einseitigen Abhängigkeiten, d. h. Klassenwirklichkeiten gäbe, könnte man sie verallgemeinernd als Kompromißgesellschaft bezeichnen: Doch sind Kompromisse oft »unecht«

13 Djilas, Milovan: Die neue Klasse, München 1963

292

Die Struktur gebilde-interner Konfliktbeziehungen könnte wie folgt tabellarisch dargestellt werden:

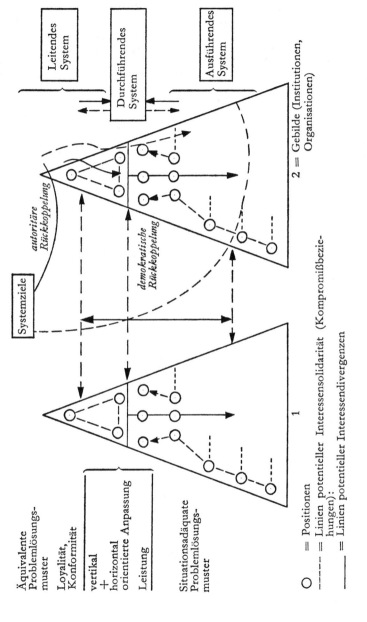

O = Positionen

- - - - = Linien potentieller Interessensolidarität (Kompromißbeziehungen):

———— = Linien potentieller Interessendivergenzen

und – wie dies z. B. *Kalbitz* in seiner empirischen Studie über »Arbeitskämpfe in der BRD« nachwies – nicht kampflos zu erreichen [14]: Auch nach dem durch sozialen Kampf erreichten Kompromiß stellt sich noch die Frage, ob die Verzichtleistungen sozial starker und schwacher Gruppen in ihren Proportionen vergleichbar sind, und ob es sich nicht in Wirklichkeit um Scheinkompromisse handelt. Die oft nicht unmittelbar erkennbare Existenz von Klassenbeziehungen wird erst dann relevant, wenn Zielinhalte und Kompromißleistungen analysiert werden, wodurch Interessendivergenzen und der ökonomische Hintergrund der Privilegierungen und Unterprivilegierungen zwischen »oben« und »unten« konkretisiert werden können (vgl. Tabelle S. 293).

2. *Die Budapester Schule:* Als »östliches Pendant« zur kritischen Theorie der Frankfurter Schule (vgl. unten, S. 298 ff.) könnte man die Budapester Schule charakterisieren, deren zentrale Figur Andràs *Hegedüs* war und die sich die aufklärerische »Selbstkritik des sozialistischen Systems« aus dem Geist des intellektuellen, d. h. von behördlichen Direktiven unabhängigen Marxismus zur Aufgabe machte [15]. Die Kurzlebigkeit des Experiments – von ca. 1963 bis 1973, als die Hegedüs-Gruppe endgültig kaltgestellt wurde [16] – beweist die immer noch vorhandene geistige Intoleranz des Systems gegenüber kritischen Analysen seiner staatsbürokratischen »Mechanismen«, die – worauf die Budapester Schule aufmerksam machen wollte – auch unter nicht-kapitalistischen Bedingungen die Machtauswüchse der Apparate und die Ohnmacht der Menschen – ja Leistungsunwillen produzieren können. Das hierarchische System und die unflexiblen Organisationsstrukturen – so etwa die Grundthese der Budapester Schule – bilden ein ernsthaftes Hindernis für die weitere Entfaltung der Produktivkräfte und den weiteren Ausbau der Demokratie, das vor allem auf die bürokratische Form der Machtausübung und auf die daraus resultierenden Chancen zur Durchsetzung partikularer Interessen zurückzuführen sei.

Stärker als bei der Frankfurter Schule wurde hier auf empirische Fakten Rücksicht genommen: Die seit ca. 1960 anlaufenden »Bestandsaufnahmen« in LPG's, Betrieben, Schulen usw. weisen gravierende, nach sozialen Widersprüchen tendierende Konflikte im nicht privatkapitalistisch organisierten System Ungarns nach: Ihr Wesensmerkmal besteht nach *Hegedüs* in der »Absonderung« bürokratischer »Spezialapparate von den unmittelbaren Produzenten und Dienstleistenden« [17]), d. h. in Organisationsstrukturen, deren Leitungssysteme von demokratischen Kontrollmöglichkeiten weitgehend ausgeschlossen sind. »Entfernt vom Produzenten« tendiere das Leitungssystem danach, eine monolitische – konformes Verhalten erzwingende und Eigeninitiativen erdros-

---

15 Die wichtigsten fremdsprachlichen Veröffentlichungen: Hegedüs, A.: Das Strukturmodell der sozialistischen Gesellschaft und die soziale Schichtung, in: Soziale Welt, 17, 1966, 2, S. 136–154. – Etudes Sociologiques, ed. A. Hegedüs, Budapest 1969 (Corvina-Verlag). – Die neue Linke in Ungarn, ed. A. Hegedüs, M. Márkus = Internationale Marxistische Diskussion 45, Berlin-West 1974 (Merwe-Verlag).

16 Balla, Bálint: Zur „Stellungnahme . . .“ über die antimarxistischen Ansichten einiger Sozialforscher. Der Fall der Gruppe um András Hegedüs, in: Zeitschrift f. Soziologie, 2, 1973, S. 397–405.

17 Die neue Linke, op. cit. S. 73.

selnde – Macht auf dem Wege der Beherrschung bürokratischer Apparate zu entfalten. Die besonders unflexiblen hierarchischen Strukturen sozialistischer Bürokratien förderten nicht nur eine Befehlsempfängermentalität, sondern festigten – ganz im Gegensatz zu *Marxens* Forderungen! – die selbstperpetuierende Eigendynamik rangfixierter Kompetenzstrukturen und wirkten dadurch im Endeffekt auch volkswirtschaftlich produktionshemmend. Die Diskrepanz zwischen der Marxschen Forderung und der sozialistischen Wirklichkeit sieht *Hegedüs* vor allem darin, daß die genannten Faktoren durch wuchernde Bürokratisierung aller Lebensbereiche strukturbestimmend dazu beitrügen, Widersprüche zwischen allgemeinen und besonderen Interessen zu entwickeln. Das neue System bürokratischer Herrschaft schaffe positionsgebundene Interessenverkrustungen und faktische Statusprivilegierungen, die sich z. B.

– in der Benachteiligung von Unterschichtskindern am Zugang zur höheren Bildung[18],

– in erheblichen Einkommensdifferenzen[19],

– oder auch in der Zurückdrängung gewerkschaftlicher Funktionen auf »rein« administrative Tätigkeiten[20],

zeigen. All diese, durch empirische Untersuchungen erhärteten Erkenntnisse führten dazu, mit Hilfe der Operationalisierung des Entfremdungsbegriffs[21] ein typisch sozialistisches – aber auch auf andere Systeme übertragbares – Schichtungsmodell zu entwerfen[22]. Im Zusammenhang mit der generellen Dreiteilung der Gesellschaft in Unter-, Mittel- und Oberschichten nach den funktionalen Kriterien der Tätigkeitsmerkmale und Wertschätzungen muß diese Dreiteilung auch in der Dimension vertikaler Abhängigkeiten nach den Kriterien von leitenden, durchführenden und ausführenden Systemen analysiert werden.

Es kann nicht geleugnet werden, daß es eine Vielzahl geschichtet-integrativer Handlungsbereiche zwischen den Schichten im Sinne von Rollensystemen gibt, und daß folglich auch der Charakter antagonistischer Abhängigkeiten abgeschwächt ist. Im Hinblick auf die Durchlässigkeit sozialer Scheidewände und die Emanzipationsmöglichkeiten von persönlichen und einseitigen Abhängigkeiten ist ein relativer Fortschritt – vor allem durch historische Vergleiche – unverkennbar. Die kaleidoskopische Makrostruktur sozialer Schichtungsprozesse dürfte aber nicht darüber hinwegtäuschen, daß die Zuweisung und Be-

8 Hegedüs, Strukturmodell, op. cit. S. 154. – Ferge, Zsuzsa: Einige Zusammenhänge zwischen der Sozialstruktur und dem Schulsystem (ung.), in: Szociológia, Jg. 1, 1972, 1, S. 10–35, S. 31: Zwar seien die Proportionen des Anteils von Arbeiterkindern an höheren Schulen und Hochschulen, vor allem im Vergleich zu kapitalistischen Ländern noch nicht „beunruhigend", aber „die Kinder der physisch Arbeitenden sind in Gymnasien und Mittelschulen prozentual weit unter dem Durchschnitt und in berufsbildenden Schulen weit überdurchschnittlich vertreten".

9 Ferge, Zsuzsa, in: Etudes Sociologiques, op. cit. S. 170 ff. – Aber auch, z. B.: Wesełowski, Wl.: Klassen, Schichtung und Macht (polnisch), Warszawa 1966, S. 190.

0 Hegedüs, in: Die neue Linke, op. cit. S. 47 ff.

1 Hegedüs-Márkus, in: Die neue Linke, op. cit. S. 89–109. – Bestätigt auch aus der DDR: Voigt, Dieter: Montagearbeiter in der DDR, Neuwied 1973.

2 Ferge, Zsuzsa, in: Études Sociologiques, op. cit. S. 161–184.

<table>
<tr><td>Leitendes</td><td>A. *Eigentumsverhältnisse*
(Kapital- und Grundbesitz – Lohnabhängigkeit –
Genossenschaft)</td></tr>
</table>

Leitendes

A. *Eigentumsverhältnisse*
(Kapital- und Grundbesitz – Lohnabhängigkeit –
Genossenschaft)

B. *Positionshierarchie*

    I. *Nicht-manuelle Berufe*

        1. Oberschicht (Führungsgremien):
           a) Spitzenpositionen (Funktionäre),
           b) Leitende Spezialisten (Manager)

Durchführendes

        2. Mittelschicht:
           a) technisch-wissenschaftliche Fachkräfte,
           b) Beamte, höhere Angestellte,
           c) Selbständige

        3. Unterschicht:
           a) kleine Angestellte
           b) kleine Beamte
           usw.

    II. *Manuelle Berufe:*

        1. nicht-agrarischen Charakters:
           a) Oberschicht (Hochqualifizierte Arbeiter)
           b) Mittelschicht (qualifizierte Arbeiter)
           c) Unterschicht (ungelernte Arbeiter)

Ausführendes System

        2. agrarischen Charakters:
           a) Selbständige (Bauer, Farmer),
           b) fest angestellte landwirtschaftliche Arbeiter,
           c) Gelegenheitsarbeiter,
           usw.

C. *Einkommen*
D. *Bildung*
E. *Sozialprestige*
usw.

wertung von Soziallagen nicht nach einem allgemeinen Wertkonsensus, sondern herrschaftstechnisch relevant gesetzt wird, so daß die differentiellen Merkmale der sozialen Schichtung – unabhängig vom Bewußtsein der ihr Zugehörigen – als abhängige Variable von relativ konstanten Machtstrukturen betrachtet werden müssen. Die Durchsetzungschance allgemeiner aber auch partikularer Interessen besteht heute in beiden Systemen in den systemisch bestimmten Spitzenpositionen bürokratisch organisierter Gebilde und im westlichen System auch im Privateigentum an den strategisch zentralen Produktionsmitteln.

Im Zusammenhang mit dem oben angedeuteten »relativen Fortschritt«, soll auf den wachsenden Einfluß von Interessenorganisationen, die Hebung des allgemeinen Einkommens- und Bildungsniveaus und auf das die persönliche Existenz zunehmend sichernde Rechtssystem hingewiesen werden, um den kompromißhaften Charakter von Machtbeziehungen zu betonen. Trotz möglicher kritischer Einwände meine ich also, daß es zwar einerseits Klassenwirklichkeiten gibt, andererseits aber die gegenwärtige Struktur der Klassenbeziehungen mit Klassenverhältnissen vergangener Zeiten – weder im Westen noch im Osten (vgl. Stalinismus) – vergleichbar ist. »Faute de mieux«

könnte man folglich von reduzierten Herrschafts- und Machtverhältnissen sprechen.

Neben den bürokratisch gegebenen Machtmitteln, die für beide Gesellschaftssysteme charakteristisch sind, gibt es im Westen noch das Herrschaftsmittel Eigentum an den zentralen Produktionsmitteln. Ich sehe das Problem der Vor- und Nachteile dieses oder jenes Systems kulturspezifisch – was schon in der Terminologie »westliche und östliche Systeme« zum Ausdruck kam – und gehe davon aus, daß das eigentumsrechtlich verankerte Wertsystem des Westens, neben seinen negativen Auswirkungen, das dynamischste Entwicklungspotential in der bisherigen Geschichte hervorbrachte. Es hat einen – vom Standpunkt der Handlungstheorie – *interaktiven* Gesellschaftstypus entwickelt, in dem auf der rechtlichen Grundlage der entfesselten Privatinteressen nach *Hegel* das Besondere (– das Individuelle und Partikulare –) zum Gegenspieler des Allgemeinen wurde. Die kulturspezifisch selbstverständlich gewordene Legitimität der Artikulierung und Verfolgung besonderer Interessen setzte in den westlichen Systemen Handlungsmechanismen in Gang, die den interaktionellen Problemregelungen auf der Basis relativer Rechtssicherheit nach dem Muster der »face-to-face« Konfrontation und der vertragsrechtlichen Eigenverantwortlichkeit Vorschub leisteten. Diesem Typus steht der Typus *redistributiver* Problemregelungen östlicher Systeme entgegen: In unübersehbarer Verbindung mit dem kollektivistischen Wertmuster der russischen Orthodoxie (vgl. Teil I, S. 188–196) entwickelte sich das sowjetische Wertsystem unter der absoluten Priorität des Allgemeinen auf Kosten des Besonderen. Der redistributive Typus der Handlungsstrukturen kommt vor allem im Übergewicht behördlich normierter Problemregelungen zum Ausdruck und drückt ein grundsätzliches Mißtrauen gegenüber individuellen »Arrangements« und überhaupt gegenüber Individuen aus. Die selbstregulativen Mechanismen interaktioneller Vereinbarungen werden in wesentlich größerem Umfang als in westlichen Systemen behördlich kontrolliert und auf dem Umweg durch die Instanzen von »oben« reguliert. Damit wird zwar einerseits das Risiko der Abweichung verringert, andererseits aber auch ein beträchtlicher Teil des innovativen Effekts von Handlungen genommen. Das Vorherrschen dieses Handlungsmusters – das *Parsons* in den »pattern variables« mit Orientierung nach universalistischen Normen, Anweisungshandlungen und Kollektivinteressen zu umschreiben versuchte – scheint der Grund dafür zu sein, weshalb die Übernahme noch so perfekter Techniken oder Organisationsformen nicht zur erwünschten Effizienz – im Sinne des »outcome of action« – führt.

Eo ipso ist die Übertragbarkeit des westlichen Wertmusters auf fremde Kulturbereiche problematisch; aber auch die Weiterentwicklung des westlichen Wertsystems nicht unproblematisch: Wie noch nie zuvor ist die Frage nach der inhaltlichen Bestimmung der sozialen Verpflichtungen des Eigentums in die öffentlichen Debatten gerückt. Die Zukunft stellt uns die Aufgabe, die Verhältnismäßigkeit zwischen dem Besonderen und Allgemeinen unter den veränderten Bedingungen der Gegenwart optimal zu gestalten.

XII. Die kritische Theorie (Zusammenfassende Darstellung der Frankfurter Schule)

Hauptvertreter:

Theodor W. Adorno (1903–1969)
–, M. Horkheimer: Dialektik der Aufklärung, Amsterdam 1947.
–, M. Horkheimer: Soziologische Exkurse, = Frankfurter Beiträge zur Soziologie, 4, Ffm. 1956.
–, M. Horkheimer: Sociologica II, Ffm. 1962.
–, Negative Dialektik (1966), Ffm. 1970.
–, (Hrsg.) Der Positivismusstreit in der deutschen Soziologie, = ST. 58, Neuwied 1969, S. 7–103, 125–145 (zitiert: Positivismusstreit).
–, Aufsätze zur Gesellschaftstheorie und Methodologie, Ffm. 1970.

Max Horkheimer (1895–1973)
–, Traditionelle und kritische Theorie, Ffm. 1970.
–, Zur Kritik der instrumentellen Vernunft (engl. 1946), Ffm. 1967.

Herbert Marcuse (1898)
–, Der eindimensionale Mensch, = ST. Bd. 40, 2. Aufl., Neuwied 1967.
–, Ideen zu einer kritischen Theorie der Gesellschaft, Ffm. 1969.

Seit ihrer Gründung – der am 22. 6. 1924 erfolgten »Einweihung des Instituts für Sozialforschung an der Universität Frankfurt a. M.« – begriff sich die Frankfurter Schule als kritische Alternative einerseits zu bürgerlich-etablierten, andererseits zu totalitär-apologetischen Richtungen in der Soziologie. Auf der Grundlage der individuum-orientierten aufklärerischen Tradition und ihres politischen Engagements für die Veränderung unseres entfremdeten, weil trotz technischen Fortschritts weiterhin individuelle Ohnmacht produzierenden großbürokratisch organisierten Industriesystems versuchte die Frankfurter Schule kritische Denkmodelle für ein auf Praxisveränderung gerichtetes Bewußtsein durch Herstellung einer kritischen Öffentlichkeit zu entwerfen. Sie wandte sich also sowohl gegen die Apologeten totalitärer Ordnungen als auch gegen jene bürgerlich-wissenschaftlichen Konzeptionen, die die Funktion der Soziologie ausschließlich in den »in tausend Teilfragen aufgesplitterten Einzeluntersuchungen« erblickten: Gegenüber rechten und linken Kollektivisten – wie z. B. den völkisch denkenden Kultursoziologen (vgl. oben, S. 88–93, 100), aber auch den Exegeten des historischen Materialismus (vgl. oben, S. 283 ff.) – meldeten die Frankfurter die Geltungsansprüche einer dialektischen Soziologie an, die einerseits die konkrete Durchdringung der Vermittlungsmechanismen zwischen dem Allgemeinen und Besonderen (Tausch) und andererseits den Praxisbezug sozialwissenschaftlicher Erkenntnisse zu politischen Fragen herstellen sollte. Soziologie sollte *auch* Sozialphilosophie sein, die in aufklärerisch-emanzipatorischer Absicht die Konzeptionen einer vernünftig zu gestaltenden Sozialordnung zu öffentlicher Wirksamkeit zu bringen hätte.

1. Argumente gegen den Positivismus

Unter Positivismus wird nicht im engen Sinne eine bestimmte wissenschaftliche Schule, sondern überhaupt und umfassend eine bürgerliche Denkstrukturiertheit verstanden, deren einzelne Merkmale im folgenden zu sehen sind:

a) Faktenfetischismus

Positivistisches Denken bestimmt das Kriterium der Wissenschaftlichkeit im »Dingcharakter der Tatsachen«[1] (vgl. *Durkheim*, oben, S. 34–37) und macht nur die unmittelbar erfahrbaren und »gegenständlich« nachprüfbaren Manifestationen des Sozialen zum Gegenstand soziologischer Reflexionen:

»In der Entwicklung der Sozialwissenschaften nach Durkheim, die um seiner Ansicht von der gesellschaftlichen Objektivität willen ihn, den Positivisten, ähnlich zum Metaphysiker stempelte wie er selbst Comte, hat die Vormacht jener Objektivität paradox sich ausgeprägt. Einesteils ist sie so umfassend und total geworden, daß (sie sich kaum) ... nach gängigen wissenschaftlichen Kriterien konkretisieren ließe. Darum wird die unbequeme als unwissenschaftlich vernachlässigt. Anderseits ist die protokollierbare und meßbare Verhaltensweise aller Subjekte von dem ihr vorgängigen Allgemeinen durch dessen Diktat wie durch einen undurchdringlichen Vorhang getrennt. Das Allgemeine ist so sehr der Fall, daß es nichts durchläßt, was nicht der Fall wäre. Je kompletter die objektive Totalität, desto höriger sieht das erkennende Bewußtsein auf ihre subjektive Reflexionsform sich beschränkt ... Der Zusammenhang, überwältigend geworden, wird unsichtbar. Bereits in der Rousseauschen Distinktion von volonté de tous weist beides auseinander, freilich noch mit der Wendung, daß dem objektiv sich durchsetzenden Allgemeinen, das mit der Summe der Inhalte subjektiven Bewußtseins nicht harmoniert, Priorität gebühre. Angst vor dem dadurch eingeleiteten Mißbrauch, das Allgemeine, in dem ohnehin die gesellschaftlichen Kräfte wider das Besondere aufgespeichert sind, theoretisch nochmals totalitär zu erhöhen, hat fraglos beigetragen zur verblendeten Reduktion des Ganzen auf seine individuellen Korrelate. Selbst die Theorie des Antipsychologen Max Weber vom verstehbaren sozialen Handeln hat daran teil. Vollends wurde sie apologetisch brauchbar, als man, aus eitel wissenschaftlicher Objektivität, das Gedächtnis an die des Gegenstands, der Gesellschaft selbst, abschaffte. Dann mußte für die, welche das zu Verstehende leugnen, auch das Verstehen in den Orkus. Weil an keiner einzelnen subjektiven Verhaltensweise der objektive Mechanismus der Gesellschaft adäquat sich greifen lasse, wird der aus einem Universum subjektiver Verhaltensweisen abstrahierten Allgemeinheit die höhere wissenschaftliche Objektivität zugebilligt und die gesellschaftliche Objektivität selber, welche nicht nur die subjektiven Verhaltensweisen sondern auch die wissenschaftlichen Fragestellungen determiniert, als Aberglauben verketzert. Ideologisch bietet das den Vorteil, daß kritische Theorie der Gesellschaft durch ordnende Begriffsschemata substituiert wird, die ihrerseits nichts anderes sind als Klassifikationen von subjektiv Vorfindlichem. Trotz der inhaltlichen Lehre vom Kollektivbewußtsein, deren berühmtestes Exempel die temporäre Konstanz der Selbstmordziffern ist; trotz seines, wenn man will, Hegelschen Erbes partizipiert selbst Durkheim an dieser Tendenz: Seine Methode faßt den objektiven Geist eines Kollektivs, überraschend genug, als Durchschnittswert und operiert statistisch. Dadurch allerdings wäre er konsequenterweise doch wieder an jene psychologischen Fakten gekettet, die er, im Namen der soziologischen Vormacht der Allgemeinheit, gerade bestritten: ,Das Ensemble von Glaubenssätzen und gemeinsamen Gefühlen bei dem Durchschnitt der Mitglieder ein und derselben Gesellschaft bildet ein determiniertes System heraus, das sein Eigenleben führt; man kann es Kollektivbewußtsein oder Gemeinschaft nennen. Zweifelsohne hat es keine organische Einheit als Substrat; es dringt per definitionem den ganzen sozialen Raum durch ... unabhängig von besonderen Bedingungen oder von den Individuen, die sich darin befinden ...'

---

[1] Interessanterweise ist der Begriff Tat-Sache (»matter of fact« um 1756) – konservativen Ursprungs: Er diente im antideistischen Kampf des 18. Jahrhunderts als Beweis für die Annehmbarkeit von Wundern und biblischen Weissagungen, die als Auswirkungen von Taten Geltung auf Objektivität haben sollten. Staats, Reinhart: Der theologiegeschichtliche Hintergrund des Begriffs ›Tatsache‹, in: Zeitschrift für Theologie und Kirche, 70, 1973, S. 316–345.

Die freilich dem behandelten Sachverhalt recht adäquate Verdinglichung des Kollektivgeistes entspricht zu genau der Durkheimschen Methode des chosisme (Dingheit – von G. K.), als daß man sie nicht auch als dessen Funktion ansehen müßte, die eines Verfahrens, das bei allem parti pris für die große Zahl in isolierten subjektiven Daten ihr Fundament hat. Daß die Gesellschaft dazu tendiert, Vermittlungskategorien zu kassieren und durchs unmittelbare Diktat Identität zu erpressen, entbindet die theoretische Reflexion nicht von der Frage nach der Vermittlung zwischen den Daten und dem Gesetz. Bei dem Nominalisten Durkheim grenzt der Primat des Allgemeinen an Mirakel. Unbestreitbar sein Verdienst, daß er die wissenschaftliche Objektivität dessen, was bei Hegel metaphysisch Weltgeist oder Volksgeist hieß, gegen die subjektivistische Aufweichung verfocht, welche die reale Depotenzierung der Subjekte begleitet. Aber auch er willfahrte jenem Denkmodus, dem das An sich der Objektivität des „Geistes" – nämlich der Gesellschaft – und das angeblich Fürsichsein der Individuen absolut . . . bleiben. Für das reziproke aufeinander Verwiesensein antagonistischer Momente fehlte ihm das Organ. Durkheims Begriff der faits sociaux ist durchaus aporetisch: er transponiert Negativität, die Undurchsichtigkeit und schmerzhafte Fremdheit des Sozialen für den einzelnen in die methodische Maxime: Du sollst nicht verstehen. Dem fortdauernden Mythos, Gesellschaft als Schicksal, dupliziert er mit positivistischer Wissenschaftsgesinnung. Dabei verkörpert sich in der Doktrin von den faits sociaux ein Erfahrenes. Was dem Individuum gesellschaftlich widerfährt, ist ihm tatsächlich so weit unverständlich, wie das Besondere nicht im Allgemeinen sich wiederfindet: nur eben wäre diese Unverständlichkeit von der Wissenschaft zu verstehen, anstatt daß diese sie als ihr eigenes Prinzip adoptierte. Woran Durkheim das spezifisch Gesellschaftliche erkennen will, die Undurchdringlichkeit der Norm und die Unerbittlichkeit der Sanktionen, ist kein Kriterium der Verfahrensweise, sondern ein zentraler Aspekt der Gesellschaft als Gegenstand, hartnäckige Erscheinung des Antagonismus. Durkheim beschreibt sie passiv, anstatt sie aus dem Begriff der Sache zu entwickeln. Darum schliddert er in Ideologie. Das unvermittelte An sich des Kollektivgeistes wird durch das begriffliche Instrumentarium so sakrosankt, wie es nur den erforschten Australiern sein mochte« (Aufsätze, S. 129–132).

Adorno will sagen, daß die wie Dinge zu betrachtenden soziologischen Tatbestände in der Durkheimschen – und folglich bürgerlichen – Tradition ihr Eigengewicht verlieren, und werden, wie *Negt* interpretiert[2]:

»nach methodischen und denkökonomischen Gesichtspunkten in einen formalen, begrifflichen Bezugsrahmen eingeordnet. Die ‚Reife' der Wissenschaft befindet über die Relevanz der Tatsachen. Wird zwischen Erscheinungen und Tatsachen in der Weise unterschieden, daß Tatsache ‚eine verifizierbare Aussage über Erscheinungen' heißt, dann sind die sozialen Tatsachen nicht nur von vornherein durch das Forschungsinteresse präformiert, sondern es entsteht der Schein, als gäbe es absolut kein verbindliches Kriterium, das Gewicht der Tatsachen aus dem gesellschaftlichen Strukturzusammenhang heraus zu bestimmen. Die mit wissenschaftlichem Fortschritt unabdingbar verbundene Differenzierung der soziologischen Methoden, welche ein für allemal die willkürliche Verwendung der ‚Tatsachen' für beliebige wissenschaftsfremde Zwecke aufheben will, führt in ein formalisiertes Klassifikationsverfahren . . .«

Der Faktenfetischismus führt also »unbeabsichtigt« zu bestimmten Konsequenzen, die von bürgerlichen Wissenschaftlern – gleich welcher Fachrichtung – nicht erkannt werden. Abgesehen von der oberflächlichen Faszination von der scheinbaren Eindeutigkeit von »harten Tatsachen«, von der Bestimmung wissenschaftlicher Objektivität an dem empirisch noch Faßbaren und der Unfähigkeit – gerade von dieser Denkstruktur aus –, Fakten ihrer sozialen Bedeutung entsprechend zu gewichten, führt der Faktenfetischismus zu einer systematischen kognitiven Verhüllung jener Sozialverhältnisse, die sich »unter der Oberfläche« der sich unmittelbar manifestierenden Tatsachen verbergen:

2 Negt, Oskar: Zum Problem der Entmythologisierung der Soziologie, in: Zeugnisse. Th. W. Adorno zum 60. Geburtstag, Ffm. 1963, S. 451–472 (S. 455).

Die These, daß das »Gegebene, die Fakten, auf welche sie ihren Methoden nach als auf ihr Letztes stößt, selber kein Letztes, sondern ein Bedingtes« seien (Positivismusstreit, S. 99), will besagen, daß die Analyse der Erscheinungen als Summe von »Einzelfeststellungen« nicht »getreu die darunterliegenden gesellschaftlichen Verhältnisse spiegeln«, sondern eher verblenden:

»War bei Comte die Forderung nach „Positivität" – so in: „Soziologische Exkurse" – noch Moment einer geschichtsphilosophischen Konstruktion, sollte die neue Methode, angesichts der aufdämmernden Erfahrung von den selbstzerstörerischen Tendenzen der bürgerlichen Gesellschaft, diese ,von einer drohenden Auflösung befreien und sie geradezu auf eine neue Organisation hinführen . . ., die sowohl fortschrittlicher wie beständiger ist', so wurde die szientistische Methode rasch genug zum Selbstzweck. Die Soziologie verlor in der Folge immer mehr jenen Horizont der zu verwirklichenden Möglichkeit, der sich noch bei Comte und zumal Spencer umgreift. Die Fortschrittsfreude der neuen Wissenschaft war von Anfang an gedämpft: das Denken von der Gesellschaft sah seinen Stolz darin, sich nicht zu erheben über das, was ist (S. 14) . . .
Vor allem aber ist die aufs ,Positive' vereidigte Soziologie in Gefahr, jegliches kritische Bewußtsein einzubüßen. Was anders ist, was auf die Frage nach der Legitimation von Gesellschaftlichem drängt, anstatt bloß festzustellen und zu klassifizieren, was der Fall ist, verfällt dem Argwohn. Noch jüngst hat ein deutscher Soziologe gefordert, es möchte die Soziologie ,das Stadium der negativ-zeitkritischen Begründung der sozialen Fragen überwinden' und sich statt dessen dem Studium ,des Menschen im sozialen Verbande' zuwenden, wobei an nichts anderes gedacht wird als die Untersuchung subjektiver Verhaltensweisen innerhalb je verbindlicher objektiver sozialer Gegebenheiten, ohne daß diese selbst von der Soziologie mehr analysiert werden sollten. Das Gebot, im Rahmen des Gegebenen sich zu halten, beginnt sich zu überschlagen: das eigentlich Gegebene – die sozialen Verhältnisse selber, die den Menschen weithin ihr Verhalten vorschreiben – entzieht sich nach dieser Auffassung den Aufgaben der Soziologie. Aber nur im Geiste der Kritik wäre Wissenschaft mehr als die bloße Verdoppelung der Realität durch den Gedanken, und die Realität erklären heißt allemal auch, den Bann der Verdoppelung brechen. Solche Kritik aber bedeutet nicht Subjektivismus, sondern die Konfrontation des Gegenstandes mit seinem eigenen Begriff. Das Gegebene gibt sich nur dem Blick, der es unter dem Aspekt eines wahren Interesses sieht, unter dem einer freien Gesellschaft, eines gerechten Staates, der Entfaltung des Menschen. Wer die menschlichen Dinge nicht an dem mißt, was sie selber bedeuten wollen, der sieht sie nicht bloß oberflächlich, sondern falsch« (S. 17 f.).

b) Subjektivismus

Die Frankfurter Schule versucht nachzuweisen, daß zwischen dem Anspruch der bürgerlichen Soziologie auf strengste Objektivität (vgl. oben: »Faktenfetischismus«) und den Resultaten ihrer Forschungsergebnisse ein Widerspruch besteht: Sie nimmt in ihren Analysen subjektive Meinungen als objektive Daten hin. Durchschnittsmeinungen, die durch empirische Methoden festgestellt werden, stellen jedoch »keinen Approximationswert der Wahrheit, sondern den gesellschaftlich durchschnittlichen Schein« dar (Positivismusstreit, S. 101). Nicht Sachen und aus deren Zusammenhang abgeleitete konkrete Probleme der Menschen, sondern die methodisch bzw. sozialtechnologisch erfaßbaren Meinungen (– wie Einschätzungen, Selbsteinschätzungen, Zweckvorstellungen und dgl. –) bilden die zur »absoluten« Objektivität hochstilisierte »letzte«, wissenschaftlich noch nachprüfbare Begründung des Sozialen, in der durch die Eliminierung der kritischen Vernunft (bzw. des die bestimmenden Zusammenhänge zu erfassenden Gedankens) die subjektiven Projektionen sich um so mehr »in der Partikularität bloß instrumenteller Vernunft« verfangen (Positivismusstreit, S. 11 f.).

c) Feindschaft gegen das Theoretische

Die durch Faktenfetischismus und Subjektivismus gekennzeichnete bürgerliche Denkhaltung führt unmittelbar zu einer »Feindschaft gegen das Theoretische«: In wie vielen Bedeutungen auch immer gebraucht[3], will Theorie aus einem System von Begriffen, Definitionen und Aussagen zumindest allgemeine Zusammenhänge mit gewissen prognostischen Implikationen – wenn auch nicht immer *erklären* – so doch wenigstens »erhellen« (über den Theoriebegriff der Frankfurter Schule vgl. unten: Negative Dialektik). Doch selbst die Erhellung allgemeiner gesellschaftlicher Zusammenhänge birgt »die Gefahr« in sich, das »real Gegebene« an vermittelten – und nicht unmittelbar einsehbaren – Kategorien messen zu müssen: Theorie wird oft – gemäß dem Alltagsverständnis des »gesunden Menschenverstandes« – als Gegensatz zum faktisch Empirischen begriffen. In seiner Analyse stellt *Horkheimer* fest, daß

»die Feindschaft gegen das Theoretische überhaupt, die heute im öffentlichen Leben grassiert, sich in Wahrheit gegen die verändernde Aktivität richtet, die mit dem kritischen Denken verbunden ist. Wo es nicht beim Feststellen und Ordnen in möglichst neutralen, das heißt für die Lebenspraxis in den gegebenen Formen unerläßlichen Kategorien bleibt, regt sich sogleich ein Widerstand. Bei der überwiegenden Mehrheit der Beherrschten steht die unbewußte Furcht im Weg, theoretisches Denken könnte die mühsam vollzogene Anpassung an die Realität als verkehrt und überflüssig erscheinen lassen; bei den Nutznießern erhebt sich der allgemeine Verdacht gegen jede intellektuelle Selbständigkeit. Die Tendenz, Theorie als Gegensatz zur Positivität aufzufassen, ist so stark, daß selbst die harmlose traditionelle Theorie zuweilen davon betroffen wird. Weil die fortgeschrittenste Gestalt des Denkens in der Gegenwart die kritische Theorie der Gesellschaft ist und jede konsequente intellektuelle Anstrengung, die sich um den Menschen kümmert, sinngemäß in sie einmündet, gerät Theorie überhaupt in Verruf. Auch jeder anderen wissenschaftlichen Aussage, die keine Angabe von Tatsachen in den gebräuchlichen Kategorien und womöglich in der neutralsten Form, der Mathematik, darstellt, wird bereits vorgeworfen, sie sei zu theoretisch. Diese positivistische Haltung muß nicht bloß fortschrittsfeindlich sein. Wenn sich auch bei den verschärften Klassengegensätzen der letzten Jahrzehnte die Herrschaft zunehmend auf den realen Machtapparat verlassen muß, so bildet doch die Ideologie einen nicht zu unterschätzenden Kittfaktor des rissig gewordenen Gesellschaftsbaus. In der Losung, sich an die Tatsachen zu halten und jede Art von Illusion preiszugeben, steckt selbst heute noch etwas wie eine Reaktion gegen den Bund von Unterdrückung und Metaphysik« (Traditionale und kritische Theorie, S. 48).

Die Vorliebe für die Methode läßt sich also dadurch erklären, daß die bürgerlichen Soziologen Angst vor der »Sache«: des auf den Begriff gebrachten Gegenstandes der Soziologie, der Gesellschaft, haben: Denn die Theorie der Gesellschaft relativiert nicht nur kritisch den Erkenntniswert der Erscheinungen (vgl. Positivismusstreit, S. 99), sondern macht auch Veränderungen bzw. Veränderbarkeiten bewußt, zeigt Möglichkeiten des Anders-Seins auf und zwingt den Theoretiker zur politischen Wertung.

d) Wissenschaftliche Wertneutralität und politische Abstinenz

Mit der »Feindschaft gegen das Theoretische« hängt das Bestreben bürgerlicher Soziologen nach Wertneutralität und politischer Abstinenz engstens zusammen. Dies sei aber ein ähnlicher Selbstbetrug, wie die vermeintliche Objek-

---

3 Vgl. u. a. in: Lexikon zur Soziologie, Opladen 1973, S. 686 f.

tivität sich bei näherem Zusehen als Subjektivität und die vermeintliche Distanz zur Theorie als Selbsttäuschung über die Realität erwies: Gesellschaft als Gegenstand der Theorie kann nicht von dieser getrennt gedacht werden, denn Gesellschaft ist nicht bestehende Natur, sondern produziere Geschichte (vgl. *Horkheimer:* Traditionale und kritische Theorie) – woraus sich Wertentscheidungen und politische Auswirkungen eines noch so »neutral« gemeinten Handelns zwingend ergeben:

> »Es gibt keine Theorie der Gesellschaft, auch nicht die des generalisierenden Soziologen, die nicht politische Interessen mit einschlösse, über deren Wahrheit anstatt in scheinbar neutraler Reflexion nicht selbst wieder handelnd und denkend, eben in konkreter geschichtlicher Aktivität, entschieden werden müßte« (*Horkheimer,* op. cit., S. 171).

Angesichts der unvermeidlichen Einflüsse politischer – und folglich partikularer – Interessen auf soziologische Fragestellungen kann sich der Soziologe wertenden Entscheidungen nicht nach Belieben entziehen: Ob er durch seine Feststellungen eher partikularen oder aber allgemeinen Interessen »dient«, ist eine in der Sache begründete Alternative, die Entweder-Oder-Entscheidungen fordert, aber faktisch keine »neutralen« Einstellungen zuläßt. Die vermittelten Wirkungen von Aussagen haben politische Konsequenzen – schon dadurch, daß man bestimmte Probleme aufwirft, bestimmte Begriffe – wie z. B. »Gesellschaft« statt »System«, oder »Volk« und dgl. – gebraucht:

> »Die Soziologie – interpretiert *Hoefnagels* [4] –, die sich über ihre Bindung an das soziale Leben, das sie beschreibt, keine Rechenschaft gibt, läuft Gefahr, sich über ihre Objektivität zu täuschen. Obwohl ihr Blickwinkel fast zwangsläufig durch die in der Gesellschaft vorherrschenden Interessen bestimmt ist, glaubt sie, die gesellschaftliche Realität ohne irgendein Vorurteil unparteiisch zu beschreiben. Sie wird andererseits, ohne sich dessen bewußt zu sein, dazu beitragen, gesellschaftliche Prozesse zu verstärken, die sich in der Zukunft als unheilvoll herausstellen werden und für die sie die Verantwortung zu tragen nicht gewillt ist.«

Schon aus dieser kurzen Skizze der wichtigsten Argumente gegen den Positivismus sollte deutlich geworden sein, daß die kritische Theorie eine Gesellschaftswissenschaft etablieren will, die die Gesellschaft in ihrer Ganzheit – also nicht nur in ihren Teilbereichen und Erscheinungsformen, sondern auch in ihrer gesamten Struktur, in ihren Gesetzmäßigkeiten und auch unter Einbeziehungen der gesellschaftlich vermittelten Prämissen des Denkens – erkennt:

> Kritische Theorie »muß die Begriffe, die sie gleichsam von außen mitbringt, umsetzen in jene, welche die Sache von sich selber hat, in das, was die Sache von sich aus sein möchte, und es konfrontieren mit dem, was sie ist« (*Adorno:* Positivismusstreit, S. 82).

Die »Sache«, das konkrete Zusammenleben der Menschen in Gesellschaft, ist aber widersprüchlich: Das gesellschaftswissenschaftliche Denken muß folglich diesen Widersprüchen Rechnung tragen, weil es sich nur dann der Wahrheit annähern und vom Begreifen der Zusammenhänge her machbare Veränderungen im Hinblick auf humanitäre Möglichkeiten aufzeigen kann. Die kritiklose Unterordnung des Denkens unter die – nach vorherrschenden Denk- und Erkenntnisregeln scheinbar widerspruchsfrei geordneten – »Tatsachen« bedeutet

4 Hoefnagels, Harry: Frankfurter Soziologie, Essen 1972, S. 13.

faktisch Unterordnung unter die jeweils herrschenden Denk*gewohnheiten,* und die Erziehung dazu ist »Einübung des geistigen Gehorsams«. Diesen »Verblendungszusammenhang« zwischen wertfrei scheinenden und faktisch wertenden wissenschaftlichen Aussagen mit politischen Konsequenzen (vgl. Positivismusstreit, S. 65 ff.) will die »kritische Theorie« aufbrechen: Sie will den geschichtlichen Prozeß der Gegenwart nicht nur »äußerlich beschreiben«[5], sondern auch »wirklich begreifen«, um auf diese Weise auch politisch wirken zu können; sie will die mit sozialphilosophischen Fragen bereicherte Gesellschaftstheorie »in die Massen« hineintragen und zu umgestaltender – d. h. orientierungs- und handlungsleitender – Kraft »in den realen Kämpfen der Gegenwart« machen[6]. Die intellektuelle Vorbereitung dieser praxisleitenden kritischen Denkhaltung sollte sich nicht in utopischen Vorstellungen über einen Soll-Zustand verstricken; sie müßte, von den »negativen Realitäten« ausgehend, an deren Bewußtmachung und partieller Aufhebung arbeiten und das machbar Mögliche auf dem Wege der gedanklichen Negierung von »Negativitäten« (= Repressionen) das Interesse »am Wahren« mit dem Interesse an der Aufhebung des gesellschaftlichen Unrechts verknüpfen. Aus diesem erkenntnistheoretischen Interesse wird die Denkmethode der »negativen Dialektik« konzipiert.

2. Negative Dialektik

Die Bezeichnung »negative Dialektik« soll auf eine Denkmethode hinweisen, die zwar einerseits in der klassischen Tradition dialektischer Gesellschaftstheorien verankert ist (vgl. oben: *Hegel, Marx,* Bd. I, S. 98–114, 125–142, 172–185), andererseits aber die dort implizierten verklärenden Momente der Weltentwicklung negiert: Negative Dialektik ist Dialektik ohne die »süßliche Synthese« *(Dahrendorf).*
Ausgehend von:

a) der aufklärerischen Tradition (– vgl. Prinzipien der *Machbarkeit* und der *Vernunft,* Bd. I, S. 45 ff.),

b) der Hegelschen Denkmethode (– vgl. Sichtweise der *Totalität,* der *Widersprüchlichkeit* und den dialektischen Bewegungsformen vom *Allgemeinen und Besonderen)* und

c) der Marxschen Theorie der gesellschaftsbestimmenden Rolle ökonomischer Vermittlungsprozesse *(Tausch,* dialektisches Verhältnis zwischen *Produktivkräften* und *Produktionsverhältnissen)*

stellen die Frankfurter zunächst aufgrund der historischen Erfahrungen im 20. Jahrhundert einen Weltzustand »totaler Negativitäten« fest: Diese manifestieren sich in Kriegen, Konzentrationslagern und vielfältigen gesellschaft-

---

5 Auf sarkastische Weise analysiert Adorno den gängigen Gebrauch unverfänglicher Begriffe im »Jargon der Eigentlichkeit« (Ffm. 1971), der – wie z. B. »Ebene«, »zwischenmenschliches Klima« und dgl. – gerade darauf zielt, Inhaltliches zu verschweigen: »Die Absicht, die Intention zieht sich in eine unterweltlich intentionslose Sprache zusammen, treu der objektiven Bestimmung des Jargons selbst, der keinen Gehalt hat als die Verpackung« (S. 78).
6 Schmidt, Alfred: Zur Idee der kritischen Theorie, München 1974, S. 13 f.

lichen Repressionen. Konkretisiert wird dieser Befund in zahlreichen Analysen spätkapitalistischer Sozialverhältnisse (Näheres darüber: unten, S. 312 ff.). Die Hoffnung der Aufklärer auf eine Herrschaft der Vernunft hat sich angesichts der irrationalen Faktizitäten der Geschichte nicht verwirklichen können. Auch wurde das ökonomisch-liberalistische (vgl. Bd. I, S. 86 ff.) und (spätere) szientistisch-positivistische Fortschrittskonzept (vgl. Bd. I, S. 262 ff.) – die beide »vom unmittelbaren Glauben an die prästabilierte Harmonie der Einzelinteressen« gekennzeichnet waren – von der Geschichte selbst widerlegt. Wie ebenfalls bekannt, hatte *Hegel* den gesellschaftlichen Widerspruch zwischen subjektiven Bedürfnissen und allgemeinen Interessen und dessen Aufhebung im Staat als in einem eigentlich partikularen, weil vom »Volksgeist« geprägten Verwirklicher der sittlichen Idee gesehen. »Alles« – so zitiert *Adorno Hegel* –, »was der Mensch ist, verdankt er dem Staat« und fügt (in: Negative Dialektik, S. 329–332) im Zusammenhang mit der Hegelschen Geschichtsinterpretation der Entstehung von Nationalstaaten hinzu, daß dieser Satz die »augenfälligste Übertreibung« sei, nach der

»Eine prekäre zentralistische Organisationsform die diffusen Naturverbände nach dem Untergang des Feudalismus zum Schutz der bürgerlichen Interessen bändigen (sollte). Sie mußte – so *Adorno* (ebenda, S. 330 f.) – sich zum Fetisch werden, weil sie anders die Menschen nicht hätte integrieren können, die wirtschaftlich ebenso jener Organisationsform bedürfen, wie sie ihnen unablässig Gewalt antut.«

Diese »Erhöhung und Verselbständigung des Staates gegenüber der Gesellschaft« als synthetisierende Kraft zur Aufhebung des Widerspruchs von besonderen und allgemeinen Interessen in der Hegelschen Konzeption (vgl. Bd. I, S. 114–125, 183 f.) beschreibt *Marcuse* wie folgt (Ideen, S. 97–100):

»Das doppelte ,Prinzip' der bürgerlichen Gesellschaft ist ,die konkrete Person, welche sich als besonderer Zweck ist, (...) in Beziehung auf andere solche Besonderheit, so daß jede durch die andere und zugleich schlechthin nur als durch die Form der Allgemeinheit (...) vermittelt sich geltend macht und befriedigt'. Die besondere Person ist in dieser Gesellschaft selbst nur eine ,Vermischung von Naturnotwendigkeit und Willkür'; das Gegeneinander ,selbstsüchtiger Zwecke' ein ,System allseitiger Abhängigkeit', das zwar Subsistenz, Wohl und Recht der einzelnen ,sichern' kann, aber als Ganzes ,von äußerer Zufälligkeit und Willkür' durchherrscht bleibt. Die Allgemeinheit ist zunächst nichts anderes als die gegenseitige Angewiesenheit der ,selbstsüchtigen' Individuen, die Welt der privaten Bedürfnisbefriedigung. ,Die Individuen sind als Bürger dieses Staates Privatpersonen, welche ihr eigenes Interesse zu ihrem Zwecke haben'; das Allgemeine, durch das ihnen dieser Zweck vermittelt wird, kann ihnen daher nur ,als Mittel' erscheinen. Das Prinzip dieses ,Systems der Bedürfnisse' hat die Allgemeinheit der Freiheit ,nur abstrakt, somit als Recht des Eigentums in sich, welches aber hier nicht mehr nur an sich, sondern in seiner geltenden Wirklichkeit, als Schutz des Eigentums durch die Rechtspflege ist'. Die höchste Stufe der Einheit von subjektiver Besonderheit und Allgemeinheit, zu der solche Ordnung allseitiger Zufälligkeit und Willkür kommen kann, ist daher eine primäre Zwangs- und Interessenorganisation ...
Daß die der bürgerlichen Gesellschaft zugrunde liegende ,Allgemeinheit' durchaus nicht die Funktion erfüllen kann, die individuelle Freiheit in einer allgemeinen Freiheit aufzuheben, ist der Ausgangspunkt für Hegels Kritik an der kantischen Rechtslehre: Aus dem Prinzip, daß das ,besondere Individuum', der ,Wille des einzelnen in seiner eigentümlichen Willkür, die substantielle Grundlage und das Erste sein soll, (...) kann das Vernünftige freilich nur als beschränkend für diese Freiheit, (...) nur als ein äußeres, formelles Allgemeines herauskommen'. ,Das Freiheitsproblem bleibt bei Hegel unter der Idee der Allgemeinheit: individuelle

Freiheit kann nur in einer ‚Allgemeinheit‘ wirklich werden. Aufgabe ist, diese Allgemeinheit begrifflich zu bestimmen und in ihrer gesellschaftlichen Wirklichkeit aufzuweisen. Die Deskription der bürgerlichen Gesellschaft in Hegels Rechtsphilosophie ist ganz von der Erkenntnis getragen, daß die in dieser Gesellschaft zustande gekommene Allgemeinheit keine ‚wahre‘ Allgemeinheit und daher keine wahre Gestalt der (als aufgehoben verwirklichten) Freiheit darstellt ... Kant hat diese (– Privateigentum sichernde – von G. K.) Voraussetzung als für die Idee einer ‚rechtmäßigen‘ Gesellschaftsordnung überhaupt notwendig erachtet; Hegel widerspricht ihm hierin nicht. Aber anders als bei Kant fällt auf sein Bild der bürgerlichen Gesellschaft das Licht ihrer Negativität. Wenn die bürgerliche Gesellschaft sich ‚in ungehinderter Wirksamkeit‘ befindet, ‚vermehrt sich die Anhäufung der Reichtümer (. . .) auf der einen Seite, weil auf der anderen Seite die Vereinzelung und Beschränktheit der besonderen Arbeit und damit die Abhängigkeit und Not der an diese Arbeit gebundenen Klasse (. . .)‘. Zum erstenmal bricht der revolutionäre Charakter der Dialektik in der Dimension der bürgerlichen Gesellschaft durch: das von Kant noch wesentlich statisch gesehene Bild dieser Gesellschaft kommt in Bewegung. Bei allem ‚Übermaße des Reichtums‘ ist die bürgerliche Gesellschaft nicht reich genug, ‚dem Übermaße der Armut und der Erzeugung des Pöbels zu steuern‘; durch diese ihre Dialektik wird sie ‚über sich hinausgetrieben‘. Wohin? Vor der wirklichen Beantwortung dieser Frage weicht die Dialektik in das Gebäude des philosophischen Systems aus; an der betreffenden Stelle der Rechtsphilosophie wird nur auf den Ausweg in den wirtschaftlichen Weltmarkt und in die Kolonisation hingewiesen. Der systematische Fortgang der Dialektik ist ein anderer: er führt zur Aufhebung der bürgerlichen Gesellschaft in den ‚Staat‘. Die Idee der Selbstkonstituierung der bürgerlichen Gesellschaft als Staat wird abgewiesen; Gesellschaft und Staat werden ihrem ‚Prinzip‘ nach voneinander getrennt. Ein für die Entwicklung des Autoritätsproblems entscheidender Schritt: die fast schon in ihrer vollen Problematik gesehene bürgerliche Gesellschaft kann in sich selbst nicht mehr die Grundlagen für das gesellschaftliche Autoritätssystem abgeben; sie hört auf, der eigentliche Ort der Freiheit und damit auch der Allgemeinheit zu sein. Indem der Staat als eigenständige Ganzheit ihr gegenübertritt, wird er zugleich von ihrer Negativität befreit und zum unbedingten Träger aller gesellschaftlichen Autorität.«

Auch *Marcuse* betont anschließend, daß die Hegelsche Philosophie der absoluten Vernunft auf diese Weise eine »völlig irrationale Autorität in die Grundfesten des Staates« einbaut. Weiterführend stellt dann auch *Adorno* fest:

»Daß die Metaphysik der Versöhnung von Allgemeinem und Besonderem in der Konstruktion der Wirklichkeit, als Rechts- und Geschichtsphilosophie, scheiterte, konnte dem systematischen Bedürfnis Hegels nicht verborgen bleiben. Er hat um Vermittlung sich bemüht. Seine Vermittlungskategorie, der Volksgeist, reicht in die empirische Geschichte hinein. Den einzelnen Subjekten sei er die konkrete Gestalt des Allgemeinen, aber seinerseits sei der ‚bestimmte Volksgeist . . . nur ein Individuum im Gange der Weltgeschichte‘, Individuation höheren Grades, doch als solche selbstständig. Gerade die Thesis von dieser Selbständigkeit der Volksgeister legalisiert bei Hegel, ähnlich wie später bei Durkheim die Kollektivnormen und bei Spengler jeweils die Kulturseelen, die Gewaltherrschaft über die einzelnen Menschen« (Negative Dialektik, S. 329 f.).

Überwunden wird *Hegel* insofern von *Marx*, als er die Widerspruchsproblematik an der »Sache« selbst aufzuzeigen versucht: Weder wird bei *Marx* gesellschaftlicher Widerspruch im »reinen Medium des Geistes« noch dessen Aufhebung in der sittlichen bzw. allgemein anerkannten Autorität des Staates gesehen. Im Gegenteil: Bei *Marx* ist und bleibt die Sphäre der materiellen Produktion das Primäre und ein »Reich der Notwendigkeit«, dessen Grenze erst auf dem Wege der »Verkürzung des Arbeitstages« zugunsten des »Reiches der Freiheit« (vgl. Bd. I, S. 156 ff.) eingeschränkt werden kann (vgl. *Marcuse*, Ideen, S. 131 f.). Auch die Abbaubarkeit von Herrschaft-Knechtschaft-Verhältnissen begründet *Marx* nicht aus höheren Formen eines rechtsstaatlich vermittelten – der Allgemeinheit – »dienenden Bewußtseins« *(Hegel[1])*, sondern aus Produktionszwängen:

> »Indem Freiheit als eine Aufgabe der Gestaltung des gesellschaftlichen Arbeitsprozesses erkannt und die Art dieser Gestaltung bestimmt wird, ist der Weg vom Reich der Notwendigkeit zum Reich der Freiheit angegeben, das zwar immer noch ein Jenseits darstellt, aber nicht mehr das transzendentale Jenseits, das den Menschen ewig vorangeht, oder das religiöse, das ihre Not aufheben soll, wenn sie nicht mehr sind, sondern das Jenseits, das die Menschen sich selbst schaffen können, wenn sie eine schlecht gewordene Gesellschaftsordnung verändern. Die totale Umkehrung des Freiheitsproblems, durch die das Reich der Freiheit jetzt als eine bestimmte ‚irdische' Organisation der Gesellschaft auf dem Reich der Notwendigkeit fundiert wird, ist nur ein Moment jener allgemeinen Umkehrung, in der die materiellen Produktionsverhältnisse der Gesellschaft als Grundlage des ganzen politischen und kulturellen ‚Überbaus' und der ihm entsprechenden Bewußtseinsformen begriffen werden.
> In diesem Zusammenhang wird auch das Autoritätsproblem in seiner gesellschaftlichen Bedeutung behandelt. Marx stößt auf die Autorität als auf ein Abhängigkeitsverhältnis im kapitalistischen Produktionsprozeß. Bei seiner Analyse handelt es sich also nicht um die Autorität als solche, sondern als Faktor innerhalb der Produktionsverhältnisse einer bestimmten Gesellschaft. Erst durch die Abhebung dieser spezifischen Autorität gegen die in anderen Gesellschaften herrschenden Autoritätsformen werden die allgemeineneren Funktionen der Autorität sichtbar.
> Autorität ist eine Erscheinung des Herrschaft-Knechtschaft-Verhältnisses als eines gesellschaftlichen Abhängigkeitsverhältnisses. Das Herrschafts- und Knechtschaftsverhältnis aber, ‚wie es unmittelbar aus der Produktion selbst hervorwächst', ist bestimmt durch ‚die spezifische ökonomische Form' . . . *(Marcuse,* Ideen, S. 132).

Es ist nicht der Marxsche Ansatz selbst, sondern dessen »weiterentwickelte« Form im »dialektischen Materialismus«, die – vor allem in der Sowjetideologie (vgl. oben, S. 244 ff.: »Marxistische Soziologie«) – zu einer Weltanschauung »verfälscht«, den »Marxismus« »höchst prekär« erscheinen läßt[2]. In dieser Auslegung der Dialektik werden die allgemeinsten dialektischen Gesetze als naturgeschichtliche Notwendigkeiten in die Bewegungsgesetze der Gesellschaft hinein verlagert (vgl. z. B. *Stalins* Lehre, oben, S. 249–253) – ohne die spezifisch sozialen Varianten und deren geschichtsformenden Einfluß im besonderen gebührend zu berücksichtigen. Den Kerngedanken der Kritik an der Marxschen Exegese formuliert *Adorno* wie folgt (in: Negative Dialektik, S. 346):

> Die Naturwüchsigkeit der kapitalistischen Gesellschaft (– die *Marx* im Vorwort des „Kapital" xplicit als naturgesetzliche Bewegung postuliert, vgl. auch Bd. I, S. 142 –) ist *real und zu-*
> *leich jener Schein.* Daß die Annahme von Naturgesetzen (– bei *Marx* –) *nicht á la lettre zu*
> *nehmen,* am wenigsten im Sinn eines wie immer gearteten Entwurfs vom sogenannten Men-
> chen zu ontologisieren sei, dafür spricht das stärkste Motiv der Marxschen Theorie über-
> aupt, das der *Abschaffbarkeit jener Gesetze.* Wo das Reich der Freiheit begönne, gälten sie
> icht mehr. Die Kantische Unterscheidung eines Reichs der Freiheit von einem der Notwendig-
> eit wird, durch Mobilisierung der Hegelschen vermittelnden Geschichtsphilosophie, auf die
> olge der Phasen übertragen. Erst eine Verkehrung der Marxischen Motive wie die des Diamat,
> er das Reich der Notwendigkeit prolongiert mit der Beteuerung, es wäre das der Freiheit,
> onnte darauf verfallen, den polemischen Marxischen Begriff der Naturgesetzlichkeit aus
> iner Konstruktion der Naturgeschichte in eine szientifische Invariantenlehre umzufälschen«
> lervorhebungen von mir G. K.).

Marcuse weist darauf hin, daß am Anfang des Hegelschen Geschichtsprozesses – des „objektiven Geistes" – nicht die absolute Vernunft, sondern die absolute Gewalt steht; der Hebel der weiteren Entwicklung sei nicht das herrschende, sondern das „dienende Bewußtsein", das „im Arbeitsprozeß seine wahre Gestalt gewonnen hat" (Ideen, S. 112).
Schmidt, Alfred, Zur Idee, op. cit., S. 22–24.

In Verbindung mit der aufklärerischen Tradition steht die kritische Theorie auf dem Standpunkt, daß der Sinn des Geschichtsprozesses in der sukzessiven Verbreitung der »Herrschaft der Vernunft« bestünde. Diese Entwicklung, die zu einer Synthese von »objektiver und subjektiver« Vernunft hätte führen sollen (vgl. darüber unten), hat jedoch zwei »Seiten«; eine ökonomische und eine sozialkommunikative Seite, die in der Konzeption der Frankfurter – nach dem Modell der Dialektik (These-Anti-These) – die Einheit jener widersprüchlich zentrierten Kräfteverhältnisse bilden, deren »Synthese« noch aussteht. Im Unterschied zur Aufklärungsphilosophie betonen die Frankfurter in Übereinstimmung mit *Marx* die fundamentale Bedeutung der Ökonomie im Geschichtsprozeß: Fortschritt im Sinne wachsender Emanzipation hat die fortschreitende Überwindung der Abhängigkeit des Menschen von der Natur zur Voraussetzung. Die Kritik der kritischen Theorie am dialektischen und historischen Materialismus richtet sich also nicht gegen den »Primat der Ökonomie«, sondern dessen »einseitige« Auslegung als »letztlich« auch die kommunikativen Strukturen total bestimmende Kategorie. Damit ist gemeint, daß der materialistisch konzipierte Begriff der Synthese durch Ökonomie, d. h. durch gesellschaftliche Arbeit, die Interaktionsstrukturen und somit deren bewußtseinsprägende Einflüsse vernachlässigt und dadurch den problematischen Evolutionsprozeß – mit seinen allgemeinen und vor allem besonderen Erscheinungsformen – nicht vollständig zu erklären vermag [3]. Denn das »synthetisierende« Moment der Vernunft – das auch nach *Rohrmosers* Interpretation prinzipiell mit Problemen der Machtausübung verbunden ist [4] – sei in sich zwiespältig: Es hat einen – auf die Beherrschung von Mensch und Natur gerichteten – instrumentalen, aber auch einen anderen – auf Sinn und »Systementwürfe« gerichteten – kommunikativ-emanzipatorischen Aspekt. In den historisch real gewordenen Gesellschaftsformationen der Gegenwart habe – sowohl im Kapitalismus als auch im Sozialismus – die »instrumentale Vernunft« (vgl. *Horkheimer*) die Oberhand gewonnen und sei im Namen der »technischen« Rationalität« und »Sachzwänge« zur totalen Herrschaft über kommunikative

---

3 Habermas, der, aus der Frankfurter Schule kommend, sich in den letzten Jahren immer mehr von der „klassischen" Position der kritischen Theorie entfernte und mittlerweile als Hauptvertreter eines „kommunikationstheoretischen Ansatzes" in der Soziologie gilt (vgl 17. Deutscher Soziologentag in Kassel, 31. 10.–2. 11. 1974), wird unter einem besonderen Kapitel zu behandeln sein. Er wirft Marx vor, daß er die „Selbstkonstitution der Gattung allein durch Arbeit" zu fassen versuchte und dadurch den „Selbsterzeugungsakt der Menschengattung" allein auf Arbeit reduzierte: „Die Marxsche Gesellschaftstheorie nimmt in ihrem Ansatz neben den Produktivkräften, in denen sich das instrumentale Handeln sedimentiert, auch den institutionellen Rahmen auf, die Produktionsverhältnisse; sie unterschlägt aber Praxis nicht den Zusammenhang symbolisch vermittelter Interaktion und die Rolle kulturel ler Überlieferung, aus denen Herrschaft und Ideologie allein zu begreifen sind. Aber in da philosophische Bezugssystem geht diese Seite der Praxis nicht ein. Gerade in dieser Dimension, die sich mit den Abmessungen instrumentalen Handelns nicht deckt, bewegt sich aber die phänomenologische Erfahrung – in ihr treten die Gestalten des erscheinenden Bewußt seins auf, die Marx Ideologien nennt; in ihr lösen sich Verdinglichungen unter der „lautlose Gewalt einer Reflexion auf . . ." (Habermas, Jürgen, Erkenntnis und Interesse, Ffm. 1968 S. 58 f.).

4 Rohrmoser, Günter, Das Elend der kritischen Theorie, 3. Aufl., Freiburg 1973, S. 15.

Gestaltungsmöglichkeiten gelangt. Die ehemals gegen Mythologie und Aberglauben fortschrittlich wirkende subjektive Vernunft habe sich – infolge ihrer Funktionalisierung – zu einem rückschrittlichen Faktor entwickelt:

>Das einzige Kriterium, das die subjektive, formale instrumentale Vernunft anerkennt, ist das, was die Sprache des Positivismus ihren operativen Wert nennt, ihre Rolle in der Beherrschung von Mensch und Natur. Die Begriffe wollen nicht mehr Qualitäten der Sache als solcher ausdrücken, sondern dienen einzig noch zur Organisation von Wissensmaterial für die, welche geschickt darüber verfügen können. Sie werden als bloße Abbreviaturen von vielen einzelnen angesehen, als Fiktionen, um es besser festzuhalten. Jeder Gebrauch von Begriffen, der über ihre rein instrumentale Bedeutung hinausgeht, verfällt dem Verdikt, er sei dem Aberglauben verhaftet« (*Horkheimer*, Sociologica II, S. 199).

Im weiteren führt *Horkheimer* in seinem Aufsatz über den »Begriff der Vernunft« (in: Sociologica II, S. 193–204) aus, daß der Vernunft gerade jene aus Erfahrung zu schöpfende subjekthafte Rationalität verlustig gegangen sei (so auch *Adorno*, in: Negative Dialektik, S. 48 ff.), die »die Besinnung über die Ziele als des Maßes ihrer selbst« unabhängig vom »Bestehenden« ermöglichen könnte:

»es ist unmöglich zu sagen, ein ökonomisches oder politisches System, wie grausam und despotisch es auch sein mag, sei unvernünftig, solange es nur funktioniert . . .« (ebenda, S. 200).

Diese total gewordene Herrschaft der instrumentalen Rationalität konnte nur auf dem Wege der unbedingten Negation einer total möglich gewordenen Freiheit errichtet werden: In der manipulativ erzwungenen Identität und in den daraus begründeten Autoritäts- und Abhängigkeitsverhältnissen zeigt sich die Kehrseite des technischen Fortschritts. Die bedrohlichen Züge einer »dem Bewußtsein derer, die sie bedienen, entlaufenen Apparatur« (*Adorno*, vgl. oben, S. 289) weist *Marcuse* auch an der Sowjetgesellschaft nach [5]:

»Dem grundlegenden Unterschied zwischen der westlichen und der sowjetischen Gesellschaft geht eine starke Tendenz zur Angleichung parallel. Beide Systeme zeigen die allgemeinen Züge der spätindustriellen Zivilisation: Zentralisation und Reglementierung treten an die Stelle individueller Wirtschaft und Autonomie; *die Konkurrenz wird organisiert und ,rationalisiert'; es gibt eine gemeinsame Herrschaft* ökonomischer und politischer Bürokratien; das Volk wird durch die ,Massenmedien' der Kommunikation, die Unterhaltungsindustrie und Erziehung gleichgeschaltet. Wenn diese Mittel sich als wirksam erweisen, dann ließen sich die demokratischen Rechte und Institutionen durch die Verfassung garantieren und ohne die Gefahr ihres Mißbrauchs gegen das System aufrechterhalten. Verstaatlichung, die Abschaffung des Privateigentums an den Produktivmitteln, bedeutet an sich noch keinen wesentlichen Unterschied, solange die Produktion über die Köpfe der Bevölkerung hinweg zentralisiert und kontrolliert wird. Ohne die Initiative und Kontrolle ,von unten' durch die ,unmittelbaren Produzenten' ist Verstaatlichung bloß ein technisch-politisches Mittel, die Arbeitsproduktivität zu erhöhen, die Entwicklung der Produktivkräfte zu beschleunigen und sie von oben zu kontrollieren (zentrale Planung) – mehr ein Wechsel in der Herrschaftsweise, eine Modernisierung der Herrschaft als eine Voraussetzung, sie abzuschaffen.«

Zusammenfassend kann man sagen, daß der gesellschaftskritische Aspekt der »Negativen Dialektik« die neuzeitliche Sozialentwicklung aus der Perspektive einer zunehmenden Polarisierung des Verhältnisses zwischen dem Besonderen und Allgemeinen sieht. Während also die dialektischen Gesellschaftskonzep-

Marcuse, Herbert, Die Gesellschaftslehre des sowjetischen Marxismus, Neuwied 1964 (ST, Bd. 22), S. 89 f.

tionen im 19. Jahrhundert eine »Versöhnung« zwischen dem Besonderen und Allgemeinen für die Zukunft prognostizierten, stellt die »Negative Dialektik« das Ausbleiben dieser Synthese – im Sinne der Herstellung eines »ausgewogenen« Verhältnisses zwischen Besonderem und Allgemeinem – fest. Im Unterschied zur frühbürgerlichen Entwicklungsphase, in der die sozioökonomischen Voraussetzungen die Entstehung dieser Polaritäten überhaupt erst ermöglichten (vgl. die Problematik: Individuum – Gesellschaft), trat später, in der spätindustriellen Phase, eine Tendenz auf, die in immer stärkerem Maße das Besondere unterdrückt. Gemessen an seiner wesensmäßigen Bestimmung als »Aufhebung des Besonderen«, wurde das Allgemeine denaturiert: Infolge technischer und psychologischer Manipulationsmöglichkeiten wird »auf Kosten des Besonderen« die Gesellschaft gleichgeschaltet, wobei diese von Machtgruppen gesteuerte Gleichschaltung letztlich Partikularinteressen dient und vom Standpunkt der Individuen – bzw. deren kommunikativ und herrschaftsfrei zu erstellenden Selbstverwirklichungsmöglichkeiten – zur Steigerung der »Negativitäten« führt [6]. Parallel zur Alleinherrschaft des sich als Allgemeinheit darstellenden Partikularen bzw. des sich faktisch vom Besonderen loslösenden (scheinbaren) Allgemeinen, schreitet die Entindividualisierung fort: Das wahre Subjekt des Besonderen wird sowohl seiner konkreten Handlungsfreiheit als auch seiner bewußtseinsmäßig ungetrübten Urteilskraft durch die Manipulationstechniken des Systems beraubt. Dem Individuum wird systematisch (– durch die »Kulturindustrie«, Werbung usw. –) vorgetäuscht, daß es frei in seinen Entscheidungen und Handlungen sei und daß es diese Freiheit dem System zu verdanken habe. Diese scheinbar gewaltlos »erzwungene Identität« mit dem Ganzen, die auf dem Unvermögen beruht, bloß Konventionelles vom Wesentlichen unterscheiden zu können, täuscht darüber hinweg, daß die überwiegende Mehrzahl der Gesellschaftsmitglieder in Wahrheit abhängiger als je zuvor ist:

»Je mehr die Gesellschaft der Totalität zusteuert, die im Bann des Subjekts sich reproduziert, desto tiefer dann auch ihre Tendenz zur Dissoziation. Diese bedroht sowohl das Leben der Gattung, wie sie den Bann des Ganzen, die falsche Identität von Subjekt und Objekt, dementiert. Das Allgemeine, von welchem das Besondere wie von einem Folterinstrument zusammengepreßt wird, bis es zersplittert, arbeitet gegen sich selbst, weil es seine Substanz hat am Leben des Besonderen; ohne es sinkt es zur abstrakten, getrennten und tilgbaren Form herab. Franz Neumann hat das im ‚Behemot‘ an der institutionellen Sphäre diagnostiziert: der Zerfall in unverbundene und sich bekämpfende Machtapparaturen ist das Geheimnis des totalen faschistischen Staats. Dem entspricht die Anthropologie, der Chemismus der Menschen. Widerstandslos dem kollektiven Unwesen ausgeliefert, verlieren sie die Identität« (*Adorno*, Negative Dialektik, S. 337).

6 Vgl. z. B. Horkheimer: ».... die Individualität wird beeinträchtigt, wenn jedermann beschließt, sich selbst zu helfen. Indem der gewöhnliche Mensch sich von der Teilnahme an politischen Angelegenheiten zurückzieht, tendiert die Gesellschaft dazu, zum Gesetz des Dschungels zurückzukehren, das alle Spuren von Individualität tilgt. Das absolut isolierte Individuum ist stets eine Illusion gewesen. Die am höchsten geschätzten persönlichen Qualitäten, wie Unabhängigkeit, Wille zur Freiheit, Sympathie und der Sinn für Gerechtigkeit sind ebenso gesellschaftliche wie individuelle Tugenden. Das vollentwickelte Individuum ist die Vollendung einer vollentwickelten Gesellschaft. Die Emanzipation des Individuums ist keine Emanzipation von der Gesellschaft, sondern die Erlösung der Gesellschaft von der Atomisierung, eine Atomisierung, die in Perioden der Kollektivierung und Massenkultu ihren Höhepunkt erreichen kann" (Zur Kritik der instrumentalen Vernunft, S. 130).

Das Allgemeine, »das doch seine Substanz nur am Besonderen haben kann« *(Adorno)*, verliert unter diesen Bedingungen seine wahre Bestimmung: Die Vernichtung des Besonderen führt auch zur Zerstörung des Allgemeinen. Aus diesem Grunde wird von der kritischen Theorie der Begriff des Allgemeinen für die Charakterisierung moderner, hochkomplexer Gesellschaften durch den Begriff der Totalität ersetzt. Die Verwirklichung des Allgemeinen bleibt jedoch das gesellschaftspolitische Ziel der kritischen Theorie: Die kritische Darstellung sollte Praxisrelevanz haben und durch Aufzeigen anderer, vernünftiger Möglichkeiten bewußtseinsverändernd wirken. Das »Prinzip Hoffnung« *(Bloch)* sollte zur gestaltenden Kraft in den Emanzipationsbestrebungen der Gegenwart werden. Nach *Adorno* könne das tendenziell in den modernen Systemen angelegte Negativitätspotential nur durch seine Steigerung »bis zur Wirkungslosigkeit« zu einer Überwindung – d. h. zur Synthese – führen. Die Frage nach der Konkretisierung dieser Konzeption der »Steigerung von Negativitäten« soll im nächsten Abschnitt beantwortet werden.

3. Analyse des Spätkapitalismus

>»Die Frau, die mit einem Bein in der Emanzipation, mit dem anderen in der Sklaverei, also mit beiden in der spätbürgerlichen Gesellschaft steht, wünscht und modelt sich den Mann, der in der Abhängigkeit von ihr unabhängig und in dieser Unabhängigkeit von ihr abhängig sein soll, etwas wie einen Herrn an sklavischer Ergebenheit und einen Ergebenen an herrschaftlicher Rüdheit. Sie versteht nicht, was daran ungereimt sein soll [1].«

Um die gesellschaftskritische Analyse des Spätkapitalismus aus der Sicht der Frankfurter Schule zu veranschaulichen, möchten wir mit einigen leichter verständlichen Text-Beispielen aus den »Soziologischen Exkursen« die Darstellung beginnen:

Individuum (S. 49):

»Hegel faßt jene gesellschaftliche Intention der abendländischen Metaphysik zusammen in dem Diktum: ‚Darin, daß der Bürger eines guten Staates ist, kommt erst das Individuum zu seinem Recht.' Damit aber ist eine Schwelle erreicht: die zwischen der szientistischen Soziologie, die von jener Konsequenz, selber aus gesellschaftlichen Gründen, sich entfernt, und einem Denken, das übergeht zur verändernden Praxis.
Im Unterschied zu dieser Idee, die Hegel verwirklicht glaubte, ist das bürgerliche Individuum durch Gegensätze tyrannisiert wie den zwischen bürgerlich-partikularer und politisch-allgemeiner Existenz und den zwischen Privat- und Berufssphäre. Sie steigerten sich in der ökonomisch-politischen Entwicklung. Mit der Inthronisierung des Konkurrenzprinzips seit der Aufhebung der Zunftschranken und dem Beginn der technischen Revolution der Industrie entfaltete die bürgerliche Gesellschaft eine Dynamik, die das einzelne Wirtschaftssubjekt zwingt, seine Erwerbsinteressen rücksichtslos und um das Wohl der Allgemeinheit unbekümmert zu verfolgen. Die protestantische Ethik, der bürgerlich-kapitalistische Pflichtbegriff lieferten den Gewissenszwang dazu. Das antifeudale Ideal der Autonomie des Individuums, das dessen politische Selbstbestimmung meinte, verwandelte sich im Wirtschaftsgefüge zu jener Ideologie, deren es zur Aufrechterhaltung der Ordnung und zur Steigerung der Leistung bedurfte. So wird dem total verinnerlichten Individuum Wirklichkeit Schein und Schein Wirklichkeit.

Schweppenhäuser, H., Quipus, in: Zeugnisse, op. cit S. 310.

Indem es seine vereinzelte, von der Gesellschaft abhängige, ja widerruflich tolerierte Existenz absolut setzt, macht es sich zur absoluten Phrase, zum Stirnerschen ,Einzigen'. Das geistige Medium der Individuation, Kunst, Religion, Wissenschaft, verkümmert zum privaten Besitz einiger einzelner, deren Subsistenz die Gesellschaft nur zuweilen noch sichert. Sie, die das Individuum zur Entfaltung brachte, entfaltet sich, indem sie es sich entfremdet und zerbricht. Das Individuum aber verkennt die Welt, von der es bis ins Innerste abhängt, als wäre es seine eigene.«

Gruppe (S. 55 und 65 f.):

»Die Spannung zwischen Individuum und Gesellschaft, das Auseinanderweisen des Allgemeinen und Besonderen impliziert notwendig, daß das Individuum nicht unmittelbar in die gesellschaftliche Totalität sich einordnet, sondern daß dazu Zwischeninstanzen notwendig sind. Diese Zwischeninstanzen bezeichnet der in der Soziologie seit . . . Durkheim immer mehr eingebürgerte Begriff der Gruppe. Er hat freilich in der Soziologie so wenig wie in der Alltagssprache, aus der ihn der Soziologe übernommen hat, einen fest umrissenen Sinn. Das Wort Gruppe ist dem ähnlich, was die Sprachlogik okkasionelle Ausdrücke nennt – gewissermaßen eine Leerstelle, die je nach dem Zusammenhang von verschiedenen Bedeutungen ausgefüllt wird. Man kann, ohne den Wortsinn zu verletzen, als Gruppe ebensogut eine Interessengemeinschaft wie ein zufälliges Agglomerat von Individuen . . . verstehen . . .
Auszugehen ist davon, daß mit der ansteigenden Tendenz der Gesamtgesellschaft zur ,Vergesellschaftung', zur planenden Erfassung von oben her, zur Integration in unmäßig große wirtschaftliche und politische Organisationsformen das Gewicht alles dessen abnimmt, was irgend noch unter den Begriff der Primärgruppe (Cooley), des naturwüchsigen Verbandes zu subsumieren wäre. Wie durchweg gesellschaftliche Vermittlerfunktionen wie die einer relativ selbständigen Sphäre von Handel und Verkehr im Spätindustrialismus an Bedeutung einbüßen, so ergeht es auch den geschichtlich gegebenen, ungesteuerten und nicht rational verwalteten Gruppen. Ohne weiteres einsichtig ist, daß etwa eine Dorfgemeinde im Zeitalter des eminent entwickelten und selbst vom Eisenbahnnetz weitgehend emanzipierten Verkehrs nicht mehr im selben Sinn eine in sich ruhende, geschlossene Gruppe ist wie zu der keineswegs entlegenen Zeit, in der es über das Schicksal eines Menschen in hohem Maße entschied, in welchem Dorf er geboren war. Allein die Mobilität schon wirkt dem Eigenwesen der Primärgruppen entgegen und gewiß viel mehr noch die Struktur einer durchkapitalisierten Wirtschaft, wo er materiell am besten wegkommt und wo die Verwaltungen der wirtschaftlichen Organisationen so disponieren, daß davon wesentlich abhängt, in welchem sozialen Zusammenhang, in welchen Gruppen die Menschen sich befinden. Die Umsiedlungen und Deportationen ganzer Bevölkerungen und Bevölkerungsteile, die allenthalben auf der Erde, unter den verschiedensten politischen Systemen, sich beobachten lassen, sind das krasseste Symbol für diesen allgemeinen Funktionsmangel der Gruppe als einer Vermittlungsinstanz: Das Individuum wird als Atom unmittelbar von der großen Einheit erfaßt.
Die Gegentendenzen jedoch, die sich geltend machen, darf man nicht einfach durch die Resistenzkraft des alten Gruppentypus erklären. Sie sind ihrerseits wesentlich reaktiv, bedingt von der Tendenz zur Auflösung der traditionellen Gruppe. Manche der neu sich abzeichnenden können synthetische genannt werden: sie sind selber von oben her geplant als Polster zwischen dem anonymen Kollektiv und den Individuen. Hierher gehören Typen wie die Werkvereine. Weiter produzieren Technik und Verkehr vielfach neue informelle Gruppen, von den durch den Arbeitsprozeß oder die ihm recht ähnlichen Erfordernisse der modernen Kriegführung gestifteten kleinen Teams bis zu den Reisegesellschaften der Autobusse, die über Europa sich ausbreiten. Schließlich bilden sich als spontaner, unbewußter und häufig destruktiver Protest gegen den Druck und die Kälte der Massengesellschaft neue Formen kleiner Gruppen von unten her. Sie verheißen dem Individuum kollektive Deckung, engen Zusammenhalt und Schemata der Identifikation. Als Paradigma dieses Gruppentypus seien die, nicht nur amerikanischen, „juvenile gangs" genannt. Alle diese Gruppengebilde jedoch besitzen ihren Stellenwert bloß in dem Gesamtprozeß fortschreitender Nivellierung quantitativer Gruppendifferenzen innerhalb der modernen Gesellschaft. Als vermittelnde Instanz zwischen Totalität und dem einzelnen sind die Gruppen von der Struktur der gegenwärtigen Gesellschaft um so vollkommener bestimmt, je mehr die Ideologie auf dem Eigensinn der Gruppe insistiert. Wohl übt die Gruppe weiter ihre Vermittlungsfunktion aus, und ohne diese Funktion wäre Gesellschaft schwer vorzustellen; aber diese Vermittlungsfunktion selbst hängt heute durchsichtig ab vom gesellschaftlichen Ganzen, von dem sie ins geheim wahrscheinlich von je abhing.«

Familie (126–129) ²:

»Die heutige Gesellschaft vermag die wirtschaftliche und erzieherische Leistung des Vaters nicht ausreichend zu ersetzen . . . Der geschichtliche Verfall der Familie trägt demgegenüber weiter zu der Gefahr totalitärer Herrschaft bei, die von den gleichen ökonomischen Tendenzen herrührt, welche die Familie zerstören.

Noch macht das Kind in den Frühphasen seiner Entwicklung dieselben Erfahrungen von Haß und Liebe dem Vater gegenüber durch, die im bürgerlichen Zeitalter den Ödipuskomplex konstituierten. Rascher jedoch als früher findet das Kind heraus, daß der Vater keineswegs Macht, Gerechtigkeit und Güte verkörpert, vor allem auch: keineswegs den Schutz gewährt, den es sich zunächst von ihm verspricht. Die tatsächliche Schwäche des Vaters in der Gesellschaft, die zurückweist auf das Schrumpfen von Konkurrenz und freiem Unternehmertum, reicht bis in die innersten Zellen des seelischen Haushaltes: das Kind kann sich nicht länger mit dem Vater identifizieren, nicht länger jene Verinnerlichung der familiären Anforderungen zustande bringen, die bei all ihren repressiven Momenten entscheidend beteiligt war an der Bildung des autonomen Individuums. Es gibt deshalb heute eigentlich gar nicht mehr den Konflikt zwischen der kraftvollen Familie und dem nicht minder starken Ich, sondern gleich schwach klafft beides auseinander. Familie wird viel weniger mehr als despotische Macht denn als Residuum, als überflüssige Zutat registriert; auch früher schon war der Vater potentiell der belächelte „Alte". Die traditionelle Institution wird so wenig mehr gefürchtet wie geliebt . . .
Wieweit allerdings die Übertragung der väterlichen Autorität auf das Kollektiv die innere Zusammensetzung der Autorität verändert, steht dahin. Unsinnig wäre es jedenfalls, die Krise der Familie mit der Auflösung der Autorität als solcher gleichzusetzen. Die Autorität wird abstrakter: damit aber auch immer unmenschlicher und unerbittlicher. Das ins Gigantische vergrößerte, kollektivierte Ich-Ideal ist das satanische Widerspiel eines befreiten Ichs . . .
Man kann nicht die Schutzfunktion der Familie erhalten und ihren disziplinären Aspekt beseitigen, solange sie ihre Angehörigen vor einer Welt zu beschützen hat, der der vermittelte oder unmittelbare gesellschaftliche Druck inhärent und die ihn all ihren Institutionen mitteilen muß. Die Familie leidet an demselben wie alles Partikulare, das nach seiner Befreiung drängt: es gibt keine Emanzipation der Familie ohne die Emanzipation des Ganzen . . .«

Gesellschaft (S. 34–36):

»Mit dem Differenzierungsbegriff ist es wesentlich problematischer (– als mit dem Integrationsprozeß, von G. K. –) bestellt. Während er die fortschreitende Arbeitsteilung bei zunehmender Vergesellschaftung richtig ansetzt, scheint eine ebenfalls in der Arbeitsteilung entspringende Gegentendenz, die zur Beseitigung der Differenzierung, nicht berücksichtigt. In je kleinere Einheiten der gesellschaftliche Produktionsprozeß bei zunehmender Arbeitsteilung und Rationalisierung zerfällt, um so mehr ähneln die arbeitsteiligen Vorgänge einander und büßen ihr spezifisches qualitatives Moment ein. Die durchschnittliche Arbeit des Industriearbeiters etwa ist in jeder Hinsicht undifferenzierter als die des Handwerkers . . . Andererseits ist der drohende Verlust der Differenzierung in der gegenwärtigen Gesellschaft nicht bloß ein Positives, das Einsparen von faux frais gleichsam, sondern auch ein Negatives, untrennbar vom Anwachsen der Barbarei inmitten der Kultur selber, ein Stück jener ‚Gleichmacherei', die man den Kritikern der Gesellschaft anzukreiden liebte.
Auch in der gegenwärtigen Phase zeigt das Anwachsen der Vergesellschaftung einen quantitativen wie einen qualitativen Aspekt. Einmal werden Menschen, Menschengruppen, Völker in

2 In den folgenden kurzen Ausführungen handelt es sich um die Wiedergabe der Kerngedanken der großen Arbeit „Studien über Autorität und Familie" (Paris, 1936), in der die historische (– und nicht nur »momentane«! –) Situation der bürgerlichen Familie analysiert wird. Während in der bürgerlichen Blüteperiode zwischen Gesellschaft und Familie eine fruchtbare Wechselwirkung stattfand – wobei die Autorität des Vaters durch seine Rolle in der Gesellschaft begründet und die Gesellschaft mit Hilfe der patriarchalischen Erziehung zur Autorität erneuert wurde –, wird nunmehr die unentbehrliche Familie „ein Problem bloßer Regierungstechnik". Die Familie bildet die „Keimzelle" der bürgerlichen Kultur, in ihr auch formten sich alle autoritären Strukturen zuerst aus. Im Übergang zur Industriegesellschaft erwies sich die Familie so wenig als Einheit wie der Mensch oder der Staat.

steigender Zahl in den gesellschaftlichen Funktionszusammenhang hineingerissen, werden immer mehr ‚vergesellschaftet' . . .
Zum anderen gibt es auch insofern immer mehr Gesellschaft, als das Netz der gesellschaftlichen Beziehungen zwischen den Menschen immer enger gesponnen wird. In jedem einzelnen wird immer weniger Unerfaßtes, von der sozialen Kontrolle Unabhängiges geduldet, und es ist fraglich, wie weit es sich überhaupt noch zu bilden vermag . . . mit anderen Worten, was die traditionelle Philosophie als das Wesen der Menschen dachte, wird durch und durch bestimmt vom Wesen der Gesellschaft und ihrer Dynamik. Damit wird keineswegs unterstellt, daß die Menschen notwendig in früheren Gesellschaftsepochen freier gewesen wären. Die Illusion, welche die Gesellschaft am Maß des Liberalismus mißt und die Tendenz zur totalen Vergesellschaftung in der nachliberalistischen Phase als ein Novum an Unterdrückung bestaunt, läßt sich leicht durchschauen, Erwägungen darüber, ob die Macht der Gesellschaft und ihrer Kontrolle in einer bis zum Extrem konsequenten Tauschgesellschaft größer oder kleiner sei als in einer auf Sklaverei beruhenden wie in den alten mesopotamischen Reichen oder in Ägypten, sind müßig. Wohl aber läßt sich vertreten, daß gerade weil später und zumal in der bürgerlichen Ära die Idee des Individuums sich einmal kristallisierte und auch reale Gestalt gewann, die totale Vergesellschaftung Aspekte annahm, die sie in vorindividuellen Zeiten barbarischer Kultur kaum besessen haben. Sie widerfährt einem vorgeblich bloß biologischen Einzelwesen „Mensch" nicht länger nur von außen, sondern ergreift die Individuen auch im Innern und schafft sie um zu Monaden der gesellschaftlichen Totalität . . .«

Das Fazit der hier zitierten Gedanken können wir wie folgt ziehen:

a) Im Mittelpunkt der kritischen Theorie steht nicht der »Handelnde« als Träger verschiedener Rollen in verschiedenen Systemen (vgl. Systemtheorie: *Parsons, Luhmann*), sondern das Individuum als Subjekt der Gesellschaft, das in seiner verkümmerten Autonomie durch die wachsende Intensität gesellschaftlicher Zwänge zu einem ohnmächtigen Agens des sozialen Geschehens wurde. Unter den Zwängen tendenziell immer übergreifender Vergesellschaftung stellt sich erneut die Entfremdungsfrage, die zwar nicht genau in derselben Ausprägung wie bei *Marx*, aber weiterhin als Frage nach dem gesellschaftlich verursachten Leiden gestellt werden kann, das in einer von fremden Mächten gestalteten und aufoktroyierten sozialen Umwelt wirkt:

»Hat sich schon die Verelendungstheorie nicht á la lettre sich bewahrheitet, so doch in dem nicht weniger beängstigendem Sinn, daß Unfreiheit, Abhängigkeit von einer dem Bewußtsein derer, die sie bedienen, entlaufenen Apparatur universal über die Menschen sich ausbreitet. Die allbeklagte Unmündigkeit der Massen ist nur Reflex darauf, daß sie so wenig wie je autonome Meister ihres Lebens sind . . .« *(Adorno* [3]*).*

Das Problem der Entfremdung unter den Bedingungen der spätkapitalistischen Gesellschaft besteht darin, daß sich »die Massen« des wachsenden Verlustes ihrer eigenen Selbständigkeit gar nicht bewußt werden. Für den Autonomieverlust in der Berufssphäre meint man einen Ersatz für die dort vorherrschende Abhängigkeit in der »freien« Sphäre des Privaten finden zu können: Doch auch dieser Bereich des sozialen Lebens ist nur scheinbar frei, weil

»industrielle Arbeit überall und über alle Grenzen der politischen Systeme hinaus zum Muster der Gesellschaft geworden (ist). Zur Totalität entwickelt sie sich dadurch, daß Verfahrensweisen, die den industriellen sich ähneln, ökonomisch zwangsläufig sich auch auf Bereiche außerhalb der materiellen Produktion, auf Verwaltung, auf die Distributionssphäre und die, welche sich Kultur nennt, ausdehnen« *(Adorno*, Anm. 3, S. 7).

3 In: Spätkapitalismus oder Industriegesellschaft?, hrsg. v. Th. W. Adorno, Stuttgart 1969, S. 17.

Die gesellschaftliche »Apparatur« wirkt also über die öffentliche Sphäre hinaus und dringt nicht nur in die private Lebenssphäre ein, sondern bemächtigt sich auch des allgemeinen Bewußtseins. In der »Kritik der instrumentalen Vernunft« stellt *Horkheimer* resigniert fest, daß

»Die subjektive Vernunft alle Spontaneität, Produktivität, die Kraft, Inhalte neuer Art zu entdecken und geltend zu machen, verliert, was ihre Subjektivität ausmacht . . . und ist schließlich sogar außerstande, die rein formalistischen Aufgaben zu bewältigen, auf die sie beschränkt ist« (S. 61).

Am deutlichsten zeigt sich dieser manipulative Einfluß in der Steuerung der Bedürfnisstruktur der Bevölkerung:

»Wir können wahre und falsche Bedürfnisse unterscheiden. Falsch sind diejenigen, die dem Individuum durch partikuläre gesellschaftliche Mächte, die an seiner Unterdrückung interessiert sind, auferlegt werden: diejenigen Bedürfnisse, die harte Arbeit, Aggressivität, Elend und Ungerechtigkeit verewigen. Ihre Befriedigung mag für das Individuum höchst erfreulich sein, aber dieses Glück ist kein Zustand, der aufrechterhalten und geschützt werden muß, wenn es dazu dient, die Entwicklung derjenigen Fähigkeit (seine eigene und die anderer) zu hemmen, die Krankheit des Ganzen zu erkennen und die Chancen zu ergreifen, diese Krankheit zu heilen. Das Ergebnis ist dann Euphorie im Unglück. Die meisten der herrschenden Bedürfnisse, sich im Einklang mit der Reklame zu entspannen, zu vergnügen, zu benehmen und zu konsumieren, zu hassen und zu lieben, was andere hassen und lieben, gehören in diese Kategorie falscher Bedürfnisse . . .
Für jedes Bewußtsein und Gewissen, für jede Erfahrung, die das herrschende gesellschaftliche Interesse nicht als das oberste Gesetz des Denkens und Verhaltens hinnimmt, ist das eingeschliffene Universum von Bedürfnissen und Befriedigung eine in Frage zu stellende Tatsache – im Hinblick auf Wahrheit und Falschheit. Diese Begriffe sind durch und durch historisch, auch ihre Objektivität ist historisch. Das Urteil über Bedürfnisse und ihre Befriedigung schließt unter den gegebenen Bedingungen Maßstäbe des Vorrangs ein – Maßstäbe, die sich auf die optimale Entwicklung des Individuums, aller Individuen, beziehen unter optimaler Ausnutzung der materiellen und geistigen Ressourcen, über die der Mensch verfügt. Die Ressourcen sind berechenbar. Wahrheit und Falschheit der Bedürfnisse bezeichnen in dem Maße objektive Bedingungen, wie die allgemeine Befriedigung von Lebensbedürfnissen und darüber hinaus die fortschreitende Linderung von harter Arbeit und Armut allgemeingültige Maßstäbe sind . . . In letzter Instanz muß die Frage, was wahre und was falsche Bedürfnisse sind, von den Individuen selbst beantwortet werden, das heißt sofern und wenn sie frei sind, ihre eigene Antwort zu geben. Solange sie davon abgehalten werden, autonom zu sein, solange sie (bis in ihre Triebe hinein) geschult und manipuliert werden, kann ihre Antwort auf diese Frage nicht als ihre eigene verstanden werden« (*Marcuse*, Eindimensionaler Mensch. S. 25 f.).

Das Fatale an diesem Sachverhalt der Weckung von »falschen Bedürfnissen« ist, daß die soziale Welt erst recht auf der Grundlage ihrer technologischen Möglichkeiten eine »potentielle Basis« neuer Freiheiten »für den Menschen« enthält (so z. B. *Marcuse*, ebenda, S. 23 f.). Technologisches »Know how« mit hochentwickelten Formen der Organisationstechnik und der gesellschaftlichen Zentralisierung des Produktionsapparates könnte auch eine menschenfreundliche Zivilisation schaffen: Dazu wären die »objektiven« Möglichkeiten vorhanden. Doch die in Gestalt der »Macht der Maschine« auftretende, »aufgespeicherte und projektierte Macht der Menschen über Menschen« verhindert die Nutzung dieser gesellschaftlichen Ressourcen zum Wohle der einzelnen. Das Individuum wird – ohne sich dessen bewußt zu werden – als Mittel zum Zweck für Profitinteressen ausgenutzt und fügt sich willig den Erfordernissen und Erwartungen »eines subtilen Zwanges zum Konsum«. Die Emanzipation

315

der Individuen und die Rehumanisierung der Sozialverhältnisse könne nur bewirkt werden, wenn aufklärerische Arbeit – durch das Medium einer »kritischen Öffentlichkeit« *(Habermas)* – falsches Bewußtsein eliminierten und partizipatorisch organisierte Bestrebungen zur Selbstbestimmung – am Arbeitsplatz, im Konsum, in der Kultur usw. – eingeleitet werden könnte.

b) Dem Schein nach sollen Gruppen die Funktion haben, zwischen der »großen Einheit« der Gesellschaft und den Individuen zu vermitteln: Gruppen sollten den Druck der gesellschaftlichen »Apparaturen« (Großorganisationen) ausgleichen und auf dem Spannungsfeld zwischen Gesellschaft und Individuum »schlichtend« wirken. Doch beim näheren Zusehen – wie dies in den obigen Textstellen über »Gruppe« und »Familie« veranschaulicht werden sollte –, stellt es sich heraus, daß die Differenzen zwischen interaktionell strukturierten Gruppen und organisierten gesellschaftlichen »Apparaturen« nur *quantitativer* Art sind: Die Vermittlungsinstanzen entpuppen sich in Wahrheit als Agenten der »großen Einheit«. Besonders deutlich zeigte sich dieser Trend zur Anpassung an die zentralen Systemziele im Wandel der Autoritätsstruktur in der Familie (vgl. oben): Die für das System besonders wichtig gewordene Stabilisierung von »Sachautorität« wird von der Familie (»väterliche Autorität«) auf das »Kollektiv« übertragen, wodurch zwar Autorität abstrakter, »damit aber auch immer unmenschlicher und unerbittlicher« wird. Nicht die Übertragung der Autorität auf das Kollektiv – oder deren Abstraktheit – an sich ist hier das »Negative«, sondern die Konstitution des Kollektivs, an die die Autoritätsbeziehungen – und der ganze Erziehungsprozeß – sich binden. Denn wie auch Gruppenbildungen – von Sportvereinen bis hin zu politischen Vereinigungen – unter ganz spezifische Systemzwecke untergeordnet sind, so wird der Erziehungs- und Ausbildungsprozeß in immer stärkerem Maße funktionalisiert und den Verwertungsinteressen des Kapitals oder der bürokratischen Machtapparatur im Sowjetsystem untergeordnet. Die Voraussetzung für den individuellen Erfolg ist die Anpassungsfähigkeit des Individuums an di› von der Gesellschaft aufgenötigten Zwänge, die auf dem Wege der Identifikation mit von Organisationen vermittelten Zielen zu erreichen ist und eine »horizontale« Orientierung an interaktionellen Werten – wie z. B. am Klassenbewußtsein und Klassensolidarität – fast unmöglich macht [4]. Die Gruppenstruktur spätindustrieller Systeme, die sich ideologisch nach dem liberalistischen Modell als pluralistisches, im Konkurrenzkampf um größeren Einfluß und in Opposition zum Kollektiv agierendes System interpretiert wird, habe in Wahrheit nur eine Schein-Funktion: Ihre Handlungen seien vorprogrammiert und produzieren – gleichsam unbewußt – die Stabilisierung des Gleichlaufs des Ganzen. Die intermittierenden Gruppen übernehmen nur auf der unteren Ebene die Vermittlung von gesamtgesellschaftlich erforderlichen Repressiv-

---

[4] Adorno: „Nicht schafft gesellschaftliches Sein unmittelbar Klassenbewußtsein. Ohne daß die Massen, und gerade wegen ihrer sozialen Integration, ihr gesellschaftliches Schicksal irgend mehr in der Hand hätten als vor 120 Jahren, entarten sie nicht nur der Klassensolidarität, sondern des vollen Bewußtseins dessen, daß sie Objekte, nicht Subjekte des gesellschaftlichen Prozesses sind, den sie doch als Subjekte in Gang halten" (Aufsätze, S. 154).

funktionen gegenüber den Individuen. Sie bilden somit eine »Pufferzone«, die politisch kalkuliert, zur Erträglichkeit des Druckgefühls beitragen soll. In diesem Sinne muß auch die moderne Kernfamilie ihrem Wesen nach als »Reproduktionsstätte der Arbeitskraft« gesehen werden:

»Man kann nicht die Schutzfunktion der Familie erhalten und ihren disziplinären Aspekt beseitigen, solange sie ihre Angehörigen vor einer Welt zu beschützen hat, der der vermittelte oder unmittelbare gesellschaftliche Druck inhärent und die ihn all ihren Institutionen mitteilen muß. Die Familie leidet an demselben wie alles Partikulare, das nach seiner Befreiung drängt: es gibt keine Emanzipation der Familie ohne die Emanzipation des Ganzen . . .« (Soziologische Exkurse, S. 129).

Diese letzte Aussage, die generalisierend auf den ganzen Problembereich des Verhältnisses zwischen den (besonderen) Teilen und dem (sich als Allgemeinheit darstellenden) Ganzen bezogen werden kann, ist das prototypische Grundmerkmal der methodologischen Sichtweise der kritischen Theorie: Sie geht aufgrund der oben schon detailliert vorgestellten Konzeption eines strukturbestimmenden Einflusses des Ganzen über seine Teile aus und konzentriert sich auf die Analyse wesensbestimmender Strukturprozesse. Qualitative Veränderungen können von den Subsystemen her nicht herbeigeführt werden: Erst der »Wandel des Systems« *(Parsons)* – und nach dem Verständnis der Frankfurter: des »übergeordneten Systems«: der Gesellschaft – könnte die kommunikativen Strukturen auf den »unteren Ebenen« nicht nur variieren und modifizieren, sondern auch »wirklich«, d. h. qualitativ (für die konkrete Verbesserung zwischenmenschlicher Beziehungen) ändern. Aus diesem Grund kommt dem Begriff Gesellschaft eine gegenüber dem des Individuums und der Gruppe eine zentrale Bedeutung zu.

c) Im Gegensatz z. B. zu *Luhmann* (vgl. unten) insistiert die kritische Theorie auf dem Gebrauch des Totalitätsbegriffs: Sie geht von der Annahme aus, daß »das Ganze mehr sei als die Summe seiner Teile« (vgl. die gegensätzliche Position von *Luhmann,* unten, S. 338) und daß diese Totalität eine »totale Vergesellschaftung bewirkt, von deren durchgängiger Kontrolle sich weder die Interaktionssysteme noch die der anderen Subsysteme (wie Gruppen, Familien und dgl.) entziehen können. Der dominierende Einfluß des Ganzen auf seine Teile – bis hin in die Psyche der einzelnen – sei jene Kraft, die Handlungen strukturell vorprogrammiert und den Konformismus mit konventionell geltenden Normen erzwingt.

»Denn ‚totalitär‘ – sagt *Marcuse* – ist nicht nur eine terroristische politische Gleichschaltung der Gesellschaft, sondern auch eine nicht-terroristische ökonomisch-technische Gleichschaltung, die sich in der Manipulation von Bedürfnissen durch althergebrachte Interessen geltend macht. Sie beugt so dem Aufkommen einer wirksamen Opposition gegen das Ganze vor. Nicht nur eine besondere Regierungsform oder Parteiherrschaft bewirkt Totalitarismus, sondern auch ein besonderes Produktions- und Verteilungssystem, das sich mit einem Pluralismus von Parteien, Zeitungen, ausgleichenden Mächten etc. durchaus verträgt« (Eindimensionaler Mensch, S. 23).

Wie die vorangegangene Diagnose des Leides der zur Ohnmacht verurteilten Menschen in interpersonellen Beziehungen zeigte (vgl. oben: a) und b)), unterliegt dieser Typus von Vergesellschaftungsprozeß auch einem Verblendungszusammenhang, der dabei den *Schein* der Autonomie wahrt: Sowohl die private als auch die öffentliche Sphäre sind »eindimensional« verplant (vgl. *Marcuse*); auf die funktionalen Erfordernisse des Ganzen hin vermarktet:

>»Durch die Reduktion der Menschen auf Agenten und Träger des Warentauschs hindurch realisiert sich die Herrschaft von Menschen über Menschen« (*Adorno*, in: Positivismusstreit, S. 21).

Die politische Unterdrückung verläuft also durch ökonomische »Mechanismen«, wobei die nicht zu leugnende wachsende Befriedigung der materiellen Bedürfnisse der Preis für die soziopolitische Gleichschaltung repressiven Charakters ist:

>»Stets noch sind die Menschen, was sie nach der Marxschen Analyse um die Mitte des 19. Jahrhunderts waren; Anhängsel an die Maschinerie; nicht mehr bloß buchstäblich die Arbeiter, welche nach der Beschaffenheit der Maschinen sich einzurichten haben, die sie bedienen, sondern weit darüber hinaus metaphorisch, bis in ihre intimsten Regungen hinein genötigt, dem Gesellschaftsmechanismus als Rollenträger sich einzuordnen und ohne Reservat nach ihm sich zu modeln. Produziert wird heute wie ehedem um des Profits willen. Weit über alles zur Zeit von Marx Absehbare hinaus sind die Bedürfnisse zu Funktionen des Produktionsapparates geworden, nicht umgekehrt. Zwar werden in dieser Verwandlung, fixiert und dem Interesse des Apparats angepaßt, die Bedürfnisse der Menschen mitgeschleppt, auf welche dann jeweils der Apparat mit Effekt sich berufen kann. Aber die Gebrauchswertseite der Waren hat unterdessen ihre letzte „naturwüchsige" Selbstverständlichkeit eingebüßt. Nicht nur werden die Bedürfnisse bloß indirekt, über den Tauschwert, befriedigt, sondern in wirtschaftlich relevanten Sektoren vom Profitinteresse selber erst hervorgebracht, und zwar auf Kosten objektiver Bedürfnisse der Konsumenten, wie denen über die wichtigsten sie betreffenden Vorgänge. Im Bereich des nicht zur nackten Lebenserhaltung Notwendigen werden tendenziell die Tauschwerte als solche, abgelöst, genossen; ein Phänomen, das in der empirischen Soziologie unter Termini wie Statussymbole und Prestige auftritt, ohne damit objektiv begriffen zu sein« (Adorno, Anm. 3, S. 18).

Im zitierten »Einleitungsvortrag« (Anm. 3) zum 16. Deutschen Soziologentag in Frankfurt (1968) macht *Adorno* auf eine Paradoxie aufmerksam, die für die Deutungsversuche des »gegenwärtigen Zeitalters« charakteristisch ist: Sowohl westlich-positivistische als auch östlich-orthodoxe Theoretiker versuchen die sozialen Probleme des »fortgeschrittenen Industrialismus« ausschließlich aus der Entfaltung und Wirkung der Produktivkräfte zu erklären. Dabei unterschlägt man die Bedeutung der Produktionsverhältnisse, deren Organisierbarkeit einen größeren Spielraum für menschenfreundlichere Systemregelungen zulassen würde, als dies unter Berufung auf die »Sachzwänge« tatsächlich geschieht:

>„Die Rationalisierung der Arbeitsprozesse könnte, anstatt primär auf ,Produktivität', ebenso auf die menschenwürdige Gestaltung der Arbeit selbst, die Erfüllung und Differenzierung genuiner Bedürfnisse, die Bewahrung der Natur und ihrer qualitativen Mannigfaltigkeit inmitten ihrer Bearbeitung für menschliche Zwecke sich richten. Vor allem aber: dadurch, daß das dynamische Subjekt, die Menschengattung, bloß sich selbst setzte und dadurch in die Natur zurückfiel, der es sich gleichmachte, bloß dessen blutige Fratze. Die immanente Entfaltung der Produktivkräfte, die menschliche Arbeit bis zu einem Grenzwert überflüssig macht, birgt das Potential von Änderung; die Abnahme der Quantität von Arbeit, die technisch heute bereits minimal sein könnte, eröffnete eine neue gesellschaftliche Qualität, die sich nicht auf einsinnigen Fortschritt zu beschränken brauchte, wenn nicht einstweilen die Drohung, die eben daraus den Produktverhältnissen erwächst, das System dazu verhielte, in seine bornierte Tendenz unerbittlich sich zu verbeißen. Vollbeschäftigung wird zum Ideal, wo Arbeit nicht länger das Maß aller Dinge sein müßte.« (*Adorno*, Aufsätze, S. 83 f.)

Ihrem Selbstverständnis nach ist die kritische Theorie bewußt auf moralische Werte – wie z. B. individuelle Freiheit (als Negation der Herrschaft), Gerechtigkeit (als Negation gesellschaftlichen Unrechts) – ausgerichtet: Sie setzt Kontra-Faktisches, um Möglichkeiten – in Form von Handlungsalternativen – zu einem für »gut« erkannten Zweck aufzuzeigen, dessen allgemeinster Inhalt in der »Humanisierung der Sozialverhältnisse« (vgl. auch *Hegedüs*/Ungarn, S. 293 f.) zu sehen ist. In diesem Sinne versteht sich die Frankfurter Schule auch als eine sozialphilosophische Richtung im Rahmen der gegenwärtigen Soziologie, deren wissenschaftliche und gesellschaftspolitische Legitimität aus der »faktischen Kraft des Normativen« abgeleitet wird. Auch die Vertragstheorie der Neuzeit (vgl. Bd. I, Kap. I) war »nur« eine Fiktion – doch habe sie Sollvorstellungen produziert, die – wie z. B. im Postulat der Gleichheit aller Menschen – zumindest einen vernünftigen, weil humanisierenden *Einfluß* auf die naturwüchsigen Irrationalitäten des sozialen Lebens ausübte: »Freiheit sei nur denkbar als die Realisierung dessen, was man heute noch Utopie nennt« *(Marcuse)*. Unter dieser Voraussetzung entwirft die kritische Theorie »Utopien«, die – im Unterschied zu den klassischen Utopien einer erträumten Welt – den Bezug zum Konkreten aufrechterhalten will. Sie entwirft Möglichkeiten – wie z. B. die Kreativität im Produktionsprozeß oder die herrschafts- und manipulationsfreie Gestaltbarkeit zwischenmenschlicher Beziehungen – die vielleicht momentan unmöglich *erscheinen:* Für die Plausibilisierung einer solchen »konkreten Utopie« *(Bloch)* führten wir das letzte Zitat von *Adorno* an, um zu zeigen, daß es sich hier nicht um schlechthin Unmögliches handelt. Durch die Kritik der Frankfurter am gegenwärtigen Gesellschaftszustand wird deutlich, daß im Mittelpunkt ihrer Veränderungskonzeptionen »der Mensch« – und nicht die technische Effizienz – steht; sie sehen eine Gesellschaftserneuerung vor, die bei der Änderung der Strukturgesetzlichkeiten des »Ganzen« ansetzt. Die Voraussetzung für die Veränderbarkeit ist die Erkenntnis, daß die Struktur moderner Systeme – wie oben detailliert belegt! – zur Totalität tendiert: Alle Bereiche des Sozialen werden »durch und durch vom Wesen der Gesellschaft« bestimmt. Erst die Erkenntnis dieser Zusammenhänge macht eine Strategie für Emanzipationsbestrebungen möglich und kann – u. U. – Aussicht auf Erfolg haben. Um nicht die Verhältnisse sich ständig »reproduzieren« zu lassen und den Manipulationen – wie z. B. der »künstlichen Weckung ständig neuer Bedürfnisse« oder der »repressiven Produktivität« der instrumentalen Vernunft *(Marcuse)* – zu erliegen, muß aufklärerische Arbeit – von einer »kritischen Öffentlichkeit« ausgehend – geleistet werden. Die Menschen müssen von ihren materiellen Interessen her angesprochen werden, um die eigene Lage im globalen Zusammenhang zu erkennen (vgl. auch: *Mills'* »Kritik der soziologischen Denkweise«). Ja – der in aufklärerischer Intention gesteuerte Bewußtwerdungsprozeß muß noch tiefer ansetzen; er muß das soziale Leiden von der Interpretation der Schicksalhaftigkeit herausheben und rationalisieren: Die »Krankheit des einzelnen ist wesentlich durch die Krankheit der Gesellschaft verursacht«. Die Therapie des sozialen Leidens sollte in Richtung auf *Selbstbestimmung* durch Gesundung kommunikativer Beziehung unter den Menschen verlaufen: Diesen Schritt auf dem Wege der Rehumanisierung der Sozialverhältnisse wäre die Konkretisierung der Freiheit in Form emanzipatorischer Errungenschaften (– z. B.: Mitbestimmung am Arbeitsplatz, partizipatorische Teilnahme in politischen Vereinen und dgl. –). Die therapeutischen Maßnahmen sollten – im Unterschied zum marxistischen Konzept! – nicht unter Anleitung »der Arbeiterklasse« erfolgen (weil das Subjekt der Revolution heute nicht mehr greifbar ist), sondern unter Anleitung einer »kritischen Öffentlichkeit«. Im Zuge der sich ökonomisch egalisierenden Soziallagen – z. B. zwischen Arbeitern-Angestellten-Beamten-Intellektuellen – könnte ein gesellschaftskritisches »Potential« durch politische Aktivierung der Passiven quer durch die einzelnen Schichten der Bevölkerung entstehen.

Inwiefern nun diese auf Praxisrelevanz Anspruch erhebende orientierungs- und handlungsweisende Theorie in der Realität den Bezug zum Konkreten einzulösen vermag, bleibt eine offene Frage. An diesem Punkt der mangelnden *empirischen* Nachprüfbarkeit und Verifizierbarkeit der theoretischen Aussagen setzt dann auch die Kritik der kritischen Theorie (z. B. von *Luhmann*, aber auch von den Marxisten) an.

XIII. Die funktional-strukturelle Systemtheorie von Niklas Luhmann (Zusammenfassende Darstellung)

Hauptwerke: Funktionen und Folgen formaler Organisation, Berlin 1964.
Zweckbegriff und Systemrationalität. Über die Funktion von Zwecken in sozialen Systemen = Soziale Forschung und Praxis, Bd. 25, Tübingen 1968.
Soziologische Aufklärung 1. Aufsätze zur Theorie sozialer Systeme, Opladen 1970, 4. Aufl. 1974.
Habermas/Luhmann: Theorie der Gesellschaft oder Sozialtechnologie – Was leistet die Systemforschung?, Ffm. 1971.

Während Niklas *Luhmann* (1927) mit seinem den Strukturfunktionalismus überwindenden und weiterführenden funktionalstrukturellen Ansatz schon im Jahre 1964 hervortrat[1], blieb er bis ca. 1970 nur ein »Geheimtip« für professionelle Soziologen[2]. Erst seit 1970 kann man aufgrund seiner zahlreichen Veröffentlichungen von einem erfolgreichen Durchbruch hinsichtlich der Wirkung seines Theorieansatzes – der aber noch keine »Schule« gebildet hat (1974) und folglich personengebunden ist – sprechen, dessen Originalität in immer größer werdendem Umfang affirmative und kritische Publikationen hervorruft[3].

1. Der Sinn der terminologischen Umkehrung: Strukturen durch umweltorientierte Funktionalität zu erklären

Wie wir vor allem im Kapitel IX. (»Strukturfunktionalismus«) gesehen haben, geht *Parsons* von einem Systembegriff aus, der deshalb als »geschlossen« betrachtet werden kann, weil er die Funktionen systembildender Prozesse primär aus relativ invarianten Strukturen ableitet und die Problemlösungs-

---

[1] Vor allem mit seinem Aufsatz über „Funktionale Methode und Systemtheorie" (nachgedruckt in: Soziologische Aufklärung, S. 31–53).

[2] Die erste Auflage der vorliegenden „Einführung in die soziologischen Theorien" habe ich im wesentlichen im Jahr 1971 abgeschlossen.

[3] Bubner, Rüdiger: Dialektik und Wissenschaft, Ffm. 1973, S. 112–129. – Döbert, Rainer: Systemtheorie und die Entwicklung religiöser Deutungssysteme, Ffm. 1973, S. 50–66. – Grimm, Klaus: Niklas Luhmanns „soziologische Aufklärung" oder das Elend der aprioristischen Soziologie, Hamburg 1974. – Schmid, Günther: Funktionsanalyse und politische Theorie = Studien zur Sozialwissenschaft, Bd. 19, Düsseldorf 1974, S. 108–145. – Fingerle, Karlheinz: Funktionen und Probleme der Schule, München 1973, S. 101–116. – Theorie der Gesellschaft oder Sozialtechnologie, Theorie-Diskussion, Supplement 1, Ffm. 1973. – Schmidt, Walter: Die Programmierung von Verwaltungsentscheidungen, in: Archiv des öffentlichen Rechts, 96, 1971, H. 3, S. 321–354 (S. 327 ff.). – Rühl, Manfred: Systemdenken und Kommunikationswissenschaft, in: Publizistik, 1969, H. 2, S. 185–206. – Schmidt, Alfred: Aufklärung durch Soziologie, in: Neue Politische Literatur, 1971, H. 3, S. 340–354. – Sievers, Burkard: System – Organisation – Gesellschaft – Niklas Luhmanns Theorie sozialer Systeme, in: Jahrbuch für Sozialwissenschaft, Bd. 22, 1971, H. 1, S. 24–57. – usw.

prozesse vor allem unter dem Aspekt ihrer funktionalen Beiträge zur Strukturerhaltung sieht. Dadurch werden Systeme als »in sich« funktionierende Einheiten begriffen, deren Zweck ausschließlich in den Unterstützungsleistungen für das Gesamtsystem besteht. Gesellschaftliche Systeme werden also primär unter dem Aspekt ihrer Abkapselung bzw. Abgrenzung zur Umwelt gesehen. Wegen dieses geschlossen konzipierten Systembegriffs kam *Parsons* zur Überbewertung der Wirksamkeit von kulturellen Werten, die – als strukturerhaltende »guiding norms« – den essentiellen Beitrag zur Systemerhaltung und zu dessen strukturell geordnetem Wandel leisten sollten (vgl. oben, S. 187 ff.). Die Organisierbarkeit des Persönlichkeits- und Sozialsystems hängt, dieser Konzeption nach, wesentlich vom kulturellen System bzw. dessen zentralen Werten ab. *Parsons* hat also einerseits unbestreitbar richtig auf die zentrale Bedeutung wertvermittelnder Funktionen normativer Strukturen hingewiesen, die de facto Verhalten steuern – andererseits hat er aber die Wirksamkeit dieser primär strukturell bedingten Funktionen insofern überbewertet, als er in ihnen den Aspekt der selbstperpetuierenden Eigendynamik hervorkehrte und zum »Trägheitsgesetz« des Sozialen machte (vgl. oben, S. 181).

An dieser Stelle meinen wir die Kritik *Luhmanns* sinnvoll ansetzen zu können. *Luhmann* meint, daß aus dem Blickwinkel des strukturellen Primats, d. h. der Überbewertung des Einflusses struktureller Komponenten, auf das soziale Geschehen keine befriedigende Antwort auf den *tatsächlichen*, präziser: auch *zeitlich* zu erfassenden Verlauf zwischenmenschlicher Handlungsabläufe gegeben werden kann [1]. Die problemauslösende Frage scheint auf die Erfahrung zurückführbar zu sein, daß Organisationen trotz der weitgehenden Nichtbefolgung formaler Normen nicht nur nicht, sondern sogar noch »besser« funktionieren können [2]. Deutlich kommt diese Problematisierung der effizienten Abweichung von formalen Normen in einer seiner ersten Veröffentlichungen über »Funktionen und Folgen formaler Organisation« zum Ausdruck:

»Jede Organisation erhebt den Anspruch, Gesichtspunkte für richtiges Handeln aufzustellen und notfalls durchzusetzen. So will sie verstanden werden, und im täglichen Leben wird sie so erlebt ... (Normorientierte Wissenschaftskonzeptionen konnten) – außer vagen Hinweisen auf die Schwäche der menschlichen Natur – keine Erklärung für Normverstöße und Abweichungen (geben). Auch viele effektive Normvorstellungen, und gerade diejenigen des elementaren sozialen Zusammenlebens: die Normen des Taktes und der Dankbarkeit, der Ermittlung gemeinsamer Ansichten, des Tausches von Gunsterweisen, der Ausbildung und Beachtung von Prestige- und Schonungsansprüchen, der Umgehung offener Konflikte etc. blieben außer acht, weil sie sich nicht formalisieren und nicht widerspruchslos in ein Rechts- oder Zwecksystem einfügen ließen. Die behandelten Normen wurden als ideal geltende Typen eingeführt ... Das faktische Verhalten in Organisationen blieb außerhalb des erfaßten Themenkreises ... Normen dienen nicht nur der Vorzeichnung richtigen Handelns. Si

1 Persönliche Erfahrungen in der Verwaltung und die „Flut" kritischer Äußerungen über die „statische" Soziologie Parsons' (vgl. u. a. Kap. X.: „Konflikttheorie") wie auch die Zunahme an Veröffentlichungen seit Anfang der 60er Jahre über abweichendes Verhalten trugen zur Herausbildung seines Theorienansatzes bei.
2 So z. B. schreibt er in seinem Aufsatz „Normen in soziologischer Perspektive" (in: Soziale Welt, 20, 1969, 1. S. 28–48): „Die Geltung von Normen beruht auf der Unmöglichkeit, die in jedem Zeitpunkt für jede Erwartung jedermanns faktisch zu tun" (S. 33).

bilden zugleich – was etwas ganz anderes ist – die Struktur eines sozialen Systems faktischen Verhaltens[3]. Sie lösen bestimmte Probleme der Stabilisierung von Verhaltenserwartungen, die auftreten, sobald Handlungen verschiedener Menschen ein soziales System bilden. In dieser strukturgebundenen Bedeutung haben Normen eine Funktion für den Bestand des einzelnen Handlungssystems. Wenn man nach dieser Funktion fragt, tritt man aus der alten Auslegungs- und Gehorsamsperspektive heraus und würdigt die Normsetzung kritisch, d. h. im Hinblick auf andere Möglichkeiten.
Die funktionale Analyse versteht Handlungen, Verhaltenserwartungen, Normen und Symbole als systembildende Leistungen ... So kommt es zu einer etwas respektlosen Art, formale Normen zu behandeln. Ihr unbedingter Geltungsanspruch wird eingeklammert ... als Teilfunktion in einem sozialen System gesehen, das nicht allein von seiner formalen Organisation lebt und sie daher in gewissen Grenzen variieren kann. Die Ordnung des sozialen Handelns durch formale Normen wird mit anderen Möglichkeiten konfrontiert«. (S. 17–20).

Dieser auf dem Erleben beruhende Erfahrungs- und Entdeckungsbefund – der übrigens in der hier vorstrukturierten Reihenfolge auch methodologisch den Erkenntnisweg vom Alltagswissen zum soziologischen Wissen vorzeichnen soll – deckt zuerst auf, daß es neben den strukturell vorgegebenen Normen des Verhaltens auch alternative Handlungsmöglichkeiten gibt, die nicht so »starr« – wie im Strukturfunktionalismus[4] – von den im kulturellen System verankerten normativen (Wert-)Strukturen her erklärbar sind. Der verhaltensregulierende Einfluß von Strukturmustern bildet also nur »die eine Seite der Medaille«; jene vom konkreten Interaktionssystem ausgehenden variations- und selektionsfähigen Verhaltensweisen – die sich gleichzeitig auch durch sachliche und zeitliche Dimension hindurch strukturieren können – bilden Mechanismen heraus, die zumindest die Variierbarkeit vorgegebener Verhaltensmuster ermöglichen. Durch die »Aufwertung« dieser, den strukturellen Komponenten gleichsam ebenbürtigen, »von unten« kommenden Systembildungsprozesse soll dem dynamischen Aspekt in der soziologischen Theorie in einem höheren Maße als im Strukturfunktionalismus Rechnung getragen werden. Es ist also Luhmanns Grundthese, daß die aus experimentellen Lösungsversuchen praktischer Probleme resultierenden Verhaltensweisen systembildende Funktionen haben, die die Struktur, d. h. die »generalisierten Verhaltenserwartungen« – je nach Dringlichkeit, Zeitpunkt, Umwelteinflüssen – in verschiedener Intensität modifizieren und ändern können.
Luhmann will folglich – nicht die Ursachen, sondern – die Bedingungen analysieren, die die Unbeständigkeit von Systemen bzw. den sozialen Wandel auslösen. Die Analyse soll die Eigentümlichkeiten sozialer Mechanismen nicht kausal, sondern funktional – d. h. weder kausal aus der Umwelt (z. B. Ökonomie) noch aus der Struktur (z. B. Wertmuster) – erklären (vgl. Zweckbegriff, S. 134). Die Frage, konkretisiert am obigen Beispiel, ließe sich danach so formulieren: Welche Bedingungen führen dazu, daß sich »unter der Decke« formaler Normen informelle Verhaltensstrukturen herausbilden, und auf welche Weise können sie – als alternative Leistungen und in Konkurrenz mit etablierten Normen – systembildend wirken? Eine sinnvolle Erklärung für diesen Kompromiß zwischen etablierten und sich durchsetzenden Normen

Luhmann verweist in diesem Zusammenhang auf den klassischen Beitrag von Parsons zur Grundlegung der modernen soziologischen Theorie.
Vgl. z. B. Lipp, Wolfgang: Anomie, Handlungsmöglichkeit, Opportunismus, in: Zeitschrift f. d. Gesamte Staatswissenschaft, 128, 1972, H. 2, S. 344–370 (S. 349 ff.).

scheint *Luhmann* nur dann gegeben zu sein, wenn man von der herkömmlichen Auffassung der Funktion bzw. der gleichsam »absolut« strukturorientierten Bedeutsamkeit der »Funktionalität« generalisierter Handlungsmuster Abstand nimmt und diese auch unter dem Aspekt umweltbedingter Problemlösungsforderungen in einer *spezifischen* Situation betrachtet. Unter diesem auf spezifizierte Leistungen bezogenen Aspekt kann aber die Funktionalität nicht mehr nur als ein »positiver Beitrag zur Systemerhaltung« gelten. Der Fehler dieser strukturellen Betrachtungsweise bestand darin, daß

> »die Leitformel des Funktionalismus anfangs auf den ‚Bestand' (bzw. Beständigkeit – von mir G. K.) sozialer Systeme abgestellt (wurde). Bestand wurde als ein durch funktionale Leistungen bewirkter Zustand angesehen, der durch laufende Wiederholung der Leistung oder durch andere Formen der Dauerwirksamkeit gesichert werden kann« (Soziologische Aufklärung, S. 33).

Gegen diese Konzeption von der Beschaffenheit sozialer Systeme – wie Familie, Behörde, Reisegesellschaft oder archaische Stammeskultur –, die das Ganze durch einen feststehenden Zweck definiert, zu dem die Teile – als Mittel zum Zweck – nur systemerhaltende Leistungen produzieren sollten, spricht die Realität[5]: *Luhmann* meint, daß mit diesem Systemmodell weder »Beliebigkeiten« noch »hohe Eigenkomplexität«, d. h. weder Zulassung von Alternativen noch Variationsmöglichkeiten, noch Dissens und Konflikt ihrer *Wirkung entsprechend* erfaßt werden können. Systeme sind per se umweltorientiert und müssen unter permanentem, von den Einwirkungen der Umwelt ausgelösten Problemlösungsdruck leben und – gerade im Interesse ihrer Funktionsfähigkeit – »gegen die natürliche Tendenz zur Sinnverdichtung und zur Beseitigung aller Ungewißheiten künstlich offengehalten werden«[6].
Im traditionalen Funktionalismus – wie z. B. bei *Durkheim* (vgl. oben, S. 45 ff.) oder bei *Malinowski* und *Radcliffe-Brown* (vgl. oben, S. 208 ff.) – war Funktion eine zweckdienliche Leistung, um Bedürfniskonstanten zu befriedigen bzw. den Bestand konkreter Sozialsysteme zu sichern[7]. Diese Annahme, die den kausalen Funktionalismus ins Kreuzfeuer der Kritik brachte, ging also davon aus, daß Funktionen eine – gleichsam einseitig – von den Strukturen zu bewirkende Wirkung hätten. Die auf die invariante Ursachen-Wirkung-Relation abzielenden Kausalerklärungen[8] – zu denen auch der traditionale Funktionalismus gehört – können bestimmte Probleme – wie z. B. die Multifunktionalität einer Struktur oder die Erfüllung einer Funktion durch mehrere Strukturen – nicht lösen:

5 So wird z. B. von Wirtschaftssoziologen schon um die Mitte der 50er Jahre die Richtigkeit älterer theoretischer Ansätze bezweifelt, nach denen Wirtschaftshandeln aus dem Einsatz knapper Mittel für die Erreichung eines bestimmten Zwecks zu erklären sei. Auf keinen Fall könne mit Hilfe dieses modernen Marktmusters das Funktionieren primitiver Wirtschaften erklärt werden. Vgl. Trade and Market in the Early Empires, ed. by Polanyi et al. Glencoe 1957, S. 348.

6 Luhmann, N.: Soziologie des politischen Systems, in: KZfSS, 20, 1968, 4, S. 705–73 (S. 713).

7 Vgl. Schmid, Funktionsanalyse, op. cit., S. 109.

8 So z. B. werden sinngebende Gedankensysteme („Ideenwelten") von Marx aus der „Produktionsordnung und Bedarfsbefriedigung", von Durkheim aus den „Logiken der soziale Verhältnisse" kausal abgeleitet (Soziologische Aufklärung, S. 55). Näheres dazu (u. a.) Luhmann: Vertrauen, Stuttgart 1968, S. 6–14.

»Zum Beispiel kann eine Person oder ein soziales System auf die Enttäuschung einer Verhal-
tenserwartung auf mehrfache Weise reagieren: durch Aufgabe der Erwartung . . . (die) sich
empfehlen wird, wenn sie strukturell unwichtig ist und ihre Änderung der Selbstdarstellung
des Systems nicht schadet . . . durch Erklärung der Enttäuschung . . . (die) den Vorzug verdient, wenn es möglich ist, das enttäuschende Ereignis kognitiv und symbolisch so zu isolieren,
daß keine grundsätzlichen Konsequenzen daraus gezogen werden müssen . . . oder durch Sanktionen . . . (die) sich anbieten, wenn sie ohne schwerwiegende Rückwirkungen auf system-
wichtige Umweltbeziehungen durchgeführt werden können . . . Die Möglichkeiten sind als
Lösungen des entstandenen Dilemmas . . . funktional äquivalent . . . Für die Erhaltung des
Systems im ganzen braucht es nicht entscheidend zu sein, welche Strategie gewählt wird«
(Soziologische Aufklärung, S. 44).

Luhmann will darauf hinweisen, daß der Sinn der funktionalen Analyse
darin besteht, den Bezugspunkt der theoretischen Orientierung von den Strukturen auf die Funktionen zu verlagern und diese – nicht als »zu bewirkende
Wirkung«, sondern als »regulatives Sinnschema« – zu fassen, das von den
Handelnden als Systemmitgliedern im Verlauf ihrer Problemlösungsverarbei-
tung von Umwelteinwirkungen selbst gebildet wird. Durch diese Sichtweise,
die den Funktionsbegriff dem Strukturbegriff vorordnet, wird es möglich, die
komplexe Verflechtung von relativer Invarianz und Wandlungsfähigkeit von
Systemen zu erklären:

»Daß Systeme darauf angelegt sind, sich im Verhältnis zu ihrer Umwelt relativ invariant
zu halten, soll nicht heißen, daß Systemgrenzen als feste Scheide zwischen Starrheit und Bewegung zu verstehen seien. Insofern ist die Formel von der ‚Bestandserhaltung‘ durch funktionale Leistungen irreführend. Die Unterscheidung von Innen und Außen dient lediglich als
Regel der Konstantsetzung bei Änderungen.
Jede Änderung muß, da nicht alles auf einmal bewegt werden kann, an Konstanten an-
lehnen. Die Systemgrenze bezeichnet für Theorie und Praxis die Möglichkeit einer Wahl:
Um den Sinn von Änderungen in der Umwelt beurteilen zu können, muß man das System
selbst als konstant ansehen. Umgekehrt setzen interne Änderungen im System als Reaktion
auf Umweltverschiebungen voraus, daß die Außenveränderung nun als Datum festgehalten
werden kann und sich nicht ihrerseits wieder ändert. Die Vorstellung der relativen Invarianz
von System und Umwelt ist also zeitpunktbedingt gemeint. Sie schließt Änderungen des
Systems nicht aus, macht vielmehr ihre sinnvolle Planung erst möglich. Und sie trägt der Tatsache Rechnung, daß Änderungen im System wie in der Umwelt Zeit brauchen, so daß man
weder sofort reagieren kann noch braucht« (Soziologische Aufklärung, S. 40).

Funktionen sind also nach diesem Theorieansatz im wesentlichen als Anpassungsleistungen an die (jeweilige) Umwelt zu verstehen. Ausgehend von dieser
Grundannahme, entwickelt dann *Luhmann* die funktional-strukturelle Systemtheorie, deren folgende, äußerst gekürzte Wiedergabe eine »Groborientie-
rung« ermöglichen soll.

2. Handlung als Reduktion von Komplexität

In Erinnerung an die Webersche (oben, S. 122 ff.) und Parsonssche (oben,
S. 144 f. – insbesondere S. 154) Definition sozialen Handelns fällt auf, daß
bei *Luhmann* Handeln weder im Sinne des »Orientierens an fremdem Verhalten« *(Weber)* noch als »zielgerichtetes« – auf Einkalkulierung der Reaktionen von anderen und der Ansprüche von Wertmustern beruhendes –
Streben nach Gleichgewicht, sondern als Reduktionsleistung verstanden wird,
die nur »unter Umständen« mit Zieltendiertheit zu tun hat. Für *Luhmann* ist
Handlung Reduktion, d. h. ein Ergebnis jener Selektionsleistungen, die sozio-

logisch nicht handlungstheoretisch, sondern immer nur systemtheoretisch –
d. h. nur in Handlungs*systemen* – transparent gemacht werden können:

Zu seiner Konzeption der „Handlung als Reduktion" vermerkt *Luhmann* in seinem Manuskript
über „Soziale Systeme" (Bielefeld 1974, S. 45): »In der Parsons'schen Theorie des Handlungssystems wird dieses Problem durch Verlagerung auf die analytische Ebene „gelöst", nämlich dadurch, daß Parsons System durch Handlung definiert und bei der Definition des
Handlungsbegriffs einen nur analytischen Begriff des „actors" einführt, dem keine Realität
entspricht. Real findet sich jeder Handelnde immer in einer Situation, und nur Beziehungen
zwischen Handelnden in Situationen können als Systeme behandelt werden. So besonders klar
in: An Approach to Psychological Theory in Terms of the Theory of Action, in: Sigmund
Koch (Hrsg.), Psychology: A Study of a Science Bd. III, New York – Toronto – London
1959, S. 612–711 (614): „The actor is not conceived as *one* system which acts in relation
to a situation (or environment) which is then treated as another system; actor and situation
together constitute the system of reference. This is as much the case for a psychological system,
as a system, as for the other types". Deshalb ist Parsons genötigt, zwischen Situation und
Systemumwelt begrifflich zu unterscheiden, und genau darin sieht er einen Fortschritt im Ver-
gleich zu älteren behavioristischen Organismus/Umwelt-Konzepten. Offen bleibt dabei der
Realitätsbezug der Identität dessen, was Parsons actor nennt. Einen Ausweg aus diesem
Problem suchen wir mit der These der Simultankonstitution von System und Handlung.«
Oder – wie in seinem jüngst erschienenen Buch „Macht" (Stuttgart 1975, S. 31) gesagt wird:
»Von Handeln wollen wir dann und nur dann sprechen, wenn selektives Verhalten einem
System (und nicht seiner Umwelt) zugerechnet wird. Die Zurechnung bezieht sich auf die
Selektion selbst, liefert gleichsam die Erklärung für das Wunder der Reduktion.«

Handlung als selektives, auf Komplexitätsreduktion – d. h. auf die zu reali-
sierende Bestimmbarkeit unbestimmt komplexer möglicher Handlungen –
gerichtetes Verhalten hat – generell gesehen – zwei Dimensionen: Erstens
reichen die systemgesteuerten Reduktionsleistungen zeitlich hinter die Hand-
lungsintention – d.h. die zielintendierte Absicht – zurück, und zweitens ist
jede Handlung (– der obigen Grundannahme (unter Punkt 1) entsprechend –)
umweltbedingt. Dabei wird Umwelt im Sinne der Parsonsschen Tradition als
jenes »Feld« begriffen, das das jeweilige Sozialsystem umgibt bzw. außerhalb
seiner Grenzen liegt: Persönlichkeitssysteme, Kulturwerte und fremde Sozialsysteme.

Zur näheren Erläuterung dieses Umwelt-Verständnisses soll noch hinzugefügt werden, daß
a) *Persönlichkeitssysteme* nie in ihrer Ganzheit in den systembildenden Prozessen „aufgehen":
Handlung in Systemen stellt nur einen spezifischen Aspekt der Persönlichkeit dar (vgl. *Simmel*: „Der Mensch im Schnittpunkt mehrerer Kreise", oben, S. 71; – und die Rollentheorie bzw. das Problem des Handelns in Rollensystemen, wie z. B. „zugelassene"
Emotionalität im Freundeskreis und deren Verbot im Finanzamt u. dergl.);
b) daß die Vorgabe *kultureller Wertmuster* zwar einen imperativen oder Soll-Charakter hat,
in der Realität aber nie vollständig in Handlungen in Systemen zur Geltung kommt;
c) daß die kommunikativ wirksam gewordenen Einflüsse *fremder* Systeme nur auf eine
selektive Art und Weise im System verarbeitet werden (z. B.: Betrieb–Familie, Betrieb–
Konzerne usw.).

Auf der elementarsten Stufe der Handlungsorientierung wird also Umwelt
als Komplexität – im Sinne von problematischen Handlungsmöglichkeiten –
erlebt.
Mit diesem Hinweis auf die bedrohliche Fülle von Umweltproblemen will
Luhmann auf eine allgemein akzeptierbare und nicht negierbare »Grund-
erfahrung« zurückgreifen, um von hier aus seine funktional-strukturelle Theorie abzuleiten: Das Faktum der Weltkomplexität macht eben im Interesse des
Überlebens eine handlungsorganisierende Überlebensstrategie erforderlich,

deren grundlegendes Merkmal in der Reduktion dieser Komplexitäten besteht. Der Begriff Komplexität als »Gesamtheit von möglichen Handlungen« weist auf eine mit der gesellschaftlichen Evolution wachsende »immense Zahl von möglichen Handlungen« (Alternativangeboten) hin, die aber nicht einfach mit »Kompliziertheit« oder wachsender »Verkomplizierung« gleichgesetzt werden kann. »Kompliziertheit« an sich drückt nur das Vorhandensein einer Vielzahl mengenmäßig konstatierbarer Elemente aus (also: Menge, Dichte und Häufigkeit von Beziehungen), wobei es beim Komplexitätsbegriff auf Sinnzusammenhänge ankommt, die diese Menge von Elementen miteinander verbindet. Dieses entwicklungsspezifisch bestimmbare Potential einer Vielzahl von Handlungsmöglichkeiten bzw. Anzahl der Zustände eines Systems (– Verteilung von »Handlungsenergien« –) wird aus »Eigenkomplexität« auf eine systemspezifische Weise zuerst nur variiert, um den Komplexitätsdruck der Umwelt mit ihrer Vielzahl von Ereignissen und Zuständen selektiv »auszugleichen«; erst der wachsende Umweltdruck bewirkt einen systeminternen Vorgang (vgl. unten), der die zuerst durch Variation realisierten Möglichkeiten in strukturierte Selektionsleistungen verwandelt. Die »Handlungsenergien« – würde ich interpretieren – werden organisatorisch mobilisiert, d. h., daß sich die *Relationen* im Zusammenhang mit der Variierbarkeit von Handlungsmustern »verkomplizieren«, die dann im Rahmen der Systembildungsprozesse einer Strukturierung bedürfen. Die mit der Evolution wachsende Zahl von möglichen Handlungen wird folglich strukturell – d. h. durch Organisationen – selektiv geordnet, indem für bestimmte Handlungsbereiche »Zulassungen«, für andere wiederum Verbote aufgestellt werden. Für die systemtheoretische Analyse sozialer Handlungen können dadurch zwei aufeinander einwirkende und sich in strikter Interdependenz befindliche, aber schwerpunktmäßig doch trennbare Einflußbereiche festgestellt werden:

a) Reduktionsdruck (für das Handeln in Systemen) und
b) Umweltbedingte Reorganisierung von Systemen.

ad a) Der *Reduktionsdruck* läßt sich aufgliedern nach:
(1) Dasein-Erleben,
(2) Sinn-Selektivität und
(3) Kontingenzen

(1) *Luhmanns* Überlegungen gehen davon aus, daß die allererste Voraussetzung der Handlungsmöglichkeit »Dasein«, d. h. Umwelterleben, ist. Die Betonung dieser eigentlichen »Banalität« ist wichtig, um der aprioristisch gedeuteten »Zieltendiertheit« des Handelns den Ausschließlichkeitscharakter zu nehmen. Handlungen können – müssen aber nicht! – zweckgerichtet sein. Außerdem unterschlägt diese Perspektive zielorientierten Handelns die Dimension der Vergangenheit: Handlungen sind nicht nur zukunftsorientiert. Umweltdruck löst zuerst Erlebnisse aus, die dann im Anschluß an vergangene Erfahrungen handlungsrelevant verarbeitet werden müssen.
(2) Die Verarbeitung von Erlebnissen heißt, aus der Fülle der wirklich gegebenen Handlungsalternativen die möglichen auszuwählen: Sinn wird hier – nicht wie bei *Parsons* als Eigenschaft von Handlungen, sondern – als »Selek-

tion aus einem Universum anderer Möglichkeiten«, als eine bestimmte Selektionsweise verstanden, die, an der Erfahrung der Wirklichkeit orientiert, Möglichkeiten »abtastet«. Die Möglichkeiten bieten ebenfalls eine derartige Fülle von Entscheidungsalternativen für Handlungen an, daß auch sie selektiv reduziert werden müssen. Selektivität erfordert aber die Wahl *einer* Möglichkeit und unterliegt dadurch einem Organisationszwang eigener Handlungsmöglichkeiten. Die Besonderheit dieser Selektionsleistungen besteht nun darin, daß sie sich auf zwei Ebenen: auf der des selektiv Realisierbaren und der der weiteren Möglichkeiten, abspielen. In der Strategie selektiven Verhaltens bzw. in der sinnhaften Erlebnisverarbeitung gehen die Reduktionsleistungen, die »eingeschränkten Akte der Selektion«, mit der Präsentation des »Horizonts« von anderen Möglichkeiten, d. h. mit Verweisungen auf andere Alternativlösungen, einher:

»Sinn ist eine bestimmte Strategie des selektiven Verhaltens unter der Bedingung hoher Komplexität. Durch sinnhafte Identifikationen ist es möglich, eine im einzelnen unübersehbare Fülle von Verweisungen auf andere Erlebnismöglichkeiten zusammenzufassen und zusammenzuhalten, Einheit in der Fülle des Möglichen zu schaffen und sich von da aus dann selektiv an einzelnen Aspekten des Verweisungszusammenhanges zu orientieren. Dabei ist bezeichnend, daß die Selektion einer spezifischen Sinnverwendung andere Möglichkeiten zwar vorläufig neutralisiert oder auch negiert, sie aber als Möglichkeiten nicht definitiv ausmerzt. Die Welt zieht sich nicht durch Akte der Selektion auf den jeweils gewählten Aufmerksamkeitsbereich zusammen, sondern bleibt als Horizont der Verweisung auf andere Möglichkeiten und damit als Bereich für anschließende weitere Selektionen erhalten. Das ermöglicht es, eine Vielzahl von Selektionsakten einander zuzuordnen und Selektivität dadurch zu verstärken, obwohl das faktisch gegebene Potential für Aufmerksamkeit unveränderlich gering bleibt« (Habermas/ Luhmann, S. 12).

(3) Kontingenz als die Möglichkeit eines Geschehens oder Nichtgeschehens wird von *Luhmann* nach dem alten modaltheoretischen Begriff als negierte Notwendigkeit gebraucht[1]: Sie weist auf die Eigenschaft einer Hypothese hin, die entweder empirisch wahr oder falsch sein kann. Die hypothetische Annahme muß sich an Erfahrungstatsachen verifizieren. Wenn folglich Ego sein Verhalten an der Erwartung von Alter (– hypothetisch –) ausrichtet, so muß es nicht (notwendigerweise) zur Übereinkunft kommen, d. h. zur Übereinstimmung der Erwartungen (Egos) von Erwartungen (Alters). Handlungsprozesse sind nur als wechselseitig selektives Erleben und Handeln vorstellbar: Jeder selektiert auf seine Weise. Dadurch entstehen Wechselwirkungen nicht nur in dem Sinne, daß das Verhalten des einen zur Ursache für das Verhalten eines anderen wird (und umgekehrt), sondern daß auch selektive Erwartungen auf selektierte Erwartungen stoßen müssen. Es handelt sich hierbei um eine doppelte Kontingenz, bei deren Struktur nicht die Faktizität, sondern die Selektivität des Faktischen zum Tragen kommt: Das Erlernen fremder Erwartungen muß – um Interaktion ermöglichen zu können – erlernt werden. Dieses Lernen des Erlernens von fremden Erwartungen ist einer der wich-

1 „Aus dem Umstand, daß die Welt, der Zusammenhang der Dinge und des Geschehens selbst nicht denknotwendig, sondern kontingent sei und ein absolut notwendiges Wesen als Urgrund fordere, schließt der kosmologische Gottesbeweis auf das Dasein Gottes. In der *Logik* (auf die hier Luhmann anspielt – von mir G. K.) gelten Begriffe als *kontingent*, die in einer Reihe nebeneinanderstehen und deren Endglieder konträre Gegensätze bilden (z. B. schwarz-weiß") (Brockhaus Enzyplopädie, 17. Aufl., Wiesbaden 1970, Bd. 10, S. 459).

tigsten »reflexiven Mechanismen« (vgl. Soziologische Aufklärung, S. 92 ff.), weil es Sozialität und soziale Strukturen schafft:

»Von doppelter Kontingenz spricht man im Hinblick auf das Abhängigkeitsmoment, das die bloße Möglichkeit auf ihrem Wege zum So-und-nicht-anders-Sein steuert. Alles auf andere Menschen bezogene Erleben und Handeln ist darin doppelt kontingent, daß es nicht nur von mir, sondern auch vom anderen Menschen abhängt, den ich als alter ego, das heißt als ebenso frei und ebenso launisch wie mich selbst begreifen muß. Meine an einen anderen adressierten Erwartungen erfüllen sich nur, wenn *ich und er* die Voraussetzungen dafür schaffen, und diese Bedingung wird reflektiert und miterwartet. Darin liegt ein potenziertes, durch Bewußtsein nochmals verstärktes Risiko des Scheiterns und zugleich ein Hinweis auf die Richtung der Problemlösung: Man muß unter diesen Umständen nicht nur fremdes Verhalten, sondern darüber hinaus fremdes Erwarten erwarten können, denn nur so läßt sich das Regulativ der Freiheit des anderen in die eigene Erwartungsstruktur einbauen. Soziale Strukturen haben nicht die Form von Verhaltenserwartungen, geschweige denn von Verhaltensweisen, sondern die Form von Erwartungserwartungen; sie können jedenfalls erst auf dieser Ebene des reflexiven Erwartens integriert und erhalten werden« (Habermas/Luhmann, S. 62 f.).

Das Problem doppelkontingenter Selektivität tritt besonders deutlich – nach dem Schema: System/Umwelt (vgl. auch unten) – in den Relationen zwischen System und Person hervor. Personen gehören schon deshalb zur Umwelt, weil sinnhaftes Erleben und Handeln nicht »vollständig« von der Gesellschaft kontrolliert werden kann:

»Darauf sind soziale Systeme weder strukturell noch ihren Prozessen nach eingestellt, ihr kommunikativer Apparat wäre dafür viel zu schwerfällig. Soziale Systeme entstehen überhaupt erst auf der Basis der Nichtidentität von Personen, und diese Basis läßt sich nicht durch Identifikation mit dem Sozialsystem aufheben. Die Ordnungsform sozialer Systeme beruht auf der Nichtidentität der Personen untereinander mit dem System. Sie setzt eben deshalb eine Form von Inkorporation von selbstselektiver Umwelt in das System voraus, für die es in organischen und auch in psychischen Systemen keine Parallelen gibt. Das ist nur eine andere, konkretere Formulierung für das Problem doppelkontingenter Selektivität« (MS. Bielefeld 1974, S. 26).

Unter »doppelter Kontingenz« (– in früheren Schriften als Erwartungserwartungen bezeichnet –) versteht also *Luhmann* auf dem Hintergrund des Begriffs »contingens« als negierte Notwendigkeit jene Verknüpfung von Erwartungshaltungen, die modellhaft ausgedrückt:

a) »Ego« gegenüber sich selbst und gegenüber »Alter« – und

b) »Alter« ebenfalls gegenüber sich selbst und gegenüber »Ego« stellt.

Jeder Handelnde ist gleichzeitig beides; mit anderen handelnde Person (= ausgerichtet auf die Erwartungen »Alters«) und Objekt seiner Orientierung (= ausgerichtet auf eigene Erwartungen). Auf beiden Seiten werden also (gleichzeitig) selektive Prozesse ins Auge gefaßt und »recht oder schlecht kontrolliert«. Das Grundproblem der Systembildung besteht nun darin, in welchem Sinne eine solche »zweifach gekoppelte Selektivität« zu koordinieren und zu stabilisieren ist. Diese eher »psychologische Seite« der Kontingenz-Problematik spielt in der Luhmannschen Theorie *nur insofern* eine zentrale Bedeutung als sie modellhaft (– nach dem Ego-Alter-Schema –) Handlungsstrukturen in den Griff bekommen will, *um die Genesis von Systembildungsprozessen* erklären bzw. die »Ausgangsbedingungen für die Bildung und Funktion sozialer Systeme lokalisieren« zu können. Es ist nämlich *Luhmanns* Hauptthese, daß mit der Aufnahme von Kontakten »Beziehungen zwischen Selektionsleistungen in dem Sinne entstehen, daß der Möglichkeitsraum einer Selektion durch bereits erfolgte oder antizipierte andere Selektionen *konstituiert* und *reduziert* wird« (darüber noch näher, unten: b (2)).

ad b) Umweltbedingte Reorganisierung von Systemen kann gesehen werden
(1) in der Differenz von Umwelt und System
(2) in der Abgrenzung zur Umwelt und
(3) in der Generalisierung von Verhaltenserwartungen.

(1) Die Beziehung zwischen System und Umwelt kann strukturell oder prozessual erfaßt werden: Entweder meint man, daß jedes System einen höheren Komplexitätsgrad als die Umwelt habe (Struktur-Aspekt) – oder umgekehrt (Prozeß-Aspekt). *Luhmann* vertritt die letztere Position, indem er der Umwelt stets einen wesentlich höheren Komplexitätsgrad als jedem anderen System zuschreibt. Diese Grundannahme – die, wie gesagt, davon ausgeht, daß das System geringere Komplexität als die Umwelt im Ganzen habe – zieht Konsequenzen nach sich: Systeme *können* nur »in Relation zu ihrer Umwelt identifiziert, begriffen und gesteuert werden«, wobei ihre »Bestandserhaltung« von der Art und Weise der »Absorption von Umweltkomplexität« (durch Organisationen) abhängt. Systeme müssen folglich auf jene Weise Anpassungsleistungen an die Umwelterfordernisse erbringen, daß sie die Systemzwecke den Umweltänderungen anpassen und die Orientierungsbezugspunkte interner Zweckmotivationen durch funktionale Äquivalente – d. h. mindestens gleichwertige Ersatzleistungen für aufgegebene Zwecke (vgl. Zweckbegriff, S. 162 ff.) – auszugleichen versuchen.

Beispiel [2]:
»Vorteile der Zentralisierung lassen sich nur durch Verzicht auf die Vorteile der Dezentralisierung gewinnen und umgekehrt. Wissenschaftlicher Sachverstand kann nur durch Lockerung bürokratischer Fesseln in der Organisation gehalten werden. Steigerung der Zusammenarbeit zwingt zur Festlegung von Terminen und Fristen und damit zur Vordringlichkeit des jeweils Befristeten im Widerspruch zur sachlichen Gewichtigkeit der Aufgaben. Auch Kontrollen verzerren die Aufgabenordnung in Richtung auf ihre kontrollierbaren Aspekte.
Solche Widersprüche werden vielfach als unerfreuliche Belastung, wenn nicht gar als pathologische Nebenerscheinungen abgebucht. Sie müssen jedoch als Kern der Umweltstrategie eines organisierten Systems begriffen werden. Sie dienen der Absorption von Umweltkomplexität durch die Organisation ... Die Verschiebung von Problemen aus der Umwelt in das System erschließt neue Möglichkeiten des Abarbeitens diskrepanter Anforderungen und trägt somit zur Verkleinerung der Probleme bei.«

Die Bestandserhaltung des Systems läßt sich folglich auf ein die Umweltkomplexität effektiv verarbeitendes Systemverhalten zurückführen (vgl. z. B. Zweckbegriff, S. 120), wobei die »Differenz von System und Umwelt« die Differenz von Struktur und Prozeß erhellt, und sie am Komplexitätsgefälle zwischen Umwelt und System – d. h. an Relationen zwischen Sachverhalten unterschiedlicher Komplexität – vergleichbar machen kann. Demzufolge kann das – individuelle Sinngebung vermittelnde – Systemverhalten an der Effektivität seiner Organisationsleistungen bei der Reduktion von Umweltkomplexität entwicklungsspezifisch thematisiert werden, wobei die Verarbeitungs-

2 Luhmann, N., Gesellschaftliche Organisation, in: Erziehungswissenschaftliches Handbuch, hrsg. Th. Ellwein, H. Groothoff u. a., Berlin 1969, I, S. 387–405 (S. 395 f.).

technik der Ereignisvariationen der Umwelt primär zu den Erhaltungs- und Entwicklungsbedingungen eines Systems gehört. Mit *Habermas* (in: Habermas/ Luhmann, S. 147):

»Reduziert ist der Teil der Weltkomplexität, d. h. die Klasse von systemrelevanten Ereignissen in der Welt, die das System ‚erfassen‘ und auf die es mit angemessenen Zustandsänderungen reagieren kann: das ist dann die operativ beherrschte Umwelt des Systems. Ein System kann sein Bestandsproblem solange lösen, als die Selektionsleistungen ausreichen, um den Weltausschnitt zu erfassen und operativ zu beherrschen, der für die Bestandserhaltung des Systems tatsächlich relevant ist. Aus dem Komplexitätsgefälle zwischen Welt und System folgt, daß Systeme nicht mit jeder möglichen Umwelt kompatibel sein können. Ihr Fortbestand ist immer prekär und jeweils nur innerhalb der Grenzen der Kompatibilität gesichert, die von den Selektionsleistungen abhängen. Das Systemproblem der Bestandserhaltung muß mithin durch Erfassung und Reduktion eines ausreichenden Maßes von Weltkomplexität gelöst werden. Das Systemverhalten läßt sich mit Bezug auf dieses Problem als Leistung oder Problemlösungsverhalten deuten.«

(2) Die Abgrenzung zur Umwelt erfolgt nach Sinngrenzen – oder mit anderen Worten: Die Identität eines Systems läßt sich an seiner – durch Verbindung am Sinn feststellbaren – Differenz zur Umwelt lokalisieren. Die Grenzbildung zur Umwelt (– *Parsons*: »boundary maintenance« = Grenzstabilisierung –) dient nach *Luhmann nicht* der Verhinderung von Überschreitungen, sondern ihrer Ermöglichung, Markierung und Regulierung. Ein System bildet und erhält demnach Grenzen zur Umwelt, um im Hinblick auf eigene Probleme Prozesse kontrollieren zu können. Infolge des – durch Komplexitätsgefälle bestimmbaren – »Umweltdrucks« müssen Systeme ein »Selektionspotential sinnhafter Orientierung« entwickeln, das heißt, für adäquate Reaktionen auf die – dem System überlegene – Produktion von »Beständen und Ereignissen« der Umwelt sorgen. Dies erfordert die Organisierung einer funktionierenden doppelkontingenten Selektivität, vor allem
— auf *Personen* bezogen (= »Innenhorizont«), die »als hochautonome psychische Systeme Umwelt des einzelnen Sozialsystems sind und bleiben« und müssen (folglich) partiell – mit »Teilen ihres Erlebens und Handelns« – in das System inkorporiert werden;
— die Abstimmung selektiver Erwartungen auf selektierte Erwartungen (= Doppelkontingenz) erfordert unter diesen Umständen die Abgrenzung des Systems von der Umwelt (= »Außenhorizont«) nach *Sinngrenzen:*

»Die Systemgrenze trennt dann – (wenn das System seine Grenzen nach Sinn abgrenzen bzw. ein Selektionspotential sinnhafter Orientierung als Abgrenzungsstrategie einsetzen kann – von mir G. K.) – Außenhorizont und Innenhorizont als unterscheidbare Regionen der Verweisung auf weitere Möglichkeiten und unterscheidbare Richtungen weiterer Exploration. Damit ist nicht ausgeschlossen, daß Systemgrenzen an psychischen Sachverhalten festgemacht und verdeutlicht werden, etwa als territoriale Grenzen. Funktional gesehen sind das jedoch nur Vorstellungshilfen, denn auch solche Grenzen fungieren nicht durch ihre physischen, sondern durch ihre symbolischen Qualitäten« (MS. Bielefeld, 1974, S. 26 f.).

Den Grundgedanken der Abgrenzungs- oder: Limitationsproblematik könnte man folglich dahingehend zusammenfassen (vgl. oben: a [3: Kontingenzen]), daß beim Zusammentreffen mehrerer Partner zwangsläufig Systeme gebildet werden, die aufgrund ganz spezifischer Selektionskriterien eine Abgrenzungsstrategie von ihrer Umwelt vornehmen müssen: Schon die Aufnahme von Kontakt »stiftet« Beziehungszusammenhänge, die als Selektionsleistungen in

dem Sinne zu verstehen sind, daß sie eine »Interdependenz ihrer Möglichkeits-
räume« die »wechselseitige Bestimmung des Möglichen« (ihrer Handlungen)
voraussetzt (= »abgestimmte Selektivität« und »Reduktionsweisen«). Die
auf der Grundlage dieser Selektionsleistungen entstandenen Sinngrenzen –
die sich in der »Sozialsystemgeschichte« instituieren – können nur durch Ab-
grenzbarkeit von der Umwelt entstehen. Aus der Entstehung von Sozialsystemen folgt *nicht* notwendigerweise auch deren Erhaltung: Die Aufrechterhaltung der doppelkontingenten Selektivitätsleistungen in der Relation:
System/Umwelt (– nach dem Ego-Alter-Schema –) setzt Organisationsleistungen voraus, die

a) system*interne* Orientierungen auf die Umwelt bei gleichzeitiger sinnhaft
   bestimmter Verarbeitung von Umwelteinflüssen (Reduktionspotential) mit

b) system*externen* Bezugspunkten der Orientierung (Umwelt-Erwartungen)
   und deren adäquate Einarbeitung in das System (Anpassungsleistungen)

zu verbinden verstehen.

(3) Konstitution und Stabilisierung von Sozialsystemen – vor allem im obigen
Sinne der Aufrechterhaltung von Doppelkontingenzen – setzt noch eine weitere Ausgangsbedingung: Die Generalisierbarkeit von Verhaltenserwartungen
voraus. Wenn Selektionsvorgaben eine »autorisierte Form« annehmen, können soziale Systeme weitere, zur Erhaltung doppelkontingenter Selektivität
erforderliche Ordnungsleistungen ermöglichen.

Eine dauerhafte Regulierung des Komplexitätsgefälles (zwischen System und
Umwelt) erfordert die Koordination von Verhaltenserwartungen – oder:
Erwartungserwartungen – auf der strukturellen Ebene: Die wichtigste Funk-
tion organisatorisch garantierter Einhaltungen von bestimmten gegenseitig
erwartbaren Verhaltensweisen besteht in der normativen und kognitiven
Stabilisierung von Erwartungen:

»Diese ausweitenden Generalisierungen in sachlicher und zeitlicher Hinsicht erfordern kor-
respondierende Problemlösungen in der Sozialdimension. Sie lassen sich als Komplexitäts-
gewinne nur halten und ausbauen, wenn die Erwartungen in *sozialer* Hinsicht *reflexiv* werden,
wenn also Egos Erwartungen sich nicht nur auf das Verhalten, sondern auch auf die Erwartungen Alters erstrecken können, und dies nicht nur auf dessen Erwartungen in Bezug auf
das Verhalten von Ego selbst. Nur unter dieser Voraussetzung, daß jeder erwarten kann, was
andere von ihm erwarten, läßt sich eine sachlich und zeitlich ausgeweitete Selektivität sozial
abstimmen . . .« (MS. Bielefeld 1974, S. 20).

In dem Maße, in dem das »Potential« der sachlichen, zeitlichen und sozialen
Generalisierbarkeit von Verhaltenserwartungen »Informationen über ein mit
dem System nicht identische Umwelt ausgesetzt wird«, entstehen bestimmte
Systemstrukturen, die die Möglichkeiten »selektiver Akkordierung« begren-
zen und bestimmen.
Luhmann will damit betonen, daß die Chancen zur Generalisierbarkeit von
Verhaltenserwartungen – die an sich z. B. in Form von Rechtsetzung schon ein
Merkmal der »Evolutionsträchtigkeit« beweist – um so mehr gegeben sind,
je »intensiver« die Wechselwirkungsprozesse zwischen System und Umwelt
werden: Informationsaustausch ist die Voraussetzung nicht nur für sinnhafte
Selektionsleistungen, sondern auch für Möglichkeiten der Abstimmung gegenseitiger Erwartungen in einem – über die engeren Systemgrenzen hinaus-

gehenden – weiteren »sozialen Raum«. Dadurch wird zwar die Systemrealität komplexer (und konfliktträchtiger), aber auch die Beziehungen zur Umwelt enger, die wiederum effizientere Selektions- und Organisationsleistungen – sowohl nach »innen« als auch im Gesellschaftssystem – ermöglichen können. Die (– oben schon erörterte –) doppelte Selektivität wird hiermit durch Struktur und Prozeß gesteuert. Die »Akkordierung« (– also: nicht nur Anpassung, sondern auch Rückwirkung auf die Umwelt –) muß den funktionalen und strukturellen Erfordernissen entsprechen: Zumindest muß diese Leistung in rudimentärer Form von jedem System erbracht werden, nur ihre »Steigerungsfähigkeit« hängt im einzelnen davon ab, ob die Anforderungen der Umwelt mit den Anforderungen effizienter Kommunikationsprozesse realisiert werden können. Dies wiederum hängt von der »evolutionären Lage des Systems« (vgl. unten) ab.

3. Soziologie als Theorie sozialer Systeme (Interaktions-, Organisations- und Gesellschaftssysteme)

Aufgrund der vorangegangenen Skizzen über die Besonderheit des funktionalstrukturellen Theorieansatzes (1) und die (kurze) Klärung der zentralen Begriffe dieser Theorie (2) können wir die Verständlichkeit der folgenden Definition von sozialen Systemen voraussetzen [1]:

»Soziale Systeme können wie alle Systeme begriffen werden als strukturierte Beziehungsgefüge, die bestimmte Möglichkeiten festlegen und andere ausschließen. Ihre Besonderheit besteht darin, daß sie aus sozialen Handlungen gebildet werden, das heißt aus Handlungen, denen ein Sinnbezug auf das Handeln anderer Menschen immanent ist. Solche Sinnbeziehungen werden durch soziale Systeme in einer übermäßig komplexen unübersehbaren und beherrschbaren Umwelt relativ einfach und relativ invariant gehalten. Ein soziales System reduziert mithin die äußerste Komplexität seiner Umwelt auf bestimmte, oder doch bestimmbare, ausgewählte Handlungsmöglichkeiten und kann dadurch zwischenmenschliches Handeln sinnhaft orientieren. Das ist seine Funktion. Es muß um dieser Funktion willen einen Weltausschnitt gegen die laufende Bedrohung durch andere Möglichkeiten verteidigen, zum Beispiel durch Institutionalisierung von Werten oder durch Normierung von Verhaltenserwartungen. Das ist seine Problematik. Dabei steht für soziale Systeme die soziale Komplexität der Welt im Vordergrund, die darin begründet ist, daß der andere Mensch anders erleben, anders erwarten, anders handeln kann, als es in dem je eigenen Kontext des Erlebens und Handels sinnvoll wäre.«

Um einerseits gegen den marxistischen Einfluß einer theoretischen Total-*Vergesellschaftung* alles Sozialen in der Soziologie anzutreten, andererseits jedoch die »Einheit in der Mannigfaltigkeit« *(Luhmann)* sinnvoll erfassen zu können, empfiehlt sich zuerst eine systemdifferentielle (A) – nach Systemebenen differenzierte – und dann eine evolutionäre (B) – auf gesellschaftliche Entwicklungsformationen bezogene – Analyse von sozialen Systemtypen vorzunehmen [2].

[1] Luhmann, Gesellschaftliche Organisation, op. cit., S. 392. – Abstrakter wird Systembegriff in den Bielefelder Manuskripten (1974, S. 28) definiert: „Mit dem Begriff soziales System soll ... ein Sinnzusammenhang von Handlungen bezeichnet werden, die, durch wechselseitige Erwartbarkeit verknüpft, aufeinander verweisen, ihre Selektivität wechselseitig bestimmen und dadurch von einer nicht dazugehörigen Umwelt abgrenzbar sind".

[2] Die folgende Kurzfassung ist aufgrund eines unveröffentlichten Manuskriptes für fortgesetzte Veranstaltungen Luhmanns über „Gesellschaftstheorie" (Bielefeld 1973–1975) und meiner Teilnahme an diesen Veranstaltungen entstanden. Die Auswahl der – für ein Einführungsbuch geeigneten – Schwerpunkte erfolgte nach Rücksprache mit Luhmann, dem ich für seine

A. Systemdifferentielle Analyse: Interaktion, Organisation und Gesellschaft (=Systemtypen):

a) Interaktionssysteme (»einfache« Systeme)
Die soziologisch charakteristischen Merkmale von einfacheren [3] bzw. Interaktionssystemen können im folgenden gesehen werden:

— Auf der elementarsten Ebene erfolgt Systembildung nach dem Wahrnehmungshorizont, d. h., daß sie die »wahrgenommene Anwesenheit« von Personen voraussetzt;

— in der Gegenwart anderer kann man – normalerweise – nicht »dahindösen«; es besteht *Handlungszwang* (der sich zumindest in einem aufmerksamen Zuhören äußern muß);

— Interaktionssysteme sind zwar durch Sinngehalte – wie z. B. Tausch, Warteschlange, Gruß, Kampf und dgl. – identifizierbar, doch macht die Lebendigkeit wechselseitiger Erwartungserwartungen diese Systeme in hohem Maße unstabil, fluktuierend und enttäuschungsgefährdet;

— die »fließenden Systemgrenzen« sind nicht geeignet »zeitliche Ordnungsgarantien und sachliche Strukturierungsleistungen« zu erbringen;

— und folglich weder eine gemeinsame Informationsverarbeitung noch ein »höheres Abstraktions- und Kontrollpotential« zu ermöglichen (= »ungeordnetes System«).

— Für das Funktionieren des Systems ist zumindest ein »gemeinsames Thema« erforderlich, das als »minimaler« Bezugspunkt die Aufmerksamkeit der Beteiligten und deren gemeinsame »Zuwendung zu einem Mittelpunkt« erforderlich macht. Die Beteiligten steuern verschiedene Beiträge zum jeweils gemeinsamen Thema bei;

— In diesem Handlungszusammenhang bilden sich nach situationsrelevanten Eigenschaften – wie z. B. rednerische Dominanz, Schönheit und dgl. – Vorformen der Rollendifferenzierungen heraus;

— Diese Konstellationen können unter Umständen Interesse an der Wiederholung der Begegnung und der Festlegung von Verhaltensregeln bewirken und »Vorkehrungen für die Anschließbarkeit weiteren Handelns« treffen (z. B. Kartenspieler);

— die »Vorkehrungen« – auch z. B. aus dem Interesse einer gemeinsamen Gedächtnispflege – können einen gewissen Grad an Spezifikation (in der Verfestigung von Rollendifferenzierungen) hervorbringen, zu der aber das Interaktionssystem »von sich aus« nicht in der Lage ist: Es bedarf dazu der Strukturvorgaben einer gesellschaftlich geordneten Umwelt, die in die Verhaltensprämissen der Interaktionsbeziehungen eingehen müssen – (*Luhmann* nennt das Beispiel des Krankenbesuchs eines Pfarrers, der die *Anerkennung* dieser Situation für die Aufnahme von Beziehungen zur Voraussetzung hat).

Alles soziale Handeln »muß *faktisch* durch dieses Nadelöhr hindurch und wird durch die Eigengesetzlichkeit der Interaktionssysteme deformiert« – und

2 (Forts.) Bereitschaft, das Material verwenden zu dürfen, an dieser Stelle meinen besonderen Dank aussprechen möchte.
3 Vgl. dazu ausführlich Luhmann, N.: Einfache Sozialsysteme, in: Zeitschrift für Soziologie 1972, 1, S. 51–65.

obgleich die »Flüchtigkeit des Systembestandes« kein Verlaß bietet, ist gerade diese Unbeständigkeit das Normale und Sinnvolle an diesem Typus von Systemen. Die dominante Bedeutung »intermittierender Interaktionssysteme« ist vor allem – aber nicht allein! – für archaische Gesellschaften (vgl. unten) typisch. Infolge der zunehmenden Verflechtung intermittierender Interaktionssysteme kann ihr Spezifikationsgrad durch Schichten- und Rollendifferenzierung erhöht werden, was dann die »Ausdehnung der Möglichkeit von Strukturvorgaben« bewirkt. Zwischen die elementaren Interaktionssysteme schiebt sich dann eine »neuartige Ebene der Systembildung dazwischen« – die Ebene der Organisation.

b) Organisationssysteme

Die wichtigste Funktion von Organisationssystemen kann in der »Festlegung« (= Spezifikation) spontaner, flukturierender und relativ »ungeordneter« Interaktionsprozesse auf berechenbare Abläufe strategisch wichtiger Handlungsprozesse gesehen werden. *Luhmann* betont, daß nur ein *Teil* des gesellschaftlichen und interaktionellen Handelns innerhalb organisierter Sozialsysteme verläuft: Organisation bezeichnet einen Systemtyp, der »um besonderer Leistung willen eingerichtet ist«. Das Wesentliche an diesen spezifischen Leistungen sollte nicht in erster Linie an der »Ausrichtung an Zielen« (vgl. oben, S. 213), sondern an der spezifischen Art der Regelungen von Umweltverhältnissen gesehen werden:

»Das bedeutet unter anderem, daß ein organisiertes Sozialsystem stets mindestens zwei Umwelten unterscheiden muß: seine Mitglieder und Nichtmitglieder. Der Leistungsgewinn, der durch Organisation erzielt werden kann, beruht sehr wesentlich darauf, daß diese beiden Umwelten verschieden behandelt werden können, daß in beiden Richtungen verschiedenartige Einflußmittel zur Verfügung stehen und daß die unterschiedlichen Strategien beiden Umwelten gegenüber aufeinander abgestimmt werden; typisch in der Form, daß die Mitglieder arbeiten müssen, um eine Leistung zu erstellen, die Nichtmitglieder schätzen; diese aber dafür mit Geld, Prestigezuweisung oder sonstwie zahlen müssen, um es dem System zu ermöglichen, die Mitgliedschaft attraktiv zu erhalten«[4].

Die besondere Art von Organisationssystemen weist folgende – vor allem für moderne Gesellschaften typische – charakteristische Merkmale auf:

— Organisationssysteme konstituieren sich (nicht nur durch Anwesenheit, sondern) durch Mitgliedschaft in einem Sozialsystem, zu deren *Bedingung die Anerkennung und Befolgung bestimmter Verhaltenserwartungen gemacht wird*[5];

— Eintritt und Austritt hängen von Entscheidungen ab, ob man bereit ist, sich den systeminternen Kriterien spezifizierten Verhaltenserwartungen unterzuordnen, um auf diese Weise einen (– u. U. verlierbaren! –) Status zu erwerben;

— Organisationssysteme sind durch die strukturelle Festlegung von (a) Auf-

⁴ Luhmann, Gesellschaftliche Organisation, op. cit., S. 394.
⁵ Ebenda, S. 393.

gaben (Programm), (b) Stellen [6] und (c) hierarchischen Rangpositionen gekennzeichnet: Sie sind gegenüber personeller Mobilität (»Beweglichkeit von Ein- und Austritt«) relativ unempfindlich;

— das System ist in seiner Funktionsfähigkeit nicht an die »simultane Präsenz« der Beteiligten und an den engen Spielraum ihrer gemeinsamen Aufmerksamkeit gebunden;

— »von unmittelbarem Motivdruck entlastet, können organisierte Sozialsysteme diejenigen Verhaltenserwartungen, die sie als Mitgliedschaftsbedingung festlegen, relativ frei gestalten, ohne daß dabei auf den Zeithorizont und die Breite der Interessenentfaltung der einzelnen Mitglieder Rücksicht genommen wird«;

— Dies hat den Vorteil, daß konkrete Menschen mit ihrem »Privatleben« nicht dem System, sondern der Umwelt zuzurechnen sind und »nur mit bestimmten Handlungen dem System angehören«. Durch diese organisatorische Definition der relevanten Verhaltenserwartungen – die im Unterschied zu Interaktionssystemen hier eine besondere Schärfe gewinnen – können sich

— (statt segmentärer) funktional differenzierte Teilsysteme zur Erledigung spezifischer Aufgaben herausbilden. Gleichzeitig mit dieser horizontalen Verteilung von spezifizierten Tätigkeitsaufgaben gehen

— hierarchische Strukturbildungen (in vertikaler Richtung) einher. Effizienz und Effektivität koordinierter Leistungen können auf diese Art und Weise der Erhöhung des Kombinationspotentials von selektiven (Umweltkomplexität reduzierenden) Leistungen immens gesteigert werden;

— Dadurch entstehen Strukturvariationen, die die Systeme der Interaktionsstrukturen sprengen und zu Strukturänderungen (der Gesellschaft) führen können. Die Strukturbildung in Organisationen weicht wesentlich von dem ab, »was in der Interaktion sinnvoll und möglich ist – und dies, obwohl Organisationen aus Interaktionen bestehen«.

— In welcher Hinsicht entstehen diese Veränderungen? *Luhmann* sieht sie in der »Restriktion von Normalitätsbedingungen elementarer Interaktion«, d. h.: (a) in *Programmen* (als klar umgrenzten Aufgaben), (b) im *Personal* (als »disponibler Mitgliedschaft«) und in der *Strukturierung der Kommunikationsmöglichkeiten,* die die interaktionellen Handlungsmöglichkeiten – unter denen im Prinzip »jeder mit jedem jederzeit reden kann« – beschneidet. Die Einschränkung dieser Bedingung bewirkt die komplexe Leistungsfähigkeit von Organisationssystemen;

— Diese drei wesentlichen Vorzüge können im Konzept der »Stelle« zusammengefaßt werden, das auf der Grundlage der funktional und hierarchisch geordneten Verteilung von Handlungs- und Entscheidungskompetenzen beruht und von der Perspektive der Effizienz von Handlungsfähigkeit sozialer Systeme begründet wird. »Durch Handeln einzelner Stellen« – auch auf den unteren Ebenen – werden »Selektionen getroffen, die dem

---

6 Die evolutionäre Errungenschaft der Stelle besteht vor allem in der Sicherstellung der Funktionskontinuität trotz Personalwechsels auf der Ebene von variationsfähigen Einzelrollen in Organisationen. Damit wird die Voraussetzung für die Differenzierung zwischen *rollen-* und *personen*bezogenen Erwartungen geschaffen (vgl. MS. Bielefeld 1974, S. 188 f.).

System als Ganzem, und das heißt allen Mitgliedern, zugerechnet werden können. Sie können diesen Effekt unabhängig machen von den besonderen Biographien, Motiven und besonderen Beziehungen der jeweils handelnden Personen. Sie können in diesem Sinne bindend entscheiden, sich selbst verpflichten, vertreten werden – ohne alle an allem zu beteiligen«.

c) Gesellschaftssysteme

Unter Gesellschaft versteht *Luhmann* einen »Sonderhorizont«, der »für sinnhaftes Erleben und Handeln konstitutiv ist«. Die Schwierigkeiten einer präziseren Definition des Gesellschaftssystems [7] ergeben sich aus folgenden Überlegungen (vgl. vor allem: Soziologische Aufklärung, S. 137–153):

— In der klassischen Staatsphilosophie bis etwa zur Neuzeit (Antike, Mittelalter, rationale Naturrechtslehre) versuchte man die Gesellschaft als jenes »Ganze« zu betrachten, das durch die politische Integration seiner Teile »mehr« sein sollte als nur die Summe der Teile. Im Hintergrund dieser Argumentation stand die Vorstellung, daß eine ethisch zu rechtfertigende Politik jenes Bindeglied zwischen den Teilen (– Gruppen, Schichten usw. –) sei, das die Höherwertigkeit »der« Gesellschaft – gegenüber ihren Teilen und ihrer Umwelt (z. B. »barbarische« oder »unzivilisierte« Völker) – garantiere. Diesem »koinonía-communitas-societas«-Gesellschaftsbegriff lag die Konzeption der Gemeinsamkeit an bestimmten ethisch-politischen Lebensordnungen zugrunde:

»Ganzes und Teil, Zweck und Mittel, Herrschendes und Beherrschtes – diese Begriffsschemata konnten so aufeinanderprojiziert werden, daß die Struktur der Gesellschaft damit plausibel begründet war . . .
Daß sich im Laufe von mehr als zwei Jahrtausenden in der so konstituierten alteuropäischen Gesellschaftstheorie beträchtliche Sinnverschiebungen und ständig neu auflebende Kontroversen abzeichneten, versteht sich von selbst. Die Deutung dessen, was am Menschen gleich und daher gemeinsam war – seine teleologische Bestimmung zur Tugend, seine Sündigkeit, seine Vernunft – konnte sich ändern . . . Man konnte den Fixpunkt der Argumentation (den ,Ursprung' oder das ,Wesen') im Ganzen *oder* im Teil, im Zweck *oder* im Mittelbestand, oben *oder* unten ansetzen und die je andere Seite als abhängig variieren« (Soziologische Aufklärung, S. 138 f.).

— Infolge der sich herausbildenden Marktorganisation und Geldwirtschaft kündigte sich gegenüber dem herkömmlichen Primat der Politik der Anspruch der Wirtschaft auf gesellschaftlichen Primat an: In den auf ökonomischer Funktionsteilung basierenden Gesellschaftstheorien der jüngeren Vergangenheit wird Gesellschaft primär als Wirtschaftsgesellschaft verstanden, während die dichotomen »Begriffsschemata« – abgesehen von der Verschiebung des Primats von der Politik auf die Wirtschaft – als Relationen zwischen dem Ganzen und den Teilen bzw. dem Zweck und den Mitteln, dieselben blieben:

»Vor allem fällt auf, wie wenig; gemessen an der erstaunlichen Klarsicht und dem vielfältig belegten Denkvermögen der klassischen Theoretiker, der Begriff der Grenze beachtet und

---

[7] Z. B. in: Lexikon zur Soziologie, Opladen 1973, S. 235: „Gesellschaft, ist das jeweils umfassendste System menschlichen Zusammenlebens. Über weitere einschränkende Merkmale besteht kein Einverständnis".

bearbeitet worden ist. Man wendet sich statt dessen konkreteren, vornehmlich normativ artikulierbaren Problemen zu, zunächst der politischen Teilproblematik, dann der wirtschaftlichen Teilproblematik; man sucht Probleme wie Frieden und Gerechtigkeit oder Produktion und Verteilung zu lösen und bestimmt von deren Erfordernissen aus das Wesen der Gesellschaft gleich mit« (Soziologische Aufklärung, S. 142).

— Aber auch die moderneren soziologischen Theorien sind in diesem Ganzheitsdenken – nach dem die »Überlegenheit« des Ganzen bzw. die Dominanz des Systemzwecks als quasi selbstverständlich vorausgesetzt wird – verhaftet: Die Funktion von Gesellschaftssystemen wird primär in ihrer »Abkapselung« zur Umwelt und in der Erhaltung ihres »obersten« Systemzwecks: in der Stabilisierung eines einheitlichen Wertsystems gesehen (vgl. dazu oben, S. 164, 181, 213, 317).
Die Anwendung dieses traditional ganzheitlich konzipierten Gesellschaftsbegriffs auf moderne Systeme hält *Luhmann* für falsch: Er meint, daß das »Ganze« – nämlich das Gesellschaftliche – weniger ist als die Summe seiner Teile und, daß das Handeln im Gesellschaftssystem *nicht* mit der Totalität sozialer Beziehungen gleichgesetzt werden kann, sondern – neben den Handlungen in Interaktions- und Organisationssystemen – nur einen Teil jener Systembildungsprozesse umfaßt, die nur zur Erhaltung der Gesellschaft als des umfassenderen Systems menschlichen Zusammenlebens beitragen. Das Sozialsystem schließt also dieser Konzeption nach das Gesellschaftssystem ein: Seine dominierenden Steuerungsfunktionen werden aber trotz dieser einschränkenden Begriffsbezeichnung keinesfalls geleugnet (vgl. unten). Um Gesellschaft – als das »umfassendste System menschlichen Zusammenlebens« – real fassen zu können und den Begriff nicht nur für die Füllung eines Leerplatzes zu gebrauchen, müsse man von folgenden Überlegungen ausgehen:
— Gesellschaft kann nicht als die bloße Summe aller Interaktionssysteme und auch nicht als Gesamtheit ihrer Beziehungen zueinander begriffen werden.
— Weder Anwesenheit (Interaktion) noch disponible Mitgliedschaft (Organisation) können als »Prinzip« der gesellschaftlichen Systembildung betrachtet werden.
— Gesellschaft als System hat ihre Funktion in der Konstitution von Sinn, »nämlich dadurch, daß jeder Sinngehalt auf mögliche Auffassungen und Anschlußselektionen fremden Erlebens und Handelns verweist« und garantiert dadurch eine geordnete Umwelt aller übrigen Sozialsysteme – also auch für Interaktions- und Organisationssysteme –;
— bei dieser Regulierung von Sinngrenzen kommen dem Gesellschaftssystem – als einem *Teilsystem des Sozialsystems!* – folgende zentrale Funktionen zu:
a) Generalisierungen,
b) Systemdifferenzierung und
c) Evolutionssteuerung.

ad a) »Angesichts der laufenden Überforderung durch eine sinnhaft erlebte, hochkomplexe Welt ist menschliche Erlebnisverarbeitung und zwischenmenschliche Interaktion auf *Generalisierungen* angewiesen«, die »bestimmte Sinnvorstellungen *zeitlich dauerhaft ... sachlich allgemein ... und sozial über-*

greifend festhalten« (Soziologische Aufklärung, S. 145 f.). Generalisierungs-
leistungen können nur auf der Ebene des Gesellschaftssystems kollektiv verbindlich realisiert werden – so z. B.:

– in der *Politik* – die „Bindung von Gewalt" [8];
– im *Recht* – die Geltung positiver Satzungen durch die Art der Behandlung von Entschei-
dungsprozessen in Ämtern und Verfahren;
– in der *Wissenschaft,* von der aus definitive Festellungen darüber getroffen werden, was wahr
sei;
– in der *Liebe,* bei der die früheren öffentlichen, politischen und religiösen Aspekte wegfallen
und Liebe der freien Wahl freigegeben wird (individuelle Passion und zugleich Grundlage
für dauerhaft-intimes Zusammenleben).

Bei all diesen Beispielen sollte deutlich geworden sein, daß mit der Ausdifferenzierung der Gesellschaft in Teil-Systeme (– wie z. B. Politik, Recht, Wissenschaft, Privatheit –) sub-systemspezifische Generalisierungen einhergehen, die
für das Gesellschaftssystem einerseits risikoreich, andererseits leistungsstei-
gernd sind: Auf jeden Fall können aber Generalisierungen nur durch gesellschaftliche Geltungsgarantien realisiert werden:

Bei der Wissenschaft geht »die Gesellschaft das Risiko ein, Vorstellungen ungewöhnlichster,
einseitigster und abstraktester Art als wahr akzeptieren zu müssen nur deshalb, weil sie
von Wissenschaftlern als zwingend gewiß intersubjektiv übertragbar behandelt werden« (Soziologische Aufklärung, S. 147).

ad b) »Systemdifferenzierung soll, im Unterschied zu Differenzierungen anderer Art, heißen, daß in einem System die Systembildung wiederholt wird,
daß der Vorteil der Systembildung also mehrmals zum Zuge kommt«. Wenn
die schon durch Systembildung entstandenen Typen in den Systemen von
Interaktionen, Organisationen und Gesellschaften analysiert werden konnten,
so handelt es sich bei der Systemdifferenzierung um verschiedene »Ebenendifferenzierungen«, die Systembildungen erst ermöglichen. Die Bedingung der
Möglichkeit von Ebenendifferenzierungen und deren Erhaltung lassen sich nur
aus dem *gesellschaftlichen* Systemaufbau erklären, dessen wichtigste Aspekte
wie folgt zusammengefaßt werden können:
ba) *Evolutionärer* Aspekt. Die wichtigste Voraussetzung des gesellschaftlichen
Systemaufbaus (– nach den Typen von Interaktions-, Organisations- und
Gesellschaftssystemen –) ist die Überwindung der segmentären zur funktionalen Differenzierung:

Segmentäre (Ebenen-) Differenzierung: »Die ältesten für uns erkennbaren Gesellschaftssysteme
hatten sich als Abstammungs-, Lebensführungs- und später Siedlungsgemeinschaften auf der
Basis intermittierend-verflochtener Interaktionssysteme einfachster Art gebildet. Ein Moment
von Organisation dürfte ebenfalls präsent gewesen sein im Sinne, daß der Zugang zu gemeinsamen Unternehmungen auch für Stammesmitglieder nicht beliebig offen stand, sondern
von der Erfüllung gewisser Bedingungen abhing. Auch die Mechanismen kollektiver Verantwortlichkeit setzen die Möglichkeit voraus, Mitglieder auszustoßen, enthalten also ein organi-
satorisches Element. Bei so geringem Grad der Differenzierung können aber die Systemtypen
nicht in selbständiger Ausprägung erwartet werden . . .« (MS. Bielefeld 1974, S. 54 f.).

8 Luhmann, N., Symbiotische Mechanismen, in: Gewaltverhältnisse und die Ohnmacht der
Kritik, hrsg. Horn/Luhmann/Narr/Rammstedt/Röttgers, Ffm. 1974, S. 107–131 (S. 119).

»Segmentierung teilt ein System in gleiche Untersysteme, eine archaische Gesellschaft zum Beispiel in Stämme, diese in Sippen und diese in Familien; oder sie gliedert sich primär lokal in Dörfer bzw. Häuser mit jeweils gleicher Innenstruktur. Die Umweltvereinfachung im Inneren der Gesellschaft besteht dann darin, daß jedes Untersystem die annähernde Gleichheit anderer voraussetzen kann und Differenzen – wenn etwa eine Familie mehr Söhne hat als eine andere – sich in einem gut abschätzbaren Rahmen praktischer Bedeutung bewegen« (Soziologische Aufklärung, S. 148).

Funktionale (Ebenen-) Differenzierung (ebenda, S. 148): »Funktionale Differenzierung beruht auf dem Prinzip der *Ungleichheit der Untersysteme* und macht deren gesellschaftliche Umwelt, wie leicht einzusehen, dadurch komplexer und schwieriger. Diese Zunahme an Innenkomplexität muß kompensiert werden durch steigende Anforderungen an die Ordnungsleistung des Gesamtsystems, vor allem dadurch, daß die ungleichmachenden Differenzierungsgesichtspunkte den Systemproblemen des Gesamtsystems entnommen werden, so daß diese durch spezialisierten Kräfteeinsatz besser gelöst werden können. *Deshalb läuft ungleiche Differenzierung immer auf funktionale Differenzierung hinaus: funktional für das Gesamtsystem.* In dem Maße, als diese Funktionalität gesichert ist, können alle Untersysteme sich darauf verlassen, daß die Gesamtordnung hält: daß politische Macht anrufbar und entscheidungsfähig ist, daß Geld seinen Wert behält, daß Wahrheiten feststellbar sind, daß Kinder mit Liebe gezeugt und großgezogen werden, daß für alle Eventualitäten des Lebens spezialisierte Organisationen bereitstehen in dem Sinne, daß das Versagen des einen Leistungsgefüges zur Aufgabe des anderen wird«.

Vgl. dazu näher oben: »Evolution von Gesellschaftsformationen« (S. 342).

bb) Unter »*Konfliktpotentialen*« versteht *Luhmann* ein Sonderproblem evolutionärer Ebenendifferenzierung, das dann entsteht, wenn Selektionsofferten bei der Rückkommunikation auf besondere Schwierigkeiten in Systemen der Interaktion unter Anwesenden stößen. Interaktionsnah strukturierte Systeme stehen kontinuierlich in Gefahr vor einem gewaltnahen Ausbruch von Streit oder aber dessen »radikaler« Unterdrückung: Die Formen segmentärer Sozialdifferenzierung (– nach Familien, Häusern, Wohngemeinschaften usw. –) dienen primär dieser Konfliktunterdrückung. Je differenzierter jedoch das System wird, um so mehr Möglichkeiten bestehen in ihm für Negationen und Konflikte:

»Die Lösung dieses Wachstumsproblems liegt in einer stärkeren Differenzierung von Interaktionssystemen und Gesellschaftssystem, so daß die Gesellschaft vom Konfliktmodus der Interaktion nicht mehr so unmittelbar abhängig ist. Die Differenzierung hat in mehreren Hinsichten Vorteile und kann deshalb auf verschiedenen äquifinalen Wegen allmählich entwickelt werden. Sie ermöglicht eine stärkere Unabhängigkeit der Gesellschaft vom Abbruch einzelner Interaktionsketten als einer Form der Konfliktlösung. Sie ermöglicht die Einrichtung besonderer Interaktionssysteme, die auf die Behandlung von Streitfällen spezialisiert sind, und im Anschluß daran die Ausdifferenzierung eines Rechtssystems« (MS. Bielefeld 1974, S. 62 f.).

Der nach Komplexitätsgrad variierende Modus von Konfliktbehandlung kann zur Aufsplitterung von Konfliktpotentialien führen, so daß die verschiedenen Formen der Erleichterung und Hemmung des Konfliktausdrucks nebeneinander eingerichtet werden und »relativ unabhängig von deren Interdependenzen« existieren können.

ad c) Unter »Evolutionssteuerung« sollen jene zentralen Mechanismen verstanden werden, die nach der Luhmannschen Konzeption *Systembildungen* bewirken. In der ersten Fassung dieses Gedankens – in: »Soziologische Aufklärung« (1969) – heißt es (S. 150 f.):

»In einer so angesetzten System/Umwelt-Theorie bekommt jedes Ereignis einen doppelten Stellenwert. Es verändert (mindestens) ein System und damit zugleich die Umwelt anderer Systeme. Im Bereich von Strukturänderungen (etwa: Masseverdichtungen, *erfolgreiche Mutationen*, sinnhaft-kulturelle Errungenschaften) heißt dies, daß der Vorteil eines Systems zum Problem, nämlich zum Anpassungsproblem, aber auch zur Chance anderer Systeme werden kann, nämlich zur Chance eigener Spezialisierung oder eigener Umwelteingriffe. Umweltveränderungen verändern, mit anderen Worten, die Möglichkeitshorizonte und damit die *Verlaufswahrscheinlichkeiten der Systeme*, deren Umstrukturierung ihrerseits wieder Umweltveränderung für andere Systeme wird. Unter der Bedingung einer Pluralität von Systemen und eines Komplexitätsgefälles zwischen System und Umwelt setzen Änderungen mithin diesseits bzw. jenseits von Systemgrenzen unterschiedliche Wirkungsreihen in Lauf. Diese Nichtidentität von Wirkungsreihen begründet die Wahrscheinlichkeit, daß die Welt aus sich heraus dynamisch wird, und diese Wahrscheinlichkeit kann zunehmen in dem Maße, als die Systemdifferenzierung und damit das Komplexitätsgefälle zwischen Einzelsystem und Umwelt zunimmt. Den damit umschriebenen Tatbestand bezeichnen wir als Evolution«.

In den Bielefelder Manuskripten (1974) wird das Problem der Evolutionssteuerung unter dem Aspekt des funktionalen Zusammenwirkens von
a) *Variation* (als »Überschuß an Möglichkeiten«),
b) *Selektion* (Auswahl brauchbarer Möglichkeiten) und
c) *Stabilisierung* (Bewahrung der gewählten Möglichkeiten)
analysiert (S. 172 ff. – ansatzweise schon in: Habermas/Luhmann, S. 364 ff. und in der Rechtssoziologie [9], vgl. näheres darüber oben: Evolutionäre Analyse).
Unter Variation soll eine auf sprachlicher Kommunikation basierende Chance für symbolische Generalisierungen verstanden werden [10], die die Ausdifferenzierung eines Gesellschaftssystems von seiner Umwelt – aufgrund variierbar gewordener Verhaltensmuster und der darauf bezogenen Leistungseffizienzien [11] – ermöglicht. Organisationsartige Selektionsprozesse können diese Evolution durch »binäre Codierung« – d. h. durch Definitionen von Recht – Unrecht, Haben – Nichthaben, Wahr – Unwahr usw. – beschleunigen. Sie führen zur Ausdifferenzierung von Teilsystemen. Mit diesen evolutionären Errungenschaften geht der Tendenz zur Satibilisierung des Erreichten einher: Im Medium-Bereich erfolgt die Ausdifferenzierung unter diesem Aspekt als System*bildung* (institutionelle Elemente), die die »Selbstthematisierung« des Gesellschaftssystems erforderlich macht. Stabilisierung ist folglich *die* primäre Funktion der Gesellschaft, weil Gesellschaft – im Unterschied zu Interaktions- und Organisationssystemen – eine *selbstsubstitutive Ordnung* ist:

»Von allen Typen sozialer Systeme ist nur die Gesellschaft selbst mitsamt ihren funktionalen Subsystemen eine selbstsubstitutive Ordnung. Interaktionen können mit oder ohne Ersatz abgebrochen, Organisationen können aufgelöst und neu gegründet werden. Über den Wechsel befinden externe Instanzen, zum Beispiel einzelne Personen. Die Kontinuität der Gesellschaft ist jedoch eine unerläßliche Voraussetzung für das Diskontinuieren dieser anderen Systeme« (MS. Bielefeld 1974, S. 174).

9 Luhmann, N., Rechtssoziologie, 2 Bde, Reinbek 1972, Bd. I, S. 138 f.
10 Vgl. dazu näher: Luhmann, N., Einführende Bemerkungen zu einer Theorie symbolisch generalisierter Kommunikationsmedien, in: Zeitschrift für Soziologie, 1974, 3, S. 236–255.
11 Über die zentrale Bedeutung der sprachlichen Artikulationsfähigkeit als Bedingung sine qua non der sozialen Evolutionsträchtigkeit vgl. den Bericht über die Forschungsergebnisse der Anthropologie bezüglich des Aussterbens der Neandertaler im: Spiegel, 1975, 1/2, S. 87.

B. Evolutionäre Analyse: Evolution von Gesellschaftsformationen (archaische, hochkulturelle und moderne Systeme (Weltgesellschaft))

Unter dem Aspekt der Systemdifferenzierung (vgl. oben, S. 334 ff.) und der Evolutionssteuerung (vgl. oben, S. 340 f.) sind schon die Bedingungen der Möglichkeit und Erhaltung von evolutionären Errungenschaften analysiert worden. Auf der Grundlage der Klärung dieser systeminternen und vom Gesellschaftssystem gesteuerten Vorgänge soll nun die Luhmannsche Evolutionstheorie als eine in historischer Reihenfolge und auch nebeneinander bestehende unterschiedliche Typik von Gesellschaftsformationen – von einfacheren zu komplexeren Systemen – dargestellt werden:

a) Archaische Systeme

Unter archaischen Gesellschaftssystemen versteht *Luhmann* all jene – früher dominierenden, später auch neben den Hochkulturen fortlebenden und auch heute, im Zeitalter der Weltgesellschaft noch vorfindbaren – Systeme, deren primäre Innendifferenzierung nach dem Prinzip der Segmentierung erfolgt:

— So werden Abstammungs-, Siedlungs- und Wohngemeinschaften als »gleichartige Einheiten« auf der Basis von Interaktionssystemen einfachster Art gebildet;

— auch in archaischen Gesellschaften gibt es »organisationsartige Elemente«, die sich z. B. darin zeigen, daß der Zugang zu gemeinsamen Unternehmungen auch für Stammesmitglieder nicht beliebig offen steht und, daß bestimmte Mechanismen kollektiver Verantwortlichkeit die Möglichkeit voraussetzen, Mitglieder auszustoßen;

— es gibt regulierte Zugangsbedingungen zu Interaktionen (wie z. B. bei der Beuteverteilung), die anerkannt werden müssen, doch – all diese Differenzierungsformen haben keinen Bezug zu spezifischen Teilfunktionen innerhalb des Gesellschaftssystems: Sie spielen sich auf natürliche Weise gleichsam von selbst ein.

— Neben dem primären Differenzierungsprinzip der Abstammungs- und Siedlungsgemeinschaften bzw. der Haupteinteilung nach Geschlechtern, Dörfern usw. findet man auch – in der Tiefengliederung – eine funktionsorientierte Differenzierung typisierter sozialer Situationen, standardisierter Formen der Arbeitsteilung, vor allem auf der »natürlichen« Basis nach Geschlechts- und Altersrollen vor;

— die weitere Ausdifferenzierung von funktionsspezifischen Rollen – wie z. B. Häuptlinge, Medizinmänner usw. – hängt mit dem Entwicklungsstand zusammen. So z. B. macht die Erweiterung des Verwandtschaftskreises »hochkomplexe Rollenterminologien« erforderlich, um die Stämme aus heirats- und erbfolgetechnischen Gründen, durch Festlegung von Linien und Genealogien, abgrenzen zu können. Es muß dann gesellschaftseinheitlich entschieden werden, »ob der für Wohnzwecke und Zugang zu ökonomischen Chancen relevante Verwandtschaftszusammenhang über die Mutter oder über den Vater« vermittelt wird.

— Die zentrale evolutionäre Errungenschaft archaischer Gesellschaftssysteme ist nach *Luhmann* sprachliche Kommunikation, die die Koordinierfähigkeit

des Handelns leistet. Allerdings ist dieses Handeln nicht an langkettige Interaktionszusammenhänge gebunden, wodurch sich die Außengrenzen des Gesellschaftssystems von den Grenzen der Interaktionen nicht trennen lassen;
— Jenseits des Interaktionsraumes »mit seinen übersehbaren sachlichen, zeitlichen und sozialen Strukturen beginnt eine mythische Umwelt, ohne deutliche, zeitliche und räumliche Beziehung zur Gesellschaft«. Das Erleben von Sinn geschieht primär in der Sozialdimension: »Die Umwelt wird gesehen als beherrscht durch miterlebende Kräfte, Geister, Tote usw., die kommunikativ zu beeinflussen sind und ähnlich wie Menschen reagieren«. Das System kennt folglich Umwelt *nicht* als sein Gegenüber, weil es seine Umwelt nicht andersartig als spezifisch sozial begreift.
— Kommunikation beschleunigt jedoch die »Nutzung der Umweltchancen«, deren soziale Stabilisierung und Breitenwirkung. So führte die Produktion von Nahrungsmitteln auf dem Wege der Herausbildung funktionsspezifischer Teilsysteme – wie z. B. Seßhaftigkeit, Vorratsbildung, Verteidigungsnotwendigkeit usw. – zur Ausdifferenzierung der sozialen Struktur;
— Durch die allmähliche Umstellung dieser segmentären zu funktionalen Differenzierungen stabilisieren sich agrarische Strukturen, die von anderwertigen Entwicklungen relativ unberührt bleiben können:

»Die Entwicklung von Hochkulturen läßt archaische Verhältnisse auf dem Lande zunächst intakt ... und fängt das Innovationsrisiko durch Differenzierung von Stadt und Land ... ab. Hier liegt denn auch die ,Sicherheitsbasis' für den Übergang zur Hochkultur, die Möglichkeit der Rückentwicklung auf funktionsfähige archaische Lebensformen für den Fall der Zerschlagung oder des Untergangs städtischer Kulturzentren« (MS. Bielefeld 1974, S. 199 f.).

b) Regionale Hochkulturen

Auf der Grundlage ökonomischer Überschußproduktion können sich archaische Systeme in der Spätphase ihrer Entwicklung zu regionalen Hochkulturen entwickeln. Von Hochkulturen will *Luhmann* dann sprechen, wenn einem Gesellschaftssystem »der Durchbruch von segmentärer zu funktionärer, problemspezifischer Primärdifferenzierung gelungen ist, wenn also mindestens eines der primären Teilsysteme sich nicht mehr dem alten Muster der Siedlungen und Geschlechter fügt, sondern auf der Basis einer besonderen Funktion gebildet wird«. Trotz der überragenden Bedeutung der Ökonomie, sieht *Luhmann* das wesentliche Kriterium dieser besonderen Funktion in der Effizienz politischer Regelungen. In der Umwandlungsperiode archaischer zu hochkulturellen Systemen herrscht der Primat der Politik vor:
— Infolge der ungleichen Verteilung ökonomischer Ressourcen entsteht nach der rangmäßigen Einstufung von Familien ein System der Über- und Unterordnung das zur Machtbildung, auch in dem (politischen) Sinne führt, daß es einer herrschenden Schicht gelingt, Individuen nicht nur von bestimmten Ressourcen, sondern auch von sozialen Interaktionen wirksam auszuschließen;
— wie wichtig auch die Ökonomie (Überschußproduktion) sein mochte, stellte sich das Problem der weiteren Evolution als Führungsfähigkeit dar, wachsende strukturelle Komplexität und zumeist damit einhergehende regionale Expansion effizient zu kombinieren und zu koordinieren. »Die Stabilisierung von Schichtenunterschieden« diente zur Vorbereitung struktureller Innovatio-

nen, um das komplexere Gesellschaftssystem auf die Dauer realisieren zu können;

— Die politische Aufgabe bestand also darin, zunehmende Konflikte entscheiden bzw. die »strukturelle Domestikation und laufende Behandlung jenes durch Differenzierung von Interaktion und Gesellschaft freigesetzte Negationspotential« – auch wegen der Zunahme von Gewaltsamkeit – kanalisieren zu müssen. Die »Fähigkeit des Negierens mußte als Antrieb der Evolution, als ihr Variationsmechanismus erhalten und zugleich selektiv behandelt werden«.

— Evolutionsträchtige Gesellschaftssysteme verstärken spätarchaische Ansätze zur funktionalen Differenzierung von Teilsystemen: Diese zeigen sich vor allem in komplexeren Organisationsbildungen im Bereich der militärischen, politisch-administrativen, ökonomischen und religiösen Teilsystemen. Die entscheidenste Leistung ist die Stabiliserung von Macht durch Institutionalisierung kollektiv bindender Entscheidungen;

— ausschlaggebend ist dabei die Brechung der Adelsherrschaft durch Etablierung von politischen Ämtern, die – wie in den griechischen Stadtstaaten – auch mit Wahlen und nur periodischer Besetzung durchgeführt werden können;

— diese Umwandlung von segmentärer zu funktionaler Differenzierung stellt sich jedoch nach *Luhmann* (– im Unterschied z. B. zum marxistischen Konzept einer »historischen Notwendigkeit« –) »in keinem Zeitpunkt als strukturelle Alternative, als Entscheidungsfrage«: Die »relevanten Funktionsbezüge, die sich zur Autokatalyse von Teilsystemen der Gesellschaft eignen«, treten unter sehr unterschiedlichen Ausgangsbedingungen, in ganz spezifischen historischen Gesamtkonstellationen auf;

— die Herstellung der Handlungsfähigkeit der Gesellschaft als eines sozialen Systems in der Form kollektiv bindender Entscheidungen ist *die* epochale Leistung von Hochkulturen gewesen: Sie besteht vor allem darin, daß gehandelt wird und, daß die »Kontingenz des Handelns kontrolliert werden muß«:

»Auf Normierung und Motivierung des Handelns sind die Ordnungsmittel sozialer Systeme spezialisiert. An einem Bedarf für Handlung lassen sich daher am leichtesten neuartige Systeme entwickeln – während ein Bedarf für Erlebnisstrukturierung – für Deutung, Erziehung, Forschung – nicht so evident „behandelbar" ist, sondern erst einmal in Handlungsmöglichkeiten umgedacht werden muß. Die Ausdifferenzierung besonderer Funktionsbereiche beginnt daher noch im Kontext spätarchaischer Gesellschaften jeweils dort, wo mit direktem Problembezug relativ voraussetzungslos gehandelt werden kann: für das Wirtschaftssystem in der Produktion vor allem mit Sonderrollen für Ton- und Metallbearbeitung; im Religionssystem mit magischer Praxis und Kult; in der Politik mit Führungsaufgaben im Krieg oder in der Streitschlichtung. Das alles braucht jedoch keine weitläufigen Systematisierungen. Diese werde: erst erforderlich, wenn ein generalisiertes Handlungspotential für das kollektive *Handel.* des Gesellschaftssystems bereitgestellt, wenn sozusagen Handeln für Handeln organisiert werden muß. Dann wird es notwendig, für die politische Funktion bindenden Entscheiden: ein neuartiges Handlungssystem auszudifferenzieren. Dies Erfordernis der *Systematisierun.* des Apparats für *eine* Funktion hängt mit der *Generalisierung* ihrer Inanspruchnahme zusammen. Wenn das Gesellschaftssystem expandiert und komplexer wird und wenn zuglei: für jeden Konfliktfall, *wann immer* er auftritt, *um was immer* es geht und *wer immer* be teiligt ist, kollektive Handlungsbereitschaft als Potential verfügbar sein muß, kann di nicht mehr durch Einzelpersonen gewährleistet werden, sondern nur noch durch ein na: Regeln aktivierbares Netz von Handlungsmöglichkeiten, durch ein im Hinblick auf die Funl tion besonders organisiertes Sozialsystem, etwa durch eine Reichsbürokratie mit lokal ve zweigtem Unterbau oder durch das Ämtergefüge einer Stadtgesellschaft« (MS. Bielefeld 1974, S. 204 f.).

— Macht als handlungsleitender Einfluß auf Handeln muß auf erwartbare Bahnen gelenkt werden, damit eine weitere Evolution – z. B. auf ökonomischem Gebiet – möglich wird; – die »Umlenkung« disparat interaktioneller Handlungen auf erwartbare Bahnen ist eine organisatorische Leistung von Systemen, deren Effizienz mit der Zunahme von Zentralisation – z. B. in Form von Bürokratie, Rechtsprechung, Religion – wächst. Diese evolutionäre Errungenschaft von Hochkulturen erweitert den Bereich möglicher Kommunikationen, die nicht mehr auf Anwesenheit, d. h. auf die Bildung von Interaktionssystemen angewiesen sind. Der Entwicklung der Schrift dürfte dabei eine auslösende Bedeutung zukommen (Kommunikation durch Schrift setzt nicht mehr unmittelbare Interaktion voraus);
— die nur durch Schaffung von Organisationen zu gewährleistende höhere Handlungseffizienz bewirkt folglich Zentralisationen, die in der Anfangsphase nur vom »politischen Teilsystem« geleistet werden können:

»Immerhin distanziert das Dazwischentreten von Organisation zusammen mit einer ausgeprägten Schichtendifferenzierung die Ebene der Gesellschaft und die Ebene der Interaktionssysteme so stark, daß die Gesellschaft sich unabhängig von den Restriktionen des Systemtyps Interaktion entwickeln kann. Andererseits bleibt das noch so „interaktionsnah" konstituiert, daß man sich eine *moralische* Integration der Gesellschaft, das heißt eine Integration durch Kommunikation der Bedingungen wechselseitiger menschlicher Achtung, in stark generalisierter Form noch vorstellen und schichtenspezifisch wohl auch erreichen kann« (MS. Bielefeld 1974, S. 58).

— Der gesellschaftsstrukturelle Primat der Politik in Prozessen der »Selbstthematisierung« macht Politik zum Identitätsmerkmal des Gesellschaftssystems: Damit verbindet sich »ein Bewußtsein des historischen und zivilisatorischen Abstandes« in den Beziehungen zu den Randvölkern;
— diese politisch-rechtlich konstituierte Selbstthematisierung des Gesellschaftssystems führt zu dessen Grenzbestimmung, die territorial – nach der Einflußsphäre des Herrschaftsbereiches und später des Nationalstaates – ausfällt.

Eine weitere einheitliche Charakterisierung von Hochkulturen sei »von hier ab schwer möglich, weil das Ausmaß, in dem solche Entwicklungschancen in den einzelnen Funktionsbereichen genutzt werden, von Gesellschaftssystemen zu Gesellschaftssystem stark variiert« und einer genaueren historischen Analyse bedarf (MS. Bielefeld 1974, S. 207).

c) Weltgesellschaft [11]

»Geht man aus – so *Luhmann* (in: MS. Bielefeld 1974, S. 209) – von einem Begriff der Gesellschaft als einem sozialen System, das alles kommunikativ erreichbare Handeln einschließt, dann ist kein Zweifel daran möglich, daß die soziokulturelle Evolution heute die Weltgesellschaft realisiert hat«. Von die-

1 Vgl. Luhmann, N. Die Weltgesellschaft, in: Archiv für Rechts- und Sozialphilosophie, 57, 1971, S. 1–35.

sem Ausgangspunkt können die Merkmale der »modernen Gesellschaften«
bzw. der den Erdball umspannenden Weltgesellschaft wie folgt zusammengefaßt werden:

— Die Welt bildet heute ein – alle Gesellschaftssysteme tangierendes – »Glo-
balsystem«, das durch allmähliches Verschwinden von territorialen Grenzen
und kommunikativen Limitationen gekennzeichnet ist.

— Diese noch von L. H. Mayhew in der »International Encyclopedia of the
Social Sciences« (1968, Bd. 14, S. 585) als »emergent global level of social
reality« bezeichnete Entwicklung ist für *Luhmann* abgeschlossen: Es gibt kaum
mehr »weiße Flecken« auf dem Erdball, die nicht in das »internationale
System« der Kommunikationen, Interdependenzen und Kontingenzen mit einbezogen wären [12].

— Die wichtigste evolutionäre Errungenschaft der Moderne ist die Ausdifferenzierung des Teil-Systems Wirtschaft *(Primat der Ökonomie)* und die durch
politische Zentralisation vorbereitete und ermöglichte industrielle Produktionsweise:

»Die ihr entsprechende Ausdifferenzierung betrifft das Wirtschaftssystem, das, um Industrie
zu ermöglichen, wie nie zuvor aus Haus und Familie, Religion und Politik ausgegliedert
werden muß. Unsere These ist, daß in diesem Bereich der Wirtschaft jene Entwicklungen
stattgefunden haben, die ein neuartiges Niveau funktionaler Differenzierung des Gesellschaftssystems erzwungen haben, das nun seinerseits nur noch als Weltgesellschaftssystem
stabilisiert werden kann« (MS. Bielefeld 1974, S. 211).

Das alte – vor allem in Hochkulturen praktizierte – System der Ökonomie;
die »Haushaltung« als Einheit von Produktion und Konsum, ändert sich mit
dem Übergang zur industriellen Produktionsweise: Die Ausdifferenzierung
der Produktionstätigkeiten aus dem Hausverband (= Trennung von Arbeitsplatz und Wohnort) führt auch dazu, daß »immer größere Bereiche des Kon-
sums« spezifisch wirtschaftliche Funktionen erlangen: Im Unterschied zu hochkulturellen Systemen bildet sich der Primat der Ökonomie heraus.

— Zu dieser »Gesamtumstellung« gehört auch der Wegfall politisch geprägter
Auslese- und Legitimationskriterien für soziale Schichtung: »ökonomische
Aspirationen« sind ausschlaggebend für die Rollenbesetzung und Leistungs-
erwartungen;

— unter diesen Bedingungen einer funktionalen Differenzierung nach ökonomischer Expansion wird Gesellschaft »ungeheuer dynamisiert«: Primäre Teilsysteme können nicht mehr auf der Basis »substantieller« Gleichheit, sondern
»nur noch in der Interdependenz ihrer Funktionen und in der Kompatibilität
ihrer Möglichkeiten integriert werden«; das beschleunigte Tempo der von der
Ökonomie realisierten funktionalen Differenzierungsprozesse macht – angesichts der Störanfälligkeit aber auch raschen Anpassungs- und Regenerations-
fähigkeit des Systems – Integrationsmöglichkeiten problematisch;

---

12 Luhmann meint, daß eben diese Globalisierung des Gesellschaftssystems die systemtheoretische Generalisierung des Gesellschaftskonzepts und dessen „Überhöhung" in Form eine
„Supertheorie" erfordert. Evolutionäre Errungenschaften und Gesellschaftsdifferenzierunge
sollten dabei in ihrem historischen Kontext genau analysiert werden.

— diese weitreichendsten Folgen funktionaler Differenzierungen führen »zur Angleichung nach außen und zur Unterscheidung nach innen«. Die neuartigen Formen der Grenzunsicherheit (– etwa nach der Frage: »was gehört noch und nicht mehr zum System?« –) wird ein Problem der Inkongruenz:

»Die Wirtschaft erfordert nach ihrer Eigenlogik und nach ihren optimalen Verwirklichungsbedingungen andere Grenzen als die Politik, die Religion andere als die Wissenschaft, und deren Grenzen sind nicht identisch mit dem Spielraum der Wahl von Partnern für Intimbeziehungen. Der noch sozialisierbare Nachwuchs mag einen anderen Umfang haben als der Bedarf für Arbeitskräfte, das touristische Interesse andere Grenzen haben als das militärische. Sobald einige Teilsysteme der Gesellschaft, etwa das für wissenschaftliche Forschung, das für öffentliche Kommunikation und mindestens einige Bereiche der Wirtschaft, weltweite Relevanz erfordern und gewinnen, kann ein Konvergieren der Grenzen nur noch durch ein einheitliches Weltgesellschaftssystem gewährleistet werden. Teilsysteme, die eine solche Reichweite nicht erlangen können, müssen dann innerhalb eines weltweit relevanten Funktionsbereichs segmentär rekonstruiert werden – so die Familien, die Staaten, die Einrichtungen für medizinische Versorgung und anderes mehr. Wie immer ausbalanciert, kann die Einheit dieses neuen Zusammenhangs von funktionaler und segmentärer Differenzierung nur noch welteinheitlich realisiert werden. Das hat durchgreifende Folgen für die Autonomiechancen und die Anpassungsprobleme, die sich in allen Teilsystemen stellen, und ist insofern bestimmend für einen neuartigen Gesellschaftstypus« (MS. Bielefeld 1974, S. 213).

— In Bezug auf die »Selbstthematisierung« eines Gesellschaftssystems als Weltgesellschaft ergeben sich erhebliche Schwierigkeiten bei der Thematisierung des Subjektes in diesem System: Einige Versuche – wie z. B. der von *Willms*[13] – stellen den Widerspruch zwischen dem – historisch partikulär entstandenen – politisch-civilen Begriff des Bürgers und dem – vom Universalitätsanspruch moderner Systeme geprägten – Begriff des Bürgers als Wirtschaftsbürger heraus. Nicht nur diese, sondern auch marxistische Selbstthematisierungsversuche, die nun auf der Grundlage ökonomischer Reorganisierungsmaßnahmen den nur-ökonomischen Bürger wieder zum politischen zu machen trachten – können nach *Luhmann* die »realen Probleme der Weltgesellschaft *so* nicht behandeln«: »Der Begriff Bürger, der seinen Reflexionswert als Chiffre für einen evolutionären und funktionalen Primat von Teilsystemen des Gesellschaftsganzen – zunächst des Politischen, dann des Wirtschaftlichen« – hatte, muß heute im »Systemkontext der Weltgesellschaft« analysiert werden. Dies bedeutet vor allem die Kenntnisnahme der Tatsache, daß heute, unter den Bedingungen einer sich konsolidierenden Weltgesellschaft:

a) Das Weltsystem – obwohl Sozialsystem! – keine Kollektivität ist, die die Kompetenz zu kollektiv bindendem Entscheiden hätte und folglich

b) auch keine gemeinsame Handlungsfähigkeit besitzt.

Dieser *Verlust der Handlungsfähigkeit auf der Ebene des Gesellschaftssystems* – der schon bei der Expansion der Wirtschaft in früheren Phasen in Form des Problems: weltweiter Wirtschaftsverkehr und Möglichkeiten des politisch-rechtlichen Schutzes des Heimatstaates, sichtbar wurde – führt zur überragenden Bedeutung der *Handlungsfähigkeit in Organisationen*. Die Problemlösungsmechanismen der Binnenstrukturen stellen sich auch deshalb als pri-

3 Willms, Bernard: Revolution und Protest oder Glanz und Elend des bürgerlichen Subjekts, Stuttgart 1969.

märe Aufgabe zukünftiger Evolution dar, weil es doch keine anderen Gesellschaften außerhalb der Weltgesellschaft mehr gibt: Diese einzigartige Situation, die ein soziales System ohne soziale Umwelt hervorbrachte, hat keine konkurrierenden »Partner« d. h. Gesellschaftssysteme mehr:

»Diese konkurrenzlose Einzigartigkeit des Gesellschaftssystems ist eine historisch unvergleichbare Situation ohne jede Parallele und ohne jede erprobte Erfahrung. Die Umwelt, an die ein solches Gesellschaftssystem sich anzupassen hätte, wird durch die physischen, organischen und psychischen Ressourcen bestimmt, nicht aber durch Konkurrenzlagen, Überlegenheiten und Unterlegenheiten, Expansions- und Diffusionsmöglichkeiten zueinander. In der Zukunft kann das Gesellschaftssystem daher Innenprobleme und Anpassungsprobleme nicht mehr in der alten Weise durch Prozesse der Diffusion und/oder Expansion lösen, sondern nur noch durch Variation von Analyse und Rekombination ihrer Ressourcen. Alle weitere Evolution kann nur die eines einzigen Systems sein – und daher nicht mehr vom Zufall abhängen. Welche Systemstrukturen auf Gesellschaftsebene dieser neuartigen Lage auf Dauer entsprechen werden, ist die derzeit zentrale Frage der Gesellschaftstheorie« (MS. Bielefeld 1974, S. 216).

Eine tiefergehende Interpretation mit kritischen Bemerkungen zu dieser anspruchsvollen Theorie muß – gemäß der Konzeption dieses Einführungsbuches (vgl. Bd. I: Einleitung) – einem folgenden dritten Band vorbehalten werden. Bis zum Erscheinen dieses Bandes wird die Luhmannsche Theorie mit größter Wahrscheinlichkeit schon in einer geschlossenen (Buch-)Form vorliegen.

Personenregister

Sachregister

352

In den Anmerkungen zitierte Literatur

Abkürzungen:

ST = Soziologische Texte
KZfSS = Kölner Zeitschrift für Soziologie und Sozialpsychologie

Adorno, Theodor W.: Jargon der Eigentlichkeit, Ffm. 1971.
Ahlberg, René: Entwicklungsprobleme der empirischen Sozialforschung in der UdSSR, Berlin-West 1968.
Albert, Hans: Wissenschaft und Politik. Zum Problem der Anwendbarkeit einer wertfreien Sozialwissenschaft, in: Probleme der Wissenschaftstheorie, hrsg. E. Topitsch, Wien 1960, S. 201–232.
Aron, Raymond: Die industrielle Gesellschaft (1962), Frankfurt a. M. 1964.
–: Les étappes de la pensée sociologique, Paris 1967. – Deutsch: Hauptströmungen soziologischen Denkens, 1. 2. Köln 1971.
Bell, Daniel: Die nachindustrielle Gesellschaft, in: Das 198. Jahrzehnt, Hamburg 1969, S. 351–363.
Bergmann, Joachim: Die Theorie des sozialen Systems von Talcott Parsons, = Frankfurter Beiträge zur Soziologie, Bd. 20, Ffm. 1967.
Bettelheim, Charles: Zur Analyse neuer Gesellschaftsformationen, in: Kursbuch 23, März 1971, S. 1–5.
Boese, Friedrich: Geschichte des Vereins für Sozialpolitik (1872–1932), Berlin 1939.
Boettcher, Erik: Die sowjetische Wirtschaftspolitik am Scheidewege, Tübingen 1959.
Bottomore, T. B.: Die sozialen Klassen in der modernen Gesellschaft, München 1967.
Bubner, Rüdiger: Dialektik und Wissenschaft, Ffm. 1973.
Bucharin, Nikolaj: Die Theorie des historischen Materialismus, Hamburg 1922.
Charčev, A. G.: Methoden zur weiteren Stabilisierung der Familie in der UdSSR, in: Soziologie in der Sowjetunion, hrsg. R. Ahlberg, Freiburg i. Br. 1969, S. 178–187.
Claessens, Dieter: Rollentheorie als bildungsbürgerliche Verschleierungsideologie, in: Spätkapitalismus oder Industriegesellschaft, hrsg. Th. W. Adorno, Stuttgart 1969, S. 270–279.
–: Rolle und Macht, = Grundfragen der Soziologie, Bd. 6, München 1968.
Dahrendorf, Ralf: Soziale Klassen und Klassenkonflikt, Stuttgart 1957.
–: Über einige Probleme der soziologischen Theorie der Revolution, in: Archives Européennes de Sociologie, 1961, 1, S. 153–162.
–: Auf dem Weg zur Dienstklassengesellschaft, in: Merkur, Jg. 26, 7, 1972, S. 634–648.
Djilas, Milovan: Die neue Klasse, München 1963.
Döbert, Rainer: Systemtheorie und die Entwicklung religiöser Deutungssysteme, Ffm. 1973.
Dreitzel, Hans-Peter: Elitebegriff und Sozialstruktur, Stuttgart 1962.
Elias, Norbert: Die höfische Gesellschaft, = ST. Bd. 54, Neuwied 1969.
Ferber, Christian von: Der Werturteilsstreit 1909/1959, in: Logik der Sozialwissenschaften, hrsg. E. Topitsch, Köln-Berlin 1965.
Ferge, Zsuzsa: A társadalmi struktúra és az iskolarendszer . . . (Sozialstruktur und Schulsystem . . .), in: Szociológia, Jg. 1 (1972), 1, S. 10–35.
Filipeč, Jurij: Konvergenzen und Divergenzen der Industriegesellschaft in Ost und West, in: Industriegesellschaft in Ost und West, Mainz 1966, S. 33–70.
Fingerle, Karlheinz: Funktionen und Probleme der Schule, München 1973.
Fragen der marxistischen Soziologie, hrsg. (u. a.) Braunreuther, Schröder, I, II, Berlin-Ost 1964.

Freud, Sigmund: Abriß der Psychoanalyse. Das Unbehagen in der Kultur, Ffm. 1953.
Friedrichs, Jürgen: Werte und soziales Handeln, Tübingen 1968.
Furth, Peter: Nachträgliche Warnung vor dem Rollenbegriff, in: Argument, 70, S. 494–522.
Geiger, Theodor: Die soziale Schichtung des deutschen Volkes (1932), Stuttgart 1967.
–: Klassengesellschaft im Schmelztiegel, Köln 1949.
Gerhardt, Uta: Konflikt und Interpretation, in: KZfSS, 1972, 2, S. 248–264.
Glezerman, G. E.: K voprosu o predmete istoričeskogo materializma (Zur Frage über den Gegenstand des historischen Materialismus), in: Voprosy Filosofii, 1960, 3, S. 8–22.
Gouldner, Alwin, W.: The Comming Crisis of Western Sociology, New York–London 1970.
Grimm, Klaus: Niklas Luhmanns „soziologische Aufklärung" oder das Elend der aprioristischen Soziologie, Hamburg 1974.
Gurvitch, Georges: Grundzüge der Soziologie des Rechts, = ST. Bd. 6, Neuwied 1960.
Habermas, Jürgen: Erkenntnis und Interesse, Ffm. 1968.
–, *Luhmann, N.:* Theorie der Gesellschaft oder Sozialtechnologie, Ffm. 1971.
Hahn, Erich: Soziale Wirklichkeit und soziologische Erkenntnis, Berlin-Ost 1965.
–: Historischer Materialismus und marxistische Soziologie, Berlin-Ost 1968.
Haug, Frigga: Kritik der Rollentheorie und ihrer Rezeption in der bürgerlichen deutschen Soziologie, Diss. Berlin-West 1970.
Hauriou, Maurice: Die Theorie der Institution, hrsg. R. Schnur, Berlin-West 1965.
Hegedüs, András: Optimalizálás és humanizálás (Optimalisierung und Humanisierung), in: Valóság, 1965, 3, S. 17–32.
–: Das Strukturmodell der sozialistischen Gesellschaft und die soziale Schichtung, in: Soziale Welt, 1966, H. 2, S. 136–154.
– (Hrsg.): Études Sociologiques, Budapest 1969.
–, *Márkus, Mária* (Hrsg.): Die neue Linke in Ungarn, Berlin-West 1974.
Hoefnagels, Harry: Soziologie des Sozialen, Essen 1966.
–: „Frankfurter Soziologie", Essen 1972.
Hoffmann, O.: Structure et fonctionnement des classes sociales, in: Revue Roumaine des Sciences Sociales – Sociologie, 13, 1969, S. 21–35.
Hohmeier, Jürgen: Zur Soziologie Ludwig Gumplowicz', in: KZfSS, 1970, 1, S. 24–38.
Huffschmid, Jörg: Die Politik des Kapitals, Ffm. 1969.
Jaeggi, Urs.: Die gesellschaftliche Elite, Bern 1960.
–: Macht und Herrschaft in der BRD, Ffm. 1969.
Kalbitz, Rainer: Arbeitskämpfe in der BRD, Diss. Bochum 1972.
Kern, H. – Schumann, M.: Industriearbeit und Arbeiterbewußtsein, Ffm. 1970.
Kiss, Gábor: Gibt es eine „marxistische" Soziologie?, = Dortmunder Schriften zur Sozialforschung, Bd. 33, Köln-Opladen 1966.
–: „Nationale" Soziologie in Ungarn (1920–1945), = Ungarisches Kirchensoziologische Institut, Bericht I, Wien–München 1970.
–: Marxismus als Soziologie. Theorie und Empirie in den Sozialwissenschaften der DDR UdSSR, Polens, der CSSR, Ungarns, Bulgariens und Rumäniens, Hamburg/Reinbek 1971
Klaus, Georg: Die Macht des Wortes, Berlin-Ost 1965.
Koch, Gisela: „Soziales Handeln" contra Praxis, in: Deutsche Zeitschrift für Philosophie 1965, 7, S. 789–805.
Kolakowski, Leszek: Der Mensch ohne Alternative (1957), München 1964.
Kon, Igor, S.: Soziologie der Persönlichkeit (aus dem Russischen) Berlin-Ost 1971.
–: Der Positivismus in der Soziologie (1967), Berlin-Ost 1968.
Krysmanski, Jürgen, H.: Soziologie des Konflikts, Hamburg/Reinbek 1971.
Kuczynski, Jürgen: Sociologičeskie zakony (Soziologische Gesetze), in: Voprosy Filosofi 1957, 5, S. 95–100.
Le Bon, Gustave: Psychologie des foules, Paris 1895.
Lenin, Wladimir, I.: Die große Initiative, in: Werke (4. Ausgabe), Bd. 29, S. 397–424.
–: Über die Naturalsteuer, in: Werke (4. Ausgabe), Bd. 32, S. 341–380.
–: Was sind die „Volksfreunde" . . ., in: Werke (4. Ausgabe), Bd. 1, S. 119–338.
Lepsius, Rainer: Ungleichheit zwischen Menschen und soziale Mobilität, in: Soziale Schichtung und soziale Mobilität, Sonderheft 5 der KZfSS, Köln-Opladen 1961, S. 54–64.
Lexikon zur Soziologie, hrsg. v. W. Fuchs, R. Klima, R. Lautmann, O. Rammstedt, H. Wienold, Opladen 1973.
Lipp, Wolfgang: Anomie, Handlungsmöglichkeit, Opportunismus, in: Zeitschrift für die gesamte Staatswissenschaft, 128 (1972), H. 2, S. 344–370.

Luhmann, Niklas: Grundrechte als Institution, = Schriften zum Öffentlichen Recht, Bd. 24, Berlin-West 1965.

–: Vertrauen, Stuttgart 1968.

–: Normen in soziologischer Perspektive, in: Soziale Welt, 20 (1969), H. 1, S. 28–48.

–: Gesellschaftliche Organisation, in: Erziehungswissenschaftliches Handbuch, hrsg. v. Th. Ellwein, H. Groothoff u. a., Berlin 1969, Bd. I, S. 387–405.

–: Soziologische Aufklärung 1. Aufsätze zur Theorie sozialer Systeme, Opladen 1970, 4. Aufl. 1974.

–: Die Weltgesellschaft, in: Archiv für Rechts- und Sozialphilosophie, 57 (1971), S. 1–35.

–: Einfache Sozialsysteme, in: Zeitschrift für Soziologie, 1972, 1, S. 51–65.

–: Rechtssoziologie, 2 Bde, Reinbek 1972.

–: Symbiotische Mechanismen, in: Gewaltverhältnisse und die Ohnmacht der Kritik, hrsg. v. Horn/Luhmann/Narr/Rammstedt/Röttgers, Ffm. 1974, S. 107–131.

–: Einführende Bemerkungen zu einer Theorie symbolisch generalisierter Kommunikationsmedien, in: Zeitschrift für Soziologie, 1974, 3, S. 236–255.

–: Macht, Stuttgart 1975.

Malinowski, Borislaw: A Scientific Theory of Culture, New-York–London 1944.

Mallet, Serge: La nouvelle classe ouvrière, Paris 1969.

Man, Hendrik de: Vermassung und Kulturverfall, München 1951.

Marcuse, Herbert: Die Gesellschaftslehre des sowjetischen Marxismus, = ST. Bd. 22, Neuwied 1964.

Marksistkaja i buržuaznaja sociologija segodnja (Marxistische und bürgerliche Soziologie heute), Moskva 1964.

Mauss, Marcel: Essai sur le don (1923/24), in: Mauss, M.: Sociologie et Anthropologie, Paris 1968, S. 145–279.

Mayntz, Renate: Soziologie der Organisation, Hamburg/Reinbek 1963.

Meißner, Herbert: Konvergenztheorie und Realität, Berlin-Ost 1965.

Messelken, Karl-Heinz: Politikbegriffe der modernen Soziologie. Eine Kritik der Systemtheorie und Konflikttheorie, = Beiträge zur soziologischen Forschung, Bd. 2, Köln-Opladen 1968.

Moderne Amerikanische Soziologie, hrsg. H. Hartmann, Stuttgart 1967.

Negt, Oskar: Zum Problem der Entmythologisierung der Soziologie, in: Zeugnisse. Th. W. Adorno zum 60. Geburtstag, Ffm. 1963, S. 451–472.

Noske, Dieter: „Industriegesellschaft" – Ideologie und Wirklichkeit, in: Deutsche Zeitschrift für Philosophie, 1966, 2, S. 178–190.

Oppenheimer, Franz: System der Soziologie, I/1, Halbband, Jena 1922.

Ortega y Gasset: Der Aufstand der Massen, (1930) Hamburg 1956.

Osipov, G. V.: Theorija i praktika sovetskoj sociologii (Theorie und Praxis der sowjetischen Soziologie), in: Sovet'nye Issledovanija, 1970, 5, S. 5–39.

Pareto, Vilfredo: Les systèmes socialistes, I, II, Paris 1926.

Philosophisches Wörterbuch, hersg. G. Klaus-M. Buhr, I, II, Leipzig 1969.

Popitz, Heinrich: Der Begriff der sozialen Rolle als Element der soziologischen Theorie, = Recht und Staat, 331/332, Tübingen 1967.

–: Soziale Normen, in: Archives Européennes de Sociologie 1961, Nr. 2, S. 185–199.

Popitz/Bahrdt/Jüres/Kesting: Das Gesellschaftsbild des Arbeiters, Tübingen 1957.

Radcliffe/Brown, A. R.: Structure and Function in Primitive Society, London 1952.

Rohrmoser, Günter: Das Elend der kritischen Theorie, 3. Aufl. 1973.

Rose, Günther: Konvergenz der Systeme – Legende und Wirklichkeit, Köln 1970.

Rostow, W. W.: Stadien wirtschaftlichen Wachstums (1958), 2. Aufl. Göttingen 1967.

Rüegg, Walter: Soziologie (Funkkolleg), Ffm. 1969.

Rühl, Manfred: Systemdenken und Kommunikationswissenschaft, in: Publizistik, 1969, H. 2, S. 185–206.

Schelsky, Helmut: Auf der Suche nach Wirklichkeit, Düsseldorf-Köln 1965.

–: Zur soziologischen Theorie der Institution, in: Zur Theorie der Institution, hrsg. H. Schelsky, = Interdisziplinäre Studien, Bd. I, Düsseldorf 1970, S. 10–26.

Schmid, Günther: Funktionsanalyse und politische Theorie, = Studien zur Sozialwissenschaft, Bd. 19, Düsseldorf 1974.

Schmidt, Alfred: Aufklärung durch Soziologie, in: Neue Politische Literatur, 1971, H. 3, S. 340–354.

–: Zur Idee der kritischen Theorie, München 1974.

Schmidt, Walter: Die Programmierung von Verwaltungsentscheidungen, in: Archiv des öffentlichen Rechts, 96 (1971), H. 3, S. 321–354.

Schwanenberg, Enno: Soziales Handeln, Bern–Stuttgart–Wien 1970.

Semenov, V. S.: Die Überwindung der Klassenunterschiede und der Übergang zur klassenlosen Gesellschaft, in: Soziologie in der Sowjetunion, hrsg. R. Ahlberg, Freiburg i. Br. 1969, S. 69–86.

Sievers, Burkard: System – Organisation – Gesellschaft – Niklas Luhmanns Theorie sozialer Systeme, in: Jahrbuch für Sozialwissenschaften, Bd. 22, 1971, H. 1, S. 24–57.

Šik, Otta: Ökonomie Interesse Politik (aus dem Tschechischen) Berlin-Ost 1966.

Sociologija v SSSR (Soziologie in der UdSSR), I, II, Moskva 1965.

Sozialer Wandel, hrsg. H.-P. Dreitzel, = ST. Bd. 41, Neuwied 1967.

Soziologie, hrsg. R. König, Ffm. 1968 (Fischer).

Spätkapitalismus oder Industriegesellschaft?, hrsg. Th. W. Adorno, Stuttgart 1969.

Spengler, Oswald: Der Untergang des Abendlandes, I, II, München 1919.

Staats, Reinhart: Der theologiegeschichtliche Hintergrund des Begriffs „Tatsache", in: Zeitschrift für Theologie und Kirche, 70 (1973), S. 316–345.

Stalin, Josef, W.: Fragen des Leninismus, Berlin-Ost 1947.

–: Über den dialektischen und historischen Materialismus, 5. Aufl. Berlin-Ost 1945.

–: Marxismus und die Fragen der Sprachwissenschaft, Berlin-Ost 1954.

Subkin, V. N.: Količestvennye metody . . . (Qualitative Methoden . . .), in: Voprossy Filosofii, 1967, 3, S. 30–40.

Szende, Paul: Verhüllung und Enthüllung, in: Archiv f. d. Geschichte des Sozialismus und der Arbeiterbewegung (Grünbergarchiv), 10, 1922, 2–3, S. 185–270.

Tenbruck, Friedrich, H.: Zur deutschen Rezeption der Rollentheorie, in: KZfSS, 1961, 1, S. 1–40.

Theorie der Gesellschaft oder Sozialtechnologie: Theorie-Diskussion, Supplement 1, Ffm. 1973.

Theorien sozialen Wandels, hrsg. W. Zapf, Köln–Berlin 1969.

Tönnies Ferdinand: Gemeinschaft und Gesellschaft (1887), Nachdruck der 8. Aufl. (1935), Darmstadt 1963.

Trade and Market in the Early Empires, ed. by Polanyi et al., Glencoe 1957.

Vierkandt, Alfred: Gesellschaftslehre, 2. Aufl., Stuttgart 1928.

Voigt, Dieter: Montagearbeiter in der DDR, Neuwied 1973.

Weber, Alfred: Kulturgeschichte als Kultursoziologie (1935), München 1963.

–, *Max:* Soziologie, weltgeschichtliche Analysen, Politik, Stuttgart 1956.

Weselowski, Wl.: Klasy, warstwy i wladza (Klassen, Schichten und Macht), Warszawa 1966.

Wiatr, Jerzy: Elements of Pluralism in the Polish Political System, in: The Polish Sociological Bulletin, 1966, 1, S. 19–26.

Willms, Bernard: Entwicklung und Revolution, Ffm. 1972.

–: Revolution und Protest oder Glanz und Elend des bürgerlichen Subjekts, Stuttgart 1969.

358

Sozialwissenschaftliche Literatur von Niklas Luhmann

Soziologische Aufklärung 1

Aufsätze zur Theorie sozialer Systeme.

6. Aufl. 1991. 268 S. Kart.
ISBN 3-531-11161-2

Soziologische Aufklärung 2

Aufsätze zur Theorie der Gesellschaft.

4. Aufl. 1991. 221 S. Kart.
ISBN 3-531-11281-3

Soziologische Aufklärung 3

Soziales System, Gesellschaft, Organisation.

2. Aufl. 1991. 415 S. Kart.
ISBN 3-531-11394-1

Soziologische Aufklärung 4

Beiträge zur funktionalen Differenzierung der Gesellschaft.

1987. 276 S. Kart.
ISBN 3-531-11885-4

Soziologische Aufklärung 5

Konstruktivistische Perspektiven.

1990. 234 S. Kart.
ISBN 3-531-12094-8

Aus konstruktivistischer Sicht behandelt der Autor unterschiedliche philosophische und soziologische Probleme. Sie reichen vom Konzept der ontologischen Weltbeschreibung über theologische Definitionen bis zur gesellschaftlichen Kommunikation und Strukturen innerhalb des Sozialsystems Familie. Die Leitfrage ist durchgehend: Wie betrachten Systeme Systeme?

Ökologische Kommunikation

Kann die moderne Gesellschaft sich auf ökologische Gefährdungen einstellen?

3. Aufl. 1990. 275 S. Kart.
ISBN 3-531-11775-0

„(…) man kann die Lektüre dieses Buches nur jedem, der an ökologischen Problemen, an einem Verständnis der modernen Gesellschaft und an soziologischer Theorie Interesse hat, ans Herz legen. Selten kann man auf so relativ wenigen Seiten so viel über die Gesellschaft lernen, über Codes und Programme der großen Funktionssysteme, über die Chancen der sozialen Bewegungen, über die Schwierigkeiten einer Umweltethik oder über einen vielleicht doch noch möglichen Rationalitätsbegriff. Und fast nebenbei wird man in die neuesten Entwicklungen des Analyseinstrumentariums der Systemtheorie eingeführt und erfährt von den faszinierenden Ideen der Kybernetik, der Theorie der Autopoiesis und der Erkenntnistheorie. Das Buch über die ‚Ökologische Kommunikation' kann als eine hervorragende Einführung in die Luhmannsche Soziologie dienen. (…)"

Hessischer Rundfunk

WESTDEUTSCHER VERLAG

OPLADEN · WIESBADEN

Aus dem Programm
Sozialwissenschaften

Raymond Boudon und
François Bourricaud
Soziologische Stichworte
Ein Handbuch.
1992. 680 S. Kart.
ISBN 3-531-11675-4

Die Autoren dieses sozialwissenschaftlichen Standardwerkes behandeln in
mehr als siebzig Grundsatzartikeln zu
Schlüsselbegriffen, Theorien und historisch wesentlichen Autoren die zentralen Probleme der Soziologie.
Insgesamt bietet der Band eine ebenso
umfassende wie kritische Einführung in
Entwicklung und Stand der Soziologie
und ihrer einzelnen Bereiche.

Horst Reimann u.a. (Hrsg.)
Basale Soziologie:
Hauptprobleme
4., neubearb. u. erw. Aufl. 1991. XII,
269 S. (Studienreihe Gesellschaft, hrsg.
von Horst Reimann) Kart.
ISBN 3-531-11433-6

Horst Reimann, Bernard Giesen,
Dieter Goetze und Michael Schmid
Basale Soziologie:
Theoretische Modelle
4., neubearb. und erw. Aufl. 1991. XIV,
310 S. (Studienreihe Gesellschaft, hrsg.
von Horst Reimann) Kart.
ISBN 3-531-11432-8

Renate Mayntz, Kurt Holm
und Peter Hübner
Einführung in die
Methoden der
empirischen Soziologie
5. Aufl. 1978. 239 S. Kart.
ISBN 3-531-11154-X

Richard Münch
Basale Soziologie:
Soziologie der Politik
1982. 284 S. (Studienreihe Gesellschaft,
hrsg. von Horst Reimann) Kart.
ISBN 3-531-11439-5

WESTDEUTSCHER
VERLAG
OPLADEN · WIESBADEN